Über dieses Buch

Das 2. Jahrbuch in der Reihe ›Arbeiterbewegung – Theorie und Geschichte‹ behandelt als Schwerpunktthema die Frage nach den verschiedenen Ansätzen marxistischer Revolutionstheorie – erläutert an Marx selbst, Rosa Luxemburg, Lenin und Trotzki.

Weiteres Zentralthema ist das ganze Unternehmen – also die Reihe und in ihr vor allem das Jahrbuch selbst: Die Redaktion hatte zu einer Diskussion über Geschichts*schreibung* der Arbeiterbewegung eingeladen: ›Zwischen Sozialgeschichte und Legitimationswissenschaft‹. Referate und Diskussion bestritten u. a. Georges Haupt, Hans-Josef Steinberg, Oskar Negt, Jürgen Seifert, Ursula Schmiederer, Ossip K. Flechtheim. Die Diskussion ist in Teil IV des Jahrbuchs protokolliert.

Als Ergänzung zu Jahrbuch 1, dessen Schwerpunktthema der Person, dem Werk und der Wirkung von Karl Korsch galt, werden hier (Teil II) Briefe von Korsch an Paul Partos, Paul Mattick und Bert Brecht zum erstenmal gedruckt vorgelegt.

Außerdem bringt Jahrbuch 2 einen Bericht über die vor dem 2. Weltkrieg einflußreiche ›Gruppe Internationale Kommunisten‹ Hollands, der zur aktuellen Diskussion über Räte-Fragen beitragen soll, und einen Aufsatz über Arbeiter-Volkslieder, Chöre und Kampflieder.

Wie im vorausgegangenen Jahrbuch folgen Bibliographien (Archiv für Sozialgeschichte und Bibliographien zur Deutschsprachigen Arbeiterbewegung), Rezensionen und praktische Hinweise.

(Näheres über Aufbau und Programm der Jahrbücher in: Jahrbuch 1, 1973, Fischer Taschenbuch Verlag, Bd. 6600, Editorische Vorbemerkung, S. 7 ff.)

Arbeiterbewegung –
Theorie und Geschichte

Herausgeber:
Claudio Pozzoli

Redaktion:
Klaus Kamberger

In der Reihe ›Arbeiterbewegung – Theorie und Geschichte‹ erscheinen Jahrbücher und Einzelausgaben.
Die *Jahrbücher* sind jeweils Schwerpunktthemen aus der Theorie und Geschichte des Sozialismus und der Arbeiterbewegung gewidmet; sie enthalten außerdem Einzelaufsätze, Dokumente, Interviews, Kommentare, Bibliographien, Rezensionen und Hinweise (nähere Erläuterungen siehe ›Editorische Vorbemerkung‹ im ›Jahrbuch 1‹).
Die *Einzelausgaben* ergänzen und erweitern die Reihe um Textsammlungen, Dokumentationen und Abhandlungen.

Jahrbuch Arbeiterbewegung

Band 2

Marxistische Revolutionstheorien

Außerdem:
Dokumente, Bericht, Diskussion, Aufsatz, Bibliographie, Renzensionen, Hinweise

Herausgegeben von
Claudio Pozzoli

Fischer
Taschenbuch
Verlag

Originalausgabe

Fischer Taschenbuch Verlag
Dezember 1974
Umschlagentwurf: Jan Buchholz / Reni Hinsch
Fischer Taschenbuch Verlag GmbH, Frankfurt am Main

Gesamtherstellung: Hanseatische Druckanstalt GmbH, Hamburg
Printed in Germany
ISBN 3 436 02074 5

Inhalt

I. Marxistische Revolutionstheorien
Aspekte, Kritik

Vorbemerkung

Schwerpunkt dieser zweiten Ausgabe des Jahrbuches über Geschichte und Theorie der Arbeiterbewegung bilden einige Aspekte der marxistischen Revolutionstheorien. Daß man von Theorien und nicht von einer einzigen Theorie der sozialistischen Revolution sprechen muß, mag im Zusammenhang mit Marxismus widersprüchlich erscheinen. Die Lektüre der vier folgenden Aufsätze wird wenigstens eines zeigen können: daß in der theoretischen Tradition, die sich als marxistisch verstand, Vorstellungen über die proletarische Revolution zu Tage gekommen sind, die sich gänzlich ausschließen.
Und dies liegt nicht an den Autoren, sondern am Gegenstand der Analysen. Es sind die Revolutionstheorien von Marxisten des revolutionären Flügels der europäischen Arbeiterbewegung, die sich gegenseitig ausschließen. Der Widerspruch besteht also nicht nur zwischen ›Reformisten‹ und ›Revolutionären‹: das revolutionäre Lager selbst ist gespalten. Die Autoren dieser Beiträge, die — wenn auch in kritischer Form — sich den von ihnen behandelten Theoretikern verpflichtet fühlen, heben diese Unterschiede nur hervor.
Im Rahmen einer Fragestellung, die sich auf dem Hintergrund der langen Prosperitätsperiode nach dem 2. Weltkrieg um die marxistische Revolutionstheorie herausgebildet hat, beschäftigen sich die vier Autoren mit den Vorstellungen von Marx, Engels, Rosa Luxemburg, Lenin und Trotzki über Notwendigkeit, Bedingungen und Modalitäten der sozialistischen Umwälzung der bürgerlichen Gesellschaft.
Das Interesse an einigen Aspekten der behandelten Revolutionstheorien ist bei den Autoren weder akademisch noch rein historiographisch. Das politische Interesse überwiegt. Das erlaubt u. a. die verschiedenen Interpretationsansätze deutlicher herauszulesen.
Sven Papckes Arbeit über das Problem einer Definition des marxistischen Revolutionsbegriffs wurde ursprünglich nicht als Einleitung zum Schwerpunktthema geschrieben. Da sie aber die allgemeine Problematik zu definieren sucht und hierfür einen Rückgriff auf Marx als unerläßlich erachtet, dient sie hier als kritische Einleitung.
Jürgen Hentze und *Tony Cliff* untersuchen in ihren Aufsätzen jeweils einige Grundelemente der Organisationsfrage bei Rosa

Luxemburg und Leo Trotzki, wobei zu bemerken ist, daß Organisationsprobleme nur zum Anlaß genommen werden durch spezifische Aspekte an den Kern der Revolutionstheorie heranzugehen.

Jenseits der Organisationsfrage stellt sich dagegen *Luigi Cortesi* in seinen Betrachtungen über Lenins Schrift ›Staat und Revolution‹. Und das ist das Merkwürdige und zugleich Wichtige an dieser Verteidigung des Leninismus: Cortesis Leninismus-Verständnis — das nicht die Parteitheorie sondern die Imperialismus-Analyse und die Schrift über Staat und Revolution als die theoretischen Grundlagen des Leninismus ins Zentrum stellt — steht im Widerspruch zu den herrschenden Leninismus-Auffassungen.

Als vor zehn Jahren diese Schrift mit dem Titel ›Archäologische Betrachtungen über Lenins »Staat und Revolution«‹ erstmalig erschien, war der Historiker Cortesi Mitglied der italienischen KP und Herausgeber der inzwischen eingestellten Zeitschrift *Rivista Storica del Socialismo*. Wenn der Aufsatz damals als Versuch bewertet werden konnte, den Verselbständigungstendenzen der KPI gegenüber der leninistischen Ideologie Einhalt zu gebieten (vgl. G. Barba, ›Die letzten Entwicklungen in der KPI‹, in: *neue kritik* 27/1964, S. 6 ff), so bleibt er heute einer der wenigen Versuche, den Leninismus durch einen spezifischen sozialgeschichtlichen Zusammenhang zu definieren: als Ausdruck einer Übereinstimmung von revolutionärer Bewegung (die russische Revolution im Kontext des imperialistischen Krieges) und revolutionärer Theorie.

In einem Nachwort zur 1971 erschienenen Buchausgabe dieser Arbeit schreibt Luigi Cortesi, daß heute »die größte Gefahr in einem Aktivismus besteht, der sich durch das Fehlen jeder theoretisch-politischen Basis und jeglicher Klassenverantwortung auszeichnet. Der Kommunismus befindet sich nicht mehr in seinen Anfängen. Trotz der Einsicht in die historische Krise des Kapitalismus und deren Konsequenzen vermag die Revolte nicht einmal den Schritt einer subjektiven Emanzipation von der bürgerlichen Gesellschaft zu vollziehen.« Für Cortesi geht es um die Rekonstruktion der marxistisch-leninistischen Theorie, eine Theorie, »die sich als permanente Kritik des kapitalistischen Systems und seiner revisionistischen Artikulationen versteht«.

Eine Auffassung, die möglicherweise auch von anderen Autoren dieses Jahrbuches geteilt wird.

Sven Papcke

Wandel oder Zwangswandel?
Marx und das Problem der Revolution

> *»Ohne Revolution kann sich der Sozialismus nicht ausführen.«*[1]
> *»Wir kennen nur eine einzige Wissenschaft, die Wissenschaft der Geschichte.«*[2]

Immer wieder setzt sich bei der Behandlung dessen, was als Revolution zu bezeichnen sei, im tagespolitischen ebenso wie im ideologischen Jargon eine als ›Seinsmonismus‹ *(Kurt Lenk)*[3] zu bezeichnende Ansicht durch.[4] In seinsmonistischer Sicht gerinnt die Revolution zur Begleiterscheinung der Gesetzmäßigkeiten beim Übergang zum Sozialismus, wie es das neueste Handbuch einer ›marxistischen Weltanschauungslehre‹ wieder einmal deutlich macht.[5] Revolution als Metamorphose des Gleichen? In dieser Auslegung scheint die Revolution also nicht länger Voraussetzung des Sozialismus. Beide Erscheinungen treten in ein eher äußerliches Verhältnis zueinander.[6] Geschichte wird mit Natur gleichgesetzt, ist nicht länger *Tat*sache, sondern scheinbare Eigenkausalität überpersonaler Prozesse. Als Faktor einer Naturdialektik kann die Revolution freilich für unausbleiblich gelten. Sie ist ›Realdialektik‹, wobei unklar bleibt, ob sie die Geschichte oder, umgekehrt, die Geschichte die Revolution umfaßt. Wenn derart undifferenziert Fortschritt und Entwicklung verwechselt werden, ist es nur noch ein kleiner Schritt, mit *Eduard Bernstein* den Weg selbst zum politischen Ziel zu erheben. Eine auf gesellschaftliche Praxis verweisende Revolutionstheorie fehlt, wenn der ›subjektive Faktor‹ weder in bezug auf die inhaltliche Bestimmung des Sozialismus noch hinsichtlich der revolutionären Situativität als solcher von entscheidender Bedeu-

[1] Marx (1844), in: Marx/Engels Werke (MEW), 39 Bände und 2 Ergänzungsbände, Berlin (Ost), 1956–1968, mehrere unveränderte Auflagen, MEW 1, S. 409.
[2] Marx/Engels (1845/1846), MEW 3, S. 18.
[3] Kurt Lenk, Marx in der Wissenssoziologie. Studien zur Rezeption der Marxschen Ideologiekritik, Neuwied/Berlin 1972, S. 199 ff.
[4] Dabei gehen wir auf ihre voluntaristische Alternative hier nicht ein. Nicht nur, weil dieser alle wissenschaftlichen ›Weihen‹ fehlen, sondern weil sie auch von keinem sozialistischen Zentrum aus unterstützt wird und daher relativ einflußlos ist.
[5] Autorenkollektiv, Wissenschaftlicher Kommunismus, Berlin 1972, S. 81 ff. Dagegen *Lenin* (1905): »Man muß eine wahrhaft schülerhafte Auffassung von der Geschichte haben, um sich die Sache ohne ›Sprünge‹ vorzustellen als eine allmähliche und gleichmäßig aufsteigende gerade Linie« (Werke, Bd. 8, S. 292).
[6] So neuerdings auch bei Lelio Basso, Die Rolle des Rechts in der Phase des Übergangs zum Sozialismus, in: Kritische Justiz 3/1973, S. 239–263, der von einer an sich andersartigen Position herkommt: »Die Revolution ist eine Bewegung und das Problem der Bewegung löst sich [. . .] beim Gehen« (S. 263).

tung ist. Diese Entmündigung der tätigen Menschen bedeutet zwar nicht unbedingt die Herabminderung der politischen Alltagspraxis; aber allgemein scheint das Verhältnis von Praxis und revolutionärer Theorie insoweit ›korrigiert‹, als nicht nur das politische Element vom ökonomischen isoliert *(Margaret Wirth)*[7], sondern auch die von *Marx* betonte Ableitung der Revolution aus dem *bewußten* Klassenkampf aufgegeben wird. Anders ausgedrückt: Sehen sich sowohl die Definition des Sozialismus als auch seine Herbeiführung auf eine ›Umwandlung‹ reduziert (bei *Marx* ist die Revolution dem Begriff des Wandels nicht untergeordnet!), dann sind Systemtransformation und Sozialismus allerdings subjektlos denkbar. Die weitere Beschwörung des Klassenkampfes erhält nun nicht nur einen sozialstatistischen Beigeschmack, sie spielt auch systemverändernd höchstens noch eine Nebenrolle. Diese Einschätzung nun erlaubt es z. B. noch immer, mit *Stalin* (1925)[8] die Revolution nicht nur in Etappen, Phasen, Zonen usw. aufzuteilen, sondern sie darin aufzulösen. Es wird gleichermaßen möglich, den Klassenkampf weniger als ›Kampf‹ denn als Bündnisfrage aufzufassen, da ja der Systembruch auf diese Weise nicht herbeigeführt, sondern nur untermalt werden soll.

Änderung ohne Revolution oder Revolution ohne Änderungen?

Diese Sicht ist — so meinen wir — einer naturalistischen Metaphysik verpflichtet, zu der der Marxismus sich im Einflußbereich des Stalinismus ausbildete. Unbewußt wird hier auf mehreren gleichermaßen unhaltbaren und unvereinbaren Stufen argumentiert:

— Der Sozialismus ist Produkt des Kapitalismus in dem Sinn, daß die mit der Kapitalkonzentration verbundene gesellschaftliche Umformung mit der sozialistischen Produktionsvergesellschaftung schon identisch ist.

— Der Sozialismus ist Produkt des Kapitalismus, weil angeblich verschiedene Widerspruchselemente dem kapitalistischen System immanent sowie global eine Art ›Todeskrise‹ bereiten.

— Der Sozialismus ist Produkt des Kapitalismus, weil bereits die Erkenntnis der kapitalistischen Schwierigkeiten systemoppositionelles Verhalten sicherstellt. Deswegen fallen antimonopolistisches Bündnis und Revolution zusammen.

— Systemoppositionelles Verhalten sieht sich dabei widerspruchsfrei definiert

[7] Margaret Wirth, Kapitalismustheorie in der DDR. Entstehung und Entwicklung der Theorie des staatsmonopolistischen Kapitalismus, Frankfurt 1972, S. 11 ff; 137 ff.

[8] J. W. Stalin, Werke, Bd. 7, Stuttgart 1953, S. 91 ff, 124 ff. Vgl. Michael Lowy, Dialectique et révolution, Paris 1973, S. 179–198.

a) als Abwarten, weil die Wandelbedingungen erst ›reifen‹ sollen, und
b) als Attentismus, weil sich sonst das System (unbegrenzt?) erhalten kann.

Ist die Geschichte also ein gerichteter Entwicklungsprozeß, der nur durch menschliches Handeln in Gang gehalten wird? Soll die ›objektive Möglichkeit‹ *(Lukács)* der Revolution und des Sozialismus als Folge eines kausalen Geschehens gelten und doch anders, nämlich zufällig (durch Handeln) bedingt sein?
Diese Sozialismussicht, die mit Marxismus nur noch wenig zu tun zu haben scheint, müßte sicher intensiver, als es bisher geschehen ist, abgeleitet werden aus der soziologischen Lage und ideologischen Notrechtfertigung dieser Lage im sowjetischen Staatssozialismus. Dabei mag diese Deutung sogar noch angehen für einen Zustand, der die formellen Voraussetzungen des Sozialismus, nämlich die antikapitalistische Machteroberung, hinter sich hat. Denn es geht für diese spezifische Lage vorerst darum, die primitivsten Voraussetzungen der Herstellung sozialistischer Sozialverhältnisse zu schaffen. Sozialgeschichtlich rückständig, fallen hier ja Sozialismus und das Modell einer forcierten und effektiven Industrialisierung — auf nichtkapitalistischem Wege — zusammen! Für Regionen aber, die entweder über den soziologischen Stand von 1917 hinaus entwickelt sind oder ihn noch vor sich haben — oder aber sowohl als auch[9] —, muß solche Revolutionsbeschreibung gänzlich irreführend sein. Will man hier wie dort die Revolution nicht entweder von einer ›Erlösung‹ (wie *Karl Kautsky* für die SPD weiland schon den Kolonialländern versprach) durch die Erringung einer Art proletarischer Welthegemonie der SU[10] oder von der systemsprengenden ›Vorbildhaftigkeit‹ des etablierten Sozialismus erwarten, dann löst sich die weltweite *Vor*revolution von einem derart deterministischen und damit mechanischen Muster eines Zwangswandels. Ist die *Nach*revolution (aus welchen Gründen auch immer) an Stabilität interessiert und kann sie sich deswegen auf das Spiel einer allseitig friedlichen Koexistenz einlassen, verhalten sich die Interessen beider Phasen objektiv konträr zueinander. Gerade wenn man das Zentralthema *Lenins,* die *Aktualität der Revolution,* aus seiner sowjetischen Interpretation löst, kann einzig die soziologisch variable, grundsätzlich aber *aktive* sowie *transzendierende* Revolutionsauffassung für die Vorrevolution gültig sein.

[9] Was heißt, daß (z. B. die Länder Lateinamerikas) Regionen voll in das imperialistische System integriert sind, für sie also kapitalistische Verhältnisse dominant sein können, obschon ihre Binnenstruktur völlig fehlentwickelt ist.
[10] Vgl. zu dieser Politik: S. Papcke, Progressive Gewalt. Studien zum sozialen Widerstandsrecht, Frankfurt 1973, S. 442—490; allgemein David Horowitz, Empire and Revolution, New York 1969.

Ohne revolutionäre Theorie keine revolutionäre Praxis: Dieser Umkehrsatz bezieht sich mithin auf die Theorie der Revolution selbst. Hier aber läßt sich eine Frage aufwerfen, die zu den nachstehenden Ausführungen überleiten soll. Muß nicht, auch wenn der Marxismus als Anleitung zum Handeln verstanden wird, eine theoretische Bestimmung der Konstellation möglich sein, wie sich Entwicklung, Praxis und Zwangswandel logisch zueinander verhalten? Wenn *Marx* auch 1877 »den Universalschlüssel einer allgemeinen geschichtsphilosophischen Theorie« ironisch verwirft, da »deren größter Vorzug darin besteht, übergeschichtlich zu sein« (MEW 19, S. 112), so muß daran festgehalten werden, daß für *Marx* die revolutionäre Theorie deswegen eben auch strukturalistisch ist, als Geschichtsauffassung und empirische Geschichte nicht dekkungsgleich sein können. Die Theorie ist notwendigerweise teleologisch, weil sie bereits die vollzogene Abstrahierung vom Geschichtsverlauf darstellt. Geschichte ist ja ein entfremdetes, auf dem Kopf stehendes Wirklichkeitskontinuum, das (ehe Praxis möglich wird) in der Theorie und durch sie auf die Füße gestellt werden muß.[11] Die Theorie des Systembruchs ist damit ein Modell der geschichtlichen Entwicklung und ihrer, wie man sagen könnte, Anthropomorphisierung, wobei allerdings das blinde geschichtliche Wirken »die Wissenschaft als bewußtes Erzeugnis der historischen Bewegung« erst ermöglicht. Die sozialistische Ideologie hört auf, doktrinär zu sein, sie wird sachlich und kurskorrigierend akut (MEW 4, S. 143), *sobald* sich wissenschaftlich-soziologische Analyse und menschliches Handeln in Deckung bringen lassen. Was bedeutet das für unsere Fragestellung?

Wenn der Sozialismus niemals der Produktivkraftentwicklung entspringen wird, wie einst Pallas Athene dem Haupte des Zeus, weil die Geschichte nur soviel Sinn haben kann, wie die Menschen ihr theoretisch wie praktisch verleihen[12] — dann ist es unerläßlich, daß im Marxismus die Revolution mehr umfaßt als die angeblich simple Umsetzung sozialgeschichtlicher Tendenzen. Weil »die Verwandlung gesellschaftlicher Einsicht in gesellschaftliche Gewalt« (MEW 16, S. 194), wie *Marx* 1867 schrieb, allemal *Aufgabe* bleibt, ist auch der Sozialismus immer *mehr* als die vielleicht mögliche wissenschaftliche Beschreibung des Zerfallsprozesses der kapitalistischen Gesellschaft, wobei bereits das Feststellen von dynamischen Prozessen Strukturkenntnisse (Statik) als Vergleichspunkt voraus-

[11] Vgl. Lucio Colletti, Marxismus — Wissenschaft oder Revolution, in: ders., Marxismus als Soziologie, Berlin 1973, S. 65—74, bes. S. 69 ff.

[12] »Kausalität und Finalität sind bei Marx einander setzende gesellschaftsontologische Fakten. Natürlich ist dies [. . .] nur in bezug auf die Gesellschaft wahr, da in der Natur eine Kausalität ohne Teleologie existiert« (Agnes Heller, Alltag und Geschichte, Neuwied/Berlin 1970, S. 5).

setzt.[13] Es muß folglich auch möglich sein, hinter einer wie auch immer motivierten Kanonisierung und Dogmatisierung des Marxismus auszumachen, ob sich bei *Marx* seinerseits ein stimmiges Verhältnis von Geschichte und Logifizierung der Geschichte finden läßt.
Diese Frage ist besonders dringend und gerechtfertigt hinsichtlich der angesprochenen *Grenzbestimmung der Kapitalverhältnisse.* Klarheit in diesem Bereich bedingt nicht nur eine konditionelle Umschreibung der Systemtransformation, sondern ermöglicht erst die Festlegung des *ideologischen Charakters des Sozialismus.* Nun hat nicht allein *Karl Korsch*[14] darauf aufmerksam gemacht, daß sich bei *Marx* offensichtlich mehrere, mindestens aber zwei Formbestimmungen von Revolution ausmachen lassen. Eine *objektivistische* und eine *aktivistische* Beschreibung des revolutionären Phänomens stehen nebeneinander. »Ich muß gestehen«, schreibt in bezug auf ihre Uneinheitlichkeit *Lucio Colletti*[15], »daß mir nicht ganz klar ist, wie *Marx* die Fusion dieser beiden Aspekte vollzogen hat.« Wurde diese Fusion wirklich geleistet?

•

»Die Ratlosigkeit wird ausschließlich auf Seiten der Besitzenden sein; die Arbeiterklasse weiß, was sie will« (MEW 21, S. 454). Läßt dieser Optimismus von *Engels* (1887/1888) den Betrachter angesichts der theoretischen und praktischen Irrwege jener sich auf *Marx* berufenden Sozialopposition nicht einigermaßen ratlos zurück? Konnte sich *Marx* wirklich, wie *Engels* noch 1890 betonte (MEW 22, S. 57), »einzig und allein auf die intellektuelle Entwicklung der Arbeiterklasse« verlassen, »wie sie aus der vereinigten Entwicklung und der Diskussion *notwendig* hervorgehen mußte«? Die Problematik einer kongruenten Revolutionslehre des Marxismus ergibt sich doch gerade aus der wirkungsgeschichtlichen Zersplitterung der Arbeiterbewegung. Das Auftreten sowohl ihrer Vertretungskörperschaften als auch der Arbeiterklasse selbst war doch eher dazu angetan, solchen Glauben in eine systemoppositionelle, gleichsam angestammte Klassenvernunft ad absurdum zu führen. Dieser Zusammenhang ist vor allem dann schwerlich zu bestreiten, wenn das marxistische Revolutionsverständnis als

[13] Wir können hier nicht auf die in diesem Zusammenhang wichtige strukturalistische Definition von Zeitlichkeit eingehen; angemerkt sei immerhin, daß der althusserianische Ansatz, den *Maurice Godelier* (›La connaissance d'une structure précéde et fonde celle de sa genèse‹, Vorwort von Godelier zu dem vom Centre d'Etudes et de Recherches Marxistes herausgegebenen Band: Sur les sociétés précapitalistes, Paris 1970, S. 13–142, hier S. 49) formalisiert hat, offensichtlich übersieht, daß die Struktur selbst zeitlich bleibt. Insofern ist sie immer bereits überholt! Wenn nun bei dem sicher möglichen und notwendigen theoretischen Aus-der-Zeit-holen dies genetische Element sowie der subjektive Faktor übersehen werden, wird der strukturalistische Ansatz positivistisch.

[14] Karl Korsch, Karl Marx, Frankfurt 1967, S. 181.

[15] Colletti: Marx, Hegel und die Frankfurter Schule, in: (Anm. 10), S. 74–90, hiers. S. 88.

allgemeine Wandlungstheorie auftritt, die zwar keine ubiquitären Rezepte, wohl aber die Dialektik von Theorie und Praxis als bereits gelöstes Rätsel vorgibt. Bisher jedenfalls entsprach die Soziologie der Revolution der des Proletariats keineswegs. *Karl Kautskys* Annahme, daß die moderne Gesellschaft eher reif für den Sozialismus werde als das betroffene Klassenlager[16], scheint nach wie vor zuzutreffen. Oder hat das Modell überarbeitet zu werden, das der Arbeiterschaft als Arbeiterklasse klassenkämpferische, gar revolutionäre Eigenschaften zudiktiert und dabei den Umweg verschweigt, den *Marx* genommen hat, wenn er die Revolution immer zuerst als Heraustreten aus der Welt der Entäußerung definiert. Nur »sobald sie die Massen ergreift«, nicht eher und nicht anders, kann »die Theorie zur materiellen Gewalt werden« (MEW 1, S. 385). Der »Blitz des Gedankens« (MEW 1, S. 391) ist conditio sine qua non revolutionären Verhaltens.
Wo findet sich jener ›plebeische Herkules‹, von dem einst *Proudhon* zu erzählen wußte?
Zur revolutionstheoretischen Klärung erweist sich also ein Rückgriff auf *Marx* als unerläßlich. Man muß *Marx* gleichsam gegen die Wirkungsgeschichte lesen. Nur so kann überprüft werden, ob die Widersprüche der marxistischen Wirkungsgeschichte (Ökonomismus/Reformismus/Revisionismus u. a. m.) sich daraus herleiten, daß bei *Marx* kein geschlossenes Änderungsmodell vorliegt. Die leninistische Aktualisierung der Revolution, um das hier einzufügen, kann dabei nicht ohne weiteres als theoretische Hilfe gelten, da die Revolutionspraxis *Lenins* zwar belegt, daß die Wirtschaftsgesellschaft in Krisenzeiten Gleichgewichtsstörungen durchmacht, die zumindest unter gewissen Bedingungen in einen Gesamtkonflikt verwandelt werden können, sie aber nicht die *Marx*sche Geschichtsauffassung bestätigt, wonach das Ende des Kapitalismus nicht seinen mehr oder weniger ausgedehnten Kontrollschwächen im Stadium der Halbentwicklung zu verdanken sei, sondern die revolutionäre Sozialismusherstellung sich gleichsam als logischer und psychologischer Vollzug der Entwicklung dartut.
Angesichts dieser Komplikationen soll im folgenden nur nebenbei auf die marxistische Nominaldefinition des revolutionären Ereignisses eingegangen werden. Denn nicht die Schwierigkeiten einer Revolutions*auslösung* stehen hier im Vordergrund, sondern die Frage nach der ›werdenden Bewegung‹ *(Marx)* selbst. Für den Marxismus meint die Revolution die Verwirklichung des Sozialismus beziehungsweise meint der Sozialismus die zu Ende geführte proletarische Revolution. Denn Geschichte erhält hier erst einen Sinn, wenn die Menschen sie nicht nur machen, sondern auch bewußt gestal-

[16] Karl Kautsky, Die Agrarfrage, Stuttgart 1899, S. 322.

ten. Diese Sicht bedeutet also nicht, daß mit der revolutionären Formalität (Erringung der Macht ff) der Aufbau des Sozialismus abgeschlossen wäre; vielmehr muß die Übergangsphase durch die Permanenz des revolutionären Prozesses gekennzeichnet sein, um jenes von *Marx* geforderte ›radikale Brechen‹ mit dem Zuständlichen zu gewährleisten. Die revolutionäre Vorgeschichte, d. h. die Entwicklung jenes ›passiven Elements, einer materiellen Grundlage‹ (MEW 1, S. 386) des Sozialismus, wäre folglich nur dann abgeschlossen, wenn die Entwicklung so weit fortgeschritten ist, daß die antikapitalistische Revolution nicht anschließend den Sozialismus erst zu ermöglichen hat. Die Rolle der Politischen Ökonomie stellt sich also als *passive* Dynamik der Revolution dar. Insofern steht der unvollendeten Revolution *Lenins*, denken wir nur an die Diskussion um den Stalinismus und um den Warencharakter sowie die Technostruktur der bolschewistischen Gesellschaft, eine Revolution im Sinne *Marx*scher Kategorien noch ins Haus.

Immer wieder ist hervorgehoben worden, der Marxismus sei nur *als* revolutionäre Theorie zu erschließen. Als historischer wie dialektischer Materialismus arbeitet er nicht allein die ›geltende Genesis‹ *(H. J. Sandkühler)* vollzogener Umgestaltungen auf, sondern organisiert zugleich im Sinne der XI. Feuerbachthese ihre endliche Neugestaltung bzw. Aufhebung. Der Marxismus stellt demnach nicht nur eine revolutionäre Theorie dar, sondern artikuliert zugleich eine *Theorie der Revolution* – auch als ihre Praxis. Hier genau häufen sich allerdings die Streitfragen, wie der Blick auf die parteiliche Auslegungsgeschichte belegt. Denn wenn zutrifft, daß der Marxismus als Metatheorie der geschichtlichen Sozialismusvorbereitung selbst anzusehen ist, dann muß sich aus seinen Angaben *konkret* ableiten lassen, wie und wann die Evolution praktisch revolutionär wird. Die marxistische Theorie der Revolution hat also Aussagen zu treffen über

– das Verhältnis von revolutionärer Theorie und Praxis
– den Revolutionsträger
– die revolutionäre Situation
– die revolutionären Formen
– das revolutionäre Ziel.

Liegen diese Auskünfte im Werk von *Marx* vor? Bilden seine revolutionären Losungen eine logische sowie pragmatische Theorie der Vorbereitung und Herstellung des Sozialismus? Ist das Verhältnis von revolutionärer Theorie, Theorie der Revolution und empirischer Revolution widerspruchsfrei? Diese Fragen, hier nur fragmentarisch zu behandeln, lassen sich auf einen Nenner bringen: Hat *Marx* eine allgemeine Entwicklungstheorie vorgelegt oder anders, sind Deutung und Plan des geschichtlichen Verlaufes im Marxismus wirklich revolutionär?

In Anlehnung an *Giambattista Vico*[17] weist *Marx* im 1. Band des Kapitals (MEW 23, S. 393) darauf hin, daß »die Menschengeschichte sich dadurch von der Naturgeschichte unterscheidet, daß wir die eine gemacht und die andre nicht gemacht haben«. Nun ist diese Bemerkung aus dem Jahr 1867 insofern ungenau, als *Marx* an anderer Stelle betont, daß vorsozialistisch – also in der von ihm durchgängig als *Vorgeschichte*[18] bezeichneten Phase – die Geschichte zwar auch vom Menschen gemacht wird, aber gleichsam noch unbewußt und somit subjektlos, eben ohne Ziel und Gestaltungswillen. Gerade diese Erkenntnis mündet ja in ein geschichtlich begründetes und soziologisch durchgearbeitetes Systemverständnis. Danach stelle ›die‹ Gesellschaft ein Subjekt eigener Prägung dar, das nach – von den Menschen zwar kollektiv erarbeiteten, nicht aber beherrschten – ökonomisch bedingten und damit eben entfremdeten Gesetzen abläuft. Diese Struktur kennt, von außen gesehen, also nur Untertanen, denn »die Produktion produziert den Menschen« (MEW Ergänzungsband I, S. 524). »Wenn im vollendeten bürgerlichen System jedes ökonomische Verhältnis das andere in der bürgerlich-ökonomischen Form voraussetzt und so jedes Gesetz zugleich Voraussetzung ist«, so schreibt *Marx* 1857/1858, »so ist das mit jedem organischen System der Fall. Dies organische System selbst als Totalität hat seine Voraussetzungen, und seine Entwicklung zur Totalität besteht eben (darin), alle Elemente der Gesellschaft sich unterzuordnen, oder die ihm noch fehlenden Organe aus ihr heraus zu schaffen. Es wird so historisch zur Totalität.«[19] Und es tritt den Menschen als ›sachliche Gewalt‹ (MEW 3, S. 33) gegenüber. Geschichte im Sinne *Vicos* kann also erst stattfinden in einer Gesellschafts-

[17] *Vico* (1668–1744) hat frühzeitig in Auseinandersetzung mit dem rationalistischen Subjektivismus von *Descartes* auf dem Begriff der objektiven Realität und Erfahrung beharrt; mit Hilfe dieses Begriffes vermag er zugleich, den chronistischen Historien-Begriff der zeitgenössischen Geschichtsschreibung zu umgehen und Geschichte als ›Welt der menschlichen Dinge‹ zu definieren. Bleibt auch die physikalische Welt unerkennbar (De antiquissima Italorum sapientia [1710], Bari 1914, S. 76), so ist die Geschichte als Bereich der menschlichen Dinge selbstgemacht – und daher (oder nur deswegen, vgl. ebd., S. 62) auch erkennbar. *Marx*, der 1862 *Lassalle* auf *Vico* aufmerksam macht (MEW 30, S. 622 f), übersieht noch, daß *Vico* in seiner Arbeit über ›die neue Wissenschaft‹ (1725) auch eine Lehre vom Klassenkampf vorlegt und als einer der ersten Sozialtheoretiker eine fast moderne Kritik der Ideologien entwickelt.

[18] Dieser Begriff, der nicht mit dem der *Ur*gesellschaft zu verwechseln ist, wurde bisher nicht systematisch untersucht. Dabei durchzieht er das ganze Werk von *Marx*. Er vermag Auskunft zu geben über teleologische Motive der *Marx*schen Geschichtsauffassung. Stellvertretend verweise ich hier nur auf eine prominente Belegstelle, wo der Begriff in seiner von uns vermuteteten Bedeutung klar hervortritt. Im Vorwort ›Zur Kritik der politischen Ökonomie‹ (1859) heißt es: »Mit dieser (der bürgerlich-kapitalistischen, S. P.) Gesellschaftsformation schließt daher die Vorgeschichte der menschlichen Gesellschaft ab« (MEW 13, S. 9).

[19] Karl Marx, Grundrisse der Kritik der Politischen Ökonomie, Berlin 1953, S. 189.

ordnung, in der nicht allein Bewußtsein die Politik, sondern diese ihrerseits die Ökonomie bewußt lenkt; in der folglich, wie *Marx* einmal anmerkt, die gesellschaftliche Evolution *nicht mehr* revolutionär, vielmehr geplant verläuft. (Hier zeigt sich, daß im Verständnis des Marxismus die Revolution ein Mittel der sozialen Versöhnung durch die Reorganisation der Gesellschaft ist, nicht aber diese selbst). Mag sich also die subjektlose Menschengeschichte von einer bewußtlosen Naturgeschichte auch unterscheiden, so bleibt sie ihr doch ähnlicher als der wirklich verantworteten Geschichte. Vorsozialistisch verläuft Geschichte, so wird angenommen, immer ›zufällig‹ (wenn auch in der Retrospektive ihr Prozeßcharakter deutlich wird[20]), weil kein Bewußtsein ihrer Entwicklung vorliegt. Erst im Sozialismus, wie *Marx* ihn versteht[21], ist die Gesellschaft kein Naturding mehr, ihre Geschichte vollzieht sich also nicht länger irrational; wohingegen im Kapitalismus weiterhin alle Interaktion verdinglicht wird und damit entfremdet geschieht.[22] Im Sinne der Ausführungen des Frühsozialisten *Charles Fourier* über die Verkehrtheit und den Fetischismus der bürgerlichen Gesellschaft verweist die revolutionäre Definitorik des Marxismus daher folgerichtig auf die Pathologie alles bisher Normalen.

Der Marxismus ist eine revolutionäre Theorie, da er selbst ein ideologisches Produkt der Entwicklung der gesellschaftlichen Materie ist. Die soziale Selbstbewußtwerdung konnte sich im Verlauf der sozialen Entwicklung materialisieren. Derart vermochte sich der Marxismus als Theorie einer die gegebene Gesellschaftsformation aufhebenden Erscheinung (der Ausgliederung des Proletariats) bestimmen. Er enthält somit aber auch die Ideologie einer Gegengesellschaft! Sie läßt sich verstehen als begriffliche Formalisierung der widersprüchlichen Bewegtheit der Kapitalverhältnisse und stellt als Theorie und Inhalt des überwundenen Kapitalismus sozusagen dessen dritte Wirklichkeitsebene dar. Die erste wäre die, die jene Autoren darstellen, die von *Marx* kritisiert werden, während die zweite jene ist, die *Marx* darstellt, die aber gerade als wissenschaftliche Beschreibung des Kapitalismus sich auf einen

[20] Vgl. zum Verhältnis von objektivem Prozeß und subjektivem Handeln Gottfried Stiehler, Geschichte und Verantwortung, Berlin 1972, S. 27 ff, der das Dilemma der Beziehung von Gesetz und Tat allerdings eher aufweist als beantwortet (s. S. 49). Auch Peter Bollhagen, Soziologie und Geschichte, Berlin 1966, bes. S. 140 ff. Zur Differenzierung der Problemstellung selbst vgl. Helmut Fleischer, Marxismus und Geschichte, Frankfurt 1969, S. 15–43.

[21] Die sozialistische Gesellschaft stellt »eine Assoziation dar, worin die freie Entwicklung eines jeden die Bedingung für die freie Entwicklung aller ist« (1848) (MEW 4, S. 482).

[22] Diese Feststellung gilt auch, wenn es z. B. dem Spätkapitalismus gelingt, sich im Prozeß der Verwissenschaftlichung partiell als Konfliktgesellschaft zu begreifen. Selbst diese Einsicht bindet aber die Gesellschaftsentwicklung weiterhin an die momentane Normalität, so daß die Zukunft dauernd durch die Vergangenheit kolonisiert wird.

Maßstab (Wirklichkeitsbegriff) bezieht, der umgestülpt werden muß *(Colletti)*. Konsequenterweise nun vertritt diese Lehre keineswegs automatisch eine logische Theorie der Revolution. Als angemessene Ideologie der Zustandstransformation konnte der Marxismus durchaus fehlerhafte (nicht phasengerechte oder überdeterminierte) Aussagen über den bestehenden Zustand treffen. Das geschah vor allem immer dann, wenn Aussagen erforderlich waren, die in pragmatischer Absicht die vielfältigen Wirklichkeitsebenen nicht dialektisch voll in Rechnung stellten. Hieraus erklärt sich jener Widerspruch, daß *Marx* bereits in der ersten Hälfte des 19. Jahrhunderts beginnt, nicht nur das Frühproletariat revolutionär zu organisieren, sondern es auch zur Revolution zu drängen, während gleichzeitig seine soziologische Analyse auf die damalige Unterentwicklung aufmerksam macht. Die weitere Entwicklung des Kapitalismus war revolutionärer.

Es geht hier um die Frage, wieso *Marx* vom Sozialismus als Entwicklungs*produkt* des Kapitalismus redet und ihn noch in den Kinderschuhen stürzen zu können glaubt.

Aus den revolutionären Bedingungssätzen des Marxismus ergibt sich aber noch ein anders gelagerter, vielleicht grundlegenderer – da struktureller – Widerspruch. *Marx* hat bekanntlich als erster Sozialtheoretiker einen Totalitätsbegriff der Gesellschaft vorgelegt (»Das Resultat, wozu wir gelangen, ist nicht, daß Produktion, Distribution, Austausch, Konsumtion identisch sind, sondern daß sie alle Glieder einer Totalität bilden, Unterschiede innerhalb einer Einheit. Die Produktion greift über, sowohl über sich in der gegensätzlichen Bestimmung der Produktion, als über die andren Momente«[23]), der buchstäblich alle gesellschaftlichen Erscheinungen als *bestimmte* Verhältnisse versteht (MEW 13, S. 624). Die Entwicklung von Gesellschaften läßt sich demzufolge nur aus den Elementen der Gesellschaft herleiten. Nur ein derartiger historischer Globalsoziologismus konnte durch den Nachweis, daß die ökonomische Dynamik der Produktivkraftentwicklung den Widerpart der sich jeweils darüber aufbauenden gesellschaftlichen Verkehrsformen spielte, paradoxerweise überhaupt ein logisches System von Änderungsursachen ausmachen. Aber die hier entwickelte soziologische Stringenz wirft Fragen auf. Sie beginnen bereits mit dem Axiom, daß das Sein das Bewußtsein leitet. Gerade diese Feststellung begünstigt aber die Strategie der *Revolutionsvermeidung*[23a], die konkretistisch davon ausgeht, daß – weil die Warenwelt scheingegenständlich ist – ein ihr immanentes Bewußtsein

[23] Marx, Grundrisse, (Anm. 19), S. 20.

[23a] Vgl. dazu Urs Jaeggi/Sven Papcke, Revolution und Theorie I. Materialien zum bürgerlichen Revolutionsbegriff, Frankfurt 1974.

systemstabilisierend wirkt. Alles andere wird als abweichendes Verhalten bezeichnet, das es wieder anzupassen gilt. Wenn also, so ließe sich fragen, Geschichte als Prozeß verstanden wird, in dessen Verlauf soziale Interessengruppen Konflikte zum Zwecke ökonomischer Positionsverschiebungen austragen, wie soll diese Geschichte dann selbst aufgehoben werden? Kann sie überhaupt mehr enthalten als das Spiel dieser Interessen? Sozialismus kann aber nach *Marx* nur als *aufgehobene Geschichte* in dem Sinne verstanden werden, daß jener naturwüchsige Prozeß der Klassenkollisionen sich übersteigert zur Beseitigung der Bedingungen (und Notwendigkeit) von Klassenkämpfen überhaupt.

Wie kann also die als bewußtlos aufgefaßte Vorgeschichte, die *Marx* wie eine Quasi-Naturgeschichte beschreibt — was ihm gelegentlich als ›heimlicher Positivismus‹ angekreidet wird[24] —, aus sich heraus zur bewußten Geschichte werden? Dieses Problem ist im Bereich einer Rekonstruktion der marxistischen Revolutionstheorie zu koppeln mit der Frage nach dem Träger der antikapitalistischen Änderung. Soll sich dieser Träger durch das Enthüllen des (unter dem Warencharakter sich verbergenden) Ausbeutungscharakters der Ware Arbeitskraft jener allseitigen Sozialgebundenheit und ihrer — für ihn objektiv falschen — Ideologie entziehen? Anders ausgedrückt, es muß beantwortet werden, wie angesichts

- des naturhaften Verlaufes aller bisherigen Geschichte und
- des von *Marx* vorgenommenen umfassenden Rückbezuges sämtlicher sozialer Einzelphänomene auf die Produktion

eine Verwandlung der Klasse an sich in die Klasse für sich — als Ausdruck und Inhalt der geschichtlichen Qualitätsänderung — tatsächlich ablaufen soll?

Machen wir das Dilemma noch deutlicher. *Marx* hat *einerseits* im Rahmen einer sozio-ökonomischen Geschichtswissenschaft die Sozialentwicklung zur Aufeinanderfolge von Gesellschaftsformationen typisiert und diese als Ergebnis innergesellschaftlicher Widersprüche bezeichnet, die bisher immer sowohl temporal durch antagonistische Klassenkämpfe als auch struktural durch Revolutionen gelöst wurden. Solange also, ließe sich daraus schließen, gesellschaftliche Verkehrsformen und die Bewegung der Produktivkräfte nicht bewußt aufeinander abgestimmt werden, ist keine bewußte oder geplante Geschichte möglich. Dieser Tatbestand selbst wird aber erst auf dem Boden der vollentwickelten kapitalistischen Produktivkräfte zum Thema. Vorher bleiben die jeweiligen Gesellschaftsformationen ihrerseits gesamtgeschichtlich gesehen unentwickelt und damit transitorisch — man denke an die lange Revolution *des*

[24] Dabei argumentiert hier die Theorie nur naturalistisch, soweit sie auf den naturwüchsigen Charakter ihres Gegenstandes Rücksicht zu nehmen hat.

Eigentumsystems —, also im Sinne von *Marx* noch vorgeschichtlich, nicht nur vorrevolutionär. *Andererseits* aber hat *Marx* im Rahmen seines Pansoziologismus auch die gegensätzliche Position angesprochen. Laut Analyse produziert die Produktion die Gesellschaft — bis hinein in ihr Unterbewußtsein. Derart wird aber auch das Bewußtsein der Träger der Revolution mitproduziert, die die ökonomischen Widersprüche erleiden *und* abschaffen sollen. Unterstellt man die soziale Totalität, kann gefolgert werden, daß jene von *Marx* aufgewiesenen Sozialwidersprüche sich eher konflikthaft denn antagonistisch auswirken.[25] Die wechselseitige Durchdringung von Teil und Ganzem prägt sogar die Artikulation des Gegensatzes. Wie kann in solchem Gefüge einer überwältigenden Außenbezogenheit überhaupt ein massenhaftes Gegenbewußtsein entstehen? Und was ist sein gegebener Inhalt? Diese Frage bekommt durch diejenige Aussage von *Marx* noch Schärfe, daß *alle bisherigen* gesellschaftsformativen Änderungen gewissermaßen kontinuierlicher Art waren. Zwar haben Eigentumsumschichtungen stattgefunden, nie stand aber — wie beim Übergang zum Sozialismus — die Eigentumsstruktur selbst auf dem Spiel.

Fragen wir erneut: Wie begründet *Marx* den qualitativen Sprung des Revolutionsphänomens selber? Auf welche Weise kann Vorgeschichte zur Geschichte werden? Wann verwandelt sich Klassenbewußtsein, das nichts anderes ist als das Abbild der gegebenen Realität[26] (also noch durchaus überwältigtes Bewußtsein), in Klassenbewußtsein, also in das Bewußtsein der Möglichkeit einer Aufhebung dieser Negativität? Vorweg sei bemerkt, daß der Marxismus in einer Hinsicht eindeutig einer Täuschung unterlag. Nicht unbedingt die vielbeschworene Elastizität des ökonomischen Gebäudes falsifiziert Teile seiner Aussagen: Diese Elastizität ist ja durchaus relativ.[27] Wirklich getäuscht haben sich *Marx* und auch *Engels* aber hinsichtlich der Fähigkeit der bürgerlichen Krisengesellschaft — gerade in Auseinandersetzung mit dem Sozialismus —, eine realistische, wenn auch zynische Stabilisierungstheorie ihres gesellschaftlichen Zwangsverbandes zu erstellen. Die Absiche-

[25] Zum Problem des dialektischen Charakters der bei *Marx* verzeichneten Widersprüche vgl. Henri Janne, Dialectique et intégration sociale, in Perspectives de la sociologie contemporaine, Paris 1968, S. 51—70, der von zwei Widerspruchstypen bei Marx (polarisation antagoniques/polarisation conflictuelles) ausgeht, die in einem nicht aufgelösten theoretischen Spannungsverhältnis zueinander stehen.

[26] »Das Klassenbewußtsein ist [. . .] zugleich eine klassenmäßig bestimmte *Unbewußtheit* über die eigene gesellschaftlich-geschichtliche ökonomische Lage« (Georg Lukács, Geschichte und Klassenbewußtsein, Neuwied/Berlin 1968, S. 224 f).

[27] Dennoch lassen sich aus dieser Tatsache »keine absolut ausweglosen Lagen für den Kapitalismus« herleiten, wie *Elmar Altvater* zu Recht hervorhebt, weil Krisen für die bürgerliche Ökonomie immer zugleich ›Reinigungskrisen‹ darstellen (Elmar Altvater, Zu einigen Problemen des ›Krisenmanagements‹ in der kapitalistischen Gesellschaft, in: Martin Jänicke [Hrsg.], Herrschaft und Krise, Opladen 1973, S. 170—196, hier S. 182).

rung der Bürgergesellschaft vollzog sich nach der antifeudalen Revolutionsphase als umfassende Gegenrevolution. Diese schlug sich als Gesellschaftslehre insofern nieder, als es ihr nach und nach gelang, durch das Begreifen konflikthafter Systemeigenschaften — bei deren gleichzeitiger Ontologisierung — das politische Gesamtsystem als Minimalkonsens aus der systemtypischen Konkurrenz herauszuhalten. Im Sinne einer solchen Haltung hat sie auch die Institutionen der Arbeiterbewegung funktionalisiert. Durch ideologische und repressive Investitionen sowie unter Verzicht auf eine mehr als propagandistische Rechtfertigungsideologie ließ sich der gesellschaftliche Rahmen des Kampfes ums Eigentum schützen, wenn auch nicht die unterschiedlichen Eigentümerschichten. Die gängige *Sozialkontrolltheorie* vertritt demnach durchaus eine effektive und daher richtige Ideologie der kapitalistischen Gesellschaft. Daß es dennoch sozialistische Revolutionen gegeben hat, ist keineswegs ein Gütezeichen für die marxistische Prognostik, sondern weist auf die — einer unabgeschlossenen ökonomischen wie politischen Durchsetzung der Kapitalverhältnisse entsprechende — unmoderne Herrschaftssicherung hin. Sicher überspitzt hat deswegen *Gramsci* bereits 1917 die Revolution der Bolschewiki als »eine Revolution gegen das *Kapital* von *Karl Marx*« bezeichnet.[28] Einzig Kriege als Indiz für die Unfertigkeit der bürgerlich-kapitalistischen Internationalität haben bisher zu regionalen Selbstschwächungen der Hochentwicklung führen können. Allgemein gesehen ist der Krieg ein grundsätzliches Symptom für *noch-nicht-bewältigte* Krisenfelder des Gesamtsystems. Das bedeutet aber keine Krisenunlösbarkeit, und entsprechend stellt das Kriegsphänomen als revolutionäre Möglichkeit keine Konstante dar. Wie dem auch sei, im entwickelten Kapitalismus vermochte es die Sozialtechnologie im Interesse der richtigen Ideologie des nach *Marx* falschen Zustandes, die erwartete Verbindung zwischen Krisenhaftigkeit im umfassenden Wortsinn und dem Widerstand der Betroffenen zu kontrollieren. Hier stoßen wir auf Probleme, die an die oben erwähnten Fragen anschließen. Steckt in der Umschlagsvision bei *Marx* (Vorgeschichte wird Geschichte / Klasse an sich wird Klasse für sich) vielleicht ein Rest aufklärerischen Vernunftsglaubens? Wie sonst kann die allseitige Sozialbezogenheit begründet und gleichzeitig eine Selbstdistanzierung des sich selbst produzierenden Systems erhofft werden? Wird möglicherweise mit einer Art anthropologischem Willen zur Rationalität doch eine Grenze der Vergesellschaftung im Subjektiven angedeutet?

Eines ist unstrittig: Die sozialistische Revolution wäre die ›Revolution N° 1‹ *(Engels)*, da erst sie Geschichte konstituiert. Sie

[28] Antonio Gramsci, Philosophie der Praxis, Frankfurt 1967, S. 24.

ist nicht die erste geschichtliche Revolution, aber sie erst hebt die Vorgeschichte auf. Sie ist daher als Produkt und Produzent der Geschichte zugleich zu verstehen. Das aber unterscheidet sie von allen vorangegangenen Zwangsänderungen. Entsprechend der marxistischen Sicht sind die Umwälzungen während der ›Vorgeschichte‹ also als vorbereitende Entwicklungsetappen zu deuten. Sie sind, so gesehen, Reformen der jeweils vorherigen Gestalt der gesellschaftlichen Form des Stoffwechsels mit der Natur (MEW 3, S. 74), aber sie bleiben gleichsam biosoziale Verkehrsformen, weil sie vorsozialistisch nur die Selbstbewegung des Privateigentums ausmachen. Das beschränkt ihre Änderungsreichweite gleich in mehrfacher Weise. Mögen sich auch – z. B. beim Übergang zum Kapitalismus – Einblicke in ihre Bedeutung als Fortschrittsvehikel einstellen, so stehen diese dennoch unter einem falschen Vorzeichen. Nicht die gesellschaftliche Verursachung von Revolutionen steht auf dem Spiel, diese sind vielmehr als anfallartige Spannungsreduzierungen unbegriffener gesellschaftlicher Basalprozesse einzuordnen. Der Grad ihrer Bewußtheit ist ebensowenig ausreichend wie die Möglichkeit, die Gesellschaft tatsächlich schon bewußt zu gestalten. Folglich ist auch der Stand der sozialtheoretischen Reflexion beschränkt. Stellen Revolutionen gleichsam beiläufige, wenn auch tätige, ›Abhäutungen‹ *(Marx)* veralteter Zustände dar, dann hat sich im Überholten das Neue ausgebildet, und die Innovation ist durchaus traditionell. Verfolgt man diesen Vorgang auf der Ebene konkreter Interessenkonflikte, also als Klassenkampfverlauf, läßt sich als Merkmal aller bisherigen Revolutionen ausmachen: Die revolutionären Protagonisten hatten immer innerhalb des Abgelösten bereits die Mittel der Änderung akkumuliert. Das gerade macht die Unabänderlichkeit der Weiterentwicklung aus (MEW 4, S. 372). Die Sozialgeschichte produziert also revolutionär-diskontinuierliche Schübe im Interesse der Eigentums-Kontinuität. Für diese Vorgeschichte erstellt der Marxismus eine akkurate Theorie der Revolution. Im Rahmen einer soziologischen Totalitätsbeschreibung kann er Modelle gesellschaftlicher Konfliktpolarisation entwickeln. Die interessengetriebene Desintegration von Sozialkörpern zum Wohle ihrer höheren proprietären Neuformierung wird plastisch. Da deren Revolutionsträger höchstens ein Bewußtsein *ihrer* Interessen auszubilden haben und weil die Interessen-Entwicklung als Zerfallprozeß der jeweiligen Gesellschaftsformation geschieht (MEW 4, S. 372; 18, S. 273), wird von einer Erklärung dieser Revolution gleichsam nur eine präzise Beschreibung der ›organischen‹, von der Änderung des Produktionsprozesses mitproduzierten Bewußtseinsstrukturen als der *nichtbefriedigten Interessenstrukturen* verlangt. Der

revolutionäre Interessenbegriff aller vorsozialistischen Revolutionen war immer entwicklungskonform, mag er auch nie ideologiekonform gewesen sein.
Beim Übergang zum Sozialismus wird diese Tradition aber zum Problem. Es kann keine Analogie zwischen den bisherigen Übergängen und der sozialistischen Systemtransformation geben, obschon das bei *Marx* und *Engels* zum Zweck der Verdeutlichung oft anklingen mag (z. B. MEW 4, S. 347 und S. 467). Handelt es sich nun doch nicht länger um die Verpuppung zu einer entwickelteren Form der Eigentumsverwaltung, sondern um das Geschick des Eigentums selber. Es können darum auch nicht mehr die am Bestehen (wenn auch in neuer Form) des Eigentumsystems Interessierten, also die bislang noch nicht zum Zuge gekommenen Eigentümer revolutionär werden. Zum erstenmal in der Geschichte sollen die Nichteigentümer die Revolution tragen – und zwar nicht im Interesse von Eigentum, sondern im Interesse einer kollektiven Verfügung über die Produktionsmittel. Nicht unverständlich, daß sich die überkommenen Maßstäbe im revolutionstheoretischen Feld ändern müssen, weil die Struktur des Interesses selbst anders wird, wenn das revolutionäre Wunschbild das Nichthabenwollen als neue Weise des Habens anstrebt. Ganz dezidiert spricht der Marxismus demzufolge von einer *Revolution der Ohnmächtigen,* deren gemeinsames Interesse eher ihre Randständigkeit ist als – wie bei früheren Revolutionen – ein Vermögen, das es revolutionär zu sanktionieren gilt. Diese Revolutionäre kommen zwar aus der Masse der Bevölkerung, ihr Reservoir ist in diesem Fall sogar die Bevölkerungsmehrheit, ihre Motivation ist aber verglichen mit allen bisherigen Revolutionen als im system-materiellen Sinne inhaltsleer zu bezeichnen.
Dieser Umstand gerade macht es erforderlich, daß der Marxismus die transkapitalistische Revolution im besonderen Maß als *Bewußtseinsrevolution* deklariert. Wenn ich nicht materiell motiviert bin, muß ich wenigstens ideell interessiert sein, um überhaupt die Beschaffenheit der sozialistischen Offerten begreifen zu können. Hier aber ergibt sich ein Zwiespalt, den *Marx* in bezug auf die sozialistische Systemtransformation unterschätzt hat. Denn nicht nur die Wirkungs-, sondern auch die Auslegungsgeschichte kann belegen, daß der Marxismus offensichtlich nicht eindeutig genug die wissenschaftliche Gewißheit, wie sie sich aus den vorsozialistischen Revolutionsschüben herleitet, hinsichtlich der proletarischen Neustrukturierung des geschichtlichen Verlaufes begründet hat. Da *Marx* und *Engels* den Marsch der sozialistischen Umwälzung als innerkapitalistische, also auch subjektlos-naturhafte Entwicklung beschreiben (»Das Kapital selbst ist der prozessie-

rende Widerspruch«[29]), mag es so scheinen, als ob der den Kapitalismus aufhebende Akt selbst noch eine unmittelbare Folge, ein Teil oder gar der Inhalt dieser naturhaften Bewegung sei — obgleich er doch deren Beseitigung zum Thema hat. Ein äußerst komplexer Vorgang also, in dem die Tradition des Unbewußten und Entfremdeten subjekthaft werden, die geschichtliche Kontinuität selbst diskontinuierlich umschlagen soll. Dieser Augenblick, die sozialistische Revolution, wird deswegen konditioniert durch eine Art vorrangiger soziokultureller Entziehungskur, die zwar noch *in* dem naturhaften Umfeld stattfindet, aber bereits diesem Zustand nicht mehr verpflichtet ist. Keine objektive Dialektik erzwingt jedenfalls, worauf *Bon/Burnier* noch einmal verwiesen haben[30], eine Handlungsdeterminierung der Sozialakteure durch die Verlaufslogik des ökonomischen Globalsystems — zumindest nicht unter den erwähnten Voraussetzungen, daß die bisherige Revolutionsmotivation (Interessen) obsolet geworden ist. Dieser Prozeß wird bei *Marx* als Verlauf und Organisation des Klassenkampfes vorgestellt. Dazu sieht sich der tatsächliche Ablauf der Auseinandersetzungen als Ausgangspunkt der Bewußtwerdung der Überwindbarkeit des Zustandes ausgegeben, so daß gleichsam der erst partielle Defensivkampf (als ökonomische Vorteilssuche) münden soll in eine ideologisch-politische Distanzierung vom System. Diese Erweckungsauffassung ist aber keineswegs klar definiert, weil sie auf eine eigentümliche Weise von der oppositionellen Bewußtheit auszugehen scheint, die doch als ihre Leistung zu verstehen ist. Überdies setzt *Marx* auch noch eine Einfluß-Ambivalenz des Kapitalismus voraus, die bald durch eine bewußte und gezielte Integration (z. B. als Verschulung der Gesellschaft) und mit Hilfe von Verbotsstrategien abgebaut wurde. Der beschriebene Kampf ließe sich also ebenso gut als konflikthaft begreifen, nicht aber bereits als antagonistisch, auch wenn derart die Widersprüchlichkeiten des Systems objektiv hervortreten.

Marx hat im Rahmen einer revolutionären Geschichtstheorie eine ökonomische Ursachenerklärung aller vorsozialistischen Wandelvorkommen gegeben und auch die Ermöglichung revolutionärer Situationen — entsprechend der Genese — im Verlauf der Krisenentwicklung des Kapitalismus aufgewiesen. Aber er hat in diesem Zusammenhang keine geschlossene Theorie der sozialistischen Revolution ermittelt, da seine ökonomischen Schlüsse und seine Aussagen über eine Art Bewußtseinsrevolution keineswegs in einem stimmigen Theorie-Praxis-Verhältnis zueinander stehen. So lassen sich die Teile

[29] Marx, Grundrisse, (Anm. 19), S. 593.
[30] F. Bon/M.-A. Burnier, Classe ouvrière et révolution, Paris 1971, S. 92 f.

seiner Revolutionslehre (Ökonomotorik/Tat) zweifellos aufeinander beziehen, sie versichern aber keinesfalls eine der genetischen Revolutionstheorie entsprechende gesetzmäßige Übergangsgewißheit. Bei allem revolutionären Pragmatismus, den *Marx* vertreten hat, bleibt es daher ein Mangel, daß er keine revolutionäre Eingreif-Grundsätzlichkeit in systematischem Sinn entwickelt hat. Vielmehr ließen sich Revolutionen sozusagen als ökonomisch-automatische Vorgänge, als reine ›Aufklärung der Köpfe‹ *(Karl Diehl)* oder aber als simpler Aktivismus isolieren und daher mißverstehen.

Bekanntlich hat *Marx* die politische Ökonomie als kritische Anatomie (MEW 12, S. 8), jedoch nicht auch als revolutionäre Psychodynamik der bürgerlichen Gesellschaft angewendet. Eher umgekehrt legte diese Anatomie notwendig die Pathogenese der bürgerlichen Bewußtseinsdominanz offen. Dennoch unterstellt *Marx* die Verwandelbarkeit der Klasse an sich in eine Klasse für sich. Demnach aber *kann* die sozialistische Revolution *nicht länger* »von dem Willen und der Leitung einzelner Parteien und ganzer Klassen durchaus unabhängig« sein, wie *Engels* es 1847 postuliert hatte (MEW 4, S. 372). Mag sich, wie gesagt, auch früher »ausnahmslos und unerbittlich die ökonomische Entwicklung Bahn gebrochen« haben (MEW 20, S. 170), kann die Revolution der Enteigneten jedenfalls nicht mehr als eine *direkte* Folge ökonomischer Begebenheiten gelten, selbst wenn man diese vorsichtig als Bedingung der Ermöglichung nicht so sehr der revolutionären Notwendigkeit, wohl aber einer revolutionären Situation beschreibt. *Engels'* Aussage von 1893, »wir sind Evolutionisten« (MEW 22, S. 542), ist daher revolutionär gesehen falsch, weil die Revolution noch immer als kapitalistischer Prozeß betrachtet wird, während sie doch gerade seine Beendigung beabsichtigt. Überdies scheint *Engels* auch die Integrations- und Vermeidungsleistung der bewußten Gegenrevolution zu übersehen. Aber auch über das Werk von *Marx* finden sich ökonomotorische Vereinfachungen verteilt.[30a] Dem entsprechen Formulierungen, die dem potentiellen Revolutionsträger ein gleichsam automatenhaftes Verhalten zumuten (MEW 2, S. 38). Alles in allem sind diese Aussagen aber, soll *Marx* selbst nicht eine Verwechslung von Vorgeschichte und Geschichte angelastet werden, hermeneutisch zu deuten als bloße Veranschaulichungen der revolutionären Ermöglichung. Sie setzen die bisher hinreichende Kausalität (Systemkrisen) von Revolutionen in Beziehung zu ihrer neuerlichen Ermöglichung — mehr aber nicht. Sicher läßt sich auch die Durchkapitalisie-

[30a] Vgl. z. B. MEW 3, S. 73 f / 4, S. 467 f / 13, S. 9 /Grundrisse der Kritik der der Politischen Ökonomie, Berlin 1953, S. 635 f / ebd., S. 593 f / MEW 23, S. 12 sowie S. 790 f / MEW 27, S. 453.

rung als Prozeß der (wenn auch unbewußten) revolutionären Vermassung beschreiben. Auf keinen Fall aber können die objektivistischen Einzelaussagen meinen, das Werden des Kapitalismus trage durch die ihm inhärente Vergesellschaftung der Arbeit den Sozialismus (gleichsam als Staatskapitalismus) bereits in sich. Eine derartige Folgerung würde nicht nur die Sozialismussicht bei *Marx* auf eine Art additive Selbst-Verbesserung des Zustandes zuschneiden. Die von *Marx* immer wieder vorgenommene Beschreibung der Revolution als ›Negation der Negation‹ (z. B. MEW 23, S. 791) wäre überflüssig. Die Veränderung der ökonomischen Grundlagen bildet die ursprüngliche Ermöglichung der sozialistischen Revolution, ist sie aber nicht selber. So gesehen entpuppt sich die *Marx*sche Analyse der Revolutionsermöglichung (vgl. MEW 18, S. 633) als Scheinobjektivismus – dem *Marx* allerdings in politischer Absicht zumindest formulatorisch oft zu weit gefolgt zu sein scheint. In Wirklichkeit ist die rigide Trennung von vorgeschichtlich-unbewußten Revolten und der bewußten Richtungsänderung der Geschichte selbst aufrechterhalten. Gerade sie aber zeichnet, um das noch einmal zu betonen, für die Schwierigkeiten bei der Rekonstruktion einer Theorie der Revolution des Marxismus verantwortlich.

Halten wir fest: Laut *Marx* kann die gleichsam naturgeschichtlich-naturgesetzliche Versicherung einer immanent-soziologischen Entwicklung kapitalistischer Widersprüche – die strukturell denen der anderen vorgeschichtlichen Formationen (wenn auch auf erweiterter Stufenleiter der Reproduktion) identisch sind – nichts anderes implizieren als eine quasideterministische Bestätigung der *Ermöglichung* revolutionärer Konstellationen. Stellt die Ermöglichungsuntersuchung aber zugleich eine Notwendigkeitsbeschreibung dar? Wie die Wirkungsgeschichte belegt, war diese Frage offensichtlich kaum eindeutig zu beantworten. Bejahen würde man diese Frage auf jeden Fall nur dürfen, wenn der Begriff ›Notwendigkeit‹ jeden hegelianischen Beigeschmack abstreift. Das haben die parteilichen Exegeten zumeist aber nicht durchgehalten; ihr eher mechanischer Notwendigkeitsbegriff im revolutionären Feld kann aber bei *Marx* eigentlich keine Bestätigung finden. Hier läßt sich ja keine objektive Dialektik ausmachen, die *direkt*, d. h. gesetzmäßig, eine Parallelität von Reifung mit der Intensivierung kapitalistischer Widersprüche und einer Revolutionierung des Proletariats bedingt. Würde man *Marx* in diesem Sinne eine *Strukturnotwendigkeit* unterstellen, so bliebe die Ungleichzeitigkeit von ökonomischer Logik und der Logik der sozialen Akteure unerklärt. Ebenso stehen die bei *Marx* aufgewiesenen Widerspruchsebenen – Produktivkräfte versus Produktionsverhältnisse / Kapital gegen Arbeit – nicht in einer unmittelbaren kausalen Beziehung zueinander, sondern sind nur im Falle der Revolution selbst dialektisch aufeinander bezogen.[31] Die Naturprozeßhaftigkeit kann also nur für die Vorgeschichte (MEW 37, S. 464) geltend gemacht werden. Mag sie auch für die Vorbereitungsphase der proletarischen Revolution noch als Movens angenommen werden (MEW 4, S. 181), so nicht mehr für diese selbst. Daher entfällt sie aber auch für die gegengesellschaftliche *Organisierung der Transformation*. Der bei *Marx* angesprochene Begriff der Notwendigkeit leitet sich vielmehr her aus seiner Definition (a) jener durch die Ausbildung der kapitalistischen Produktionsweise erzeugten Negativität (s. MEW 23, S. 790) und (b) aus der in diesem Zusammenhang möglichen Verfremdung der herrschenden Sozialnormalität (MEW 1, S. 381). »Wenn die sozialistischen Schriftsteller dem Proletariat eine weltgeschichtliche Rolle zuschreiben, so geschieht dies keineswegs«, schreiben *Marx/Engels* 1844 (MEW 2, S. 38), »weil sie die Proletarier für *Götter* halten. Vielmehr umgekehrt. Weil die Abstraktion von aller Menschlichkeit, selbst von dem *Schein* der Menschlichkeit, im ausgebildeten Proletariat praktisch vollendet ist, weil in den Lebensbedingungen des Proletariats alle Lebensbedingungen der heutigen Gesellschaft in ihrer unmenschlichsten Spitze zusammengefaßt sind, weil der Mensch in ihm selbst verloren, aber zugleich nicht nur das theoretische Bewußtsein dieses Verlustes gewonnen hat, sondern auch unmittelbar durch die nicht mehr abzuweisende, nicht mehr zu beschönigende, absolut gebieterische *Not* — den praktischen Ausdruck der Notwendigkeit — zur Empörung gegen die Unmenschlichkeit gezwungen ist, darum kann und muß das Proletariat sich selbst befreien.« Die Revolution bleibt also eine ökonomisch wie existentiell bedingte, dennoch aber bewußte *Tat*, die gegen die herrschende Normalität (Ausbeutung, Arbeitsteilung, Entmündigung ff) gesichert werden muß. Die vorgängig bewußtseinsbefreiende Anstrengung ist konditional! Damit aber entfällt die Übergangs-, nicht aber die sozialistische Notwendigkeitsgewißheit. Letztlich definiert sich der *Marx*sche Notwendigkeitsbegriff also finalistisch, weil sonst eher Elend und Regression, wie die Geschichte demonstriert, nicht aber Elend und Widerstand zusammen passen. Man sollte bei *Marx* also keine spätaufklärerische Zwangsdialektik von Lage-Einsicht-Widerstand suchen, die (man denke nur an das Debakel des Chartismus) schon zu seiner Zeit empirisch nicht mehr zu rechtfertigen gewesen wäre.

[31] Dazu Pierre Ansart, Sur la théorie des déterminismes sociaux chez Marx, in: (Anm. 25), S. 339–352; vgl. auch die Ausführungen von Maurice Godelier, System, Struktur und Widerspruch im ›Kapital‹, Berlin 1970, bes. S. 20 ff.

»Waren in allen längeren revolutionären Perioden die großen Volksmassen so leicht durch bloß plausible Vorspiegelungen der vorwärtsdrängenden Minoritäten zu gewinnen, wie sollten«, so fragt *Engels* 1895 (MEW 22, S. 514), »sie weniger zugänglich sein für Ideen, die der eigenste Reflex ihrer ökonomischen Lage, die nichts anderes (sind) als der klare, verstandesmäßige Ausdruck ihrer von ihnen selbst noch unverstandenen, nur erst unbestimmt gefühlten Bedürfnisse?« Diese Frage drängt sich allerdings auf. *Engel's* implizite Hoffnung, daß zwischen Lage und Lagebewußtsein eine Zwangsdialektik besteht, war zu dieser Zeit freilich bereits strapaziert, nachdem sich gezeigt hatte, daß die bürgerliche Gesellschaft es wohl verstand, mit Hilfe einer wissenschaftlich operationalisierten Bewußtseinsindustrie – die der Kapitalverwertung zugänglich gemacht wurde – selbst den Begriff der objektiven Bedürfnisse abzublocken. Unvermittelt, so war seit langem deutlich, erzeugt die Soziallage kein proletarisches und schon gar kein sozialistisches Bewußtsein. »Die Erkennung der Produkte als seiner eignen und die Beurteilung der Trennung von den Bedingungen seiner Verwirklichung als einer ungehörigen, zwangsweisen – ist ein enormes Bewußtsein«, so hatte *Marx* bereits 1857/1858 notiert (Grundrisse, S. 366). Wie enorm, das vermag die ›negative Integration‹ *(Dieter Groh)* aller Parteien der II. Internationale ebenso zu bezeugen wie der spätere Kurs einer sozialpazifistischen Systemopposition. Auf die eine oder andere Weise wurde dabei die Schlußfolgerung aufgegeben, daß gerade die bisher ungebrochene Integrationskraft des erfolgreichen Kapitalismus eine Revolutionssicht voraussetzt, die »das radikale Brechen mit den überlieferten Eigentumsverhältnissen ist« (MEW 4, S. 48). Aufgegeben zugunsten der Erwartung, daß die proletarische Revolution gleichsam als Spätestkapitalismus aufkommt.

Welche Revolutionierungs-Abläufe nun hat *Marx* im Auge gehabt? Welche organisatorischen Wege hat er gewiesen?

Wird die Theorie *nur* zur materiellen Gewalt, *sobald* sie die Massen ergreift *(Marx)*, dann hat die Theorie organisiert zu werden auf der Ebene der praktischen Kämpfe jener ›Klasse an sich‹. Vorausgesetzt ist, daß ohne Theorie kein Sozialismus möglich wird. Wir stehen hier also wieder vor der Tatsache, daß für *Marx* die Revolution vorrangig durch eine Art Ententfremdung der Massen bedingt ist. Da diese praktisch-ökonomischen Bestreben aber ein unbewußter Ausdruck von Systemwidersprüchen sind, muß in und an ihnen selbst klar werden, daß ihr Ziel, die sozial-politische Besserstellung, in einem Übervorteilungssystem nicht gelingen kann, ohne auch das System zu firmieren. Der ökonomische Kampf ist fraglos insgeheim ein systembestätigender Konflikt, vor allem dann, wenn er erfolgreich ist. Ein Konfrontationsbegriff, der nicht seinerseits der Integration verfallen soll, muß folglich hinreichend radikal auftreten und permanent vorgebracht werden. Angesichts überwältigender Warenverhältnisse mußte die sozialistische Umwälzungsleistung als *Programmrevolution* gedeutet werden, die einen geschichtlichen Zwangseingriff ansteuert. Als ›Hammerschlag der Revolution‹ *(Luxemburg)*, nicht als langsames Aufweichen des Befindlichen, sei eine sachgemäße Änderungsdefinition vorzunehmen. Die revolutionäre Partei durfte daher niemals ihre Symbolhaftigkeit als tätiges Überwindungsinstrument zugunsten bloßer Systemkonkurrenz aufgeben. Da die Bewußtseinsrevolution der Massen als Mindestbedingung ihrer revolutionären Initiative ausschließlich als Erkennen nicht nur des Rechts und der Möglichkeit der Zustandsüberwindung, sondern vor allem auch der Sinnhaftigkeit solchen Tuns gelingen kann, operiert die Systemopposition *als* Zwangswandel oder sie bleibt ein Teil des Alten. »Man redet sich und der Partei vor, ›die heutige Gesellschaft wachse in den Sozialismus hinein‹«, so kritisierte *Engels* noch 1891 (MEW 22, S. 234), »ohne sich zu fragen, ob sie nicht damit ebenso notwendig aus ihrer alten Gesellschaftsverfassung hinauswachsen und diese alte Hülle ebenso gewaltsam sprengen müsse wie der Krebs die seine.« Daß also die sozialistische Revolution weder sozialpazifistisch noch naturnotwendig interpretiert werden kann, schien einleuchtend und wird durch das Zwangswandelverständnis bei *Marx* (z. B. MEW 5, S. 64) bestätigt. Man hat folglich, um auf die oben angeschnittene Unklarheit, wie *Marx* zu verstehen sei, zurückzukommen, *Marx* selbst gleichsam revolutionär zu lesen. Was bedingt, daß man – auf dem Boden eines soziologischen Objektivismus – *Marx* vor einer objektivistischen Auslegung bewahren muß, wobei die Phasen der Revolutions-*Ermöglichung* und der Revolutions-*Auslösung* strikt zu unterscheiden sind. In diesem Sinne hat *Marx* in einem Brief an *J. B. von Schweitzer* 1865 die Alternative aufgezeigt (MEW 31, S. 446), daß die Arbeiterklasse revolutionär sei oder nichts.

Da für *Marx* keine Gewißheit des Sozialismus vorlag, blieb die proletarische Revolution eine theoretische wie praktisch-organisatorische Aufgabe. Zu ihrer Vorbereitung bot sich die Dualität von Aufklärung durch *Aktion* (ökonomische Abwehrkämpfe) und Aufklärung durch *Einsicht* (theoretische Bewußtwerdung) an. Genau in diesen Werdeprozeß – der zwar »Produkt der auf dem Kapital ruhenden Produktionsweise ist« (Grundrisse, S. 366 f), ohne aber deswegen gesichert zu sein – vermag die Vermeidungssoziologie zu intervenieren. Die Wirksamkeit dieser Eingriffe kann durch keine Abwartestrategie der Sozialopposition überspielt werden. Die These, oppositionelles Wohlverhalten sichere zumindest die Existenz ihrer Organisation, übersieht, daß sie damit eine mobilisierende Vorbildhaftigkeit verspielt. Der Kapitalismus ist aber seinerseits als ein andauernd wirkendes System nicht nur der Sozialverhältnisgewalt, sondern auch des Klassenkampfes von oben beschrieben worden. Die bürgerliche Konfliktsoziologie stellt diesen Tatbestand durchaus in Rechnung, wenn sie ihn auch naturalisiert. Der daher unaufgebbare Änderungs-Attentismus verlangt zwar keineswegs, die proletarischen Interessen nicht auch reformatorisch voranzutreiben und auf dem politischen Parkett Koalitionen einzugehen. Doch als endlicher Reformbegriff war vom Marxismus ein Revolutionsbegriff vertreten worden. Wird »von allen Produktionsinstrumenten (als) die größte Produktivkraft die revolutionäre Klasse selbst« ausgemacht (MEW 4, S. 181), so setzt ihre Entkettung danach voraus, daß durch freizügiges Ausnutzen aller Kontrolleinbußen des Systems die Revolution nicht als historischer Zufall aufgefaßt wird.

Jürgen Hentze

Aspekte der Revolutionstheorie Rosa Luxemburgs
Spontaneität, Aktion und Partei

I

Das Schlagwort von der Spontaneität ist vielleicht das erste, was viele assoziieren, sobald der Name *Rosa Luxemburgs* fällt. Mit welcher Wertung das geschieht, hängt natürlich ganz vom politischen Standort des einzelnen ab, auf jeden Fall gehen in sie Vorurteile ein, die wiederum von der Aufnahme und Manipulation bestimmt sind, welche ihr Werk seit ihrem Tod gefunden hat. Der Versuch zu einem angemessenen Verständnis kann an dieser Manipulation nicht einfach vorbeigehen, aber er ist auch nur dann aussichtsreich, wenn man zu den Originalquellen zurückgeht und sie vor dem zeitgenössischen Hintergrund begreift.

Die Frage, ob *Rosa Luxemburg* so etwas wie eine ›Theorie‹ oder ein ›System‹ hinterlassen hat, ist des öfteren gestellt und verschieden beantwortet worden. Zu einem ›System‹ wurden ihre Gedanken gerade da zusammengesetzt, wo es darum ging, ein System von Fehlern zu konstruieren, in dem *Rosa Luxemburgs* ›Spontaneitätstheorie‹ einen wichtigen Platz einnimmt.

Als die Parole von der ›Bolschewisierung‹ der Parteien vom 5. Weltkongreß der Kommunistischen Internationale Mitte 1924 ausgegeben wurde, bedeutete das für die Sowjetunion zunächst Sicherung des Aufstiegs *Stalins* durch Liquidierung des ›Trotzkismus‹. Die Gleichschaltung der kommunistischen Parteien der anderen Länder verlangte ebenfalls die Liquidierung abweichender Auffassungen. So entstand in Deutschland der ›Luxemburgismus‹ als Parallele zum ›Trotzkismus‹: »Die Überwindung der Fehler Rosa Luxemburgs wird der beste Weg zur Bolschewisierung der Partei (der KPD, J. H.) sein [. . .] Und das muß um so mehr geschehen, da viele Fehler Rosa Luxemburgs an die Fehler erinnern, die Genosse Trotzki seinerzeit gemacht hat.«[1]

In dem Maße, in dem in der Sowjetunion mit dem Aufstieg *Stalins* der ›Leninismus‹ konstruiert und zur offiziellen Staatsideologie erhoben wurde, entdeckte man in Deutschland im Denken *Rosa Luxemburgs* ein System von Fehlern, das der Verdammung anheimfallen mußte. Gleichzeitig konnte aber auch nicht auf sie als herausragende Vertreterin der proletarischen Bewegung verzichtet werden. So entstand die Tendenz,

[1] D. Manuilský, Zur Frage der Bolschewisierung der Parteien, in: Die Kommunistische Internationale, 6. Jg. 1925, H. 2, S. 149.

ihr fehlerhaftes Denken und ihre falschen oder zu spät erfolgten Entschlüsse im praktischen Handeln von ihrer entschlossenen und kämpferischen Haltung zu trennen, die moralische *Rosa Luxemburg* zum Vorbild zu erheben und ihre Lehre in vorgefertigte Schubfächer von Fehlern zu verstauen. Höhepunkt und Abschluß dieses Versuchs, *Rosa Luxemburgs* Leben zu heroisieren und ihre Aussagen zu tabuisieren, bildet wohl die zweibändige Auswahl ihrer Werke, die 1951 in der DDR erschien und die im ersten Band fast nur Schriften *Lenins* und *Stalins* gegen sie enthält, ihre eigenen Schriften, worauf sich diese beziehen, aber wegläßt, sowie die »kritische biographische Skizze« *Fred Oelßners* aus dem gleichen Jahre, die schon im Aufbau mit den zwei Hauptteilen ›Ein kämpferisches Leben‹ und ›Ein fehlerhaftes System‹ besagte Trennung vollzieht.[2]
Von dieser Linie ist man in der DDR inzwischen abgerückt. Davon zeugen vor allem die in ihrem hundertsten Geburtsjahr erschienene Biographie *Rosa Luxemburgs* und die ein Jahr vorher begonnene Gesamtausgabe ihrer deutschen Reden und Schriften, die auch einige polnische Arbeiten enthält.[3] Die Einführung dieser Gesamtausgabe und auch die Biographie gehen allerdings beide von einem dogmatischen, leninistischen Standpunkt aus, dem sie *Rosa Luxemburgs* Haltung so weit wie möglich anzunähern versuchen. Es zeigt sich hier immer noch die Angst vor einer möglichen Kritik, der man die sozialistische Grundlage nur schwer absprechen kann. *Rosa Luxemburg* muß sich also die Einordnung in den dogmatischen Zirkel Sozialismus = Leninismus = die bestehende Ordnung gefallen lassen, so daß man ihr ihre Fehler väterlich, in dem Bewußtsein, selbst den richtigen Standpunkt zu haben, nachsehen kann.
Ein Zitat aus dem Vorwort der Biographie zeigt ganz deutlich, daß es die Durchbrechung dieses Zirkels zu verhindern gilt: »Der Angriff auf den Leninismus im Namen Rosa Luxemburgs ist konterrevolutionär – expansiv gegen das sozialistische Lager gerichtet. Er zielt gegen zwei lebensnotwendige Bedingungen für den erfolgreichen Aufbau und das Vollenden des Sozialismus: gegen die Diktatur des Proletariats und gegen die führende Rolle der marxistisch-leninistischen Kampfpartei.«[4]
Nun ist es völlig unmöglich, mit *Rosa Luxemburg* gegen die Diktatur des Proletariats zu argumentieren, ebenso wie gegen die führende Rolle einer revolutionären Arbeiterpartei. Aller-

[2] Ausgewählte Reden und Schriften, Berlin 1951, und Fred Oelßner, Rosa Luxemburg. Eine kritische biographische Skizze, Berlin 1951.
[3] Anneliese Laschitza/Günter Radczun, Rosa Luxemburg. Ihr Wirken in der deutschen Arbeiterbewegung, Lizenzausgabe des Dietz Verlages, Berlin, Frankfurt/M. 1971, und Gesammelte Werke, Berlin 1970 ff.
[4] Ebd., S. 9 f.

dings läßt sie sich als Zeugin für Kritik an einer leninistischen Partei benennen, ebenso als Zeugin für Kritik an einer Diktatur dieser Partei. Aber auch hier muß man zwischen dem unterscheiden, was *Lenin* in einer bestimmten historischen Situation gesagt und praktiziert hat, und dem quasi zeitlosen Dogma, das in der Zwischenzeit daraus gemacht wurde.
Wurde unter dem Stalinismus eine Spontaneitätstheorie *Rosa Luxemburgs* konstruiert und verdammt, so gingen dieser Verfälschung umgekehrt auch im bürgerlichen Westen viele auf den Leim, die darin etwas besonders Positives und Sympathisches erblickten, das sich gerade auch — zum Teil mit antisozialistischer Komponente — gegen den dogmatischen Leninismus ausspielen ließ.
Die Zeit der ›außerparlamentarischen Opposition‹ ließ in der BRD das Interesse an *Rosa Luxemburg* stark anschwellen. Eine Zeitlang war sie eine der Personen, in denen diese Bewegung ihre Ahnen und Vorbilder entdeckte. Noch Anfang 1970 konnte eine billige Taschenbuchausgabe, die unter dem unpassenden aber modisch-aktuellen Titel ›Schriften zur Theorie der Spontaneität‹ einige ihrer wichtigsten Schriften zusammenfaßt, es innerhalb von zwei Monaten zu zwei Auflagen von insgesamt 18 000 Stück bringen.[5] Und mit der romantischen Welle bemächtigten sich auch die Illustrierten-Verlage *Rosa Luxemburgs* und verkauften sie als zarte und sensible Liebesbrief-Autorin.
So wie also das ›System‹ in der DDR *Rosa Luxemburg* mit entschiedenem Griff fest auf seine Seite holt, so gibt es in der BRD Tendenzen, sie mit sanfter Umarmung, die Gunst der Stunde nutzend, zum wenn auch kurzlebigen Konsumartikel zu machen und sie auf diese Weise ins ›System‹ zu integrieren. Heute ist das Interesse an ihr wieder zurückgegangen. Was Ende der sechziger Jahre für viele in der BRD ein praktisch-politisches Bedürfnis war, ist heute zum Teil vergessen oder hat sich bei denen, die sich unter wachsender politischer Abstinenz in die *Marx*-Exegese zurückziehen, in ein Interesse an *Rosa Luxemburg* als Theoretikerin der politischen Ökonomie gewandelt. Starke Beachtung findet sie allerdings bei den Jungsozialisten in der SPD, die sich in ihrer ›Doppelstrategie‹ aus der ›außerparlamentarischen Opposition‹ ableiten und hier gerade den Gedanken der Aktion aufzugreifen versuchen.

II

Rosa Luxemburgs Begriff von Spontaneität — und um mehr handelt es sich zunächst nicht — läßt sich sehr gut an einer

[5] Schriften zur Theorie der Spontaneität, Reinbek 1970.

kleinen polnischen Schrift aufzeigen, in der sie über die großen Massenstreiks in Rußland und Polen am Beginn der Revolution von 1905 folgendes schreibt: »Dieser Aufstand, diese Streikbewegung war nicht überall eine bewußte politische Bewegung, ein großer Teil der Arbeiter in unserem Lande legte die Arbeit nieder, ohne genau das eigentliche Ziel und den Grund dieser allgemeinen Bewegung zu kennen.«[6] Und etwas weiter heißt es: »Aber gerade die Tatsache, daß die Arbeitermasse die Grundsätze der Sozialdemokratie *spontan* in die Tat umsetzt, daß eben der Klasseninstinkt sie in die Richtung der von der Sozialdemokratie verkündeten Ansichten führt, ist die beste Bestätigung unseres Programms und unserer Taktik, welche die Geschichte geben kann.«[7]

Der spontane Streik war also weitgehend instinktiv, politisch unbewußt, d. h. der Kategorie der Spontaneität fehlt noch das Element politischen Bewußtseins. Die Grundsätze der Sozialdemokratie beruhen im Sinne *Rosa Luxemburgs* auf der wissenschaftlichen Erkenntnis der bestehenden Produktions- und Klassenverhältnisse, und ihr Programm formuliert das unter den gegebenen Umständen historisch Mögliche und Notwendige. Wenn nun die Arbeitermasse Programm und Grundsätze der Sozialdemokratie spontan in die Tat umsetzt, so heißt das, Spontaneität ist die politisch noch unbewußte oder halbbewußte Reaktion auf die Produktions- und Klassenverhältnisse, sie ist also die erste, ursprüngliche Manifestation von Klassenbewußtsein.

In ›Sozialreform oder Revolution?‹ nennt *Rosa Luxemburg* die Tendenzen der kapitalistischen Entwicklung, auf die sich »die wissenschaftliche Begründung des Sozialismus stützt [...]: die wachsende *Anarchie* der kapitalistischen Wirtschaft, [...] die fortschreitende *Vergesellschaftung* des Produktionsprozesses, [...] die wachsende *Organisation und Klassenerkenntnis* des Proletariats, das den aktiven Faktor der bevorstehenden Umwälzung bildet.«[8] Während die beiden ersten Tendenzen den sozialistischen Umsturz objektiv möglich und nötig machen, hängt seine tatsächliche Durchführung von der Bereitschaft und Fähigkeit des subjektiven Faktors, des Proletariats ab. Wenn die ersten beiden Tendenzen sich mit quasi naturgesetzlicher Notwendigkeit entwickeln, unabhängig vom Willen der einzelnen Menschen, sowohl der Kapitalisten als auch des Proletariats, so bleibt als Raum für politische Tätigkeit nur die dritte Tendenz, und folgerichtig schreibt *Rosa*

[6] Politische Abrechnung, in: Rosa Luxemburg, Internationalismus und Klassenkampf. Die polnischen Schriften, hg. v. Jürgen Hentze, Neuwied/Berlin 1971, S. 283.
[7] Ebd., S. 285 f.
[8] Sozialreform, in: Rosa Luxemburg, Politische Schriften I, hg. v. Ossip K. Flechtheim, 3. Auflage Frankfurt/M. 1968, S. 53.

Luxemburg an anderer Stelle: »Zur Durchführung des Umsturzes ist heute nur eines notwendig: die Arbeiterklasse muß *verstehen*, daß die Abschaffung des Kapitalismus ihre Aufgabe ist, und sich zum Kampf in einer engen Organisation zusammenschließen.«[9]

Die Frage der Organisation — und hier unterscheidet sich *Rosa Luxemburg* deutlich von *Lenin* — hat sie eindeutig der Klassenerkenntnis untergeordnet. Damit werden Entwicklung und Verbreitung von Klassenbewußtsein zum zentralen Punkt ihres ganzen Denkens und Handelns; das politische Endziel, die sozialistische Revolution, wird zu einem, wenn man so will, bildungspolitischen Ziel.

Wenn die Arbeiter in ihren Aktionen zwar in die von der Sozialdemokratie als notwendig erkannte Richtung drängen, dies aber zunächst nur spontan und instinktiv tun, so besteht die Aufgabe der Partei gerade darin, »in diesen spontanen Geschichtsprozeß *Bewußtsein* einzubringen und ihn dadurch abzukürzen und zu beschleunigen.«[10] An anderer Stelle, in einer Rede zur Verteidigung der 1906 gegründeten Parteischule der SPD, die der theoretischen Fortbildung von ausgewählten Funktionären diente, drückt *Rosa Luxemburg* es so aus: »Sie (die Gegner der Parteischule, *Maurenbrecher*, *Eisner* und andere, J. H.) haben gar keine Ahnung davon, daß das Proletariat den Stoff aus dem täglichen Leben kennt, das Proletariat kennt ›den Stoff‹ besser als Eisner. Was der Masse nottut, ist die allgemeine Aufklärung, die Theorie, die uns die Möglichkeit gibt, den Stoff zu systematisieren und zu einer tödlichen Waffe gegen die Gegner zu schmieden.«[11]

Für *Rosa Luxemburg* hat die Sozialdemokratie also in erster Linie eine aufklärerische Funktion. Im Besitze der Theorie, in der Kenntnis der historischen Entwicklungstendenzen, bildet sie in Erfüllung dieser aufklärerischen Funktion die Vorhut im proletarischen Kampf. »Die Sozialdemokratie ist von Natur aus eine Partei, die die *Interessen* der gewaltigen Mehrheit des Volkes repräsentiert. Dennoch ist sie, was den Ausdruck des bewußten Willens betrifft, in der bürgerlichen Gesellschaft vorläufig eine Partei der Minderheit und strebt erst danach, eine Mehrheit zu werden. Aber nicht dadurch, daß sie in ihren Bestrebungen, in ihrer Politik, in ihrem Programm den Willen der Mehrheit des Volkes widerspiegelt, sondern im Gegenteil dadurch, daß sie den bewußten Willen durchaus nicht des ganzen Volkes, sondern nur der Klasse des Proletariats vertritt, und im Bereich sogar dieser Klasse hat die So-

[9] Was wollen wir? Kommentar zum Programm der SDKPiL, in: Internationalismus . . ., a.a.O., S. 82.

[10] Vorwort zu dem Sammelband ›Die Polnische Frage und die Sozialistische Bewegung‹, in: Internationalismus . . ., a.a.O., S. 216.

[11] Rede auf dem Parteitag der SPD 1908 in Nürnberg, in: Gesammelte Werke II, Berlin 1972, S. 256.

zialdemokratie nicht die Absicht, den Willen der Mehrheit zu vertreten, sondern sie drückt den Willen und das Bewußtsein der fortschrittlichen, der revolutionärsten Schicht des großstädtischen Industrieproletariats aus, aber sie bemüht sich, diesen Willen auszubreiten und ihm den Weg zur Mehrheit des arbeitenden Volkes zu bahnen, indem sie diesem erst seine eigenen Interessen bewußt macht. Der ›Wille des Volkes‹ oder seiner Mehrheit ist folglich für die Sozialdemokratie durchaus kein Idol, vor dem sie sich demütig beugt, im Gegenteil, die ganze historische Sendung der Sozialdemokratie beruht vor allem auf der Revolutionierung, auf der Bildung des ›Volkswillens‹, d. h. seiner arbeitenden Mehrheit.«[12]

Vertritt die Sozialdemokratie die Interessen zunächst des ›großstädtischen Industrieproletariats‹ und dann der ›gewaltigen Mehrheit des Volkes‹, so tut sie das, weil die Theorie das Industrieproletariat als diejenige gesellschaftliche Kraft aufweist, die allein Träger des historischen Fortschritts sein kann. Wenn *Rosa Luxemburg* von den ›Massen‹ oder von der ›gewaltigen Mehrheit des Volkes‹ spricht, so hat sie dabei, wie in dem Zitat bereits angedeutet, aber nicht nur das Industrieproletariat im Auge. In einem Artikel aus dem Jahre 1902 macht sie eine nähere Begriffsbestimmung, die sie allerdings nicht konsequent in allen ihren Schriften durchhält: »Zum Proletariat gehört wohl in erster Linie die Lohnarbeiterschaft als die ausgebeutete und unterdrückte Klasse sans phrase; dazu gehören aber auch Bevölkerungsschichten mit ökonomisch zwieschlächtigem Charakter, wie Kleinbürger und Kleinbauern, die, insoweit sie proletarische Interessen gegen ihre Ausbeuter und gegen die Klassenherrschaft des Staates haben, sehr wohl in die Agitation der Sozialdemokratie mit inbegriffen und in der gesetzgeberischen Tätigkeit der Partei vertreten werden können.«[13]

›Lohnarbeiterschaft‹ erscheint hier also als der engere Begriff, während zum ›Proletariat‹ alle die Gruppen insoweit hinzukommen, als ihre Interessen wie die der Arbeiterschaft auf die Überwindung des bestehenden Gesellschaftssystems gerichtet sind. Dennoch muß – um in dieser Terminologie zu bleiben – die Führung bei der Arbeiterschaft als der fortschrittlichsten Gruppe bleiben. In einem Artikel über die russische Revolution von 1905 wird deutlicher, wie sich *Rosa Luxemburg* das Verhältnis von Arbeiterschaft im engeren und Proletariat im weiteren Sinne vorstellt und worin hier die Aufgabe der Sozialdemokratie als der politischen Organisation der Arbeiterschaft besteht. Es muß allerdings beachtet werden, daß sie

[12] Nationalitätenfrage und Autonomie, in: Internationalismus ..., a.a.O., S. 265 f.

[13] Arbeiterbewegung und Sozialdemokratie, in: Gesammelte Werke I, 2, a.a.O., S. 255.

hier ›Proletariat‹ gerade im engeren Sinne von ›Arbeiterschaft‹ meint. »Es ist die Kardinalaufgabe des Proletariats, diese (revolutionären, J. H.) Anläufe (der Bauern, J. H.) möglichst unter seine Fittiche zu nehmen, die revolutionäre Seite der Agrarfrage im Interesse der Gesamtheit der Bewegung auszunutzen und ihre Lösung mit der gesellschaftlichen Entwicklung und den Interessen der Revolution in Übereinstimmung zu bringen [. . .] Das klassenbewußte Proletariat kann und muß, indem es sich auf revolutionäre Bewegungen anderer Volksschichten stützt, nur danach streben, seine eigene Mission zu erfüllen, der Gesamtheit der Bewegung die eigene Politik aufzudrängen, die gesamte Masse der revolutionären Armee selbständig zu leiten und die Macht in seine Hände zu bringen, denn nur der politisch bewußten, von ihrer Natur her revolutionären und selbständigen Klasse gelingt es nach Eroberung der Macht, das zu vollenden, was die unmittelbare historische Aufgabe der Revolution darstellt [. . .]«[14]

In diesen Sätzen liegt auch eine entscheidende Kritik der *Lenin*schen Bündnispolitik, wo sie so weit geht, durch die Verteilung des Landes an die Bauern zu privatem Eigentum gegen die Grundprinzipien des Sozialismus zu verstoßen. In gleicher Weise bedeutet *Lenins* Haltung in der nationalen Frage für *Rosa Luxemburg* eine Kapitulation vor den nicht-proletarischen Interessen anderer Schichten. Hier ist es gerade nicht gelungen, die revolutionäre Seite der Interessen nicht-proletarischer Schichten in den Dienst des Sozialismus zu stellen, und letzten Endes bedeutet das im Sinne *Rosa Luxemburgs* eine Kapitulation vor den utopischen Illusionen dieser Schichten, einen Verrat auch an deren eigentlichen Interessen.

Die aufklärerische Arbeit der Sozialdemokratie geht also über das Industrieproletariat, die Lohnarbeiterschaft hinaus. Sie muß auch, was ungleich schwerer ist, anderen benachteiligten Gruppen klar machen, daß sie ebenfalls nur vom Sozialismus die Lösung ihrer Probleme erwarten können. Hier gilt das, was *Rosa Luxemburg* in bezug auf die kleinbürgerlichen polnischen ›Sozialpatrioten‹ und deren Streben nach staatlicher Unabhängigkeit sagt: »Der dialektische Geschichtsprozeß hat den Vorteil, daß er, indem er irgendeine traditionelle Form der Befriedigung gesellschaftlicher Bedürfnisse unterminiert und beseitigt, gleichzeitig andere, neue Formen ihrer Befriedigung schafft. Die ›Interessen‹ jedoch, für deren Wahrung die gesellschaftliche Entwicklung überhaupt keine materiellen Bürgschaften gibt, sind gewöhnlich, wenn man sie näher besieht, im Grunde genommen veraltete, bankerotte oder überhaupt auch nur *eingebildete* ›Interessen‹.«[15]

[14] Die Lehren der drei Dumas, in: Internationalismus . . ., a.a.O., S. 270 f.
[15] Vorwort zu dem Sammelband (Anm. 10), S. 204 f.

Das Verhältnis zwischen den politisch noch weitgehend unbewußten Massen und der Sozialdemokratie als der bewußten proletarischen Organisation stellt sich für *Lenin* entscheidend anders dar. Die Kontroverse zwischen beiden in diesem Punkt hat sich ja am Problem der Behandlung des Opportunismus entzündet, und es ist *Georg Lukács* zuzustimmen, wenn er sie zu der Frage zuspitzt, »ob der Kampf gegen den Opportunismus, worin sie politisch und prinzipiell einig waren, ein *geistiger* Kampf *innerhalb* der revolutionären Partei des Proletariats sei, oder ob dieser Kampf sich auf dem Felde der *Organisation* zu entscheiden habe?«[16], zu der Frage also, ob sich der Wille zum revolutionären Endziel bei den politisch zwiespältigen Bevölkerungsgruppen durch Überzeugung beleben läßt oder, wie *Lukács* in Anlehnung an *Lenin* meint, ob das ein hoffnungsloses Unterfangen ist, so daß nur die organisatorische Trennung als Versuch der Reinhaltung bleibt. Wirft *Rosa Luxemburg Lenin* in der nationalen und in der Agrarfrage Kapitulation vor nicht-proletarischen Interessen vor, so kritisiert sie an seiner Haltung in der Frage der Organisation und der Demokratie gerade den Versuch, proletarische Interessen durch Abkapselung und Unterdrückung von nicht-proletarischen Interessen durchzusetzen, anstatt die Überzeugung in der offenen Auseinandersetzung zu wagen.

III

In ›Organisationsfragen der russischen Sozialdemokratie‹ hat *Rosa Luxemburg* neben einer Kritik der *Lenin*schen Organisationsprinzipien auch den Versuch unternommen, diese als spezifisches Ergebnis der besonderen Verhältnisse in Rußland zu erklären. Die Lehren, die sie selbst aus der sozialen Bewegung in Rußland und insbesondere aus der Revolution von 1905 zieht, sind nun allerdings ganz andere. Die Bedeutung der Aktion als Mittel der politischen Selbsterkenntnis betont sie zwar schon vor der ersten russischen Revolution, aber ihre Erfahrungen lassen diesen Gedanken bei *Rosa Luxemburg* nun ganz in den Vordergrund treten.
So schreibt sie in ›Massenstreik, Partei und Gewerkschaften‹, derjenigen Schrift, in der sie die Lehren aus der Revolution in Rußland für die deutsche Bewegung zieht: »Bei dem deutschen aufgeklärten Arbeiter ist das von der Sozialdemokratie gepflanzte Klassenbewußtsein ein *theoretisches, latentes:* in der Periode der Herrschaft des bürgerlichen Parlamentarismus

[16] Kritische Bemerkungen über Rosa Luxemburgs ›Kritik der russischen Revolution‹, in: Georg Lukács, Geschichte und Klassenbewußtsein, Neuwied/Berlin 1970, S. 439.

kann es sich als direkte Massenaktion in der Regel nicht betätigen; es ist hier die ideelle Summe der vierhundert Parallelaktionen der Wahlkreise während des Wahlkampfes, der vielen ökonomischen partiellen Kämpfe und dergleichen. In der Revolution, wo die Masse selbst auf dem Schauplatz erscheint, wird das Klassenbewußtsein ein *praktisches, aktives.* Dem russischen Proletariat hat deshalb ein Jahr der Revolution jene ›Schulung‹ gegeben, welche dem deutschen Proletariat 30 Jahre parlamentarischen und gewerkschaftlichen Kampfes nicht künstlich geben können.«[17]

Was *Rosa Luxemburg* hier gegeneinandersetzt — zwei Formen des Klassenkampfes und der Bewußtseinsbildung —, das gehört für sie zur Wellenbewegung des gesamten, langfristigen revolutionären Prozesses. Sie fährt dann nämlich fort: »Freilich wird dieses lebendige, aktive Klassengefühl des Proletariats auch in Rußland nach dem Abschluß der Revolutionsperiode und nach der Herstellung eines bürgerlich-parlamentarischen Rechtsstaates bedeutend schwinden oder vielmehr in ein verborgenes, latentes umschlagen. Ebenso sicher wird aber umgekehrt in Deutschland in einer Periode kräftiger politischer Aktionen das lebendige, aktionsfähige revolutionäre Klassengefühl die breitesten und tiefsten Schichten des Proletariats ergreifen, und zwar um so rascher und um so mächtiger, je gewaltiger das bis dahin geleistete Erziehungswerk der Sozialdemokratie ist.«[18]

Muß sich die Sozialdemokratie, um einen Ausdruck von *Marx* aufzugreifen, der *Rosa Luxemburgs* Auffassung genau trifft, »zum Organ dessen machen, was sich vor ihren Augen abspielt«[19], und muß sie nicht, wie *Lenin* meint, Klassenbewußtsein von außen an das Proletariat herantragen, weil es anders dazu nicht kommen kann, so bedeutet das für sie auch ständiges Lernen von den Massen. Die Theorie ermöglicht es ihr, den objektiven historischen Inhalt der subjektiven Massenstimmung und Massenaktion zu erkennen. Theoretische Erkenntnis und spontane Dynamik der Massen in konkreten Forderungen und Losungen, in einer konkreten Taktik zur Synthese zu bringen, das ist die Aufgabe der Sozialdemokratie.

Wie *Rosa Luxemburg* diesen Lernprozeß selbst vollzieht, läßt sich sehr gut aus ihren polnischen und deutschen Schriften über die erste russische Revolution erkennen. Ihr Gesamtwerk spiegelt diesen Lernprozeß in großem Maßstab wider, und in ihrem konsequenten Internationalismus geht sie dabei über die einzelnen, nach staatlichen Grenzen organisierten Arbei-

[17] Massenstreik, Partei und Gewerkschaften, in: Politische Schriften I, a.a.O., S. 197.
[18] Ebd., S. 197 f.
[19] Karl Marx, Das Elend der Philosophie, MEW 4, S. 143.

terbewegungen hinaus. Dabei fällt vor allem die Vermittlerrolle auf, die sie zwischen Ost- und Westeuropa zu spielen versucht hat. Ihre polnischen Schriften, vor allem vor 1905, sind von dem Versuch bestimmt, die Erfahrungen der westeuropäischen, vor allem der deutschen Arbeiterbewegung, die Prinzipien der deutschen Sozialdemokratie auch in Rußland und Polen fruchtbar zu machen. Nach 1905 sieht sie dagegen ihre Mission in Deutschland vor allem darin, daß hier die Lehren aus den revolutionären Ereignissen in Rußland und Polen gezogen werden.

Und hier ist es gerade die Bedeutung der Aktion, die sie der deutschen Sozialdemokratie klar zu machen versucht. Zwar lassen sich Massenaktionen, eben weil sie spontan entstehen, nicht künstlich propagieren, aber »(die Sozialdemokratie) kann und darf nicht mit verschränkten Armen fatalistisch auf den Eintritt der ›revolutionären Situation‹ warten, darauf warten, daß jene spontane Volksbewegung vom Himmel fällt. Im Gegenteil, sie muß, wie immer, der Entwicklung der Dinge *vorauseilen*, sie zu beschleunigen suchen. Dies vermag sie aber nicht dadurch, daß sie zur rechten und unrechten Zeit ins Blaue hinein plötzlich die ›Losung‹ zu einem Massenstreik ausgibt, sondern vor allem dadurch, daß sie den breitesten proletarischen Schichten den unvermeidlichen *Eintritt* dieser revolutionären Periode, die dazu führenden inneren *sozialen Momente* und die politischen Konsequenzen klar macht.«[20]

Die deutsche Sozialdemokratie bleibt für *Rosa Luxemburg* weit hinter dieser Aufgabe zurück. Der Konfliktstoff, der sich in den Jahren vor dem 1. Weltkrieg zunehmend anhäuft, wird von der SPD nicht genutzt, so daß *Rosa Luxemburg* sie in immer stärkerem Maße als Bremser der Massen, in denen sie in dieser Zeit immer wieder die Bereitschaft zum Aufbruch zu spüren glaubt, erlebt. Sucht man nach den Gründen für diese Entwicklung der deutschen Sozialdemokratie, so wird man einen gewichtigen in der Haltung ihrer theoretischen und politischen Führer finden. Die Massenstreikdebatte innerhalb der SPD läßt die unterschiedlichen Auffassungen über die Bedeutung der Aktion sehr deutlich zum Ausdruck kommen.

Rosa Luxemburg zitiert *Karl Kautsky*: »Hier in dieser Auffassung liegt der tiefste Grund der Differenzen über den Massenstreik, die zwischen meinen Freunden und mir bestehen. Sie erwarten eine *Periode des Massenstreiks*, ich vermag mir unter Verhältnissen, wie sie in Deutschland bestehen, einen politischen Massenstreik nur *als ein einmaliges Ereignis vorzustellen*, in den das ganze Proletariat des Reiches mit seiner ganzen Macht eintritt, als einen Kampf auf Leben und Tod, als einen Kampf, der unsere Gegner niederringt oder die Ge-

[20] Massenstreik . . ., a.a.O., S. 199.

samtheit unserer Organisationen und unsere ganze Macht für Jahre hinaus zerschmettert oder mindestens lähmt.«[21] Und sie antwortet darauf: »Wie kann in Deutschland jener große und ›letzte‹, jener apokalyptische Massenstreik, bei dem die stärksten Eichen krachen, die Erde berstet und die Gräber sich öffnen, überhaupt zustande kommen, wenn die Masse des Proletariats nicht vorher durch eine ganze *Periode* von Massenstreiks, von ökonomischen oder politischen Massenkämpfen dazu vorbereitet, geschult, aufgerüttelt wird?«[22]

Karl Kautsky und mit ihm, so kann man generalisierend und vereinfachend sagen, die Führung der deutschen Sozialdemokratie sehen in der Revolution ein einmaliges Ereignis, das irgendwann eintreten wird, sie sehen in ihr nicht den *Prozeß*, in dem die Sozialdemokratie die beschriebene avantgardistische Funktion übernehmen muß. Die sozialistische Revolution wird zu einem theoretisch gesicherten Ereignis von quasi mechanischer Notwendigkeit, sie ist nicht die Aufgabe, zu deren Erfüllung das Proletariat erst in der Praxis, erst in der freien Aktion fähig werden muß.

Als sich zwei Wochen vor ihrer Ermordung die KPD von der SPD endgültig abspaltet, ist denn auch eines der Hauptargumente, mit denen *Rosa Luxemburg* die Trennung begründet, die Notwendigkeit einer Organisation, die willens ist, die aktionsbereiten Massen in ihrem Sinne zu leiten, statt sie zu bremsen: »Die Masse muß, indem sie Macht ausübt, lernen, Macht auszuüben. Wir sind nämlich zum Glück über die Zeiten hinaus, wo es hieß, das Proletariat sozialistisch zu schulen. – Diese Zeiten scheinen für die Marxisten von der Kautskyschen Schule bis auf den heutigen Tag noch zu existieren. Die proletarischen Massen sozialistisch schulen, das heißt: ihnen Vorträge halten und Flugblätter und Broschüren verbreiten. Nein, die sozialistische Proletarierschule braucht das alles nicht. Sie werden geschult, indem sie zur Tat greifen. Hier heißt es: Im Anfang war die Tat; und die Tat muß sein, daß die Arbeiter- und Soldatenräte sich berufen fühlen und es lernen, die einzige öffentliche Gewalt im ganzen Reiche zu werden. Nur auf diese Weise können wir den Boden so unterminieren, daß er reif wird zu dem Umsturz, der dann unser Werk zu krönen hat.«[23]

Die organisatorische Trennung von der SPD nicht schon früher vollzogen zu haben, wirft *Lenin* den Linken in der SPD bereits 1916 in seiner Kritik von *Rosa Luxemburgs* Junius-

[21] Karl Kautsky, Eine neue Strategie, in: Die Neue Zeit 1909/10, Bd. 2, S. 374; vgl. Rosa Luxemburg, Die Theorie und die Praxis, in: Gesammelte Werke II, a.a.O., S. 407.

[22] Die Theorie und die Praxis, a.a.O., S. 408.

[23] Unser Programm und die politische Situation. Rede auf dem Gründungsparteitag der KPD, in: Politische Schriften II, 2. Auflage Frankfurt/M. 1968, S. 200.

Broschüre vor. Sie hat sich lange dagegen gewehrt, gerade aus der Befürchtung heraus, sich damit von den Massen, die unter dem Einfluß der SPD stehen, zu isolieren, und sie hat statt dessen bis zuletzt versucht, den revolutionären Willen in der Partei selbst zu beleben.

Sieht *Rosa Luxemburg* den Willen zum revolutionären Endziel in der deutschen Sozialdemokratie verloren gehen, erlebt sie, wie die Partei die krisenhafte Entwicklung vor und während des Krieges ohne entschlossenes Eingreifen treiben läßt, wie sie sich dadurch von den aktionsbereiten Massen entfernt und zum Komplicen der Herrschenden macht, so kritisiert sie umgekehrt *Lenins* Kurs, der durch eine rigide Organisationspolitik den Willen zum Endziel durchsetzen will und sich dabei wiederum von den Massen entfernt, weil er deren unabdingbare Freiheit unterdrückt. Daß daraus auf lange Sicht nichts Gutes entstehen kann, hat *Rosa Luxemburg* schon in ›Organisationsfragen der russischen Sozialdemokratie‹ sehr scharf und polemisch herausgestellt: »Jetzt aber stellt sich das ›Ich‹ des russischen Revolutionärs schleunigst auf den Kopf und erklärt sich wieder einmal für einen allmächtigen Lenker der Geschichte – diesmal in der höchsteigenen Majestät eines Zentralkomitees der sozialdemokratischen Arbeiterbewegung. Der kühne Akrobat übersieht dabei, daß das einzige Subjekt, dem jetzt die Rolle des Lenkers zugefallen, das Massen-Ich der Arbeiterklasse ist, das sich partout darauf versteift, eigene Fehler machen und selbst historische Dialektik lernen zu dürfen. Und schließlich sagen wir doch unter uns offen heraus: Fehltritte, die eine wirklich revolutionäre Arbeiterbewegung begeht, sind geschichtlich unermeßlich fruchtbarer und wertvoller als die Unfehlbarkeit des allerbesten ›Zentralkomitees‹.«[24]

Kann sich die geschichtliche Notwendigkeit nur in Freiheit durchsetzen, so ist damit auch etwas Entscheidendes über das Verhältnis von Endziel und Bewegung gesagt: sie sind auch in der Weise verbunden, daß die Mittel dem Zweck entsprechen müssen, nicht aber dieser jene heiligt. Das Endziel der Diktatur des Proletariats bedeutet Diktatur im Interesse und durch die gewaltige Mehrheit des Volkes über eine kleine Minderheit. Diese Diktatur im Interesse der endgültigen Beseitigung aller Klassenherrschaft, um das internationale Reich der Freiheit zu öffnen, muß größte Freiheit für diese Mehrheit einschließen, sie muß sich schon auf dem Weg zur Machteroberung entfalten. Nur wenn die Massen in dieser Freiheit zum Bewußtsein ihrer selbst gekommen sind, ist Sozialismus möglich, nur durch die freie Selbstbetätigung wird das einsichtig, was die historische Notwendigkeit verlangt.

[24] Organisationsfragen der russischen Sozialdemokratie, in: Politische Schriften III, Frankfurt/M. 1968, S. 105.

Rosa Luxemburg nimmt also in die Bewegung etwas hinein, was erst nach der Erreichung des Endziels voll verwirklicht werden kann. *Lenins* Versuch dagegen, das Endziel zu sichern, indem er die Demokratie beseitigt, »verschüttet [...] den lebendigen Quell selbst, aus dem heraus alle angeborenen Unzulänglichkeiten der sozialen Institutionen allein korrigiert werden können. Das aktive, ungehemmte, energische politische Leben der breitesten Volksmassen.«[25]

Rosa Luxemburgs Konzept ist eine offene Partei, die in die Massen hinein wirkt, sie weder um des revolutionären Endziels willen unterdrückt, noch unter Preisgabe des Endziels sich selbst überläßt. Für die Sozialdemokratie, die den fortschrittlichsten Teil der Gesellschaft vertritt, kommt es darauf an, zielstrebig und aufklärerisch in diese Gesellschaft immer weiter einzudringen, sich nicht abzukapseln und auch nicht treiben zu lassen, sondern die bestehenden sozialen Konflikte und ihre Ursachen aufzudecken, Reibungsflächen zu schaffen, an denen sich neuer Kampf entzündet, der weitere Teile der arbeitenden Mehrheit in den Kampf hineinzieht und sie ihre Interessen erkennen läßt. Von der Sozialdemokratie in Schwung gehalten, weitet sich der revolutionäre Prozeß, weitet sich das politische Bewußtsein der Massen spiralförmig aus, in immer größere Teile der Gesellschaft hinein.

IV

Es ist von leninistischer Seite des öfteren der Vorwurf eines gewissen historischen Fatalismus gegen *Rosa Luxemburg* erhoben worden, der die Möglichkeit der bewußten Beeinflussung des Geschichtsprozesses gerade durch eine nach *Lenins* Vorbild organisierten Partei unterschätzt und die aus den Produktions- und Klassenverhältnissen entspringende spontane Dynamik der Massen überschätzt, insoweit sie auf die Umwälzung des kapitalistischen Systems gerichtet sein soll. Dieser Vorwurf ist insofern richtig, als *Rosa Luxemburg* das Eingreifen der Partei in die historische Entwicklung fast ausschließlich als ein aufklärerisches, hier aber sehr energisches Eingreifen begriffen hat.

Gerade die Überzeugung von der geschichtlichen Notwendigkeit des Sozialismus in dem Sinne, daß als Alternative nur das Chaos bleiben wird, gab ihr die Möglichkeit, in dem Maße auf der Freiheit der Massen zu bestehen, wie sie es tat. Und sie konnte es tun als Vertreterin der stärksten und hoffnungsvollsten internationalen sozialistischen Bewegung, die es in der Geschichte bisher gegeben hat. Die wissenschaftliche Er-

[25] Die russische Revolution, a.a.O., S. 130.

kenntnis der historischen Notwendigkeiten gab *Rosa Luxemburg* die Überzeugung von der revolutionären Kraft der Aufklärung, den Glauben an die Fähigkeit der Massen zu Vernunft und Einsicht in die eigenen Interessen und an ihre Kraft zum Handeln aus dieser Einsicht heraus, eine Überzeugung, mit der sie sich in gewisser Weise als Erbin der bürgerlichen Aufklärung des 18. Jahrhunderts ausweist, ein Erbe, an das in geistesgeschichtlicher Hinsicht der Marxismus durchaus anknüpft.

Rosa Luxemburgs Kritik an *Lenins* Organisationskonzept, aber auch an seiner Haltung in der nationalen oder Bauernfrage läßt sich immer wieder auf den Punkt bringen, daß sie die Reinheit sozialistischer Prinzipien gegenüber der Politik verteidigt, die er um der Revolution in der konkreten Situation des Zarenreiches willen eingeschlagen hat. *Georg Lukács* hat in seinem oben zitierten Aufsatz sehr gut herausgearbeitet, daß *Rosa Luxemburgs* Kritik an der Oktoberrevolution eine illusionäre Kritik ist, die bei den gegebenen Verhältnissen einfach nicht befolgt werden konnte, wollte man den Erfolg der Revolution nicht überhaupt aufs Spiel setzen. Hier hat sich *Lenin Rosa Luxemburg* zweifellos als überlegen erwiesen. Der Erfolg des Praktikers *Lenin* in einer konkreten historischen Situation bringt aber auch die Frage nach der Aktualität seiner nun dogmatisierten Handlungsprinzipien gegenüber den Gedanken der – ungewollt – mehr philosophischen *Rosa Luxemburg* mit sich. Die Entwicklung oder Nicht-Entwicklung der Demokratie in der Sowjetunion, *Stalins* blutige Nationalitätenpolitik und die unter ihm ebenso blutig durchgesetzte Kollektivierung der Landwirtschaft bestätigen jedenfalls auf tragische Weise die *Luxemburgsche* Kritik.

Rosa Luxemburg hat selbst die Notwendigkeit der bolschewikischen Politik während und nach der Oktoberrevolution erkannt und das, was in ihren Augen Fehler waren, vor allem aus der internationalen Isolation des russischen Proletariats erklärt: »Die fatale Lage jedoch, in der sich die Bolschewiki heute befinden, ist mitsamt den meisten ihrer Fehler selbst eine Folge der grundsätzlichen Unlösbarkeit des Problems, vor das sie durch das internationale, in erster Linie das deutsche Proletariat gestellt worden sind. Die proletarische Diktatur und sozialistische Umwälzung in einem einzelnen Lande durchführen, das von starrer imperialistischer Reaktionsherrschaft umgeben und vom blutigsten Weltkriege der menschlichen Geschichte umtobt ist, das ist eine Quadratur des Zirkels. *Jede* sozialistische Partei müßte an dieser Aufgabe scheitern [. . .]«[26]

[26] Die russische Tragödie, in: Spartakusbriefe, hg. v. Institut für Marxismus-Leninismus beim ZK der SED, Berlin 1958, S. 459.

Wenn *Rosa Luxemburg* aber in dem gleichen Artikel schreibt: »Jeder politische Untergang der Bolschewiki im ehrlichen Kampfe gegen die Übermacht und Ungunst der geschichtlichen Situation wäre diesem moralischen Untergang vorzuziehen«[27], so kommt bei ihr wieder eine Auffassung zutage, die die Reinheit des sozialistischen Endziels über kurzfristige, auf Kompromissen beruhende Erfolge stellt.

Gleichzeitig wird hier wieder eine Geschichtsauffassung deutlich, die in ausgesprochen langfristigen Prozessen denkt. So wie *Rosa Luxemburg* in der polnischen Schrift ›Die Lehren der drei Dumas‹ die bürgerliche Revolution in Frankreich als einen Prozeß schildert, der sich über fast ein Jahrhundert in mehreren Wellen von 1789 bis 1871 erstreckt, so hat sie sich auch die proletarische Revolution nicht als ein einmaliges Ereignis vorgestellt, sondern als einen »mehr oder weniger langen historischen Zeitraum bewegter Klassenkämpfe mit kürzeren und längeren Pausen«[28].

Schon in ›Sozialreform oder Revolution?‹ hat sie ausgeführt, warum das nicht anders sein kann: »Zweitens aber läßt sich das ›verfrühte‹ Ergreifen der Staatsgewalt auch deshalb nicht vermeiden, weil diese ›verfrühten‹ Angriffe des Proletariats eben selbst ein, und zwar sehr wichtiger Faktor sind, der die *politischen* Bedingungen des endgültigen Sieges schafft, indem das Proletariat erst im Laufe jener politischen Krise, die seine Machtergreifung begleiten wird, erst im Feuer langer und hartnäckiger Kämpfe den erforderlichen Grad der politischen Reife erreichen kann, der es zur endgültigen großen Umwälzung befähigen wird. So stellen sich denn jene ›verfrühten‹ Angriffe des Proletariats auf die politische Staatsgewalt selbst als wichtige geschichtliche Momente heraus, die auch den *Zeitpunkt* des endgültigen Sieges mitherbeiführen und mitbestimmen.«[29]

Kompromißlos hat *Rosa Luxemburg* daran festgehalten, daß der Sozialismus nur das bewußte Werk der gewaltigen Mehrheit des Volkes sein kann, daß der endgültige Sieg der Partei des Proletariats »nicht am Anfang, sondern nur am Ende der Revolution« stehen kann.[30] Von der Spontaneität zu dieser Bewußtheit kann das Volk aber nur durch die freie und ungehemmte Aktion aufsteigen, »Schritt für Schritt auf dem Golgathaweg eigener bitterer Erfahrungen durch Niederlagen und Siege«[31]. So wäre für sie die Oktoberrevolution letztlich auch einer jener ›verfrühten Angriffe‹ gewesen, ohne die das sozialistische Endziel nicht erreicht werden kann.

[27] Ebd.
[28] Die Lehren . . ., in: Internationalismus . . ., a.a.O., S. 369.
[29] Sozialreform . . ., in: Politische Schriften I, a.a.O., S. 121 f.
[30] Was will der Spartakusbund?, in: Politische Schriften II, a.a.O., S. 170.
[31] Ebd.

Die Erfahrungen, die mit der Entwicklung des Sozialismus in der Sowjetunion und den anderen sozialistischen Ländern Europas gemacht wurden, weisen negativ die Bedeutung des *Luxemburg*schen Aktionsgedankens aus. Wo sich in der BRD neue Ansätze sozialistischen Bewußtseins zeigen, da wird er – wenn auch in vergleichsweise mikroskopischem Maßstab – positiv bestätigt. Es wäre auch einer Diskussion wert, inwieweit in der chinesischen Kulturrevolution dieser Gedanke seine Anwendung gefunden hat, insofern hier der Versuch gemacht wurde, die revolutionäre Umwälzung des Bewußtseins nachzuholen, die *Rosa Luxemburg* schon für die Zeit vor der endgültigen Machtübernahme durch die Partei des Proletariats fordert. Vieles spricht jedenfalls dafür, daß die prinzipienreine und auf den ersten Blick teilweise illusionäre *Rosa Luxemburg* hier einen Beitrag geliefert hat, der in seiner Bedeutung gar nicht überschätzt werden kann, soll mit dem Sozialismus das Reich der Freiheit, Gleichheit und Brüderlichkeit geöffnet werden.

Luigi Cortesi

Leninismus und Revolution
Betrachtungen über Lenins ›Staat und Revolution‹

I

Lenin verfaßte ›Staat und Revolution‹ im August/September 1917 und legte der Arbeit das Ende 1916 und Anfang 1917 in der Schweiz zusammengestellte Material zugrunde, das 1932 in der Sowjetunion unter dem Titel ›Marxismus und Staat‹ veröffentlicht worden ist. Die zentrale Problematik von ›Staat und Revolution‹ entstand also vor der Februarrevolution.[1] Nach dieser Revolution und nach den Juliereignissen, die ihren Charakter und ihre Grenzen offenbart hatten, arbeitete *Lenin*, der gezwungen war, Petrograd zu verlassen und sich in die Illegalität zu flüchten, das zusammengetragene Material aus. Die Broschüre wurde im Dezember 1917 in Druck gegeben und im Januar 1918 veröffentlicht. Die endgültige Abfassung erfolgte also vor der Oktoberrevolution. Und vor der Oktoberrevolution — aller Wahrscheinlichkeit nach im September/Oktober 1917 — entstand auch der Plan des VII. Kapitels, das der Analyse der Erfahrungen der Revolution von 1905 und der Februarrevolution in Rußland gewidmet sein sollte. *Lenin* konnte dieses Kapitel — das zur Klärung des Zusammenhangs zwischen seiner Untersuchung der Frage des Staates in den Jahren 1916—1917 und der revolutionären Entwicklung der Situation in Rußland von grundlegender Bedeutung gewesen wäre — nicht schreiben; es existieren nicht einmal die entsprechenden vorbereitenden Notizen. Statt dieses Kapitel auszuarbeiten, ›machte‹ *Lenin* die Oktoberrevolution; und als er sich einige Wochen danach entschuldigte, das Werk unvollständig vorzulegen, fügte er

[1] Ursprünglich hatte *Lenin* beabsichtigt, das gesammelte Material für »einen Artikel [. . .] über die Stellung des Marxismus zum Staat« in Nr. 3 oder Nr. 4 des *Sbornik Sozial-Demokrata* zu verwenden (der jedoch nach Nr. 2 sein Erscheinen einstellte): vgl. die Briefe *Lenins* an *A. Kollontai* vom 17. Februar und an *Inès Armand* vom 19. Februar 1917 und die Anmerkung 202 in Lenin, Werke, Bd. 35, Berlin 1962, S. 263, 265—266 und S. 561. Es muß erwähnt werden, daß der Artikel nicht nur gegen *Kautsky*, sondern auch — wenngleich nicht in erster Linie — gegen *Bucharin* gerichtet sein sollte. In ›Marxismus und Staat‹ sind in der Tat einige polemische Akzente gegen *Bucharin* enthalten (s. Marxismus und Staat, Berlin 1960), die in ›Staat und Revolution‹ dann nicht wieder aufgegriffen wurden.
Nach der Februarrevolution erklärte *Lenin* (im dritten der ›Briefe aus der Ferne‹ vom 11. März), daß er auf die von *Marx* und *Engels* durchgeführte Analyse der Pariser Kommune und auf die Polemik *Kautsky — Pannekoek* von 1912 in einem Brief oder einem besonderen Artikel eingehen wollte (vgl. Lenin, Werke, Bd. 23, Berlin 1957, S. 340). Durch die Rückkehr nach Rußland wurden diese Pläne damals durchkreuzt; sie konnten sich erst einige Monate später in ›Staat und Revolution‹ konkretisieren.

hinzu, daß es auf jeden Fall »angenehmer und nützlicher ist, die ›Erfahrungen der Revolution‹ durchzumachen, als über sie zu schreiben«. Um unsere Kenntnisse über die Vorstellungen *Lenins* zu dieser Frage zu vervollständigen, können wir allerdings auf andere Schriften *Lenins* aus demselben Jahr oder aus den Jahren danach zurückgreifen.

Aufgrund dieser Umstände kann das Werk *Lenins* – obwohl seine Vorbereitung, Abfassung und Veröffentlichung mit den Ereignissen des Jahres 1917 in Rußland eng verflochten sind – dennoch nicht als Ausfluß dieser Vorgänge betrachtet werden, sondern ist vielmehr das Ergebnis von Interessen und Überzeugungen, die in ihren grundlegenden theoretischen Linien schon vorher gegeben waren. Es ist anzunehmen, daß sich die Erfahrung der Zeit von Februar/April bis Juli in der Abfassung von ›Staat und Revolution‹ niedergeschlagen hat; das ließe sich allerdings – über die deutlich erkennbaren Anzeichen hinaus – nur im Wege einer äußerst sorgfältigen philologischen Untersuchung des Heftes ›Marxismus und Staat‹ nachweisen, an dem jedoch (abgesehen von dem Verzicht auf die gegen *Bucharin* gerichteten polemischen Akzente) bei der Abfassung von ›Staat und Revolution‹ offenbar strikt festgehalten worden ist. Es ist zweifellos bezeichnend, daß die Abfassung des Werkes in die für die Geschicke der Revolution entscheidenden Wochen fällt, d. h. in die Wochen, in denen *Lenin* und (nach internen Auseinandersetzungen, auf die wir noch zurückkommen werden) die Bolschewiki vom legalen Kampf und von der Vorstellung einer friedlichen Entwicklung der Revolution zur Vorbereitung des Aufstands übergingen; und es ist daher wahrscheinlich, daß *Lenin* in der damaligen politischen Erfahrung, in dem schnellen Ende der Periode der Legalität – in der sich der ›Zyklus der Entwicklung der Parteien‹ vollendet und erschöpft hatte – und in der Tatsache, daß das Proletariat zum unmittelbaren Angriff gegen den Staat übergegangen war, eine Bestätigung dessen gesehen hat, was er in der letzten Zeit seines Exils bereits als die ›Aufgaben der proletarischen Revolution gegenüber dem Staat‹ ausgearbeitet und definiert hatte.

Übrigens tritt die in ›Staat und Revolution‹ behandelte Problematik, die das Denken *Lenins* in jener Zeit stark beschäftigte, auch in seinen Schriften und politischen Aktionen vor und nach der Rückkehr nach Rußland deutlich zutage, ja, beherrscht den Geist und die Ausrichtung seiner Aktivität in jener Zeit. Hier wird bekanntlich das schmerzlichste Kapitel der Geschichte des vorrevolutionären Bolschewismus berührt. Über die Politik der Bolschewiki von der Februarrevolution bis zur Ankunft *Lenins* (und dann über die innerparteilichen, oft dramatischen Kontroversen der darauffolgenden Monate) wurde in der offiziellen Geschichtsschreibung der Stalinzeit ein Vorhang des Schweigens gebreitet, oder es wurde »einer bestimmten Anzahl von Genossen« eine schwankende Haltung vorgeworfen, wobei insbesondere *Kamenew, Rykow, Bubnow* und *Nogin* genannt wurden, die man bezichtigte, »eine halb-menschewistische Haltung« der »bedingten Unterstützung der Provisorischen Regierung und der Politik der Kriegshetzer« angenommen zu haben. Die wirklichen Positionen *Stalins* und der *Prawda* — die von Mitte März an praktisch unter der Leitung von *Kamenew, Muralow* und von *Stalin* selbst stand, der ihre Positionen teilte — wurden vollkommen verschwiegen. Mit dem Eintreffen *Lenins* und dem Vorschlag der ›Aprilthesen‹ sei angeblich »die ganze Partei« sofort für die Positionen *Lenins* gewonnen worden, mit »Ausnahme wiederum einiger isolierter Individuen wie Kamenew, Rykow und Pjatakow«[2].

Die ›Geschichte der KPdSU (B)‹ war jedoch ein Produkt der *Stalin*schen Diktatur in ihrer stabilsten Phase, in der Zeit ihres Triumphes über alle Gegner im Innern. In den Jahren dagegen, in denen die Alternativen und Kämpfe in der KP(B) noch im Gange waren und es noch eine kritische Kontrolle von seiten der Gegner *Stalins* gab, war er selbst zu Erklärungen und Zugeständnissen gezwungen gewesen, die ein wirklichkeitstreueres Bild seiner Positionen und der Haltung der Partei in den Wochen nach der Februarrevolution entwarfen. *Stalin* äußerte seine Selbstkritik im Laufe der Debatte, die *Trotzki* im Oktober 1924 mit der Veröffentlichung der Schrift ›Lehren des Oktobers‹[3] eingeleitet hatte, die sich ganz auf die polemische, instrumentelle, aber durchaus gültige Basis der Divergenzen innerhalb der Partei und ihrer Führungsgruppe im Jahre 1917 stützte. In der am 19. November 1924 gehaltenen Rede ›Trotzkismus oder Leninismus‹ sagte *Stalin* in bezug auf die Zeit nach der Februarrevolution:

»Die alte, vorrevolutionäre Plattform des direkten Sturzes der Regierung war klar und bestimmt, aber sie entsprach nicht mehr den neuen Kampfbedingungen. Jetzt konnte man nicht mehr direkt auf den Sturz der Regierung hinsteuern, denn die Regierung war mit den Sowjets verknüpft, die unter dem Ein-

[2] Geschichte der KPdSU (B), Moskau 1938. S. auch: G. F. Alessandrov, M. R. Galaktionov, V. S. Kruskov, M. B. Mitin, V. D. Mocialov, P. N. Pospelov, Giuseppe Stalin. Cenni biografici, Mosca, Edizioni in lingue estere, 1949, S. 50—51. Eine wissenschaftlich durchdachte Chronologie dieser Periode der Geschichte der SDAPR hat Giorgio Migliardi vorgelegt: Il Partito Operaio Social-Democratico Russo, II, 1905—1917, in: Annali des Istituto Giangiacomo Feltrinelli, V, 1962; s. insbes. S. 915—17.

[3] Leo Trotzki, Lehren des Oktober, in: Oktoberrevolution. Lenin, Trotzki, Preobrashenski, Vorwort von Bernd Rabehl, Berlin o. J. (Oberbaumpresse). Grundlegend zu dieser Frage sind auch andere Werke *Trotzkis*, vor allem die ›Geschichte der russischen Revolution. I. Die Februarrevolution‹, Berlin 1931, (Taschenbuchausgabe Frankfurt 1973), und Stalin, Köln 1952 (Taschenbuchausgabe, 2 Bde., Reinbek 1971) Kap. VII.

fluß der ›Vaterlandsverteidiger‹ standen, und die Partei hätte einen ihre Kräfte übersteigenden Kampf sowohl gegen die Regierung als auch gegen die Sowjets führen müssen. Aber man konnte auch nicht eine Politik der Unterstützung der Provisorischen Regierung betreiben, denn sie war eine Regierung des Imperialismus. Es bedurfte einer neuen Orientierung der Partei unter den neuen Kampfbedingungen. Die Partei (ihre Mehrheit) versuchte tastend zu dieser neuen Orientierung zu gelangen. Sie schlug eine Politik des Drucks der Sowjets auf die Provisorische Regierung in der Frage des Friedens ein und konnte sich noch nicht entschließen, sofort den Schritt vorwärts, von der alten Losung, Diktatur des Proletariats und der Bauernschaft, zu der neuen Losung, Macht der Sowjets, zu tun. Diese Politik der Halbheiten war darauf berechnet, den Sowjets Gelegenheit zu geben, an Hand der konkreten Fragen des Friedens das wahre imperialistische Wesen der Provisorischen Regierung zu durchschauen und sie dadurch von dieser loszulösen. Dies war jedoch eine zutiefst falsche Position, denn sie erzeugte pazifistische Illusionen, leitete Wasser auf die Mühle der ›Vaterlandsverteidiger‹ und erschwerte die revolutionäre Erziehung der Massen. Diese irrige Auffassung teilte ich damals mit anderen Parteigenossen und habe mich von ihr erst Mitte April vollständig losgesagt, als ich mich den Thesen Lenins anschloß.«[4]

Und in dem vom 17. Dezember 1924 datierten Vorwort zu der Schrift ›Auf dem Wege des Oktobers‹ erklärte *Stalin* im Hinblick auf die in der *Prawda* veröffentlichten Artikel: »Diese Artikel spiegeln gewisse Schwankungen der Mehrheit der Partei in den Fragen des Friedens und der Macht der Sowjets wider, zu denen es bekanntlich im März und April 1917 kam [...] Es ist nicht verwunderlich, daß es den Bolschewiki, die vom zaristischen Regime in die Gefängnisse und ins Exil verstreut gewesen waren, nicht gelang, die veränderte Situation sofort zu verstehen, als sie sich endlich von den entferntesten Orten Rußlands zusammenfinden konnten, um ein neues Programm auszuarbeiten. Es ist nicht verwunderlich, daß die Partei damals bei der Suche nach einer neuen Ausrichtung in der Frage des Friedens und der Macht der Sowjets auf halbem Wege stehengeblieben ist. Es bedurfte der berühmten ›Aprilthesen‹ Lenins, um die Partei mit einem Sprung auf den neuen Weg zu bringen [...] Ich teilte diese falsche Zielrichtung zusammen mit der Mehrheit der Partei und gab sie vollständig Mitte April auf, als ich mich den ›Thesen‹ Lenins anschloß.«[5]

[4] J. W. Stalin, Werke, Bd. 6, Berlin 1952, S. 298.
[5] Ich entnehme das Zitat dem Werk von W. H. Chamberlain, Storia della rivoluzione russa, 4. Auflage, Turin 1943, Bd. I, S. 161–62. Chamberlain zitiert nach Stalin, Auf dem Wege des Oktobers, Leningrad 1925, S. VIII. Dieser Passus

Stalin war damals genötigt, das Vorhandensein von Gegensätzen innerhalb der alten bolschewistischen Führungsgruppe — wenn auch widerwillig — zuzugeben, wobei er sie allerdings bagatellisierte oder als bedeutungslose Episoden in der allgemeinen Situation des Landes und der Partei hinstellte; aber der Kernpunkt seiner Polemik bestand eben in dem Nachweis, daß die Partei seit April im großen und ganzen einen einheitlichen Standpunkt vertreten hatte und daß *Trotzki* auf der anderen Seite während des ganzen Jahres 1917 diesen Standpunkt nicht geteilt hatte und isoliert gewesen war — was eine offensichtliche Fälschung darstellte, die sich in der Parteihistoriographie auch auf internationaler Ebene festsetzen sollte.

In der neueren sowjetischen Geschichtsschreibung ist die *Stalin*sche Version der ›Geschichte der KP (B)‹ allerdings nicht einmal in diesen grundlegenden Punkten revidiert worden, und die wenigen Neuerungen beschränken sich im wesentlichen auf eine Herabsetzung der Person und des Werkes *Stalins* in der Revolution durch die Anwendung derselben Methode, die sich in der *Stalin*-Ära eingebürgert hatte.[6] Eine beachtenswerte Ausnahme stellt der Artikel von *E. N. Burgialow* von 1956 dar[7], der einen bedeutsamen und zwingenden Beitrag zur Überwindung der früheren Schemata zu leisten schien, auch wenn ihm keine dialektische Geschichtsinterpretation zugrundelag und er sich auf eine vorsichtige Wiedereinführung von Quellen zurückführen ließ, die schon vor der *Stalin*schen Diktatur bekannt waren; und obwohl er selbst dem berechtigten Verdacht ausgesetzt war, sich eines Instrumentalismus im Sinne *Chruschtschows* und damals sogar besonders im Sinne *Molotows* zu befleißigen; aber (und hier wird es wirklich unmöglich, eine Logik, d. h. eine autonome Linie in der Entwicklung der sowjetischen Geschichtsschreibung zu erkennen) sowohl die oben zitierte Biographie *Lenins* als auch die neue ›Geschichte der KPdSU‹ lassen nicht nur

Stalins wurde aus den ›Werken‹ gestrichen (wo das Vorwort zu ›Auf dem Wege des Oktobers‹ auf den Seiten 320—358 des 6. Bandes der zitierten Ausgabe steht) und ist auch in ›Die permanente Revolution und der Sozialismus in einem Land‹ nicht wieder aufgenommen worden, wo die Schrift (auf S. 181—211) nach derselben Ausgabe der ›Werke‹ zitiert wird. *Burgialow* zitierte in seinem Aufsatz ›La tattica dei bolscevichi nel marzo — aprile 1917‹, ital. Übersetzung in: Rinascita, November 1956, S. 597—609, einen Teil des *Stalin*schen Textes (S. 603) und wies auf die Zensur hin.

Die in der *Prawda* erschienenen Artikel *Stalins* vom März 1917 sind in J. W. Stalin, Werke, Berlin 1952, Bd. 3, enthalten (wenngleich wir nicht wissen, ob vollständig).

[6] Vgl. Vladimir Ilij Lenin, hg. von P. Pospielov, V. Evgrafov, V. Zevin, L. Ilicev, F. Konstantinov, A. Kosulnikov, z. Liovina, G. Obickin, P. Fedosieiev, Rom 1961, S. 331 ff; Storia del Partito Comunista dell'Unione Sovietica, hg. von B. N. Ponomariov, I. M. Volkov, M. S. Volin, V. S. Zaitsev, A. P. Kuckin, I. I. Mints, L. A. Slepov, A. I. Sobolev, A. A. Timofeievski, V. M. Khvostov, N. I. Sciataghin, Rom 1960, Bd. I, S. 213 ff.

[7] E. N. Burgialov, La tattica . . ., a.a.O.

die — wenn auch impliziten — Schlußfolgerungen des Aufsatzes von *Burgialow* unberücksichtigt, sondern sogar die meisten der schon bekannten philologischen Elemente, die er wieder aufgegriffen hatte.
Schließlich steht fest, daß die Mehrheit der bolschewistischen Führer im März 1917 in Rußland eine — teilweise bis zur Befürwortung der ›Vaterlandsverteidigung‹ getriebene — Politik des Rückzugs auf menschewistische Positionen verfolgte, die sich auf die Ergebnisse der Februarrevolution oder allenfalls auf ein Programm der vollständigen Entfaltung und Aneignung dieser Ergebnisse stützte; und ebenso steht es fest, daß *Lenin* bei seiner Rückkehr vor allem innerhalb der Partei einen zähen Kampf führen mußte, um seine strategischen und taktischen Vorstellungen der Revolution durchzusetzen, denen eben die Analyse der Frage des Staates zugrundelag. Letzten Endes war es *Lenin*, der dieses Problem in den Mittelpunkt der Bestimmung der bolschewistischen Politik von April bis Oktober rückte. Wenn man sich das vor Augen hält, ist es nicht gewagt, die Hypothese aufzustellen, daß ›Staat und Revolution‹ nach dem Willen *Lenins* außer dem ursprünglichen Zweck der Polemik gegen *Kautsky* (aber auch — und das darf nicht vergessen werden — gegen *Bucharin*) auch dazu bestimmt war, innerhalb der Partei eine Klärung herbeizuführen und sie für eine revolutionäre Theorie und Praxis zu gewinnen, die den Aufgaben der damaligen politischen Situation und der Führung der Massenbewegung entsprachen.
Nach der Februarrevolution und bis zu seiner Ankunft in Petrograd hatte *Lenin* fast gar keine Kontakte zu den Genossen in Rußland. Eine einzige Schrift *Lenins* wurde im März in Rußland veröffentlicht, und zwar der erste der ›Briefe aus der Ferne‹; er erschien in der *Prawda*, gekürzt um einige wesentliche Passagen, in denen die Provisorische Regierung, die Sozialrevolutionäre und die Menschewiki kritisiert wurden.[8]
Der fünfte der übrigen vier ›Briefe aus der Ferne‹ wurde von *Lenin* nicht beendet: er war dabei, ihn zu schreiben, als er aus der Schweiz nach Rußland aufbrechen konnte. Der zweite, dritte und vierte Brief dagegen wurden nach Petrograd geschickt und trafen — nach Aussagen von *Nadeschda Krupskaja*, die uns absolut glaubwürdig erscheint — bei der *Prawda* ein, wo die Redaktion *Muralow-Kamenew-Stalin* offensichtlich beschloß, sie nicht zu veröffentlichen.[9] Alle bis dahin unveröffentlichten ›Briefe aus der Ferne‹ erschienen 1924, nach dem

[8] Siehe die zensierten Stellen in dem zitierten Aufsatz *Burgialows*. Die Schrift wurde in der *Prawda* am 21. und 22. März (3.–4. April) veröffentlicht, d. h. zur Zeit der Ankunft *Lenins* in Petrograd.

[9] N. Krupskaja, La mia vita con Lenin, Rom 1956, S. 291. Unverständlich ist in diesem Zusammenhang die Behauptung *Burgialows* (a.a.O., S. 604): »Leider trafen die Artikel Lenins offenbar nicht in Petrograd bei der Redaktion der *Prawda* ein.«

Tode *Lenins*, in der Zeitschrift *Bolschewik*. Die Kenntnis dieser Schriften ist von grundlegender Bedeutung, um die Position *Lenins* gegenüber den russischen Ereignissen festzulegen, die Meinungsverschiedenheit zwischen ihm und der bolschewistischen Führung in Rußland zu bestimmen und zu beurteilen und schließlich, um zu erkennen, wie tiefgreifend seine kurz zuvor betriebenen Studien über die Fragen des Imperialismus, des Staates und der Revolution sein Denken geprägt hatten. Es geht hier nicht darum, die sehr augenfälligen Spuren der kurz vorher durchgeführten Analysen *Lenins* in diesen Schriften wie auch in den späteren, im Jahre 1917 entstandenen Schriften und Reden aufzuzeigen, die beweisen, daß die theoretische Grundlage der ganzen politischen Aktivität und des ganzen Denkens *Lenins* in der revolutionären Periode, mit einem Wort: die Basis des ganzen Leninismus, in der Antwort auf diese Probleme liegt. Es handelt sich vielmehr darum, dieses innerste Wesen des Leninismus zu erfassen, das hauptsächlich in ›Der Imperialismus‹ und in ›Staat und Revolution‹ zum Ausdruck gekommen ist.

Das Urteil *Lenins* über die Februarrevolution als »erste Etappe der ersten Revolution«[10] und die taktischen und strategischen Schlußfolgerungen, die er daraus im Hinblick auf die Aufgaben des revolutionären Proletariats in Rußland ableitete, standen also in offenem Gegensatz zu der ersten Theoretisierung und dem praktischen Vorgehen der Führer der SDAPR in Rußland. *Lenin* war sich dessen wohl bewußt und befürchtete vor allem jenen Rückzug auf Positionen der Unterstützung der Provisorischen Regierung und der Annäherung an die anderen Parteien, der – wie wir gesehen haben – von der Parteiführung in Rußland und der *Prawda* tatsächlich praktiziert wurde. Die Haltung *Lenins* zu dieser Frage ist sofort, schon bei den ersten Nachrichten über die Revolution, ganz eindeutig.[11] Aber dargelegt und motiviert wird diese Haltung

[10] Bereits in dem Brief an *Alexandra Kollontai* vom 16. März ist die berühmte *Lenin*sche Definition der russischen Februarrevolution enthalten, mit einem Zusatz, der ihre Bedeutung noch unterstreicht: »›erste Etappe der ersten (durch den Krieg hervorgerufenen) Revolution‹« (vgl. Lenin, Werke, Bd. 35, a.a.O., S. 272).

[11] *Lenin* erfuhr die Nachricht vom Ausbruch der Revolution am 14. März aus den Züricher Zeitungen. Am 16. März schrieb er in dem oben zitierten Brief an *A. Kollontai:* »Das Wichtigste ist jetzt die Presse, die Organisierung der Arbeiter in der *revolutionären* sozialdemokratischen Partei. [. . .] *Keinesfalls* wieder nach dem Muster der II. Internationale! Keinesfalls zusammen mit Kautsky! Unbedingt ein *revolutionäreres* Programm und eine *revolutionärere* Taktik [. . .] mit dem Ziel der proletarischen *Welt*revolution und der Eroberung der Macht durch die ›Sowjets der Arbeiterdeputierten‹ (und nicht durch kadettische Gauner)« (S. 273). Und am 17. März heißt es in einem weiteren Brief an A. Kollontai: »Meiner Ansicht nach ist jetzt die Hauptsache, sich nicht auf dumme ›Einigungs‹-versuche mit den Sozialpatrioten (oder, was noch gefährlicher ist, mit schwankenden Elementen wie beispielsweise das OK, Trotzki und Co.) einzulassen und die Tätigkeit *unserer* Partei in konsequent *internationalem* Geist fortzusetzen. – Jetzt kommt es darauf an, die Arbeit zu erweitern, die Massen zu organisieren, neue Schichten zu erwecken, die rückständigen, ländlichen Schichten, die Dienstboten, kommt es darauf an, Zellen in der Armee zu bilden zur systematischen,

in den ›Briefen aus der Ferne‹ wo er an die Frage entschlossen und teilweise polemisch herangeht[12], wobei er sich immer von der Problematik von ›Staat und Revolution‹ leiten läßt: eine Problematik, die in der begeisterten Vorbereitung der Revolution und der kritischen Analyse, die sie begleitet und sie auf den Weg zur Macht und ihrer Bestimmung führt, eine eigene innere Dialektik im Denken *Lenins* und in den Parteidebatten aufweist. Der Kampf gegen die alten ›Formeln‹ des Bolschewismus, gegen die ›Lethargie‹ und das ›Festhalten am Gewohnten‹, gegen eine Interpretation des Marxismus, in der *Lenin* die Fortsetzung des unheilvollen Einflusses des Opportunismus und des ›Zentrismus‹ der Zeit der II. Internationale erblickte; die — im Zuge der dramatischen Ereignisse des Jahres 1917 und des Übergangs zu einer anderen Phase der Revolution vollzogene — Abkehr von der Vorstellung einer friedlichen Entwicklung der Revolution unter der Führung des bewaffneten Volkes und der Übergang zur Vorbereitung des Aufstands: dieser ganze Komplex von Ereignissen und Problemen, der sich nach den Julitagen mit der Zustimmung der ›aktiven Mehrheit der revolutionären Volkskräfte‹ zur Politik der Bolschewiki auflösen sollte, wird von *Lenin* durch das theoretische Prisma von ›Staat und Revolution‹ gesehen. Es gelang ihm, die bolschewistische Führung auf die entsprechende politische Plattform festzulegen und *Trotzki* für sie zu gewinnen, eine Tatsache, deren historische Bedeutung durch keinen Exorzismus und durch keine Vorbehalte gegen ihn als Menschen verdunkelt werden kann.

umfassenden Entlarvung der neuen Regierung und um die Eroberung der Macht durch die *Sowjets der Arbeiterdeputierten* vorzubereiten. Nur eine solche Macht *kann* Brot, *Frieden* und Freiheit bringen. — Jetzt gilt es, der Reaktion den Garaus zu machen, *nicht das geringste* Vertrauen, nicht die geringste Unterstützung für die neue Regierung (nicht das geringste Vertrauen zu Kerenski, Gwosdew, Tschchenkeli, Tschcheïdse und Co.) und *bewaffnetes Abwarten, bewaffnete Vorbereitung* einer *breiteren* Basis für eine *höhere* Etappe.« In einem Postskriptum fügte er hinzu: »Ich fürchte, daß man in Petrograd jetzt der allgemeinen *Krankheit* verfallen wird, sich ›einfach‹ zu begeistern, ohne systematische Arbeit für eine Partei von *neuem* Typus und *keinesfalls* à la ›II. Internationale‹ zu leisten« (S. 275 f).
Am selben Tag bereitete *Lenin* zusammen mit *Sinowjew* einen ›Thesenentwurf‹ vor, in dem dieselben Betrachtungen dargelegt waren und der mit der Ablehnung jedes *Blocks, Bündnisses* oder *Abkommens* schloß (Thesenentwurf vom 4. [17.] März 1917, in: Lenin, Werke, Bd. 23, a.a.O., S. 301—305; hier wird nicht erwähnt, daß *Sinowjew* an der Abfassung der Schrift beteiligt war, was jedoch aus dem Brief hervorgeht, den *Lenin* am selben Tag an *Alexandra Kollontai* schrieb [S. 274]).
Am 19. März schickte *Lenin* das folgende Telegramm an die bolschewistischen Führer in Rußland: »Unsere Taktik vollständiges Mißtrauen, keine Unterstützung der neuen Regierung; Kerenski besonders verdächtig; Bewaffnung des Proletariats die einzige Garantie; sofortige Wahlen zu der Petersburger Duma; keine Annäherung zu andern Parteien; [. . .]« (Werke, Bd. 23, a.a.O., S. 306).
Am 20. März begann *Lenin*, die ›Briefe aus der Ferne‹ zu schreiben, während er mit anderen Schriften und Briefen seinen Kampf gegen die Annäherung an andere Parteien und gegen jede Form der Unterstützung der neuen Regierung fortsetzte.

[12] *Lenin* billigte das Manifest des Zentralkomitees der SDAPR (das von *Molotow, Schljapnikow* und *Zaluckij* verfaßt worden war), das er auszugsweise in der *Frankfurter Zeitung* gelesen hatte (vgl. den Brief vom 25. März 1917 an *Kar-*

II

Nachdem der Rahmen abgesteckt ist, in dem die Themen von ›Staat und Revolution‹ wirksam werden und die politische Aktivität *Lenins* bestimmen, müssen wir uns der Entstehungsgeschichte der Schrift zuwenden. Da das Werk 1916 konzipiert und vorbereitet wurde, muß es in einem umfassenderen Kontext als dem der Geschichte Rußlands oder des russischen Sozialismus gesehen werden, in einem Kontext, der in seiner Perspektive vielmehr sowohl die beiden Revolutionen von 1917 umfaßt als auch die verschiedenen proletarischen und Volksbewegungen, die sich nach 1917 in Europa vollzogen, und letzten Endes den Beginn einer ganzen revolutionären Epoche im weltweiten Maßstab. ›Staat und Revolution‹ muß also im Zusammenhang mit dem Krieg von 1914, seiner Bedeutung in der modernen Geschichte und seinem Einfluß auf das Denken *Lenins* betrachtet werden. Eben vor dem Hintergrund des imperialistischen Krieges legt *Lenin* seine Schrift vor (Vorwort vom August 1917), wobei er einen unmittelbaren Zusammenhang zwischen dem Krieg selbst und der proletarischen Revolution auf weltweiter Ebene herstellt:

»Die Frage des Staates gewinnt gegenwärtig besondere Bedeutung sowohl in theoretischer als auch in praktisch-politischer Hinsicht. Der imperialistische Krieg hat den Prozeß der Umwandlung des monopolistischen Kapitalismus in staatsmonopolistischen Kapitalismus außerordentlich beschleunigt und verschärft. Die ungeheuerliche Knechtung der werktätigen Massen durch den Staat, der immer inniger mit den allmächtigen Kapitalistenverbänden verschmilzt, wird immer ungeheuerlicher. Die fortgeschrittenen Länder verwandeln sich — wir sprechen von ihrem ›Hinterland‹ — in Militärzuchthäuser für die Arbeiter.

Die unerhörten Greuel und Unbilden des sich in die Länge ziehenden Krieges machen die Lage der Massen unerträglich

pinski, in: Lenin, Werke, Bd. 35, a.a.O., S. 281, s. auch Bd. 23, S. 334 und S. 370 f. Nach *Lenins* Angaben stammt die Erklärung vom 5. März, während wir es für wahrscheinlich halten, daß es sich um das Dokument vom 26. Februar handelt; vgl. den zitierten Artikel von Migliardi, S. 915). Aber die Besorgnis *Lenins*, die in dem Brief vom 30. März an *Hanecki* (Werke, Bd. 35, a.a.O., S. 285–90) dramatische Töne annahm, ließ nicht nach. In dem dritten der ›Briefe aus der Ferne‹ (in dem der Zusammenhang zwischen der unmittelbaren politischen Analyse und der theoretischen Neubestimmung der Frage des Staates am deutlichsten hervortritt), in dem *Lenin* das Dokument des Zentralkomitees formal lobte, polemisierte er ausführlich und scharf gegen die Beteiligung an der Regierung und trat für eine revolutionäre Organisierung des Industrie- und Agrarproletariats und der Soldaten ein, eine Polemik, die vor allem den Petrograder Parteiführern galt. Der vierte Brief war gegen *Gorki* gerichtet, der sich für eine Teilnahme an der Regierung ausgesprochen hatte (aber ging natürlich weit über diesen polemischen Ansatzpunkt hinaus).

Was die Besorgnis *Lenins* wegen der Haltung der bolschewistischen Führer in Rußland und seine Kritik an der *Prawda* anbelangt, verweise ich auf den zitierten Aufsatz von *Burgialow*, S. 605, und die von ihm angeführten Quellen.

und steigern ihre Empörung. Sichtbar reift die internationale proletarische Revolution heran. Die Frage nach ihrem Verhältnis zum Staat gewinnt praktische Bedeutung.«[13]

Wir können die entscheidende Bedeutung des Jahres 1914 in der politischen und geistigen Biographie *Lenins* begreifen, wenn wir auf die Jahre davor und sein Verhältnis zum Sozialismus der II. Internationale zurückgehen. In diesem Zusammenhang ist es interessant, darauf hinzuweisen, was *Pio Marconi* im Vorwort zur italienischen Ausgabe von ›Staat und Revolution‹ in bezug auf die Schrift *Lenins* ›Zwei Taktiken der Sozialdemokratie in der demokratischen Revolution‹ ausführt. Diese Schrift ist 1905, d. h. in einer anderen bedeutenden revolutionären Periode, entstanden. »In der Zielsetzung einer revolutionären Regierung der Arbeiter und der Bauernschaft«, heißt es bei Marconi, »wird die Gültigkeit der (eindeutig an Marx anknüpfenden Betrachtung) über den politischen Charakter der Revolution und über die Unmöglichkeit, die Frage des Staates aus einer revolutionären sozialistischen Betrachtung auszuklammern, an der Realität gemessen.« Aber das Jahr 1905 ist auch ein für die Geschichte des europäischen Sozialismus, für die II. Internationale und für die theoretische Vorherrschaft der deutschen Sozialdemokratie entscheidendes Jahr. Im Hinblick darauf betont der Verfasser des Vorworts, daß sich in der Schrift ›Zwei Taktiken‹ ein Moment der theoretischen Analyse widerspiegelt, das in mancher Hinsicht der »klassischen Analyse der II. Internationale« nahekommt, insbesondere was die Frage des Verhältnisses zwischen Demokratie und Sozialismus anbetrifft.[14]

Wir können das Problem hier auf theoretischer Ebene nicht erörtern; und es muß darauf hingewiesen werden, daß zu der Frage keine kritischen Analysen vorliegen, auch wenn es nicht an Initiativen und Debatten gefehlt hat und die Untersuchung sich in ihrem Ansatz auf veröffentlichte und gängige Quellen stützen kann. Fest steht allerdings, daß auch *Lenin* und die russische Partei in ihrer Gesamtheit von den allgemeinen Merkmalen jener historischen Epoche des Sozialismus geprägt sind und daß ihre Originalität auf einer anderen Ebene zu suchen ist; auf jeden Fall nicht darin, daß sie außerhalb der institutionellen Struktur und selbst außerhalb der theoretischen Erfahrungen der II. Internationale gestanden haben. Eine korrekte Interpretation der Entstehung des Leninismus und des Bolschewismus muß anders vorgehen und kann auf keinen Fall auf eine allgemeine dialektische Konzeption des europäischen Sozialismus vor 1914 verzichten,

[13] Lenin, Staat und Revolution, in: Lenin, Werke, Bd. 25, Berlin 1960, S. 395 (alle Seitenzahlen im Text beziehen sich auf diese Ausgabe).

[14] Vorwort von Pio Marconi zu der italienischen Ausgabe von Lenin, Staat und Revolution, a.a.O., S. XVIII ff.

auch wenn der gegenwärtige Stand der Studien eine vorsichtige Formulierung nahelegen müßte, wie sie wahrscheinlichen, aber philologisch noch zu überprüfenden Hypothesen zukommt. Um die Hypothese zu bestätigen, genügen, wie gesagt, die gegenwärtig verfügbaren Quellen, auf die kurz verwiesen werden kann.

Gerade in der Schrift ›Zwei Taktiken‹ reagierte *Lenin*, dem von *Struve* ›Revolutionarismus‹ vorgeworfen wurde, gegenüber dem »der Revolutionarismus Bebels und sogar Kautskys als Opportunismus« erscheint, äußerst heftig, indem er an *Struve* die Herausforderung richtete, seinen Vorwurf zu beweisen. »Wo und wann habe ich den ›Revolutionarismus Bebels und Kautskys‹ als Opportunismus bezeichnet? Wo und wann habe ich versucht, in der internationalen Sozialdemokratie eine besondere Richtung ins Leben zu rufen, die mit der Richtung Bebels und Kautskys *nicht identisch* wäre?«[15]

Der tiefgreifende Einfluß, den *Kautsky* auf *Lenin* gehabt hat, läßt sich übrigens anhand der Schriften *Lenins* zur Agrarfrage nachweisen, die einige Jahre zuvor entstanden sind (›Der Kapitalismus in der Landwirtschaft‹, 1899; ›Die Agrarfrage und die »Marxkritiker‹, 1. Teil, der 1901 geschrieben wurde; aber man vergleiche auch das Vorwort zur ersten Ausgabe von ›Die Entwicklung des Kapitalismus in Rußland‹, 1899, wo die Schrift ›Die Agrarfrage‹ von *Kautsky*, die damals veröffentlicht worden war, als ein Buch bezeichnet wird, das »nach dem dritten Bande des ›Kapital‹ die bemerkenswerteste Erscheinung der neueren ökonomischen Literatur« ist, und wo *Lenin* »die volle Übereinstimmung zwischen den westeuropäischen und den russischen Marxisten [...] angesichts der neuesten Versuche der Vertreter der Narodniki-Ideologie, einen scharfen Trennungsstrich zwischen beiden zu ziehen«[16], betonte), d.h. in den Jahren der ›Agrarfrage‹ und der Polemik gegen *Bernstein*, in denen der Ursprung (und die Bedingungen) der ideellen Beziehung zwischen *Lenin* und *Kautsky* bis zum Krieg zu sehen sind.

Nach dem Stuttgarter Kongreß von 1907 wies *Lenin* darauf hin, daß die Bedeutung des Kongresses selbst »gerade darin (besteht), daß er die endgültige Festigung der zweiten Internationale und die Umwandlung der internationalen Kongresse in sachliche Tagungen manifestiert, die auf Charakter und Richtung der sozialistischen Tätigkeit in der ganzen Welt von größtem Einfluß sind«[17]. *Lenin* entging es nicht, ja er nannte es eine »bemerkenswerte und traurige Erscheinung«,

[15] Lenin, Zwei Taktiken der Sozialdemokratie in der demokratischen Revolution, a.a.O., Bd. 9, S. 54.
[16] Lenin, Die Entwicklung des Kapitalismus in Rußland, in: Werke, Bd. 3, a.a.O., S. 13.
[17] Lenin, Der internationale Sozialistenkongreß in Stuttgart, in: Werke, Bd. 13, a.a.O., S. 74.

daß sich in der deutschen Sozialdemokratie ein »opportunistischer Standpunkt« deutlich abzuzeichnen begann: aber er berief sich bei diesem Hinweis auf das damals noch unangefochtene Urteil *Kautskys*[18], dessen damalige Position auf keinen Fall mit der der rechten Elemente der Internationale und der deutschen Partei selbst identifiziert werden kann. Und ebenso wenig konnte *Kautsky* damals schon als Komplize des Opportunismus und – in seiner Eigenschaft als Theoretiker des ›Zentrismus‹ – als sein Vermittler gelten: dieser Begriff und die entsprechende politische Vorstellung tauchten erst später (1909–1910) in den Debatten der deutschen Sozialdemokratie auf[19] und nahmen in der Kritik *Lenins* erst seit Ausbruch des Krieges und der Abstimmung vom 4. August ihre endgültige Bedeutung an.

Bis unmittelbar vor Ausbruch des Krieges und dem Zusammenbruch der Internationale äußerte *Lenin* (und nicht nur er) seine Zustimmung und sein offenes Vertrauen zu der sozialistischen Weltorganisation und insbesondere zur deutschen Sozialdemokratie. In dem im August 1913 zum Tode des Führers der SPD geschriebenen Artikel ›August Bebel‹ gab er ein positives Urteil über das Werk der II. Internationale und der deutschen Partei und über die Zeit ihrer Blüte als »Periode des raschen Wachstums in die Breite und in die Tiefe, der Entfaltung nicht nur der politischen, sondern auch der gewerkschaftlichen, genossenschaftlichen, der Bildungs- und sonstigen Organisation der proletarischen Kräfte«, als »Periode der Vorbereitung und Sammlung der Kräfte der Arbeiterklasse, (die) in allen Ländern eine notwendige Etappe in der Entwicklung des internationalen Befreiungskampfes des Proletariats dar(-stelle)«[20]. Dieses Urteil nimmt auf der Ebene der Machtorgane der Arbeiterklasse die typische Vorstellung der II. Internationale des Übergangs von der bürgerlichen Demokratie zum Sozialismus wieder auf.

In den nach dem Zusammenbruch von 1914 verfaßten Schriften berief *Lenin* sich auf die in Stuttgart und – vor allem – in Basel gefaßten Resolutionen der II. Internationale als auf konsequente marxistische Positionen, die von der Mehrheit der offiziellen sozialdemokratischen Parteien später verlassen worden waren, und zwar infolge des »vollen Siegs des Opportunismus«[21], in welchem ein historischer Prozeß seinen Höhe-

[18] Ebd., S. 77.

[19] Zu den Ursprüngen des Zentrums und des kautskyanischen Zentrismus in der Zeit des Magdeburger Parteitages der deutschen Sozialdemokratie (1910) s. Giuliano Procacci, Studi sulla Seconda Internazionale e sulla Socialdemocrazia tedesca, in: Annali des Istituto Giangiacomo Feltrinelli, 1. Jahrgang, 1958, S. 132–135.

[20] Lenin, Werke, Bd. 19, a.a.O., S. 290.

[21] Lenin, Der Zusammenbruch der II. Internationale, in: Werke, Bd. 21, Berlin 1960, S. 252 und passim. Die Berufung auf die Resolutionen der II. Internationale ist schon in dem von Lenin verfaßten offiziellen Dokument der SDAPR vom

punkt erreicht hatte, der sich allerdings nicht einmal für *Lenin* ausschließlich und restlos auf ihn zurückführen läßt.
In ›Staat und Revolution‹ schreibt *Lenin* über *Kautsky* ›Der Weg zur Macht‹ (1909): »Diese Schrift Kautskys muß als Gradmesser dafür dienen, was die deutsche Sozialdemokratie vor dem imperialistischen Krieg *zu sein versprach* und wie tief sie (mitsamt Kautsky selbst) bei Ausbruch des Krieges gesunken ist« (S. 497)[22]; während er in ›Der »linke Radikalismus«, die Kinderkrankheit im Kommunismus‹ seine Ansicht bekräftigt, daß in den Jahren der II. Internationale »die *revolutionäre* deutsche Sozialdemokratie [. . .] der Partei *am nächsten* kam, wie sie das revolutionäre Proletariat braucht, um siegen zu können«[23].
»Von Kautskys Schriften sind zweifellos bedeutend mehr ins Russische übersetzt als in irgendeine andere Sprache. Nicht zu Unrecht sagen manche deutsche Sozialdemokraten im Scherz, Kautsky werde in Rußland mehr gelesen als in Deutschland [. . .]« *Lenin* führte diesen Umstand auf die Notwendigkeit zurück, »auf den jungen Boden unserer proletarischen Bewegung in beschleunigter Weise die reiche Erfahrung des fortgeschritteneren Nachbarlandes« zu übertragen (S. 491)[24]. Eine derartige Übertragung sozialistischer und revolutionärer Erfahrungen hatte *Lenin* in den wichtigsten Jahren der II. Internationale unermüdlich vollbracht, wobei er eine Konzeption der Kontinuität des deutschen Marxismus verbreitete, die den Kampf gegen den Opportunismus in Deutschland und in der ganzen Internationale nicht ausschloß, aber die noch nicht bis zu der Gleichsetzung ›Zentrismus‹ = Opportunismus gelangt war und gelangen konnte (Sie sollte erst ein spezifisches Ergebnis des Krieges sein). Auf eine der Grundlagen jener Kontinuität des Marxismus in Deutschland, nämlich die Polemik *Kautskys* gegen *Bernstein*, kam *Lenin* erst nach 1914 kritisch zurück, als er die Geschichte der Ursprünge

September 1914, dem ersten nach Ausbruch des Kriegs, ein Indiz dafür, daß die Bolschewiki den Anspruch erheben, das positive Erbe der II. Internationale anzutreten, das auch über ihren Zusammenbruch hinaus gültig bleibt (vgl. Der Krieg und die russische Sozialdemokratie, in: Lenin, Werke, Bd. 21, a.a.O., S. 11–21).

[22] Vgl. auch Der Zusammenbruch der II. Internationale, in: Lenin, Werke, Bd. 21, a.a.O., S. 226, sowie: Die Helden der Berner Internationale, in: Lenin, Werke, Bd.29,Berlin1961,S.386.

[23] Lenin, Der ›linke Radikalismus‹, die Kinderkrankheit im Kommunismus, in: Lenin, Werke, Bd. 31, a.a.O., S. 18. *Lenin* zitiert hier die Angriffe *Plechanows* gegen *Bernstein* und die Polemik von 1913 (oder 1914?) gegen *Legien* (vgl. Was man der deutschen Arbeiterbewegung nicht nachahmen soll, in: Lenin, Werke, Bd. 20, a.a.O., S. 251–55; der Aufsatz stellt die radikalste Kritik des deutschen Opportunismus dar, die *Lenin* vor Ausbruch des Krieges formuliert hat. Dennoch war auch in diese Episoden offener Polemik das kautskyanische Zentrum noch nicht einbezogen, das damals wahrscheinlich noch als integrierender Bestandteil der SPD galt in jener ›typischen Sicht‹, die in dem oben angeführten Zitat aus dem ›Linken Radikalismus‹ zum Ausdruck kommt.

[24] 1907 hatte *Lenin* erklärt, daß der russische Sozialismus »unter dem ideologischen Einfluß vor allem der deutschen Sozialdemokratie steht« (vgl. das Vorwort zu den Briefen an Sorge, in: Lenin, Werke, Bd. 12, a.a.O., S. 372).

des Revisionismus *Kautskys* rekonstruierte. Gerade in ›Staat und Revolution‹ finden wir ein bezeichnendes Beispiel dafür. Hier entdeckt *Lenin,* daß »Kautsky vor seinem Auftreten gegen die prominentesten Vertreter des Opportunismus in Frankreich (Millerand und Jaurès) und Deutschland (Bernstein) sehr stark geschwankt hat« und daß selbst in seiner Polemik gegen *Bernstein* »ein systematisches Hinneigen zum Opportunismus gerade in der Frage des Staates« und der Vorbereitung der Arbeiterklasse auf die Revolution festzustellen ist (S. 492).[25]
Aber das bezeichnendste und interessanteste Beispiel für diese veränderte Einstellung *Lenins* gegenüber den theoretischen Positionen *Kautskys* und der Funktion des ›Zentrismus‹ ist seine Analyse der Polemik zwischen *Kautsky* und *Pannekoek* von 1912, in der — in bezug auf die Frage des Staates und des ›Prozesses der Revolution‹ — »Kautsky gegenüber [. . .] eben Pannekoek in dieser Kontroverse den Marxismus (vertritt), denn gerade Marx hat uns gelehrt, daß das Proletariat nicht einfach die Staatsmacht erobern kann in dem Sinne, daß der alte Staatsapparat in neue Hände übergeht, sondern daß es diesen Apparat zerschlagen, zerbrechen, ihn durch einen neuen ersetzen muß«; *Kautsky* dagegen »wechselt vom Marxismus zum Opportunismus über, denn bei ihm verschwindet gänzlich gerade die für die Opportunisten völlig unannehmbare Zerstörung der Staatsmaschine«, und er bemäntelt seinen Revisionismus, indem er »wie ein Schriftgelehrter« »›ein Zitat‹ von Marx selbst ins Feld« führt (S. 500 ff). Das ist einer der Grundgedanken von ›Staat und Revolution‹, der neue Blickwinkel, unter dem *Lenin Marx* auf unscholastische Weise neuentdeckt und eine neue Kritik sowohl an der ganzen Erfahrung der II. Internationale und den opportunistischen Tendenzen als auch am ›Zentrismus‹ übt, der mit ihnen die Kapitulation vor dem imperialistischen Krieg gemein hat, eben weil er zuvor schon eine ähnliche Konzeption des Staates mit ihnen gemein hatte.
Wir können bei dieser Skizzierung der Probleme nur andeuten, daß dieser Passus *Lenins* (ebenso wie zahlreiche andere) außerordentlich bedeutsame spezifische Probleme aufwirft, die eingehend untersucht werden müßten, wie die Frage der veränderten Haltung *Lenins* gegenüber der Linken der Interna-

[25] Anders — was von der Vielschichtigkeit des Urteils über *Kautsky* und das Kautskyanertum zeugt — heißt es im Vorwort zur französischen und deutschen Ausgabe (6. Juli 1920) von ›Der Imperialismus als höchstes Stadium des Kapitalismus‹: »Bei Kautsky und seinesgleichen bedeuten derartige Ansichten den vollständigen Verzicht gerade auf die revolutionären Grundlagen des Marxismus, die dieser Schriftsteller jahrzehntelang, übrigens besonders im Kampfe gegen den sozialistischen Opportunismus (von Bernstein, Millerand, Hyndman, Gompers u. a.) verteidigt hat« (vgl. Lenin, Der Imperialismus als höchstes Stadium des Kapitalismus, in: Werke, Bd. 22, a.a.O., S. 196).

tionale und der Vegleich mit seiner früheren Haltung, in den Jahren der größten Expansion der Internationale und der Vorherrschaft des ›Kautskyanismus‹. Es wäre zweckmäßig, diese Analyse mit einer Untersuchung des Verhältnisses *Lenin* – *Rosa Luxemburg* zu beginnen, das von *Lenin* auf der Grundlage der internen Fragen des russischen Sozialismus und der Haltung *Rosa Luxemburgs* zu ihnen gesehen wurde, wodurch sowohl eine wirksame internationale Zusammenarbeit im Kampf gegen die opportunistischen Tendenzen als auch der Kampf gegen den ›Kautskyanismus‹ im Hintergrund blieb, dessen Natur *Rosa Luxemburg* unbestreitbar früher als *Lenin* von einem klassenmäßigen und revolutionären Standpunkt her bestimmt hat.[26] Die Tatsache, daß es Ende 1913 zwischen *Lenin* und *Kautsky* zu einer Kontroverse kommt, bei der es auch um die russischen Probleme geht, zeugt andererseits für den Beginn eines kritischen Prozesses, wenn sie auch nicht ausreicht, um eine ganz andere und unseres Erachtens unbestreitbare Interpretation zu widerlegen, die sich aus einer gründlichen Quellenforschung ergibt.[27]

Bevor wir unsere Betrachtungen über diesen Punkt der Haltung *Lenins* zur II. Internationale, zur deutschen Sozialdemokratie und zu ihrer Ideologie zum Abschluß bringen, muß daran erinnert werden, daß die Entstellung dieser Periode der Aktivität *Lenins* – mit Hilfe der These einer *Lenin*schen und bolschewistischen Linie, die von Anfang an »auf den Bruch [...] sowohl [...] in der sozialdemokratischen Partei Rußlands als auch [...] in der II. Internationale abzielte«, »einschließlich des ›Zentrismus‹ im Westen (Kautsky)« – eindeutig auf *Stalin* zurückgeht. In den ersten Jahren seiner Regierungszeit (1930 bis 1931) schaltete sich *Stalin* in der Tat persönlich in die Diskussion über diese Frage ein und setzte eine Interpretation durch, die durch kein Dokument untermauert wird und die sogar ausdrücklich gegen jede ›weitere Analyse‹, gegen jede Suche nach neuen Unterlagen gerichtet war; die Interpretation sollte also im Grunde von den Bolschewiki und Kommunisten als ein unbestreitbares Credo, als ein ›Axiom‹ übernommen werden.[28] Und das ungeachtet der Tatsache, daß *Stalin* in

[26] Die folgende Stelle aus einem Brief *Lenins* an *Schljapnikow* vom 27. Oktober 1914 ist berühmt: »Rosa Luxemburg hatte recht, als sie bereits vor langer Zeit schrieb, Kautsky sei die ›Servilität des Theoretikers‹ eigen, die Kriecherei, einfacher gesagt, die Kriecherei vor der Mehrheit der Partei, vor dem Opportunismus« (vgl. Werke, Bd. 35, a.a.O., S. 142 f).

[27] Siehe insbesondere den Brief vom 18. Dezember 1913 an *Inès Armand*, a.a.O., S. 105, und die ebenfalls vom Dezember 1913 datierende Schrift ›Eine gute Resolution und eine schlechte Rede‹, in: Lenin, Werke, Bd. 19, a.a.O., S. 524–26. Zu einer lebhaften aber sporadischen (und immer auf die Fragen der internen Beziehungen der russischen Sozialdemokratie bezogenen) Polemik *Lenins* gegen *Kautsky* kam es 1905 (vgl. Offener Brief an die Redaktion der ›Leipziger Volkszeitung‹, in: Lenin, Werke, Bd. 8, a.a.O., S. 534–39).

[28] Wir beziehen uns hier auf die Schrift von *Stalin*, Über einige Fragen der Geschichte des Bolschewismus. Brief an die Redaktion der Zeitschrift ›Proletarskaja

den Jahren vor 1914 unweigerlich an derselben Erfahrung teilgehabt hatte.[29] Es sollte hier auch erwähnt werden – und darin ist ein Beweis für die Kontinuität zwischen der *Stalin*schen und der *Chruschtschow*schen Interpretation zu sehen –, daß das ›Axiom‹ im wesentlichen auch in den jüngsten und ›revidierten‹ offiziellen Pseudo-Historiographien der KPdSU unverändert beibehalten worden ist[30] und daß es letzten Endes die Negierung jedes entwicklungsgeschichtlichen und dialektischen Momentes des Leninismus und des Bolschewismus auf internationaler Ebene darstellt.

Natürlich ist das ein Thema, das noch offen ist, ein Problem, das heute nicht weniger als zur Zeit des massiven politischen Eingreifens *Stalins* gegen *Slutski* und die »Proletarskaja Rewoluzija« einer ›weiteren Analyse‹ bedarf; eine Frage von großer historischer und theoretischer Bedeutung, in der anscheinend mit dem Ende der *Stalin*-Ära in der Sowjetunion überhaupt kein Fortschritt erzielt worden ist. Ohne eine richtige historische Bestimmung der Beziehungen zwischen *Lenin* und der bolschewistischen Partei einerseits und der II. Internationale und den in ihr zusammengeschlossenen sozialdemokratischen Parteien andererseits kann man letzten Endes keine wissenschaftliche Analyse der Ursprünge und der Entstehung des Leninismus als Theorie und als politische Praxis leisten; und die von *Stalin* inspirierte offizielle Interpretation ist dazu bestimmt, in dem Widerspruch verstrickt zu bleiben, der zwischen der These der Einzigartigkeit der *Lenin*schen Erfahrung

Rewoluzija‹, in: J. W. Stalin, Werke, Bd. 13, Berlin 1952; die angeführten Zitate befinden sich auf den Seiten 76–77. Zu dieser Schrift *Stalins* und zu dem darin enthaltenen Urteil über die deutsche revolutionäre Linke s. Giuliano Procacci, Studi sulla Seconda Internazionale e sulla Socialdemocrazia tedesca, a.a.O., S. 136.

[29] Im Vorwort zum I. Band seiner »Werke« (Januar 1946) wies Stalin darauf hin, daß die Schrift ›Anarchismus oder Sozialismus?‹ (in: Stalin, Werke, Bd. 1, Berlin 1952) unter dem Einfluß der sozialistischen Ideologie jener Jahre gestanden hatte, in denen sie konzipiert und veröffentlicht wurde (1906–1907). *Stalin* bezog sich im besonderen »auf die These [. . .], derzufolge eine der hauptsächlichen Vorbedingungen des Sieges der sozialistischen Revolution darin besteht, das Proletariat zur Mehrheit der Bevölkerung zu machen«, eine These, »die damals unter den russischen Marxisten einschließlich der Bolschewiki, ebenso wie unter den sozialdemokratischen Parteien der anderen Länder als allgemein anerkannt galt«: aus der Überwindung dieser These »entwickelte sich die Leninsche Theorie der sozialistischen Revolution in den Jahren 1915–1916« (ein Satz, mit dem *Stalin* diesmal zu verstehen gibt, daß *Lenin* an den Fehlern der damaligen Zeit teilhatte).

Man vergleiche auch *Stalins* Schrift aus dem Jahre 1907, Vorwort zur georgischen Ausgabe der Broschüre K. Kautskys, Triebkräfte und Aussichten der russischen Revolution (in: Stalin, Werke, Bd. 2, Berlin 1952), die ganz darauf abgestellt ist, die volle Übereinstimmung zwischen den Thesen *Kaustkys* und denen *Lenins* und der Bolschewiki gegen die Menschewiki in allen wesentlichen Fragen der Revolution in Rußland nachzuweisen (S. 10: »Wie man sieht, sind der große Theoretiker der Sozialdemokratie, Kautsky, und die Bolschewiki völlig miteinander einig«) und den Artikel ›August Bebel, der Führer der deutschen Arbeiter‹, der 1910 zum 70. Geburtstag des Führers der SPD geschrieben wurde. (Stalin, Werke, Bd. 2, Berlin 1952.)

[30] S. beispielsweise Vladimir Ilic Lenin, a.a.O. (Anmerkung 6), S. 225 ff und 273 ff.

vor 1914 und der Oktoberrevolution und seinem Nicht-Beteiligtsein an den wesentlichen Erfahrungen des internationalen Sozialismus einerseits und der These der Allgemeingültigkeit des Leninismus als ›Marxismus der Epoche des Imperialismus und der proletarischen Revolution‹ andererseits besteht. Solange die Entstehung des Leninismus nicht als ein unlösbar mit der Geschichte des europäischen Sozialismus verbundenes Moment gesehen wird, in dem die Probleme des europäischen Sozialismus selbst im Ansatz schon in exemplarischer Weise gelöst sind, bleibt die zweite These ihres hauptsächlichen Beweisapparates beraubt.

Es steht letzten Endes außer Zweifel, daß *Lenin* an den wesentlichen Merkmalen des internationalen Sozialismus der Vorkriegszeit teilhatte und daß er insbesondere die II. Internationale als legitime Organisation der sozialistischen und Arbeiterparteien voll anerkannte.[31] Die Kritik an diesem Wandel des Verhältnisses *Lenins* zur alten Internationale beruhte übrigens auf der von der politischen Polemik unkritisch übernommenen Vorstellung, daß der Verrat vom 4. August und der Übergang der verschiedenen sozialistischen Parteien auf die Seite der eigenen nationalen Bourgeoisie der Endpunkt war, der auch in der vorhergehenden Entwicklung jener Parteien und der II. Internationale insgesamt immanent und notwendig war.[32] Indem man die europäische Sozialdemokratie der Vorkriegszeit allgemein als opportunistisch bezeichnet, macht man es andererseits unmöglich, die verschiedenen Entwicklungsphasen und internen Strömungen zu erkennen und die Merkmale jener Involution zu erfassen, die *Lenin* selbst bei seiner Neubesinnung auf die Ideologie *Kautskys* aufdeckte. Bei einer Untersuchung der Dialektik der Sozialdemokratie und der Internationale in den ganzen Jahren ihres Bestehens würde auch das Problem der Haltung *Lenins* und des unbestreitbaren Widerspruchs geklärt, der zwischen der Kontinuität seines ›wissenschaftlich begründeten Vertrauens‹ in die Revolution und seines Kampfes gegen den Opportunismus *und den ›Zentrismus‹* innerhalb der russischen Sozialdemokratie einerseits und dem Versäumnis, diesen Kampf im internationalen Maßstab zu entfalten und zu organisieren,

[31] Von grundlegender Bedeutung ist in dieser Hinsicht der Briefwechsel zwischen *Lenin* und *Huysmans*, der von *Georges Haupt*, mit einem umfangreichen kritischen Apparat versehen, zuerst in den *Cahiers du monde russe et soviétique* und dann als Buch herausgegeben worden ist (Correspondance entre Lénine et Camille Huysmans, 1905–1914. Documents recueillis et présentés par Georges Haupt, Préface de Camille Huysmans, Paris 1963; die Veröffentlichung geht auf eine gemeinsame Initiative der École Pratique des Hautes Etudes, VIe Section, und des Istituto Giangiacomo Feltrinelli in Mailand zurück).

[32] Zu dieser und anderen zentralen Fragen im Zusammenhang mit der historischen Beurteilung der II. Internationale verweisen wir auf die Untersuchung von Giuliano Procacci, Studi sulla Seconda Internazionale e sulla Socialdemocrazia tedesca, a.a.O.

mit allen damit verbundenen theoretischen und politischen Folgen, andererseits besteht. Die Gründe dafür müssen wohl auch in der spezifischen organisatorischen Struktur der II. Internationale gesehen werden, die nach weitgehend ›föderalistischen‹ Grundsätzen gegliedert war, welche verhinderten, daß sich eine Meinungsverschiedenheit in Form eines offenen Bruchs äußerte, oder die jene Partei oder Richtung zur Isolierung verurteilt hätten, die einen solchen Prozeß hätte in Gang setzen wollen.
Eins steht jedenfalls fest, nämlich daß das Denken *Lenins* im Jahre 1914 und im Laufe des imperialistischen Kriegs endgültig geprägt wird und daß die unbestreitbare Kontinuität seines Denkens einen qualitativen Sprung erlebt, der durch ein äußeres, objektives historisches Element ausgelöst wird, das *Lenin* und die Bolschewiki sich anzueignen und zu erfassen vermögen, insofern es jene Aspekte ihrer Erfahrung zur Entfaltung brachte und befreite, die in den Grenzen einer inneren, nationalen Dialektik befangen gewesen waren. Ein grundlegendes Moment dieses Prozesses der ›Internationalisierung‹ der politischen Ideen *Lenins* sollte die Kritik an der II. Internationale und ihrem ideologischen Fundament, dem ›Kautskyanismus‹, sein, ein Moment, das um so gültiger ist, als jene Kritik in hohem Maße eine Selbstkritik der an den hauptsächlichen Erfahrungen des europäischen Sozialismus Beteiligten war, die der Arbeiterbewegung und dem Sozialismus auf internationaler Ebene einen neuen Weg wies. In dem geschichtlichen Zeitabschnitt 1914—1917 des russischen Sozialismus und in der theoretischen Arbeit, die in ›Der Imperialismus‹ und ›Staat und Revolution‹ ihren Höhepunkt fand, sind dann außer bestimmten nationalen Spezifizierungen ein Forschungsmaterial und ein praktischer und Bewußtseinsprozeß gegenwärtig, die der Oktoberrevolution und dem Leninismus den Charakter einer universalen ›Antwort‹ des Sozialismus auf die Probleme des Kapitalismus in seiner imperialistischen Entwicklungsphase verleihen sollten.[33]

[33] In seinem Vorwort zu der zitierten italienischen Ausgabe von ›Staat und Revolution‹ wendet sich *Pio Marconi* zu Recht gegen die »rein ›historischen‹ Reduzierungen der Erfahrung Lenins« (S. XII). Ich glaube nicht, daß der in den vorliegenden Betrachtungen unternommene Versuch, die Entstehungsgeschichte von ›Staat und Revolution‹ und des Leninismus überhaupt aus ihrem geschichtlichen Zusammenhang heraus zu verstehen, ein Versuch, der mich zu der Einsicht gebracht hat, daß *Lenin* in die geschichtliche und theoretische Erfahrung des Vorkriegssozialismus einbezogen war, eine ›Reduzierung‹ *Lenins* bedeutet. Der Historismus ist nicht historischer Relativismus, und die Berücksichtigung des imperialistischen Krieges als Quelle und ›geschichtlicher Beschleuniger‹ des Leninismus führt nicht unbedingt dazu, den Leninismus mit dem Ende des Kriegs und der von ihm ausgelösten revolutionären Bewegungen für beendet zu erklären oder seine theoretische Gültigkeit auf einen oder eventuell mehrere ›außergewöhnliche‹ geschichtliche Momente zu beschränken. Der Marxismus betrachtet die revolutionären Perioden »nicht als Abweichungen vom ›normalen‹ Wege, nicht als Erscheinungen einer ›sozialen Krankheit‹, nicht als traurige Resultate vom Extremen und Fehlern, sondern als die lebendigsten, wichtigsten, wesentlichsten, entschei-

III

Im Rahmen dieser kurzen Betrachtungen ist eine Analyse des *Lenin*schen Denkens zwischen dem Krieg und der Revolution nicht möglich. Und auch zu diesem Thema fehlt es an speziellen Studien, auf die verwiesen werden könnte. Wir beschränken uns also darauf, die Entwicklungslinien der theoretischen Analyse *Lenins* aufzuzeigen, die sich im wesentlichen in drei Richtungen bewegen.

1. »Die Opportunisten sind ein klar erkennbares Übel. Das deutsche ›Zentrum‹ mit Kautsky an der Spitze ist ein verstecktes, diplomatisch verbrämtes Übel, das Auge, Verstand und Gewissen der Arbeiter verkleistert, ist das allergefährlichste Übel. Unsere Aufgabe ist jetzt der bedingungslose und offene Kampf gegen den internationalen Opportunismus und gegen seine Schirmherren (Kautsky).«[34] Dieses Urteil *Lenins* über das Verhältnis zwischen Opportunismus und ›Zentrismus‹, das er unmittelbar nach Ausbruch des Krieges und dem Zusammenbruch der II. Internationale abgab, sollte er seiner ganzen Kritik an *Kautsky* zugrundelegen. Der ›Kautskyanismus‹ und seine Rolle sollten im Grunde niemals vollkommen mit dem Opportunismus gleichgesetzt werden[35]; *Lenin* gelangt allenfalls zur Feststellung einer objektiven Identität, bei der der ›Kautskyanismus‹ jedoch immer die Funktion hat, »weit ›raffiniertere‹ Argumente ins Feld (zu führen), die theoretisch unvergleichlich solider aussehen«[36]. Daraus leitet er allerdings seine Überzeugung her, daß »der offene Opportunismus, der die Arbeitermassen sofort von sich abstößt, [. . .]

dendsten Momente in der Geschichte der menschlichen Gesellschaften [. . .]. In der Tätigkeit von Marx und Engels selbst tritt die Periode ihrer Beteiligung am revolutionären Massenkampf 1848/1849 als zentraler Punkt hervor. Von diesem Punkte gehen sie aus bei der Beurteilung der Geschicke der Arbeiterbewegung und der Demokratie der verschiedenen Länder. Zu diesem Punkt kehren sie stets zurück, um das innere Wesen der verschiedenen Klassen und ihrer Tendenzen in klarster und reinster Form zu bestimmen. Vom Standpunkt der damaligen, revolutionären Epoche beurteilen sie stets die späteren, weniger bedeutenden politischen Gebilde, Organisationen, politischen Aufgaben und politischen Konflikte [. . .]« (Lenin, Gegen den Boykott, in: Werke, Bd. 13, Berlin 1963, S. 24). Wenn *Lenin* sich in ›Staat und Revolution‹ auf die Jahre 1948 und 1871 beruft, so kommt darin seine Überzeugung zum Ausdruck, daß die Geschichte in erster Linie in einem direkten Zusammenhang zwischen revolutionären Phasen besteht und daß die theoretischen Ergebnisse und der Bewußtseinsstand, die in einer dieser revolutionären Phasen entsprechend der marxistischen Methode und vom revolutionären Standpunkt aus gewonnen worden sind, für die ganze darauf folgende Zeit des Klassenkampfes und des Fortbestehens der alten Strukturen gelten.

[34] Vgl. den Brief *Lenins* vom 17. Oktober 1914 an *Schljapnikow*, in: Werke, Bd. 35, a.a.O., S. 137.

[35] Vgl.: Über die Junius-Broschüre, in: Lenin, Werke, Bd. 22, Berlin 1960, S. 312: »[. . .] man kann die ›Krise der Sozialdemokratie‹ weder verstehen noch überwinden, ohne die Bedeutung und die Rolle der *zwei Richtungen* – der offen opportunistischen (Legien, David usw.) und der verkappt opportunistischen (Kautsky und Co.) – klargestellt zu haben«; und siehe auch das Urteil, das in ›Die Aufgaben des Proletariats in unserer Revolution‹ (Lenin, Werke, Bd. 24, a.a.O., S. 61 f) abgegeben worden ist.

[36] Der Zusammenbruch der II. Internationale, a.a.O., S. 210.

nicht so gefährlich und so schädlich (ist) wie diese Theorie der goldenen Mitte«[37], und daß der Angriff daher hauptsächlich gegen den ›Zentrismus‹ gerichtet sein muß. Die charakteristischen Merkmale des ›Kautskyanismus‹, die von *Lenin* auch im Wege einer Wiederaufnahme und Weiterentwicklung der Themen der Polemik der deutschen und der internationalen Linken aufgedeckt wurden[38], machten es überdies zu einer Ideologie, die sich nicht unmittelbar auf die ›Vaterlandsverteidigung‹ oder auf den Nationalismus zurückführen ließ, sondern einen scheinbar internationalistischen Inhalt hatte, wodurch sie zu dem hauptsächlichen Hindernis auf dem Wege einer revolutionären Erneuerung des internationalen Sozialismus wurde.

Hier liegt, wie wir bereits gesagt haben, der Angelpunkt des Kampfes *Lenins* gegen den Sozialismus der II. Internationale während des Krieges, und das ist das Moment, in dem der Leninismus seine vollständige Autonomie gewinnt, die es ihm dann erlauben sollte, sich theoretisch zu differenzieren; ein Moment, das von entscheidender Bedeutung im Zusammenhang mit der früheren Haltung *Lenins* gegenüber der II. Internationale und selbst gegenüber *Kautsky* ist, gerade weil *Lenin* jetzt die beherrschende Position *Kautskys* mit der Kapitulation der Internationale angesichts des Krieges in Verbindung bringt. Auf theoretischer Ebene ist die Kritik an *Kautsky* der Kernpunkt der ganzen Kritik am alten Sozialismus und an seiner scholastischen und evolutionistischen Auslegung des Marxismus und das Vehikel für die unmittelbare Vertiefung der Fragen des Staates und der Revolution im Lichte des Marxschen Denkens, mitten im imperialistischen Weltkrieg. Der ›Zentrismus‹ ist für *Lenin* von 1914–15 an das Bindeglied zwischen Opportunismus und theoretischem sozialistischem Deckmantel, ist die theoretische Bürokratie des Opportunismus. Die Analyse der Entstehung des Opportunismus und seiner Soziologie stellt ihrerseits ein wesentliches Thema dieser Erforschung der Grundlagen des Kautskyanismus dar.

Dieses Thema – das für die Untersuchung des Leninismus, der Kommunistischen Internationale und der kommunistischen Parteien ebenso wie für eine historische Beurteilung der II. Internationale und ihrer Mitglieder von großer Bedeutung

[37] Ebd., S. 253.

[38] Vgl. Anm. 25; s. auch: Der Zusammenbruch der II. Internationale, a.a.O., S. 203, sowie die obigen Bemerkungen über die Wiederaufnahme der Polemik *Kautsky–Pannekoek* von 1912 von seiten *Lenins*. Außerdem s. Lenin-[-Sinowjew] Sozialismus und Krieg, in: Werke, Bd. 21, a.a.O., S. 313.
Zur Polemik der deutschen Linken gegen *Kautsky* verweisen wir auf den Aufsatz von Enzo Collotti, Sinistra radicale e spartachisti nella socialdemocrazia tedesca attraverso le ›Spartakus-Briefe‹, in: Annali des Istituto Giangiacomo Feltrinelli, 4. Jg. 1961, S. 22–25.

ist — bedarf einer Vertiefung: und das um so mehr heute, da die Aktualität der Kritik von links am Sozialismus der II. Internationale und des damit verbundenen Urteils über die Entstehung des Opportunismus und über die Funktion der Ideologie des ›Zentrismus‹ wieder in den Vordergrund rückt, weil sich wieder eine Situation herausbildet, deren weitgehende Analogie zu den während der ersten Jahre dieses Jahrhunderts bestehenden Bedingungen schon in der Analyse *Lenins* aufgezeigt wird. *Lenin* erkannte in verschiedenen Situationen die positive Funktion an, die der alte Sozialismus und seine Parteien im Hinblick auf die gewerkschaftliche und genossenschaftliche Massenorganisation als »historisch notwendige, nützliche Arbeit« unter den Bedingungen der bürgerlichen Demokratie erfüllten[39]; aber er betrachtete den Opportunismus und den ›Zentrismus‹ gleichzeitig als die notwendigen Ergebnisse jener Periode, in der vor allem die theoretischen und strategischen Grenzen der klassischen Sozialdemokratie und ihr Scheitern angesichts der Frage der Macht und der Vorbereitung der Revolution zutage getreten waren.

»Der Zusammenbruch der II. Internationale ist der Zusammenbruch des sozialistischen Opportunismus. Letzterer erwuchs als Produkt der vorhergegangenen ›friedlichen‹ Entwicklungsepoche der Arbeiterbewegung. Diese Epoche lehrte die Arbeiterklasse den Gebrauch so wichtiger Kampfmittel wie die Ausnutzung des Parlamentarismus und aller legalen Möglichkeiten, die Gründung ökonomischer und politischer Massenorganisationen, die Schaffung einer weitverbreiteten Arbeiterpresse usw. Andererseits erzeugte diese Epoche eine Tendenz zur Leugnung des Klassenkampfes und zur Predigt des sozialen Friedens, zur Verneinung der sozialistischen Revolution, zur prinzipiellen Ablehnung illegaler Organisationen, zur Bejahung des bürgerlichen Patriotismus usw. Bestimmte Schichten der Arbeiterklasse (die Bürokratie in der Arbeiterbewegung und die Arbeiteraristokratie, für die ein kleiner Teil der Profite aus der Ausbeutung der Kolonien und aus der privilegierten Lage ihres ›Vaterlands‹ auf dem Weltmarkt abfiel) sowie die kleinbürgerlichen Mitläufer innerhalb der sozialistischen Parteien waren die soziale Hauptstütze dieser Tendenzen und die Träger des bürgerlichen Einflusses auf das Proletariat.«[40]

Diese Ansicht, die in den ungestümen Jahren des Ausbruchs des Krieges herangereift war und Anfang 1915 formuliert wurde, sollte das endgültige Urteil über die II. Internationale sein, über alle gelegentlichen Betonungen mal der positiven

[39] Lenin, Die Dritte Internationale und ihr Platz in der Geschichte, in: Werke, Bd. 29, a.a.O., S. 300.

[40] Lenin, Die Konferenz der Auslandssektionen der SDAPR, in: Werke, Bd. 21, a.a.O., S. 150–51.

und mal der negativen und besonders bezeichnenden Aspekte hinaus. Worauf sich dieses Urteil jedoch stützt und was zum integrierenden Bestandteil der politischen Erfahrung des *Lenin*schen und nachleninschen Sozialismus werden sollte und ohne das die tieferen Gründe der kommunistischen Bewegung verwischt werden und sich ein Rückfall in den Opportunismus zu vollziehen droht, das ist die Erkenntnis des unmittelbaren Zusammenhangs zwischen Opportunismus/›Zentrismus‹ und den allgemeinen politischen und ökonomischen Bedingungen (und der Machtmethoden der Bourgeoisie), die ihn hervorbringen und begünstigen. »Der Opportunismus«, schreibt *Lenin* in diesem Zusammenhang, »wurde im Laufe von Jahrzehnten durch die Besonderheiten jener Entwicklungsepoche des Kapitalismus hervorgebracht, in der die verhältnismäßig friedliche und zivilisierte Existenz einer Schicht privilegierter Arbeiter diese ‹verbürgerte‹, ihnen Brocken von den Profiten des eigenen nationalen Kapitals zukommen ließ und sie von dem Elend, den Leiden und den revolutionären Stimmungen der verelendeten und bettelarmen Masse losriß.«[41]
Die Vorstellung des Opportunismus, der »durch den Legalismus gezüchtet«[42] wurde, wird von *Lenin* nicht nur mit Nachdruck hervorgehoben, sondern wird in seiner Sicht, und später auch in der Sicht der Kommunisten, zum Angelpunkt einer neuen, autonomen marxistischen Konzeption und politischen Aktion im Stadium des Imperialismus und der proletarischen Revolution als »Vorabend der sozialistischen Revolution«[43]; in diesem Stadium sehen die Revolutionäre, gestützt auf die vorhergehenden Erfahrungen und auf eine Analyse der objektiven Grundtendenzen der kapitalistischen Entwicklung, die nicht episodisch sind oder sich auf einen besonderen Zyklus innerhalb der allgemeinen Krise zurückführen lassen, »die Revolution voraus, *bevor* sie ausbricht, sie erkennen ihre Unvermeidlichkeit, machen den Massen ihre Notwendigkeit klar und erläutern den Massen ihre Wege und Methoden«[44].

[41] Lenin, Der Zusammenbruch der II. Internationale, a.a.O., S. 238.
[42] Ebd., S. 243.
[43] Lenin, Der Imperialismus als höchstes Stadium des Kapitalismus, a.a.O., Vorwort (zur 1. russischen Ausgabe), S. 767.
[44] Lenin, Die revolutionären Marxisten auf der Internationalen Sozialistischen Konferenz vom 5.–8. September 1915, in: Werke, Bd. 21, a.a.O., S. 400. – Unter den zahlreichen früheren Ansätzen einer Analyse der ökonomischen und sozialen Grundlagen des Revisionismus verweisen wir auf die Artikel ›Marxismus und Revisionismus‹ von 1908, in: Lenin, Werke, Bd. 15, Berlin 1962, S. 18–28, und ›Der Reformismus in der russischen Sozialdemokratie‹ aus dem Jahre 1911, in: Lenin, Werke, Bd. 17, Berlin 1962, S. 216–229. Bereits in der Schrift aus dem Jahre 1908 wird die Erfahrung des Revisionismus in Lehren für den Revolutionär umgesetzt (S. 23–24): »Nur ganz kurzsichtige Leute konnten – und nur für ganz kurze Zeit – unter dem Einfluß einiger Jahre des industriellen Aufschwungs und der Prosperität an eine Umgestaltung der Grundlagen der Marxschen Lehre denken. Daß die Krisen sich noch lange nicht überlebt haben, zeigte die Wirklichkeit den Revisionisten sehr rasch: Auf die Prosperität folgte die Krise. Die Formen, die Aufeinanderfolge, das Bild der einzelnen Krisen wandelten sich, doch die Krisen blieben ein unvermeidlicher Bestandteil der kapitalistischen Ordnung.«

Diese Erkenntnisse *Lenins* kommen in den Monaten nach dem August 1914 in der These des internationalen Charakters der Aufgabe des russischen Sozialismus zum Ausdruck[45], sowie in dem Kampf um die Vorbereitung und Gründung einer neuen kommunistischen Internationale und in dem Hinweis auf die Notwendigkeit, »vorwärts(zu)schreiten von den vorbereitenden, legalen, in die Bande des Opportunismus geschlagenen Organisationen der Arbeiterklasse zu revolutionären Organisationen, die es verstehen, sich *nicht* auf die Legalität zu beschränken, und die fähig sind, sich vor opportunistischem Verrat zu sichern, zu Organisationen eines Proletariats, das den ›Kampf um die Macht‹, den Kampf für den Sturz der Bourgeoisie aufnimmt«[46]. »Aber möglich ist dieser Übergang nur *über die Köpfe* der alten Führer *hinweg*, dieser Würger der revolutionären Energie, *über den Kopf* der alten Partei *hinweg*, auf dem Weg über ihre *Zerstörung.*«[47]

2. Das Problem des Imperialismus wird von *Lenin* von August 1914 an als zentrales Problem betrachtet. Von einem Thema der politischen Auseinandersetzung im engeren Sinne sollte es zum Gegenstand einer spezifischen Analyse werden und den Leninismus mit jenen auf europäischer und weltweiter Ebene durchgeführten Untersuchungen und objektiven Kenntnissen ausrüsten, die seine wissenschaftliche Grundlage darstellen und ihm, da sie in eine allgemeine strategische Konzeption eingebettet sind, einen ›internationalen Charakter‹ verleihen. Es ist zweckmäßig, hier darauf hinzuweisen, daß ›Der Imperialismus als höchstes Stadium des Kapitalismus‹ (Frühjahr 1916) und ›Staat und Revolution‹ in dieser Zeit die beiden wesentlichen — eng verwandten und sich ergänzenden — Äußerungen des *Lenin*schen Denkens darstellen. Die beiden Werke, die gleichzeitig und einheitlich konzipiert sind, verbindet eine Kontinuität der Problematik und des Studiums, die deutlich macht, daß die Vorstellung *Lenins* über den Staat und die Revolution unmittelbar der Analyse des Imperialismus entspringt und daß diese Schriften in ihrer organischen Geschlossenheit den theoretischen Wesenskern des Leninismus bilden.

In ›Der Imperialismus‹ findet *Lenin* eine in sich geschlossene Erklärung der historischen Situation und der Zeit, in die sie einmündet, wobei er die Studien *Hobsons* und *Hilferdings*

[45] S. beispielsweise den zitierten Brief an *Schljapnikow* vom 17. Oktober 1914, in: Lenin, Werke, Bd. 35, a.a.O., S. 137.

[46] Lenin, Der Zusammenbruch der II. Internationale, in: Werke, Bd. 21, a.a.O., S. 246.

[47] Ebd., S. 248. *Lenin* zitierte unter den ›alten Führern‹ vor allem *Kautsky* und die Leute des Zentrums, die er in einer anderen Schrift als »Leute der Routine, zerfressen von der faulen Legalität, korrumpiert durch die Atmosphäre des Parlamentarismus usw., Beamte, gewöhnt an warme Pöstchen und an ›ruhige‹ Arbeit«, bezeichnete (Lenin, Die Aufgaben des Proletariats in unserer Revolution, a.a.O., S. 62).

verwertet und ihren Ergebnissen einen revolutionären Akzent gibt; in ›Staat und Revolution‹ überträgt er in den Monaten danach diese Analyse der ökonomischen Entwicklung des Kapitalismus auf die Ebene der Theorie und des politischen Programms.

3. Die Möglichkeit und Notwendigkeit der Umwandlung des imperialistischen Kriegs in Bürgerkrieg als Taktik, »die [...] einzig und allein zur europäischen Revolution [...] führt«[48], wird von *Lenin* gleich nach August 1914 vertreten.[49] Er beruft sich hierbei ständig auf das Basler Manifest von 1912. Aber das neue Moment ist einerseits eben die Charakterisierung des Krieges als imperialistischer Krieg und andererseits die unmittelbare, tiefgreifende Erkenntnis seiner Funktion als historischer Hauptfaktor, der neue Kräfte mobilisieren und damit einen Entwicklungsprozeß ungeheuer beschleunigen würde, der im Hinblick auf die revolutionären Perspektiven wegen der Übereinstimmung der kapitalistischen und reformistischen Interessen während des Friedens lange zum Stillstand gebracht worden war.[50] Da hierin das Wesen des Leninismus und der Grund für seine Aktualität liegt, muß unterstrichen werden, daß der Zusammenhang Krieg – Revolution als international gültig betrachtet wird (und hier zeigt sich die intuitive Erfassung des vereinheitlichenden Charakters des Imperialismus und folglich des damaligen Krieges, die Erkenntnis der Internationalisierung der damaligen Probleme auf allen Ebenen), aber daß die durch den imperialistischen Krieg eröffnete revolutionäre Perspektive sich nicht in ihm erschöpft, sondern sich bis zum Ende des imperialistischen Kapitalismus selbst erstreckt und weiter wirkt.[51] *Lenin* ist sich im Grunde bewußt, daß mit dem Krieg von 1914 eine neue geschichtliche Epoche angebrochen ist, die durch die Vorbereitung der Revolution, den Sieg der Diktatur des Proletariats und die Organisierung einer kommunistischen Gesellschaft gekennzeichnet ist.

[48] Lenin, Über die Niederlage der eigenen Regierung im imperialistischen Krieg, in: Werke, Bd. 21, a.a.O., S. 279.

[49] Vgl. Der Krieg und die russische Sozialdemokratie, a.a.O., und noch einmal den Brief an Schljapnikow vom 17. Oktober 1914, in Lenin, Werke, Bd. 35, a.a.O., S. 138–139.

[50] Am plastischsten bringt *Lenin* diesen Gedanken des Krieges als »geschichtliche Triebkraft von ungeheurer Stärke« (Werke, Bd. 23, a.a.O., S. 345), als »allgewaltiger ›Regisseur‹«, der eine »ungewöhnliche Beschleunigung des Ganges der Weltgeschichte« und des Klassenkampfes bewirkt (ebd., S. 313), im Laufe des Jahres 1917 zum Ausdruck. Die Bedeutung des historischen Sprunges und seiner revolutionären Implikationen und die Untersuchung der objektiven und subjektiven Auswirkungen, die sich daraus für die Massen ergeben, die in das gewaltige Drama des Krieges verstrickt sind, sind im Denken *Lenins* während der ganzen Dauer des Krieges als grundlegende Elemente seiner theoretischen Arbeit wirksam.

[51] Vgl. z. B. Lenin – [Sinowjew], Sozialismus und Krieg, in: Werke, Bd. 21, a.a.O., S. 314: »Man kann nicht wissen, ob eine starke revolutionäre Bewegung im Zusammenhang mit dem ersten oder mit dem zweiten imperialistischen Krieg der Großmächte, ob sie während des Krieges oder nach dem Kriege aufflammen wird, jedenfalls aber ist es unsere unbedingte Pflicht, systematisch und unentwegt in eben dieser Richtung zu wirken.«

IV

In keinem bedeutenden theoretischen Werk der sozialistischen Literatur und in keiner anderen Schrift *Lenins* ist der Anteil der schöpferischen theoretischen Arbeit und der neuen Erkenntnisse scheinbar so gering wie in ›Staat und Revolution‹. Das Werk besteht in der Tat in der Hauptsache (Kapitel I—V) aus einer langen Reihe von Zitaten von *Marx* und *Engels*, die durch Kommentare miteinander verbunden sind, in denen auch ständig auf ihre Werke Bezug genommen wird oder die darauf abzielen, die opportunistischen und kautskyanischen Thesen auf der Grundlage einer bloßen Wiederherstellung des Marxismus zu widerlegen. Worin — so kann man sich fragen — besteht dann eigentlich die Originalität von ›Staat und Gesellschaft‹, die die Schrift zu *der* theoretischen Botschaft *Lenins* unter den Bedingungen des imperialistischen Krieges und des Vorabends der russischen und europäischen Revolution gemacht hat und nach wie vor macht? Wie erklärt es sich, daß sich die Implikationen und der Einfluß des Werkes nicht einmal mit dem Ende jener Bedingungen erschöpfen, sondern vielmehr als Ausdruck eines objektiven historischen Prozesses und des Bewußtseins dieses Prozesses bis heute gültig bleiben? Warum ist jede Revolution leninistisch und warum bleibt der Leninismus als bewußte oder ›implizite‹ Strategie der *revolutionären* Bewegungen über ihre wechselvollen Geschicke hinweg erhalten? Warum taucht der Leninismus im Bewußtsein von Parteien, Gruppen, einzelnen Militanten und jungen Revolutionären als Bezugspunkt und *neue* Plattform nach der langen *Stalin*-Zeit und den revisionistischen Tendenzen, die daraus hervorgegangen sind, wieder auf, und zwar in ganz verschiedenen Situationen, in China ebenso wie in Kuba, in den Kolonialländern wie im europäischen Westen, während er in der Sowjetunion nach wie vor in den Entstellungen der *Stalin*schen Kanonisierung befangen ist und durch einen auf empirischer Ebene triumphierenden Revisionismus herabgewürdigt wird? Und welche geschichtliche und theoretische Beziehung besteht zwischen Leninismus und Stalinismus? Auf diesen Fragenkomplex kann nur eine kollektive kritische Analyse antworten, die der 1956 feierlich verkündeten ›Rückkehr zum Leninismus‹, die allerdings toter Buchstabe geblieben ist, und den verworrenen Fermenten der darauffolgenden Debatten Konsistenz verleiht. Als Einführung zu einer spezifischen Diskussion können wir hier nur einige Probleme aufzeigen und zu Überlegungen anregen, die eng mit dem Thema des untersuchten Werkes zusammenhängen.

Zunächst zur Frage der Quellen und der Bedeutung der Wiederaufnahme *Marx'* von seiten *Lenins*. *Lenin* stellt sich die

Aufgabe der »*Wiederherstellung* der wahren Marxschen Lehre vom Staat« als Antwort auf die *Kanonisierung* und Entstellung des Marxismus durch die herrschenden Klassen und die Opportunisten und Kautskyaner innerhalb der Arbeiterbewegung, von denen er sagt: »Man vergißt, verdrängt und entstellt die revolutionäre Seite der Lehre, ihren revolutionären Geist. Man schiebt in den Vordergrund, man rühmt das, was für die Bourgeoisie annehmbar ist oder annehmbar erscheint« (S. 397). In den Jahren der II. Internationale, der Expansion des Kapitalismus und der »friedlichen Entwicklung« habe die bürgerlich-reformistische Aktion so große Ergebnisse erzielt, daß man heute (1917) »gewissermaßen Ausgrabungen machen (muß), um dem Bewußtsein der breiten Massen den unverfälschten Marxismus nahezubringen« (S. 444).
In welcher Richtung unternimmt *Lenin* seine archäologischen ›Ausgrabungen‹? Zunächst ist zu bemerken, daß es sich hierbei nicht um einen allgemein gehaltenen intellektualistischen Appell oder um eine Wiederaufnahme des Marxismus handelt, sondern um eine theoretische Analyse, die ein wichtiges Element kritischer Differenzierung aufweist. Das heißt: *Lenin*, der zwar für eine Rückkehr zu *Marx* und *Engels* eintritt und selbst zwischen 1916 und 1917 begonnen hatte, ihr ganzes Werk mit der Leidenschaft eines »Verliebten«[52] wieder zu lesen, erkennt die Probleme des Staates, der Revolution und der Diktatur des Proletariats als die grundlegenden Probleme, deren Einzelfragen er aus ihrem gesamten Werk und aus ihrer theoretischen Arbeit und politischen Praxis in den revolutionären Perioden der europäischen Geschichte des 19. Jahrhunderts entwickelte, in denen *Marx* und *Engels* die »gemeinsamen Züge der ganzen neueren Entwicklung der kapitalistischen Staaten überhaupt« sahen (S. 423). ›Der achtzehnte Brumaire‹ und ›Der Bürgerkrieg in Frankreich‹ sind also die hauptsächlichen Quellen von ›Staat und Revolution‹, vermittels derer *Lenin* eine Brücke zu dem ganzen theoretischen Werk von *Marx* und zu seinen Erfahrungen (1848, I. Internationale, Pariser Kommune) schlägt, wobei er die II. Internationale vollkommen außer acht läßt und jede Mystifikation und interpretatorische Vermittlung der vorhergehenden Periode ablehnt. Wenn man diese Haltung *Lenins* im Zusammenhang des Krieges und des Heranreifens der Revolution

[52] »Ich habe noch einmal Engels' ›Zur Wohnungsfrage‹ mit dem Vorwort von 1887 gelesen. (Lenin war mit der Ausarbeitung der Notizen für ›Staat und Revolution‹ beschäftigt; ›Zur Wohnungsfrage‹ bildete in der Tat eine der Grundlagen seiner Schrift. L. C.). Kennen Sie es? Wunderbar! Ich bin noch immer ›verliebt‹ in Marx und Engels und kann keinerlei Schmähungen gegen sie ruhig hinnehmen. Nein, das sind wirklich Menschen! Von ihnen muß man lernen. Diesen Boden dürfen wir nicht verlassen. *Diesen* Boden haben sowohl die Sozialchauvinisten als auch die Kautskyaner verlassen« (aus dem Brief vom 30. Januar 1917 an *Inès Armand*, in: Lenin, Werke, Bd. 35, a.a.O., S. 258).

und vor dem Hintergrund der legalistischen Theorie und Praxis der II. Internationale sieht, wird man erkennen, daß er auf diese Weise »allein durch Wiederaufrichtung der Klassentheorie vom Staat auf einer neuen, höheren historischen Grundlage Marxens Gedanken neue Konkretheit und somit auch neue Bedeutsamkeit« verleiht, daß er in der damaligen konkreten Situation und mit diesem Untersuchungskriterium »dem Marxismus seine Bedeutung wieder als theoretisches Werkzeug der proletarischen Revolution zurückgab«[53].

Also ›Wiederherstellung‹ des Marxismus in einer Situation der tiefen strukturellen Krise der alten Ordnung, der ersten Krise nach jenen, die *Marx* unmittelbar miterlebt hatte und in der sich ein Prozeß, den *Marx* in seinen Zwischen- und Teilphasen beobachtet hatte, bis zum Ende entwickelte; eine ›Wiederherstellung‹, die sich auf die Vorstellungen und Faktoren stützte, welche gerade die Entwicklung dieses Prozesses als Wesen und ›Seele‹ des Marxismus offenbarte, nämlich jene, die einen engen Zusammenhang zwischen der revolutionären Bewegung des Proletariats und dem Geschick des bürgerlichen Staates herstellen. Und auch die Wiederherstellung dieses Zusammenhangs ›paßt‹ gut in diese Zeit weltweiter sozialer Erschütterungen (die von *Lenin* in der zwischen 1914 und 1916 durchgeführten Analyse vorhergesehen worden waren) und der Freisetzung der voluntaristischen Impulse, die die evolutionistische Konzeption der II. Internationale und die lange Zeit des Friedens aus dem Marxismus und aus der Auffassung der Rolle der Massen ausgemerzt hatten.

Aber unserer Ansicht nach geht die Schrift ›Staat und Revolution‹ noch darüber hinaus, wenn dort — mittels der Brüche und Risse in der alten Ordnung, die der Weltkrieg deutlicher zutage treten läßt — die Entwicklungslinien einer neuen historisch-sozialen Ordnung aufgezeigt werden und damit die Fragen der neuen, nach der revolutionären Eroberung der politischen Macht durch das Proletariat entstehenden historischen Formen des Staates, der staatlichen Organisation und der nach dem Absterben des Staates bestehenden Gesellschaft berührt werden. Innerhalb dieser Problematik ist im Leninismus von ›Staat und Revolution‹ — und darin liegt die Aktualität der Schrift in entscheidendem Maße begründet — eine Forderung nach Freiheit enthalten, die sich nicht in einem abstrakten Finalismus erschöpft, sondern im ganzen Verlauf des Prozesses festzustellen ist und seine Richtung und Bedeutung bestimmt.

Im ersten Kapitel befaßt *Lenin* sich mit dem Thema der Klas-

[53] L. Trotzki, Geschichte der russischen Revolution. Oktober-Revolution, Berlin 1933, S. 441–442.

sengesellschaft und des Staates. »Der Staat«, schreibt er in Anlehnung an *Engels,* »ist das Produkt und die Äußerung der *Unversöhnlichkeit* der Klassengegensätze. Der Staat entsteht dort, dann und insofern, wo, wann und inwiefern die Klassengegensätze objektiv *nicht* versöhnt werden *können.* Und umgekehrt: Das Bestehen des Staates beweist, daß die Klassengegensätze unversöhnlich sind« (S. 398/99). Die verschiedenen opportunistischen und kautskyanischen »Verbesserungen« erkennen dem Staat die Funktion der Versöhnung der Klassen zu oder sie verschweigen zumindest, daß das einzige Mittel zur Befreiung der unterdrückten Klasse in der gewaltsamen Revolution und der »Vernichtung des von der herrschenden Klasse geschaffenen Apparats der Staatsgewalt« (S. 400) besteht. Die hauptsächlichen Machtinstrumente der Staatsgewalt sind das Heer, die Polizei und das Recht der Steuereintreibung, schrieb *Engels.* Der Imperialismus und der 1914 ausgebrochene Krieg haben bewiesen, daß das nicht nur weiterhin gültig ist, sondern sogar gigantische und brutale Formen angenommen hat. In einer demokratischen Republik wird die ›Allmacht‹ des Reichtums mit Hilfe einer breiten Skala von Vermittlungen und ausgeklügeltster Praktiken ausgeübt, wobei es ihr gelingt, scheinbar neutrale Herrschaftsinstrumente — wie das allgemeine Stimmrecht — auch auf politischer Ebene zu institutionalisieren; aber der Klassencharakter des Staates und des Systems bleibt unangetastet. Das veranlaßt *Lenin* zu der Feststellung: »Die demokratische Republik ist die denkbar beste politische Hülle des Kapitalismus« (S. 405), und zur Verurteilung jener Sozialisten, die dem Volk den »falschen Gedanken« suggerieren, »das allgemeine Stimmrecht sei ›im *heutigen* Staat‹ imstande, den Willen der Mehrheit der Werktätigen wirklich zum Ausdruck zu bringen und seine Realisierung zu sichern« (S. 406). *Lenin,* der noch einmal auf *Engels* und seine berühmte Definition des Staates als historisches Produkt, das zum Absterben bestimmt ist, zurückgreift (»Die Gesellschaft, die die Produktion auf Grundlage freier und gleicher Assoziation der Produzenten neu organisiert, versetzt die ganze Staatsmaschine dahin, wohin sie dann gehören wird: ins Museum der Altertümer, neben das Spinnrad und die bronzene Axt«[54]), erhebt allerdings gegen den damaligen »offiziellen« Sozialismus den Vorwurf, daß man den Gedanken des Absterbens des Staates nicht auf die »vage Vorstellung von einer langsamen, gleichmäßigen, allmählichen Veränderung [. . .], als gebe es keine Sprünge und Stürme, als gebe es keine Revolution« (S. 408), zurückführen dürfe, da nur letztere den bürgerlichen Staat gewaltsam *zer-*

[54] Friedrich Engels, Der Ursprung der Familie, des Privateigentums und des Staats, MEW 21, Berlin 1962, S. 168.

störe. »Die Notwendigkeit, die Massen systematisch in *diesen*, gerade in diesen Auffassungen über die gewaltsame Revolution zu erziehen, liegt der *gesamten* Lehre von Marx und Engels zugrunde« (S. 412). Die reformistische und eklektische Verfälschung des Marxismus und der Dialektik des Klassenkampfes dagegen »gewährt eine scheinbare Befriedigung, berücksichtigt scheinbar alle Seiten des Prozesses, alle Entwicklungstendenzen, alle widerspruchsvollen Einflüsse usw., während sie in Wirklichkeit gar keine einheitliche, keine revolutionäre Auffassung des gesellschaftlichen Entwicklungsprozesses gibt« (S. 412).

Die Weiterentwicklung der Theorie des Klassenkampfes zur Theorie der politischen Gewalt und des Staates ist ein charakteristisches Merkmal des Marxismus; und der Kernpunkt der marxistischen Lehre vom Staat ist die Notwendigkeit, daß das Proletariat die Staatsmaschine zerschlägt, um die eigene politische Herrschaft zwecks Aufhebung jeglicher Ausbeutung zu errichten. *Marx* formulierte seine These von der Zerschlagung des Staatsapparates im Laufe der Erfahrungen während der Revolutionsjahre 1848–51. Aber er ging nicht gleich so weit, aufzuzeigen, was das siegreiche Proletariat an die Stelle des alten zerstörten Staates setzen sollte. Die im ›Manifest‹ enthaltene frühe Formulierung – der neue Staat = das »als herrschende Klasse organisierte Proletariat« – war als solche ziemlich vage; auch die *Marx*sche Theorie des Staates sollte erst nach der Erfahrung der Pariser Kommune in diesem wesentlichen Punkt ergänzt werden.

Erst in der zweiten Auflage von ›Staat und Revolution‹, die im Dezember 1918 in Druck gegeben wurde, fügte *Lenin* einen Abschnitt ein (den 3. Abschnitt des II. Kapitels), indem er den Brief *Marx'* an *Weydemeyer* vom 5. März 1852 zitiert und erläutert, wo *Marx* bekanntlich ausdrücklich, wenn auch in gedrängter Form, die – erst in den darauffolgenden Jahren vollständig entwickelte – Theorie formulierte, »daß der Klassenkampf notwendig zur *Diktatur des Proletariats* führt«, und daß diese selbst »nur den Übergang zur *Aufhebung aller* Klassen und zu einer *klassenlosen Gesellschaft* bildet« (S. 423 und 424).[55] Diese Ergänzung *Lenins* ist in zweifacher Hinsicht bezeichnend. In erster Linie, weil sie davon zeugt, daß die ›Wiederherstellung‹ des Marxismus von seiten *Lenins* nicht einer Augenblickseingebung entsprungen war, sondern auf einer mühevollen Analyse beruhte, die mit der politischen Erfahrung seiner Zeit eng verbunden war. Zum zweiten, weil der Kommentar selbst äußerst interessant ist, da er offensicht-

[55] Vgl. den Brief von *Marx* an *Weydemeyer*, MEW 28, Berlin 1963, S. 507–508. (Die erste Veröffentlichung erfolgte 1907 in der *Neuen Zeit* und wurde von *Franz Mehring* besorgt.)

lich von der Sensibilität zeugt, die *Lenin* im Laufe des ersten Jahres der Machtausübung in Rußland entwickelt hat. *Lenin* spricht hier in der Tat von der Periode der Diktatur des Proletariats als von einer Zeit, die »unvermeidlich eine Periode unerhört erbitterten Klassenkampfes, unerhört scharfer Formen dieses Kampfes« ist und fährt fort: »Das Wesen der Marxschen Lehre vom Staat hat nur erfaßt, wer begriffen hat, daß die Diktatur *einer* Klasse nicht nur schlechthin für jede Klassengesellschaft notwendig ist, nicht nur für das *Proletariat,* das die Bourgeoisie gestürzt hat, sondern auch für die ganze *historische Periode,* die den Kapitalismus von der ›klassenlosen Gesellschaft‹, vom Kommunismus, trennt« (S. 425).
In diesen Worten spiegeln sich zweifellos die inneren und internationalen Schwierigkeiten der nachrevolutionären Periode und vor allem die spezifischen Schwierigkeiten der Organisierung des neuen sowjetischen Staatsapparates wider. Die Notwendigkeit, die neuentstandene Situation unter schwierigen Bedingungen, die den Fortbestand der Diktatur des Proletariats selbst bedrohten, zu bewältigen, bewirkt, daß der Akzent auf letztere gelegt wird und daß die allgemeine Perspektive des von *Lenin* in ›Staat und Revolution‹ dargestellten Prozesses, und insbesondere das Verhältnis zwischen der Diktatur des Proletariats und dem Absterben des Staates, verblaßt, während die ganze Dialektik des Prozesses in der dem ersten Moment immanenten Dialektik aufgeht. Das sollte der stärkste Ansatzpunkt des Stalinismus, d. h. der etatistischen (und zwar russisch-etatistischen) Entstellung des Leninismus, sein; ein Ansatzpunkt, der aufgrund des realen und drückenden Vorhandenseins des Problems und des zwingenden Moments, das es enthielt, objektiv am stärksten war, der aber im Hinblick auf die beiden hauptsächlichen Entwicklungsrichtungen des Sozialismus, der internationalen und internationalistischen und der der Befreiung vom Staat, am gefährlichsten war.
Der Erfahrung der Pariser Kommune und der *Marx*schen Analyse dieser Erfahrung widmet *Lenin* den Hauptteil von ›Staat und Revolution‹. »Die Kommune ist der erste Versuch der proletarischen Revolution, die bürgerliche Staatsmaschine zu *zerschlagen,* ist die ›endlich entdeckte‹ politische Form, durch die man das Zerschlagene *ersetzen* kann und muß« (S. 445). Diese Erfahrung zu analysieren, die diesbezüglichen Schlußfolgerungen von *Marx* nachzuprüfen und das vom Pariser Proletariat 1871 begonnene Werk fortzuführen, darin besteht folglich die Hauptaufgabe auf dem Wege zur Revolution. Die Analyse *Lenins* während der ganzen revolutionären Periode des Jahres 1917 und in der Zeit danach — als sich das Problem der neuen ›politischen Form‹ und ihres Verhält-

nisses zu der 1871 ›entdeckten‹ Form ganz konkret stellte – sollte die Pariser Kommune tatsächlich zum ständigen Bezugspunkt nehmen, sowohl im Hinblick auf die Übereinstimmungen als auch hinsichtlich der Unterschiede und schließlich auch in bezug auf die Aspekte, unter denen der neue sowjetische Staat hinter seinem historischen Vorbild zurückgeblieben war.

Bei der an *Marx* anknüpfenden Bestimmung des Staatstypus, den die Kommune aufzubauen begonnen hatte, betont *Lenin* als charakteristische Merkmale die Abschaffung des stehenden Heeres und seine Ersetzung durch das bewaffnete Volk und besonders die »uneingeschränkte Wählbarkeit und die *jederzeitige* Absetzbarkeit ausnahmslos aller beamteten Personen«, die den öffentlichen Dienst für ein Gehalt besorgen sollten, das dem ›Arbeiterlohn‹ entspricht (S. 433). In diesem letzten Merkmal sah *Lenin* den höchsten Ausdruck des von der Kommune vollzogenen historischen Sprunges: es schien ihm darin jene »gewisse ›Rückkehr‹ zu ›primitivem‹ Demokratismus« (S. 433) verwirklicht zu sein, ohne die der Übergang vom Kapitalismus zum Sozialismus unmöglich ist. Übrigens waren durch die Technik und Kultur des Kapitalismus die meisten staatlichen Funktionen inzwischen »auf so einfache Operationen der Registrierung, Buchung und Kontrolle zurückgeführt (worden), daß diese Funktionen alle Leute, die des Lesens und Schreibens kundig sind, ausüben können« (S. 433), so daß sie also für ›Arbeiterlohn‹ geleistet werden könnten. Die besondere Hervorhebung dieses charakteristischen Aspektes der Pariser Kommune ist für eine ›Lektüre‹ des Staatsmannes *Lenin* in der nachrevolutionären Zeit von Interesse: gerade in diesem Punkt sollte der sowjetische Staat kurz nach der Oktoberrevolution zu einer ersten Abweichung von dem klassischen Modell kommen, einer Abweichung, deren Ernst *Lenin* nicht vertuschte, sondern den er vielmehr in seinem ganzen Gewicht erfaßte.[56]

Auch die Kritik *Marx'*, am Parlamentarismus wurde von *Lenin* aufgegriffen, wobei er darauf hinwies, daß der Klassencharakter des bürgerlichen Parlamentarismus »auch in den allerdemokratischsten Republiken« (S. 435) unangetastet bleibt und daß eine proletarische Demokratie als eines ihrer unmittelbaren Ziele die Schaffung neuer Vertretungsorgane verfolgen muß, die das Parlament ersetzen oder es auf der Grundlage einer echten, funktionalen Verbreitung, die vom bewaffneten Proletariat garantiert und geleitet wird, radikal umgestaltet.

[56] Über die Anstellung hochbezahlter bürgerlicher Spezialisten als »Abweichung von den Prinzipien der Pariser Kommune« vgl. Lenin, Die nächsten Aufgaben der Sowjetmacht (März-April 1918) sowie: Sechs Thesen über die nächsten Aufgaben der Sowjetmacht (April-Mai 1918), in: Werke, Bd. 27, Berlin 1960, S. 225–268 und S. 306–309.

Bei aller Aufmerksamkeit, die *Lenin* den Problemen der künftigen proletarischen Diktatur schenkt, weist er doch immer wieder darauf hin, daß sie eine Übergangsphase zwischen der kapitalistischen und der kommunistischen Gesellschaft darstellt und daß ihre Entwicklung erst in dem unmittelbaren Zusammenhang mit dem Absterben des Staates ihren Sinn erhält. In seiner Analyse des Verhältnisses zwischen Diktatur des Proletariats und Demokratie, bei der er sich vor allem auf die ›Kritik des Gothaer Programms‹ stützt, betont *Lenin* insbesondere, daß in der ersten Phase des Kommunismus (oder sozialistischen Phase) das Fortbestehen des Staates letzten Endes der Ausdruck einer nur partiellen Befreiung von den »Spuren des Kapitalismus« ist. »Daraus erklärt sich eine so interessante Erscheinung wie das Fortbestehen des ›engen *bürgerlichen* Rechtshorizonts‹«, der »unvermeidlich auch den *bürgerlichen Staat* voraus(setzt), denn Recht ist nichts ohne einen Apparat, der imstande wäre, die Einhaltung der Rechtsnormen zu *erzwingen.* So ergibt sich, daß im Kommunismus nicht nur das bürgerliche Recht eine gewisse Zeit fortbesteht, sondern sogar auch der bürgerliche Staat — ohne Bourgeoisie!« (S. 485). In dieser ersten Entwicklungsphase sind jedoch schon die Kräfte wirksam, die fähig sind, über sie hinauszugehen. Die ›Rechnungsführung‹, die ›Kontrolle‹, die ›Fabrikdisziplin‹, der Aufbau eines neuen Produktions- und Verwaltungsapparates (genau die Probleme, die *Lenin* nach der Oktoberrevolution stark beschäftigten und die nach seinem Tode ins Gigantische wuchsen) sind die Schule, in der eine Demokratie erlernt wird, die sich auf die technische Vorbereitung und das soziale Bewußtsein der Staatsbürger gründet, eine Demokratie also, die — insofern sie selbst Ausdruck des Fortbestehens des Staates ist — in dem Maße absterben wird, wie sie sich immer weiter vervollkommnet. Dieser Prozeß wird natürlich eine ganze historische Periode in Anspruch nehmen, deren Dauer und deren einzelne Momente in ihrer genauen Gestaltung nicht vorhergesehen werden können, vor allem, was »die Frage der Fristen oder der konkreten Formen des Absterbens« (S. 483) anbetrifft. Der Prozeß wird jedoch um so schneller voranschreiten, je umfassender die Diktatur des Proletariats sich selbst als Demokratie neuen Typs verwirklicht.

In *Lenins* Auffassungen läßt sich ein Schwanken erkennen, das durch den doppelten — repressiven und emanzipatorischen — Charakter der proletarischen Diktatur bedingt ist. Auch in dieser Hinsicht sollten die konkreten Probleme Rußlands, die in den Monaten und Jahren nach der Revolution auftraten, zu einer Betonung des Charakters führen, den wir als repressiv bezeichnet haben, d. h., allgemeiner ausgedrückt, des staatlichen Charakters der Diktatur des Proletariats. Das

ist nicht nur auf die Schwierigkeiten zurückzuführen, die sich beim Aufbau des neuen Staates ergaben und die zweifellos größer waren, als *Lenin* sie sich offenbar zur Zeit der Abfassung von ›Staat und Revolution‹ vorgestellt hatte, sondern auch auf die Verzögerung und das spätere Scheitern der Revolution in Westeuropa und die dementsprechende Isolierung, in der die russische Erfahrung der Errichtung eines neuen Staates erfolgte; und schließlich beruht es auch darauf, daß der internationale Beitrag, den *Lenin* sich von dem vorhergesehenen gleichzeitigen Ausbruch der Revolution in mehreren Ländern, mit dem Schwerpunkt gerade in den fortgeschritteneren westlichen Ländern, erhofft hatte, sich in sein Gegenteil verkehrte, nämlich in die bewaffnete Intervention (und später in die ›Umkreisung‹) der kapitalistischen Staaten gegen die proletarische Diktatur in Rußland und in die Konsolidierung dieser Staaten in konservativem und reaktionärem Sinne gerade als Reaktion und Kampfstrategie gegen den Sozialismus. Aber dies sind Probleme, deren Entwicklung in ganz anderen Bahnen verläuft, als in der ›Staat und Revolution‹ zugrundeliegenden Logik, und die einer besonderen Analyse bedürften.
Zum Abschluß dieser kurzen Betrachtungen über das Werk *Lenins* und die Fragen, die es sowohl im Hinblick auf die theoretische Analyse als auch hinsichtlich seines Bezuges zu den aktuellen Problemen des Sozialismus aufwirft, wollen wir einige Bemerkungen zu den Methoden des proletarischen Kampfes und der Eroberung der Macht sowie zu der Diktatur des Proletariats als Übergangsphase des Prozesses Staat — Revolution — Staat — Absterben des Staates machen.

V

»Kautsky schildert die Sache (das Problem der Macht und des Staates) folgendermaßen: Das siegreiche Proletariat wird ›das demokratische Programm zur Wahrheit machen‹, und er erläutert die einzelnen Punkte dieses Programms. [...] Kautsky begnügt sich mit solchen ›solide‹ klingenden Banalitäten wie: ›Und doch ist es selbstverständlich, daß wir nicht zur Herrschaft kommen unter den heutigen Verhältnissen. Die Revolution selbst setzt lange und tiefgehende Kämpfe voraus, die bereits unsere heutige politische und soziale Struktur verändern werden‹.« So umreißt *Lenin* den Standpunkt *Kautskys* und der II. Internationale, bei dem »die für das revolutionäre Proletariat wesentliche Frage *umgangen* wird, *worin denn* die ›Tiefe‹ seiner Revolution gegenüber dem Staat, gegenüber der Demokratie zum Unterschied von den früheren, nichtproletarischen Revolutionen zum Ausdruck kommt« (S. 495). Und weiter zitiert *Lenin* im Zusammenhang mit der Darstellung der Polemik zwischen *Kautsky* und *Pannekoek* vom Jahre 1912 folgende Worte *Kautskys*: »[...] hier ist nicht die Rede von der Gestaltung des Zukunftsstaats durch die siegreiche Sozialdemokratie, sondern von der des Gegenwartsstaates durch unsere Opposition.« Und *Lenin* kommentiert: »Indem Kautsky auf die Frage der ›Opposition‹ überspringt, fälscht er gerade den revolutionären Standpunkt in einen opportunistischen um. Bei ihm läuft es darauf hinaus: Gegenwärtig machen wir Opposition, und *nach* der Eroberung der Macht werden wir weiter sehen. *Die Revolution verschwindet!* Das war gerade das, was die Opportunisten brauchten« (S. 501). Übrigens war die Revision des Marxismus in dieser grundlegenden Frage charakteristisch für fast die ganze II. Internationale: »Den Arbeitermassen wurde nicht nur nicht eingeprägt, daß die Zeit naht, wo sie sich erheben und die alte Staatsmaschine zerbrechen müssen, um sie durch eine neue zu ersetzen und auf diese Weise ihre politische Herrschaft zur Grundlage der sozialistischen Umgestaltung der Gesellschaft zu machen – das Gegenteil wurde den Massen eingeprägt, und die ›Eroberung der Macht‹ wurde so dargestellt, daß dem Opportunismus Tausende Hintertürchen offenblieben« (S. 506).

Welchen Standpunkt vertritt dagegen der revolutionäre Marxismus? In erster Linie betrachtet er die Diktatur des Proletariats als das *notwendige* Ergebnis des Klassenkampfes, wie es in dem oben zitierten Brief von *Marx* an *Weydemeyer* vom 5. März 1852 formuliert wird. Aber die Errichtung der Diktatur des Proletariats setzt die Zerstörung und Zerschlagung der alten Staatsmaschine voraus.

»Der Kern der Frage besteht durchaus nicht darin, ob ›Ministerien‹ bestehenbleiben, ob es ›Kommissionen von Fachleuten‹ oder irgendwelche andere Institutionen geben wird; das ist ganz belanglos. Die entscheidende Frage ist, ob die alte Staatsmaschinerie (die durch tausend Fäden mit der Bourgeoisie verbunden und durch und durch von verknöcherten Gewohnheiheiten und Konservativismus durchsetzt ist) aufrechterhalten bleibt, oder ob sie *zerstört* und durch eine *neue* ersetzt wird. Die Revolution darf nicht darin bestehen, daß die neue Klasse mit Hilfe der *alten* Staatsmaschinerie kommandiert und regiert, sondern muß darin bestehen, daß sie diese Maschine *zerschlägt* und mit Hilfe einer *neuen* Maschine kommandiert und regiert – diesen *grundlegenden* Gedanken des Marxismus vertuscht Kautsky, oder aber er hat ihn überhaupt nicht begriffen« (S. 501 f).

Nicht so sehr die Revolution an sich, sondern gerade diese völlige Zerstörung des alten Staates erfordert von der Arbeiterklasse und der sozialistischen Bewegung »grenzenlose«, »revolutionäre Kühnheit« (S. 504). Dies ist das Moment des gewaltsamen Bruchs, aber es ist ein in der sozialistischen Perspektive notwendiges Moment, unabhängig von der politischen Form der vorhergehenden Diktatur der Bourgeoisie, und selbst wenn sie (im Rahmen des kapitalistischen Systems) die allerdemokratischste Form hat. Das Wesen des bürgerlichen Staates bleibt sich bei aller Mannigfaltigkeit der Formen immer gleich, auch unter den Verhältnissen der demokratischen Republik und des hochentwickelten Kapitalismus. Zweifellos sind dem Proletariat die politischen Formen des bürgerlichen Regimes nicht gleichgültig. Eine Ausweitung der demokratischen Freiheit bedeutet eine *riesige* Erleichterung im revolutionären Kampf des Proletariats (S. 467, S. 460); und was die Situation des fortgeschrittenen Kapitalismus anbelangt, der Elemente der Wirtschaftsprogrammierung eingeführt hat, so muß »die ›Nähe‹ eines *solchen* Kapitalismus zum Sozialismus [. . .] für wirkliche Vertreter des Proletariats ein Beweisgrund sein für die Nähe, Leichtigkeit, Durchführbarkeit und Dringlichkeit der sozialistischen Revolution, keineswegs aber ein Argument dafür, daß man die Ablehnung dieser Revolution und die Beschönigung des Kapitalismus, wie dies bei allen Reformisten zu finden ist, tolerant hinnehmen sollte« (S. 456).

In keiner Situation also kann »man die ›Eroberung‹ als einfaches Erlangen der Mehrheit« auslegen, ohne in Reformismus zu verfallen (S. 500); und in keiner Situation ist der Kampf des Proletariats gegen die Bourgeoisie ein Kampf um die Macht im bestehenden Staat (und um so weniger, so können wir folgern, um die Beteiligung an dieser Macht oder um einen friedlichen Zugang zum Regierungslager), sondern er richtet sich immer gegen den alten Staat und birgt die Idee eines neuen Staates in sich, der eine absolute Alternative zum ersten darstellt (S. 500).

In diesem Zusammenhang wäre eine besondere, im Lichte von ›Staat und Revolution‹ durchgeführte Analyse des Verhältnisses *Lenin—Marx* und *Lenin—Engels,* die sich auf die ganze Zeit der politischen Aktivität und auf alle Momente des Denkens von *Marx* und *Engels* erstreckte, äußerst interessant. Die Ausnahme, die *Marx* für England macht, als »einziges Land, wo die unvermeidliche soziale Revolution gänzlich mit friedlichen und gesetzlichen Mitteln durchgeführt werden« kann[57] — auch im ›Achtzehnten Brumaire‹ spricht *Marx* von der Zerschlagung des bürgerlichen Staates als der »Vorbedingung jeder wirklichen Volksrevolution *auf dem Kontinent* (Hervorh.

[57] S. das Vorwort Engels' zur englischen Ausgabe des ›Kapitals‹ (Erstes Buch) vom 5. November 1886, in: K. Marx, Das Kapital, I, 1, Berlin 1968, S. 40.

L. C.)«[58] —, wird von *Lenin* nach dem Ausbruch des imperialistischen Krieges als überholt betrachtet (S. 428—430). Was *Engels* betrifft, so wird seine Bemerkung über die Möglichkeit, daß »die alte Gesellschaft [. . .] friedlich in die neue hineinwachsen« könne in Ländern wie den Vereinigten Staaten von Amerika, England und Frankreich, »wo man verfassungsmäßig tun kann, was man will, sobald man die Majorität des Volks hinter sich hat«[59], von Lenin mit dem Hinweis eingeschränkt, daß *Engels* von einer Möglichkeit spricht, die man sich nur *»vorstellen kann«* (S. 458). Ebenso werden sowohl in ›Staat und Revolution‹ als auch in anderen Werken *Lenins* die Stellen des späten *Engels* ignoriert — vor allem seine berühmte Einleitung von 1895 zu der Schrift ›Die Klassenkämpfe in Frankreich‹, die *Lenin* überdies nur in der ›gereinigten‹ Fassung kannte —, in denen zweifellos eine Neubesinnung auf die marxistischen Vorstellungen in bezug auf den Staat und die Revolution vorgeschlagen wurde. Wenn wir nicht fehlgehen, so findet sich in ›Staat und Revolution‹ nicht der geringste Hinweis auf diese Einleitung *Engels'*, während es bezeichnend ist, daß *Lenin* bei der Zusammenstellung des vorbereitenden Materials die Probleme, die durch jene Schrift aufgeworfen worden waren, keineswegs außer acht ließ[60] und daß sich in der Arbeit ›Marxismus und Staat‹ ein Hinweis auf diese spezifische Frage findet, der bei der endgültigen Abfassung des Werkes nicht aufgegriffen worden ist.[61]

›Staat und Revolution‹ suggeriert also die Vorstellung einer ›Korrektur‹ *Marx'* im Lichte der theoretischen und politischen Erkenntnisse, zu denen *Lenin* im Laufe des Krieges gelangt war, und stellt eine Identität zwischen *Engels* und *Marx* her, die einige wesentliche Aspekte *Engels'* in den neunziger Jahren unberücksichtigt läßt, während die Kritik am Erfurter Programm als eine Kritik am »Opportunismus der gesamten II. Internationale« (S. 457) angesehen wurde. Die marxistischen Vorstellungen über den Staat und die Revolution werden also von *Lenin* vor dem Hintergrund des Krieges und der durch den Imperialismus herbeigeführten allgemeinen Bedingungen

[58] Vgl. Karl Marx/Friedrich Engels, Ausgewählte Briefe, Berlin 1953, S. 307.

[59] Friedrich Engels, Zur Kritik des sozialdemokratischen Programmentwurfs von 1891, MEW 22, Berlin 1963, S. 234.

[60] S. den Brief *Lenins* an *Inès Armand* vom 19. Januar 1917, in: Lenin, Werke Bd. 35, a.a.O., S. 248—251: »[. . .] Wegen Engels. Wenn Ihnen die Nummer der ›*Neuen Zeit*‹ mit der Erzählung Kautskys (und den Briefen Engels') darüber, wie man Engels' Einleitung zu den ›Klassenkämpfen‹ entstellt hat, in die Hände gekommen ist, so wäre es gut, wenn Sie mir das möglichst ausführlich in ein besonderes Heftchen herausschrieben. Wenn das nicht möglich ist, so schreiben Sie mir bitte die genaue Nummer der ›Neuen Zeit‹, Jahr, Band, Seite« (S. 248). Der Brief an Inès Armand ist sehr wichtig in bezug auf die Verteidigung *Engels'* durch *Lenin*, aber gleichzeitig auch aufgrund der darin enthaltenen Behauptungen über das Neue der allgemeinen Situation nach 1914. Dieser Brief *Lenins* muß im Zusammenhang mit dem oben angeführten Brief (Anm. 51) gesehen werden.

[61] Vgl. den Passus der Vorarbeiten zu ›Staat und Revolution‹, in: Lenin, Marxismus und Staat, a.a.O.

weiterentwickelt. *Lenin* begreift die Lehre der Gewalt des imperialistischen Krieges und setzt sie in Theorie um, erfaßt ihre damalige Bedeutung und – so möchte ich sagen, ohne ihn unnütz zu forcieren – jene Elemente, die damals erst potentiell vorhanden waren, die wir jedoch in einer perspektivischen Sicht als vorrevolutionär und vorfaschistisch bezeichnen können. Ankündigung einer neuen geschichtlichen Epoche, die durch einen gewaltsamen und offeneren Kampf zwischen den Klassen gekennzeichnet sein würde, und theoretisch-politische Analyse der proletarischen und sozialistischen Strategie und Taktik in dieser neuen Epoche: darin besteht das Wesen von ›Staat und Revolution‹ und des Leninismus, als die internationalen Aspekte des Kriegs seinen systemsprengenden und revolutionären Inhalt, der die politische und ›militärische‹ Physiognomie der Klassen tiefgreifend verändern sollte, noch verhüllten oder verschleierten.

Bei alledem setzt *Lenin* natürlich nicht Revolution und Erhebung gleich im Sinne des Blanquismus oder einer einfachen Verherrlichung der Gewalt um der Gewalt willen. Und es gibt auch keine vorgefaßte Meinung über die konkreten Formen, in denen die Gewalt der Revolution zum Ausdruck kommen würde. Die Notwendigkeit der Gewalt der Revolution als ›autoritärer‹ Akt ergibt sich aus dem Zwangscharakter des Staates, und zwar jeder Form des kapitalistischen Staates, ein Zwangscharakter, mit dem das Proletariat unweigerlich in Konflikt geraten wird. Auch wenn sich bei einer umfassenden Rekonstruktion des *Lenin*schen Denkens nach 1914 und insbesondere in den letzten Jahren seines Lebens Formulierungen zu diesem Thema finden, die sich ihrem Wortlaut nach nicht decken, bleibt dieser Konflikt mit dem bürgerlichen Staat und diese entschiedene Betonung der Frage des Staates als einer Frage, die sich zwar nicht immer in gleicher Form, aber immer in demselben Zusammenhang mit der historischen Aufgabe der Arbeiterklasse und mit der revolutionären Bewegung stellt, doch bestehen.

Andererseits zeigte und zeigt die Erfahrung des internationalen Sozialismus, die in ihren Erfolgen wie in ihren Niederlagen die Materie darstellt, auf deren Basis sich der Leninismus kritisch entwickelt, daß jede andere, wie auch immer bemäntelte, Strategie und Taktik der Reformen, der Eroberung der politischen Macht auf friedlichem und demokratischem Wege (deren Voraussetzung also in der Anerkennung des bürgerlich-demokratischen institutionellen Rahmens besteht) dadurch erkauft wird und sich entfaltet, daß dieses Problem umgangen und damit die Keime eines zukünftigen revolutionären Wiederaufschwungs außer acht gelassen werden. Das Problem des Klassencharakters des kapitalistischen oder zumindest vorsozialistischen Staates bleibt also auch in der Situation bestehen, die im Vergleich zu den internationalen und nationalen Bedingungen, unter denen der Leninismus sich entwickelt hat, *scheinbar* am atypischsten ist, auch in der Situation, die sich *scheinbar* mit dem Leninismus am wenigsten deckt, nämlich in einer Situation bürgerlich-demokratischen Regimes. »In welche Formen immer die Republik sich hüllt«, sagte *Lenin* 1919 in einer Vorlesung an der Swerdlow-Universität und nahm dabei ein Thema wieder auf, das er schon in ›Staat und Revolution‹ erörtert hatte, »mag sie die allerdemokratischste Republik sein, wenn sie jedoch eine bürgerliche Republik ist, wenn in ihr das Privateigentum an Grund und Boden, an den Fabriken und Werken bestehengeblieben ist [. . .], dann ist dieser Staat eine Maschine, um die einen durch die anderen zu unterdrücken.«[62]

Bei diesem Thema, auf dem *Lenin* mit solchem Nachdruck besteht, treten die Erfahrung des Krieges und die — inzwischen auf theoretischer Ebene unlösbar im Leninismus verankerten — Ergebnisse der *systematischen* Kritik *Lenins* an der II. Internationale nach August 1914 deutlich zutage. Das Problem des Wesens des Staates erschien damals als das in den Beziehungen zum alten Sozialismus wahrhaft brisante Problem, gerade weil dieser eine Vorstellung des Marxismus preisgegeben hatte, die sich aufgrund der tragischen Erfahrung, des ›Sprunges‹ des imperialistischen Kriegs inzwischen als grundlegend und allgemeingültig, ohne Ausnahme, erwiesen hatte. *Lenin* formuliert seine Verurteilung der II. Internationale auf der Grundlage einer in der ersten Phase des Kriegs allmählich immer ausgeprägteren Wiederaufnahme jenes Problems im unmittelbaren Zusammenhang mit der Analyse des Imperialismus und legt ihr nicht die Kritik an den legalen Kampfformen und -phasen zugrunde, sondern die Kritik daran, daß die legale Aktivität ideologisch in Legalismus umgesetzt wird und sich in mangelnder revolutionärer Vorbereitung niederschlägt, die darauf beruht, daß jene Reformen, die als ein »Nebenprodukt«[63] des Kampfes des Proletariats zu gelten haben, zum Ziel dieses Kampfes erhoben worden waren.

Durch die Erhebung des legalen Kampfes und der Reformen zur legalistischen und reformistischen Ideologie hatten sich die alten Parteien, noch bevor die Ereignisse vom August 1914 es ganz offen zeigten, unlösbar mit der kapitalistischen Ordnung im allgemeinen und mit der eigenen Bourgeoisie im besonderen verbunden. Ihre augenfällige Blüte beruhte eben auf dieser Integration, aber daß sie jeder realen Grundlagen entbehrte,

[62] Lenin, Über den Staat, in: Lenin, Werke, Bd. 29, a.a.O., S. 479.
[63] Lenin, Über die Bedeutung des Goldes jetzt und nach dem vollen Sieg des Sozialismus, in: Lenin, Werke, Bd. 33, a.a.O., S. 97.

hatte sich gezeigt, als das kapitalistische System die Krise und den Krieg hervorgebracht hatte, als jene Widersprüche zum Ausbruch gekommen waren, die sie nicht hatten erkennen und vorhersehen können, da sie auf die marxistische Analyse der Gesellschaft im Rahmen der großen historischen Entwicklungsepochen verzichtet hatten.[64]

»Viel schwerer — und viel wertvoller — ist, daß man es versteht, ein Revolutionär zu sein, wenn die Bedingungen für einen direkten, offenen, wirklich von den Massen getragenen, wirklich revolutionären Kampf *noch nicht* vorhanden sind, daß man es versteht, die Interessen der Revolution (propagandistisch, agitatorisch, organisatorisch) in nicht-revolutionären, oft sogar direkt reaktionären Institutionen, in einer nichtrevolutionären Situation, unter einer Masse zu verfechten, die unfähig ist, die Notwendigkeit revolutionärer Methoden des Handelns sofort zu begreifen. Die Fähigkeit, den konkreten Weg oder den besonderen Wendepunkt der Ereignisse, der die Massen an den wirklichen, entscheidenden, letzten, großen revolutionären Kampf *heranführt*, herauszufinden, herauszufühlen, richtig zu bestimmen — das ist die Hauptaufgabe des heutigen Kommunismus in Westeuropa und Amerika.«[65]

Lenin schrieb diese Sätze in einer vollkommen anderen Situation. Aber im Grunde spricht aus seinen Worten noch immer die negative Erfahrung der II. Internationale. Und in den Schlußfolgerungen der Schrift ›Der »linke Radikalismus«‹ wurde das Problem der Kampfmittel der proletarischen Bewegungen von ihm folgendermaßen gestellt:

»[. . .] die revolutionäre Klasse, wenn sie ihre Aufgaben erfüllen will, (muß es verstehen) *alle* Formen oder Seiten der gesellschaftlichen Tätigkeit ohne die geringste Ausnahme zu beherrschen (wobei sie nach der Eroberung der politischen Macht, mitunter mit großem Risiko und unter ungeheurer Gefahr, das zu Ende führt, was sie vorher nicht zu Ende geführt hat); [. . .] die revolutionäre Klasse (muß) gerüstet sein, aufs schnellste und unerwarteste die eine Form durch die andere zu ersetzen.

Jeder wird zugeben, daß es unvernünftig, ja verbrecherisch ist, wenn eine Armee sich nicht darauf vorbereitet, alle Waffengattungen, alle Kampfmittel und Kampfmethoden zu beherrschen, über die der Feind verfügt oder verfügen kann. Das gilt

[64] »Die Hauptursache ihres (der Führer der II. Internationale, L. C.) Bankrotts bestand darin, daß sie sich in *eine* bestimmte Form des Wachstums der Arbeiterbewegung und des Sozialismus ›vergafften‹, deren Einseitigkeit vergaßen, jenen jähen Umschwung zu sehen fürchteten, der kraft der objektiven Verhältnisse unvermeidlich geworden war, und fortfuhren, einfache, auswendig gelernte, auf den ersten Blick unbestreitbare Wahrheiten zu wiederholen wie: drei ist mehr als zwei« (Lenin, Der ›linke Radikalismus‹, die Kinderkrankheit im Kommunismus, Werke, Bd. 31, a.a.O., S. 90).

[65] Ebd., S. 84.

aber für die Politik noch mehr als für das Kriegswesen. In der Politik ist es noch weniger möglich, im voraus zu wissen, welches Kampfmittel unter diesen oder jenen künftigen Umständen für uns anwendbar und vorteilhaft sein wird. Beherrschen wir nicht alle Kampfmittel, so können wir eine schwere – manchmal sogar eine entscheidende – Niederlage erleiden, wenn von unserem Willen unabhängige Veränderungen in der Lage der anderen Klassen eine Form des Handelns auf die Tagesordnung setzen, in der wir besonders schwach sind. Beherrschen wir alle Kampfmittel, so siegen wir mit Sicherheit, denn wir vertreten die Interessen der wirklich fortgeschrittenen, wirklich revolutionären Klasse; so siegen wir selbst dann, wenn die Umstände uns nicht erlauben sollten, die Waffe einzusetzen, die dem Feind am gefährlichsten ist, die am schnellsten tödliche Schläge versetzt.«[66]

Die *Lenin*sche Theorie des Staates und der Revolution schließt also die Notwendigkeit und Möglichkeit legaler Kämpfe und Erfolge im Laufe des revolutionären Prozesses und seiner Vorbereitung nicht aus; es ist vielmehr die Theoretisierung der legalen, friedlichen und demokratischen Möglichkeiten, die letztlich den Leninismus ausschließt, indem sie die bürgerliche politische Demokratie als ewiggültigen Wert übernimmt, ihre Gesetze und Institutionen anerkennt, sich bisweilen sogar offen verpflichtet, sie nicht zu übertreten, und die Arbeiterklasse und ihre Partei zu einer systematischen Verteidigung jener Institutionen bringt, die aufgrund der typischen Widersprüche der Bourgeoisie durch diese oder einen Teil von ihr fortwährend ›von rechts‹ bedroht erscheinen; und indem sie über den verschiedenen Episoden dieses Kampfes die historische Aufgabe der Arbeiterklasse und ihr Streben nach einem neuen Staatstypus und nach der Befreiung von jedem Staat aus den Augen verliert.

VI

In der ganzen Schrift ›Staat und Revolution‹ bezeichnet der Begriff des neuen Staates nicht den Endpunkt der Aktion des Proletariats, sondern eine Übergangsphase dieser Aktion. »Bei Marx«, schreibt *Lenin*, »findet man auch nicht die Spur von Utopismus in dem Sinne, daß er sich die ›neue‹ Gesellschaft erdichtet, zusammenphantasiert. Nein, er studiert – wie einen naturgeschichtlichen Prozeß – die *Geburt* der neuen Gesellschaft *aus* der alten, studiert die Übergangsformen von der alten zur neuen.« Und weiter: »Von einer Vernichtung des Beamtentums mit einem Schlag, überall, restlos, kann keine

[66] Ebd., S. 83.

Rede sein. Das wäre eine Utopie [. . .]. Wir ›träumen‹ nicht davon, wie man *unvermittelt* ohne jede Verwaltung, ohne jede Unterordnung auskommen könnte; diese anarchistischen Träumereien, die auf einem Verkennen der Aufgaben der Diktatur des Proletariats beruhen, sind dem Marxismus wesensfremd, sie dienen in Wirklichkeit nur dazu, die sozialistische Revolution auf die Zeit zu verschieben, da die Menschen anders geworden sein werden. Nein, wir wollen die sozialistische Revolution mit den Menschen, wie sie gegenwärtig sind, den Menschen, die ohne Unterordnung, ohne Kontrolle, ohne ›Aufseher und Buchhalter‹ nicht auskommen werden. Aber [. . .] die spezifische ›Vorgesetztenrolle‹ der Staatsbeamten kann und muß man sofort, von heute auf morgen, durch die einfachen Funktionen von ›Aufsehern und Buchhaltern‹ zu ersetzen beginnen, Funktionen [. . .], die für einen ›Arbeiterlohn‹ durchaus ausführbar sind [. . .] Ein solcher Anfang führt auf der Basis der Großproduktion von selbst zum allmählichen ›Absterben‹ jedweden Beamtentums« (S. 438 f).

»Alles das«, fährt *Lenin* fort, »erfordert eine gewisse Staatsform, erfordert aber keineswegs einen besonderen militärischen und bürokratischen Apparat mit beamteten Personen in besonders bevorzugter Stellung« (S. 448). Zweifellos betont *Lenin* im Vergleich zu *Marx* den vorübergehenden Charakter der Diktatur des Proletariats in der Perspektive des Absterbens des Staates (»Das Proletariat braucht den Staat nur zeitweilig. In der Frage der Abschaffung des Staates als *Ziel* gehen wir mit den Anarchisten keineswegs auseinander« [S. 449]).[67] Die Notwendigkeit der Diktatur des Proletariats ergibt sich aus der Notwendigkeit, den Aufbau und das Funktionieren der neuen Maschine zu gewährleisten und den Widerstand der alten Klassen endgültig zu brechen. Gewiß, als autoritäres Instrument ist der neue Staat noch mit dem Erbfehler des historischen Staates behaftet, trägt noch einen gewissen bürgerlichen Kern in sich: seine emanzipatorische Kraft beginnt jedoch sofort, sich vermittels eines Systems der Abweichungen vom historischen Staat zu entfalten, und setzt damit den Prozeß des Absterbens in Gang.

»Die Kommune *hörte auf*, ein Staat zu sein, insofern sie nicht die Mehrheit der Bevölkerung, sondern eine Minderheit (die Ausbeuter) niederzuhalten hatte; die bürgerliche Staatsmaschine wurde von ihr zerschlagen; an Stelle einer *besonderen* Repressionsgewalt trat die Bevölkerung selbst auf den Plan. Alles das sind Abweichungen vom Staat im eigentlichen Sinne. Und hätte sich die Kommune behauptet, so wären in ihr die Spuren des Staates von selbst ›abgestorben‹, sie hätte seine

[67] Vgl. auch Lenin, Die Aufgaben des Proletariats in unserer Revolution, a.a.O., S. 71: »Indes sind wir Marxisten Gegner *jedes* Staates.«

Institutionen nicht ›abzuschaffen‹ brauchen, diese hätten in dem Maße aufgehört zu funktionieren, wie sie nichts mehr zu tun gehabt hätten« (S. 454).

Lenin zeigt letzten Endes die Kontinuität eines revolutionären Prozesses auf, der nicht mit der Eroberung der politischen Macht und der Errichtung der Diktatur des Proletariats abgeschlossen ist, da, im Gegenteil, ‹in Wirklichkeit *erst* mit dem Sozialismus die rasche, wirkliche, wahrhafte Vorwärtsbewegung der Massen auf allen Gebieten des öffentlichen und persönlichen Lebens, zunächst unter Teilnahme der *Mehrheit* der Bevölkerung und später der gesamten Bevölkerung, einsetzen wird« (S. 486). Triebkraft und wesentliches Merkmal dieses revolutionären Prozesses ist also die Initiative immer breiterer Massen, die auf ihrem revolutionären Wege über die Diktatur des Proletariats – sowohl in ihrer Eigenschaft als bürgerlicher Überrest wie auch als neuer Staatstypus – hinausgehen, da ihre Funktion durch die allmähliche Einbeziehung des ganzen Volkes in die Ausübung der Herrschaft entfällt.

Aber welche Widersprüche und Unterbrechungen kann der Prozeß nach der Errichtung der Diktatur des Proletariats erleben? Äußert *Lenin* in ›Staat und Revolution‹ in bezug darauf Hinweise oder ›Befürchtungen‹? Inwieweit hat sich die Erfahrung der Sowjetunion von dem theoretischen Entwurf *Lenins* entfernt? Und stellt diese Entfernung ein Abweichen vom Leninismus dar, oder hat sie die Unmöglichkeit seiner Verwirklichung bestätigt und damit nachgewiesen, daß der antietatistische Inhalt von ›Staat und Revolution‹ zu den nicht realisierbaren Utopien gehört? Das sind die Fragen, die sich jedem stellen, der heute, nach der *Stalin*schen Erfahrung und dem theoretischen Stalinismus und angeregt durch die gegenwärtige Debatte innerhalb des Weltkommunismus, eine kritische Lektüre von ›Staat und Revolution‹ unternimmt; und diese Fragen sind von einer derartigen Tragweite, daß sie im Mittelpunkt der heutigen Problematik des Sozialismus stehen, der als Prozeß und als emanzipatorische revolutionäre Kraft verstanden wird, d. h. als Träger einer Forderung nach Freiheit, die sich nicht im Sturz des Kapitalismus und im proletarischen Staat erschöpft, sondern auch diesen neuen Staatstypus in Frage stellt und sich (auf unterschiedliche Weise, entsprechend den unterschiedlichen Situationen der geschichtlichen Entwicklung) zum Anti-Staat erhebt.

Heute kommt es nicht so sehr darauf an, die Wege zu einer Lösung dieser Fragen aufzuzeigen, sondern es gilt vor allem, ihre Fragestellung zu geben und sie zu klären und damit zu versuchen, der historischen und theoretischen Kritik wieder ihre Funktion innerhalb der sozialistischen Bewegung zuzuweisen. Die größte ›Befürchtung‹, die in ›Staat und Revolution‹ und in dem Kommentar *Lenins* zu der *Marx*schen Kritik am Gothaer Programm zum Ausdruck kommt, ist zweifellos die Angst vor den Gefahren, die der neue, von den Sozialisten geschaffene bürokratische Apparat in sich birgt. In seiner Polemik gegen *Kautsky* erklärt *Lenin* in diesem Zusammenhang: »Gerade am Beispiel der Kommune hat Marx gezeigt, daß im Sozialismus die beamteten Personen aufhören, ›Bürokraten‹, ›Beamte‹ zu sein, sie hören *in dem Maße* auf, es zu sein, wie außer der Wählbarkeit *auch noch* die jederzeitige Absetzbarkeit eingeführt wird, *dazu noch* die Reduzierung des Gehalts auf den durchschnittlichen Arbeiterlohn und *dazu noch* die Ersetzung der parlamentarischen Körperschaften durch ›arbeitende Körperschaften, die vollziehend und gesetzgebend zu gleicher Zeit‹ sind« (S. 502).

Die von Marx angeführten ›Maßnahmen‹ »*gegen* [. . .] die Verwandlung (der Beamten des neuen Apparates) in Bürokraten« (S. 496) stellen folglich ein unentbehrliches Element dar, um zu verhindern, daß sich in der nachrevolutionären Situation wieder ein Gegensatz Staat – Proletariat und (in dem Maße, wie sich das sozialistische Bewußtsein ausbreitet) ein Gegensatz Staat – Volk herausbildet, der – da es keinen Klassenkampf im eigentlichen Sinne mehr gibt und der Staat mit den ›Spuren‹ der alten bürgerlichen Gesellschaft behaftet ist – unweigerlich eine grundlegende Bedeutung annimmt und sozusagen als Fortsetzung des Klassenkampfes in der neuen Situation zu gelten hat. Wenn man sich bei der Interpretation dieser Erscheinung eng an das Werk *Lenins* hält, so muß man folgern, daß die Entstehung einer Bürokratie mit hohen Gehältern und gesellschaftlichen Privilegien eine Involution im Rahmen der neuen staatlichen Realität darstellt, den revolutionären Prozeß auf einer Zwischenstufe, die noch durch das Fortbestehen des Staates gekennzeichnet ist, zum Stillstand bringen kann und letzten Endes jenen Prozeß des Absterbens des Staates, der unmittelbar nach dem Sieg der Revolution einsetzen muß, blockiert. Auf diese Weise beschränkt sich die schöpferische Funktion der Revolution auf den Aufbau der Diktatur des Proletariats und auf die Probleme ihrer Vervollkommnung, während das Problem des Absterbens des Staates und der ursprünglichen spezifischen Aufgabe der revolutionären Kräfte ihm gegenüber übergangen wird. Wahrscheinlich ist auch die beherrschende Stellung *Stalins* und des Stalinismus auf theoretischer Ebene auf einen solchen Involutionsprozeß zurückzuführen: man denke nur »an die allmähliche Zurückführung des Staates auf das Problem des politischen Personals, das ihn lenkt, und die dementsprechende Zurückführung des ganzen politischen Problems auf das der Partei, ja, der Führungsgruppe der Partei und letztlich auf das Problem der ›aufgeklärten‹ und voluntaristischen Lenkung der historischen Fortschritte«[68]. Und in diesem Zusammenhang wollen wir eine Bemerkung zur Diskussion stellen: daß es nämlich in ›Staat und Revolution‹ ein Problem der Partei oder ›aufgeklärter‹ Führung nicht – oder nur in indirekter oder untergeordneter Weise – gibt, sondern daß vielmehr ein Problem der Klasse und der revolutionären Massen als der aktiven und schöpferischen Kräfte im Vordergrund steht: was noch einmal im Zusammenhang mit der ungeheuren Massenmobilisierung des Krieges von 1914 und ihrer Suggestivkraft gesehen werden muß, die *Lenin* allerdings weit in die Zukunft hinein projiziert, indem er eine vollständige Entwicklung des Sozialismus und des Kommunismus entwirft, die in erster Linie durch die aktive Teilnahme der Massen und des Volkes und durch ein fortwährendes Eingreifen und eine ständige Kontrolle ›von unten‹ bestimmt ist.

Als Theorie der Revolution und Theorie der Diktatur des Proletariats und ihres Absterbens besitzt der Leninismus also eine ideelle und kritische Potenz, die seine Entstellung durch den Stalinismus und jedem Versuch seiner Einbalsamierung oder Archivierung überlebt. Aktuell im vollen Sinne des Wortes oder als kritischer Impuls in den verschiedenen Situationen des Klassenkampfes – in den vorrevolutionären ebenso wie in den nachrevolutionären Situationen – erscheint er noch heute als Mittel und Plattform einer theoretischen und politischen Neubesinnung des Sozialismus gegen und über jede Form von Revisionismus hinaus. Der Vorschlag, den Leninismus außerhalb jeder Kanonisierung und jeder Mythologie neu zu durchdenken, aber gleichzeitig die Vitalität seiner wesentlichen Inhalte kritisch zu berücksichtigen, erscheint in dem Moment notwendig, da der Sozialismus sich in einer tiefgreifenden Krise befindet und breite Bereiche zu einer Preisgabe jener grundlegenden theoretischen Positionen neigen, die wir in unserer Analyse aufzuzeigen versucht haben.

[68] Umberto Cerroni, Il problema teorico dello stalinismo, Rom 1964, S. 135.

Tony Cliff

Revolution und revolutionäre Organisation

Das Verhältnis Partei – Klasse bei Trotzki[1]

Die beste Würdigung, die man einem so großen Revolutionär wie *Trotzki*, der alle ›Verehrungen‹ verabscheute, zukommen lassen kann, ist eine kritische Überprüfung seiner eigenen Ideen. Wir wollen ein Problem herausgreifen, das er als junger Revolutionär scharf durchleuchtet hat und das ihn Zeit seines Lebens immer geplagt hat, ein Problem, das sich noch heute stellt: die Beziehung zwischen Partei und Klasse und die Gefahr der Substituierung der Klasse durch die Partei.

Trotzkis Warnung

Sehr früh in seiner politischen Laufbahn im Alter von 24 Jahren prophezeite *Trotzki*, daß *Lenins* Auffassung von der Parteiorganisation in eine Situation führen müsse, wo die Partei an die Stelle der Klasse treten, wo sie stellvertretend im Namen der Klasse handeln werde, über die Köpfe und den Willen der Arbeiter hinweg.[2] Dem *Lenin*schen Parteitypus einer Organisation von Berufsrevolutionären stellte *Trotzki* das Modell einer breiten Massenpartei gegenüber, wie er sie in den sozialdemokratischen Parteien Westeuropas verwirklicht sah. Das einzige Pfand gegen die Gefahr des ›Substitutionismus‹ – diesen Begriff prägte *Trotzki* – sah er in der Massenpartei, die demokratisch geführt und unter der Kontrolle der proletarischen Massen stehen sollte.

Er faßte seine Argumente mit der folgenden Warnung gegen jede Uniformität zusammen: »Die Aufgaben des neuen Regimes werden so vielseitig sein, daß sie gar nicht anders als im Wettbewerb zwischen verschiedenen Methoden wirtschaftlicher und politischer Art gelöst werden können. Es wird langer ›Auseinandersetzungen‹ und eines systematischen Kampfes nicht nur zwischen der sozialistischen und kapitalistischen Welt, sondern zwischen vielen Strömungen innerhalb des Sozialismus bedürfen. Solche Strömungen werden unvermeidlich in dem Augenblick auftreten, wo die proletarische Diktatur Dutzende und Hunderte neuer Probleme aufwirft. Keine ein-

[1] Dieser Aufsatz wurde anläßlich des zwanzigsten Jahrestages der Ermordung Trotzkis verfaßt. Er erschien zuerst in der englischen Zeitschrift *International Socialism*, Herbst 1960.
[2] Leo Trotzki, Naschi Politischeskie Sadatschi, Genf 1904, S. 54.

zelne ›vorherrschende‹ Organisation wird [. . .] diese Strömungen und Kontroversen unterdrücken können. [. . .] Ein Proletariat, das zu einer Diktatur über die Gesellschaft befähigt ist, wird keine Diktatur über sich selbst dulden [. . .] Die Arbeiterklasse [. . .] wird zweifellos eine Menge politischer Invaliden [. . .], einen großen Ballast an veralteten Ideen mit sich schleppen, die über Bord geworfen werden müssen. In der Epoche der Diktatur wird sie, genau wie jetzt auch, ihr Bewußtsein von falschen Theorien und bürgerlichen Erfahrungen reinigen müssen und aus ihren Reihen politische Phrasendrescher und zurückblickende Revolutionäre ausstoßen. [. . .] Aber diese Aufgabe kann nicht dadurch gelöst werden, indem man über das Proletariat ein paar geschulte Leute stellt [. . .] oder gar eine Person, die mit der Macht zu liquidieren und zu degradieren ausgerüstet ist.«[3] Die Geschichte des Bolschewismus nach 1917 scheint *Trotzkis* Warnungen von 1904 bestätigt zu haben. Aber *Trotzki* selbst nahm später diese Warnung nie wieder auf.
Wir werden daher hier aufzuzeigen versuchen, warum er diese Warnung nicht wieder aufnahm; wir werden dabei das Problem der Beziehung von Partei und Klasse im allgemeinen diskutieren.

Fortschrittlicher Substitutionismus

Der Substitutionismus liegt in der Tradition der russischen revolutionären Bewegung. In den sechziger und siebziger Jahren des 19. Jahrhunderts stellten sich kleine Gruppen von revolutionären Intellektuellen der mächtigen Aristokratie entgegen, während die Bauernmassen, in deren Namen und Interessen diese heroischen Narodniki (Volkstümler) handelten, indifferent blieben, ja ihnen sogar feindlich gesinnt waren.
In dem Morast der allgemeinen Apathie, vor dem Entstehen einer wie immer gearteten Massenbewegung, spielten diese kleinen Gruppen rebellischer Intellektueller eine wichtige, fortschrittliche Rolle. Auch *Marx* zollte ihnen großes Lob und Bewunderung. In dem Jahr, als der ›Volkswille‹ (Narodnaja Volja) zerschlagen wurde, schrieb er an seine älteste Tochter: »Das sind bewundernswerte Männer, ohne jegliche melodramatische Pose, voller Einfachheit, wirkliche Helden.«
Substitutionismus wird jedoch reaktionär, wird eine gefährliche politische Strömung, wenn eine sich erhebende Massenbewegung bereits existiert und die Partei versucht, sich an deren Stelle zu setzen.

[3] Ebd., zit. nach Isaac Deutscher, Trotzki, I: Der bewaffnete Prophet 1879–1921, Stuttgart 1962, S. 98.

Trotzki über die objektiven Voraussetzungen zur Vermeidung des Substitutionismus

Trotzki selbst glaubte nie, daß ein richtiger Begriff von der Partei und ihrer Rolle, sowie von ihrer Beziehung zur Klasse schon eine Garantie gegen die Gefahr des Substitutionismus und für wirkliche Demokratie in der politischen Arbeiterbewegung sei.

Die objektiven Bedingungen zur Vermeidung des Substitutionismus formuliert *Trotzki* auf dem zweiten Kongreß der Russischen Sozialdemokratischen Arbeiterpartei (London 1903): »Die Herrschaft der Arbeiterklasse war undenkbar, solange die großen Massen diese nicht mit geeintem Willen herbeisehnten. In diesem Augenblick stellt dann die Arbeiterklasse eine überwältigende Mehrheit dar. Dieses wäre nicht die Diktatur einer kleinen Bande von Verschwörern oder einer Minderheitspartei, sondern einer ungeheuren Mehrzahl im Interesse der ungeheuren Mehrzahl. [. . .] Kurz gefaßt: sie würde den Sieg der wahren Demokratie darstellen.«

Dieses Zitat aus dem ›Kommunistischen Manifest‹ steht in absoluter Harmonie zu *Trotzkis* Kampf gegen den ›Substitutionismus‹. Wenn die Mehrheit herrscht, dann gibt es keinen Platz für eine Minderheit, die als ihre Stellvertreterin auftritt.

Etwa zur gleichen Zeit betonte *Lenin* mit ebenso großem Nachdruck, daß jede Diktatur des Proletariats, solange es selbst eine kleine Minderheit innerhalb der Gesellschaft sei, zu anti-demokratischen und in seinen Worten ›reaktionären Schlüssen‹ führen.

Als *Trotzki* seine eigenen Worte vergessend, die Bildung einer Arbeiterregierung als unmittelbares Ziel der revolutionären Bewegung in Rußland propagierte, wandte sich *Lenin* scharf gegen ihn: »Das kann nicht sein, weil einigermaßen dauerhaft nur eine revolutionäre Diktatur sein kann, die sich auf die überwiegende Mehrheit des Volkes stützt. Das russische Proletariat aber bildet jetzt die Minderheit der Bevölkerung Rußlands.«[4] Und in seiner Schrift ›Zwei Taktiken der Sozialdemokratie in der demokratischen Revolution‹ fügt *Lenin* dem hinzu: »Der Grad der ökonomischen Entwicklung Rußlands (objektive Bedingungen) [. . .] macht eine sofortige vollständige Befreiung der Arbeiterklasse unmöglich [. . .] Wer auf einem anderen Weg als dem des politischen Demokratismus zum Sozialismus kommen will, der gelangt unvermeidlich zu Schlußfolgerungen, die sowohl im ökonomischen als auch im politischen Sinne absurd und reaktionär sind.«[5]

[4] W. I. Lenin, Werke, Bd. 8, Berlin 1966, S. 284.
[5] Ebd., Bd. 9, S. 14 f.

Trotzkis Warnung vor dem Substitutionismus und seine Betonung der »Herrschaft der ungeheuren Mehrheit im Interesse der ungeheuren Mehrheit« als der einzigen Garantie gegen den Substitutionismus steht allerdings in einem schreienden Widerspruch zu seinem Ruf nach einer Arbeiterregierung im Jahr 1905 und 1917, als die Arbeiter selbst eine winzige Minderheit waren. *Trotzki* ist zerrissen in dem Widerspruch zwischen seiner in sich konsistenten, demokratischen und sozialistischen Opposition gegen jede Form des Substitutionalismus und seiner Theorie der permanenten Revolution, derzufolge die proletarische Minderheit im Namen aller Werktätigen handelt und für alle Unterdrückten der Gesellschaft die Herrschaft übernimmt.

Dieser Widerspruch ist allerdings nicht ein Ergebnis irgendwelcher Ungereimtheiten im Kopfe *Trotzkis*, sondern spiegelt die in der Gesellschaft objektiv vorhandenen Widersprüche wider. Der Charakter der Revolution, ja sogar ihr Zeitpunkt, ist nicht allein abhängig von der Größe der Arbeiterklasse, auch nicht vom Niveau ihres Bewußtseins und ihrer Organisation, sondern von vielen unterschiedlichen, ja sich widersprechenden Faktoren — ökonomischen Krisen, Kriegen oder anderen politischen Erschütterungen. Die zu einer revolutionären Situation führenden Faktoren sind nicht synchronisiert mit dem Grad der Aufklärung des Proletariats. Eine ganze Reihe von objektiven Umständen zwingt die Arbeiter zum revolutionären Aufstand, obwohl das Bewußtsein der verschiedenen Sektionen und Gruppen der Arbeiterklasse noch ein sehr großes Gefälle aufweisen kann. In einem so zurückgebliebenen Land wie dem zaristischen Rußland, wo das allgemeine kulturelle Niveau der Arbeiter niedrig, die Tradition der proletarischen Organisation und Selbstaktivität schwach war, mußte auch das Bewußtseinsgefälle innerhalb der Arbeiterklasse besonders ausgeprägt sein. Zudem war die Arbeiterklasse insgesamt eine so verschwindende Minderheit, daß ihre Herrschaft, die Diktatur des Proletariats, nicht die Diktatur einer Mehrheit, sondern einer winzigen Minderheit sein würde.

Wie ließ sich dieses Dilemma der Revolution in Rußland überwinden, ohne auf der einen Seite eine Minderheitenherrschaft aufzubauen und auf der anderen in die passive, enthaltsame Haltung der Menschewiki zu verfallen (»Das Proletariat darf so lange nicht die Macht übernehmen, wie es eine Minderheit in der Gesellschaft ist«). *Trotzki* versucht dieses Problem mit dem Hinweis auf zwei Faktoren aufzulösen: einerseits die revolutionäre Kraft und Aktivität der russischen Arbeiter, die andere gesellschaftliche Schichten mit sich reißen würde, zum anderen die Ausdehnung der Revolution auf ent-

wickelter Länder, wo das Proletariat die Mehrheit der Gesellschaft ausmachte.
Wie stellt sich aber das Problem des Substitutionismus dar, wenn der revolutionäre Impuls in Rußland selbst erst einmal versiegen würde und wenn sich vor allem die revolutionären Kämpfe in Westeuropa an den Felsen des Kapitalismus brechen würden?

Wie sich der ›Substitutionismus‹ durchsetzte: Arbeiter gegen Bauern

Das Verhältnis zwischen Partei und Klasse ist einmal durch das Niveau des kulturellen und revolutionären Bewußtseins der Arbeiterklasse geprägt, zum anderen durch das spezifische Gewicht der Arbeiterklasse innerhalb der gesamten Gesellschaft: durch die zahlenmäßige Größe der Klasse und durch ihre Beziehung zu anderen Klassen, vor allem – im Falle Rußlands – zur Bauernschaft.
Das Problem hätte einfach ausgesehen, wenn – wie die Menschewiki argumentierten – die Revolution eine rein bürgerliche oder – wie die Anarchisten und Sozialrevolutionäre argumentierten, die zwischen Bauern und Arbeitern keinen Unterschied machten – eine rein sozialistische gewesen wäre. Eine annähernde soziale Homogenität der revolutionären Klassen hätte eine sichere Grundlage abgegeben, um alle drohenden Tendenzen im Keime zu ersticken, die auf eine Verdrängung und Ersetzung des Proletariats durch die marxistische Partei hinausliefen.
Die Oktoberrevolution war jedoch die Fusion zweier Revolutionen: die der sozialistischen Arbeiterklasse, Produkt des reifen Kapitalismus, und die der Bauern, Produkt des Konfliktes zwischen aufstrebendem Kapitalismus und den alten feudalen Institutionen. Wie zu allen Zeiten waren die Bauern zwar vollauf bereit, den Privatbesitz der Großgrundbesitzer zu enteignen, wollten aber ihren eigenen *privaten* Kleinbesitz an dessen Stelle. Sie waren zwar bereit, gegen den Feudalismus zu revoltieren, waren aber deshalb noch keineswegs für den Sozialismus.
Es war daher auch nicht verwunderlich, daß sich sofort nach der Oktoberrevolution starke Risse in der siegreichen Allianz von Arbeitern und Bauern auftaten. Als erst einmal die weißen konterrevolutionären Armeen und mit ihnen die Gefahr der Restauration des Großgrundbesitzes vernichtet waren, blieb von der ursprünglichen Loyalität der Bauern gegenüber den Arbeitern wenig übrig. Für die Bauern war es *eine* Sache, einer Regierung ihre Unterstützung zu geben, die das Land

verteilte; aber es war etwas ganz anderes, als dieselbe Regierung begann, ihre Produkte zu beschlagnahmen, um die hungrige Bevölkerung in den Städten zu füttern.
Der Konflikt zwischen Arbeiterklasse und Bauern schlug sich schon unmittelbar nach der Oktoberrevolution nieder, als sich *Lenin* z. B. 1918 gezwungen sah, zu so antidemokratischen Maßnahmen wie der Einführung eines Klassenwahlrechts für die Räte zu greifen: eine Arbeiterstimme wog soviel wie fünf Bauernstimmen.
Die Revolution verschob das relative Gewicht von Proletariat und Bauernschaft zuungunsten des Proletariats.
Einmal führte der Bürgerkrieg (1917—1921) zu einem schrecklichen Aderlaß der Arbeiterklasse. Der Sieg der Arbeiterklasse in der Revolution brachte paradoxerweise einen quantitativen und qualitativen Zerfall der Arbeiterklasse.
Da viele städtische Arbeiter enge Verbindungen mit den Dörfern hatten, eilte eine beträchtliche Anzahl von Arbeitern sofort nach der Revolution zurück aufs Land, um bei der Landverteilung dabei zu sein. Diese Tendenz wurde durch die Nahrungsmittelknappheit verstärkt, unter der die Städte natürlich am härtesten zu leiden hatten. Weiterhin bestand die neue Rote Armee in scharfem Gegensatz zur alten zaristischen Armee zu einem wesentlich höheren Prozentsatz aus Industriearbeitern. Aus all diesen Gründen ging die städtische Bevölkerung und insbesondere die Zahl der Industriearbeiter zwischen 1917 und 1920 stark zurück. Die Bevölkerung von Petersburg sank um 57,5 %, die Moskaus um 44,5 %. Die Einwohnerschaft von 40 Provinzhauptstädten fiel um 33 % und die von 50 weiteren größeren Städten um 16,6 %. Je größer die Stadt, desto stärker der relative Bevölkerungsrückgang. Wie scharf der Rückgang war, läßt sich weiterhin durch die Tatsache illustrieren, daß die Zahl der Industriearbeiter von ca. 3 Millionen im Jahre 1917 auf 1,24 Millionen in den Jahren 1921/22 sank, ein Rückgang um 58,7 %! Die Zahl der Industriearbeiter sank also auf zwei Fünftel. Und die Arbeitsproduktivität der verbliebenen Arbeiter sank überproportional. (1920 betrug die Industrieproduktion Rußlands noch etwa 13 %, verglichen mit 1913.)
Der größte Teil der verbliebenen Arbeiter setzte sich gerade aus den politisch unbewußtesten Elementen zusammen, die nicht für die Verteidigung der Revolution an den verschiedenen Fronten des Bürgerkrieges oder für die Verwaltung in Staat, Partei und Gewerkschaften gebraucht wurden. Die Staatsverwaltung und die Armee rekrutierten sich natürlicherweise zum größten Teil aus den Sektionen der Arbeiter, die über die längste sozialistische Tradition, die größte politische Erfahrung und über den höchsten Bildungsstand verfügten.

Demoralisierung der Arbeiterklasse

Die Atomisierung und Zersplitterung der Arbeiterklasse hatte sogar noch schlimmere Folgen. Die Reste der Arbeiterklasse sahen sich aufgrund der Lebensmittelknappheit gezwungen, sich wie Kleinhändler zu verhalten, nicht wie ein Kollektiv, wie eine vereinigte Klasse. Es gibt Schätzungen, nach denen der Staat in den Jahren 1919/20 nur 42 % des insgesamt in den Städten verbrauchten Getreides und einen noch geringeren Teil der übrigen Lebensmittel beschaffen konnte. Alles andere wurde ohnehin auf dem Schwarzmarkt gehandelt.[6] Es war allgemein üblich, daß die Arbeiter Möbelstücke und Kleidung, ebenso Gürtel und Werkzeuge aus den Fabriken, in denen sie arbeiteten, verkauften.

Welch eine Atomisierung und Demoralisierung der industriellen Arbeiterklasse! In seiner Lebensweise unterschied sich der Einzelarbeiter kaum vom Bauern. Auch er war abhängig vom individuellen Schwarzhandel. So schildert *Rudsutak* diesen Zustand auf dem zweiten Gewerkschaftskongreß im Jahre 1919: »Wir können beobachten, daß sich die Arbeiter aufgrund des Niedergangs der Produktion in den Fabriken zunehmend in die Bauernmassen integrieren und daß eine halbbäuerliche, in manchen Fällen sogar eine rein bäuerliche Bevölkerung an die Stelle einer Arbeiterbevölkerung tritt.«[7]

Unter solchen Bedingungen zerbröckelte die Klassenbasis der Bolschewistischen Partei — nicht weil die Bolschewisten in ihrer Politik irgendwelche Fehler gemacht hätten, nicht aufgrund der einen oder anderen Konzeption der Partei in ihrer Beziehung zur Klasse — sondern aufgrund mächtigerer historischer Faktoren. Die Arbeiterklasse hatte sich ›de-klassiert‹.

Es ist wahr, daß *Lenin* im Mai 1921 aus Verzweiflung sagte: »Selbst wenn das Proletariat durch eine Periode der Deklassierung gehen muß, so kann es seine Aufgabe, die Macht zu erobern und festzuhalten, immer noch erfüllen.«

Aber was für eine ›substitutionistische‹ Formulierung ist das! Klassenherrschaft der deklassierten Arbeiter — das Grinsen der Ceshire-Katze bleibt zurück, nachdem die Katze selbst schon verschwunden ist!

Der Substitutionismus der Narodniki war im wesentlichen eine Folge, nicht Ursache der allgemeinen Apathie und Gleichgültigkeit des Volkes, die selber Resultate objektiver gesellschaftlicher Bedingungen waren. Auch jetzt war der Substitutionismus der Bolschewiki nicht ein Produkt aus *Lenins* Kopf, nicht eine Minerva aus dem Kopfe des Zeus, sondern ein Kind der objektiven Entwicklung, d. h. vor allem eines langen

[6] Vgl. L. Kritsma, Garoicheskij Period Velikoi Russkoi Revolutsij, S. 133–136.
[7] Wotoroj Wserossiskij Seds Professionalnyk Soyusow, 1921, S. 138.

Bürgerkrieges in einem vorwiegend agrarischen Land, der dazu geführt hatte, daß eine zahlenmäßig schwache Arbeiterklasse noch mehr geschwächt wurde, sich in einzelne Fragmente auflöste und in den Bauernmassen unterging.

Ein Vergleich mag klären helfen, wie der Substitutionismus nach der Oktoberrevolution entstanden war. Man stelle sich nur einmal einen Massenstreik vor, der nach einer längeren Periode des Kampfes die Unterstützung der Mehrheit der Arbeiter verloren hat, da diese müde und demoralisiert sind. Nur eine Minderheit der Streikenden besetzt noch die Streikposten – angegriffen von den Bossen und zurückgewiesen von der Mehrheit der Arbeiter. Diese tragische Situation wiederholt sich auf den Schlachtfeldern des Klassenkampfes wieder und wieder. Angesichts der ›Weißen Garden‹, im Bewußtsein, daß dem Volk ein schreckliches Blutbad drohte, falls sie den Kampf aufgäben, und im Bewußtsein ihrer eigenen Isolierung konnten die Bolschewiki keinen anderen Ausweg aus einer historischen Sackgasse finden.

Ersetzung der Partei durch den Parteiapparat

Von dieser Situation bis zur Abschaffung der innerparteilichen Demokratie und bis zur Errichtung der Funktionärsherrschaft innerhalb der Partei war es nur noch ein kleiner Schritt.

Ganz im Gegensatz zu jeder stalinistischen Mythologie – aber auch im Gegensatz zur Mythologie der Menschewiki und anderer Gegner der Bolschewiki – war die Bolschewistische Partei niemals eine monolithische (oder gar totalitäre) Partei. Interne Demokratie war immer von größter Bedeutung für das Parteileben, aber aus diesem oder jenem Grund wird in einem Großteil der Literatur zu diesem Thema darüber hinweggesehen.

Es ist daher der Mühe wert, sich ein paar Fälle vor Augen zu führen, die den Grad der innerparteilichen Demokratie und das Fehlen monolithischer Strukturen in der Geschichte der Bolschewiki beleuchten. Nach der endgültigen Niederlage der ersten Revolution machte die Partei etwa 1907 eine politische Krise über die Frage der Beteiligung an den zaristischen Duma-Wahlen durch. Auf dem 3. Parteitag der SDARP (Sozialdemokratische Arbeiterpartei Rußlands), der im Juli 1907 stattfand und an dem sowohl die Menschewiki als auch die Bolschewiki als Fraktionen teilnahmen, entstand eine merkwürdige Situation: alle bolschewistischen Delegierten mit der Ausnahme *Lenins* stimmten für einen Boykott der Duma-Wahlen. *Lenin* stimmte mit den Menschewiki. Drei Jahre später verabschiedete ein Plenum des Zentralkomitees der

Bolschewiki eine Resolution, in der die Einheit mit den Menschewiki gefordert wurde. Wieder war *Lenin* der einzige Dissident.

Als der 1. Weltkrieg ausbrach, stimmte nicht eine einzige Parteizelle für die von *Lenin* vertretene Position des revolutionären Defätismus, wie er sich in der Losung ›Für eine Niederlage der eigenen Regierung im imperialistischen Krieg‹ ausdrückte.[8] Und in einem Prozeß gegen einige bolschewistische Führer im Jahre 1915 distanzierten sich *Kamenew* und zwei weitere bolschewistische Duma-Abgeordnete von *Lenins* Position des revolutionären Defätismus vor Gericht.[9]

Nach der Februar-Revolution war die große Mehrheit der Parteiführer gegen eine revolutionäre Räteregierung und für die Unterstützung der provisorischen Koalitionsregierung. Die bolschewistische Fraktion besaß am 2. März 1917 40 Mitglieder in der Petersburger Sowjet-Regierung. Als über eine Resolution abgestimmt wurde, in der die Übertragung der politischen Macht auf die bürgerliche Koalitionsregierung gefordert wurde, stimmten nur 19 der 40 Bolschewiki dagegen.[10]

Auf einem Treffen des Petersburger Parteikomitees am 5. März 1917 erhielt eine Resolution für die Bildung einer revolutionären Räteregierung nur eine Stimme.[11] Die *Prawda*, zu dieser Zeit von *Stalin* herausgegeben, bezog ebenfalls eine Position, die man in keiner Weise als revolutionär bezeichnen kann. Die *Prawda* sprach ihre entschlossene Unterstützung für die Provisorische Regierung aus, »insofern sie gegen Reaktion und Konterrevolution kämpft« (*Prawda*, 15. März 1917). Als *Lenin* Anfang April 1917 nach Rußland zurückgekehrt war und der Partei seine berühmt gewordenen Aprilthesen vorlegte, die als Wegweiser zur Oktoberrevolution dienten, erhielt er Unterstützung nur von einer schwachen Minderheit.

Die *Prawda* kommentierte die Aprilthesen mit der Bemerkung, daß sie »Lenins persönliche Meinung« darstellten und daß sie »völlig unannehmbar« seien (*Prawda*, 8. April 1917). Auf einer Sitzung des Petersburger Parteikomitees am 8. April 1917 erhielten die ›Thesen‹ nur 2 Stimmen gegen 13, bei einer Enthaltung.[12] Auf dem Parteitag vom 14. bis zum 22. April gewannen die Thesen jedoch eine Mehrheit von 71 gegen 39 Stimmen, bei 8 Enthaltungen.[13] Der gleiche Parteitag überstimmte *Lenin* in einer anderen Frage: ob die Partei an der bevorstehenden Konferenz der Sozialistischen Parteien in

[8] Vgl. Leo Trotzki, Geschichte der russischen Revolution, Bd. 1, Frankfurt 1973, S. 41 f.
[9] Vgl. ebd., ebenso: Lenin, Werke, Bd. 21, a.a.O., S. 161.
[10] Vgl. A. Schljapnikow, Das Jahr 17 (russisch), Bd. 1, Moskau 1924, S. 197.
[11] Vgl. A. S. Bubnow u. a., VPK (b), Moskau-Leningrad 1931, S. 113.
[12] Vgl. Bubnow u. a., a.a.O., S. 114.
[13] Vgl. VKP (b) v Resoluziach, 4. Ausgabe, Bd. 1, a.a.O., S. 258.

Stockholm teilnehmen solle. Gegen seine Ansicht entschloß sich der Parteitag für eine volle Teilnahme.[14]
Für den 14. September hatte *Kerenskij* eine ›Demokratische Konferenz‹ einberufen. *Lenin* war für einen Boykott dieser Konferenz. Das Zentralkomitee unterstützte seine Position mit 9:8 Stimmen; da die Abstimmung jedoch so knapp ausgefallen war, überließ man die letzte Entscheidung darüber dem Parteitag, der sich aus der bolschewistischen Fraktion dieser ›Demokratischen Konferenz‹ konstituieren sollte. Diese Sitzung beschloß mit 77 gegen 50 Stimmen, die Konferenz nicht zu boykottieren.[15]

Nach der Oktoberrevolution

Als die bedeutendste aller Fragen, die Frage des Oktoberaufstandes, auf der Tagesordnung stand, war die Führung wiederum scharf gespalten. Eine starke Fraktion, angeführt von *Sinowjew, Rykow, Kamenew, Pjatanow, Miljutin* und *Nogin* war gegen den Aufstand. Trotzdem wurden *Sinowjew* und *Kamenew* vom Zentralkomitee ins Politbüro gewählt.
Nach der Machtübernahme blieben die Differenzen innerhalb der Parteispitze so scharf wie zuvor. Einige Tage nach dem Aufstand sprach sich eine Anzahl von Parteiführern für eine Koalition mit anderen sozialistischen Parteien aus. Zu den offensten Befürwortern dieser Koalition gehörten *Rykow* (Volkskommissar für Inneres), *Miljutin* (Volkskommissar für Industrie und Handel), *Lunatscharsky* (Kommissar für Arbeit), *Kamenew* (Präsident der Republik) und *Sinowjew*. Sie gingen so weit, ihre Ämter niederzulegen, und zwangen so *Lenin* und seine Anhänger zu offenen Verhandlungen mit den anderen Parteien. (Die Verhandlungen brachen zusammen, weil die Menschewiki auf dem Ausschluß *Lenins* und *Trotzkis* aus einer Koalitionsregierung bestanden.) In der Frage, ob die Wahlen für eine konstituierende Versammlung (im Dezember 1917) durchgeführt oder verschoben werden sollten, befand sich *Lenin* in einer Minderheit im Zentralkomitee, und die Wahlen wurden gegen seinen Willen durchgeführt.[16]
Etwas später wurde er wiederum in der Frage der Friedensverhandlungen mit Deutschland in Brest-Litowsk niedergestimmt. Er war für einen sofortigen Frieden. Aber auf einer Sitzung des Zentralkomitees am 21. Januar 1918 erhielt seine Resolution nur 15 Stimmen gegen die der *Bucharin*-Anhänger mit 32 und die der *Trotzki*-Anhänger mit 16 Stimmen. (*Bucha-*

[14] Vgl. Lenin, Werke, Bd. 25, a.a.O., S. 311.
[15] Vgl. ebd., Bd. 26, S. 26 f.
[16] Vgl. Leo Trotzki, Stalin, London 1947, S. 341 f.

rin war für einen revolutionären Verteidigungskrieg, *Trotzki* vertrat die Position ›Weder Krieg noch Frieden‹.)
Auf einer Sitzung des Zentralkomitees am nächsten Tag wurde *Lenin* erneut überstimmt. Aber schließlich konnte er sich unter dem Druck der Ereignisse durchsetzen, so daß die Mehrheit der Mitglieder des Zentralkomitees für seine Position eintrat. Auf der Sitzung des Zentralkomitees vom 24. Februar wurde seine Resolution für einen sofortigen Frieden mit sieben gegen vier Stimmen bei vier Enthaltungen angenommen.[17]
Die innerparteiliche Demokratie zerbrach jedoch unter dem Druck der objektiven Verhältnisse des Bürgerkriegs, wie sie oben angedeutet wurden. In der Situation der Isolation fürchtete sich die Partei immer mehr, laut zu denken, Meinungsverschiedenheiten offen auszutragen. Es war, als befände sie sich in einem kleinen Ruderboot inmitten eines Sturmes. Die Atmosphäre der freien Diskussion erstarrte notwendigerweise. Die Verletzungen der innerparteilichen Demokratie wurden schlimmer und schlimmer. K. *Yurenew* schilderte auf dem 9. Parteitag 1920 die Methoden, mit denen die Kritiker unterdrückt wurden: »Einer geht nach Christiania, der andere wird in den Ural geschickt, ein dritter – nach Sibirien.«[18] Er sagte, daß sich das Zentralkomitee der Partei nicht wie ein »verantwortungsbewußter Diener, sondern als unverantwortlicher Herrscher« erwiesen hätte. Auf demselben Kongreß stellte *V. N. Maximowski* den »bürokratischen Zentralismus«, für dessen Aufkommen die Führung verantwortlich sei, dem »demokratischen Zentralismus« gegenüber. Sein Kommentar dazu war: »Man sagt, daß Fische am Kopf zu stinken beginnen. Die Partei beginnt an ihrer Spitze unter einem bürokratischen Zentralismus zu leiden.«[19] Und *Sapranow* erklärte: »Wieviel Ihr auch immer über das Recht der Wählbarkeit, über die Diktatur des Proletariats, über die Sorge des ZK um die Herrschaft der Partei reden mögt, in Wirklichkeit läuft alles auf die Diktatur der Parteibürokratie hinaus!«[20] Auf dem 11. Kongreß sagte *Rjasanow:* »Unser Zentralkomitee ist überhaupt eine ganz besondere Institution. Vom englischen Parlament sagt man, es sei allmächtig, es sei bloß nicht in der Lage, einen Mann in eine Frau zu verwandeln. Unser Zentralkomitee ist mächtiger: es hat bereits mehr als einen Revolutionär in ein altes Weib verwandelt. Und die Zahl dieser alten Weiber ist unglaublich rasch gestiegen.«[21] *V. Kosior* nannte eine Reihe von Fällen, wo örtliche Führungsgremien der Partei

[17] Vgl. ebd., S. 512.
[18] IX. Sesd RKP (b), S. 52.
[19] Ebd., S. 62.
[20] Ebd., S. 56 f.
[21] Ebd., S. 83.

und der Gewerkschaften durch Entscheidungen des Politbüros und des Organisationsbüros aufgelöst worden waren. Auf dem 12. Parteitag beschwerte sich *Preobrashensky*, daß 30 Prozent aller Sekretäre der Bezirksparteikomitees auf ›Vorschlag‹ des Zentralkomitees der Partei in ihre Ämter eingesetzt worden waren.[22] Von hier bis zur uneingeschränkten Herrschaft des Generalsekretärs war es nur noch ein kleiner Schritt.

Die Tragödie der isolierten russischen Revolution

Ohne Zögern läßt sich sagen, daß die stellvertretende Machtausübung der Marxistischen Partei an Stelle der Arbeiterklasse selbst die Folge einer anderen Form des Substitutionismus ist: Überall dort, wo eine schwache Arbeiterklasse die historische Aufgabe einer kapitalistischen Klasse zu übernehmen gezwungen ist, d. h. überall dort, wo der Kapitalismus noch in seinen Anfängen steckt und die Mehrheit der Bevölkerung aus Kleinkapitalisten (Bauern) besteht, ist auch die Gefahr der Verselbständigung der Marxistischen Partei von ihrer ursprünglichen Klassenbasis groß. Und diese Form des Substitutionismus führt zu weiteren: nämlich zur Herrschaftsausübung des Parteibeamtentums an Stelle der Partei und schließlich zur individuellen Diktatur des Generalsekretärs.
Marx und *Engels* haben sich mehr als einmal mit der Frage auseinandergesetzt, was geschähe, wenn die Arbeiterklasse die Macht ergriffe, bevor die historischen Voraussetzungen für eine Ablösung der kapitalistischen Produktionsverhältnisse durch sozialistische gegeben seien. Sie kamen zu dem Schluß, daß in einem solchen Falle die Arbeiterklasse den Weg für die Entwicklung des Kapitalismus bereiten würde. *Engels* schrieb: »Es ist das Schlimmste, was dem Führer einer extremen Partei widerfahren kann, wenn er gezwungen wird, in einer Epoche die Regierung zu übernehmen, wo die Bewegung noch nicht reif ist für die Herrschaft der Klasse, die er vertritt, und für die Durchführung der Maßregeln, die die Herrschaft dieser Klasse erfordert [...] Er findet sich notwendigerweise in einem unlösbaren Dilemma: was er tun *kann*, widerspricht seinem ganzen bisherigen Auftreten, seinen Prinzipien und den unmittelbaren Interessen seiner Partei; und was er tun *soll*, ist nicht durchzuführen. Er ist mit einem Wort gezwungen, nicht seine Partei, seine Klasse, sondern die Klasse zu vertreten, für deren Herrschaft die Bewegung gerade reif ist. Er muß im Interesse der Bewegung selbst die Interessen einer ihm fremden Klasse durchführen und seine eigene Klasse mit Phrasen und Versprechungen, mit der Beteuerung abfertigen,

[22] XIII. Sesd RKP (b), S. 133.

daß die Interessen jener fremden Klasse ihre eignen sind. Wer in diese schiefe Stellung gerät, ist unrettbar verloren.«[23]
Nur die Ausdehnung der Revolution hätte den Bolschewismus vor diesem tragischen Schicksal bewahren können. Und von dieser *Möglichkeit* machten die Bolschewiki ihr Schicksal abhängig. Nur Enthaltsamkeitsapostel und Feiglinge konnten den Bolschewiki raten, die revolutionären Fähigkeiten des russischen Proletariats nicht bis zur äußersten Grenze auszuschöpfen, etwa aus Furcht, sich in eine Sackgasse zu begeben. Das Handeln der Bolschewiki war geleitet von revolutionärer Tatkraft und *internationalen* Perspektiven.

Klasse, Partei und Staat — die Gefahr des Substitutionismus

Aber wenn wir sagen, daß der von den Bolschewiki aufgebaute Staat nicht nur den Willen der Partei, sondern die Totalität der gesellschaftlichen Wirklichkeit, in der sich die Bolschewiki nach der Machtübernahme befanden, widerspiegelt, so läßt sich daraus nicht schließen, daß es zwischen bolschewistischem Zentralismus — dessen Basis eine Hierarchie von Berufsrevolutionären war — und dem zukünftigen Stalinismus überhaupt keine ursächlichen Beziehungen gab.
Untersuchen wir diese Frage eingehender: Die Notwendigkeit für eine revolutionäre Partei leitet sich her aus der Tatsache, daß die verschiedenen Sektionen und Gruppen von Arbeitern ein unterschiedliches kulturelles Niveau und Bewußtsein erreichen. Wenn die Arbeiterklasse ideologisch eine homogene Klasse wäre, dann wäre eine homogene revolutionäre Führung überflüssig. Aber die Revolution läßt nicht auf sich warten, bis die Massen insgesamt ein gewisses intellektuelles Niveau oder Niveau des Klassenbewußtseins erreicht haben. Unter der materiellen und geistigen Unterdrückung im Kapitalismus erreichen die verschiedenen Arbeiterschichten einen unterschiedlichen Grad an Selbständigkeit von der herrschenden Klasse. Gäbe es nicht dieses Bewußtseinsgefälle innerhalb der Arbeiterklasse — die kapitalistischen Klassen würden in den entwickelten Ländern kaum mehr eine soziale Basis für die Aufrechterhaltung ihrer eigenen Herrschaft finden. Unter solchen Bedingungen könnte der Klassenkampf geradlinig und ohne große Sprünge fortschreiten. Ja, von Klassenkampf könnte kaum die Rede sein: der Antagonismus innerhalb der Arbeiterklasse — die Bedrohung durch Streikbrecher (Arbeiter) und Polizisten und Soldaten (Arbeiter in Uniform) — bestünde nicht. Wäre die Arbeiterklasse in sich homogen, bedürfte es auch keines Arbeiterstaates: Macht durch Zwangsausübung

[23] Friedrich Engels, Der deutsche Bauernkrieg, Berlin (O) 1955, S. 111 f.

nach der Revolution wäre überflüssig. Aber die Revolution wird nicht die Form solcher anarchistischer Tagträume annehmen. Proletarische Disziplin im Kapitalismus und unmittelbar nach einer sozialistischen Revolution wird einmal ermöglicht durch die organisatorische Trennung von bewußten und unbewußten Arbeitern, d. h. durch die Existenz einer Führung, zum anderen durch die kombinierte Anwendung von Zwang und Überzeugung – die Arbeiterklasse kann sich nicht mit einem Federstrich von den Geburtsmalen der kapitalistischen Barbarei freimachen.

Unter dem Kapitalismus erlebt der Arbeiter Disziplin als eine äußerliche, ihm aufgezwungene Macht, als eine Macht, die das Kapital ihm gegenüber besitzt. Im Sozialismus wird die Disziplin ein Ergebnis des Bewußtseins sein, sie wird zur Lebensart eines freien Volkes. In der Übergangsperiode wird sie als Resultat zweier Faktoren wirken – des Bewußtseins und des Zwangs. Kollektiver Besitz der Produktionsmittel durch die Arbeiter, d. h. durch den Arbeiterstaat, ermöglicht Arbeiterdisziplin als Element der Bewußtheit. Zur gleichen Zeit wird die Arbeiterklasse als Kollektiv durch ihre Institutionen – Räte, Gewerkschaften etc. –, insofern diese der Disziplinierung des Einzelarbeiters dienen, als Zwangsgewalt auftreten.

Dieser Konflikt zwischen einzelnen und Kollektiv, die Notwendigkeit, Überzeugung mit ihrem häßlichen Gegenteil, Zwang, zu verbinden, ist nur eine Bestätigung dafür, daß die Arbeiter sich im Kapitalismus geistig nicht befreien können und daß es einer großen historischen Epoche bedarf, bis die Deformationen des Bewußtseins durch den Kapitalismus überwunden sein werden.

Wir stimmen mit den Anarchisten überein, daß der Staat und auch der Arbeiterstaat ein häßlicher Sproß der Klassengesellschaft ist. Aber der Beginn der eigentlichen Geschichte, ebenso wie das Absterben des Staates überhaupt, setzt die Existenz eines gefestigten Arbeiterstaates voraus.

Die Notwendigkeit einer Partei oder von Parteien ist selbst Beweis für die Zersplitterung der Arbeiter. Die intellektuelle Kluft zwischen Klasse und Partei wird um so größer sein, je zurückgebliebener die Arbeiterklasse kulturell ist und je geringer ihre Fähigkeiten zur Selbstverwaltung ausgebildet sind. Aus diesem Bewußtseinsgefälle innerhalb der Arbeiterklasse entsteht die große Gefahr einer Verselbständigung der Partei und ihres Apparates, die darin enden kann, daß sie Herrscher und nicht Diener der Klasse ist. Dieses Bewußtseinsgefälle ist die Hauptquelle der Gefahr des ›Substitutionismus‹.

Die Geschichte des Bolschewismus bis zur Revolution spricht Bände über *Lenins* Kampf gegen diese Gefahr. Wie oft wandte er sich an die Massen der Arbeiter – insbesondere in den stürmischen Monaten des Jahres 1917! Wie oft wandte er sich gegen die schwankende, kompromißlerische Parteiführung und ihren Apparat.

Trotzki analysierte das Verhältnis zwischen *Lenin*, den Massen und dem Parteiapparat in den knappen Sätzen: »Lenins Position war nicht nur deshalb so stark, weil er die Gesetze des Klassenkampfes verstand, sondern auch, weil er ein scharfes Gespür für alle Regungen der in Bewegung geratenen Massen besaß. Er repräsentierte nicht so sehr den Parteiapparat als die Vorhut des Proletariats. Er war überzeugt, daß Tausende von gerade jenen Arbeitern ihn unterstützen würden, die in der Phase der Illegalität und des Krieges die Partei unter großen Opfern unterstützt hatten. Die Massen waren zu diesem Zeitpunkt revolutionärer als die Partei, und die Partei war revolutionärer als der Parteiapparat. Schon seit März 1917 war die tatsächliche Haltung der Arbeiter und Soldaten in vielen Situationen stürmisch hervorgebrochen und entsprach weitgehend nicht mehr den Losungen der Parteien, die Bolschewiki eingeschlossen [. . .] Auf der anderen Seite war der Parteiapparat als eine konservierende, hemmende Kraft eben erst im Begriff zu entstehen [. . .] Lenin hatte auf die Partei nicht so sehr Einfluß als Einzelperson, sondern weil er den Einfluß der Klasse auf die Partei und der Partei auf den Parteiapparat verkörperte.«[24]

Menschen machen Geschichte, und wenn die in einer Partei organisierten Menschen auch einen größeren Einfluß auf den Gang der Ereignisse besitzen als ihre relative Zahl es vermuten ließe, so muß immerhin festgestellt werden, daß sie ihre Geschichte nicht nach persönlichem Gutdünken gestalten. Ihr größeres spezifisches Gewicht ist nicht eine Funktion ihrer Persönlichkeiten und Charaktere, ebensowenig wie der Gang der allgemeinen Geschichte ihrer Klasse, ja ihrer eigenen Rolle darin.

Letzten Endes ist die Aktivität der Klasse selbst und der dadurch erzeugte Druck nicht nur auf den Klassenfeind, sondern auf den eigenen Agenten, d. h. die revolutionäre Partei, die einzige Waffe, mit der eine ›Substitution‹ der Partei für die Klasse und damit die Verwandlung der Partei in eine konservative Kraft verhindert werden kann.

[24] Trotzki, Stalin, a.a.O., S. 204. – Bedauerlicherweise muß festgestellt werden, daß *Trotzki* die Gefahren des bürokratischen Konservativismus innerhalb der trotzkistischen Organisationen mit einem Federstrich beiseite schob und sich in vulgär-materialistische Interpretationen des Bürokratismus flüchtete. Als *J. P. Cannon*, der Führer der amerikanischen Trotzkisten, bürokratischer, konservativer Verhaltensweisen beschuldigt wurde, wandte *Trotzki* ein, diese Beschuldigungen basierten auf einer »rein psychologischen Abstraktion, da diesem Konservatismus keine spezifischen gesellschaftlichen Interessen sichtbar zugrunde liegen« (Trotzki, In Defense of Marxismus, New York 1942, S. 81). Welche sozialen Interessen vertrat dann jener Parteiapparatschik, als dessen Archetyp *Stalin* gilt, in der Periode vor 1917?

Trotzki macht die Not zur Tugend

Es ist nicht die Aufgabe dieses Aufsatzes zu zeigen, wie weit *Trotzki* im einzelnen dabei ging, die Not zur Tugend zu machen, in welche extreme Verallgemeinerungen er verfiel, um antidemokratische, gegen die Herrschaft der Klasse gerichtete Maßnahmen zu rechtfertigen. Es mag ausreichen, seine Argumente für eine ›Militarisierung der Arbeit‹ zu erwähnen, d. h. für eine vom Staat auferlegte Zwangsarbeit, aus dem Jahre 1921. Die Gewerkschaften, so forderte er, sollten verstaatlicht werden. Wir brauchen »einen neuen Typ von Gewerkschafter, den energiegeladenen, einfallsreichen ökonomischen Organisator, der Wirtschaftsfragen nicht von der Seite der Verteilung und des Konsums aus betrachtet, sondern allein vom Gesichtspunkt der Produktion; der nicht daran gewöhnt ist, durch die Brille derjenigen zu sehen, die der Sowjetregierung immer nur fordernd und verhandelnd gegenübertreten, sondern der alles mit den Augen eines ökonomischen Organisators betrachtet.«[25] Was bedeutet da noch ›Verteidigung der Arbeiter vor dem Staat‹, gar vor dem Arbeiterstaat? Kann die Gewerkschaft dies vernachlässigen? *Trotzki* beantwortet diese Frage nicht, er formuliert sie nicht einmal! »Militarisierung«, sagte er auf dem 9. Parteitag, »ist undenkbar ohne die Militarisierung der Gewerkschaften selbst, d. h. ohne die Errichtung eines Regimes, in der jeder Arbeiter sich als Soldat der Arbeit versteht, der nicht frei über sich verfügen kann; wenn der Befehl kommt, daß er versetzt werden soll, so muß er ihn ausführen; führt er ihn nicht aus, wird er wie ein Deserteur behandelt und bestraft werden. Wer besorgt das? Die Gewerkschaft. Sie bildet das neue Regime. Das ist die Militarisierung der Arbeiterklasse.«[26]

1924 ging *Trotzki* noch einen Schritt weiter. Er sagte: »Keiner von uns wünscht oder ist dazu in der Lage, den Willen der Partei anzuzweifeln. Die Partei hat letztlich immer recht, weil die Partei das einzige historische Instrument ist, mittels dessen das Proletariat seine grundlegenden Probleme lösen kann. Ich habe bereits festgestellt, daß es nichts Einfacheres gibt, als sich vor seine Partei hinzustellen und Fehler zu reklamieren, nichts Einfacheres, als zu sagen: ›Da, seht! All meine Kritik! Meine Worte! Meine Warnungen! Meine Proteste! Das Ganze war einfach ein Fehler!‹ Genossen, genau das kann ich jedoch nicht sagen, weil ich es nicht denke! Ich weiß, daß man nicht *gegen* die Partei recht haben darf. Man kann nur im Recht sein mit der Partei und durch die Partei, denn die Geschichte kennt keinen anderen Weg, Recht zu bekommen. Die Engländer

[25] Trotzki, zit. nach I. Deutscher, Soviet Trade Unions, London 1950, S. 42.
[26] IX. Sesd RKP (b), S. 101.

kennen ein Sprichwort, das heißt: ›Right or wrong – my country‹. Mit viel größerer historischer Berechtigung können wir sagen: ›Recht oder Unrecht – meine Partei‹ [...] Und wenn die Partei einen Beschluß gefaßt hat, den der eine oder andere nicht für gerechtfertigt hält, muß er sagen: richtig oder falsch, es handelt sich um einen Beschluß meiner Partei und ich unterstütze die Folgerungen dieses Beschlusses bis zu ihrem logischen Ende.«[27]

Die Rolle des Marxisten in der Arbeiterbewegung

Als Ausgangspunkt für eine Analyse des Verhältnisses zwischen revolutionärer Partei und Arbeiterklasse soll uns ein Satz aus dem ›Kommunistischen Manifest‹ dienen: »Alle bisherigen Bewegungen waren Bewegungen von Minoritäten oder im Interesse von Minoritäten. Die proletarische Bewegung ist die selbständige Bewegung der ungeheuren Mehrzahl im Interesse der ungeheuren Mehrzahl.« Aufgrund des wesentlich höheren kulturellen Niveaus der Arbeiter in den modernen Industrieländern, ihrer größeren Selbständigkeit und Organisationsfähigkeit, ihrer relativ ausgeprägteren sozialen Homogenität (nicht umzingelt von Bauernmassen!) im Vergleich zur russischen Arbeiterklasse von 1917 können wir zu dem Schluß kommen, daß das Bewußtseinsgefälle der Massen vor, während und nach der Revolution viel geringer sein wird als in Rußland, auch wenn es nicht völlig verschwunden sein wird.

Daraus läßt sich eine Reihe weiterer Schlüsse ziehen: erstens im Hinblick auf die Größe der revolutionären Partei im Verhältnis zur Arbeiterklasse insgesamt. Im Oktober 1906 zählte die Sozialdemokratische Partei Rußlands (beide Fraktionen, Bolschewiki und Menschewiki) 70 000 Mitglieder. Zur gleichen Zeit zählte der jüdische ›Bund‹ 33 000, die polnischen Sozialdemokraten 23 000, die lettischen Sozialdemokraten 13 000 Mitglieder. Insgesamt betrug die Zahl der in den *illegalen* sozialistischen Parteien Organisierten ca. 144 000.[28] Im August 1917 hatten die Bolschewiki 200 000 Mitglieder. Im Durchschnitt waren 5,4 % der Industriearbeiter in 25 Städten Mitglieder der Bolschewistischen Partei.[29]

[27] XIII. Sesd RKP (b), Moskau 1924, S. 165 f. – Trotzkis und Lenins Haltung gegenüber dem Kronstädter Aufstand werden oft von Menschewiki, Anarchisten und anderen linken Kritikern als Beispiel der bürokratischen Unterdrückung genannt. In Wirklichkeit war der Kronstädter Aufstand zunächst ein Aufstand der Bauern und Halbbauern gegen die Städte. Daher nahm die gesamte interparteiliche Opposition – Schljapnikows und Kollontais »Arbeiteropposition« eingeschlossen – aktiv an seiner Niederschlagung teil; und in seinen Fußstapfen folgte die Politik der Konzessionen an den Kleinkapitalismus, an die Bauernschaft, die NEP (Neue ökonomische Politik). Die Frage des Kronstädter Aufstands, ebenso wie die Geschichte der frühen Oppositionsgruppen, ist ein faszinierendes Thema, das eine besondere Untersuchung verdient.

[28] Vgl. W. I. Lenin, Sotschinenija, X, S. 483.

[29] VI. Sesd RKP (b), Moskau 1958, S. 390.

Wenn das Verhältnis von Parteimitgliedschaft zur Arbeiterklasse in den entwickelten Ländern dem in Rußland von 1905 oder 1917 entspräche, müßte die Partei Millionen von Mitgliedern haben. Aufgrund der geringeren Differenzierung des Bewußtseins und des kulturellen Niveaus müßte die *relative* Stärke der Partei sogar noch größer als in Rußland sein. (Die Legalität der Arbeiterparteien verstärkt diese Tendenz noch.) Wer immer unter dem Eindruck der aktuellen Größe der reformistischen Parteien zu gegensätzlichen Ergebnissen kommt, versteht nicht die Rolle der Massen im revolutionären Kampf. Die reformistische Partei ist hauptsächlich ein Apparat zur Sammlung von Stimmen für Parlaments- und sonstige Wahlen. Daher ist sie auch nicht auf die aktive Teilnahme der Massen angewiesen. Alles in allem erachten es die Anhänger einer solchen Partei nicht für notwendig, sich aktiv in das Parteileben einzuschalten. Oft genug lesen sie nicht einmal ihre Presse. Die *aktive* Unterstützung einer revolutionären Partei durch größere Massen muß dazu führen, daß sich eine vergleichsweise größere Anzahl von Arbeitern einer solchen Partei anschließt. Daraus wird deutlich, daß kleine Gruppen in keiner Weise ein Ersatz für die revolutionäre Massen-Partei und erst recht nicht für die kämpferische Masse der Arbeiter selbst sein können.[30]

Was läßt sich nun über das Verhältnis zwischen revolutionärer Partei und Klasse sagen?

Jede Partei, ob reformistisch oder revolutionär, ob konservativ oder liberal, wird versuchen, Anhänger und Unterstützung zu gewinnen, um sie zu diesem oder jenem Ziel zu führen. Die revolutionäre Partei versucht das auch. Aber hier hört die Ähnlichkeit auf. Die Methoden, mit der eine revolutionäre Führung aufgebaut wird, und der Charakter dieser Führung selbst sind dem Modell bürgerlicher oder reformistischer Parteien diametral entgegenzusetzen.

Wir können uns drei Arten von Führung vorstellen, die wir aus Mangel an besseren Begriffen folgendermaßen bezeichnen wollen: die des Lehrers, die des Vorarbeiters und des Vorgesetzten und die des Kampfgenossen. Kleine Sekten verstehen sich oft als ›Lehrer der Arbeiterklasse‹. Sie huldigen dem Schulmeistersozialismus. Didaktische Methoden treten an die Stelle der Teilnahme am Kampf selbst. Die zweite Art der politischen Führung, das Verhältnis Vorarbeiter – Arbeiter, Of-

[30] Niemand in Rußland zweifelte 1917 daran, daß *Trotzkis* politische Gruppe allein – die Meschrajonzi, die von ihrem Anschluß an die Bolschewiki etwa 4000 Mitglieder hatte – viel zu klein war, als daß sie einen ernsthaften Einfluß auf den Gang der Ereignisse hätte ausüben können. Ähnlich kann man *Trotzkis* Äußerung von 1921 über die KAPD verstehen: »Nicht mehr als 30–40 000 Mitglieder.« *Trotzki* wollte damit die geringe politische Bedeutung der KAPD kennzeichnen (Trotzki, The First Five Years of the Communist International, London 1953, Bd. II, S. 26).

fizier — Soldat finden wir bei allen reformistischen und stalinistischen Parteien: die Führung sitzt in einem Vorstand und beschließt, ohne aktive Teilnahme der Arbeiter selbst, die jeweilige ›Linie‹. Beiden Arten der politischen Führung gemeinsam ist, daß die Direktiven nur in *eine* Richtung gehen: die Führer halten den Massen gegenüber einen Monolog. Die dritte Art der Führung können wir mit einem Streikkomitee vergleichen. Die revolutionäre Partei muß einen ständigen Dialog mit den außerhalb der Partei stehenden Arbeitern führen. Die Partei wird dementsprechend ihre Taktiken nicht frei erfinden, sondern es sich zur wichtigsten Aufgabe machen, von den Erfahrungen der Massenbewegung zu lernen, und von diesen zu verallgemeinern. Die großen Ereignisse in der Geschichte der Arbeiterbewegung stellen die Richtigkeit dieses Weges über allen Zweifel. Die Arbeiter der Pariser Kommune 1871 errichteten einen neuen Staat, einen Staat ohne stehende Armee, ohne Bürokratie, einen Staat, in dem alle Beamten und öffentlichen Funktionsträger jederzeit abwählbar waren und den Durchschnittslohn eines Arbeiters erhielten usw., *bevor* noch *Marx* damit begann, verallgemeinernde Aussagen über die Natur und die Struktur eines Arbeiterstaates aufzustellen. Ein anderes Beispiel ist das der Petersburger Arbeiter, die 1905 unabhängig von der bolschewistischen Partei, ja sogar gegen den Willen der lokalen bolschewistischen Parteiführung einen Arbeiterrat bildeten. *Lenin* nahm eine argwöhnische, wenn nicht sogar ablehnende Stellung zum Petersburger Arbeiterrat ein. Wir müssen *Rosa Luxemburg* beipflichten, wenn sie 1904 schreibt: »Die Kampftaktik der Sozialdemokratie wird in ihren Hauptzügen überhaupt nicht ›erfunden‹, sondern sie ist das Ergebnis einer fortlaufenden Reihe großer schöpferischer Akte des experimentierenden, oft elementaren Klassenkampfes. Auch hier geht das Unbewußte vor dem Bewußtsein, die Logik des objektiven historischen Prozesses vor der subjektiven Logik seiner Träger.«[31]

Die Aufgabe der Marxisten ist es, die lebendige, sich ständig weiter entwickelnde Erfahrung des Klassenkampfes zu verallgemeinern, um dem instinktiven Drang der Arbeiterklasse, die Gesellschaft auf sozialistischer Grundlage zu reorganisieren, bewußten Ausdruck zu verleihen.

Weil die Arbeiterklasse alles andere als ein monolithischer Block ist und weil der Weg, der zum Sozialismus führt, keineswegs erkundet ist, können und müssen große Differenzen über Strategie und Taktik innerhalb der revolutionären Partei existieren. Die Alternative hierzu ist eine bürokratische Partei oder die Sekte mit ihren ›Führern‹. Wenn daher *Trotzki* in

[31] In: *Die Neue Zeit*, 1904, S. 491.

Bausch und Bogen behauptet, »daß jeder ernsthafte Fraktionskampf in einer Partei letztlich immer eine Widerspiegelung des Klassenkampfes ist«[32], so können wir das nur bedauern. Das grenzt an vulgär-materialistische Interpretationen des menschlichen Denkens, das als geradliniges Produkt der jeweiligen materialistischen Bedingungen hingestellt wird. Der Druck welcher Klassen trennte *Lenin* von *Luxemburg* (1904), *Trotzki* von *Lenin* (1903—1917), welche Verschiebungen des Klassenmilieus liegen dem Zick-Zack-Kurs eines *Plechanow* zugrunde: 1903 mit *Lenin*, 1903 gegen *Lenin*, 1905 gegen *Lenin*, dann wieder mit *Lenin* und schließlich, das ist richtig, sein endgültiger Bruch mit *Lenin* und mit der revolutionären Bewegung überhaupt. Lassen sich die Differenzen in den Imperialismustheorien *Lenins* und *Luxemburgs* aus einer Analyse ihrer Stellung in der Klassengesellschaft ableiten? Der wissenschaftliche Sozialismus lebt und entwickelt sich aus der Kontroverse. Und Wissenschaftler, die von gleichen Grundannahmen ausgehen, können zu unterschiedlichen Hypothesen gelangen. Dies nicht nur im wissenschaftlichen Sozialismus, sondern auf allen Gebieten der Forschung.

Damit die Partei mit der Masse einen Dialog führen kann, muß sie nicht nur Vertrauen in die unerschöpflichen Fähigkeiten der handelnden Arbeiterklasse haben. Die Partei muß auch die Situation innerhalb eines Landes richtig einschätzen, und sie muß auch die materiellen und moralischen Verhältnisse, in denen sich die Arbeiterklasse zu jedem Zeitpunkt befindet, kennen. Jede Selbsttäuschung der Partei muß den Dialog abschneiden und ihn in einen langweiligen Monolog verwandeln.

Die Partei muß sich dem Ganzen unterordnen. Und deshalb muß die innere Organisation und Diskussion der Partei dem Verhältnis der Partei zur Klasse entsprechen. Der Manager einer Fabrik kann und muß seine Pläne im geheimen entwickeln, um dann die Arbeiter vor vollendete Tatsachen zu stellen. Die revolutionäre Partei, die sich anschickt, den Kapitalismus zu stürzen, kann nicht einen Begriff der innerparteilichen Diskussion teilen, der die aktive Teilnahme der Arbeitermassen ausschließt. Die Ergebnisse derartiger Diskussionen sind meist ›einstimmige‹ Beschlüsse, die der Klasse dann als vollendete Tatsache vorgesetzt werden. Da die revolutionäre Partei keine von den Interessen des ganzen Proletariats getrennten Interessen haben kann, sind alle Probleme, die die Partei hat, auch Probleme der Klasse. So sollten sie deshalb der Klasse stets offen dargelegt werden.

Die offene, freie Diskussion, wie sie oft in Streikversammlungen zu beobachten ist und die darauf abzielt, einen Beschluß

[32] Trotzki, In Defense of Marxism, a.a.O., S. 60.

herbeizuführen, der die Einheit in der Aktion ermöglicht, sollte auch in der revolutionären Partei vorherrschen. Das bedeutet, daß die Diskussionen über alle wichtigen Fragen in hellem Tageslicht geführt werden sollten, in den allen zugänglichen Presseorganen der Partei. Die Masse der Arbeiter soll an den Diskussionen teilnehmen können, soll Druck auf die Partei, ihren Apparat, ihre Führung ausüben.[33]
Die revolutionäre Partei sollte sich vor allem am ›Kommunistischen Manifest‹ orientieren, wenn es dort heißt:
»In welchem Verhältnis stehen die Kommunisten zu den Proletariern überhaupt? Die Kommunisten sind keine besondere Partei gegenüber den anderen Arbeiterparteien. Sie haben keine von den Interessen des ganzen Proletariats getrennten Interessen. Sie stellen keine besonderen Prinzipien auf, wonach sie die proletarische Bewegung modeln wollen. Die Kommunisten unterscheiden sich von den übrigen proletarischen Parteien nur dadurch, daß sie einerseits in den verschiedenen nationalen Kämpfen der Proletarier die gemeinsamen, von der Nationalität unabhängigen Interessen des gesamten Proletariats hervorheben und zur Geltung bringen, andererseits dadurch, daß sie in den verschiedenen Entwicklungsstufen, welche der Kampf zwischen Proletariat und Bourgeoisie durchläuft, stets das Interesse der Gesamtbewegung vertreten. Die Kommunisten sind also praktisch der entschiedenste, immer weiter treibende Teil der Arbeiterparteien aller Länder; sie haben theoretisch vor der übrigen Masse des Proletariats die Einsicht in die Bedingungen, den Gang und die allgemeinen Resultate der proletarischen Bewegung voraus.«

Aus dem Englischen übersetzt von Volkhard Mosler

[33] In einigen Fällen ist die Geheimhaltung gerechtfertigt, und jeder klassenbewußte Arbeiter wird das verstehen. So wie Streikversammlungen für die Kapitalisten und ihre Zeitungsleute und andere Agenten geschlossen werden können, so gibt es Momente im Leben der revolutionären Partei, die geheim gehalten werden müssen. Aber in allen solchen Fällen sollte die Partei dazu in der Lage sein, dies vor den Arbeitern zu vertreten und sie davon zu überzeugen, daß keine grundlegenden politischen Entscheidungen vor ihnen verborgen werden sollen.

II. Dokumente

Karl Korsch: Briefe an Paul Partos, Paul Mattick und Bert Brecht. 1934-1939

Ausgewählt und herausgegeben von Michael Buckmiller und Götz Langkau

Vorbemerkung

Den Gemeinplatz, daß Briefe eines Autors Verlauf und Absicht seiner Gedankengänge meist direkter wiedergeben, als exegetische Spekulation der Epigonen seiner Freunde und Feinde an für die Öffentlichkeit bestimmten Texten, benutzen wir, um unsere Absicht mit dieser Auswahl zu formulieren. Vor den Hintergrund der Korsch-›Bilder‹, die in den letzten Jahren — meist mit gehörigem Aufwand an Interpretation, gelegentlich auf recht schmaler Textgrundlage — installiert wurden und zum Objekt von Identifikation oder Abwehr wurden, wollen wir Texte stellen, die, ohne diese Bilder direkt zu dementieren, sich ihnen doch nicht bruchlos fügen. Die ›Auslegung‹ überlassen wir gern der weiteren Diskussion. Wohl haben wir uns der Frage zu stellen, wie wir – auswählend[1] – selbst interpretieren.
Korschs Briefe an Paul Mattick, Paul Partos und Bert Brecht wurden ausgewählt, weil in der verschiedenen Beziehung des Autors zu diesen Adressaten auch Reflexionsebenen bei Korsch selbst unterscheidbar werden.
Mattick[2] als Adressat erscheint fast wie die Personifizierung der revolutionären Arbeiterklasse. Der bemühte, aber vorsichtige Kontakt mit dem zunächst persönlich Unbekannten, dann

[1] Die Entscheidung zu ›einseitiger‹ Auswahl von Korschbriefen erfolgte, weil der Idealformel der Korrespondenzedition, ›Dialog im Vollzug‹, im Nachlaß nur der Briefwechsel mit Roman Rosdolsky von 1950 bis 1954 entsprochen hätte; schon vom Umfang her hätte er den Rahmen dieses Bandes gesprengt. Alle anderen Korrespondenzen sind für die Rekonstruktion des Dialogs zu unvollständig.

[2] Paul Mattick (geb. 1904), von Beruf Maschinenschlosser, 1918 Mitglied der Freien Sozialistischen Jugend, seit 1920 Mitglied der KAPD, emigrierte 1926 in die USA, arbeitete dort in Chicago in den Restgruppen der syndikalistischen International Workers of the World. Redigierte 1931 die *Chicagoer Arbeiterzeitung*. In den dreißiger Jahren organisatorischer wie theoretischer Kern der ›Groups of International Communists‹; gab nacheinander die Zeitschriften *International Council Correspondence* (1934–1937), *Living Marxism* (1938–1941), *New Essays* (1942–1943) heraus, an denen Korsch mitarbeitete. Vgl. jetzt auch Robert Paris, Einl. zu Paul Mattick, *Intégration Capitaliste et Rupture Ouvrière*, Paris 1972.

mit der kleinen, aber hartnäckig arbeitenden rätekommunistischen Gruppierung, auch die Mitarbeit am mühsam am Leben gehaltenen *Living Marxism* stehen für die Hoffnung, den zerrissenen Aktionszusammenhang in irgendeiner Form wieder herzustellen, in nichtrevolutionärer Situation einen Zugang zur Praxis zu finden. Die Grenzen dieser Hoffnung treten alsbald in fast zwanghaften Formulierungen zutage; die eigene Skepsis — anderen offen mitgeteilt — wird diesem Korrespondenten umständlich verschlüsselt.[3] Bei aller Ambivalenz dieser Beziehung erscheint es aber nicht ohne Bedeutung, daß Korsch während der kurzen Blüte des nichtstalinistischen Marxismus in den USA der dreißiger Jahre Bezugs- und Ansatzpunkt gerade bei diesem Adressaten und dieser Gruppierung suchte.

Offener und unkomplizierter ist das Verhältnis zu Partos[4], der 1928 als Student nach Berlin gekommen war, an Korschs Kursen teilnahm, bald zu dessen interessiertesten Schülern und engsten Freunden gehörte und sich Anfang der dreißiger Jahre schnell und weiter, als Korsch es je tat, dem Anarchosyndikalismus praktisch näherte. Zunächst und überwiegend erscheint Partos als Diskussionspartner bei Korschs wissenschaftlicher Bemühung, aus der Kritik der gescheiterten marxistischen Arbeiterbewegung und ihrer Ideologie theoretisch und praktisch einen neuen Ansatz zu finden. Daß Partos dabei mit Marx weit rabiater umgeht, als Korsch beabsichtigt, stört weder die Korrespondenz noch die Arbeit am Marx-Buch, die sie begleitet. Korsch sieht sich gezwungen, die eigene Stellung zum Marxismus und zu Marx stets neu zu reflektieren — die Briefe gehen oft direkter als dann das Buch auf die Krise des Marxismus ein, die Korsch untersucht und für die sein Nachdenken zugleich einen Indikator abgibt. Nur noch als Reminiszenz klingt 1939 das zweite prägende Moment dieser Beziehung an: durch seine Tätigkeit in Spanien war Partos persönliche und kritische Referenz für die Hoffnung, aus der ersten Phase des spanischen Bürgerkrieges könnte sich eine neue, nach Form und Inhalt vom sowjetischen ›Vorbild‹ unabhängige revolutionäre Klassenbewegung des Proletariats in Europa entwickeln.

[3] Vgl. etwa *Brief 27* mit *Brief 23*.

[4] Paul Partos (1911–1964): der gebürtige Ungar emigrierte 1933 nach Paris; 1935 an der Vorbereitung der ›Exposition Internationale sur le Fascisme‹ durch das Institut zum Studium des Faschismus beteiligt (das INFA war Ende 1933 unter Mitwirkung von Brecht gegründet »aber bewußt vollkommen *in die Hände der Linie* gelegt [...]«, die Position von Partos war dort bekannt; vgl. Partos an Korsch, Ostern 1935); im Herbst 1936 Mitarbeit an *L' Espagne Antifasciste,* der frz. Edition des CNT/FAI-Organs *Solidaridad Obrera;* seit Anfang 1937 in Barcelona und bis zum Ende des Bürgerkrieges Mitarbeit bei der Abteilung für Auslandspropaganda der CNT/FAI; 1939 Emigration nach England.

Adressat der beiden Briefe an Brecht — die intensiven Diskussionen in Svendborg klingen an anderer Stelle an[5] — ist der Kunstproduzent, dessen Produktionsmethode in ihrem gesellschaftsverändernden Anspruch anerkannt wird und dem Korsch hantierbares Rohmaterial zuliefert. Uns scheint, als suche das kulturrevolutionäre Moment von *Marxismus und Philosophie* hier unter gründlich veränderten historischen Bedingungen einen wenngleich schmalen Weg.

Die Phase, in der die Briefe geschrieben wurden, ist die des Untergangs der ›alten‹ marxistischen Arbeiterbewegung. Für Deutschland einleitend pointiert zum Untergang all ihrer Organisationen im Sieg des Faschismus, international nicht zuletzt charakterisiert durch die jetzt unverhüllten Schritte zur Liquidation der Komintern als revolutionärer Weltpartei, durch den Ausbruch des 2. Weltkrieges gleichsam nur noch ratifiziert, konnte diese Entwicklung Korsch kaum überraschen. Grundtendenz und Einzelzüge hatte er schon Jahre vorher in zahlreichen Artikeln zum Gegenstand seiner Kritik gemacht; die theoretische Vorwegnahme erklärt vielleicht die eigentümliche Blässe des historischen Hintergrundes der Jahre 1933 bis 1939 in diesen Briefen. Die Vorwegnahme hebt aber die unerträgliche subjektive Spannung zwischen intellektuell vollzogener Kritik und der durch die Isolierung der Emigration verschärften praktischen Erfahrung, dieser Entwicklung ohnmächtig gegenüberzustehen, nicht auf. Für den Korsch der Briefe, der noch im Juli — im Gegensatz etwa zum ›weisen Stalin‹ dann im August — »keinen Augenblick konkret an einen nahe bevorstehenden Kriegsausbruch in Europa gedacht« hat, dem Freund den Verlauf der Eventualität aber im gleichen Atemzug recht realistisch skizziert,[6] scheint die Zäsur des 1. September 1939 recht willkürlich gewählt. Uns war sie ein Mittel, die objektiven Schranken anzudeuten, auf die dieser Theoretiker wider Willen auf seinen Wegen zur Praxis immer wieder stößt.

Innerhalb des gewählten Zeitraums zwischen Korschs Emigration im Herbst 1933 und dem 1. September 1939 brauchte bei den Briefen an Partos und Brecht nicht weiter ausgewählt zu werden; nicht berücksichtigt wurde allerdings ein bei der Korrespondenz mit Brecht liegender, an Maria Lazar gerichteter Brief vom 14. 5. 1934, der nicht überlieferte Briefe an Brecht reklamiert und *Brief 1* inhaltlich nichts hinzufügt. Auswahl

[5] Vgl. *Brief 8;* zum Verhältnis Korsch-Brecht und zur darüber geführten Kontroverse vgl. den Beitrag von Heinz Brüggemann, Bert Brecht und Karl Korsch: Fragen nach Lebendigem und Totem im Marxismus, in: *Jahrbuch Arbeiterbewegung, Bd. 1,* über Karl Korsch, Frankfurt 1973, S. 177–188 und ders., *Literarische Technik und soziale Revolution,* Reinbek 1973.

[6] Vgl. *Brief* 28, S. 233 f.

war nötig bei den 33 vorliegenden Briefen an Mattick; für die ausgeschiedenen 14, die meist sehr detailliert Übersetzungsprobleme und solche der Redaktion des *Living Marxism* erörtern, kann *Brief 19*, bes. s. 194, als Stellvertreter dienen. Als Beilagen aufgenommen wurden diejenigen Texte, die eindeutig als solche zu identifizieren und nicht — wie etwa einige Vorarbeiten zum Marxbuch — schon an anderer Stelle veröffentlicht waren. Dem Internationalen Institut für Sozialgeschichte in Amsterdam danken wir dafür, daß uns der Nachlaß für diese Edition zur Verfügung stand; Frau Philippi-Loewenstein war uns bei der Textherstellung eine aufmerksame und kritische Hilfe.

Charakter und Herkunft der Vorlagen sind so zu kennzeichnen: Die überwiegend handschriftlichen Originale der Briefe an Paul Mattick stellte dieser dem IISG 1965 zur Verfügung. Fotokopien der handschriftlichen Briefe an Bert Brecht erhielt das Institut im gleichen Jahr im Tausch vom Brecht-Archiv in Berlin. Durchschläge der hier veröffentlichten Briefe an Partos bewahrte Korsch bei seiner Korrespondenz auf, zusätzlich stand der Teilnachlaß von Paul Partos im IISG zur Verfügung. Einzelheiten zur benutzten Vorlage und Abweichungen von dieser allgemeinen Charakteristik werden in der editorischen Notiz zu jedem Brief mitgeteilt.

Die Briefe werden so wiedergegeben, wie sie nach Korrekturen, Streichungen und Zusätzen für den Adressaten bestimmt waren — auf die Wiedergabe von Formulierungsansätzen und späteren Hinzufügungen wurde verzichtet. Dies führte in wenigen Fällen zu inhaltlicher Einbuße, der gravierendste sei als Beispiel wiedergegeben.

In *Brief 4*, S. 137 lautet der Satz:

»(so wie man dies von vielen Formulierungen Hegels auch sagen kann)«,

ursprünglich:

»([. . .] sagen kann, obwohl Hegel immer nach einer vollständigen ›Vermittlung‹ gestrebt hat, so von dem Begriff ›die Wahrheit als Ergebnis finden‹)«,

dann:

»[. . .] sagen kann, [. . .] gestrebt hat. (Er sagt: ›Der Begriff will die Wahrheit als Ergebnis finden‹)«,

dann noch nachdrücklicher:

»[. . .] sagen kann, [. . .] gestrebt hat. (Hegel sagt ausdrücklich: ›Der Begriff will die Wahrheit *als Ergebnis* finden‹)«,

um schließlich die Endform zu erreichen. Korrekturen, die derart direkten Einblick in den Reflexionsvorgang ermöglichen, sind selten, andere, bis hin zur Korrektur von Flüchtigkeitsfehlern, verständlicherweise häufig. Zugleich zeigt dies Beispiel, daß ein anderes als das gewählte Verfahren einen text-

kritischen Apparat erfordert hätte, der den Rahmen einer Auswahledition und den dieses Bandes gesprengt hätte.
Der so gewählten Textgrundlage folgt die Edition; nur offensichtliche Flüchtigkeitsfehler wurden stillschweigend verbessert, die Abkürzungen von Organisationen und Zeitschriften vereinheitlicht und die Interpunktion vorsichtig normalisiert, die seit 1938 vorherrschende amerikanische Schreibweise der Daten (12/24/38) wurde umgestellt (24. 12. 30), Monate einheitlich durch arabische Ziffern gekennzeichnet, die Briefköpfe wurden vereinheitlicht. – Alle anderen Eigenheiten der Schreibweise, so etwa Schwankungen in Groß- und Kleinschreibung, englischer Genitiv in deutschem Text, ›grade‹ neben ›gerade‹, wurden überall dort, wo hand- oder maschinenschriftliche Vorlagen benutzt wurden, beibehalten. Der Text der stenographischen *Briefe 24, 26* und *27* wurde dagegen durchgehend normalisiert.
Zusätze der Herausgeber im Text erfolgten bei Textverlust in der Vorlage, in Fällen zweifelhafter Lesung und überall dort, wo Korsch ungebräuchliche oder für den deutschen Leser nicht unmittelbar verständliche Abkürzungen gebraucht. Die Auflösung von Abkürzungen erfolgte in jedem Brief nur einmal und nur dann, wenn das abgekürzte Wort in diesem Brief nicht vorher vollständig gebraucht oder in einer Anmerkung erläutert ist. Alle Zusätze der Herausgeber sind durch [ ] gekennzeichnet.
Zum Schluß eine Bemerkung zur Anlage des Anmerkungsapparates. Dem Leser wird eine gewisse Ungleichmäßigkeit in der Kommentierung auffallen. Sie beruht auf folgender Überlegung: An einer ›Auslegung‹ der Texte waren wir nicht interessiert, wir mußten aber annehmen, daß sich die Leser – abgesehen von einigen Spezialisten, deren Arbeiten wir dankbar gebrauchten[7] – im Bereich der deutschen Emigration nach 1933, dem der amerikanischen Linken im weiteren Sinne und ihrer Diskussionen, Publikationen und Organisationen in den dreißiger Jahren auf nicht allzu vertrautem Terrain bewegen würden. Hier entstanden Schwerpunkte der Kommentierung, an denen wenigen das Selbstverständliche gesagt, anderen vielleicht Hinweise gegeben werden, die Briefe in den konkre-

[7] Als Ansatzpunkt war die Bio-Bibliographie von W. Sternfeld/E. Tiedemann, *Deutsche Exil-Literatur 1933–1945*, Heidelberg 1970, natürlich unentbehrlich, die Studie von J. Radkau ersparte uns in einem Fall (vgl. Anm 103 zu den Briefen) umständliche Kommentierung. Die Materialmasse bei D. D. Egbert/S. Person, *Socialism in American Life*, 2 Bde., Princeton 1952, fanden wir für unsere Zwecke glücklich vorgegliedert durch die Bibliographie von W. Goldwater, *Radical Periodicals in America 1890–1950*, New Haven 1964; zu spät für gründliche Berücksichtigung erschien als Versuch einer Analyse dieses Problemkreises C. Camporesi, *Il marxismo teorico negli USA 1900–1945*, Milano 1973. Ausgangspunkte für weitere Orientierung sind damit genannt.

ten historischen Kontext zu stellen, aus dem sie entstanden, in dem ihr Autor Ansatzpunkte für ein revolutionäres ›Eingreifen‹ suchte und nicht mehr fand. Entlegenes also wird in den Anmerkungen, so gut es ging, pedantisch notiert, Näherliegendes, das wir oft wortlos übergingen, prägte die Epoche im Bewußtsein der Zeitgenossen nachhaltiger und findet sich – in Handbüchern.

München/Amsterdam, April 1973 M. B./G. L.

1

an BRECHT

[London,] 17. 3. 1934*

LGB

1) Ich habe mich nach qualvoller Unentschiedenheit bis zum letzten Moment gestern abend dafür entschieden, vorläufig hierzubleiben. Ich will wirklich versuchen, ein »Gastgeschenk« mitzubringen, wenn ich zurückkomme. Inzwischen geht hier vielleicht die entscheidende Schlacht zwischen Faschismus u. Sozialismus für ganz Europa in Scene** — und zwar früher, als ich es vorher gedacht hatte.[1] Daran könnte man also evtl. auch ganz gut teilnehmen.

2) Ich habe hier in eine alte *offiziell* für die hiesige Kirche gültige Bibel hineingesehen u. gefunden, daß es nicht ›pound‹ heißt, sondern *›talent‹*. Das ist auch viel schöner. Ihr Titel muß also unbedingt heißen *man is man's talent* (und: the poor man's talent). Der Doppelsinn ist im heutigen Englisch ebenso vorhanden wie im Deutschen, aber das schadet in Ihrem Fall nach meiner Meinung garnichts! Ich habe auch Proben mit gebildeten, aber einfachen englischen Männern u. Frauen gemacht und gefunden, daß sie

1) bei ›pound‹ nur verkehrte Dinge dachten,

2) bei ›talent‹ zwar a) auch nicht direkt an die Bibelstelle dachten, aber doch b) durch die Überschrift hinreichend und in der gewünschten Richtung angereizt und interessiert wurden. Der etwas dunkel bleibende Titel ist also nicht schlecht!

Damit will ich garnichts über die Frage entscheiden, ob nicht als Gesamttitel am Ende doch ›The Threepence Novel‹ oder etwas ähnliches vorzuziehen wäre. Ich will Ihnen nur das Ergebnis meiner Experimente mitteilen![2]

Ich erwähne noch die tiefsinnige Übereinstimmung zwischen Bibel u. »Kapital«, daß der Kapitalcharakter einer Geldsumme auch in der Bibel *von der Größe der Summe* (von der Zahl der Talente!) abhängig ist. 5 Talente u. 2 Talente wuchern, 1 Talent wuchert nicht. Die Stelle, wo Marx darüber spricht, finden Sie in meiner Einführung zum Kapital I zitiert an der Stelle, wo ich am Ende der Erörterung über die »Dialektik im Kapital« den Begriff des »Umschlagens« erwähne.[3] Die Ladenbesitzerin bei Ihnen hat es u. a. darum garnicht erst richtig mit den Nähmädchen versucht, weil es sich mit dem wenigen Geld, das auch anderweitig gebraucht wurde, garnicht lohnt.

3) Ich schicke Ihnen voraussichtlich morgen ein den hiesigen

* 8 S. Hschr., gelegentlich schlecht lesbare Fotokopie; zweifelhafte Stellen wurden durch [?] gekennzeichnet.

** Anmerkungen zum Briefwechsel auf S. 236 ff.

Verhältnissen angepaßtes Exposé über relativ beste u. billigste Abtreibungsmittel. Ich habe versucht die Leute, die es niederschreiben, so zu beeinflussen, daß sie es in der richtigen Weise tun; medizinisch werde ich es vor der Absendung noch von Herbert Levi[4] prüfen lassen.

Die Leute selbst waren mehr für Verhütungsmittel. Ich habe ihnen gesagt, das sollen sie auch hineinschreiben. Und ich bin der Meinung, Sie könnten das auch mit hineinbringen, weil es einerseits auch nützlich ist für die Praxis, andererseits könnten Sie witzige Sachen dazu sagen, insofern als Polly mit *diesen Ratschlägen* zu dieser Zeit nicht mehr gedient ist! Das ist ja sehr typisch, daß man sie und grade sie dann [?] nachher kriegt, wenn einem nur noch andere helfen können.

Die Leute meinen auch, daß keins der Mittel (außer dem hier sehr schwer erreichbaren ärztlichen Eingriff!) sicher und keins ohne Nachteile u. Gefahren für die Mutter ist. Ich habe ihnen gesagt, wenn es keine guten Ratschläge gibt, sollen sie die relativ besten schlechten geben und dazu sagen, daß und warum sie schlecht sind. – Ich hoffe, daß etwas Brauchbares dabei herauskommt.

4) Ich denke oft mit Freude an Sie, an Helli, die Kinder, das ganze Haus[?] u. seine nächste u. nähere Umgebung.

Grüßen Sie alle alle!

Ihr K

PS

Sollten Sie die Stelle einfügen, so müssen Sie noch gewisse Verschleierungen, konkreten Einbau in die Handlung usw. hinzufügen. Sonst riskieren Sie bei der Strenge der hiesigen Gesetze nicht nur eine Strafverfolgung (die könnte, wenn sie nicht zu früh einsetzte, als Reklame mehr nützen, als sie Sachschaden bringt!), sondern auch schon die Zensur Ihres Verlegers.

Es erscheint mir nicht ganz ausgeschlossen, daß schon der[?] Ratschlag mit der Zwiebel solche Folgen hat! Ich bin sehr dafür, daß Sie Ihre Absicht, zugleich als praktischer Ratgeber zu fungieren, unbedingt auch [?] ausführen.

5) Ich habe alles Juristische noch mal nachgesehen. Es bleibt also dabei: *erste Phase* Coroner's Inquisition (mit Geschworenen, u. zwar 7–11), kann in ziemlich gerichtlichen Formen vor sich gehen: Coroner vernimmt eidlich alle Personen, die freiwillig ihre Aussagen über mit dem Todesfall zusammenhängende Tatsachen anbieten, und auch alle Personen[?], die etwas darüber wissen können, nach seinem freien[?] Ermessen[?]. Er kann die Zeugen auch zwingen, zu erscheinen u. auszusagen. Darnach geben die Geschworenen einen [?] Wahrspruch (verdict) ab darüber

wer der Tote war,
wie, wann u. wo er gestorben ist,
und ob durch Mord oder Totschlag, und die etwa
von den Geschworenen als schuldig oder unschuldig
erfundenen Personen.

An sich kann der Coroner dann die betreffenden Personen gleich [?] selbst 1) verhaften lassen bzw. ihre Verhaftung anordnen, dies *muß* er im Falle eines Mordes tun, sofern es nicht schon geschehen ist; 2) mit den Protokollen über Zeugenaussagen u. Wahrspruch dem für die Hauptverhandlung zuständigen Gericht überantworten.

Dann fiele also scheinbar die zweite Phase weg, weil die coroner's inquisition schon den Charakter einer Anklage (indictment) hat. Ich habe aber genau festgestellt, daß es bei *Mord* (auch bei Totschlag und bei Kindesmord) nicht nur möglich, sondern *üblich* ist, daß ehe die Sache vor die Assisen (d. h. praktisch den [?] Central Criminal Court, also die Old Bailey!) kommt, sie dann vorher noch vor die Anklagebank (Grand Jury) kommt, obwohl schon eine coroner's inquisition stattgefunden hat, die an sich ausreichen würde.

Also:

Zweite Phase: Verfahren vor der Grand Jury (mindestens 12, es können mehr sein, z. B. 30, aber wichtig ist daß 12 für die Anklage sein müssen!). Die *Grand Jury* tritt, ebenso wie nachher die Geschworenenbank bei der Hauptverhandlung (trial) bei den *Assisen* (d. h. praktisch auch schon in der Old Bailey, wie ich nach den Büchern vermute, Sie brauchen ja darüber nichts Bestimmtes zu sagen!) zusammen. Das Verfahren ist aber insofern anders, als bei der Hauptverhandlung, als

1) die Grand Jury sich, nachdem sie in öffentlicher Gerichtssitzung aufgerufen, geschworen u. vom Richter mit der Prüfung bestimmter Anklagen beauftragt ist, [sich] nun in einen andern Raum zurückzieht, wo sie in *nicht öffentlicher* Sitzung die Beweise erhebt u. sich darüber entscheidet, ob sie die Anklage für eine *gute* erklärt oder ablehnt. Ein *Anwalt* (solicitor) für die Anklagebehörde (prosecution) wird in schwierigen Fällen zugelassen

2) in erster Linie nur das Material für die Begründung der [?] Anklage (Zeugen) in gerichtlicher Form (ähnlich wie in der Hauptverhandlung) durchgenommen wird. Die Grand Jury prüft also nur, ob eine plausible Begründung der Anklage vorliegt. Wenn dies bejaht wird, so kehrt sie in die öffentliche Gerichtssitzung zurück, und dort wird der Angeklagte vom Richter gefragt, ob er sich für schuldig bekennt, oder nicht.

Dann wird, manchmal noch in derselben Sitzung, öfter aber erst später, jedoch noch in derselben Sitzungsperiode (bei Ihnen etwa 8 Tage später)

Dritte Phase: die ganze Sache in der Hauptverhandlung vor 1 Richter u. 12 Geschworenen entschieden. Der Gang ist folgender:
1) Der Vertreter der Anklage (counsel for the prosecution) hält eine Ansprache an die Geschworenen, erklärt die erhobene Beschuldigung und die vorzubringenden Beweismittel. Dann ruft er (nicht der Richter) die Belastungszeugen auf u. *verhört* sie unter Eid.
Auf jede Zeugenvernehmung durch ihn folgt sofort das *Kreuzverhör* desselben Zeugen durch den Vertreter der Verteidigung, nun ein *nochmaliges* Verhör durch d. Vertr[eter] d. Anklage.
2) Dasselbe umgekehrt, unter Führung des Vertreters der Verteidigung (counsel for the defence)
3) zusammenfassende Ansprache des Richters an die jury
4) Wahrspruch (einstimmig!)
5) Urteil gemäß dem Wahrspruch
So, ich glaube, das war genug, und mehr als ich wollte und Sie wollten.
Sollte trotzdem noch etwas unklar sein, so bin ich jetzt in der Lage, hier alles genau zu klären.
Nochmals herzliche Grüße

Ihres KK

PPS ich habe den Namen des Mannes vergessen, bei dem ich, nachdem er sein Versprechen gegenüber Maria L[azar][5] nicht gehalten hatte, darauf dringen sollte, daß er Ihnen das Ms. über die Spitz- u. Rundköpfe zurückschickt! Wieweit sind Sie und Gen[osse] Eisler damit? Ist Ihr Gedichtbuch[6] schon heraus? Was arbeiten Sie jetzt?
Ich studiere vorläufig noch etwas Literatur über Revolution im allgemeinen, u. suche zugleich die wirkliche Bedeutung des Marxismus in der gegenwärtigen englischen Arbeiterbewegung theoretisch u. praktisch herauszubekommen. Es gäbe darüber viel zu sagen, aber ich habe keinen type-writer und Sie können keine Stenographie. Also später mündlich!

2

an MATTICK

Skovsbostrand, 15. 3. 1935*

Lieber Genosse Mattick.

Ich habe Ihnen gegenüber ein so schlechtes Gewissen, daß Ihnen mein Brief kaum unter die Augen zu treten wagt. Allerdings habe ich zugleich die allertriftigsten Erklärungsgründe. Ich habe die letzten zwei Monate eine so wichtige Pflicht revolutionärer Solidarität zu erfüllen gehabt,[7] daß ich in dieser ganzen Zeit keine privaten Briefe geschrieben (z. B. auch nicht an Hook), nichts theoretisch gearbeitet und kaum etwas gelesen habe. Wie Sie sehen, bin ich auch nicht am 15. Januar nach London zurückgekehrt, sondern bin inzwischen viel herumgereist und jetzt noch hier. Ich kann und will Ihnen jetzt keine Einzelheiten erzählen, nur das erfreuliche Endergebnis, daß letzte Woche ein Angeklagter statt der beantragten 15 Jahre Zuchthaus infolge rechtzeitig beschafften ausreichenden Entlastungsmaterial nur zweieinhalb Jahre bekommen hat – derselbe übrigens, dessen Thesen[8] ich Ihnen schickte (die Ihnen zwar mit Recht etwas zu »phantastisch«, aber doch sonst in Vielem richtig schienen, so daß Sie sie veröffentlichen wollten). Ob das inzwischen geschehen ist, weiß ich nicht; nachdem ich aber Ihre vorzügliche Übersetzung meiner Kritik des Programms der A[merican] W[orkers] P[arty][9] gesehen habe, habe ich sehr stark den Wunsch, daß Sie auch die Thesen übersetzen; Sie erwähnten ja schon in Ihrem Brief vom 20. 12., daß Sie die Thesen ebenfalls in englischer Sprache veröffentlichen wollten. Ich lege Ihnen für alle Fälle eine Abschrift meiner kritischen Bemerkungen zu den Thesen bei.[10]

Übrigens schickte ich heute einen Durchschlag der ersten theoretischen Arbeit, die ich in diesen Tagen nach der langen Karenzzeit gemacht habe, an Doktor Felix Weil, der zur Zeit bei Doktor Pollock, Horkheimer usw. im Hotel Oliver Cromwell 12 West 22nd Street in New York ist. Ich schrieb ihm dabei, daß er die Arbeit, falls er nicht ganz gegen mein Erwarten eine andere Möglichkeit der Publikation mit größerem Wirkungsradius dafür weiß, baldigst an Sie zu beliebiger Verwendung weitergeben soll. Es ist eine ausführliche Rezension eines ganz abscheulichen neuen Marxismusbuches von J. M. Murry, J. Macmurray, N. A. Holdaway (Ökonomie) und dem unvermeidlichen G. D. H. Cole. Erschien kürzlich in London bei Chapman & Hall (dem prospektiven Verleger meines für den Herbst geplanten Marxbuches) und war laut Zeitungsbericht für eine Woche »best-seller«. Ich lege Ihnen einige kurze Notizen, die ich nach dem ersten Einblick zur Selbstverständi-

* 5 S. Mschr.

gung niedergeschrieben habe, in Abschrift bei, nicht zur Veröffentlichung und mit der Bitte um Rückgabe. Dagegen würde ich eine Veröffentlichung der 14 Schreibmaschinenseiten langen Rezension (betitelt »*Marxismus als Religion*«)[11] sehr begrüßen, umso mehr, als ich nach neueren Erfahrungen sehr daran zweifle, daß eine anderweitige Veröffentlichung zur Zeit zustande kommt. Eine besonders traurige Erfahrung machte ich inzwischen mit der Zeitschrift[12]. Ich hatte verabredetermaßen eine längere Sammelbesprechung der neueren marxbiographischen Literatur (betraf unter anderem die zweibändige deutsche Engelsbiographie von *Gustav Mayer*, deren zweiter Band neu ist, die schlechte englische Marxbiographie von *Carr* und eine elegant-gelehrte französische Studie ohne tiefere Bedeutung über den jungen Marx von *Cornu*)[13] für die Z[eitschrift] geschrieben, die nur durch eintägige Verspätung nicht mehr ins dritte Heft 1934 gekommen war und jetzt bestimmt im ersten 1935 erscheinen sollte. Ich habe Ihnen gar nicht erst eine Abschrift davon geschickt, weil ich dachte, Sie würden sie gedruckt ohnedies bekommen. Nun hat Pollock im letzten Augenblick Angst bekommen, daß mein Artikel (der die Leistungen des Marx-Engels-Instituts begründetermaßen rühmte, aber in einem Zwischensatz die Tatsache erwähnte, daß von dort seit Lenins wunderschönem Essay im Handwörterbuch Granat[14] und den Rjasanowschen Vorlesungen über Marx und Engels, die um 1922 deutsch und englisch, etwas früher russisch, erschienen sind,[15] zwar noch wertvolles Material zur Biographie aber keine selbständige Marxbiographie mehr geliefert worden ist) in Moskau am Ende doch Anstoß erregen könnte. Er hat, wie er mir schreibt, »trotz seiner großen Arbeitsüberlastung« die entsprechenden Änderungen und Kürzungen an meinem Manuscript »selbst« vorgenommen und es in Druck gegeben. Er sandte mir aber seine Fassung, wiederum im letzten Augenblick, zur Genehmigung ein, und sie war so, daß ich meine Zustimmung zur Veröffentlichung sowohl mit meinem Namen als auch »unter Pseudonym ohne meine Verantwortung« verweigern mußte. Dabei blieb ich hartnäkkig, auch noch nach gekabelter Aufforderung, auf Grund der Pollockschen Fassung meinerseits nochmals kleine Änderungen zu machen. Denn das hatte nun keinen Sinn mehr.

Sie können sich denken, daß ich unter diesen Umständen und auch infolge der weiter oben erwähnten anderweitigen wichtigeren Abhaltungen nicht dazu gekommen bin, mit den Leuten von der Z. über meine Rezension ihres Antihook[16] zu korrespondieren oder sie zu schreiben. Man hat mir bis jetzt auch kein Wort zur Bestätigung Ihrer Mitteilung (Postkarte vom 18. Januar: »Die Z. f. S. teilte mir heute mit, daß sie auf ihre Besprechung meiner Broschüre rechnet ...«) mitgeteilt.

Dreißig Schreibmaschinenzeilen wären natürlich auch zu wenig. Ich will sehr gerne Ihre Broschüre, sei es für sich allein, sei es zusammen mit Hook und Eastman[17], besprechen. Ich denke aber, wir verschieben die Sache jetzt, bis ich mit Felix Weil[18], der voraussichtlich im April nach Europa kommt, mündlich darüber gesprochen habe. Er ist in vieler Hinsicht klüger und auch politisch trotz großer Behutsamkeit nicht so ängstlich, wie die andern Herren der Z. –

Übrigens hat sich zu allem andern noch das Mißgeschick ereignet, daß ich Ihre in Schweden pünktlich eingetroffene Broschüre, nachdem ich die Lektüre erst eben begonnen hatte, zusammen mit dem ebenfalls erst halbgelesenen Buch von Corey, auf dringenden Wunsch einiger Londoner Freunde für einige Zeit dorthin gegeben hatte. Man hat mir beide Bücher zurückgeschickt, aber wie es scheint mit einer ungenügenden Adresse. Die Sendung schien verloren, sie ist aber nur in der Welt herumgereist, und ich hörte gestern von meiner Frau, daß sie jetzt wieder dort eingetroffen ist. Ich hoffe die beiden Sachen also jetzt in einigen Tagen wieder zu haben und werde sie dann gleich zu Ende lesen.

Danach können wir uns dann, wie Sie schon am 20. XII. mit Bezug auf meinen Symposionartikel[19] gesagt haben, erst richtig über unsere verschiedenen Differenzen und Übereinstimmungen brieflich und eventuell auch öffentlich auseinandersetzen. Ich las inzwischen Ihre Rezension über Corey u. Ihre Kritik des A. W. P. Programms im Modern Monthly und – last not least – auch die erste Hälfte ihrer ausgezeichneten Reportage in den Neuen Deutschen Blättern, II. Jahrgang Nr. I. Der Schluß in Nummer zwei war mir bisher leider nicht zugänglich.[20] Sollten Sie noch Exemplare beider Nummern haben und Ihre freundliche Absicht, sie mir zu schicken, wahrmachen wollen, so würde ich Sie bitten, sie mit Weisung zur Weitersendung an mich zunächst an meine Tochter zu senden, die in Cornell bei Professor Lewin Psychologie studiert. Die Adresse ist: Sybille Korsch, c/o Professor Kurt Lewin 116 Delaware Avenue Ithaka N. Y.

Ich erwähne jetzt kurz und eilig noch einige Punkte, auf die ich später zum Teil noch ausführlicher zurückkommen werde:

Vor allem danke ich Ihnen herzlich für die Antihook-Broschüre von Eastman. Wir werden darüber gewiß große Meinungsverschiedenheiten haben, und ich kenne ja auch Eastman schon aus seinem früheren Marx-Lenin-Buch[21] und aus vielen Artikeln, habe natürlich auch einige Kritik an ihm. Im ganzen gefällt mir aber sein Standpunkt in dieser Broschüre doch ausgezeichnet und ich stimme ihm in vielem zu, indem ich in einigem noch weiter gehen möchte. Natürlich sind das wichtige Entscheidungen, über die man erst noch gründlich nachdenken muß.

Dann möchte ich Ihnen überhaupt der Ordnung halber Ihre Briefe und Sendungen bestätigen. Also ich erhielt Ihren langen handschriftlichen Brief vom 20. XII., über den ich mich ganz besonders gefreut habe und von dessen reichem Inhalt ich heute erst den kleinsten Teil erledigt habe. Ferner Ihren Brief vom 14. I. und die erwähnte Karte vom 18. I. Dann Ihre Broschüre und die von Eastman. Dann ein von Ihnen veranlaßtes Schreiben von Albert Weisbord und von demselben einige Nummern des »Class Struggle«[22]; ich bitte, ihm für beides vorläufig meinen Dank auszusprechen, wenn Sie mit ihm zusammen kommen. Von Ihnen direkt erhielt ich noch zwei Nummern der Council Correspondence, in der ersten meine Programmkritik. Das ist alles was mir im Augenblick einfällt.

Ich kann Ihnen heute weder die deutsche Fassung meines Symposionartikels, noch ein Exemplar der neuen Marxismusbuch-Rezension mitschicken, weil ich von beiden im Augenblick keine Abschrift mehr habe. Beide sind aber in Arbeit und gehen so bald wie möglich an Sie ab. Mit der Veröffentlichung im Freidenker und überhaupt mit allen Ihren Vorschlägen bin ich einverstanden.

Ich lege Ihnen den Durchschlag eines sehr netten kleinen Artikels bei, den mir unser Ihnen vielleicht bekannter Genosse Auerbach[23] jetzt aus Palästina geschickt hat. Er ist ein gesundes Heilmittel gegen die jetzt bis in unsere Reihen spürbare Palästinaseuche und wird Ihnen, wie ich nach Ihrer Reportage in den N.D.B. annehmen möchte, auch in der Form gefallen. Kennen Sie übrigens schon den Dreigroschenroman von Bertolt Brecht? Er wird Ihnen bestimmt, wie mir, als ein wichtigstes Buch auch für unsere speziellen Tendenzen erscheinen. Ich könnte es mir sehr schön vorstellen, wenn Sie ihn irgendwo in einer amerikanischen Zeitschrift besprechen könnten. Vielleicht scheint es Ihnen auch zweckmäßig, in einem Ihrer eigenen Organe darauf hinzuweisen. Ich nenne Ihnen den Verlag für eine etwaige Anforderung des Rezensionsexemplar: Allert de Lange, Amsterdam.

Ich bin sehr neugierig, ob das Symposion im M[odern] M[onthly] überhaupt noch zustande kommt. Mir wurden jetzt aus London eine Anzahl neuerer amerikanischer Zeitschriften nachgeschickt, die vermutlich von Hook kamen. Das M. M. habe ich aber seit Dezember 34 noch nicht wieder gesehen. Wie geht es denn seit der Fusion mit der Workers Party?[24]

Nun möchte ich für heute schließen, indem ich Sie noch einmal bitte, nur ja nicht gleiches mit gleichem zu vergelten, sondern mir bald wieder über alles zu schreiben.

Mit den besten Grüßen

Ihr Karl Korsch

Ich fahre möglicherweise bald für einige Wochen nach London (dort unter meiner alten Adresse), kehre aber dann wieder hierher zurück, um die Arbeit an meinem Buch zu beenden.

3

an PARTOS

London, 26. 4. 1935*

[. . .]

Mit Deiner Kritik an meinen letzten, wie Du sie mit Recht charakterisierend nennst »einigen Produkten dieser Zeit« bin ich im allgemeinen einverstanden. Ich schicke Dir übrigens die letzte Rezension, die Du Dudoff[25] gegeben hast, noch einmal, obwohl sie vielleicht ihrem Inhalt nach die am wenigsten wichtige von allen ist, sie hatte nur für mich die schon auf meiner letzten Karte mitgeteilte Bedeutung, daß ich konkret zeigen wollte, daß auch die »philosophische«, »kritische«, »Theorie = Praxis setzende«, »»revolutionäre«« Ausdeutung des Marxismus genau so gut zur Ideologisierung des Reformismus und noch besser zur Ideologisierung des Faschismus und der Kapitulation vor dem Faschismus gebraucht werden kann und gebraucht wird, wie die von mir in meinen früheren Schriften (Kernpunkte, Marxismus und Philosophie, Anti-Kautsky) angegriffenen entgegengesetzten Tendenzen der Ausdeutung der Marxschen Lehre. Ich schicke Dir die Rezension trotzdem noch einmal, weil ich noch einen Durchschlag davon übrig habe. Meine privaten Notizen zu dem gleichen Buch hättest Du übrigens lieber dem Genossen Dudoff nicht geben sollen, und wenn es Dir nicht zu viel Mühe macht, bitte ich Dich, sie ihm möglichst, ehe er sie abgeschrieben hat, wieder aus der Hand zu nehmen. Ich erinnere mich noch daran, daß meine Thesen über die Krise des Marxismus Frankfurt 1927[26] trotz meiner gegenteiligen Anweisung viel weiter verbreitet wurden, als mir damals lieb war. Diese jetzigen[27] nehmen wieder zu viel voraus, sie können leicht gegen mich und meine Tendenz gebraucht werden. Übrigens ist das von Dir begangene Versehen nicht schlimm, mach Dir deswegen keine Kopfschmerzen. Das Interessanteste an dieser leichten Indiskretion ist mir, daß sie beweist, wie weit wir doch in unserer Auffassung der gegenwärtig noch möglichen positiven Funktion einiger Bestandteile der Marxschen Theorie auseinandergehen. Ich kann Dir nur sagen, ich sehe hier in der Presse der Labour Party z. B. Osterfest-Artikel, bei denen einem die Haare zu Berge stehen, so reaktionär sind sie und

* 3 S. Mschr.; Fragment.

so weit unter dem »sozialistischen« Niveau, welches, sagen wir einmal (um viel zu sagen!): selbst der durchschnittliche deutsche National-»Sozialismus« heute erreicht. Ich schicke Dir vielleicht nächstens einen solchen Artikel einer Provinz-Zeitung, den ich gestern an Herbert ausgeliehen habe; er hat für uns noch das Pikante, daß man darin wirklich die Verheerungen sieht, die eine moderne wissenschaftliche Haltung, etwa die von Eddington (aber auch die von Russell und ähnlichen), anrichtet, wenn sie unvermittelt zur Tendenz der Arbeiterbewegung in Beziehung gesetzt wird. Man könnte sich, wenn man so etwas sieht, förmlich zu Lenins Stellung im »Empiriokritizismus« bekehren (was ich aber bei reiflicher Überlegung, und losgelöst von solchen momentanen Eindrücken, natürlich doch nicht tue).

Übrigens wirst Du in den nächsten Tagen auch den Anfang zu einer neuen Formulierung meiner gegenwärtigen Stellung zu Rußland und zur KP[28] zugeschickt kriegen, den ich am Morgen des für mich dann so unglücklichen 31. März in großer Müdigkeit entworfen habe und in Kürze fortzusetzen hoffe. Du findest darin fast wörtlich die Bestätigung der jetzt von Dir in Deinem Brief aus meinen letzten Arbeiten abgeleiteten Vermutung, daß nach meiner Meinung die Zeit es heute in einem bestimmten Sinne tatsächlich noch nicht ermöglicht, positive Aussagen über die Aktion von morgen zu machen. Absolut genommen gibt es eine solche Lage natürlich nicht. Ich stimme Dir durchaus zu, daß man in dem Sinne wie vor einigen Jahrzehnten Sorel heute als Theoretiker sehr wohl einige Aussagen machen kann, die mittelbar auch praktische Bedeutung haben würden, und daß auch solche Aussagen unter Umständen nützlich sein können. Aber auch für Sorel gab es wenigstens noch die Realität einer langsam zerfallenden Arbeiterbewegung und einer noch immer nicht ganz aufgezehrten bürgerlichen revolutionären Tradition. Wenn ich mir heute die Entwicklung der USA betrachte, so sehe ich, wie überhaupt nichts Subjektives, sondern im Sinne des blödesten und vulgärsten Nur-Ökonomismus einfach die Weiterentwicklung der Krise dafür maßgebend ist, ob Roosevelt durch Huey Long (und Coughlin)[29] ersetzt werden wird oder diese ganze reißende Entwicklung eines Tages ganz abrupt zum Stehen gebracht wird, wenn nämlich irgend etwas wie eine ernstliche Überwindung der Krise greifbar in Sicht tritt. Und ich kann wiederum nur ganz eng marxistisch sagen: je länger die Krise dauert, desto deutlicher tritt in hundert verschiedenen Erscheinungen hervor, daß die Überwindung der Krise nur durch die Vergrößerung der Ausbeutungsrate $\frac{m}{v}$ erreicht werden kann, aber in dieser Form auch bereits in

zunehmendem Maße tatsächlich angestrebt und zum Teil erreicht wird.
Was Du mit der Formulierung einer, von der russischen unabhängigen Stellung des Proletariats zum »Tagesproblem (? KK) eines neuen Weltkriegs« im Sinne hast, ist mir aus Deinen allgemeinen Redewendungen nicht klar geworden. Vielleicht wird der jetzt unter so schweren außenpolitischen Bedingungen zusammentretende, vom offiziellen Rußland fast schon vor seinem Zusammentritt wieder verleugnete Weltkongreß der Komintern hier einen so großen Schritt vorwärts tun (in seiner bisherigen Richtung vorwärts), daß auch unsere frühere Kritik an dieser Stellung dadurch wieder eine konkrete Bedeutung bekommt. Inzwischen war der peinliche Zustand eingetreten, daß das, was wir, ich meine solche Leute wie Rolf Katz[30] und ich, darüber vor zehn Jahren unter ganz bestimmten, ein praktisches Eingreifen wenigstens noch als denkbar erscheinen lassenden Bedingungen gesagt haben, von solchen Leuten wie etwa Sternberg (in seinem Buch über den deutschen Faschismus)[31] zu einem ganz abstrakten, negativen, passiven, skeptischen Dogma umgewandelt worden war, mit dem ich nichts mehr anfangen konnte. Ich bin übrigens, wie bereits oben durch das Fragezeichen angedeutet, nicht der Meinung, daß der neue Weltkrieg bereits ein »Tagesproblem« für die Arbeiterbewegung geworden ist. Erstens hängt auch in dieser Frage in einer auffallend »ökonomistischen« Weise alles von der Weiterentwicklung der Krise oder Krisenüberwindung ab. Zweitens sehe ich die Arbeiterklasse, z. B. hier in England, mit dieser Frage noch in solchen Formen beschäftigt, die nach meiner Meinung gegenüber der Wirklichkeit eines ausbrechenden Krieges wie Spreu zerfliegen würden. Die Arbeiterklasse hat in dieser Frage zur Zeit nach meiner Meinung nicht nur kein Programm, sondern auch noch nicht die Möglichkeit eines eigenen konkreten, auf eine Aktion von morgen berechneten Programms. Mir scheint kein neuer »Spartakus« erforderlich, um die Losungen des unbedingten Internationalismus und des »Feindes im eigenen Lande« zu wiederholen. Eine solche Wiederholung wäre unvermeidlich weniger eindrucksvoll, als die Erinnerung an 1914 bis 1919.
Ich gehe schon seit längerer Zeit damit um, Dir einmal einen Gedankengang vorzustellen, der sich auf die Bedeutung des »Axiomatischen« im Marxismus bezieht. Das Problem hat eine negative und eine positive Seite. Negativ wirst Du vermutlich mit mir übereinstimmen, wenn ich sage, daß man alle Erscheinungen der ökonomischen Statik und Dynamik (das letztere im Sinne von Entwicklung, revolutionärer Entwicklung, und zugleich so, daß die Dynamik die Statik nachträglich als bloßen besonderen Fall aufhebt, ebenso die revolutionäre Ent-

wicklung die evolutionäre in einem Gesamtbegriff von »Revolution«, wobei diesem Wort durch Festsetzung eine ähnlich weite Bedeutung beigelegt wird, wie sie das Wort »Evolution« gewohnheitsmäßig bereits hat, obwohl dieses Wort sprachgeschichtlich überhaupt nur als ein »Gegen«wort zu »Revolution« entstanden ist; aber das Wort »Revolution« ist in diesem weiten Sinne, den es bei Marx tendenziell hat, ebenso wenig durchgedrungen wie die Sache selbst), also daß man all diese Erscheinungen, rein formell betrachtet, trotz aller marxistischen Anathemas ganz ebenso gut von der »Distribution« oder etwa auch vom »Markt« (Zirkulation) her (dagegen *nicht* »ebenso gut« auch von der »Politik«, der »Ideologie« oder sonstigen »Überbau«-Bezirken aus!) begrifflich aufbauen und bewegen kann wie von der »Produktion« her. Dies ist mir rein persönlich schon einmal in einer sonst ziemlich blödsinnigen Polemik mit den deutschen Anhängern von Sylvio Gesell aufgegangen[32] und fällt mir jetzt wieder auf, wenn ich gelegentlich etwas von der wirren Diskussion sehe, die hier zwischen den verrückten, aber an Bedeutung mit der Zunahme des Faschismus zunehmenden Anhängern der Geldtheorie des Major Douglas[33] und den mehr oder weniger standfesten oder auch bereits »erschütterten« neoklassischen Ökonomen einschließlich auch ihres »orthodoxesten« marxistischen Flügels geführt wird. Man kann nicht einmal sagen, daß man von der Produktion her *an sich* die Fakten gründlicher, umfassender, für den (heutigen) praktischen Eingriff handgerechter begreifen kann, als von den andern Seiten; das kommt wohl ganz auf die Ausführung an. Aber *tatsächlich* kann man wahrscheinlich doch mit jenen »vulgären« Axiomen nicht so gründlich, umfassend und praktisch (auf längere Sicht!) arbeiten, wie mit den klassisch-marxistischen Axiomen über die Produktion. Dieser Nachweis muß aber bis ins einzelne geführt werden.

Dies wäre, in kurzer Andeutung, die eine Seite des Problems. Die andere Seite hängt zusammen mit den organisatorischen Problemen der Bewegung: Räte, Gewerkschaften, Partei usw. Es ist ein zweifelloser großer Vorteil, daß man als theoretischer Marxist (in einem noch so allgemeinen, kritischen, unverbindlichen Sinne des Wortes, so wie Du und ich auch noch Marxisten sind, — Du immer, wenn Du über eine besondere Frage zu arbeiten auch nur ansetztst!) sich nicht *einzeln* mit jeder dummen Behauptung von Gegnern und Fremden bis zu Ende auseinandersetzen muß, sondern sich oft damit begnügen kann, etwa (um der Kürze halber bei dem oben schon erörterten Beispiel zu bleiben) nachzuweisen, daß der Betreffende »von der Distribution aus« oder »vom Markt aus« (vielleicht sogar von der »Politik«, der »Ideologie« oder son-

stigen »Überbau«-Provinzen aus) denkt und eingreifen will statt von der Produktion aus. Du siehst wohl, worauf ich hier hinaus will.
[...]

4

an MATTICK

London, 10. 5. 1935*

Lieber Genosse Mattick,
ich danke Ihnen für Ihren neuen Brief vom 21. 4., und ich habe Ihnen so viel zu schreiben, daß ich fast davor zurückschrecke, anzufangen. Vor allem habe ich eben noch einmal in Ihrer Broschüre (Inevitability) gelesen. Es scheint mir, daß wir uns richtig darüber überhaupt nur mündlich, am besten in einer Arbeitsgemeinschaft gemeinsam mit anderen revolutionären Genossen drüben, auseinandersetzen könnten. Da dies in absehbarer Zeit noch nicht sein kann, wäre das Nächstbeste eine lange fortgesetzte briefliche Korrespondenz, aber für diesen Luxus fehlt mir und wohl auch Ihnen gegenwärtig die Zeit. Sowohl in der Z[eitschrift] f[ür] S[ozialforschung], als auch in meinem Buch, das in 60 000 Worten die ganze Marx'sche Lehre, und zwar nach Lage der Dinge unvermeidlich zunächst für das gelehrte bürgerliche Publikum, darstellen soll, werde ich auf das Spezifische der von Ihnen vertretenen »dritten« Richtung nur ganz ungenügend eingehen können. So bliebe nur allenfalls die ausführlichere Auseinandersetzung in einer der drei von Ihnen noch erwähnten Formen, als Pamphlet bei den P[olemic] P[ublishers], im C[ouncil] C[orrespondence] oder als selbständige Broschüre. Wenn diese technische Frage gelöst wäre, kämen noch die sachlichen Schwierigkeiten. Zunächst müßte die Auseinandersetzung jetzt ganz von dem Hook'schen Buche losgelöst werden. Dies wäre schon für Ihre Broschüre und die von Eastman (die ich als eine Auffassung der Marx'schen Theorie mit Ihrer nicht gleichstellen würde, die aber für gewisse, mir wichtige Möglichkeiten der Weiterentwicklung eine nützliche Funktion erfüllen kann als ein Selbstbefreiungsakt vom Marx'schen Dogma, und zwar als ein solcher, der doch bei Eastman selbst, und z. B. bei mir und einigen meiner europäischen Freunde bisher noch nicht, wie Sie S. 40 uneingeschränkt behaupten, zu einer Preisgabe der revolutionären Tendenz geführt hat!) ein großer Vorteil gewesen. Für mich wäre es unnatürlich, wenn ich über die Hook'schen Theorien, die ich nach seiner Angabe im Vor-

* 6 S. Mschr., mit hschr. Korrekturen und Zusätzen.

wort bereits zehn Jahre vor dem Erscheinen seines Buches »bestätigt« habe,[34] nun noch einmal nachträglich ausführlich polemisieren müßte. Hook hat, wie Sie ja selbst bemerkt haben werden, meine Bücher ausgiebig benutzt, und hinter seinen, von Ihnen mit Recht angegriffenen Formulierungen, z. B. über »Kritik«, stecken oft meine, die ganz anderes bedeuten, aber in gewissem Sinne der Hook'schen Auffassung doch mehr Vorschub leisten, als ich dies heute tun würde; er hat auch 1928/29 in Berlin meine bis heute nicht veröffentlichten mündlichen Vorlesungen über diese Fragen mit angehört. Wenn mir jede solche Weiterwirkung selbstverständlich erwünscht ist, so ist es doch hoffentlich keine bürgerliche Autoreneitelkeit von mir, wenn ich mir die Weiterwirkung in einer weniger oberflächlichen und verlustreichen Form gewünscht hätte und jedenfalls meinerseits bei der polemischen Weiterentwicklung meiner Gedanken gegenüber Ihnen und (dem von mir nun einmal für meine persönliche Orientierung zu Ihrem »Antipoden« ernannten) Eastman lieber an meine eigenen früheren Formulierungen anknüpfen möchte, als an ihre zweifelhafte Wiedergabe durch Hook. (Eine kleine Randglosse: Wie merkwürdig ist es doch, daß meine engere Berührung mit Ihnen dadurch zustande kam, daß mir Ihre knappe, von mir in ihrer Tendenz mißverstandene Rezension des Hook'schen Buches eine nicht genügende Würdigung dieses Buches schien!)

Privat, nicht zu veröffentlichen.

Kritische Bemerkungen zu Paul Mattick: The Inevitability of Communism. (Polemic Publishers, New York, 1935. 48 Seiten, 25c.)

(aus einem Brief an P. M. vom 10. 5. 35)*

Die Auseinandersetzung mit Ihrer Broschüre zerfällt für mich in zwei Teile, die für den allgemeinen Leser durchaus nicht von gleichem Interesse sind. Der erste Teil, (für den allgemeinen Leser weniger wichtig als für mich und, wie ich glaube, auch für Sie) betrifft die Frage der marxistischen »Wissenschaft«, die Sie hauptsächlich p 6–16, aber auch an vielen anderen Stellen in der Broschüre behandeln. Ich habe über diese Frage schon so viele Jahre lang für mich gearbeitet, daß ich natürlich, obwohl wir uns nach Inhalt und Tendenz auch hier sehr nahe stehen, in der Ausführung und speziell auch in der hier nicht mehr gleichgültigen, sondern zum behandelten

* [am Rand hschr.:]diese Überschrift ist für die Durchschläge bestimmt. Ich schicke das folgende an einige Freunde. KK.

Problem selbst gehörigen Ausdrucksweise vielfach von Ihnen differiere. So wirklich bewunderungswürdig *kurz* wie Sie könnte ich mich über diese Dinge überhaupt nicht ausdrücken. Mit dieser Anerkennung verbindet sich aber gleich eine Kritik. Ihre Gleichsetzungen scheinen mir häufig direkt mystisch (so wie man dies von vielen Formulierungen Hegels auch sagen kann). Ich kann sehr gut verstehen, was Sie mit dem rational kernel der Wissenschaft (p 6), mit den vom siegreichen Proletariat »vollständig in sich aufgenommenen rationellen Elementen« der bürgerlichen Wissenschaft (p 11) meinen.[35] Nach der Aufhebung des Fetischismus, der der Wissenschaft in der Epoche der Warenproduktion anhaftet (und nur mit dieser zugleich, praktisch geschichtlich aufgehoben werden kann) gilt wirklich: Wissenschaft = akkumulierte menschliche Arbeit (p 11) = wachsende Produktivkräfte (p 7), also einerseits (in der kapitalistischen Gesellschaft) = Kapital (p 10), andererseits (im begonnenen Prozeß der proletarischen Revolution) = dieser Revolution selbst (p 9) = Klassenkampf (p 10) = Arbeiterklasse selbst (p 9) als gesellschaftlicher Produktivkraft. Aber alle diese Gleichsetzungen (Identifikationen) sind in dieser abstrakten Form, so unvermittelt, für den, der nicht schon selbst auf dem »Standpunkt der *Synthese*« angelangt ist (darüber Näheres weiter unten!) wahre Mystik.

Nebenbei bemerkt, scheint es mir gegenüber diesen Formulierungen dann wieder etwas zu wenig, wenn Sie (indem Sie sich nach meiner Ansicht von dem bekämpften Hook'schen Standpunkt nicht genügend loslösen*) p 10 als das wissenschaftsgeschichtliche Resultat der Beseitigung der Klassen und Klassengegensätze nur die Beseitigung des Unterschiedes zwischen dem »objektiven« und dem »subjektiven« Wissenschaftsbegriff und ihre Vereinigung zur »Wissenschaft« proklamieren. Nach Marx (Sie sind doch für Orthodoxie!) könnte es sich, wenn man schon über den Zustand nach der Beseitigung der Klassen und Klassengegensätze inhaltliche Aussagen machen will, nur darum handeln, daß durch die soziale Revolution die ursprüngliche, vom Kapitalismus unterbrochene, Verbindung der Wissenschaft mit der materiellen Produktion auf erhöhter Stufe wiederhergestellt und insofern die »Wissenschaft« (nicht erst hervorgebracht, sondern vielmehr) aufgehoben wird. Im Grunde meinen auch Sie wohl dasselbe, aber der Unterschied unserer Ausdrucksweise scheint mir doch beträchtlich. Sie würden genötigt sein, zu Ihren oben erwähnten mystischen Gleichsetzungen noch als letzte hinzuzufügen: Wissenschaft = Arbeit. Denn nur für die Arbeit gilt, daß ihre Notwendigkeit in allen Gesellschaftsformen bestehen bleibt;

* Sidney Hook: Towards the Understanding of Karl Marx (New York und London, 1933. 288 Seiten, 5 s.).

Sie drücken sich z. B. im ersten Satz des letzten Absatzes p 8, so aus, als ob damit auch das Fortbestehen der »Wissenschaft« als solcher, die Sie in Ihrer mystischen Ausdrucksweise zugleich aufheben und bestehen lassen, gegeben wäre. Wir könnten, wie gesagt, wenn wir uns das Leben leicht und problemlos machen wollten, unseren Streit einfach damit schlichten, daß wir sagten, es wäre ein bloßer Wortstreit. In Wirklichkeit liegen aber Auffassungsunterschiede zu Grunde, dieselben, die sich auch an der jetzt zu erörternden Hauptfrage, und noch an vielen, von mir jetzt nicht zu erörternden Nebenpunkten deutlich zeigen.*

Das zweite, umfassendere und wichtigere Problem unserer Auseinandersetzung möchte ich, wie bereits vorhin einmal angedeutet, zusammenfassen in dem Satz, daß Sie sich in einer (vom Standpunkt der Marx-Interpretation *möglichen*, aber nicht notwendigen, und meiner Meinung nach für eine fortschrittliche revolutionäre Praxis nicht förderlichen) Weise auf den *Standpunkt der Synthese* stellen. Ich kann hier an die Sätze anknüpfen, die Sie bei Ihrer Polemik gegen Hooks subjektivistisch dualistischen Idealismus des Willens p 17 aussprechen: bei Hook bilde die proletarische Aktion die Synthesis, dagegen bilde das Proletariat in seiner Existenz, seinem Bewußtsein und seiner Aktion für Marx nur die Antithese und: »the Marxian synthesis presupposes successful action; it lies behind willing«, die Marx'sche Synthese sei die kommunistische Gesellschaft selbst. Ich will jetzt nicht darüber streiten, ob Marx sich für eine dieser beiden »Synthesen« entschieden hat. Ihm war an der ganzen Zauberei mit der Dialektik nach meiner Meinung nicht so viel gelegen; die Dialektik diente ihm selbst als Handwerkszeug beim Suchen und Finden seiner wissenschaftlichen Ergebnisse, er hatte diese Methode nun einmal gelernt und hatte keine andere (in geringerem Grade geht es uns heute noch so); aber für sein fertiges Werk brauchte er nicht (noch weniger als Hegel, der theoretisch vielleicht eher dazu verpflichtet gewesen wäre, tatsächlich aber auch nach Bedarf wechselte) *eine* bestimmte Synthese für den Gesamtaufbau; die Dialektik blieb hier wirklich nur noch erhalten als eine gelegentlich, manchmal sogar direkt spielerisch (verzeihen Sie die Ketzerei!) angewendete Ausdrucksform. Aber, wie gesagt, ich will nicht davon reden, ob vielleicht wirklich erst Lenin, wie Eastman meint (schon in seinem

* [am Rand hschr.:] (Persönliche Anm. für P. M.): Damit hab ich wohl auch geklärt, warum ich von meinem Standpunkt aus sagte, daß »der Marxismus weder Philosophie noch Wissenschaft ist«, während Sie, von Ihrem Standpunkt aus treffend, in Ihrem Brief vom 1. 4. erwidern, daß Sie sich »keine revolutionäre Praxis vorstellen können, die nicht zugleich Wissenschaft und Philosophie ist«.

Buch, und auch jetzt wieder in seiner Broschüre über Hook* p 25), die Marx'sche Synthese so weit zurückverlegt hat, daß die objektive Entwicklung nur noch bis zur »Möglichkeit« der Aktion führt, nicht bis zu ihrem garantierten (inevitable) Erfolg, der voll entwickelten kommunistischen Gesellschaft. Dies alles sind Fragen der »Auslegung« einer Heiligen Schrift, und Sie selbst sagen (wenn Sie es vielleicht auch nicht so einfach wörtlich meinen) p 24, daß der Marxismus keine Ideologie, sondern »die Praxis des Klassenkampfes ist«, und p 39, daß es nicht so sehr die Theorie ist als vielmehr »die Wirklichkeit selbst, die jetzt zur Weiterentwicklung des Marxismus dient«.**

Mir scheint, daß hier der Kern unserer Differenz über die Inevitabilitäts-Theorie, Spontaneitätstheorie, Zusammenbruchstheorie steckt. In einem bestimmten Sinne stimme ich der in diesen Theorien ausgedrückten Tendenz selbst zu und bin *der Gegner Ihrer Gegner*, wie Sie aus meinen früheren Schriften schon entnommen haben. Allerdings glaube ich nicht, daß ich Grossmann mehr zubilligen würde als einen relativ richtigen theoretischen Ansatz zur »Auslegung« eines (zufällig von dem Revolutionär Marx geschriebenen und im Klassenkampf des Proletariats eine Rolle spielenden) theoretischen Werkes. Ich bin aber ein Gegner der *philosophisch-absoluten* Form, in der Sie diese Theorien vertreten, weil dabei die streng empirisch wissenschaftliche Erkenntnis des jeweils vorliegenden Sachverhalts*** und vor allem auch die *Praxis* als »menschliche sinnliche Tätigkeit« zu kurz kommt. Zwar kann man *Ihnen* gewiß nicht vorwerfen, daß Sie die wirkliche Aktion des Proletariats außer Betracht ließen. Mit Recht weisen Sie diesen Fehler gerade bei Ihren Gegnern nach, z. B. wenn Sie p 41 (ganz ausgezeichnet, leider bei dem unwürdigen Anlaß einer Polemik gegen den ganz bedeutungslosen Curt Geyer!)[36] nachweisen, daß jene fälschlich »für die soziale Bewegung die *Existenz eines gesellschaftlichen Willens* voraussetzen, etwas, was es in der kapitalistischen Gesellschaft nicht gibt«.**** —

* Max Eastman: The Last Stand of Dialectic Materialism (Polemic Publishers, New York 1934. 48 Seiten, 25 c.).

** Sie fügen allerdings gleich, gut leninistisch, hinzu, daß diese »weitere Entwicklung heute *›in Wahrheit‹* nur die *Wiederherstellung* des ursprünglichen Marxismus« sei.

*** In Ihrer ganzen Broschüre tritt das Wort »real« meistens im Sinne einer bloßen Idee, eines Sollens und Wünschens auf; ich müßte hier überall bei einer Übersetzung ins Deutsche für real *»wahr«* und für in reality *»in Wahrheit«* setzen. Ich würde das hier zum Ausdruck kommende Verhältnis zur Realität im ganzen ein schlechtes Verhältnis nennen!

**** Ich füge, im Gegensatz zu dem von Ihnen p 43 zustimmend zitierten Satz von Horkheimer, hinzu, daß auch in Zukunft »die Gesellschaft« keine Formen annehmen wird, in denen sie sich »als ein denkendes Subjekt konstituiert«. Marx sagt: »Die Gesellschaft als ein einziges Subjekt be-

Ebenso haben Sie Recht, wenn Sie p 47 sagen, daß im pseudoleninistischen Parteibegriff von Hook »die illegale Bewegung nicht einbegriffen werden kann« (die interessante Frage wäre hier, wie es in dieser Hinsicht mit dem unverfälschten Leninschen Parteibegriff bestellt ist), und so noch an vielen anderen Stellen, wo Sie Ihren Gegnern nachweisen, daß sie die Wirklichkeit der proletarischen Aktion nicht begreifen. Mir scheint aber, daß nun umgekehrt bei Ihnen die Aktion zwar immer vorausgesetzt, aber in der Theorie selbst nicht berücksichtigt, sondern mit ihr – wiederum nur durch einen »mystischen« Sprung – unvermittelt zusammengebracht wird.
Ich kann zur Begründung dieses Hauptpunktes meiner Kritik an Ihrer Auffassung heute nur noch einige zerstreute und so vielleicht nicht schlagkräftige Beispiele geben. (Es genügt, wenn Sie daran vorläufig meine Stellung kennen lernen und so vielleicht zu einigen genaueren Analysen angeregt werden.) So scheint mir z. B. Ihre Behauptung p 18, daß Millionen Menschen nicht Hunger leiden würden in sight of food, zwar wiederum vielleicht vom Standpunkt der »Synthese« zutreffend, aber vom Standpunkt der vergangenen und gegenwärtigen Wirklichkeit und der modernen Psychologie ganz falsch. Unklar scheint mir, wenn Sie p 43 meinen, daß das Denken zwar neben anderen »Faktoren« eine Rolle spiele, aber keine »entscheidende« Rolle. Eine Theorie der Inevitability, die, wie nach p 48 die Ihrige, über die Zeit des Eintretens der Revolution »nichts« aussagt, scheint mir für eine dialektisch materialistische Theorie *zu wenig* auszusagen. In ähnlicher Weise scheint mir der von Ihnen p 45 mit Zustimmung zitierte Satz Grossmanns, daß »jede Krise eine Erscheinung des Zusammenbruchs und der endgültige Zusammenbruch nichts anderes als eine unlösbare Krise sei«, allzu philosophisch-spekulativ-»algebraisch« und gar keine wissenschaftliche, empirische, praktisch förderliche Bestimmung zu sein. Gelegentlich hat Ihre Ausdrucksweise einen fatalen Beigeschmack von Teleologie, z. B. p 10 »necessary in order to«, p 14 (doch finden sich solche teleologische Wendungen, vor 60 Jahren, auch bei Marx.) Ihre Anerkennung des *Lobes des »abstrakten« Denkens bei Lenin* (p 27) scheint mir darum inkonsequent, weil nach meiner Überzeugung diese Theorie bei Lenin mit seiner, von Ihnen abgelehnten, bürgerlich revo-

trachten, heißt sie falsch betrachten, spekulativ.« Immerhin besteht hier eine Entwicklung, und die Leute, gegen die Sie polemisieren, setzen tatsächlich ganz »metaphysisch« einen gesellschaftlichen Willen voraus und bilden sich dann ein, sehr praktisch und aktivistisch zu sein, wenn sie diesen *Willen* zum Träger der Entwicklung zum Sozialismus machen, statt der von anderen ebenso metaphysisch angenommenen *objektiven Entwicklung* der Verhältnisse. In Wirklichkeit verfährt weder die eine noch die andere Richtung im Marx'schen Sinne materialistisch.

lutionären *Parteitheorie* eng zusammenhängt. Lenin geht in seiner letzten Auseinandersetzung mit der Hegelschen Logik sogar so weit, Hegelsche »intelligible Wesen« anzuerkennen (p 91 der M[arxistischen] B[ibliothek-] Ausgabe von Lenins philosophischem Naßlaß);[37] er tut dies der Marx'schen »Werttheorie« zuliebe und wegen der für sie seiner Meinung nach notwendigen Unterscheidung zwischen einem sogenannten »Wesen« und seiner sogenannten »Erscheinung« (a.a.O. p 250). Auch Sie betonen nach meiner Meinung zu sehr den Charakter der von Marx entwickelten gesellschaftlichen Naturgesetze der kapitalistischen Epoche als »allgemeiner Gesetze der gesellschaftlichen Bewegung« (p 15–16) und sprechen, wenigstens einmal (p 27 oben) von einer der bloßen Wirklichkeit übergeordneten »essence of capitalism«.
An einer anderen Stelle (p 39) scheinen Sie Lenins Rückkehr »hinter Marx zurück zu Hegel« eher negativ zu beurteilen; *darin* würde ich Ihnen zustimmen und übe dieselbe Kritik am älteren Marx und Engels.
Ich will jetzt diesen Gedankengang abbrechen und unter den mehreren Dutzend Fragen, die ich noch zu erörtern hätte, nur noch zwei herausgreifen, von denen die eine mit dem »Standpunkt der Synthese«, die andere mit Ihrer Auffassung der »Wissenschaft« in einer wahrscheinlich sehr engen Verbindung steht. Die eine betrifft Ihre Auffassung der Werttheorie. Trotz Ihrer treffenden Kritik dieses Mangels bei Hook behandeln auch Sie die Ökonomie, so weit sie nicht Zusammenbruchstheorie ist, recht stiefmütterlich (auch dieser Vorwurf läßt sich, in anderer Weise, ebenso gut gegen meine Schriften erheben; das ist aber kein Grund, ihn jetzt nicht zu erheben). Aber mir scheint aus Ihren gelegentlichen Bemerkungen, z. B. p 11, 44, hervorzugehen, daß Sie, vom Standpunkt der Synthese, davon ausgehen, daß die Marxsche *Wertlehre* als solche schon eine Aufhebung des Warenfetischismus darstelle. In Wirklichkeit stellt das Wertgesetz nach Marx selbst ein, bzw. das grundlegende »gesellschaftliche Naturgesetz« dar, welches sich in der kapitalistischen Produktionsweise mit blinder Notwendigkeit durchsetzt. Die Marxsche »Kritik der politischen Ökonomie« ist und bleibt bewußt zwiespältig, sie hebt den Fetischismus, theoretisch antizipierend, grundsätzlich auf und betont zugleich, daß er dadurch noch nicht real aufgehoben wird. Nur das, was nach der (theoretischen) Aufhebung des Fetischismus hervortritt, gehört zu dem Teil der Marx'schen Lehre, der sich mit »materiellen, naturwissenschaftlich treu zu konstatierenden« Vorgängen und Zusammenhängen beschäftigt. Der Begriff »Wert« ist aber selbst noch kein solcher »naturwissenschaftlich treuer« Begriff, sondern bleibt behaftet mit dem Fetischismus. – Vielleicht stimmen Sie all diesen Sätzen,

so wie ich sie jetzt vorsichtig ausspreche, ohne weiteres zu und meinen, das sei auch Ihre Ansicht – immer gewesen. Mir scheint hier aber doch ein Unterschied mindestens in der Betonung vorzuliegen. Und natürlich hängt diese Ihre Auffassung vom »Wert« mit Ihrer Auffassung der anderen, von Ihnen aufgezeigten Fetischismen zusammen.

Schließlich noch eine Vermutung: Ich gehe aus von Ihrer Verteidigung von Engels gegen Hook p 13. Diese ist für Sie zunächst nur eine Konsequenz davon, daß Sie als Zusammenbruchs-Theoretiker in den dritten Band des »Kapital« natürlich den Geist des ersten Bandes hineinlesen, wie das auch Rosa Luxemburg getan hat, während umgekehrt die Hilferding und Konsorten in den ersten Band den Geist des dritten Bandes bzw. sogar den der klassischen bürgerlichen Ökonomen, und diesen sogar noch in entmannter Form, hineinlesen! (Das ist ein von mir häufig in meinen Vorlesungen nachgewiesener Sachverhalt; ich weiß nicht, ob ich schon einmal in meinen gedruckten Schriften davon gesprochen habe.) Darüber hinaus aber scheint mir diese Ihre Auffassung und noch mehr Ihre p 8ff. im Anschluß an das Engels-Zitat entwickelte Einstellung, die das Verhältnis Mensch-Natur als grundlegender ansieht, denn das Verhältnis zwischen den vergesellschafteten Menschen, zu derjenigen Stellung, die ich für die eigentlich Marx'sche halte, in Gegensatz zu stehen. Auf Ihrer Seite steht natürlich Lenin und die Leninisten (hier wie in so vielen anderen Fragen – bis zur Grossmannschen Zusammenbruchstheorie). Sie bezeichnen Leute, die meine Stellung einnehmen, als Idealisten und müßten darum nach meiner Meinung auch Marx selbst als einen solchen bezeichnen (was er ebenso wie ich natürlich eventuell auch ohne weiteren Schaden ertragen könnte!). Mir scheint, daß *hier nichts primär ist*, daß *Mensch-Natur* und *Mensch-Mensch* zu koordinieren sind, beide gleich ursprünglich und grundlegend, historisch und logisch und praktisch. Das »new element added on with the appearance of the finished man – namely society« in Ihrem Engels-Zitat scheint mir ein klarer Ausdruck einer bürgerlichen Geschichtsauffassung und Revolutionstheorie. Hieraus folgt viel, z. B. auch für unsere verschiedene Stellung zur Marxschen »Wissenschaft«. So finde ich, daß die – falsche – Unterscheidung Hooks zwischen der »objektiven« und der »subjektiven« Wissenschaft (= Naturwissenschaften contra Gesellschaftswissenschaften) mit Betonung des Klassencharakters der Gesellschaftswissenschaften wenigstens die eine gute Seite hat, daß sie für die Gesellschaftswissenschaften den Klassencharakter scharf hervorkehrt. Dies wäre nach meiner Meinung auszudehnen, indem der gleiche Klassencharakter (in Ihrer mystischen Sprache: Wissenschaft=Kapital) in geeigneter, vernünftiger Weise auch innerhalb der Naturwissenschaften aufgezeigt würde. Stattdessen gehen Sie, wie ich oben belegt habe, auf das Ziel aus, die ganze Wissenschaft (vom Standpunkt der Synthese, insofern aber in irgend einem Sinne doch auch heute schon!) (wie der verwunschene Prinz im Märchen!) als objektive Wissenschaft bestehen zu lassen. Dies alles hängt wohl mit der oben von mir als »Engels-Leninsche Variante« bezeichneten *naturphilosophischen Tendenz* zusammen, die z. B. auch in dem von *Plechanoff* konstruierten »Unterbau des Unterbaus« (und hier besonders pedantisch!) zum Ausdruck kommt.

Jetzt muß ich aber aufhören, es ist tief in der Nacht. Ich schreibe Ihnen morgen oder übermorgen nur noch einiges Technische zu diesem schon zu langen Brief hinzu. Bis zu einem gewissen Grade habe ich doch das persönliche Gespräch über unsere Differenzpunkte nun wenigstens begonnen u. erwarte nun evtl. auch schon eine kritische Äußerung zu meinem M[odern] M[onthly] Artikel.[38] Aber wenn Sie erst mein Buch abwarten wollen, ist es mir auch recht.

Herzliche Grüße von Ihrem K. Korsch

Der Rest des Briefes geht Ihnen direkt durch die Stelle zu, die mir zur Zeit gelegentlich Abschriften meiner Stenogramme herstellt.

Ich hatte gehofft, die sachliche Auseinandersetzung würde vielleicht, getypt, schon etwas Ähnliches wie ein skizzenhafter Artikel werden, wenn die von mir dazu autorisierte typende Genossin die Sätze beim Abschreiben etwas vereinfachte und besser anordnete. Das ist aber nicht eingetreten, ich muß zufrieden sein, wenn Sie u. ein paar hiesige Freunde etwas damit anfangen können. KK

5

an MATTICK

London, 12. 5. 1935*

Lieber Genosse Mattick,

ich will meinem langen Brief von vorgestern heute nur noch einige kurze Bemerkungen vorwiegend technischer Art anfügen. Mit Bezug auf Corey[39] kann ich mich kurz fassen, weil ich mit Ihren Bemerkungen darüber in Ihrem letzten Brief größtenteils übereinstimme. Ich habe das Buch inzwischen zu Ende gelesen und brauchte dazu einige Überwindung, weil die Menge der Wiederholungen, durch die keine zunehmende

* 2 S. Mschr.

Erklärung, oft das Gegenteil davon erreicht wird, schließlich sehr qualvoll werden. Diesen Gefühlen hatten Sie nur in Ihrer Besprechung, wenigstens in der gekürzten Form, in der sie im M[odern] M[onthly] erschienen ist, allzu deutlichen Ausdruck gegeben. Demgegenüber treten solche Lobesbezeugungen, wie Sie sie jetzt hervorheben, im Gesamteindruck doch stark zurück, und selbst die stärkste davon (»das beste, was in Amerika jemals über die Krise gesagt worden ist«) ist infolge ihrer relativen Form doch nur ein sehr zweifelhaftes Lob. Ich kann übrigens meinen Eindruck von Ihrer Rezension jetzt nicht noch einmal nachprüfen, weil ich sie vor 14 Tagen zusammen mit der Rezension aus der New International[40] an meinen, auch Ihnen bekannten jungen Freund Fritz Hensler[41] geschickt habe, der gerade auf einer Urlaubsreise außerhalb Deutschlands ist und nach Lektüre schrie. Ihren Hinweis auf den unsinnigen Satz p 124 vergelte ich Ihnen mit dem auf einen noch unsinnigeren: »Die Produktivität der Arbeit stieg, aber hauptsächlich als Resultat der Intensivierung der Arbeit«. Man könnte zur Not davon sprechen, daß eine Steigerung der Produktivität der Arbeit im Kapitalismus gewöhnlich mit einer Steigerung ihrer Intensität verbunden ist, aber begrifflich bleiben die beiden Vorgänge getrennt, und auch praktisch ist es ganz verkehrt, von der höheren Produktivität als einem »Resultat« der gesteigerten Intensität der Arbeit zu sprechen. Ich schließe unsere kleine Diskussion über diese Frage damit ab, daß auch ich, gerade wie Sie, »trotz aller Fehler des Buches vor der Arbeit selber einen großen Respekt habe«.

Ich erwarte mit Vergnügen Ihre Arbeit über das Verhältnis zwischen Luxemburg und Lenin.[42] Ich möchte aber die Gelegenheit benutzen, einen kleinen Protest anzumelden gegen die von Ihnen jetzt schon zum zweiten Male erwähnte Taktik der »absichtlichen Überspitzung« zu dem Zwecke, »absichtlich Angriffsmöglichkeiten zu bieten«. Auch mir kann dergleichen gelegentlich »passieren«, aber ich mache doch wenigstens kein taktisches Prinzip daraus. Mir scheint, daß Ihre wie meine Auffassungen der Masse der Gegner im bürgerlichen und marxistischen Lager auch ohne jede bewußte Zuspitzung schon überspitz genug vorkommen, wir müßten im Gegenteil wo immer möglich den gemeinsamen Boden unserer Auffassung mit der des Gegners zu finden suchen und ihn notfalls sogar »erfinden«, um nicht zu einer Diskussion zu »zwingen«, sondern um sie zu ermöglichen. Ich weiß nicht, ob Sie die schöne Geschichte von Lazik Roitschwantz (bei Ilja Ehrenburg) kennen von der Kuh, die keine Milch gab, aber nicht weil sie nicht wollte, sondern weil sie nicht konnte. Es wäre doch unsinnig, solche Kühe durch überspitztes Melken zum Milchgeben zu »zwingen«.

Auf Ihre Fragen: Ich hätte gern noch 5 Exemplare der C[ouncil] C[orrespondence] mit meiner Kritik des Programms der A[merican] W[orkers] P[arty] und von den kommenden Nummern mit den Thesen und mit meinem Artikel »Marxismus als Religion« womöglich gleich 10 bis 15 Exemplare. Wenn der »Freidenker« die deutsche Fassung meines Artikels[43] bringt (als Überschrift würde ich statt »der lebendige Marxismus« das eine Wort »Marxismus« vorziehen, da der »lebendige Marxismus« hier schon als Titel einer Festschrift zum 75. Geburtstag Kautskys gebraucht und damit für mich unbrauchbar gemacht ist; sollte der Artikel aber schon gedruckt sein, so schadet es auch nichts. Wenn ich davon dann 30 bis 50 Exemplare bekommen könnte, so wäre mir das sehr lieb, wenn nicht, nehme ich auch weniger gern entgegen. Wenn Sie mir all diese Wünsche erfüllen können, so würde ich dann den Versand an meine europäischen Freunde damit selbst bestreiten können.

Dagegen wäre ich Ihnen dankbar, wenn Sie von den beiden Broschüren (Mattick und Eastman) und von anderem neueren Material eine zwecks Porto-Ersparnis sehr knapp zu bemessende Auswahl an folgende drei Adressen schicken würden:

Paul Partos, 13 rue Bellier-Dedouvre, Paris 13e
Herbert Levy, 180 Sutherland Avenue, London W. 9
Ilse Bloch, 45 Achillesstraat, Amsterdam-Zuid.

Außerdem schicken Sie vielleicht noch 2 bis 3 Exemplare Ihrer Broschüre allein an mich. (Ihre Auslagen für Porto usw. will ich Ihnen gern ersetzen, teilen Sie sie mir bitte mit.) Ich brauche sie für einige Freunde, denen ich auch meine gestrige Stellungnahme zu einem Teil des Inhalts abschriftlich mitteilen will.

Ich habe leider an W[eis]b[or]d immer noch nicht geschrieben. Dafür meldete aber Vera Buch,[44] der Sie meinen Namen gegeben haben, in diesen Tagen ihren Besuch bei mir für den 26. Mai an, und ich hoffe, sie zu sehen. Sie schrieb mir aus Glasgow, wo sie bei unserem Freunde Guy Aldred[45] zu wohnen scheint, mit dem ich in früheren Zeiten auch schon mal in brieflichem Verkehr und schriftlichem Gedankenaustausch gestanden habe.

Ich lege Ihnen noch den Anfang einer neuen Stellungnahme zu KP und Rußland bei, die Sie wahrscheinlich beträchtlich choquieren wird. Sie müssen aber dabei bedenken, daß dies nur der Anfang ist, der für das Weitere einen taktisch günstigen Boden im Sinne meiner obigen Kritik gegen Ihre umgekehrte Taktik schaffen soll. In der Fortsetzung wird dann das große ABER schon noch nachgeliefert werden. Damit schließe ich für diesmal.

Mit herzlichen Grüßen Ihr Karl Korsch.

5 a

BEILAGE*

Stellung zu Rußland und zur KP[46]
(nur als Beilage zu Privatbriefen an Freunde,
bitte nicht vervielfältigen)

In der Zeit nach Lenins Tode und nach der zeitweisen »Stabilisierung« der Kapitalsherrschaft im Weltmaßstabe und der jahrelangen neuen »Prosperität« in einigen Ländern, besonders USA, sind viele Leute neu zum »Kommunismus« bzw. »Sowjetrußland« gestoßen, die unsere im ersten Jahrzehnt der Revolution 1917—1927 entwickelte Kritik am heutigen Rußland und der Kommunistischen Partei überhaupt nicht mehr verstehen können. Diese Leute, die ich schon lange in Gesprächen als das »zweite Aufgebot [des] Leninismus« bezeichnet habe, haben sich niemals mit der Revolution der russischen Arbeiter als einem unmittelbaren Bestandteil einer von ihnen selbst mitgemachten unmittelbaren weltrevolutionären Bewegung vereinigt. Vielmehr mit dem aus der russischen Revolution in ihrer nachträglichen zwangsweisen nationalen Einschränkung hervorgegangenen russischen *Staat*, dem »neuen Rußland«, und seiner herrschenden bolschewistischen Partei, mit seinem »Fünfjahresplan«, mit seiner kulturellen Fortschrittlichkeit, z. B. auf pädagogischem Gebiet, in der Justiz, in der Kunst, im Film und mit dem ganzen dort von der mächtigen revolutionären Bewegung ausgelösten und immer noch fortdauernden Schwung. Sie sehen dort andere Schichten zu Macht, Einfluß und Wirksamkeit aufsteigen als in der alten europäischen und amerikanischen Welt, und zwar solche Schichten, mit denen sich die hier gemeinten neuen Kommunisten oder »Freunde des neuen Rußland« viel mehr eins fühlen können als mit ihrem eigenen bisherigen Herrentypus oder dem sich in einigen Ländern an dessen Stelle drängenden (in der historischen Schichtung der menschlichen Typen einer noch älteren Schic[ht] angehörenden) neuen faschistischen Herrentypus. Sie haben ein wenig [die]selbe Einstellung zu dem neuen russischen Staat, mit der einst Hegel [de]m neuen preußischen Staat gegenübertrat. »Wir sind heute so weit ged[iehen] daß uns nur Ideen und, was aus der Vernunft hervorgegangen ist, gelt[en] kann. Näher zugesehen ist es der preußische Staat, der der Vernunft entspricht.«
Die Anwendung des Hegelschen Prinzips »Was wirklich ist, ist vernünftig« auf den heutigen russischen Staat und die auf ihn bezogene und durch ihn gehaltene kommunistische Partei-

* 2 S. Mschr., am Rand Textverlust.

bewegung in den anderen Ländern gilt nicht nur für jene allgemein freiheitlichen und fortschrittlichen Schichten, aus denen in einer Zeit ansteigender revolutionärer Bewegung das kämpfende Proletariat Zuzug, Unterstützung und Verbreiterung seiner Front erhält, sondern bis zu einem gewissen Grade auch für die Arbeiter selbst. *Man kann gegen eine Realität nicht einfach im Namen eines abstrakten Prinzips protestieren.* Es gibt heute nirgends in der Welt mehr eine Organisation revolutionär gesinnter Arbeiter oder eine auch nur geistig ideell wirklich existierende und in sich zusammengehaltene »Richtung«, die man der »entarteten« und »das nationale Staatsinteresse über das internationale proletarische Klasseninteresse stellenden« russischen kommunistischen Partei als die *wirkliche revolutionäre Bewegung* gegenüberstellen könnte. Wenn für die vom Kommunismus angezogenen Arbeiter der außerrussischen Länder der Glaube an den »Aufbau des Sozialismus in Sowjetrußland« nur noch ein metaphysischer Trost, ein Mythos, eine revolutionäre Jenseits-Gläubigkeit ist, so steht dieser Jenseits-Gläubigkeit heute nirgends mehr eine *revolutionäre Diesseitigkeit* in irgendwie faßbarer Gestalt gegenüber. Die russische Revolution vom Februar und Oktober 1917 und in den folgenden Jahren war, rein als Bewegung betrachtet, die massenhafteste proletarische Bewegung der ganzen bisherigen Geschichte. Sie zerschlug den zaristischen Staat und vernichtete die alte kapitalistische Herrenklasse. In allen andern Ländern wurden die Arbeiter entweder niedergeschlagen oder auf kaltem Wege, durch verschärften Druck von außen und durch zunehmende Verfaulung von innen aller ihrer bis dahin gewonnenen Positionen beraubt. Allenthalben droht den Arbeitern in der gegenwärtigen Wirtschaftskrise die in einigen Ländern bereits eingetretene Verschärfung ihrer Ausbeutung und Unterdrückung und die Vernichtung aller Reste einer selbständigen proletarischen Klassenbewegung und selbst eines Klassenbewußtseins durch den Faschismus. Alles, was den Arbeitern über die staatskapitalistische Fortsetzung, Wiederherstellung und Verschärfung der hergebrachten Formen der kapitalistischen Unterdrückung und Ausbeutung in Rußland erzählt wird, kommt entweder aus dem Munde ihrer altbekannten Feinde, Kapitalisten, Faschisten und Sozialdemokraten, oder bleibt unvermeidlich äußerst vag, abstrakt, unverständlich und unsympathisch. Alle diese Kritiken enthalten nicht und können zur Zeit nicht irgendeinen Aufruf zum Handeln für die revolutionären Arbeiter enthalten. Aus allen d[ie]sen Gründen ist es unvermeidlich, daß bis zu der Entstehung einer neu[en] selbständigen Klassenbewegung des internationalen Proletariats auch di[e] Arbeiterklasse selbst, und gerade ihre revolutionärsten Bestandteile, [auf] das heutige Sowjetrußland als auf die *wirkliche* und daher revolutionär[-] *vernünftige* Erfüllung ihrer im eigenen Lande heute unerfüllten Zielsetzungen blicken.

London, 30. 3. 1935 Karl Korsch

(Fortsetzung folgt.)

6

an MATTICK

London, 4. 6. 1935*

Lieber Genosse Paul Mattick,

haben Sie vielen Dank für Ihren kurzen und den nachfolgenden langen Brief. Ich schreibe Ihnen heute nur eilig, weil gerade morgen ein Schiff abgeht. Ihren Brief habe ich nicht zur Hand, aber wohl hinreichend genau im Kopfe, um etwas darauf zu antworten.

Zunächst das leidige Geld, nicht nur eine »kostbare«, sondern für mich zur Zeit auch äußerst »seltene« Sache (die Annahmen der Grenznutzentheorie stimmen hier also merkwürdigerweise einmal wirklich und daß dies nur »subjektiv« zutrifft, ist ja für diese »Theorie« nur eine weitere Bestätigung). Ich habe darum heute den morgen mit der Champlain nach USA zurückkehrenden Dr. Pollock brieflich gebeten, Ihnen für mich den Betrag von 10 Dollars zu schicken. Sollte mein Brief ihn erreichen und er meinen Wunsch ausführen, (was er in solchen »kleinen« Dingen musterhaft zu tun pflegt), so bitte ich Sie, von dem Betrage Ihre Auslagen zu decken und einen etwaigen Rest als mein Abonnement für C[ouncil] C[orrespondence] zu betrachten. Sollte dieser schnellste Weg versagen, so hoffe ich Ihnen in einigen Wochen 5 Dollars aus eigenem schicken zu können und den Rest später.

Vera Buch hat sich bisher bei mir nicht gemeldet. Vielleicht hat sie inzwischen von den hiesigen Leninisten gehört, ich sei ein Mörder und Hitlerspitzel und fürchtet sich deshalb vor einer Berührung mit mir.[47] Nach Ihrer Charakterisierung wäre ja der Verlust an theoretischer Anregung nicht so groß. — Über Guy Aldred dachte und denke ich ebenso wie Sie. Ich erhielt gerade gestern sein Manifest.[48] Auf Ihren Hinweis schaute ich hinein und sah gleich p. 74 oben eine Mitteilung über meine damalige Gruppe, die das genaue Gegenteil der Wahrheit ist. Wir waren damals die einzige Gruppe, die sich mit der Sapronowgruppe solidarisierte; ich habe in Berlin einige Tage und Nächte mit Sapronow diskutiert, und wir haben auch seine Plattform in einer von meiner Frau gemachten und

* 4 S. Mschr.

von mir aus meinen damaligen Reichstagsdiäten finanzierten deutschen Übersetzung herausgegeben.[49] Da das Dokument nicht uninteressant ist, schicke ich es Ihnen gleichzeitig als Drucksache zu. Die Sache selbst ist heute, was die damalige Stellung unserer Gruppe betrifft ganz gleichgültig, da die Gruppe schon seit 1928 als Organisation nicht mehr besteht, wenn sie auch als politische Richtung noch ziemlich häufig oft in ganz entlegenen Ländern wie Ungarn, Japan sehr deutlich in Erscheinung getreten ist.

Was Sie über den »Standpunkt der Synthese« schreiben, bestätigt mir die Tiefe unserer hier vorhandenen Differenz. Die Forderung, daß man auf einem Standpunkt schon stehen müsse, um die entsprechende Theorie zu verstehen, ist reinster Hegelscher Idealismus. Am schärfsten formuliert von Fichte, aber ich glaube, mit einer ganz geringen Variante würden Sie auch über die marxistische Methode sagen können, was Fichte über die Methode seiner Wissenschaftslehre sagt: »Der Strenge nach *hat* man sie nicht, sondern man *ist* sie, und keiner hat sie eher, als bis er selbst zu ihr geworden ist.« Ich weiß nur zu gut, daß ich selber in früheren Schriften diesem Standpunkt bedenklich nahe gekommen bin – und dasselbe würde ich auch mit bezug auf einige andere Fragen erwidern, bei denen Sie mir eine widerspruchsvolle Haltung vorwerfen. Meine Haltung ist nicht so sehr widerspruchsvoll (obwohl auch das zum Teil noch der Fall sein kann) als eine sich verändernde. Sogar mein Artikel im Modern Monthly (den ich übrigens bisher noch nicht gesehen habe, ich schreibe aber heute noch an Calverton[50] und lasse mir einige Exemplare schicken, so daß ich Ihre freundlich angebotenen 5 Exemplare nur noch brauche, falls ich von C. nicht genügend kriege) ist nicht ganz aus der gleichen Zeit wie mein letzter Brief an Sie; ich war gegen Ende jenes Artikels ziemlich stark in eine eigentlich schon überwundene Phase meiner Denk- und Ausdrucksweise zurückgekommen. Trotzdem bestehen einige der von Ihnen bezeichneten »Widersprüche« in Wirklichkeit nicht. Wenn ich einmal (unter formeller Anerkennung der *genetischen* »Priorität« der Natur) die primäre Interessiertheit des Marxismus an der geschichtlich gesellschaftlichen Entwicklung betone, das andere Mal die beiden Beziehungen Mensch-Natur und Mensch-Mensch als gleich ursprünglich und grundlegend bezeichne, so polemisiere ich beide Male gegen den von Ihnen akzeptierten Engels-Plechanow-Leninschen Standpunkt, dessen bürgerlicher Charakter kraß hervortritt in Ihrem Engels-Zitat von dem neuen Element, welches mit dem Auftreten der Gesellschaft zu dem bisherigen »hinzugefügt« (added) worden sei. Meine Polemik dagegen finden Sie am Ausführlichsten in meinem Anti-Kautsky p. 37 ff.[51] Sie kennen diese

Ausführungen ja schon, aber ich möchte ganz gerne wissen, ob in dieser Hinsicht zwischen uns wirklich eine unbehebbare Differenz besteht.

Es ist auch kein Widerspruch, wenn ich in einer gleichzeitig kritischen und bejahenden Tendenz davon spreche, daß der Marxismus sich mit der Gesellschaft hauptsächlich als mit einer untergehenden beschäftigt. (Daß die Krise für den Marxismus »normal« sei, sage ich nicht nur in der Thesenkritik, sondern ausdrücklich auch in dem Symposiumbeitrag.) Daß die bestehende die untergehende Gesellschaft ist, ist zwar philosophisch richtig, aber wieder so ein Verzicht auf alle quantitativen und sonstigen wissenschaftlichen Bestimmungen, wie ihn nicht einmal Hegel zulassen würde, ein materialistischer Marxist aber sicher nicht begehen darf. Hierin liegt die Einseitigkeit solcher linker Marxisten wie Luxemburg (Akkumulation) und Liebknecht; von diesem erinnere ich mich einmal ein Gedicht gesehen zu haben, welches ungefähr besagte, daß es für ihn nur Morgendämmerung und Abendgrauen gäbe. Ich möchte als wissenschaftlicher Erforscher der bürgerlichen Gesellschaft den Tag nicht so weglassen, zugleich aber als revolutionärer Theoretiker und Praktiker ihren Lebensabend beschleunigen. (Diese letzte bildhafte Formulierung ist natürlich schief. Das liegt aber an dem aus einer von uns nicht beeinflußbaren Natursphäre entnommenen Bilde.)

Ich fordere nicht für hier und jetzt, daß man die quantitativen und sonstigen exakten Bestimmungen für das Verhältnis von »Wirkung« und »Wechselwirkung« gibt; ich bin mit Ihnen der Meinung, daß sie zum Teil für jede besondere Lage und Sache neu gemacht werden müssen. Mein Argument ist nur, daß die einseitige Betonung der ökonomischen Basis ein bestimmtes Prinzip ist, mit dem man arbeiten kann, daß sich aber diese Bestimmtheit und damit wissenschaftliche Brauchbarkeit des Prinzips verliert, und zwar vollständig, wenn man neben der Wirkung ohne nähere Bestimmungen auch die Wechselwirkung zuläßt. So auch noch in vielen anderen Fällen. — Natürlich erkenne ich an, daß ich meine eigene gegenwärtige Auffassung für eine definitive Auseinandersetzung mit ihr noch nicht hinreichend genau formuliert habe. Aber vielleicht doch schon genau genug meine Tendenz für eine Kooperation. Ich quittiere noch unsere Übereinstimmung in bezug auf Werttheorie und die besonderen Gründe, warum Sie auf Geyer exemplifiziert haben.

Mein Levy ist nicht der Professor Hermann Levy von der hiesigen School of Economics, der das von Ihnen erwähnte Buch über Industrial Germany geschrieben hat (vielleicht kann ich Ihnen aber ein Rez. Ex. davon doch verschaffen) und auch nicht der H. Levy, der einen Beitrag zu dem Buch Aspects of

Dialectical Materialism London 1934 geschrieben und ein weiteres Buch über Dialektik angekündigt hat. Dieser letztere ist Mathematiker und hält sich für einen Kommunisten? vielleicht ist er übrigens mit dem ersteren identisch, ich kenne mich in Personenfragen immer sehr schlecht aus. Seine dialektische Theorie taugt jedenfalls nicht viel, sie steht tief unter der von Jerome Rosenthal im Maiheft des M[odern] M[onthly][52] (was übrigens der J. Rosenthal für ein Mensch? Ist er russischen Ursprungs? Jedenfalls kennt er die russische Literatur und spricht mit beträchtlichem Verständnis über Hegel, Marx, Engels, Lenin und die Sowjetphilosophie.) Mein Levy ist ein Arzt Herbert Levy, der früher zu meiner Gruppe gehörte und jetzt einer der wenigen deutschen Emigranten, mit denen ich hier umgehe. – Wenn mir Corey sein Buch schickt und Calverton den Raum im M.M. dafür gibt, will ich gern rezensieren.

Damit genug für heute. Ich erwähne nur noch schnell, daß jetzt ein sehr tüchtiger Genosse unserer Richtung hier eingetroffen ist, an den Sie sich wohl noch aus Ihrer deutschen Zeit erinnern werden. Er wird Ihnen selbst schreiben und Ihnen auch einen Durchschlag eines sehr nützlichen Exposes schicken, welches er nach seiner Ankunft hier über die gegenwärtige Lage in Deutschland niedergeschrieben hat. Dieses Exposé geht theoretisch nicht besonders in die Tiefe scheint mir aber sachlich und in der Tendenz richtig und beruht jedenfalls auf der besten denkbaren Grundlage eigener illegaler Arbeit und genügender ökonomisch politischer Kenntnisse.

Mit herzlichen Grüßen Ihr K. Korsch

Ich hatte von Hook zwei sehr nette Briefe. Er schickte mir auch zwei Exemplare des Maiheftes des M.M. (wovon ich also keine weiteren brauche) Sein Beitrag im M.M. ist ja diesmal nicht sehr weltbewegend und scheint mir auch ein wenig schulmeisterlich. Es ist aber auch nicht leicht, gegen einen solchen Narren wie den Rudas zu schreiben.[53]

7

*an MATTICK**

[Skovsbostrand,] 29. 8. 1935*

lieber genosse P. M.,

ich muß schon wieder mit einer Entschuldigung beginnen, dafür, daß ich Ihnen für Ihre große Sammelsendung Mitte Juli noch nicht gedankt und auch dem Gen. Solon[54] noch nicht

* 1. S. Mschr.; beim Datum der Vermerk: »Adresse bis auf weiteres: K. K. per adr. B. Brecht, Skovsbostrand per Svendborg«.

die von mir schon lange beabsichtigte bejahende Antwort auf seine Anfrage vom 22. Juni (!) betr. reviewing your pamphlet »Inevitability« geschickt habe; dies eine wenigstens hoffe ich in den nächsten Tagen nachzuholen. Ich will der Einfachheit halber auch gleich für meine Tochter Sybille eine Entschuldigung beifügen. Sie war inzwischen mit gepumptem Reisegeld hier im alten Europa und erzählte mir oft und reuig, daß sie Ihnen für Ihre freundliche und sehr willkommene Sendung von Material noch nicht gedankt habe usw. usw. Für den Fall, daß Sie feurige Kohlen auf ihr Haupt sammeln wollen, gebe ich Ihnen gleich ihre neue Adresse: S. K., c.o. Professor Lewin, — ach Gott, nun kann ich sie nicht finden, es ist irgend eine hohe Hausnummer in Iowa, Iowa City. Sie sehen also wenigstens, daß sie jetzt für amerikanische Dimensionen schon ziemlich in Ihrer Nähe ist.

Was nun meine Versäumnisse betrifft, so habe ich eine ganze Reihe von Entschuldigungsgründen: Den wichtigsten ersehen Sie aus der Beilage. Dieses an sich trotz seiner Traurigkeit eigentlich sehr sinnlose Ereignis hat für mich durch die dummen Intriguen unbeschäftigter demokratischer Frauenzimmer und gehässiger K.P. — und S.P. — und S.A.P. — bzw. I[ndependant] L[abour] P[arty]-Leute sehr viel widerwärtige und quälende Folgen gehabt, die gekrönt wurden durch die unerwartete Verweigerung der Verlängerung meiner Aufenthaltserlaubnis, sodaß ich Mitte Juli, grade nach der Ankunft Ihrer letzten Sendung, binnen 8 Tagen dieses ultrareformistische Eldorado verlassen mußte. Hier hat es nun, hauptsächlich wegen der einmonatlichen Vereinigung meiner ganzen Familie (Mann, Weib, 2 Töchter) auf einem äußerst kleinen Raum, etwas lange gedauert, bis ich meine Arbeit wieder in Gang bringen konnte, und die ist mir inzwischen so dringend geworden, daß ich bisher noch zu keiner Korrespondenz kommen konnte. Ob ich nun im Herbst wieder nach England hereingelassen werde, ist mir trotz dahingehender inoffizieller Zusicherungen noch etwas zweifelhaft, denn natürlich hat mich das H[ome] O[ffice] nicht wegen der überdummen Gerüchte über meinen Zusammenhang mit diesem Vorfall, sondern wegen meiner dabei zur Sprache gekommenen revolutionären Antezedentien herausgeworfen! Bitte behandeln Sie diese Mitteilungen und die der Beilage vertraulich und machen Sie von Ihrer genaueren Kenntnis der Vorgänge nur evtl. zur Richtigstellung etwa auch dort kolportierter unsinniger Gerüchte den Ihnen gut dünkenden Gebrauch. Mich tröstet ein wenig der Gedanke, daß sogar Karl Marx sich gegen den von Vogt erhobenen und mit Emigrantenklatsch begründeten Vorwurf wehren mußte, er hätte den Bund der Kommunisten im Einvernehmen mit der preußischen Polizei zum, auch in hun-

derten von Fällen ausgeführten, Zwecke der Provokation und nachfolgenden Erpressung gegründet.
Ich bin nun seit einer Woche tüchtig in der Arbeit an meinem englischen Buch über die Marx'sche »Soziologie«. Ich will in zirka 40 ziemlich frei aneinander gereihten §§ ohne viel Polemik das darstellen, was mir heute als das wertvollste am Marxismus erscheint. Grade heute habe ich in dem Entwurf eines § über »proletarische Wissenschaft«[55] sehr schöne, leider wohl für dieses Buch etwas zu kühne (jedoch-im Vergleich zu Ihren Behauptungen immer noch einigermaßen gedämpfte!) Entdeckungen formuliert und grade dabei habe ich so lebhaft an Sie gedacht, daß ich die späte Nachtstunde noch zu einem kurzen Brief auszunutzen beschloß.
Ich erwähne noch, daß die meisten §§ meines Buchs auch zur selbständigen Veröffentlichung in Zeitschriften geeignet sein werden, so z. B. gleich der erste über »Marxismus und Soziologie«. Ich will damit aber erst dann evtl. anfangen, wenn ich mit dem Buch etwas weiter fortgeschritten bin. Vom Modern Monthly habe ich seit Nr. 4 vom Juni 35 wieder nichts gesehen, von Calverton erhielt ich auf ein (allerdings nur kurz und eilig in schlechtem englisch hingekritzeltes) Schreiben vom Juni oder Juli bis jetzt keine Antwort. Ich bin nur froh, daß ich von Ihnen die 5 Exemplare des Aprilheftes bekommen habe, sonst hätte ich auch meinen eigenen Artikel bis heute nicht gesehen. Zum Teil sind diese unglücklichen Zufälle natürlich auch durch meine Schreibverhinderung verschuldet; ich habe, wie an Sie, auch an Hook die ganze Zeit noch nicht geschrieben, und Pollock z. B. noch nicht einmal das Mißgeschick mit der englischen Behörde mitgeteilt. Dennoch werde ich evtl., wenn ich infolge des Ausfalls von England stärker als bisher nach USA tendiere, seine Vermittlung in Anspruch nehmen müssen. Wenn Sie mir, wie ich zu hoffen wage, bald wieder schreiben, so wäre ich Ihnen für Information über die dortige Lage und besonders den gegenwärtigen Stand der verschiedenen linken Gruppen besonders dankbar.
Mit proletarischen Grüßen

Ihr K. Korsch

7 a

*Beilage**

Abschrift! *Vertraulich!*

Werte Genossin B[alabanow],
Sie bitten mich in Ihrem Brief vom 15. 6. 35 um Aufklärung über die »Ursachen und Anlässe, die das jähe Ende der Genossinnen Dora Fabian und Mathilde Wurm herbeigeführt haben«. Genosse I. St[einberg], der mir Ihren Brief vor kurzem übermittelte, und Genosse Th[eodor] L[iebknecht] haben den gleichen Wunsch geäußert.
Ich will Ihnen und den andern Freunden gern alle die Auskunft geben, an der Sie »aus rein menschlichen, politischen, sozialistischen Gründen« ein Interesse nehmen.
Auch nach meiner Meinung wäre es nicht genügend, wenn man als einzige Ursache für den gemeinsamen Tod der Genossinnen F. und W. die unglückliche Wendung einsetzen würde, die in den persönlichen Beziehungen zwischen der Genossin F. und mir am Sonnabend den 30. 3. 35 infolge meiner Weigerung, ein von ihr in ihrer Wohnung für mich bereitgestelltes Zimmer zu beziehen, eingetreten war. Der Tod der Genossin *Wurm* hat mit diesen persönlichen Dingen überhaupt nichts zu tun. Sie ist nach meiner Meinung in den Tod gegangen, weil sie ohne die Genossin Fabian nicht weiter leben zu können glaubte. Sie war, wie mir die Genossin Fabian wiederholt gesagt hat, für ihren Lebensunterhalt ganz auf sie angewiesen und stand auch persönlich stark unter ihrem Einfluß.
Aber auch für die Genossin *Fabian* kann das negative Ergebnis unserer Aussprache vom 30. 3. höchstens den letzten Anlaß gebildet haben, um einen Vorsatz, dessen entscheidende Motive weiter zurück und tiefer liegen, jetzt tatsächlich auszuführen. Sie befand sich schon, als ich sie im Mai 1934 kennen lernte, in einem stark depressiven Zustand, der durch die erzwungene Tatenlosigkeit der Emigration noch verschärft wurde. In diesem Zustand erblickte sie in meiner Weigerung, die zwischen uns im Verlauf des Jahres 1934 entstandene Beziehung zu einer engen und dauernden zu gestalten, einen persönlichen Fehlschlag, den sie nicht überleben zu können glaubte. Ich konnte ihr in diesem Punkte nicht nachgeben, wenn ich auch unsere letzte Aussprache am Sonnabend den 30. 3. und den Brief, den ich ihr am folgenden Tage schrieb, im allerfreundlichsten Sinne gestaltete.

* 2 S. Mschr., die in der Vorlage abgekürzten Namen wurden nach einem sonst nur stilistisch abweichenden Exemplar im Nachlaß Theodor Liebknecht (IISG) ergänzt.

Ein Hauptvorwurf, der in dieser Sache gegen mich erhoben wurde, bezog sich auf mein Verhalten in den kritischen Tagen zwischen Sonnabend den 30. 3., wo ich die Genossin F. zuletzt gesehen habe, und dem darauffolgenden Donnerstag, wo die Katastrophe entdeckt wurde. Ich hatte am Montag den 1. 4. mit der Post einen Abschiedsbrief der Genossin F. erhalten, der in mir schlimme Befürchtungen erregen mußte. Mein sofortiger telefonischer Anruf, sowie Klingeln an der Haustür am Montag und an den folgenden Tagen hatten keinen Erfolg. Es wird gesagt, daß ich mich unter diesen Umständen zwecks Öffnung der Wohnung an die Polizei hätte wenden sollen. Ich konnte über die Gründe, warum ich dies nicht getan habe, vor der Öffentlichkeit nicht mit solcher Freiheit wie zu Ihnen sprechen. Tatsächlich war ich in diesen Tagen wachsender Unruhe und Besorgnis mehr als einmal nahe daran, die Polizei in Anspruch zu nehmen, aber immer wieder schien es mir aus politischen Gründen unmöglich, der Polizei den Zutritt zu den Räumen der Genossin F. und zu allem dort vorhandenen Material zu eröffnen, solange auch nur die geringste Möglichkeit bestand, daß sie noch am Leben war. Eine solche Möglichkeit bestand trotz ihres Briefes immer noch, da sie auch früher schon mehrfach die Absicht des Selbstmords geäußert hatte, ohne sie sofort auszuführen. Es war auch schon öfter vorgekommen, daß sie in besonderen Erregungszuständen ihre Wohnung plötzlich für mehrere Tage verlassen hat. Sollte ich unter diesen Umständen die Polizei zum Aufbrechen der Tür veranlassen? Ich erfuhr später, daß schon mein Brief, den ich am Sonntag nachmittag eigenhändig in den Briefkasten ihres Hauses geworfen hatte, sie nicht mehr am Leben gefunden hat und daß also bereits am Montag, als ich ihren Brief erhielt, eine Verhinderung des Unglücks nicht mehr möglich war.

Es bleibt die Klarstellung der politischen Seite der Angelegenheit. Wie Sie wissen, hat ein großer Teil der Öffentlichkeit zunächst angenommen, daß der Tod der beiden Emigrantinnen, von denen die eine gerade an der Aufklärung der Wesemannaffäre arbeitete, auf das Schuldkonto des Hitlerregimes zu setzen wäre. Auch als einige Tage darauf in der Presse und später in dem Verfahren vor dem coroner die Tatsachen bekannt gemacht wurden, die bewiesen, daß es sich um einen Selbstmord aus persönlichen Motiven handelte, hat man sich mit einer solchen »banalen« Erklärung nicht zufriedengeben wollen. Man hat gemeint, daß hinter einem solchen Ereignis noch mehr stecken müßte, und einige Leute, denen es mehr auf Sensation und Publizität als auf politische Klarstellung ankam, haben in diesem Zusammenhang politische Verdächtigungen gegen mich erhoben. Man suchte den Eindruck hervorzurufen, daß ich unnötig und übereilt die privaten Motive für den Selbstmord der beiden politischen Emigrantinnen in den Vordergrund gerückt und dadurch eine sonst möglich gewesene politische Auswertung des Falles vereitelt hätte. Das Gegenteil ist richtig. Erstens handelte es sich, wie ich oben dargelegt habe, tatsächlich um einen privaten Selbstmord, und eine Ableugnung dieser Tatsache war nach Lage der Dinge von vornherein ausgeschlossen (Vergiftung durch Veronal bei von innen geschlossenen Türen und Fenstern. Vorherige Erwähnung der Selbstmordabsichten gegenüber mehreren dritten Personen. Mein in der Wohnung ungeöffnet aufgefundener Brief vom Sonntag den 31. 3.). Zweitens habe ich keinen Schritt dazu getan, um meine Beziehung zu der Genossin Fabian publik zu machen. Mein Brief vom Sonntag, der diese Beziehung offenbar machte, befand sich, als ich am Donnerstag von der eingetretenen Katastrophe erfuhr, bereits in den Händen der englischen Polizei bzw. war von dieser mit der sonstigen in der Wohnung vorgefundenen Korrespondenz an zwei Privatpersonen übergeben worden und für mich unerreichbar. Auch von dem Abschiedsbrief, den ich am Montag den 1. 4. von Genossin Fabian bekommen hatte, hat die Öffentlichkeit nicht durch mich zuerst erfahren, sondern von derselben privaten Seite, die auch meinen Brief vom Sonntag in Händen hatte. Ich hatte gleich am Donnerstag den 4. 4., um ein einheitliches Vorgehen der Beteiligten zu ermöglichen, der deutschen Emigrantin Frau O[lden], von der ich wußte, daß sie in der letzten Zeit gemeinsam mit Genossin Fabian an der Aufklärung des Falles Wesemann gearbeitet hatte, von der Existenz und dem Inhalt dieses Briefes vertraulich Mitteilung gemacht. Es geschah dies in einem Gespräch über die damals von verschiedenen Seiten erwogene Möglichkeit einer politischen Auswertung der Angelegenheit. Ich machte Frau O. darauf aufmerksam, daß eine solche politische Auswertung durch ein Bekanntwerden der privaten Zusammenhänge illusorisch gemacht werden würde. Trotzdem hat sie schon am nächsten Tage die privaten Zusammenhänge des Falles, darunter auch meinen Namen und den Inhalt des bis dahin nur ihr, vertraulich, mitgeteilten Abschiedsbriefes der Genossin Fabian, an die Sensationspresse gegeben. Damit war, wie ich es vorausgesagt hatte, allen später unternommenen Versuchen zur politischen Auswertung des Falles von vornherein jede Durchschlagskraft geraubt. Das erwähnte Gespräch mit Frau O. vom Donnerstag den 4. 4. fand in Gegenwart von Zeugen statt. Ebenso ist die von Frau O. erfolgte Übergabe der privaten Zusammenhänge des Falles an die Presse durch unanfechtbare Zeugnisse belegt.

Sie sehen also, liebe Genossin B[alabanow], daß es mir in die-

ser traurigen Angelegenheit leider nicht möglich war zu verhindern, daß einem tragischen Vorkommnis durch teils sensationslüsterne, teils in Politik dilettierende Leute ein abscheuliches Satyrspiel angehängt wurde.
Mit proletarischem Gruß
1. 8. 35 gez. Karl Korsch

an PARTOS **8**

Skovsbostrand, 25. 11. 1935*

Lieber Paul,
ich habe heute die Arbeit an meinem Buch wieder angefangen. Dabei bemerke ich, daß die mehrwöchentliche Unterbrechung, die Berührung mit der Welt, zu einem gewissen Teil auch Deine kritischen Einwendungen und Erinnerungen an gewisse von mir früher schon erreichte marxkritische Resultate, jetzt doch vielleicht einige erhebliche Veränderungen an den schon fertigen, den grade in Arbeit befindlichen (ökonomischen) Paragraphen und an der im Buch vertretenen Gesamtansicht nötig machen werden.
In den meisten Punkten haben mir, wie Du weißt, Deine kritischen Bemerkungen nicht viel nützen können. Du stehst der Marxschen Theorie kritischer als ich, manchmal feindlich, ungerecht, ablehnend gegenüber. Wichtiger noch scheint mir ein formeller Mangel Deiner Marxkritik. Sie ist meistens ganz abstrakt, mehr eine idealistische Forderung als ein Resultat oder ein brauchbarer und schon ein Stückweit wenigstens von Dir selbst begangener Weg zu Resultaten. Dies zeigte sich mir schon lange darin, daß Du in Deinen eigenen speziellen Arbeiten die Marxsche Methode fast unverändert anwendest, genau in der guten revolutionären Form, wie wir linken Theoretiker sie in der Nachkriegszeit (*vor* unserem Übergang von der Kritik der Marxverunstaltung zu einer mehr oder weniger totalen Kritik des Marxismus selbst) ausgearbeitet haben. Bei unseren letzten Unterhaltungen, die sich direkt auf meine Formulierungen gewisser Marxscher Sätze bezogen, zeigte sich, daß Du in keinem einzigen Falle Deine scharfe und hartnäckig wiederholte Kritik durch einen positiven Änderungsvorschlag ergänzen konntest. Es ist eine Frage, ob eine solche Art von Kritik von einem materialistisch wissenschaftlichen Standpunkt aus überhaupt schon als eine Kritik bezeichnet werden kann. (Wie Du Dich erinnerst, habe ich die gleiche Frage kürzlich mit Bezug auf die Kritik der heute existierenden Formen

* 6. S. Mschr.

einer — angeblich oder wirklich — marxistisch revolutionären praktischen Politik gestellt.)
Trotzdem mußte ich in einem wichtigen Punkte Deinen Einwendungen schon in Paris zustimmen. Ich hatte in meiner Disposition schon vor der Reise (während der Arbeit an den ökonomischen §§ 8—10)[56] den bisherigen § 3 (proletarischer Materialismus)[57] als § 6, d. h. unmittelbar vor den § 7 gestellt, der von der »Revolutionären Entwicklung«[58] handelt. Ich hatte aber am Ende des nunmehrigen § 6 das in der Diskussion mit B[ert] B[recht] entstandene und meinen eigenen Standpunkt bis zu einem gewissen Grade mit dem seinigen ausgleichende »Lob der Dialektik«[59] noch stehen lassen. Dieser »positive« Abschluß des § stand mit den vorhergehenden kritischen Erörterungen über den bürgerlichen und restaurativen Charakter der Hegelschen Dialektik und über die (marxistische) Unmöglichkeit einer allgemeinen revolutionären Methode an sich, d. h. also auch einer entsprechenden »Reinigung« der Hegelschen Dialektik von ihrem bürgerlichen und restaurativen (also von allem ihrem spezifischen) Charakter in einem ungeklärten Widerspruch. Die scheinbare Lösung war ungefähr so, daß die Hegelsche Dialektik als eine auch nicht mehr rein bürgerliche, sondern der Bourgeoisie durch den proletarischen Angriff aufgezwungene und von ihr zugleich sabotierte Denkweise dargestellt wurde. Eine solche Auffassung entspricht aber mehr der Grundidee von B. B., derselben, die auch sonst seinen Ansichten, z. B. über den Aufbau des Sozialismus in Rußland, über die Stellung des Proletariats auch im Kapitalismus und über das Verhältnis zwischen proletarischer und bürgerlicher Revolution zugrundeliegt (und an die man gewisse Anklänge auch schon bei Lenin und vielleicht auch in der Marxschen Revolutionstheorie finden kann). Meine Grundtendenz in dieser Frage bestand und besteht dagegen darin, solche »unreinen« Züge der Marxschen Theorie und Praxis zwar als geschichtlich notwendig und jeder bloßen »reinen« Kritik im handlungsleeren und sogar theoretisch wirklichkeitsleeren Raum unendlich überlegen anzuerkennen, darin aber zugleich ein Zeichen dafür zu sehen, daß die Marxsche Theorie (und Praxis) eine proletarische Revolutionstheorie (und -praxis) darstellt, nicht, wie sie sich selbständig auf ihrer eigenen Grundlage entwickelt, sondern wie sie eben aus der (mit der Befestigung und Entwicklung der kapitalistischen Gesellschaft zum Stillstand kommenden, beziehungsweise aus dem zentralen Feld nach der Peripherie weggedrückten) bürgerlichen Revolution hervorgeht; also in jeder Beziehung theoretisch und praktisch noch behaftet mit den Spuren der überwundenen geschichtlichen Gestalt der bürgerlichen Revolution.

Ich werde also den nunmehrigen § 6 so ändern: Überschrift nicht mehr »Proletarischer« sondern »*Geschichtlicher*« Materialismus. Das »Lob der Dialektik« wird entschieden umgestaltet zu dem Nachweis, wie diese Denkformen zwangsläufig als ein erster unzureichender Versuch, die Realität des revolutionären Prozesses (zuletzt: der proletarischen Revolution vom bürgerlichen Standpunkt) zu denken, entstanden sind. Die Dialektik erklärt so wenig den revolutionären Prozeß, daß sie vielmehr umgekehrt nur von der Kenntnis des revolutionären Prozesses her halbwegs verständlich gemacht werden kann. Speziell die Hegelsche Dialektik verdankt ihren theoretisch imponierendsten Zug: die ungeheure Schärfe des unausgeglichenen Gegensatzes und Widerspruchs, viel mehr der von Hegel philosophisch — wie ökonomisch von Ricardo — verabsolutierten Existenz der gesellschaftlichen Klassen, als dem revolutionären Prozeß (der immerhin von Fichte und Hegel philosophisch noch in der Steigerungsform festgehalten werden kann, in der er in der wirklichen bürgerlichen Revolution nur in der kurzen Phase des revolutionären Konvents 1792—94 bestanden hatte). Diese Schärfe kann von der proletarischen Theorie erst nach einer Umdeutung nutzbar gemacht werden: so absolut, wie für Hegel immer, ist der Klassengegensatz für die proletarische Theorie nur so lange die Klassen bestehen; sie werden aber beseitigt, und damit auch ihr absoluter Gegensatz, durch die proletarische Revolution, deren theoretische Seite die revolutionäre proletarische Theorie ist. Von vielen ähnlichen Unterschieden, die nur durch symbolisierende Umdeutung aus dem Wege geräumt werden, nur noch einer: Hegel erfaßt in seiner dialektischen Antithese und Synthese die vergangenen Phasen eines abgeschlossenen Prozesses; für die revolutionäre Theorie des Proletariats muß vor allem der Übergang von der gegenwärtigen, nach rückwärts geschlossenen, nach vorwärts offenen Phase seiner Bewegung zu mehreren künftigen, beiderseits offenen Phasen denkbar und tubar gemacht werden.

Auf diese Kritik der Dialektik folgt als Abschluß des § 6 der Nachweis, daß der wichtigste Fortschritt des proletarischen Materialismus gegenüber dem am Anfang des § erörterten bürgerlichen Materialismus in dem *geschichtlichen und spezifischen* Charakter der Aussagen der proletarischen Theorie besteht. Unmittelbar darauf folgt dann im § 7 die eigentliche *Revolutionstheorie.* Darin wird noch eingefügt der Hinweis darauf, daß die revolutionären Marxisten von der Entwicklung der Produktivkräfte, die Reformisten dagegen von der der Produktionsverhältnisse und in letzter Verdünnung von der der gesellschaftlichen Bewußtseinsformen, d. h. von »entwicklungsfähigen Ideologien« ausgehen. (Vielleicht aber kann dieser Punkt auch im § 11[60] nachgetragen werden.) An dieses früher von uns revolutionären Marxisten immer und nach meiner Erinnerung mit gutem Erfolg angewandte Kriterium wurde ich jetzt dadurch erinnert, daß ich bei flüchtigem Einblick in die (überflüssige) marxistische Kritik Grossmanns an dem theoretisch wertlosen und (im Gegensatz zu dem von mir durch meine ausführliche Kritik, wenn es auf den *theoretischen* Wert ankäme, auch übermäßig ernst genommenen Kautsky) auch *geschichtlich-praktisch* belanglosen Weltbild-Buch Borkenaus zufällig auf eine gute Anwendung dieses Kriteriums durch Grossmann stieß (Z[eitschrift] f[ür] S[ozialforschung] IV 2 pp. 216–219)[61]. Jetzt soll es mir neben den andern in § 7 bereits entwickelten Argumenten dazu dienen zu zeigen, daß der Begriff der Produktivkräfte bei Marx keineswegs ein »mystischer« Begriff ist, wie das heute manche Marxkritiker meinen (wie Arthur Rosenberg, der ihn trotzdem beibehalten will, weil man eben ohne ein bißchen »Mystik« als Marxist nicht auskommt, d. h. weil es ihm, als bürgerlichem Vulgärhistoriker mit einem Organ für die Ausnutzung der im Marxismus enthaltenen zusätzlichen Denkmittel, auf die Wahrheit nicht so besonders ankommt, – und wie Du, der aus diesem Grunde den Begriff der Produktivkräfte im Marxschen Sinne preisgeben möchte.)

Ein zweiter Hauptpunkt, an dem ich nicht sowohl Deinen kritischen Einwendungen nachgebe (da wir in unseren Gesprächen zu diesem Punkt garnicht mehr recht gekommen sind), als in weiterer Fortsetzung der oben erörterten Revision des § 6 von der einfachen Marxdarstellung zu einer gewissen Kritik übergehe, betrifft die Auffassung der Marxschen Ökonomie und Kritik der Ökonomie. Wie Du weißt, habe ich in meiner »orthodoxen« Periode immer behauptet, daß der eigentliche revolutionäre Kern der ökonomischen Theorie von Marx in seiner »Kritik« d. h. kritischen Auflösung der ihrem Wesen nach bürgerlichen »Politischen Ökonomie« liege. Diese These habe ich in verschiedenen Jahren in verschiedener Form in meinen Vorlesungen begründet, und etwas davon ist auch in meinen früheren gedruckten Arbeiten zum Ausdruck gekommen. In meiner letzten Vorlesung im Winter 1932–33 habe ich dann meinen Standpunkt ein wenig verändert. Ich habe gezeigt, wie gering bei Licht besehen der kritische Beitrag im Vergleich zum ökonomischen Hauptinhalt des Kapital ist, wie wenig die kritischen Ansätze durchgeführt sind und wie eine wirkliche Kritik auch der klassischen Ökonomie eigentlich nur in dem von Marx noch selbst redigierten ersten Bande des Kapital zu finden ist, während in den von Engels und Kautsky bearbeiteten und herausgegebenen Marxschen Manuscripten (Kapital Bd. 2 und 3, Theorien über den Mehrwert)

Marx nur der Vulgärökonomie als Kritiker, dagegen der klassischen Ökonomie als gehorsamer Schüler und Fortsetzer im Detail der Geldtheorie, Grundrententheorie usw. gegenübertritt. Ich habe damals zur Abwechslung einmal die theoretische und praktische Stellung von Marx zur »*Politik*« zum Ausgangspunkt meiner Scheidung zwischen dem »Lebendigen und Toten im Marxismus« gemacht. Es ergab sich dabei ein Zusammenhang zwischen dem bürgerlichen Charakter der Marxschen Politik und seiner Nichtdurchführung der kritischen Auflösung der bürgerlichen Ökonomie in eine direkt gesellschaftliche Wissenschaft und entsprechend direkt sozialrevolutionäre Praxis. Es erwies sich auch, daß Marx einer direkt proletarischen Revolutionstheorie am nächsten gekommen ist, als er sich 1844 in Frankreich im Kontakt mit den französischen kommunistischen Arbeitern und in der ersten positiven Auseinandersetzung mit Proudhon von seinen bürgerlich revolutionären Freunden aus der Hegelschen Linken loslöste, daß er dagegen beim Herannahen der praktischen Revolution von 1848 die ökonomisch soziale Revolution wieder durch eine »totale« d. h. jetzt bei ihm »politische« ersetzte und an der deutschen Revolution bis zu ihrer Niederlage 1849 nur als radikaler bürgerlicher Demokrat und unter Abwehr der selbständigen Klassenforderungen und Organisation der Arbeiter teilgenommen hat. (Auch in den Jahren der Reorganisation des Kommunistenbundes und des Bündnisses mit den Blanquisten 1850/51, erfolgte die Steigerung des revolutionären Charakters hauptsächlich politisch: Blanquistische Losungen der revolutionären politischen »Diktatur des Proletariats«, der »Permanenten Revolution« usw.) Schon bei der Vorbereitung meiner Ausgabe des Kapital 1932 hatten wir ausgiebig festgestellt, wie ungeheuer Marx in der späteren Zeit in England dem Einfluß der dortigen radikal-bürgerlichen Theoretiker verfiel und zum Beispiel die ganz gewöhnlichen bürgerlichen Fabrikinspektoren im Kapital förmlich zu einer Art von revolutionären Kommissaren des jakobinischen Konvents hinaufsteigerte. (Hier auch *eine* der Wurzeln für den besonders revolutionären Ton des Kapitels über die ursprüngliche Akkumulation bes. im Kampf gegen die Exzesse der Grundrente bei dem ›clearing of estates‹ u. s. w.)

Ich werde jetzt in dem letzten der 3 ökonomischen §§, der die Marxsche Kritik der Ökonomie auf ihrer letzten, vollständig materialistischen und wissenschaftlichen Erkenntnisstufe behandelt, zu zeigen haben, daß Marx zwar die *geschichtliche* Kritik der ökonomischen Kategorien relativ gut durchgeführt hat (und die auch dies bestreitende Kritik von Sorel also zu weit geht), daß er dagegen die »Aufhebung« der Ökonomie in einer *direkt gesellschaftlichen* Wissenschaft nur abstrakt proklamiert, aber abgesehen von einigen von den Marxisten zur revolutionären Gewissensbeschwichtigung gern und viel zitierten Kurzschlüssen (z. B. »Politik = konzentrierte Ökonomie« – »Die Gewalt ist selbst eine ökonomische Potenz«), die die Aufrechterhaltung des Gegensatzes in der »normalen« wissenschaftlichen Betrachtung nur noch schärfer beleuchten, nicht vollzogen hat. Auch hier entspricht die Theorie genau der Praxis: politische Partei, und »ökonomischer« Kampf der Gewerkschaften zur »Totalität« ergänzt durch die politische Führung der revolutionären Partei. Zur geschichtlichen Charakterisierung kann man auch sagen, daß die Radikalisierung des politischen Kampfes durch die Ökonomie und der Hinweis auf den ebenfalls »politischen« Charakter des Eigentums echt jakobinisch ist.

Alles dies ist aber keine negative Kritik des Marxismus, sondern historische Richtigstellung, und eine dadurch bedingte andere praktische Stellung zu der Frage einer »Wiederherstellung« der durch den Weltkrieg, die Reformisten und KPDisten, Mussolini, Hitler u. s. w. zerstörten alten »marxistischen« d. h. sozialdemokratischen Partei- und Gewerkschaftsbewegung in der Zukunft, sei es direkt oder vermittels einer »Rückkehr« zum »unverfälschten« Marxismus von Marx selbst – und zu den entsprechenden Bestrebungen auf dem Gebiet der Theorie. Es ist keine Schwäche der Marxschen Theorie, daß sie vor 90–70 Jahren die damals bevorstehende tatsächliche Entwicklung der europäischen Arbeiterpolitik und Ökonomie richtiger vorausgenommen hat, als in der Zwischenzeit manche von ihren eigenen Illusionen enttäuschten revolutionären proletarischen Doktrinäre und Utopisten gedacht haben. Auch das war »historischer Materialismus«. Wie aber der von der Anfangsphase sehr verschiedene Kapitalismus von heute und morgen immer noch der »Kapitalismus« bleibt, so mag man immerhin die Theorie u. Praxis der einzigen wirklich antikap[italistischen] Bewegung mit all ihren notwendigen Veränderungen auch in Zukunft noch Soz[ialismus] – Komm[unismus] – Marxismus nennen.

KK

9

an MATTICK

Skovsbostrand, 30. 11. 35*

Lieber Paul Mattick,
ich weiß nicht genau, wie weit ich rückständig bin in der Beantwortung Ihrer verschiedenen Briefe und Bestätigung Ihrer sonstigen Zusendungen. Immerhin habe ich den Report über Sie für die G[uggenheim] M[emorial] Foundation sofort erledigt, mit der Britannic am 6. 11. abgeschickt[62] und schon eine Bestätigung über das Eintreffen bekommen. Ich hatte auch meine (politische und persönliche) Freundin Hanna Kosterlitz, die mit dem gleichen Schiff nach USA emigrierte (Adresse c/o Mrs E. Benjamin, 59 Fenimore Road Mamaroneck N. Y.), gebeten, Ihnen das drüben gleich mitzuteilen, denke aber nach ihren eben eingetroffenen ersten Briefen, daß sie vorläufig noch zu stark mit ihren eigenen Angelegenheiten beschäftigt ist, um sich um die meinigen zu kümmern. Ich schicke Ihnen beiliegend meinen einzigen Durchschlag des von mir etwas eilig am Tage der Abfahrt des Schiffs diktierten Report. Ich zweifle an der Güte des englischen Stils, aber inhaltlich habe ich mein Bestes getan und wünsche Ihnen von Herzen, daß es etwas nützt. Ich war dann noch 14 Tage in Paris und habe manche alten Bekanntschaften aufgefrischt und neue Eindrücke gewonnen. Ich weiß nicht, ob Sie außer deutsch, englisch und (wie es scheint) russisch auch französisch lesen. In diesem Fall empfehle ich Ihnen, das sehr instruktive und in den Tatsachen und der Dokumentation zuverlässige neue Buch über Stalin (d. h. in Wirklichkeit über die ganze Geschichte der Bolschewiki) zu lesen. Auch Besprechung in C[ouncil] C[orrespondence] wäre angebracht. Sollte Ihr in Nr. 11 als H. G. zeichnender Mitarbeiter mit dem uns bekannten Theoretiker identisch sein, der jetzt in Paris lebt,[63] so könnte er Ihnen vielleicht darüber schreiben. Wenn ich das jetzt erst zu 1/4 gelesene Buch erst fertig gelesen habe, wäre evtl. auch ich dazu bereit. Ein anderes, theoretisch viel schwächeres Buch, von dem Sie bei Ihrer Arbeit an Ihrem Marxbuch wohl auch Kenntnis nehmen müßten, zumal der Verfasser als Herausgeber der Révolution Prolétarienne am linken Flügel zu stehen glaubt, ist die neue Auflage von R. Louzon: L'Economie Capitaliste, Verlag der R. P., 54 rue du Chateau d'Eau Paris X (Das Buch über Stalin ist von dem seit 1924 ausgeschlossenen mir persönlich gut bekannten Kommunisten *Boris Souvarine* und ist erschienen Paris, Librairie Plon, Umfang fast 600 Seiten). Louzon hat mir sein Buch mit einer freundlichen Widmung geschickt und ich habe es, weil es in der Form einige

* 2 S. Mschr.

moderne Tendenzen zeigte, z. B. mathematische Formeln (sehr bescheiden, und meist nur im Anhang) und Versuche zu genauer Begriffsbildung, ganz gelesen. War aber immer mehr enttäuscht über die Vulgarität; am Ende bekämpft er nur noch die Rente (p. 186/7).
Ich schicke Ihnen die *beiden* Briefe von Conze[64] zurück. Es hat mich sehr amüsiert, daß das Brockwaysche bunte Comité von »Leuten, die sich gekümmert hatten« (unter einen genaueren Nenner kann ich dieses comité nicht bringen, welches übrigens keineswegs irgendwelche ›close friends‹ von mir einschloß, vielmehr ängstlich vermied, mich oder einen meiner bekannten Freunde von seiner Existenz überhaupt etwas merken zu lassen und nur zur Überraschung seiner meneurs, d. h. vor allem des edlen Fenner Brockway[65], dann doch zufällig einige mich oberflächlich kennende Menschen — ein Quäkerehepaar, bei dem meine Tochter Sybille 1934 gewohnt hatte, und einen SPD Anwalt Franz Neumann[66] — enthielt, die aus eigenem Antriebe und Anstand für mich eintraten) keinen näheren Weg gefunden hat, sich nach meiner revolutionären Reputation zu erkundigen, als Amerika, obwohl die Londoner SPD-Emigrantengruppe einstimmig erklärt hatte, daß nicht der Schatten eines Verdachts gegen mich bestände. Übrigens gehörte Conze, der an jener Comité-Sitzung teilnahm, die ursprünglich eine Untersuchung gegen mich einleiten wollte, nicht recht herausfinden konnte, mit welcher Beschuldigung, und dann in der Verlegenheit beschloß, sich evtl. an den Reichstagsbrand-Pritt[67] wegen eines Gutachtens zu wenden (was alles mir nur privat mitgeteilt wurde mit dem Hinzufügen, daß es aber noch garnicht bestimmt wäre, ob Herr Pritt das überhaupt tun würde — und das war das letzte, was ich bis zu meiner mir hautpsächlich von diesen ehrenwerten und »idealistischen« Herren von der ILP, in zweiter Linie wohl von beschäftigungslosen Sozial- und anderen Demokraten eingebrockten Austreibung darüber hörte), nach den mir gehörigen Nachrichten eben so wie E. Wilkinson[68] keineswegs zu den Leuten, dic für mich eintraten. Er ließ mir nur mal durch F. Neumann sagen, daß er mich gern mal sprechen möchte und daß das nützlich für mich sein würde. Ich hielt das für Wichtigtuerei, ihn (ich kenne persönlich weder ihn noch Wilkinson, auch nicht ihre Schriften) für einen Wirrkopf mit unklarer politischer Stellung und kümmerte mich darum ebensowenig wie um viele ähnliche Botschaften aus derselben Zeit. Ich glaube, er hat Ihnen nur so wohlwollend über mich geschrieben, weil er gemerkt hat, daß wir in guten theoretisch politischen Beziehungen zu einander stehen . . . Den in jedem Punkt verlogenen (obwohl juristisch schwer faßbaren) Brief von Fenner Brockway bitte ich nicht »vernichten« zu brauchen, sondern

für etwaigen gelegentlichen Gebrauch aufbewahren zu dürfen. Ich kümmere mich zwar zur Zeit nicht um den dummen Kram, hörte aber doch jetzt wieder aus Frankreich und Holland, daß die Sache (mit diskreditierenden Anfragen über mich an alle möglichen, mir fernstehenden Leute) immer noch weiter getrieben wird, jetzt wohl weniger von den ILP und SAP Leuten, als von einem besonders dummen Kerl namens Gillis[69], der internationaler Sekretär der 2. Internationale (oder etwas Ähnliches) ist und darum natürlich gern eine zusätzliche Beschäftigung hat. Genug und schade, daß ich Ihnen nicht lieber über sachliche Dinge schrieb. Nun: das nächste mal. Die Arbeit an meinem Buch geht gut vorwärts und ich lerne viel dabei.

Ihr K. Korsch

Meine Tochter schrieb mir sehr erfreut über ihren Besuch bei Ihnen und Ihrer Frau. Sie ist jetzt ›senior student‹ und hat, da sie außerdem 4 Stunden täglich im Lewin'schen Haushalt und Kinderstube, für ihren Unterhalt arbeiten muß, natürlich schrecklich viel zu tun!

10

an PARTOS

[Skovsbostrand,] 16.–17. 12. 1935*

[. . .]
Ich gebe Dir in folgendem zuerst das Exzerpt aus Proudhon, Nachgelassene Manuskripte, herausgegeben von Rochel, Paris 1898[70] (aber vielleicht inzwischen auch in der neuen Gesamtausgabe von Bouglé) über »Napoléon I«, pp. 36/37: (Es gibt einen Augenblick, wo Napoléon sein Geheimnis, das Geheimnis seiner Politik preisgibt: das ist, als er, nach der Rückkehr aus Rußland, im Senat sprechend die *philosophie* und die *idéologues* anklagt. Herr Thiers, der diese Scene sehr länglich beschreibt, hat davon garnichts begriffen.) »Il ne voit pas que sous les noms de philosophes et idéologues, Napoléon accuse les *liberaux*, les *parlamentaires*, les *économistes*, les hommes de 89, la queue de Sièyès et Mirabeau, tous ceux qui réclamaient de *liberté* et des *garanties politiques* . . . La France se dérobait sous l'Empereur; elle allait dans un autre sens que lui; elle ne pouvait vaincre les alliés, qui étaient ses amis, comme elle avait vaincu, en 93, 95 et 98, la coalition.«
Du siehst, Proudhon durchschaut sehr gut den Schwindel der üblichen Auffassung sentimentaler Bourgeois, die sich einbil-

* 6 S. Mschr.; Fragment, S. 1 fehlt.

den, der »Willensmensch« oder auch der »Materialist« Napoleon habe sich gegen die Ideologie, gegen das bloße Denken gewendet. Sogar ein so kluger Mann wie Lévy-Bruhl meint noch in seiner (englischen) Geschichte der französischen Philosophie, oder vielleicht ist es auch in seinem französischen Buch über Die Philosophie von Auguste Comte 1900, daß durch die Angriffe Napoleons die große *wissenschaftliche* Bedeutung der Ideologenschule bewiesen würde!

Nun zu Deinem trotz der Kürze außerordentlich interessanten und anregenden Brief:

Ich habe Dir ja inzwischen schon geschrieben, daß ich selbst auch der Meinung bin, daß ich die Differenzen zwischen uns in meiner Zusammenfassung der Ergebnisse der Pariser Diskussionen ein bißchen polemisch übertrieben habe. Noch schlimmer, ich habe Deine (schärferen) kritischen Einstellungen gegenüber Marx gewissermaßen als Folie benützt, um meine eigene Marxkritik zugleich immer noch als eine Marxverteidigung darstellen zu können. Nun, das ist einmal geschehen.

Es ist auch richtig, daß Du den Ausdruck »mystisch« mit Bezug auf den Marxschen Begriff der *Produktivkräfte* nicht gebraucht hast. Ich gebrauchte ihn in unserem Gespräch, um damit einen von mir bei Dir vermuteten kritischen Einwand zu charakterisieren und nahm Dein Lächeln für Zustimmung. Ich stelle also fest, Du findest den Begriff nur zu abstrakt und siehst darin ein zu starkes Festhalten an den verdinglichten Realformen und Denkformen der bürgerlichen Produktionsweise, die »den empirischen Charakter der klassischen und in ihrer Fortsetzung der Marxschen Ökonomie sehr stark herabsetzen«. Du meinst, daß man bei »Produktivkräften« zu sehr an »das produzierende gesellschaftliche *Kapital*« statt an »die Produktivkraft der *Gesellschaft* in ihrer Entwicklung« denken muß. Wie Du aus meinem heute geschickten Text des § 10 meines Buchs[71] inzwischen ersehen haben wirst, bin ich andrer Meinung. Marx unterscheidet genau zwischen dem fetischistischen Schein, daß das Kapital produziert, Produktivkräfte hat, seine Produktivkräfte vermehrt usw., und der wirklichen Produktivkraft als Eigenschaft der gesellschaftlichen Arbeit und ihrer Vermehrung in der Entwicklung dieser Arbeit. Der Begriff »Produktivkraft« wird von ihm nie auf das »Kapital« angewendet. Bei diesem spricht er vielmehr von dem unbegreiflichen »Phänomen« eines »Mehrwert heckenden Werts«. Auch bei der *Akkumulation* (die Du als weiteres Beispiel einer Beibehaltung der Verdinglichung nennst) kann davon höchstens terminologisch die Rede sein. Aber auch hier ist grundsätzlich der reale Prozeß (die »Erweiterung der Stufenleiter der Produktion«) von der formalen »Akkumulation des Kapitals« streng geschieden. Nur bei der einfachen »Reproduktion« besteht terminologisch eine Zweideutigkeit. »Reproduziert« werden einerseits die realen Grundlagen der Produktion, Bedingungen der unveränderten Fortsetzung der Produktion; – andrerseits das Kapital in unveränderter Größe. Aber dafür wird ganz deutlich gemacht, daß diese »einfache Reproduktion« nur eine Abstraktion ist und in der Wirklichkeit der kapitalistischen Produktion auch die einfache Reproduktion immer nur vermittels einer Reproduktion auf erweiterter Stufenleiter (Akkumulation) möglich ist. Ich finde also Deinen Einwand gegen Marx in diesem Punkte nur in verschwindendem Ausmaß begründet. Dagegen habe ich schon vor zehn bis fünfzehn Jahren gemeint und in Kursen gesagt, daß in der späteren Marxistischen Diskussion des Akkumulationsproblems, von Luxemburg bis Boris etwa, diese »Verdinglichung« sich peinlich bemerkbar macht, bei dem Orakeln über C und V und M bzw. die von Boris noch dazu erfundenen C(f) und C(c) als formelhafter Ausdruck der von Boris[72] (mit Rolf?)[73] erfundenen neuen Krisenbegründung durch den Verschleiß des konstanten fixen Kapitals. (Diese Theorie war übrigens sachlich die Anticipierung einer heute ziemlich allgemein angenommenen Begründung der Besonderheiten der heutigen »chronischen« Krise: z. B. Varga in seinem letzten Wirtschaftsbericht, Basler Rundschau vom 4. 12. 1935.)

Ich komme auf die allgemeine Frage nachher nochmal zurück, fahre jetzt erst mit der Richtigstellung kleinerer Punkte fort: Deinen Vorschlag, an einer Stelle das Wort »planmäßig« wegen der heute damit verbundenen Zweideutigkeit zu streichen, kann ich nicht erfüllen, weil es sich an der Stelle um ein wörtliches Zitat aus dem »Kapital« (unsere Ausgabe Seite 92) handelt.[74] Du wirst das inzwischen aus dem Text von § 10 mit Anmerkungen vielleicht schon selbst ersehen haben. Es scheint mir zuviel verlangt, das Wort planmäßig bei Marx vor 70 Jahren zu streichen, weil es heute als Modewort staatskapitalistisch verwendet wird. Das einzige, was ich tun kann ist, die Anführungsstriche hinzuzufügen.

Den letzten Deiner Vorschläge, bei der Darstellung im § 10 das Gewicht von der »transzendentalen« Kritik der Ökonomie mehr auf die »immanente«, also mehr auf die ökonomische Theorie selbst zu verlegen, hatte ich, wie Du Dich jetzt schon überzeugt haben wirst, inzwischen von selbst befolgt. Es war mir ganz besonders erfreulich, daß wir hier getrennt von einander zu genau demselben Resultat gekommen sind. Das scheint mir ein Beweis für die Richtigkeit der jetzt gewählten Form. Vielleicht werde ich allerdings auch noch die Wendung in dem vorletzten Satz von S. 1 über die »normale und typische Form« entsprechend ändern müssen, da sie, obwohl formell (für die verschiedenen Formen der eigentlichen Kritik)

nicht falsch, doch noch mehr aus der früheren Auffassung heraus entstanden ist.
Die letzten Reste der jetzt noch zwischen uns bestehenden Differenz hoffe ich mit meinen, zum Teil meiner Meinung nach *ganz neuen* Darlegungen über die gesellschaftliche und ökonomische Natur des Gebrauchswerts beseitigt zu haben. Ich bin vor allem daran interessiert, ob Du damit übereinstimmst. Daß Marx in den ersten Abschnitten des »Kapitals« diesen Punkt nicht genügend hervorgehoben hat, gebe ich Deinem vermutlichen Einwand im voraus zu. Siehe aber jetzt das Exzerptenheft von 1882[75] und bedenke den (übrigens von mir meinen Vorlesungen häufig zu Grunde gelegten) *doppelten Aufbau des Begriffsystems des »Kapital«* einerseits auf dem Gebrauchswert und der spezifisch nützlichen Arbeit (beide in ihrer gesellschaftlichen Form betrachtet), andererseits auf dem Tauschwert und seinem Maß: den relativen Mengen der in den Waren verkörperten, nachträglich und unvollkommen vergesellschafteten »Arbeit« (also auf den von der Ökonomie entwickelten Begriffen von Wert und »Arbeit«).

17. 12. 1935

Soweit war ich gestern abend gekommen. Eigentlich wollte ich Dir aber hauptsächlich über was anderes schreiben. Nämlich über den neuen § betr. die ökonomischen und sonstigen »gesellschaftlichen Bewußtseinsformen«. Hier besteht einerseits wiederum derselbe embarras de richesse, der mir schon bei der Ökonomie zu schaffen machte, andrerseits auch gewisse logische Schwierigkeiten. Du wirst vielleicht schon aus dem gestern dem ersten Brief beigelegten kleinen philosophischen Entwurf entnommen haben, worum es sich handelt.[76] Marx unterscheidet tatsächlich (und zwar besonders in dem überhaupt etwas verspielten Fetischismusabschnitt) nicht genügend zwischen 1) der sachlichen Abhängigkeit der Begriffe usw. von ihrem Gegenstand, 2) der eigentlich für die Philosophie-freie »materialistische« Stellung allein sinnvollen Frage nach der Abhängigkeit der gesellschaftlichen Wirklichkeitsschicht des (vorwissenschaftlichen und wissenschaftlichen) Bewußtseins von den Schichten des (ökonomisch fetischistisch als »ökonomisches Sein« und direkt geschichtlich gesellschaftlich als *materielle Produktion, gesellschaftliche Produktionsverhältnisse in ihrer Entwicklung und praktischer Klassenkampf* zu charakterisierenden) materiellen gesellschaftlichen Seins. So zum Beispiel wenn Marx sagt, daß in den fetischistischen Vorstellungen die gesellschaftlichen Beziehungen der Produzenten in der Warenproduktion ihnen erscheinen als das »was sie sind«. — Auch ich hatte mich anfangs von dieser Vermischung noch nicht ganz frei gemacht, und auch Du hast nicht bemerkt, daß ich mich in dem ersten Entwurf über den »Fetischcharakter der Ware« (ganz, oder fast ganz, unnütz) mit der Frage herumgeschlagen habe, ob und in wie weit es bei der heutigen »planwirtschaftlichen« und »staatskapitalistischen« monopolistischen Weiterentwicklung der kapitalistischen Produktionsweise am Ende schon eher möglich wird, die realen gesellschaftlichen Formeln der Produktion *direkt* geschichtlich und gesellschaftlich aufzufassen, darzustellen und zu behandeln. Es ist dies ja übrigens eine (im Streit zwischen Reformismus, revolutionären und zentristischen Marxisten sowie in der heutigen Diskussion über die kapitalistische Planwirtschaft, schließlich auch in der Diskussion über die Moskauer These, daß dort die Formen der Ware, des Geldes, der Lohnarbeit, der Rentabilitätsrechnung usw. heute nur noch »untergeordnete« Momente einer im ganzen durch den »Plan«, die Abwesenheit privater Kapitalisten und die Diktatur einer proletarischen Partei »sozialistischen«, d. h. direkt gesellschaftlichen Produktionsweise darstellten ...) auch sonst schon viel erörterte Frage. In Wahrheit ist aber garnicht so wichtig, ob man die eine oder die andere Form der Warenproduktion durch direkt gesellschaftliche Begriffe zureichend beschreiben *kann*. Das ist grundsätzlich immer möglich und nur aus den von mir erörterten Ursachen unter Umständen praktisch erschwert. Es kommt vielmehr darauf an, ob das in seiner *Struktur* von der materiellen Produktionsweise, den Klasseninteressen usw. bestimmte gesellschaftliche Bewußtsein sich nur im direkten Zusammenhang mit der realen (geschichtlichen und praktischen) Entwicklung und Umwälzung dieser materiellen Produktion, oder unter Umständen auch relativ mehr oder weniger »frei« zu solchen neuen Formen entwickeln kann. Im Resultat laufen ja die beiden Fragestellungen ziemlich auf dasselbe hinaus. Es scheint mir aber nötig, sie theoretisch schärfer als bisher zu trennen, weil nur so die letzten Reste von Metaphysik, Philosophie und Erkenntnistheorie aus der Diskussion der materialistischen Geschichtsauffassung und Ideologientheorie bei Feind und besonders auch bei Freund endgültig ausgerottet werden können. (Noch vor wenigen Jahren »entschuldigte« doch mein russischer Herausgeber Bammel meine »Abweichungen« von dem, was man dort Materialismus nennt, mit der freundlichen Erklärung, daß »dem Genossen Korsch die Fragen der Gnoseologie (d. h. auf deutsch der philosophischen Erkenntnistheorie) unbekannt sind«.)

Ich will bei dieser Gelegenheit noch einen nebensächlichen und leichten Punkt erörtern: Du verwendest immer noch den Lukacs'schen Ausdruck der »Verdinglichung«. Nun spricht zwar Marx gelegentlich tatsächlich von »dinglicher Verkleidung« und von der »Versachlichung« der gesellschaftlichen Charaktere der Produktion. Aber der Ausdruck »Fetischismus« ist unendlich viel besser für eine materialistische und soziologische Auffassung und Beschreibung dieser Denkformen. Bei Lukacs, der den Begriff überdies maßlos erweitert, handelt es sich im Grunde nur um den Protest einer »Lebensphilosophie« gegen die kalte, starre, fixierte, sachliche und materielle Welt.

Die ökonomischen Kategorien nehmen übrigens ebenso leicht wie eine dingliche, auch eine persönliche Form an. Denke zum Beispiel an »Monsieur le Capital« und »Madame la Terre« bei Pecqueur (im »Kapital«, III, 2 ohne Quellenangabe zitiert)[77] und an die vielfachen Personifizierungen des Geldes, des Kapitals als Moloch, als Riese, der seine Opfer rückwärts in seine Höhle zieht, damit alle Fußspuren von seiner Höhle ausgehen: das großartigste Symbol für die Annektierung der gesellschaftlichen Produktivkraft der Arbeit durch das Kapital.

»Fetisch« ist dagegen zunächst einmal schon der Form nach eine soziologische Kategorie. Es drückt außerdem aus, worum es sich in Wirklichkeit handelt: die Übertragung der menschlichen gesellschaftlichen Kräfte auf die Dinge, der Produktivität der gegenwärtigen lebendigen Arbeit auf die als Kapital aufgehäufte tote vergangene Arbeit.

Ganz nebenbei und mehr privat für Dich bemerke ich auch noch, daß mir aufgefallen ist, daß Marx als Vergleich zur Erklärung des Warenfetischismus immer sofort die Religion heranzieht. Es handelt sich da um eine einfache Übertragung der von ihm in früher Jugend an dem Verhältnis von *Religion und Philosophie* entdeckten Beziehungen auf die *Ökonomie*. Auch darum also lieber »Fetischismus«!

Mit herzlichen Grüßen an Dich und Käte Euer alter KK

P.S. Schick doch in Deiner Aufstellung und auch schon beim Voranschlag getrennt den Preis der relativ vielen Bände von Lenins Werken. Wenn es dann zuviel sein sollte, kann man da am leichtesten was wegstreichen.

11

an PARTOS

[Skovsbostrand,] 26. 6. 1936*

Lieber Paul,

ich antworte Dir sofort auf Deinen heute eingetroffenen Brief samt Kapitel-3-Rücksendung ... und Deinen interessanten Artikel, den ich sofort ... gelesen habe. Ich schreibe Dir später näher darüber, er scheint mir außerordentlich. Ich war etwas erschüttert, daß er sozusagen die Antwort auf meinen an sich herzlich unbedeutenden Gedanken mit der Reihe der Theo-

* 3 S. Mschr.; ohne Unterschrift.

retiker der Revolution (Marx, Lenin, Proudhon, Sorel ... Mussolini?) darstellt. Überhaupt finde ich es nett von Dir, daß Du immer bei der schärfsten Bekämpfung von Gedanken, die ich zum Teil noch mit vertrete, mich ganz ausnimmst und von vornherein als Bundesgenosse behandelst – zum Teil wohl, weil Du Dich ja tatsächlich genau auf der Linie weiterbewegt hast, auf der ich bis etwa 1928 vorwärtsgeschritten bin, um dann abzubrechen, weil ich zu begreifen glaubte, daß man so den Kampf gegen die ganze Welt und die ganze Zeit nicht führen könnte, mit nichts hinter sich als nichts, und auch mit der Aussicht auf nichts als nichts; nicht weil ich an sich dagegen wäre, aussichtlose Kämpfe zu führen, das hatte ich ja vorher auch schon immer bewußt getan, sondern weil ich dachte, es hätte keinen Wert, so etwas nur in Gedanken zu tun, und selbst die schlechteste Realität wäre besser als bloß im Denken zu stehen! Es ist natürlich richtig, daß wenn man in solcher Weise »abbricht«, man nach ein paar Jahren, wenn sich genügend neue Realität angesammelt hat, auch wieder »anfangen« muß; und Dein Ausgangspunkt im diesmaligen Artikel scheint mir trotz seines razor-Charakters eventuell doch schon wieder real. Kein schlechtes Programm für eine neue Zeitschrift, wenn nur eine solche schon möglich wäre! Nun, entweder sehen wir uns im Herbst in Frankreich ... und beginnen schon einiges vorzubereiten, oder ich hole uns noch das hinzu, was es jetzt in Amerika zu lernen gibt, oder Du kommst später auch nach Amerika (wo ja die von Dir vor einem Jahr vorhergesagte Konjunktur inzwischen nicht nur voll eingetreten ist, sondern in gewissem Sinne ihren »Höhepunkt« auch schon wieder überschritten hat! Mit offiziell zugestandenen 12 Millionen Arbeitslosen!).

Ich hatte heute gleichzeitig mit Deinem Brief einen von Rumney ...; er war bei dem Verleger, glaubt kaum, daß sie einen zweiten Band bewilligen werden, will aber unbedingt dafür sorgen, daß entweder derselbe Verlag oder ein anderer den zweiten Band herausbringt.

Ich bin so ziemlich entschlossen, vom 2. Kapitel nur die zweite Hälfte stehen zu lassen. Die ersten Seiten möchte ich ebenso wie die ersten Seiten des 3. Kapitels (die hier jedenfalls gestrichen werden müssen), noch mit in das 1. Kapitel, ziemlich weit vorn, bei der ersten Erörterung des Prinzips der geschichtlichen Spezifizierung, hineinnehmen, wenn sie mir dort den Zusammenhang nicht zu sehr stören. Wie und ob ich den Rest der ersten Hälfte des 2. Kapitels verwerten kann, ist mir noch nicht ganz klar. Wenn ich nicht etwas Furcht vor weiteren Zeitverlusten hätte, würde ich jetzt zu dem lockeren Aufbau in §§ von 5 bis 10 Seiten Länge zurückkehren ...[78]

Zu Deinen Bemerkungen zum 3. Kapitel:

1. Auch ich halte für das Wichtigste pp 59–71 – wenn ich auch wieder finde, daß Deine Einschätzungen allzu sehr davon abhängig sind, wie kritisch oder reserviert ich zu den Marxschen Lehren Stellung nehme. Das scheint mir eigentlich Nebensache. Hauptsache ist durchaus, ob die Lehren selbst inhaltlich richtig herauskommen, und wenn sie zum Teil (im logischen Sinne) »sinnlos« sind, dann wenigstens die Problematik. Ich habe dieser Tage eine Ausgabe der Altersbriefe von Marx und Engels an verschiedene Leute (die »ausgewählten Briefe« des Marx-Engels-Lenin-Instituts 1934, so ungefähr von *nach* dem »Zirkularbrief« – Mitte September 1879 bis zu Ende, also pp 311–426) noch einmal gelesen und finde wieder beide, besonders aber Marx, doch in ihrem wirklichen Denken erstaunlich modern.[79] Eben fiel es mir ein, weil ja auch dieser Begriff der »Sinnlosigkeit« von Marx immer gut angewendet wird (nicht gerade mit der Präzision der Logistiker; schließlich ist es ja ein alter Trick schon seit Sokrates; aber immerhin von Marx, z. B. im Brief an Nieuwenhuis, p. 317 sehr geschickt angewendet).
Ich verzeichne noch zu gelegentlicher Einsichtnahme:
p. 315, Brief an Danielson. Interessante Bemerkung über die Umstände, unter denen »der Mensch – aus Mangel an Mitteln – aufgehört hat, eine ›Kraft‹ zu sein.«
p. 318, Nieuwenhuis, Gutes über Revolution (auch Engels p. 328)
p. 332, sehr feine Kritik von Engels an Maurer
p. 335, sehr fein über den »Arbeitszusammenhang«, d. h. den *gesellschaftlichen* Zusammenhang zwischen bestimmten Portionen physikalischer Arbeit! (v. 25. 1. 82)
p. 349, zu der von Dir schon früher berührten Frage, daß die Bindung des Marxismus an die *erste* Phase der proletarischen Bewegung Engels schon halb bewußt war.
von p. 357 an: häufig sehr Modernes über Amerika (s. meinen Brief an Felix)
p. 396/97, Luxemburgismus (die ungeheure Differenz zwischen Engels' Alterstheorie und Lenin tritt *überall* deutlich hervor; aber da hat Lenin mehr Recht)
p. 409, äußerst positives Bekenntnis zum Kapitalismus, rührend offen!
pp. 419 ff völlig Verkehrtes über Gesetze und Begriffe – aber doch anregend zu richtigerer Lösung! usw.
Dabei ist mir dann auch noch einmal klar geworden, was ich vorher schon wußte, daß der entscheidende Beweis dafür, daß Marx und Engels sich einen Sozialismus anders als als Fortsetzung des Kapitalismus (also etwa einen »Urkommunismus«) nicht vorstellen konnten, in ihrer (scheinbar entgegengesetzten) Stellung zum russischen Mir liegt; s. unter diesen Briefen

Engels an Danielson pp. 408/9 (Höhere Gesellschaftsform in Rußland nur möglich, wenn »diese höhere Form in einem andern Land schon existierte«. »Da diese höhere Form, *wo immer sie historisch möglich, die notwendige Folge der kapitalistischen Produktionsweise usw. usw.*«). Das werde ich evtl. zitieren, aber lieber natürlich eine Äußerung von Marx, und die von Engels nur als Ergänzung.

Also wenn man mal mit dem System ganz gebrochen haben wird, dann wird es nützlich sein, vorher noch einmal in dieser ganz lockeren Weise die *Gesamthaltung* von Marx und Engels in Theorie und Praxis behandelt zu haben. – Aber das war eine Abschweifung.

2. Ich glaube nicht, daß es einen Unterschied macht, ob ich schreibe: die Marxschen Sätze *gelten nur* für die Verhältnisse einer bestimmten geschichtlichen Epoche oder: Marx *beansprucht nur* die spezifische Gültigkeit. Die zweite Formulierung stimmt weniger genau mit dem philologisch-geschichtlichen Sachverhalt überein, als die erste, und besagt für den nicht schon außerordentlich mißtrauisch gestimmten Leser genau dasselbe.

In dieser und einigen ähnlichen Fragen scheinst Du mir also etwas zu formalistisch zu urteilen. Du erzählst mir immer, daß Du meine positive Einstellung zu Marx für den Rahmen dieses Werkes gar nicht zur Diskussion stellen willst, und dann stellst Du sie bis in solche Äußerlichkeiten des Satzbaus zur Diskussion!

3. Wiederum glaube ich, obwohl ich selbst Band III dem Leser verdächtig genug gemacht habe, daß solche Wendungen, wie über das »Reich der Freiheit« ebenso gut im I. Band stehen könnten. Die Auffassung ist doch inhaltlich viel richtiger als Engels' »Sprung ins Reich der Freiheit«. Schlimm ist in dieser Marxschen Darstellung die Behauptung, daß »Mehrarbeit immer sein muß«. In einem früheren Entwurf meiner Arbeit hatte ich sie in Kontrast gestellt zu den ökonomisch-philosophischen Manuskripten von 1844, welche in ihrer Konsequenz (die Marx aber nicht gezogen hat) sogar die (in ihrer spezifischen Bedeutung aufgefaßte) »Arbeit« ganz abschaffen wollen. Aber dann schien mir meine Beweisführung in dieser Kürze und gestützt auf so schwankende Ausdrücke von Marx (statt auf genauere, sachliche Analyse) nicht überzeugend genug, und ich habe alles wieder gestrichen. – Gerade diesen Satz habe ich ja aber jetzt *nicht* mitzitiert. Es würde mich aber interessieren (gewisse *mir zu logistisch-Lukaczistische Wendungen* in Deinem Artikelentwurf, die Du bequemlichkeitshalber, denke ich, aber dahinter steckt doch etwas mehr, beibehältst: »Entfremdung und Enteignung« der proletarischen Bewegung »und ihres Bewußtseins« usw., geben mir hier Grund

zum Verdacht), ob Dir etwa die Engelssche Wendung vom »Sprung ins Reich der Freiheit« (wenn Du einmal davon absiehst, daß sie von + + + Engels herrührt!) sympathischer und richtiger scheint, als jene von Dir angegriffenen Marxschen Wendungen vom »Reich der Freiheit auf der Grundlage des Reichs der Notwendigkeit«. Ich meinerseits halte den Gebrauch, den Lenin von dieser letzteren idealphilosophischen Wendung macht, schon für direkt bürgerlich; aber in der Form, wie Marx es macht, scheint es mir gerade noch erträglich, — dagegen der Engelssche »Sprung« ganz wertlos!
Vielleicht aber verstehe ich Dich nicht ganz recht. Du sagst, der »konsequente Materialismus« (in Anführungsstrichen!) wäre nicht ohne unangenehmen Beigeschmack wegen zu großer Vorsichtigkeit und zu toleranter (entgegenkommender?) Selbstkritik. Sage ich vielleicht irgendwo »konsequenter Materialismus«? Ich habe es nicht gefunden. Oder meinst Du, Marx machte hier (im Gegensatz zum Engelsschen »Sprung«) eine Konzession? Ich denke umgekehrt: Marx sagt hier »noch« etwas, was aus seiner Hegelschen Erziehung stammt, nicht, er sagt »wieder«, in absichtlicher Rückwendung zu Hegel, etwas gegen den utopischen Sozialismus. Wenn die Frage wichtig ist, bitte ich um Beantwortung. Sonst unnötig.
4. Hauptquelle zu diesem Kapitel ist die philosophische »Einleitung zur Kritik«[80] doch nur in dem Sinne, daß ihre Ausführungen 1) gebraucht werden, um für das, was im Kapital tatsächlich gemacht wird, eine reflektierende Bemerkung zu finden — also aus Gründen der Kürze. Das könnte ich ja noch in einer Bemerkung klären. Aber welche *Leser* müßte ich mir da ausdenken, die diese Vorsicht noch a) verstehen b) nicht mißverstehen würden?! 2) kritisch gebraucht werden, um zu beweisen, daß die Engelssche Behandlung der Wechselwirkungen »weder Fisch noch Fleisch« ist, weder Hegelsche Philosophie, noch moderne exakte Wissenschaft. (Wenn ich so spreche, so nennst Du das komischer Weise »ein schönes Beispiel für eine so — wie Du es Dir denkst — relativierte Zustimmung«!)
5. Auseinandersetzung mit Spencer scheint mir, ebenso wie mit Comte, nützlich und notwendig. Über Huxley, den ich nie gelesen habe, bringe ich nur *einen* Satz!

BEILAGE* **11 a**

Über Welt- und Länderpolitik ist seit unserem letzten Gespräch nicht viel zu sagen. Am meisten interessieren mich I. in Europa, besonders wegen ihrer Form, die französischen stay-in strikes[81] (ich werde wohl sicher mein nächstes ausführlicheres, auf direkt empirische Studien gegründetes Buch über die *neuen Formen der Arbeitskämpfe,* ihren Ursprung aus den veränderten Verhältnissen der Produktion, Weltmarktverhältnissen, veränderter Beziehung von Krieg und »Frieden«, neuen Staatsformen, vor allem ganz veränderten Bedingungen der Lohnarbeit und sonstigen unfreien Arbeitsformen überhaupt — dazu *Analyse* der von mir stets im Auge behaltenen und, etwas unsystematisch, auch gesammelten schon vorhandenen Erfahrungen, — und natürlich ihre *Perspektiven* — schreiben!)
II. drüben in Amerika besonders die jetzt wieder einmal (wie ich glaube, aber auch noch nicht nachhaltiger, als in den letzten 50 Jahren schon öfter — siehe dazu schon die Hoffnungen von Marx-Engels, die wörtlich mit den heute zu lesenden übereinstimmen!) im Ansteigen begriffene Industrieverbandsbewegung (Lewis = Dißmann, Robert).[82] —
Die letzte außenpolitische Debatte im englischen Unterhaus bestätigte mir nur, was ich bis ins letzte Detail schon lange vorher erschlossen und erraten hatte, aber traurig genug ist auch die Bestätigung!

12

an MATTICK

Seattle, 3. 6. 1938**

Lieber Paul,
Entschuldige, daß ich so lange nicht geschrieben habe.
Ich erhielt vor 8—10 Tagen die Sendung L[iving] M[arxism] Nr. 3. Es ist die erste Nummer, die meinen ungemischten Beifall findet. Besonders dein Artikel, The Lorelei[83] ist sehr gut; ich meine, solche Artikel über aktuelle amerikanische Politik sollten künftig in jedem Heft an erster Stelle, als eine Art Leitartikel, gebracht werden.
In meinem Artikel[84] war ein übler Druckfehler: p 80 l 18 *intuition* statt *situation* hat meinen Materialismus in eine Art Mystizismus verwandelt; man könnte sogar meinen, daß ich den Umschlag von des großen Lenin »Intuition« datiere . . .

* 1. S. Mschr.; Fragment mit dem Vermerk »K/Lix, 26. 6. 36« bei Brief 11; vermutlich Auszug aus dem dort S. 172 genannten Brief an Felix Weil.
** 4 S. Mschr.

Wenn es euch nicht zu pedantisch scheint, bitte ich um Berichtigung dieses Druckfehlers im nächsten Heft!
Es war sehr dumm, daß ich die Sendung erst einige Tage *nach* meinem Vortrag im Forum der »Peoples Church«[85] kriegte; es war enorm voll und starker Eindruck, ich hätte leicht Nummern verkaufen u. Abonnenten gewinnen können. Jetzt im engen persönlichen Bekanntenkreise ist es schwerer; einige, (zahlungsfähige), haben Furcht vor Schwierigkeiten bei bevorstehender Naturalisation, andere, (abonnierungswillige) haben wenig Geld. Doch denke ich, daß *einige* abonnieren werden, und mehr, wenn ich wieder mal Gelegenheit habe zu sprechen. Schickt jedenfalls einige Abonnements-Zettel; die wenigen, die ich mitnahm, sind schon verbraucht.
Wann ist Redaktionsschluß für Juniheft (if any)? Was soll darin stehen? Was soll ich beisteuern? — Über diese Frage schreibe ich gleichzeitig an Henssler.
Ich habe hier nicht nur Auto-fahren gelernt und meine englisch Aussprache durch fachmännische Unterweisung ausbessern lassen, sondern auch sonst in dem herrlichen Klima u. der herrlichen Landschaft mein Leben genossen. Heute abend sehen wir im Federal Theatre »One Third of a Nation«. Ich las in der Zeitung von der Einstellung der relief-Zahlungen in Chicago. Wird L. M. etwas darüber bringen? Hat deine Gruppe an Demonstrationen etc. teilgenommen? Wie steht es damit jetzt?
Deine Bemerkung über den semi-fascist Charakter von La Follette's neuer Partei[86] p 76 war politisch richtig, aber nach meiner Meinung etwas zu sehr »aus der Pistole geschossen«; mußte etwas für die Leser begründet werden. Sehr fein dagegen fand ich deine Formulierungen pp 75—76 über *staatliche Kapitalzerstörung als Ersatz für Bankerott*, über die *creation der »created« buying power durch die Arbeiter* und die *spezifische Gruppeninteressen-Förderung durch die lending and spending policy.* — Streng genommen ist es Unsinn, davon zu sprechen, daß unsere Kapitalisten, auch nur »partially« succeed-en können, »to eat up the labor of the coming generation«. Es gibt »Raubbau«, d. h. Zerstörung (Hemmung der Entwicklung, und direkte Zerstörung) der *gesellschaftlichen Produktivkräfte*, der »natürlichen« sowohl wie der technisch-gesellschaftlichen. Aber konsumieren (eat up) kann selbst der gierigste Kapitalist nichts, was noch nicht da ist. (Das ganze Argument von dem Auffressen künftiger Generationen stammt aus dem Arsenal der Liberalen, die die »Balanzierung des Budget« für eine »naturgebotene« Vorbedingung jeder staatlichen Tätigkeit erklären, *als ob* es möglich wäre, künftige Generationen mit den Schulden der gegenwärtigen zu belasten!)
Ich bemerke hier gleich, daß ich bei weiterem Nachdenken

immer schlechter über das »holländische« Sozialisierungsprogramm[87] denke. In der (vergangenen und gegenwärtigen) kapitalistischen Produktion *verwirklicht sich das Wertgesetz nur »in seinem Gegenteil«*, sagt Marx in der Kritik der politischen Ökonomie, und erklärt es (besser als in seinen späteren Schriften) im »Elend der Philosophie« Kap. 1, §2. Nur durch *beides*, durch Geltung und Nichtgeltung (»Krise« im weiteren Sinn) wirkt das geschichtlich-gesellschaftlich (nicht fetischistisch-ökonomisch) verstandene *Gesetz des Wertes* – als gesellschaftliches Lebens- u. Entwicklungsgesetz der kapitalistischen Epoche (einschließlich ihres *Anfangs* und *Endes*, beides als *Prozeß* u. *Aktion* verstanden!). Streicht man, für die Transformationsperiode, die eine Geltungsweise (»dialektisch« abgekürzt: die Geltung in Form der *Nichtgeltung*) weg, u. erwartet von dem »Wertgesetz« noch dieselben Funktionen (für Produktion u. Entwicklung der Produktion) die es vorher, in seiner vollen konkreten Geltung (Geltung + Nichtgeltung) erfüllt hat, so ist man abergläubisch wie ein Vulgärökonom.

Als reines Distributionsprinzip ist das »Wertgesetz« kein Wertgesetz mehr; man muß hier unterscheiden: die *Gleichheit der Arbeitszeit* ist nach Marx ein »Naturgesetz der großen Industrie«; die Forderung der *Gleichheit in der Verfügung über Konsumgüter* ist nach meiner Überzeugung *nur* eine idealisierte Form des überall in kapitalistischen Ländern geltenden und jetzt in Rußland »grundsätzlich« proklamierten, kürzlich von Earl Browder auf der Convention[88] verteidigten Systems der Ungleichheit: »Rewards are in accordance with the *social value* of the services performed«, and there is an inequality of reward based upon the *value* of the individual's contribution to the common good«. (N. Y. Times Magazine May 29, 1938) Statt zu erkennen, daß das *Gesetz des Wertes* nur fetischistisch-ökonomisch-ideologisch ein Gesetz der Gleichheit, dagegen *sozial* ein *Gesetz der Ungleichheit* ist, stellst du der *Realität* des kapitalistischen Wertgesetzes, wie sie bewußt in Rußland und unbewußt überall in den alt-kapitalistischen Ländern besteht, eine abstrakte *Idee* eines Wertgesetzes gegenüber, das nirgends besteht u. nur unter Bedingungen bäuerlicher u. handwerklicher Produktion (Warenproduktion, ohne Kapital u. ohne Staatskapitalismus) verwirklicht werden könnte. – Es ist schade, daß wir in dieser Frage nicht zusammen gegen jene stehen!

Ich höre jetzt auf. Grüße deine Frau herzlich und alle Genossen der Gruppe. Wagner IWW[89] versprach mir ein paar Adressen von IWW Freunden hier und in San Francisco zu geben. Ich fahre voraussichtlich etwa am 15. Juni 1–3 Wochen nach Kalifornien.

Gruß

Dein alter KK

13

an MATTICK

Seattle, 15. 7. 1938*

Lieber Paul,

Als ich deinen schönen u. interessanten Brief vom 7. bekam, nahm ich mir vor gleich zu antworten u. lebhaft mit dir zu korrespondieren.

Das ist dann nicht geschehen u. auch der eilige Brief heute erledigt nur einige unmittelbar praktische Fragen. Inzwischen werde ich wohl schon Ende nächster Woche von hier nach Iowa City abfahren u. im August in Chicago mehr oder weniger lange Station machen.

Aber business first! Sag zunächst Henssler, daß ich eben seine Karte vom 13. gekriegt u. sein (oder dein) Exemplar der Schrift »Collectivisations«[90] sofort als Drucksache an seine neue Adresse abgeschickt habe. Das wird also wohl Montag oder Dienstag dort eintreffen.

Dies bedeutet aber *nicht*, daß ich schon entschlossen wäre, die Fortsetzung des Spanienartikels jetzt *nicht* zu schreiben. Im Gegenteil. Ich habe ja jetzt mein eigenes Exemplar, mit Anstreichungen u. Glossen, wieder zur Verfügung, welches ich in Chicago nicht hatte. Es ist gut möglich, daß ich in den beiden nächsten Tagen die Fortsetzung schreibe. Ihr bekommt dann sofort auf entsprechend schnellem Wege Nachricht, sodaß Doppelarbeit vermieden bleibt.

Inzwischen empfehle ich zur Auffüllung der neuen Nr. L[iving] M[arxism] unter anderm Abdruck des sehr eindrucksvollen Briefes von Bruno Traven an die S[olidaridad] I[nternacional] A[ntifascista][91] (Deutscher Informationsdienst der CNT FAI[92] 83 vom 25. Mai 38). Der Brief ist natürlich naiv. Aber welcher Unterschied zwischen dieser Naivität und etwa der von Thomas Mann als Lobpreiser der »zeitlosen« Qualitäten der bürgerlichen Demokratie, s. Times Book Review vom 10. Juni! Wäre er nicht sozusagen mein Vetter (genauer: angeheirateter Vetter meiner Frau, also doppelt angeheirateter Vetter) u. könnte mir evtl. bei der Suche nach einem job (oder etwa: bei einer künftigen Bewerbung um das Guggenheim-Stipendium!!??) nützlich sein, so schriebe ich eine Lorelei gegen ihn, sogar um den Preis, daß ich das scheußliche opus[93] zu diesem Zweck lesen müßte! Jedoch zurück zu Traven. Die russische Revolution hat soviel Hofdichter gehabt, und »Oden auf den 4 Jahresplan« (Becher) u. auf die U-Bahn in Moskau (Brecht) und auf die »GPU«, früher Tscheka genannt (Becher), etc., etc., daß ich finde, die spanische Revolution verdient auch etwas dichterischen Zuspruch u. weiteste Publizität in den we-

* 4 S. Hschr.

nigen dafür in Frage kommenden Organen. Nebenbei, berührt Traven's eigenes Schicksal, wie man es zwischen den Zeilen seines Briefs herauslesen kann, auch sehr tragisch.
Der »offene Brief an Ramon I. Sender« in Nr. 85 vom 8. Juni wäre vielleicht auch eine gute Ergänzung, beides zusammen vielleicht als Anhang zu einer Besprechung von Senders »Gegenangriff«[94]. – Übrigens sah ich, daß der Trotzkist, von dem ich in Chicago eine Broschüre über die ersten Phasen der spanischen Rev[olution] las (die dir oder Fritz gehörte) inzwischen auch was Neues u. Dickeres darüber geschrieben hat.[95] Das würde ich evtl. gern rezensieren u. womöglich zu einer Auseinandersetzung mit dem trotzkistischen Bolschewismus ausbauen.
Schließlich wären vielleicht einige Worte der Verachtung für den jämmerlichen Artikel Souchy's »Marxismus in Dekadenz« in Nr. 86 vom 15. Juni ganz angebracht, auch zur Erschütterung der Verehrung Wagners u. der IWW in Chicago für diesen traurigen Spezialisten des Anarchismus für internationales Ressort. Henssler würde das wahrscheinlich con amore besorgen, oder du – ich selbst fühle mich durch eine Art väterliche Freundschaft für diesen Schwachen im Geiste etwas behindert.
Henssler's Bemerkung über »geringe Änderungen von Dingen die offensichtlich für die Partisan Revue gemeint waren« in meinem letzten Marxismus-Artikel machen mich etwas stutzig. Wenn doch noch soviel Zeit ist, daß ich den Collectivisation-Artikel noch schreiben könnte, warum schicktet, *warum schickt Ihr mir nicht jetzt noch* meinen Artikel zur Korrektur? Keine Sorge, daß ich unnötige Kosten durch überflüssige Korrekturen veranlasse. Ich bin nicht kleinlich, aber meine politische Linie darf nicht erheblich verbogen werden!
Ich habe bei Rothwell[96] in Stanford in cooperation mit seinem Buch über Rosa Luxemburg, und nach Rückkehr hier zum Zweck von schriftlicher Beratung wieder angefangen, alles über Akkumulation u. Luxemburgismus zu studieren. Hatte bei der größeren historischen Perspektive viele neue u. wie mir scheint gute Erkenntnisse, für die nur ein aufnahmefähiger Markt fehlt, weil wie gewöhnlich die Mittelstufen fehlen, die auf die Ebene führen würden, wo mein Interesse anfängt. Wie wäre es, wenn wir über diesen ganzen Problemkreis eine für viele Monate berechnete theoretische Diskussion im L. M. eröffneten. Eingeleitet werden könnte sie etwa durch die 10 bzw. 14 Seiten in Rosa's *Antikritik*, die ein kurzes Résumé ihrer Theorie geben,[97] oder vielleicht noch besser durch eine englische Übersetzung der klareren und weniger voraussetzenden Variante dieses Résumés in L. Laurats französischem Buch, »L'Accumulation du Capital d'apres Rosa Luxemburg«,

Paris 1930, tome II Chap I pp135–140. Ich habe jetzt Rothwell auch empfohlen, es dem betreffenden Abschnitt seines Buches zu Grunde zu legen, – so hätten wir gleich eine gute englische Übersetzung.

Übrigens könnte ich jetzt auch immer mal wieder meinen methodischen Artikel (The simple and the complex) ausarbeiten (evtl. auf Mitteilung sofort, bei anzugebender Maximallänge); ich wäre jetzt in der Lage, die inhaltlichen Probleme aus Luxemburg, Grossmann, Lenin, Bucharin, Julius Dickmann etc., gleich mit hinein zu arbeiten, da ich alle diese Erinnerungen jetzt hinreichend aufgefrischt hätte.

Für diese große theoretische Diskussion würde ich als Hauptüberschrift evtl. *Crises and Collapse of Capitalism* vorschlagen; solche Fragen wie Akkumulation, Profitrate u.s.w. würden dann als Unterfragen in Erscheinung treten.

Last not least stehen euch auch immer noch das Schlußkapitel meines Buches u. etwaige andere Teile daraus, z. B. über *sogen[annte]* materialistische Geschichtsauffassung, zur Verfügung. Da das Buch *bestimmt* im September erscheint, u. der Living Marxism so selten (!!), wäre es vielleicht schon ganz passend! Übrigens, um noch einen allerletzten (nach dem »letzten«) Vorschlag hinzuzufügen, habe ich auch noch einige, mehr historisch-kritische Teile liegen, die ich bei der letzten Bearbeitung der Kürze wegen im Buch gestrichen habe, für die aber immerhin schon eine, wenn auch nicht gute, englische Übersetzung vorliegt.

Also bitte, an mir liegt es nicht, wenn der L. M. nicht erscheint. Und wenn ich *finanziell* bisher noch garnichts für ihn getan habe, so hoffe ich, das doch in bescheidenem Maße mit der Zeit auch noch zu tun!

Henssler wird dir wohl vor einigen Wochen meine neuerliche kritische Reaktion auf das holländische Sozialisierungsprogramm mitgeteilt haben. Ich halte eine Diskussion *in der Zeitschrift* für eigentlich überflüssig, da wir uns mündlich oder brieflich darüber, wenn überhaupt, ebensogut verständigen können. Das sollten wir versuchen.

Von einer anderen, allgemeineren Seite aus könnte ich in der oben erwähnten allgemeineren Debatte das uns hier wahrscheinlich (noch) trennende methodische Problem berühren; ich bin nämlich auch kritisch gegenüber dem Begriff des »gesellschaftlichen Gesamtkapitals (isten)«, wie er von Marx selbst, dann von Rosa u. andern (nicht zu reden von Kautsky, Bucharin u.s.w.) behandelt wird. – Marx sagt an einer Stelle Kapital II (deutsche Ausgabe p 331) *geringschätzig:* »Die Produzenten mögen meinetwegen (! KK) papierne Anweisungen erhalten, wofür sie den gesellschaftlichen Konsumtionsvorräten ein ihrer Arbeitszeit entsprechendes Quantum entziehn«. Hiermit bin ich, wenn man das »meinetwegen« nicht durch lange pedantische Ausführung von selbstverständlichen abstrakten Möglichkeiten ersetzt, so weit einverstanden. Aber dieses »Quantum«, von dem Marx da spricht, wird ohne Tausch u. Lohnarbeit bald jeden Sinn verlieren!

Dein KK

14

an MATTICK

[Boston,] 7. 10. 1938*

Lieber Paul,
das war nun ein bißchen zu viel Lob, hat mir aber nach all der Arbeit sehr wohl getan.[98]
Die beiliegenden Thesen über »Hegel und die Revolution«[99] sind dir wohlbekannt. Du gabst mir in Chicago den ebenfalls beiliegenden ausgezeichneten Entwurf einer englischen Übersetzung, ohne den ich die Übersetzung garnicht hätte machen können, teils überhaupt und teils weil ich garkeinen deutschen Text mehr hatte (auch nicht die französische Fassung aus Nr.5 der »Critique Sociale«, 1931).
Aus vielen Gründen würde ich die Thesen gern in dieser »philosophischen« Nummer des L[iving] M[arxism] als Dokument, in kleinem Satz, mit gedruckt sehen. Die damals, 1931, von mir zuerst aufgestellte These *»Die Hegelsche Philosophie ist eine Restaurationsphilosophie«* ist in der Zwischenzeit von vielen wiederholt worden, nicht nur ohne Quellenangabe, was mich nicht kränken würde, sondern auch ohne die weiteren Konsequenzen für Dialektik, materialistische Dialektik, Marxismus, Leninismus u.s.w., die ich unter III andeute.
Ich habe mir den Kopf zerbrochen, wie ich den dokumentarischen Charakter ausdrücken und doch den Eindruck eines *veralteten* Artikels vermeiden könnte. Ich denke, die Doppelüberschrift (die Notiz entweder unter der Hauptüberschrift oder als Fußnote) löst das Problem. Wer hat eigentlich die erste Übersetzung gemacht? Bereitter? Sie ist, obwohl ich auf ihrer Grundlage noch verbessern konnte, außerordentlich gut! Schick sie mir bitte zurück – ich hab sie nur beigelegt, damit sie gebraucht werden kann, wenn an meiner Fassung sprachlich etwas nicht stimmen sollte. Wahrscheinlich hast du auch noch meinen deutschen Text.
Eben kommt Bille mich für 1 Stunde besuchen. Es geht ihr gut, sie läßt schön grüßen.

* 2 S. Hschr.

Ich schreibe noch, wenn meine Abreise nach New York feststeht. Bin jedenfalls erreichbar über Institut und über 90 Morningside Drive New York
Herzlich

dein K Korsch

15

an MATTICK

New York, 20. 10. 1938*

Lieber Paul,
ich bin also hier am 3. Tage meiner traurigen Reise zur Erforschung für mich etwa vorhandener Arbeits- und Wirkungsmöglichkeiten im Zusammenhang mit I[nstitut f[ür] S[ozial-] F[orschung].
Bisher steht fest, daß meine beiden Beiträge, *wenn überhaupt*, mit solchen Streichungen u. Entstellungen in der Z[eitschrift für Sozial-Forschung] erscheinen werden, daß sie ihre eigentliche Bedeutung vollkommen verlieren. Ich hätte sie längst ganz zurückgezogen, wenn ich nicht dächte, daß es sowohl für Pannekoek als für die Spanier immer noch ein gewisser Vorteil ist, wenn von ihnen, wie verzerrt immer, in der Z. Notiz genommen wird.
By the way, bist du *ganz sicher*, daß man Pannekoek öffentlich u. im Druck als den Verfasser der Harper-schrift nennen darf? Wenn nicht, würde ich lieber schnell direkt bei ihm anfragen. Mit L[iving] M[arxism] ist es nicht so schlimm, aber die Z. wird immerhin von bürgerlichen Leuten in Holland gelesen. Ich hatte nach Gesprächen mit den Genossen um Canne Mejer[99a] und um Sneevliet[100] in Amsterdam 1928 den Eindruck, daß Pannekoek der holländischen Regierung irgend einen pledge gegeben hätte, sich nicht politisch zu betätigen (oder nicht in Holland, nicht öffentlich, oder dergl.) Hat er denn den Artikel über Organisationsfragen[101] für L. M. mit seinem Namen unterzeichnet oder auch pseudonym geschrieben?
Auch über die geplante Kollaboration mit Horkheimer an einem großen Buch über Dialektik denke ich nach den ersten beiden mehrstündigen Besprechungen sehr skeptisch.[102] Es scheint, daß man mich ungefähr so ausnutzen möchte, wie dich kürzlich mit deinem Bericht über Ökonomie. Man behandelt mich zwar mit fast übertriebenem Respekt, aber das ist nur eine andere Form, entsprechend meiner »gehobenen« Klassenstellung und meinen dadurch gesteigerten Ansprüchen. Wenn

* 4 S. Hschr.; beim Datum der Vermerk: »612 W 112th St. New York NY Ich denke etwa bis Mitte nächster Woche hier zu bleiben«

sich das aber nicht finanziell auswirkt, so werde ich vermutlich irgendwie aus der jetzt sehr positiv von allen Seiten betrachteten partnership (anonymous partnership, soweit ich in Frage komme, wohl so wie so!) noch ausbrechen. Dies alles im tiefsten Vertrauen ganz unter uns. Du kannst mit Hans darüber sprechen, aber nur, indem du ihm zugleich meine Bitte um strengste und absolute Diskretion übermittelst.
Pollock ist wirklich wohlwollend und positiv interessiert an irgend einer Form der Auswertung meiner Produktivkraft, die auch für mich nützlich wäre. Aber er ist völlig durch die privat-kapitalistischen Geschäfte des Instituts in Anspruch genommen u. nimmt nicht einmal an den Besprechungen teil.
Horkheimer ist innerlich, wie ich schon bei unseren Gesprächen in Seattle bemerkt hatte, in den letzten Jahren meinem, unserm politischen Standpunkt sehr nahe gekommen. Aber er ist keineswegs bereit, für seine Ansichten nach außen einzustehen. Das ganze Institut war schon immer und ist jetzt vollkommen aufgebaut auf einer *doppelten Buchführung* in Politik u. revolutionärer Theorie. – Es ist nicht so schlimm wie andere, wie z.B. die »New School«,[103] die jetzt statt der bereitstehenden und bedürftigen politischen Emigranten (z. B. A. Rosenberg, Hallgarten und – Korsch?) reiche Leute wie Riezler aus Frankfurt oder ausgesprochene Reaktionäre wie den Dollfuß-Wiener-Bürgermeister *Winter!* (von Winter gibt es ein groteskes Buch, das eine Besprechung im L.M. verdiente!) zu Lehrämtern berufen haben, die von amerikanischen Juden und Antifaschisten finanziert werden. Diese Leute sind der ärgste Dreck, den man sich denken kann. Aber die Leute vom IfSF. denk[en], weil sie bloß feig und egoistisch und beschränkt, und nicht offene Konterrevolutionäre sind, daß sie wer weiß wie revolutionär und kämpferisch wären (im geheimen!).
Wiesengrund ist einer der fähigsten Köpfe in der Philosophie, wie *Grossmann* eine Leuchte der Ökonomie ist. Auch *Wittfogel* mag trotz seiner Langweiligkeit auf seinem Gebiete wissenschaftlich etwas leisten. Politisch ist er nach außen noch Stalinist, während die andern nur noch eine direkte Feindschaft mit den Stalinisten vermeiden wollen. Innerlich sind alle ausnahmslos, in verschiedenen Graden, Anti-Stalinisten.
Markuse ist eine Art orthodoxer Marxist, könnte ebenso gut noch Stalinist sein, ist bürokratisch autoritär in Sachen bürgerlicher Philosophie + Marxismus (was heute ja schon eins geworden ist). Er hat theoretisch etwas mehr Charakter u. Festigkeit, als die andern, deren größere »Freiheit« nur in größeren Schwankungen und Unsicherheiten besteht. Aber er ist nicht besonders sympathisch als Mensch.
Löwenthal u. *Neumann* sind unter Durchschnitt begabte, per-

sönlich anständige Schriftsteller, der eine auf dem Gebiet der Literatur, der andere a.d.G.d. Jurisprudenz.
... Das ist so ungefähr der Bestand. Gearbeitet wird nur wenig, geredet viel. Das nennen sie »Kollektivarbeit«. In einer bestimmten Rangordnung gibt jeder dem andern nach einigem Gerede schließlich in allem nach; — das nennen sie Gemeinschaft.
Grossmann hab ich bisher erst einmal flüchtig gesprochen in einer Horkheimerschen Universitäts-Vorlesung (deren Zuhörerkreis, größtenteils die Institutsleute mit ihren Frauen, dazu einige verirrte Studenten — mehr oder weniger stalinistisch beeinflußt, weit unter dem intellektuellen Nivo deines Kreises in Chicago stand).
[Ich] konnte daher auch noch nicht über dein Ökonomie-Ms und über L.M. mit ihm sprechen. Mit Bezug auf Unterstützung für letzteren sehe ich schwarz. Ich erwähne ihn oft in den Gesprächen, habe aber den Eindruck, daß ihn keiner liest und alle Angst vor ihm haben (Sie haben im Grunde vor sich selber Angst, obwohl tatsächlich keinerlei Gefahr besteht, daß sie durch Lektüre unserer Artikel irgendwie beeinflußt oder erschüttert werden würden!).
Nach Mitteilung von Chapman&Hall erscheint mein Buch in London *am 7. November*! Was die amerikanische Ausgabe betrifft, so hätten sie das Werk Wiley&Son *submitted* und warteten auf seine Entscheidung ...
Ich kann Exemplare für 4 s pro Stück (Ladenpreis also wohl 6 s) beziehen und habe schon 6 Exemplare bestellt.
Vielleicht kannst du schon in dieser Nummer das Buch als erschienen u. beziehbar (für Ladenpreis, in Dollar ausgedrückt) durch L.M. ankündigen. Wenn du das für richtig hältst und nicht lieber warten willst, bis sich Wiley entschieden hat, um evt. mit ihm weiter zu verhandeln, teil es mir mit. Ich werde dann eine Anzahl Exemplare bei Chapman bestellen und gleich an mich, per adresse Mattick, nach Chicago schikken lassen.
Ich werde Hook Freitag abend sprechen und gedenke auch noch bei Corey und einigen andern anzurufen zwecks appointments. *Boelke* [104] wohnt doch wohl noch 4316-48th St. Sunnyside (L I H. C. dies kann ich nicht lesen; welcher Stadtteil?) ich werde versuchen, ihn aufzufinden; vielleicht kann er inzwischen mal bei mir anrufen Ca(thedral) 8—3998; ich bin wohl immer bis 10 a. m. zu Hause; er kann auch eine message bei Frau Lucy Bernhardi, wo ich wohne, für mich hinterlassen.
Grüße alle Freunde. Hätte ich jetzt Geld, so käme ich vielleicht sehr bald mal nach Chicago. [Doch] so gedenke ich in etwa 1 Monat mal für ein paar Wochen zu kommen. Schreib! Wann erscheint L.M?

Dein KK

M[odern] Quarterly[105] erhielt ich vor meiner Abfahrt noch in Boston zurück. Danke sehr. *Garrat*[106] versteht selbst nichts vom Klassenkampf; materialistisch kommt es nicht darauf an was die Menschen im Kopf denken (»Kampf gegen Religion, etc«), sondern was sie sind und tun. Aus Garrats Darstellung ergibt sich, daß die einzige *Gegenkraft* gegen Franko+Negrin, Mussolini, Hitler, Chamberlain etc das Proletariat (das spanische aktiv, das internationale latent; Rußland zweideutig!) ist; daß Kirche u. Orden in Spanien einen großen Teil des Kapitals darstellten (*direkter* als anderwärts) u. also der »Kampf gegen die Religion etc« direkter Kampf gegen das Kapital ist. Und so weiter.

16

an MATTICK

Boston, 30. 10. 1938*

LP
Zurück aus New York will ich dir schnell das dich betreffende mitteilen. Also ich hatte selten in meinem Leben einen so fatalen Eindruck von absoluter Feigheit und grenzenlosem Egoismus, als in dem Gespräch, welches ich mit Grossmann über dich hatte. Ich beschreibe dir am besten die Tatsachen:
Ich fragte ihn gleich nach der Begrüßung, ob ich mal eine copy von deiner Ökonomie-Denkschrift zum Lesen haben könne.
Er antwortete, daß *er sie noch nicht gelesen* (vielleicht sagte er auch: *noch nicht gesehen*) *habe.*
Ich antwortete sofort, daß man dir doch geschrieben habe, er würde eine Widerlegung deiner Darstellung schreiben.
Er (sichtlich verlegen, aber mehr wegen des Ausdrucks: »Widerlegung«): nein, er habe allerdings gesagt, daß er sein *Urteil* (oder *Kritik* – ich weiß nicht mehr genau) darüber schreiben würde. Er hätte deine Schrift aber noch nicht gesehen.
Ich: ob er mir sagen könne, von wem und wie ich sie mal zu sehen kriegen könne.
Er (ziemlich kurz und höflich ablehnend): er wisse nicht, wer sie habe. Solche Sachen wären im Institut so schlecht organisiert, daß man Zeitschriften, Bücher u.s.w. immer nicht zu sehen kriegte (dann sehr ausführliche Klagen, aber alle vorsichtig in allgemeiner Form, ohne Nennung einer Person).
Ich sprach eine Weile über andere Dinge und fragte dann, ob er denn den »Living Marxism« läse.
Er (vage, ausweichend, gedehnt): ja, (das hieß eigentlich: nein), er kriege ihn zugeschickt . . .

* 6 S. Hschr.

Ich sagte dann etwas zum Lobe des Living Marxism. Er sagte dazu nichts Direktes, war uninteressiert.

Ich erwähnte *Lange*[107] (den Hook, als ich ihn ihm nannte, sehr gelobt hatte) – er antwortete ausweichend, eher ablehnend, so etwa, daß er ihn flüchtig kenne.

Ich fragte dann noch grade heraus, indem ich schilderte, daß eine neue Nr. fertig, aber aus Geldmangel nicht herauskäme, ob er meinte, daß man vom Institut etwas kriegen könnte – er ablehnend, ausweichend, ablenkend.

Ich machte schließlich noch den verzweifelten Versuch, von ihm persönlich etwas zu kriegen, indem ich sagte ich würde, obwohl ich nichts hätte, gern 10 $ geben, wenn er auch 10 $ gäbe; und wenn wir noch 3 andere dazu kriegten, dann wären die fehlenden 50 für die Nr. zusammen und für die nächste könnte dann Reklame gemacht werden. Er antwortete darauf überhaupt nicht, sondern sprach höflich von andern Dingen; es war aber klar, daß er *gar nicht daran dachte* etwas zu geben *oder irgend einen Schritt dafür* zu *tun*, einen *Rat* zu geben, ein *Wort* zu sprechen ...

Dies alles in einem sehr liebenswürdigen Gespräch, in welchem ich seine Bücher viel mehr lobte, als ich es sonst getan hätte, weil ich schon von früher wußte, daß er äußerst eingebildet ist und selbst die plumpste Schmeichelei verträgt. Er sagte mir auch in dem Gespräch, daß er grade einen Artikel für die Z. beendet habe, in welchem er die Unterschiede zwischen Marxismus und bürgerlicher klassischer Ökonomie behandelte. Er fügte naiver Weise hinzu, daß er dabei nicht stehen bliebe, sondern die Sache noch über Marx hinaus bis zur Gegenwart weiter verfolgt hätte. Ich bin persönlich überzeugt, daß er dein Material gelesen hat und es nur aus Eingebildetheit verleugnet u. vielleicht vor sich selbst auch verdrängt. So was gibt es. Außer ihm beschäftigt sich im Institut *niemand* mit Ökonomie, da Pollock keine Zeit hat.

Also dies zu dem Hauptpunkt. Alles natürlich streng vertraulich, wie meine früheren Schilderungen. Ich habe dazu noch viele ähnliche Eindrücke gesammelt. Ich selbst wurde dabei von allen immer mit größter Hochachtung und persönlicher Liebenswürdigkeit behandelt. Auch ist es mir wohl gelungen, wenn nach meiner Abreise nicht wieder neue Ängste eintreten, meine beiden Beiträge in das nächste Heft der Zeitschrift zu bringen. Allerdings bis zur Unkenntlichkeit entpolitisiert und förmlich entmannt. Würden trotzdem noch als Bomben wirken!

By the way, wäre es mir unter diesen Umständen noch wichtiger, daß mein Spanienbeitrag bald ungekürzt im LM erscheint. Ich hoffe, daß du ihn nicht auch noch, wenn auch aus anderen Gründen, verschiebst und verdrängst! Wenn Bereitter mit der Übersetzung nicht fertig wird, könnte da nicht vielleicht der *Gen. in Washington,* der die Hegelthesen so vorzüglich übersetzt hat, diese Übersetzung auch machen? Sobald sie fertig ist, schick sie mir her zur Autorisierung; ich muß vor allem den ersten Satz ändern, da es mir gelungen ist, ihn für die Zeitschrift zu retten (während alles folgende bis S. 3 Mitte, also *alles Politische,* restlos gestrichen ist; – auch das Motto-*Marxzitat* mußte weg, weil ein Marx-Motto in der Zeitschrift nicht zulässig ist; – ebenso der lange Satz auf S. 1, der ein *Bekenntnis zur materialistischen Geschichtsauffassung* enthält; dergl. darf, außer vielleicht in einem der wortradikalen Beiträge von Horkheimer selbst, in der Z. nicht gesagt werden!

Bitte schreib, wie es mit dem Erscheinen der nächsten Nr. steht. Es fiele mir schrecklich schwer, jetzt selbst etwas beizusteuern, da Hedda unglücklicherweise gestern auf dem Boston Commons ihre Handtasche mit all ihrem Besitz (u. a. fünfzig Dollar bar; Brille = 15 $; Identifikationskarte für Immigration, Drivers License[!], u.s.w.) verloren hat u. keine Aussicht besteht, daß wir etwas davon wiederkriegen. Trotzdem würde ich die oben erwähnten 10 $ irgendwie zu beschaffen suchen, wenn davon das Erscheinen dieser Nr. u. damit vielleicht der Fortbestand des L. M. abhängt.

Ich fragte Corey, warum er nicht für L.M. schreibe, in deinem Namen. Er antwortete, daß er tagüber beruflich arbeitet u. daher keine Zeit hat. Natürlich liegt ihm, da er Lovestoneyte[108] ist, nichts daran; er hatte auch *Nr. 3 u. 4* nicht gesehen; ich hab ihm die beiden Nrs. gegeben, fürchte aber, er wird *höchstens* meine Beiträge darin lesen u. sicher nichts dafür tun. Hook habe ich nach dem einen mal nicht wieder gesehen, konnte ihn also auch nicht wegen Mitarbeit fragen. Vielleicht könnte man ihn eher dafür gewinnen, da er viel schreibt und nirgends gebunden ist. Aber ob dir und den Gen[ossen] sein Beitrag gefallen würde?

Bei Corey traf ich zufällig *Rorty,* dessen Beiträge über Reklamewesen in Modern Monthly mir seiner Zeit besonders gut gefallen hatten.[109] Er gefiel mir auch persönlich recht gut; hoffentlich gegenseitig.

Ich hatte dir meine Adresse falsch angegeben (*12* statt richtig *112* Straße); kriegte also deinen Brief mit Bölkes neuer Adresse erst spät. War dann mit B. noch 2 mal zusammen; das zweite mal in langen nächtlichen Gesprächen mit ihm und der äußerst intelligenten Genossin?? (Edith?). Wir verabredeten, daß ich bei meiner nächsten Reise nach NY vorher schreiben und dann sowohl in der Gruppe als in dem größeren Kreise sprechen würde.

Wann ich wieder fahre, ist ungewiß. Ich verabredete mit Horkheimer zwar diverse Arbeiten, die ich für ihn mit Bezug auf sein geplantes Buch machen soll. Aber der materielle Punkt, über den ich einmal privat mit Pollock gesprochen hatte, kam nicht wieder zur Sprache. Und wie ich jetzt gesinnt bin, werde ich vor Klärung dieses Punktes mit keiner Arbeit für diese Leute anfangen. Ich glaube, daß ihnen nach meinem Besuch noch viel mehr an meiner Arbeit liegen wird als vorher; ich war ununterbrochen so höflich und nachgiebig wie noch nie und habe ihnen schon in den wenigen Tagen beträchtlich an der Klärung ihrer eigenen »Probleme« geholfen, Artikel durchgesehen u. kritisiert u.s.w. Das Übel ist aber, daß Horkheimer nach meiner Schätzung vor einem Jahre kaum wirklich mit dem Buch anfangen wird. Von dem *Plan* spricht schon (in den in Frage kommenden engen Kreisen) fast jeder; es ist viel *Lebenslüge* (im Sinne von Ibsen's »Wildente«) dabei: Er *wird* ein Buch schreiben, – *das* Buch, – über *Dialektik* – alles das klingt sehr berauschend schon als Zukunftsmusik und täuscht über die Leere der Gegenwart hinweg. Es ist das alles kaum so einfach, wie du (mit Bezug auf die ›New School‹) meinst: »alles Geschäft«. Für *diese* Leute ist das eigentliche Geschäft im voraus gelöst; wie sie leben, hat wohl keiner weniger als $ 1000 monatlich; dazu Spesen für alle Ausgaben betr. Institut einschl. Einladungen zum lunch etc. Es ist mehr Minderwertigkeitsgefühl + Eingebildetheit, verbunden mit Feigheit, Sicherheitswünschen, kleinen gegenseitigen Eifersüchten. Es ist das letzte mal, daß ich dich mit diesen psychologischen Betrachtungen langweile. Du brauchst auch in deiner Antwort nicht mehr darauf einzugehen, sondern wir können gleich von wichtigeren Dingen sprechen. Mir scheint die Weltlage ist außerordentlich interessant, wirklich ganz im Sinne meines weggestrichenen Marxzitats, daß »in dergleichen großen Entwicklungen 20 Jahre nicht mehr als ein Tag sind, obgleich nachher wieder Tage kommen können, worin sich zwanzig Jahre zusammenfassen.« 20 Jahre – 1918–38! Ich finde also, mein Zitat paßt für den außenpolitischen Artikel der nächsten Nr. des L.M. besser, als für meinen Spanienartikel. Ich empfehle also, ihn dort als Motto oder Zitat zu verwenden. Der Satz steht im *Brief Marx' an Engels vom 9. 4. 63* (die Briefe sind in englischer Übersetzung vorhanden).[110]

Ich lese grade *Stolberg's* Geschichte der C.I.O.[111] – Ich sah, daß bei International Publishers eine englische Übersetzung von Marx's *Kritik der deutschen Ideologie* erschienen ist; übersetzt von *Pascal.* Meinst du daß es möglich wäre, die als Rezensionsexemplar für L.M. zu kriegen. Ist ein dickes Buch u. wird also nicht sehr billig sein. Evtl. könnte ich auch versuchen, es mir umsonst durch das Institut zu verschaffen. – Nach dem Stolberg lese ich als nächstes das Buch von *Lange*. Grüße Hans, Niel, Moss und alle andern herzlichst; einmal werde ich doch auch wieder nach Chicago kommen.

Dein KK

Mein Buch ist noch nicht da; ich fürchte wir müssen *vorläufig* abwarten, ehe wir *offiziell* die englische Ausgabe verkaufen; aber für die Freunde in der Gruppe werde ich gleich 4 s-Exemplare bestellen.

17

an MATTICK

Boston, [7. oder 14. 11. 1938]*

Lieber Paul,
beiliegende 5 $ sind das äußerste, was ich zur Zeit beitragen kann, aber vielleicht helfen sie doch zur Beschleunigung etwas mit. Ich denke fast, du solltest das Rennen für dieses Jahr lieber aufgeben, sofort nach Erscheinen dieser Nr. zur gestencilten C[ouncil]-Correspondence zurückkehren, diese vielleicht 14-tägig mit aktuellem Inhalt herausbringen (ich gelobe Mitarbeit durch Artikel u. *viele* Besprechungen von Büchern aus meiner jetzt beginnenden neuen extensiven Lese-Periode!) u. einen *Fonds* anlegen für Neu-Herausgabe eines Quarterly oder besser Two-monthly (ich meine *ein Heft alle 2 Monate*, was vielleicht realistischer ist, als Monatsschrift, und verlokkender für Abonnenten als Quarterly), *dafür* mit den kommenden C C's fortwährend Reklame machen u. gedruckte Zeitschrift vielleicht 15. Jan. 39 herausbringen. Titelfrage neu überlegen; gegen Wechsel spricht manches, aber eigentlich ist der Titel nicht gut; es war, für 1938, ein reichlich totgeborener »Living« Marxism!

Heute soll mein Buch (auch so ein »Living« etwas?) in London erscheinen; hoffentlich ist es wirklich erschienen!

Ich kriegte heute von Bölke erbetenermaßen einige vollzählige Exemplare von 1–4 LM, 1 Exemplar Pannekoekbroschüre, und deine Anleitung zu Kursen über »Kapital I«, die ich in Chicago und sonst von außen, aber bisher noch nie von innen gesehen hatte. Ich sah flüchtig auf die ersten Seiten, über Dialektik u.s.w. und fand sie ausgezeichnet. Zugleich wurde mir – aber das trifft nicht dich persönlich, sondern die ganze Sache, die du besonders gut vertrittst! – wieder lebhaft bewußt, wieviel Mythus und Zauberei in der ganzen marxistischen

* 2. S. Hschr.; zur Datierung vgl. Briefe 16 und 19.

»Theorie«-Propaganda immer gesteckt hat und noch steckt. Es wäre wirklich gut, hier mal Mythus u. Wissenschaft zu trennen – wie dies Sorel einmal, nur leider mit umgekehrter Tendenz: *für* Mythus, *gegen* Wissenschaft unternommen hat. Solltest du umstehender Erwägung betr. L.M. folgen, so täte es mir leid, daß meine Hegelthesen schon wieder einmal das Licht der Druckerschwärze verfehlen. Aber das wäre natürlich nur ein geringer Kummer verglichen mit der Sache selbst.
Ich habe deinen letzten Brief nicht bei mir, schreibe auf dem P[ost] O[ffice] So werde ich etwaige zu beantwortende Punkte später beantworten.
Herzl. Grüße an dich u. alle alle

dein KK

Man verfällt in der Not auf komische Dinge: ich habe diese Woche perfekt englisch stenographieren gelernt!

18

an MATTICK

Boston, 22. 11. 1938*

L.P.
Maschineschreiben ist für mich immer noch relativ zeitraubend, ich schreibe daher mehr in Stichworten.
1) Wann denkst du, daß L[iving] M[arxism] erscheint? Es tut mir besonders leid um den außenpolitischen Artikel; der mag so gut gewesen sein wie er will, so ist er doch heute veraltet. – Pannekoek schrieb mir einen netten, aber etwas naiven Brief über die Gründe, warum er sein Pseudonym gewahrt zu sehen wünscht. Das wird also geschehen.
2) Mein Marxbuch ist am 14. Nov. endlich erschienen. Herbert L[evy] bekam schon am 8. Mitteilung darüber und eine advance copy. Von allen Menschen scheine ich der zu sein, der sie zuletzt bekommt. Immerhin stand in Ch[apman] & Halls Brief an Herbert, daß das Buch nun definitiv bei J. Wiley & Son erscheint. Da in solchen Fällen die ausgedruckten sheets von England nach USA geschickt werden, denke ich, daß es nicht mehr allzulange dauern kann. Wenn du also Leute für Rezensionen gewinnen kannst, so fang damit zeitig an; mir scheint das Hauptproblem, zu verhindern, daß die C.P.-»Experten«, die überall das Monopol für solche Besprechungen haben, das Buch auf höheren Befehl einfach ignorieren. Ein paar neutrale Besprechungen würden das verhindern.
3) Ich las Langes Buch[112] und bin entsetzt. (dies mit für Henssler bestimmt!) Erstens handelt es nicht von sozia-

* 3 S. Mschr.

listischer Ökonomie, sondern lediglich von staatskapitalistischer und faschistischer Ökonomie. Ab Seite 90 fällt die letzte Maske – bis auf das (IV, 2. Zeile) lächerlicher Weise beibehaltene Adjektiv »sozialistisch«. – Die vielen politischen Schwächen und Feigheiten, Verbeugung vor Stalins »serious belief« p.139 usw. wirst du ja selbst gesehen haben; nur zum Spaß erwähne ich noch, daß bei diesem Revolutionär die ungeheuren Triebkräfte der gesellschaftlichen Arbeit (warum Arbeit? nach seiner Theorie sind es die berühmten alten »Faktoren«: Natur, Kapital und die als »Pein« – nicht als Produktivkraft – aufgefaßte »Arbeit« mit ihren verschiedenen, auf »marginal« disutility zurückzuführenden »relative disutilities« – welch grenzenloser Blödsinn! welch olle und ollste Kamellen!) nicht ungeboren im Schoß(womb) der alten Gesellschaft ruhen, sondern wie friedliche wohlgenährte Babies »slumber in the *lap*« (p. 111).
Da du trotz deiner großen Kenntnisse auf dem ökonomischen Gebiet wahrscheinlich die ältere Grenznutzentheorie und mathematische Ökonomie doch nicht im einzelnen genau genug kennst, hast du keine Ahnung, wie alt all dieser unfruchtbare Unsinn ist. Für mich war nur interessant, wieviele Leute sich inzwischen weiter damit beschäftigt haben. Selbst der alte Marxfresser Pierson[113], der in meiner Studentenzeit vor 30 Jahren schon ein abgelebtes altes Inventarstück der Universität Jena war (ein typischer famulus-Wagner-Schüler dieses in seiner Naivität immerhin noch irgendwie reizvollen Urfaust war der dir wahrscheinlich bekannte dickleibige »Marxkritiker« Muhs!) wird heute von dem linken »Sozialisten« Lange wieder von den Toten heraufbeschworen. Ich selbst glaubte, daß diese durch Mises nach dem Kriege, als die Fragen wirklich auf der Tagesordnung standen oder zu stehen schienen, eröffnete Debatte bald darauf wieder verdientermaßen entschlummert wäre. Vor allem ahnte ich nicht, daß das damals bereits gesehene Schauspiel, daß *der eine* (Mises) *den Bock melkt* (indem er dem Sozialismus »beweist«, daß er den »Wert« abschaffen werde!) und *der andere* (damals u. a. der Ungar Polanyi in einem Artikel im Archiv für Sozialwissenschaften, auf den damals Felix Weil in der gleichen Zeitschrift mit einer marxistischen Antikritik antwortete, die hauptsächlich aus der wörtlichen Wiedergabe eines 20 Seiten langen ironischen Briefs bestand, den ich damals darüber an Weil geschrieben hatte) *ein Sieb unter hält* – indem er (P. damals von einem gildensozialistischen Standpunkt aus, der immer noch *etwas* mehr Sinn hatte als jetzt Langes staatskapitalistischer!) nachweist, daß der Sozialismus sich dieses Juwel des »Preises« doch durch einige mehr oder weniger krampfartige Anstrengungen würde erhalten können,[114] – ich ahnte

damals nicht, daß dieses Schauspiel 20 Jahre später eine Reprise erleben würde.
Ich fürchte, daß du die ganze Tiefe dieses Unsinns auch darum nicht ermessen wirst, weil auch dein Holländer-Programm, wenn auch auf dem Boden der Arbeitswerttheorie und auch sonst auf einem höheren Niveau, das Problem der »Komputabilität« der kapitalistischen Produktion nicht als Konsequenz des Warenfetischismus kritisiert, sondern nur utopisch und abstrakt von seinen kapitalistischen Zügen zu reinigen sucht.
Sage Lange vorläufig nichts von meiner Kritik, es ist besser, wenn ich später selbst mit ihm darüber spreche. Es ist auch nicht ausgeschlossen, daß ich mal eine Analyse der ganzen Richtung (von Barone[115] bis Lange!) schreibe — allerdings hab ich wenig Lust wieder einen solchen Augiasstall auszumisten, wieder so ein Problem zu klären, mit bezug auf das von beiden Seiten nur falsches gesagt wird. Ich erwähne noch ein kleines Argument um zu zeigen, wie lächerlich die Langesche Wieder-Entdeckung des Wicksteedschen[116] »Preises« im weiteren Sinne gleich »Terms on which alternatives are offered to us« ist (sie ist übrigens ebenfalls uralt und wird in der von Lange in Fußnote p. 60 erwähnten Schumpeterschen Formulierung schon von Marx im Kapital ironisiert!). Darnach müßte es z. B. möglich und zweckmäßig sein, die Kriegführung in terms of Prices und also »ökonomisch« zu behandeln. Dies fällt natürlich niemandem ein, aus dem einfachen Grunde, daß die verschiedenen »utilities« und »disutilities« hier niemals (als höchstens ansatzweise zur Zeit des Freihandels in Söldnerheeren!) als Waren auf einem Markt gegen Geld gehandelt worden sind. So haben wir also heute eine ökonomische Wissenschaft vom Kriege, aber sie beschäftigt sich nicht mit solchen kindlichen Spielereien. Genug und übergenug hiervon, ich bin neugierig, was aus euren Diskussionen darüber herausgekommen ist.
4) Kennst du M. S. Mayer in Chicago? Ich las seinen Artikel in Harpers, Nov. 1938 über eure schöne Stadt und fand ihn ausgezeichnet, werde mir das Heft sogar kaufen. Nach Angabe der editors ist er z. Z. »connected with the Univ. of Chicago«.
5) Ich würde u. a. folgende Bücher gern lesen u. evtl. für L.M. oder C. C. besprechen, wenn du das eine oder das andere davon als Bespr. Exemplar beschaffen könntest: 1) M. Dobb, Political Economy and Capitalism (G. Routledge & Sons, London 1937), 2) Lancelot Hogben, Science for the Citizen (Knopf, 1938), es kostet hier in USA 5 $, die englische Ausgabe aber nur 12 s 6d (über 1000 Seiten).
Fortsetzung später.
Grüße an alle

dein KK

19

an MATTICK

[Boston], 7. 12. 1938*

LP

Dank für deinen Brief und die gute Aufnahme meines »Büchleins«. Näheres erst, wenn ich es selbst gesehen habe.

I. Für heute nur, 1) daß ich, alles gegen alles abwägend, nicht wüßte, aus welchen Munde mich solche Anerkennung und Zustimmung mehr erfreut hätte, als aus deinem. (Darin liegt schon, wen ich mir als Rezensenten in L[iving] M[arxism] wünsche. Hast du daran gezweifelt?). 2) daß ich dir in den beiden »kleinen Dingen« heute recht geben muß. Besonders dein Hinweis auf meine Ablehnung einer entsprechenden Stellungnahme Pannekoeks hat mich überzeugt. Im Falle Trotzki finde ich es nicht bedauerlich, weil

a) T.'s Erwähnung im Buche Ehrensache war;
 α) seine Ignorierung wäre falsch gewesen;
 β) eine wichtigere Äußerung von ihm (deren gibt es *einige*, z. B. in seinem Buch über den »Oktober« anläßlich des Versagens der KP und KI und RKP 1923, ferner in seiner Doppelkritik des Mensche- und Bolschewismus um 1905/06 – wieder abgedruckt in seiner Geschichte der Revolution von 1905, in der Mitte des Buches)[117] zustimmend zu zitieren, fand ich auf dem kurzen Raum keine Gelegenheit; – etwas wichtigeres Falsches richtigzustellen, wäre ebenso falsch gewesen wie Ignorierung (unter α);
b) gegenüber den Theorien der Technokraten Trotzkis Theorie immer noch revolutionärer Marxismus ist!
 (Die zweite Erwähnung in Fußnote III, Ch. V geschah, um sein recht gutes Buch über die Russ[ische] Rev[olution] zu erwähnen; das »law of combined development« ist nicht besonders viel wert; es ist wie ich angedeutet habe, nur das Gegenstück zu Lenin's »ungleicher Entwicklung«, beides armselige vulgäre Wiederholungen längst besser, obwohl zu fragmentarisch von Marx selbst gezeigter Zusammenhänge.)[118]

Bei Lenin wäre es in der Tat besser, seine »Kinderkrankheiten«[119] grundsätzlich *niemals* ohne irgend eine kritische Einschränkung zu zitieren. Es war in der Tat nach Inhalt und Funktion und Absicht in der Hauptsache ein kontre-revolutionäres Werk. Der trouble ist hier, wie an der anderen Stelle (II, Ch. V)[120] *wo ich Marx's eigene Revolutionstheorie kritisiert habe*, daß ich in diesem Buche nirgends direkt und eindeutig *gegen* Marx, seine Theorie und Politik sprechen wollte. Mein Vorbehalt gegen das *historisch vollkommen analoge*

* 8 S. Hschr.

Verhalten von Marx ab Sommer 1850 und von Lenin 1920 ist enthalten in dem *Offenlassen* der Frage »whether that change resulted in a strengthening or a weakening of the revolutionary movement« of the time. Die richtige Antwort wäre vielleicht, daß es ein *weakening* influence, diese »weakening (Marx'sche *und* Lenin'sche) theory« aber selbst nicht geschichtliche Ursache, sondern bloß *Ausdruck und index* einer (beide male) bereits eingetretenen Entkräftung der Bewegung war. Diese Antwort habe ich auch so gut als bei meinem einmal eingenommenen Standpunkt möglich war, in den folgenden Ausführungen an *beiden* Stellen im Buche angedeutet. *Du* könntest vielleicht damit zufrieden sein, daß ich den Leninismus auch in diesem Punkte als völlig übereinstimmend mit dem *sozialdemokratischen* »Marxismus« der Vorkriegszeit nachgewiesen habe! – Schreibe mir, wieweit dich diese Darlegungen mit meinen *Absichten* aussöhnen!

II. Zu meinem Artikel in LM[121]

Zunächst ein eigentümlicher Beweis von stubbornness in matters of theory. Du schreibst mir: »Du irrst dich; Du schriebst ›nonsense *is* my language‹! Das ist kein Druckfehler. Ich habe sogar das Modern Quarterly nachgesehen, und auch dort stand ›nonsense *is* my language‹«.

Ich habe sämtliche Abschriften des Manuskripts hier; in allen steht wie in der beiliegenden: nonsense *in* my language.

Ich habe das Modern Quarterly I 1, January 1938 hier mit Black's Artikel[122]. Dort steht p 63 in dem von mir LM p 143 wörtlich zitierten Satze

nonsense *in* my language.

Das ist auch das einzige, was hier *gemeint* ist. Ob Sätze richtig sind, hängt formal nach Carnap etc. von der jeweils benutzten Sprache ab. Der Ton liegt auf dem »*my*«; dieses Wort ist bei Black p 63 sogar unterstrichen. Ich habe davon nur abgesehen, weil bei unsern vielen Sparsamkeitssperrungen eine Sperrung von 2 Buchstaben doch nichts genützt hätte u. der Satz für den Kenner auch ohnedies klar ist. Aber »nonsense *is* my language« gibt keinen für mich erkennbaren Sinn, der zu meinen Ausführungen über Black's Kritik des modernsten Positivismus paßte.

Es ist merkwürdig. Aber vielleicht ist es nicht zu viel, wenn ich dich hier an unsere Diskussion in New York über Marx's Wert-Definition in den ersten Absätzen des Kapital erinnere?

Nun zu der wichtigeren Frage nach dem Wert von Bereitters sprachlichen Verbesserungen. Ich habe jetzt die Frage genau geprüft. In dem beiliegenden Ms bedeuten *rot markierte Stellen* Verschlechterungen, *blau markierte Stellen* Verbesserungen meines Textes, während *rot und blau* zweifelhafte Stellen bezeichnet; meistens solche, wo die sprachliche Form ver-

bessert wurde, aber der Sinn oder seine Deutlichkeit darunter mehr als nötig gelitten hat.
Bitte um Rücksendung dieses für mich lehrreichen Ms!
Du siehst, daß im Ergebnis die *Verbesserungen bei weitem überwiegen.* Ich bin also B. dankbar für seine Änderungen im ganzen. Es wäre für die Zukunft eine *ideale* Regelung, wenn er verbessert und ich nachher das Ms vor dem Druck noch einmal prüfen kann. (Ich werde ihm wegen des Spanien-Artikels schreiben)
Wirklich schlimm ist nur der eine Fehler, auf den ich Sonnabend schon hinwies, aber nicht einmal scharf genug. *Ich wollte sagen u. hatte gesagt,* daß es eine fallacy, wenn man dächte, daß der *(selbstverständlich* zu wahrende!) militant character der revolutionären materialistischen theory durch *andere* Mittel gegen Knochenerweichung *geschützt* werden könnte als durch *volle Bereitschaft, alle* theoretisch *berechtigten Änderungen* anzunehmen. B. *läßt mich sagen,* daß es eine fallacy wäre zu denken, daß der militant character *maintained* werden kann u. soll, wenn dadurch *Modifikationen* der Theorie *ausgeschlossen* werden, die durch den Fortschritt der Wissenschaft *unabweisbar* wurden!
Ich gebe gern zu, daß mein Satz schwer verständlich war und der Verbesserung bedurfte. Ich würde heute *positiv* sagen, daß das einzige Mittel zur Erhaltung des militant character darin besteht, mit der Wissenschaft fortzuschreiten. Ich würde hinzufügen, daß es eine fallacy wäre, wenn man dächte, dasselbe durch dogmatische Verknöcherung der Theorie zu erreichen. (Alles Nähere darüber ist in meinem Buch über den Kautskyanismus und übrigens auch wieder in dem Marxismusartikel in LM 4[123] gesagt!)
Ich denke, daß die Leser den richtigen Sinn aus dem weiteren Fortgang meines Artikels entnehmen werden. Aber auch B. hätte ihn daraus entnehmen können. Was letztlich zu Grunde liegt, ist vermutlich, in diesem Punkte, mangelnde Übereinstimmung in der Sache. Nicht viele Marxisten sind ernstlich bereit, jeden Punkt ihrer Theorie jederzeit zu Gunsten einer richtigeren Theorie preiszugeben. Lenin bekannte sich dazu, mit starken Worten, mit Bezug auf den jeweiligen Inhalt solcher Begriffe wie »Materie«, »Bewegung«, aber *nicht* mit Bezug auf diese »Grundbegriffe« selbst. »Keine Bewegung ohne (bewegte) Materie« schien ihm ein wissenschaftlich nicht widerlegbarer Satz — aber er ist, in dem Sinne wie ihn Lenin verstand (und nicht nur: ›in unserer heutigen Sprache‹!) heute widerlegt.
Noch einmal: ich meine nicht, daß jemals wirklich revolutionäre Interessen mit wirklichem Fortschritt der Wissenschaft in Konflikt geraten können. Darum umgekehrt: Jeder wirk-

liche Fortschritt der Wissenschaft ist der revolutionären Theorie und Praxis willkommen!

Du wirst selbst sehen, daß die *anderen* Verschlechterungen die ich rot anstrich, nicht übermäßig wichtig sind. Natürlich ist »replaced« statt »*ousted*« LM p 139 erste Spalte schade, weil ich 1) *meine*, daß die herrschende Klasse dem Proletariat, besonders dem englischen, die CP *gestohlen* hat! und weil 2) der Satz so, durch das *zwei*malige *replaced* am Anfang und am Ende, wie eine leere Tautologie klingt. Das beste wäre gewesen, *zwei* Sätze daraus zu machen. Ebenso *meinte* ich p 141, 2. Spalte *allegiance* und nicht »acceptance«. Die Leninisten sind dem alten bürgerlichen Materialismus treu *geblieben* (und der bürgerlichen Revolution!); sie brauchten ihn nicht erst nachträglich an Stelle einer besseren (proletarischen) Theorie »anzunehmen«. Also »*allegiance*« gibt genau wieder wie es gewesen ist.

Und so weiter! (Dir wird dies großenteils unwichtig genug scheinen. Aber ich habe den Ehrgeiz, wirklich englisch zu lernen und von Übersetzern unabhängig zu werden, — schließlich so weit zu kommen, daß ich in richtigem Englisch meine eigene englische Sprache schreiben kann.)

III. Zu Heft 5 des LM im allgemeinen:

1) Das Heft hätte äußerlich gewonnen, wenn die beiden kleiner gedruckten Artikel (meiner u. Auerbach's[124]), beide eine Art reviews, am Ende gebracht worden wären.

2) Den Leitartikel[125] hätte ich vortrefflich gefunden, wenn ich ihn in einer bürgerlichen Zeitschrift gefunden hätte. Für L.M. scheint mir die Ableitung der Außenpolitik aus dem Klassenkampf vernachlässigt; sie ist nicht einmal ernstlich versucht worden. der allgemeine Hinweis auf die »*social revolution*« p 135 scheint mir nicht viel mehr, als wenn ein gläubiger Christ auf den »*Willen Gottes*« verweist oder (was hier noch genauer entsprechen würde) auf »*ein Wunder*« hofft (bzw. zynisch sagt, daß es eben »keine Wunder gibt«!)

Diesen Vergleich meine ich ganz ernst. Wenn ich dich, Paul, als den Verfasser dieses Artikels betrachte und mich an unsere kleine Differenz in der spanischen Frage erinnere,[126] so scheint es mir in der Tat, daß du die *konkreten*, heute schon bestimmbaren Zusammenhänge zwischen class struggle und Außenpolitik verdrängst. Mir scheint der Satz von dem *Primat der Außenpolitik* über die innere Politik ein typisch bürgerlicher Satz (genau wie der entsprechende Satz einer falschen, abstrakten »material[istischen] Auffassung« von dem »*Primat der Ökonomie*«*!*) und eben darum *die* Aufgabe des L. M., auf Schritt und Tritt die Abhängigkeit der Außenpolitik vom Klassenkampf (*und* ökonomisch-sozialen Lagen u. Prozessen) nachzuweisen. Vielleicht wage ich mich mal an einen solchen

Artikel, vielleicht über Frankreich 1934 – 39, oder über England. Inzwischen könntest du schon viel durch einen *richtigen* Artikel über Mexico und (oder) die gegenwärtige USA Außenpolitik tun![127]

3) Pannekoek's Artikel[128] ist besonders gut. Besonders der Satz p 148 Zeilen 12ff über »already means revolution« ist mir zutiefst eine Freude. Hier sind die Zusammenhänge unseres Marx[ism]us mit rev[olutionärem] Syndikal[ism]us. Henssler sollte *diesen* Artikel (mehr als P's frühere über dieselbe Frage) gut für seine Arbeit über Trade-Union-Perspektiven studieren.

4) gegen Auerbach's Artikel (in seiner von euch revidierten Form) habe ich keine Einwände. Es war gewiß sehr gut, einmal im L. M. dazu klar Stellung zu nehmen. Auch liest sich alles gut u. verbreitert das Interesse größerer u. naiverer Leserkreise (was *dringendst* nötig).

Obwohl mir gelegentlich das Gleiche passiert, bin ich wieder gegen die allzu »wholesale« revolutionäre Schlußfolgerung am Ende. Irgend eine *konkretere* Wendung wäre besser gewesen. *Ich* glaube zum Beispiel, daß es *nicht* richtig ist zu sagen: difficult – impossible – to prevent the special atrocities against the Jewish population. Man müßte sagen, daß man gegen das Kapital usw. auch dadurch, und zwar revolutionär als Klasse, kämpft, daß man gegen so abgeleitete und distorted forms der capitalist exploitation kämpft, wie gegen die »special atrocities against the Jewish ›population‹ in Palestine and everywhere.«

5) dein Artikel über W[orkers'] A[lliance][129] ausgezeichnet u. auch für mich selbst sehr lehrreich. Obwohl ich im Ganzen, die auch persönliche Wendung gegen die Bürokratie für richtig u. notwendig halte; – z. B. im vorletzten Absatz die Anwendung der für die AFL bekannten Abneigung gegen Vergrößerung der eigenen Organisation auch auf die WA, so glaube ich doch daß man hier vorsichtig formulieren muß, um den Ausweg in billige Emotionen u. Ersatztheorien nicht zu fördern – z. B. p 159 Zeilen 12 ff »it functions *exclusively* . . . grocers«. Das ist *Pareto'sche Elitentheorie* gegen Marxsche Klassenkampftheorie. – Trotzdem, ein guter Artikel!

IV. Ich lege meinen letzten Briefwechsel mit Bölke bei, wegen der darin berührten Lange-Diskussion. Bitte um Rücksendung. Alles weitere demnächst. Grüß alle und sei selbst herzlich gegrüßt

von deinem KK

20

an MATTICK

Boston, 1. 1. 1939*

LP

Hier einige Punkte, die ich vielleicht noch vor meiner Abreise am 4. (bzw. später je nachdem, wie pünktlich oder verspätet die an diesem Tag in New York fällige *Pennland* der Red Star Line erwartet wird; meine »Manhattan« vor 2 Jahren was 2 Tage overdue!) beantwortet kriegen kann:

1) Es ist jetzt so wahrscheinlich geworden, daß ich etwa am 10. Januar für etwa 1 Monat nach Chicago komme, daß es mir scheint, ich kann mir unter diesen Umständen die lange Arbeit sparen, meine kritischen Anregungen zu Seite 32—86 deines Ökonomie-pamphlet niederzuschreiben, u. wir können das besser u. schneller mündlich dort erledigen. Zu S. 1—32 möchte ich außer den paar kurzen Glossen, die ich gleich beim ersten Lesen am Rande machte, sowieso keine Einzelkritik machen, da ich denke, daß du diesen Teil, wenn du ihn nicht einfach streichst, auf Grund deiner inzwischen vermehrten theoriegeschichtlichen Kenntnisse viel besser selbst umarbeiten kannst.

Dabei fällt mir ein, daß mir früher als beste Dogmengeschichte der Ökonomie immer die von Schumpeter – ich glaube zum 1. Bande – des Weberschen *Grundrisses der Sozialwissenschaften* beigesteuerte erschienen ist. Ich hatte mir damals den Band gekauft, habe ihn aber jetzt leider nicht mehr. Vielleicht könntest du den Grundriß (viele Bände, großes Format, war in der Nachkriegszeit 1920—30 in Deutschland *sehr* verbreitet, mehr als die älteren alphabetischen und nicht alphabetischen »Handwörterbücher der Staatswissenschaften« u. s. w.) in Chicago oder New York bekommen, dann solltest du diese Schumpeter-Abhandlung *unbedingt* lesen. Schumpeter ist übrigens schon Mitte der 20 nach USA gekommen, ungefähr mit dir gleichzeitig; er verbrachte mit seiner jetzigen, amerikanischen Frau (die in Wheaton College doziert!) die Weihnachtsferien bei Herrn Rockefeller! – Er war theoretisch den reichsdeutschen Kollegen, z. B. dem ihm theoretisch nahestehenden Lederer, um einige Kopflängen überlegen und genoß ihren abergläubischen Respekt! Er behandelt Marx in einer Fußnote zu Ricardo, aber diese Fußnote wurde so groß, daß sie über viele Seiten hinausging und so förmlich sprengend wirkte. Dies schien mir immer ein gutes Symbol für die Behandlung des Marxismus durch die bürgerliche Ökonomie.

1a) Soll ich dir dein Ms 1) vor meiner Abreise zurückschicken oder über New York nach Chicago mitbringen?

* 7 S. Hschr.; Fragment, S. 5—6 fehlen.

1c) [!] ich fand jetzt unter meinen neuerdings von Deutschland nachgeschickten Büchern Grossmanns Abhandlung über »Die Fortentwicklung des Marxismus bis zur Gegenwart« (1883 bis 1932), erschienen im 3. Bande der 4. Auflage von Elster's *Wörterbuch der Volkswirtschaft* (1932) Seiten 313—341, mit viel Literaturangaben. Gehört zum besten was G. geschrieben hat. Wenn du den Sonderdruck nicht selbst hast u. Elsters Wörterbuch dort nicht kriegen kannst, kann ich dir meinen schicken. (Ich biete ihn allerdings gleichzeitig auch Rothwell an, dem er für seine Luxemburg-Arbeit nützlich wäre. Wer zuerst schreibt, wird zuerst bedient, und du bist ja sowieso ein schneller Leser!)

2) Weil schrieb mir, daß Paul Fröhlich's Luxemburgbiographie, im Auftrag eines englischen Verlages geschrieben, fertig sei.[130] Weil hat von Fröhlich ein deutsches Ms. gekriegt, das er mir zur Verfügung stellte, sobald Grossmann, dem er es am 28. 11. schon gegeben hatte, damit durch wäre.

Es wäre wichtig, das Buch im L[iving] M[arxism] schnell u. gut zu besprechen. Vielleicht können wir uns in die Arbeit irgendwie teilen. Unter anderm wäre es nötig, auf die Konzessionen an den Leninismus hinzuweisen, die Fröhlich in den Einleitungen zu den Gesammelten Werken[131] gemacht hat. Ich bin neugierig, ob er sie jetzt wiederholt, abgeschwächt oder vermehrt hat. Die Stellung zu Rosa scheint mir immer noch der beste Prüfstein für Revolutionäre. Schon darum ist es sozusagen grundsätzlich verkehrt, Rosa u. Grossmann im selben Satz zu nennen u. dabei womöglich noch ihn gegen sie auszuspielen. Er *kann* gegen sie sozusagen nur *scheinbar* und im Detail recht haben! Man muß ihre Theorie so auffassen und darstellen, daß sie *richtig wird* (was sie im geschichtlich-revolutionären Sinn auch ist; ihr *Ansatz* ist qualitativ richtig; nur vergißt sie nachher das Problem zugleich auch *quantitativ* zu fassen; *Lenin* ist darin besser; Grossmann steht auf einem ganz anderen Blatt, allenfalls mit Tugan, Hilferding, Renner, Bauer zusammen). Mir scheint es wichtig, daß wir auch als Theoretiker solche Verschiedenheiten der *geschichtlichen Größenordnung* beachten; das ist keineswegs bürgerliche »Heldenverehrung«. Die »Größe« wird bestimmt nach dem Grade der Beziehung zum Proletariat, zur prolet. Revolution.

1d) ein Buch, das auf Grossmann offenbar damals den größten Eindruck gemacht hat u. das ich seitdem immer mal lesen wollte, ist Brauer, Th., Der moderne deutsche Sozialismus, Freiburg i. Br. 1929 Es scheint, daß auch hier wieder der Gegner (Katholik) die revolutionären Züge der Marxschen Theorie besser erfaßt hat, als die falschen Freunde. Hast du das Buch? Ich werde hier in Cambridge u. dann in N. Y. mal in Bibliothekskatalogen nachsehen.

2) ich habe die (in deinen Händen befindliche) letzte englische Fassung meiner Hegelthesen Towards a critical understanding of the dialectial manner of thought mit dem wiedererlangten deutschen Text verglichen und so wenig zu ändern gefunden, daß ich mir die Mühe einer neuen Abschrift sparen möchte. Bitte notiere in deinem Exemplar, sorgfältig!, folgende kleineren Änderungen:
[ein Blatt fehlt]
3) Die hektographierte französische Zeitschrift L'étincelle-Iskra!,[132] die du mir schicktest, scheint in der Tat von einer neuen, bisher unbekannten Gruppe zu stammen. Es sind offenbar jüngere Leute, Studenten oder so etwas, die den Marxismus nur als Leninismus kennen, aber revolutionärer sein möchten als die Partei und im Sinne Lenin's die Schlagwörter wieder durch wirkliches Wissen, Studium *auch der gegenwärtigen Ökonomie(!)* u.s.w. ersetzen möchten.
Ich meine, wir dürfen solche jüngeren Richtungen nicht gleich mit dem vollen Rüstzeug unserer Jahrzehnte alten theoretischen und praktischen Ergebnisse »niederschlagen«. Wir müssen *soweit wie möglich!* vermeiden, uns in die Rolle von *Veteranen* der marxistischen Arbeiterbewegung drängen zu lassen. Zum Teil ist es sowieso unvermeidlich . . .
Natürlich besteht kein Grund, von diesen Leuten im L. M. Notiz zu nehmen, solange wir nicht sehen, daß eine Kraft dahinter steht.
In ihrer »Revue des Revues« nehmen sie auch Stellung zu *L'Internationale*, revue de *l'Union Communiste*, u. a. zu einem Bericht über Harper's Philosophie Lenins.[133] Hier begnügen sie sich mit einigen ebenso billigen wie unbegründeten Witzchen, die alle darauf beruhen, daß sie keine Ahnung weder von Lenin's Buch, noch von Mach's Stellung in der heutigen Wissenschaft, noch von »Harper« haben. Sie hätten bestimmt ernsthafter Stellung genommen, wenn sie gewußt hätten, daß »Harper« Anton Pannekoek ist. Ein neuer Beweis dafür, daß Pannekoek mit seinem naiven Glauben an die Möglichkeit einer unbefangenen sachlichen Diskussion, sofern er nur seinen Namen wegläßt, sich auch noch um das bißchen Wirkung bringt, welches sein Buch andernfalls wenigstens unter den Oppositionellen (und indirekt durch die Reaktion der Sozialdemokraten und der Bourgeoisie) haben könnte.
Ich lege dir seinen gänzlich weltfremden Brief bei, obwohl du ihn ja selbst genug kennst. Ich meine aber, soviel Ahnungslosigkeit dürfte ein proletarischer Revolutionär doch nicht haben. Das ist Vornehmtuerei, Sekte, Idealismus (so vermutlich auch sein Bekenntnis zu Dietzgen, der eine *positive kritische Darstellung* statt einer doch nicht recht überzeugt klingenden bedingungslosen Anerkennung verdient hätte! Vielleicht mach

ich das mal bei passender Gelegenheit, wie es gemacht werden muß!)
3a) bei der Gelegenheit schlage ich vor, vom nächsten Jahrgang ab alle Beiträge (außer redaktionellen) mit den Namen der Verfasser zu zeichnen, soweit sie nicht ausdrücklich etwas anderes verlangen. Wenn ihr das nicht wollt, so bitte ich wenigstens meine Beiträge künftig, statt mit l.h., mit Karl Korsch zu zeichnen. Ich will nicht mehr mitmachen, was mir Unsinn scheint.

Herzliche Grüße deines KK

P.S. Ich habe immer noch nichts Neues von Chapman gehört. Entweder haben sie die von mir ausdrücklich als Bezahlung für 10—11 hiermit bestellte Exemplare bezeichneten $ 10, die ich ihnen vor einem Monat (am 1. 12.) schickte, einfach auf ihre Forderung an mich wegen exzessiver Korrekturen *verrechnet*, ohne mir dies mitzuteilen ... Oder sie haben die $ 10 doch für Bezahlung der an dich mit den 10 Exemplaren geschickten Rechnung gehalten. Allerdings haben sie später dann deine Geldsendung gekriegt, aber daraus sind sie dann vielleicht doch nicht klug geworden!
Schreibe mir noch einmal bestimmt:
1) *Was glaubst du* das Chapman's Sendung der 10 (?) Exemplare an dich mit Rechnung veranlaßt hat?
Es käme evtl. in Frage, daß *Wiley* eine früher an ihn von dir gerichtete Bestellung nach London weitergegeben hat. Dann könnten sie dich evtl. als eine Buchhandlung betrachtet haben, was den Preis von 4 statt 6 s erklären würde ...
2) Hast du die Rechnung inzwischen bezahlt? Wie hoch war sie? Hast du etwas dazu geschrieben? Insbesondere:
3) Hast du neue Exemplare bestellt?
Dies letztere wäre mir besonders lieb, da ich dann evtl. bald einige von dir beziehen könnte. Wenn ich jetzt wieder schreibe, kostet es 4 Wochen, bis ich etwas kriege. Ich würde mich auch nicht trauen, wieder Geld an *Chapman* zu schicken. So bliebe nur der Weg über Herbert Levy oder, evtl. ein Beschwerdebrief an den mir wohlwollenden Professor Ginsberg[134] übrig. Verzeih den trouble, aber ich hätte gern mein Buch! Von meinen 3 Exemplaren habe ich gestern eines an Laski nach *Seattle* geschickt, wo er ab 4. 1. 39 lehrt.

21

an MATTICK

Boston, 19. 1. 1939*

LP

ein paar Worte Telegrammstil bloß um Kontakt wieder herzustellen u. um einiges zu bitten:

1) War und bin noch krank, Husten, Erkältung u. noch was Mysteriöses, was ich zum Spaß vorläufig als »Krebs« betrachte, was aber auch ein kleiner harmloser tumor sein kann.

2) Habe viel zu tun. Sah in New York Calverton, der mich äußerst freundlich empfing u. mich gleich für das kommende Heft des M[odern] Q[uarterly] mit einem 3000 Worte Artikel beauftragte — er hätte auch einen noch längeren genommen; außerdem will er noch in derselben Nummer einen längeren »Brief« von mir zu den aktuellen Fragen, s. unten, bringen.

3) Im *New Statesman & Nation, London, vom 24. 12.* schrieb *Cole* eine review meines Buchs. Leider nichts vom Inhalt, abwechselnd Lob u. Tadel; gegen mein »teutonisches Englisch«, aber abschließend »a remarkable achievement of compression and interpretation«. — Es hätte schlimmer kommen können! Zu meiner Freude nennt er mich — ahnungslos — einen »unwavering disciple of the master« was ich Cole gegenüber auch gern sein will u. was der KP gegenüber nützlich sein kann. Ich werde sehen, daß ich dir eine Abschrift schicken kann.

4) Laski, dem Hanna ein Exemplar schickte, schrieb ihr u. anderm, auch gutem, daß »I regard him (mich) by all odds as the most distinguished Marxian alive«.

Hoffentlich schreibt er von selbst eine Kritik. Zu einem Studenten in Seattle, der mich kannte, hat er u. a. gesagt, das chapter on specification wäre *»superb«*!

4) Beim Verlag war es weniger erfreulich. Sie haben kein großes Interesse, weil nur ein paar 100 Exemplare von Chapman bezogen. Diese natürlich teurer bezahlt, als sie dies bei größerer Abnahme gekonnt hätten. Können mir daher Exemplare auch nur mit 25 %, also 1.31 + 6 *cent Sales Tax* verkaufen. Ich bin dadurch sehr gehemmt, weil ich kein Geld habe, Rezensionsexemplare zu verschicken. *Von London hab ich immer noch nichts gekriegt!!!*

Sie hatten nur 10 Review Exemplare verschickt, wollen jetzt aber auf mein u. Calverton's Drängen noch 10 verschicken.

Ich gab bisher Exemplare, *meist mit Aussicht auf review, an* (Hanna), Laski (Paul Hatt (der Student in Seattle)), Klaus Mann (der wohl zu feige sein wird), Calverton (der *Eastman* für Kritik gewinnen will), Hook, Corey (der mir diesmal weniger gefiel, als früher; zu müde und steril geworden), Pol-

* 6 S. Hschr.

lock (3 Exemplare, die er mir bezahlt; 2 gibt er weiter; als reviewer für die Zeitschrift sagte ich Horkheimer, wäre mir Grossmann erwünscht!), Rosenberg, E. Rothwell, Knapton (Historiker in Wheaton College), *noch nicht* an 1) Trotzki 2) Brecht 3) alle meine Familienmitglieder Freunde u. Helfer in allen Erdteilen ...

Ich denke jetzt, daß ich von *Unbekannten* bessere reviews kriegen werde, als von Freunden die Angst haben. Ausgenommen von dir; das Fragment meiner Selbstkritik, das ich dir schicken wollte, kann ich nicht finden; es ist auch nicht so wichtig; ich erklärte darin hauptsächlich, daß ich die »materialistische Dialektik« (als Ganzes) zerschlagen, d. h. in eine Reihe einzelner Forschungsprinzipien aufgelöst habe: Spezifizierung u.s.w., s. Kapitelüberschriften des ersten Teils. Cole aber erklärt es jetzt für »one of the best expositions of Marxian dialectics available to English readers« — u. dabei kann es auch bleiben!

5) Mein Haupteindruck in NY und nachher beim Lesen der Oktober-Dezember Hefte von *Nation* u. *New Republic* u. einigem andern war die kolossale Kapitulationsstimmung der Intellektuellen, nicht nur 1) der mit Hook zusammenhängenden Gruppen, die zwischen Trotzkismus, bürgerlichem Halb-Anarchismus u. »demokratischem Sozialismus« schwanken, sondern ebenso auch 2) der »Weggenossen« der CP wie Max Lerner u. überhaupt der ganze Ton der Nation usw., verglichen mit vorigem Jahr!

Als Gegenstoß werde ich nun wohl für M.Q. über »*Soziologie der Gegenrevolution*« nicht so allgemein-soziologisch schreiben, wie ich es zuerst vorhatte, sondern etwas über die letzten 20 Jahre, etwa »State and Counter-Revolution« oder »Revolution and Counter Revolution in Europe 1918—38«.

Sozusagen meine Linie, aber *viel positiver* betr. Marx, Lenin, Russland (nicht *heutiges* Russland!), als ich es unter andern Umständen vielleicht getan hätte. Man darf diesen Leuten keinen Vorwand geben, ihr schlechtes Gewissen zu beruhigen. Wenn der Trotzkismus heute keine so lächerliche Karrikatur wäre (nach der Tragödie die Farce!), könnte man *aus Protest* geradezu zum Trotzkisten werden!

Andererseits möchte ich zum Trotzkismus selbst in M.Q., unter meinem Namen, am liebsten garnicht direkt Stellung nehmen; das Unrecht ist jetzt auf beiden Seiten zu groß, die Verwirrung so, daß man überall u. immerzu richtig stellen müßte. Niemand weiß mehr etwas von 1917! — So werde ich mich wohl mit einigen ironischen Bemerkungen begnügen u. gleich zur Sache sprechen, teils über Charakter u. Funktion des russischen Staats bzw. der Nachgeschichte der russischen Revolution, teils, wenn dann noch von den 3000 Worten was übrig, über Faschismus u. *seine* Bedeutung für die europäische Con-

tre-Revolution. Aber für L.M. könnte ich mal direkt eine humoristische Kritik des heutigen Trotzkismus schreiben, aus der dann sogar für einige vielleicht noch was zu lernen wäre.
6) Nach meinem geänderten Plan fehlt es mir jetzt so an aller Literatur, daß ich dich bitten möchte, die unter 9) erwähnten Sachen, wenn du sie hast, gleich *luftpostlich* evtl. special delivery, wenn Ankunft Sonntag noch in Frage kommt, an mich abzuschicken. Sie werden auch so erst kommen, wenn ich mit dem Ms. fertig bin, aber ich kann doch noch einiges nachträglich prüfen u.s.w. Ich versprach das Ms. C. vorige Woche »in 8 Tagen« zu schicken, werde aber erst morgen einen Brief und dann das Ms. erst Montag oder Dienstag abschicken.
7) Ich habe außer einigem von Lenin u. Marx zur Zeit *nur*
a) den Southern Review Artikel von Hook (Winter 1939)[135]
b) den von Falschheiten wimmelnden, aber in der Kritik tendenziell ganz richtigen Artikel »Intellectuals in Retreat« in The New International, Jan. 1939 und das Programm der 4. Internationale im S. Appeal 22.10.38[136]
c) die von dir geschickte 2. Nummer von *l' Etincelle* mit dem trotz einiger Abstraktheiten, zu viel Leninismus und zu viel grobem Geschimpfe doch vorzüglichen Artikel über »*Contre-Revolution et l' Etat, premier chapitre*«. Darüber folgendes:
8) Das ist tatsächlich ein Ausgangspunkt für eine neue Kritik der jetzt üblichen »marxistischen« Richtungen. Ich habe, wie du siehst, mir versuchsweise schon den Titel angeeignet u. würde mir noch mehr daraus nehmen, wenn ich nicht schon *allzuviel* eigene Gedanken über das Thema hätte. Wohl aber wäre es durchaus der Mühe wert, den Inhalt gekürzt in L.M. wiederzugeben u. dazu Stellung zu nehmen. Es ist nur eine Heidenarbeit.
9) Also schicke mir:
1) etwa inzwischen eingetr. weitere Nrs. de l' Etincelle, besonders die *für 10. Januar* angekündigte Fortsetzung der eben erwähnten Abhandlung (Die Leute haben den ganz vernünftigen Plan, abwechselnd alle 14 Tage einmal reine Theorie, einmal praktische Tagesfragen zu behandeln. Alles bei ihnen zeigt großen Ernst u. beträchtliches Talent u. Wissen!).
2) Trotzky: Revolution betrayed (wenn möglich, *englisch;* macht mir Zitierung leichter!)
3) Trotzky: Stalinism & Bolshewism (dito) (ich kenne davon nur die, teilweise ganz gute, Stellungnahme von Liston Oak im M[odern] M[onthly], März 38) Ich finde Trotzkis Sachen stehen trotz ihrer erhabenen Dummheiten immer noch turmhoch über dem Geschreibe seiner Anhänger – und Gegner![137]
4) Sonstiges was dir brauchbar für mich scheint.
10) Meine Reise nach Chicago ist unter diesen Umständen bis Ende des Monats vertagt. Mein Vortrag im Institut ist end-

gültig auf 2.–3. März festgesetzt,[138] ich habe dann also für Chicago immer noch 1 ganzen Monat. Bleibe dann kurze Zeit in New York u. fahre, wieder mit einiger Zeit Aufenthalt in Chicago, nach Westen. Sage diese Pläne auch Henssler der, wie du, mich jetzt viel früher dort erwartet.
11) Hedda ist z. Z. in New York, wo heute früh 12.01 a.m. unsere deutsche Freundin, der ich bis auf 24 Stunden meine ganze Zeit in New York gewidmet habe, mit Washington wieder *nach Deutschland* abgefahren ist...
12) Kriegte heute, wohl von dir, »Unser Wort« mit töricht unsachlicher, aber z. Teil seine weltfremde idealistische Schreibweise ganz treffend verhöhnender Harper-Besprechung.[139] – Du wirst inzwischen meine Sendung mit den letzten mir s. Z. eingeschickten proofs u. Ms. für L. M. u. *Prospekte zum Einlegen in Briefe* gekriegt haben. Was wird mit nächster Nummer? Ich habe Material u. Gedanken genug für einen Artikel über *Frankreich 1936 – jetzt* (Der letzte Verrat der KP), im Zusammenhang mit *Spanien* (*hierfür* habe ich nicht genug aktuelles u. historisches Material!!) kann aber zur Zeit einen so wichtigen Artikel unmöglich neben dem andern schreiben. Werden wir also vielleicht zusammen im Februar in Chicago für übernächste Nr. (?) machen. Inzwischen nimm irgend etwas als Leitartikel für dieses Heft u. kündige Aktuelles für nächstes an!
13) (und letztens)
In einem dieser letzten Briefe hast du *zum ersten mal* einige rationelle Gründe für die Anonymität unserer Beiträge zu L. M. vorgebracht. Die überzeugen mich soweit, daß ich nur für diesen einen Artikel (Spanien) um Nennung meines Namens bitte u. für die Zukunft wieder pseudonym schreiben werde. Nur scheint es mir jetzt, daß die *Buchstaben* nicht zweckmäßig sind, weil nun jeder *erstrecht* denkt, es wäre alles von demselben geschrieben. Ich werde mir also einen guten amerikanischen Namen ausdenken.
14) (!) Wenn du Beziehungen zu Frankreich hast, erkundige dich mal, wer hinter l'Etincelle (= Der Funke = Iskra!) steht. *Adresse* ist *A. Ducrot, P. O. Box.* Die unterzeichneten Namen klingen meist wie Pseudonyme: Vadis, Laubé, Key, – der Verfasser der heute erörterten guten Abhandlung ist Vadis.
15) Den Prospekt über Masslov's neue *Deutsch-französische Zeitschrift* hast du gewiß auch gekriegt. Ich denke, sie wird eingehen. Marx & Engels 1844 erlebten nur *ein* Heft![140]
So, das war wieder etwas viel für »Telegrammstil« aber Was tun? Ich bringe den Brief noch zur Post!
Gruß Dein KK

22

an MATTICK

[Boston,] 24. 1. 1939*

Liebe Tante Paula,
Dank für deine freundlichen Besorgnisse. Der Artikel[141] wurde Sonntag fertig u. ging heute früh an Calverton ab. Er enthält nichts von den von dir befürchteten Dingen.
Wie beim heiligen Vater muß man bei mir immer unterscheiden, was ich in augenblicklichen Stimmungen und was ich »ex cathedra« sage. Der Artikel wird dir sehr gefallen und enthält nichts, worüber wir verschiedener Meinung sein könnten außer der alten Frage der Einschätzung des Lenin von 1917.
Den beiliegenden Entwurf eines Briefes (auf dessen 2. Absatz du günstig, nämlich verschärfend mit deinem grade eintreffenden Tantenbriefe eingewirkt hast!) habe ich *noch nicht* an Calverton geschickt und bin mir noch nicht klar, ob ich es tun soll. Ich schicke darum heute je einen Durchschlag an dich und an Hook (der ja in der New International am meisten angegriffen war!) u. erwarte eure baldigen Meinungsäußerungen.[142]
Al Givens' Reaktion auf mein Buch hat mich *riesig* gefreut.[143] Dieselbe beglückende Erfahrung habe ich in einer im ganzen gar nicht geringen Anzahl von Einzelfällen mit deutschen Genossen bei meinen noch schwierigeren deutschen Schriften gemacht. Ich meine mit dir, daß es auf 10—100 solche Leser ankommt, ob man mit Erfolg oder für die Canaille gearbeitet hat.
Mit Living Marxism ist es ja traurig. Seit gestern finde ich aber alle meine Befürchtungen bestätigt, daß solche Artikel meist veralten, ehe sie (unter den gegebenen Bedingungen) erscheinen können. Mit Spanien ist es aus und mit Frankreich wird es furchtbar. Wenn es dem französischen Staat u. Kapital gelingen sollte, sich Hitler anzuhängen, so werden sie *viel* dafür leisten müssen, nicht etwa nur Aufgabe der russischen Allianz, sondern (verschleiertes) positives Kriegsbündnis mit D[eutschland] gegen Rußland. Wenn es anders ausgeht, steht der Bürgerkrieg in Frankreich (oder Gleichwertiges) unmittelbar bevor. An »europäischen Krieg«, vor dem die Börse wieder Angst zu haben vorgibt, glaube ich auch diesmal nicht.
Was soll nun mit LM werden? Ich könnte vielleicht *schnell* einen Leit-Artikel *Dictators* schreiben,[144] formell an Silones Buch anknüpfen, aber große Züge der realen Lage lose mit behandeln; etwas »schön« und sozusagen »mit Humor« (Vielleicht könntest du das letztere besser; so habe ich wenigstens Moe, als er darnach fragte, zu seiner Zufriedenheit und wohl

* 4 S. Hschr.

zutreffend gesagt). Aber dazu müßte ich mir das Buch erst luftpostlich von Hanna, die es für mich gekauft hat u. gerade selber liest, beschleunigt anfordern.
Übrigens schicke ich heute auch den 3000 Worte Artikel über *State and Counterrevolution* für M[odern] Q[uarterly] an Hanna zum Abschreiben u. du und Henssler werdet Kopien aus Seattle direkt baldigst kriegen.
Natürlich könnte ich auch über dieses Thema schreiben, über das ich eine Unmasse schönes Material habe; meist aus *vergangenen* Revolutionen, die Nutzanwendungen auf die gegenwärtige Gegenrevolution habe ich mir im Verlauf meiner Arbeit an dem Thema 1933—34 immer mehr für das Ende aufgehoben. Aber irgendwie wäre es mir lieber, das erst nach dem Erscheinen dieses ersten Artikels zu tun (es sei denn, daß ich mich auf einen Bericht über die »Funken«-Theorie der Gegenrevolution[145] (leninistisch, mit stärkerer Betonung der Ökonomie — zu allgemein aber sonst nicht schlecht!) beschränke. Aber das hülfe uns nicht für diese Nummer des LM!); meine Einzelarbeiten sind fast immer fest zusammenhängende Stükke eines nicht (oder noch nicht) geschriebenen Buches. Jetzt z. B. müßte ich bei Frankreich wieder auf einiges, in der »Kommunistischen Politik« 1926—27 über französisch-deutsche Zusammenschlußtendenzen, kontinentalen Block unter deutscher Führung (letzten Endes *mit, n i c h t g e g e n* Rußland) Geschriebenes zurückgreifen.
Ich sah den Marx-kritischen Artikel in der S. R., fand ihn aber zu schlecht um ihn zu lesen, werde es tun, wenn du mir das Ms. deiner Antwort schickst. Für den Fall, daß du ihn verwenden kannst, lege ich dir einen ähnlichen Artikel von Max Lerner aus der Nation bei, bitte um Rücksendung (hab eben ein paar meiner Anstreichungen, aber nicht alle, für dich kommentiert).[146]
Scott Nearing[147] hätte mich sehr interessiert. Ich »glaube« bekanntlich *mit* den Technokraten und *gegen* dich an plenty production in our time.
Meine Chicagoreise ist nicht aufgehoben, sondern für die Zeit 1.—28. Februar geplant.
Dein ganzer Brief klingt etwas bitterer als sonst. Ich hoffe daß mein Artikel den deinen nicht verdrängt hat. Er ist ja sehr kurz; ich wußte garnicht, daß 3000 Worte so wenig ist, weniger als 5 Seiten im M Q. Daneben sollte also alles andere Platz haben.
Nebenbei bemerkt, schicke ich heute mal meine Hegelthesen mit an Calverton ein. Wenn er sie bringt, brauchen wir den L. M. nicht damit zu belasten. Mir kam es ja hier mehr darauf an, sie auf den record zu bringen, später darauf verweisen zu können, u.s.w. Schick dein Exemplar also vorläufig *nicht* zum

Drucker! Bitte um Beantwortung dieses Punktes (d. h. Mitteilung, wenn es schon gesetzt sein sollte. Mit M. Q. ist noch nichts Bindendes beschlossen!).
Ich kriegte vorgestern das deutsche Ms. von Fröhlichs Rosa-Biographie, werde morgen zu lesen anfangen, review für L. M. dabei im Auge behalten. Ich habe noch *nichts* gelesen von den 368 Schreibmaschinenseiten, fange aber schon an, es schlecht u. enttäuschend zu finden, vielleicht nach dem Inhaltsverzeichnis, das nicht viel Neues verspricht, und das Bekannte ist bestimmt jetzt schlechter gesagt ...
Klaus Mann ist sicher »*auch*« zu beschränkt, ich werde versuchen, ihm das Exemplar wieder abzujagen. Für deine vielen (vergangenen, gegenwärtigen, künftigen) Bemühungen um Propaganda hiermit ein für alle mal meinen herzlichen Dank. Hat denn Henssler schon darin gelesen? Nenn mir gelegentlich mal die Namen der Bezieher des Buchs, soweit sie mir etwas sagen können).

Dein KK

Ich erhielt heute nachm. deine beiden Drucksachensendungen; Dank! Der Funke ist *Nr. 4* numeriert; die beiden, die du mir früher schicktest, hießen beide *Nr.* 2, waren aber verschieden. Es scheinen aber alle zu sein (Daten 25. Nov., 10. Dez., 25. Dez.), es sei denn, es gibt eine Nr. 1 *vor* dem 25. November!

23

an MATTICK

[Boston,] 27. 3. 1939*

L. P.

Dank für Brief, Beilagen u. 2 Drucksachen. Hatte grade mit Betrübnis in heutiger Times die 69 fellowships studiert, als dein Brief das negative Resultat bestätigte. Analyse der bewilligten fellowships zeigt noch einmal, wie aussichtslos dein Antrag trotz aller vereinten Bemühungen unsererseits immer gewesen ist; auch ohne das besondere Pech, daß Miss Gibson von *Chicago* ein fellowship in Abteilung »Politics and *Economics*« erhalten hat. Für ebenso nutzlos halte ich, in der Weise wie du es machst, deinen Antrag beim Brookings Institute – grade in dem Augenblick wo ein großer Bruchteil der (1000–69) Zurückgewiesenen sich ebenfalls dorthin wenden! Ich wundere mich über deinen Glauben an die *Demokratie* in diesem Bereich; ich glaube nicht, daß das »einer der vielen Versuche« ist, die du jetzt »machen mußt«. Ich weiß nicht,

* 2 S. Hschr.

wie man es richtig machen muß, hab es ja selbst noch garnicht versucht; aber es scheint mir klar, daß du es so, mit einfachem Antrag bei allen möglichen Stellen, mit einigen wenigen, dort nicht als »erstklassig« anerkannten Referenzen, ohne akademischen Titel oder Zugehörigkeit zu einer der »anerkannten« Oppositionsmächte, ohne Hinweis auf frühere größere Veröffentlichungen oder einen bestimmten Verlagsvertrag für ein Werk, an dem irgend eine größere Gruppe interessiert ist, . . . nicht schaffen kannst. Du verlierst nur deine Zeit, verschwendest Papier und Porto, erschwerst dir durch Anhäufung von Mißerfolgen äußerlich und innerlich (durch wachsende Verbitterung) künftige besser vorbereitete Versuche. — Ich weiß, daß ich dir hier nichts Neues sage, aber ich wollte es noch einmal sagen. Ich befürchte, daß du in deiner gegenwärtigen schlechten Lage in eine Stimmung gerätst, in der du (unbewußt) weitere Mißerfolge *suchst* — wie manche linke Parteien zu Zeiten *Niederlagen suchen,* um sich damit vor sich selbst immer wieder zu *»bestätigen«.*

Wenn du über die Notwendigkeit des Tages Zeit und Kraft übrig behältst, fang irgend etwas Neues an, arbeite es mit Konsequenz und sozusagen mit pedantischer Kontinuität, ohne Sprünge u. Lücken, durch; arbeite an deiner Methode (wie ich es bei mir immer wieder versuche), sei absolut sicher, daß du in dem ausgesuchten (enger oder weiter, konkreter oder abstrakter) abgegrenzten Bezirk alles erforscht und alles gesagt hast, was es da gibt; setzte dann alles, was du gelegentlich an kürzeren Arbeiten schreibst, publizierst, vorträgst, in eine bestimmte Beziehung zu diesem derzeitigen Hauptgebiet und so weiter. Alles dies sind Formen, mit denen ich mir weiter zu helfen versuche. Ich bin nicht grade ein Beispiel für *erfolgreiche* Arbeitsformen, aber ein Schuft tut mehr als er kann! . . .

Nun zu den Einzelheiten:

1) freue mich, daß L. M. *heute* herauskommen soll.

2) Wer ist eigentlich Ostermann? Ich habe ihn nach einem meiner Vorträge kurz gesprochen u. schon dabei sein starkes Selbstbewußtsein bemerkt.

Wenn wir ihm nicht genug »tiefes« und »weites« über »Staatsk[apitalismu]s« bieten, warum hat er dann nicht seinen eigenen Mund aufgetan, um etwas Bedeutendes zu sagen oder auch nur zu fragen?

Wenn er berichtet daß »dieses Problem immer weitere Kreise zieht«, so spiegelt er wie die andern (egal ob sie mit den Luft-[148] etc. Theorien übereinstimmen oder dagegen angehen möchten bzw. *uns* gegen sie angehen haben möchten!) nur ganz passiv die Stärke des Eindrucks wider, den die Erfolge des Faschismus auf sie gemacht haben und noch machen. In

einem Buch des Naziökonomen Nonnenbruch (zitiert nach p 207 der mir jetzt von dir geschickten »Soz[ialistischen] Warte« vom 3. 3. 39)[149] steht deutlich: »Nach ihren Einrichtungen ist die Wirtschaft bisher die kapitalistische geblieben«. Nur der »Glaube« des Volks, also die Ideologie hat sich geändert. Aber unsere pseudo-marxistischen u. »rev[olutionären]« Theoretiker fallen auf eine Ideologie herein, die von ihren Nutznießern u. Verbreitern selbst nicht ernst genommen wird.
Also alles in allem Ostermann nur ein neues Beispiel für diese eigentümlich passiv-weibliche Hoffnung auf »weitere« und »tiefere« Erlebnisse, die uns bei den linken Arbeitern (aber nicht nur da) oft begegnet ist!
3) Boelke's Besprechung[150] schien mir keine peinliche Sache. Es war mir direkt interessant aus seiner Zusammenstellung zu sehen, *wie positiv* ich in dem Buch über Dialektik noch gesprochen habe. Ich glaube nach dem *immer neuen Unsinn*, den ich bei den leninistischen u. trotzkistischen neuen Anhängern dieser »Dialektik« finde, daß man da mal eine viel energischere Kritik machen sollte. Es ist doch eine Schande, daß der von der Bourgeoisie überwundene Unsinn eines echt »deutschen« Mystikers von vor über 100 Jahren, der im besten Fall *verzerrt* das Erlebnis der großen *bürgerlichen* Revolution von 1789—1830 widerspiegelte, heute noch u. wieder die Aktivität der Arbeiter und ihr klares Denken behindert!
4) Was habe ich über »die Genossen« gesagt, was dir »wenig ermutigend« schien? Ich fand die C[ouncil] C[orrespondence-] Genossen theoretisch unerwartet lebendig und menschlich besonders nett.
5) Schade, daß mehr als die 20 $ nicht herauszuholen war. Für mich selbst noch um 20 $ *weniger*, nämlich nichts — auch nicht die Fahrkarte Chicago-New York!
6) *Grüße Frieda herzlich.* Dich bzw. Euch lassen hier alle herzlich grüßen, auch meine Jüngste, Barbara, unbekannter Weise. Wir sahen gestern in Framinghon eine von Ed *sehr* gut einstudierte Aufführung von Th. Wilder's »Our Town« durch z. T. äußerst begabte Gefangene!
7) Anbei ein Durchschlag der Borkenau-Besprechung.[151] Chapman hat laut Abrechnung bis 31. Dez., also in 1$^1/_3$ Monaten 263 Exemplare in England, 47 »colonial« verkauft; dazu 265 nach USA geschickt, d. h. an Wiley.
Gruß

Dein KK

24

an PARTOS

[Boston,] 17. 4. 1939*

Lieber Paul,

willkommen in der Welt und im Leben! Nachdem ich seit Ende 37 nichts von Dir gehört habe, wurde ich immer pessimistischer, wenn ich auch die Hoffnung noch nicht ganz aufgegeben habe; habe eben begonnen, Nachforschungen nach Auguste[152] anzustellen, um über sie nach Deinem Verbleiben zu forschen. Nun ist ja alles gut und es bleibt nur die Frage, wie wir Dich (und Käthe) am besten hierher kriegen können. Ich erwarte in diesen Tagen Deinen Brief und in diesem schon eine Darstellung der Lage und Möglichkeiten, wie sie sich von dort aus darstellen. Alle Dinge, die etwa kollektiv für die ganzen Flüchtlinge oder die besondere Gruppe davon, zu der Du gehörst, geschehen können, wirst Du ja sowieso zunächst zu 100 % ausnützen. Sollte man Dich z. B. zunächst nach Mexico schicken, so wäre das dem Umstand nach zweifellos eine bedeutende Verbesserung Deiner Lage und ihrer verschiedenen Perspektiven. Unter anderem könnte ich vielleicht nach Mexico kommen und Dich sehen und alles weitere besprechen. Da Du in Ungarn geboren bist, und die ungarische Quote lächerlich gering ist, hat es kaum Zweck, daß ich mich jetzt schon hier um affidavits für Deine Emigration bemühe; sobald sie gebraucht werden, hoffe ich sehr gute sehr rasch für Dich beschaffen zu können. Ein Non-Quota Visum kommt für Dich nicht in Frage, weil Du weder in den letzten 2 Jahren in Europa eine akademische Lehrtätigkeit nachweisen kannst, noch als Rabbiner oder Künstler behandelt werden kannst. (Für Käthe käme u. U. ein Non-Quota Visum als Künstlerin in Frage; wie groß die Schwierigkeiten sein würden, kann ich im Augenblick nicht übersehen.) Über die Möglichkeiten eines Studenten-Visums höre ich hier Verschiedenes; die einen sagen, es würden fast gar keine mehr bewilligt; andere (besonders österreichische und tschechische Emigranten) bemühen sich für Angehörige und Freunde in der Heimat, hier die Aufnahme in Schulen und Universitäten zu bewirken und dann ein Studentenvisum zu beantragen. Etwas anderes wäre es, wenn man von den für Emigranten von Harvard und anderen Colleges dieses Jahr gegründeten Stipendien für Dich kriegen könnte; ich fürchte daß alle Stellen besetzt sind und daß auch die sonstigen Schwierigkeiten groß sind. Jedoch werde ich mich bei hierfür einflußreichen Leuten, die wir zufällig kennen, noch einmal danach erkundigen. Auch schreibe ich heute noch an Hanna, die

* 2 S. Stenogramm und Abschriften (Hschr. u. Mschr.) im Teilnachlaß Paul Partos (IISG); Abdruck nach der am Stenogramm kontrollierten Abschrift, Auslassung der Adressen S. 213 von Partos.

sich sicher mit aller Kraft und ihrem nicht geringen lokalen Einfluß für Dich und Käthe bemühen wird; leider gibt es in der Quota-Frage überhaupt keine Ausnahme. Wenn Du (oder Ihr) erst hier wäret, würdet Ihr schon irgendwie durchkommen, z. B. würde Käthe wahrscheinlich in Seattle oder einer ähnlichen Gegend im West oder Mittelwest als tüchtige Photographin von Anfang an gute Geschäfte machen. – Dies wäre alles, ich bin betrübt, daß es noch nicht mehr und noch nicht positiver ist. Ich möchte auf jeden Fall aus persönlichen und sachlichen Gründen, um der Wissenschaft und der Bewegung willen unbedingt so viel und so eng wie möglich mit Dir zusammenarbeiten.

Auch Hedda, die heute morgen hier bei mir in Boston war, als Herberts Karte eintraf, hat sich riesig gefreut. Von Runta[153] haben wir noch nichts gehört; da er ein geborener Amerikaner ist, würde es für ihn ohne Schwierigkeiten möglich sein, hierher zu kommen. Auch von anderen Freunden weiß ich wenig; von Langerhans habe ich nichts mehr gehört, seit mir Ilse vor fast einem Jahr zuletzt schrieb.[154] Ihre Adresse war damals Amsterdam-Süd, Scheldestraat 181. Auch mit Brecht habe ich fast gar nicht korrespondiert; ich hörte jetzt von Auerbach, daß er, Brecht, auch nach Amerika kommen wollte und werde ihm bald schreiben. Sage Herbert, daß ich das Manuskript über die »Geschäfte des Herrn Julius Cäsar« von ihm gekriegt, gelesen und auftragsgemäß an Eisler in N. Y. weitergeschickt habe. Es gefiel mir ganz ausgezeichnet! Übrigens schlagen sich Auerbach und seine Frau, die bei Philadelphia in der Nähe von Verwandten leben, auch als Photographen durch. Er selbst spezialisiert sich für Farbenphotographie und sucht nach einer Anstellung auf diesem Gebiet. Ebenso ist jetzt Ernst Nathan (siehe meine heutige Karte an Herbert) aus Italien nach Amerika gekommen um hier, wie in Rom, als Photograph sein Leben zu fristen. Trotz dieser vielen Fälle schon in der engsten Bekanntschaft, scheint mir diese Tätigkeit noch zu den aussichtsreichsten zu gehören.

Von mir ist nicht viel Gutes oder Neues zu berichten. Nachdem das Buch endlich erschienen war, habe ich verschiedenes gearbeitet, besonders wieder etwas über logischen Kalkül und exakte Methode der Sozialwissenschaften. Ich habe mich sehr darum bemüht, eine amerikanische Ausgabe dieses Buches über Kollektivisierung in Katalonien zustande zu bringen; aber vergeblich. – Von den ausführlichen Rezensionen, die ich schon vor mehr als Jahresfrist geschrieben habe, ist jetzt endlich eine in »Living Marxism« von Paul Mattick in Chicago erschienen; d. h. fast unter Ausschluß der Öffentlichkeit. In verstümmelter Form erschienen Teile deutsch in der Zeitschrift für Sozialforschung. Obwohl Herbert die meisten in Frage kommenden Adressen wissen wird, teile ich Dir einige hier noch mal mit: also W. Auerbach ... P. Mattick ... Dr. F. Pollock (den Du ja in Genf gesehen hast; er hat sich aber in *menschlicher* Hinsicht sehr gut weiterentwickelt und ist jetzt von den Leuten am Inst[itut] bei weitem der Anständigste), meine eigene ... Hedda ... Hanna ... Lebe wohl, schreibe bald, alles was Du vorschlägst oder was Du mir durch Deine Mitteilungen über Lage und Absichten für Dich und für Euch hier zu tun möglich machst, werde ich sofort und nach Kräften ausführen.

Ich denke, Du wirst auch Frau Schuster[155] in London besuchen; grüße sie herzlich von mir und Hedda. Ich danke für ihren letzten lieben Brief und werde bald darauf antworten. Lebe wohl! Auf baldiges Wiedersehen,

Dein alter KK.

Kurt Lewin ist z. Zt. hier als Gastprofessor in Harvard. Was er für Dich tun kann, würde er auch jederzeit tun!

25

an MATTICK

Seattle, 3. 6. 1939*

L. P.

Ein treuloser Verräter denkt, es ist Zeit dir wieder mal zu schreiben. Ich weiß nicht recht, woran es lag, aber ich litt während der letzten Monate an einer immer zunehmenden Depression und tiefen Melancholie; ich denke, daß der Tiefpunkt jetzt überstanden u. recovery begonnen hat.

Was mag aus L[iving] M[arxism] Nr. 1 geworden sein? An dem Fehlen meines kurzen Beitrags kann es ja nun auch wieder nicht liegen, daß sie noch nicht heraus ist!

Ich erhielt von dir verschiedene Sendungen L. M. und 1 Exemplar Social Frontier. Ich finde, dein Artikel macht sich vorzüglich, und wir sollten ihn weitgehend zirkulieren lassen.[156] Ich schicke mein Exemplar vorläufig an Herbert Levy, zugleich für Paul Partos u. a. in London. Könntest du mir noch 1–2 Exemplare davon schicken?, umsonst oder zu stark reduziertem Preis! »Modern Quarterly« habe ich noch 1–2 Exemplare, hatte irgendwie keine rechte Lust, das ganze Ding zu verbreiten, trotz meines Artikels und der nützlichen review von Rosenberg.

Klaus Mann schrieb mir, daß »verschiedene Zeitschriften, auf die er am meisten gerechnet« hätte (also wohl CP beeinflußte), »ihm unter Vorwänden abgewinkt« hätten, als er review meines Buches anbot. Er wird nun *keine* schreiben! Obwohl Klaus

* 4 S. Hschr.

Mann es natürlich nicht sagt, scheint mir daraus hervorzugehen, daß die CP tatsächlich die klügste Taktik, die des Totschweigens, gegenüber meinem Buch anwendet; — vielleicht mit darum, weil die erste Kritik von Sidney Hook war! — Das erklärt dann auch, daß aus der versprochenen Laski-review nichts geworden ist und überhaupt Hook, Mattick, Rosenberg die *einzigen* reviewers in USA geblieben sind.

Ich habe mit großem Interesse das Symposium über »Individual and Group« in dem Am[erican] Jou[rnal] of Sociology May 1939 von a—z gelesen. Wenn du willst, werde ich darüber *ausführlich* in L. M. — diese oder spätere Nr., je nachdem — schreiben. Ich würde dir empfehlen, die 180 Seiten (von verschiedenem Wert, aber im ganzen äußerst informativ für den heutigen Stand der Soziologie in USA!) ebenfalls zu lesen. Wenn es dann Henssler auch tut, könnten wir evtl. ein kritisches Symposium darüber in sukzessiven Nrs. des L. M. durchführen. Mein erster, wie gesagt, unvermeidlich sehr ausführlicher Beitrag, würde etwa heißen *»Folklore of American Sociology«*.

Ob ich Dir die versprochene review des *Haldane*buchs[157] noch schicken soll? Ich habe meine Meinung über das Buch inzwischen *geändert*, beim zweiten, sorgfältigeren Lesen mit dem Gedanken an die review für L. M. Trotz seiner offensichtlichen Schwächen ist es doch interessant als eine neue Etappe in der marxistischen Literatur. Die knechtische Orthodoxie ist nur Schein und Geste, in Wirklichkeit ist Haldane ganz unorthodox, skeptisch und »frei«. *»Ein Gentleman betrachtet Marx«*. Er flirtet mit Berkeley, bewundert Eddington, Bergson, Whitehead u. seinen (antimaterialistischen) eigenen Vater, Haldane sen., sowie den »deity«-Philosophen Alexander. Ähnlich seine Stellung zu den Theorien, die zum Teil lausbubenhaft, zum Teil abenteuerlich ist. Aber doch, wie alle gentlemen-Freigeister, eine gute wissenschaftlich-philosophische Feinschmekkerei! Leider ganz verfehlt als Popularisierung; auch ist das Buch ja aus Vorlesungen für »scientific workers (= research workers!!) and students« entstanden.

Also schreib, ob Du Kritik noch haben willst. Wenn nicht, schick ich es Dir baldigst zurück. Wenn ich es reviewe, würde ich es natürlich behalten!!

Die Bücher von *Garrat*[158] u. von *Eastman*[159] habe ich bei Hanna vorgefunden, schicke sie Montag an Dich ab.

Ich will schließen. Ich arbeite ziemlich intensiv aber einseitig u. etwas zu mühselig. Vielleicht schmeiß ich den formalen Kram mal wieder bei Seite u. schreibe was Interessantes über Revolution u. Contre-Revolution.

Grüß alle u. zürne nicht zu sehr

Deinem alten KK

Die neue Nr. der »Partisan Review« hab ich natürlich *nicht* gekriegt. Auch sonst seh ich außer der lokalen Presse und Sonntags der NY Times kaum etwas Aktuelles.
Hanna läßt Euch ebenfalls herzlich grüßen. Von Heinz Langerhans gute Nachrichten; ich hoffe daß er in 1—2 Monaten über der Grenze ist. Von Paul Partos nichts Neues; er reist wahrscheinlich auf dem Kontinent im Auftrag der FAI-CNT.

26

an PARTOS

[Seattle,] 12. 6. 1939*

Lieber Paul,
ich beeile mich Deinen eben eingetroffenen Brief vom 31. 5. zu beantworten, damit wir aus dem Standpunkt der aus Furcht vor »Kreuzung« überhaupt nicht mehr geschriebenen Briefe endlich herauskommen. Ich schrieb Dir bisher wohl nur 2 Briefe direkt, beide stenographisch, u. gehe auch jetzt wieder zu St[eno] über.
Ich bekam von Dir zuerst einen langen Brief und einige Tage darauf den angekündigten Bericht über »die letzten Tage des Krieges«,[160] später noch einen kurzen Brief mit Ankündigung Deiner Reise nach dem Kontinent, und vor einigen Tagen den Brief an Hanna vom 28. 5.
Ich erwarte also jetzt von Dir noch einen Brief über die sachliche Frage und werde auch meinerseits die sachliche Diskussion größtenteils bis zum Eintreffen dieses Briefes aufschieben.
Ich werde von heute ab meine Briefe fortlaufend numerieren: Dies ist also Brief Nummer 1.
Zuerst zu der praktisch wichtigsten Frage.
Ich weiß nicht, wie die Verhältnisse in Mexiko sind. Ich war für Mexiko allein aus dem Grunde, weil ich dachte, Du könntest von dort am besten »weiter kommen«, auf dem einen oder dem anderen Wege. Ich könnte z. B. mit einem eigenen oder geborgten Wagen dorthin kommen und Dich besuchen. Ich könnte vielleicht, da ich über meinen Aufenthalt frei verfügen kann, irgendwo an der Grenze eine Weile wohnen. — Ich kann mir nicht denken, daß die Aussichten zum Weiterkommen in Kanada ebenso günstig sein könnten — obwohl ich keineswegs weiß, ob sie in Mexiko tatsächlich günstig sind. Aber Kanada ist ein Teil des englischen Weltreichs; ich weiß gar nicht, worauf Du die Hoffnung gründest, daß man Dich

* Neu übertragen nach dem Stenogramm (6 S.) im Teilnachlaß Partos; bei zweifelhafter Lesung wurden einzelne Worte durch [?] gekennzeichnet, mehrere in [ ] eingeschlossen.

dort herein läßt, wenn Deine Aufenthaltserlaubnis für das Mutterland abgelaufen sein wird, oder Dich länger dort dulden wird, wenn Du vorher dorthin gingest. Du würdest dort doch wohl auch keinerlei Aussicht [auf] Arbeitserlaubnis haben. Mir ist im ganzen England ein so unangenehmes Land, daß es sich zum Teil wohl auch aus diesen Gründen erklärt, daß ich, solange nicht positive Gründe dagegen sprechen, Mexiko vorziehe. Mein wirkliches Ziel war von Anfang an, Dich auf dem einen oder anderen Wege hierher nach den Staaten zu kriegen. Dies sowohl in Deinem Interesse als in dem der Welt und der Wissenschaft, und in meinem persönlichen Interesse!
Wenn Du irgendwelche Aussichten auf ein Emigrationsvisum *vor* dem Ablauf der nächsten 3–10 Jahre hast, so ist das wahrscheinlich wirklich das allerbeste. Auf jeden Fall ist es richtig, daß Du den Antrag beim amerikanischen Konsulat so schnell wie möglich stellst. Wir werden Dir, sobald Du es wünschst, sehr gute affidavits von hier besorgen. Wenn es eilig ist, schreibe gleichzeitig an Hanna, ihre permanente Adresse ist 1155 10th Av^{ue} North, Seattle, Washington und an mich, an die jeweils gültige Adresse. Meine ständigste Adresse ist über Hedda
Wheaton College, Norton, Mass.
Für die Dauer der großen Sommerferien [bis Ende September] ist es aber besser, an meine Bostoner Adresse zu schreiben, sobald Du zweifelhaft bist, ob ich noch hier in Seattle bin. Meine Bostoner Adresse ist bekanntlich 337 Charles Str. Boston, Mass.
Es ist möglich, daß für Ungarn der Fall, daß eine Quota [?] Nummer frei wird, öfter eintritt als für Deutschland und andere Länder. Ich habe auch hier von einem Fall gehört, wo einem Ungarn, der erst in sechs Jahren an der Reihe gewesen wäre, in Frankreich oder der Schweiz vom amerikanischen Konsulat in Aussicht gestellt [worden ist] daß – er schon jetzt ein Visum kriegen würde.
Wenn Du kein Emigrationsvisum kriegst, müssen wir sehen, ob Du auf ein »students visa« hereinkommen kannst. Es ist vorläufig noch ein ganz vager Traum, aber in solcher verzweifelten Lage muß man auch geträumte Möglichkeiten in Betracht ziehen. So habe ich mir z. B. gedacht, ob Du nicht vielleicht für Kurt Lewin als Assistent oder wissenschaftlicher Sekretär oder so etwas arbeiten könntest. Lewin ist hier ein sehr angesehener Gelehrter, ich weiß allerdings im Augenblick nicht, wann er amerikanischer Staatsbürger wird. Es ist möglich, daß er es nicht früher wird als ich und meine Familie, weil er zu lange hier als Gastprofessor gewesen ist, und immer noch an Palästina dachte; ich weiß also nicht, wann die 5 Jahre für ihn zu laufen angefangen haben. Wäre er in absehbarer

Zeit (das heißt günstigstenfalls in einigen Jahren) Amerikaner, so würde das den oben erwähnten Traum sehr begünstigen; aber möglich wäre es auch ohne dies.
Vielleicht liest Du auf alle Fälle mal sein neuestes Buch, welches ich Dir ohnedies aus wissenschaftlichem Interesse empfohlen hätte: The Conceptual Representation and the Measurement of Psychological Theory, erschienen als Vol. 1, No. 4 der Contributions to Psychological Theory. Duke University Press, Durham, N. C. 1938 (250 Seiten). Es ist eine Art zweiter Teil zu Lewins früherem grundlegendem Buch Principles of Topological Psychology, Mc Graw-Hill Book Co 1936. – Außerdem ist im Erscheinen ein Bericht über sehr interessante soziologische Experimente mit autoritär und demokratisch organisierten Kindergruppen. Überhaupt befindet sich Lewin stark im Übergang von der Psychologie zur Soziologie.
Da ich einmal dabei bin, empfehle ich Dir noch (vielleicht wiederholt) die psychologisch-wissenschaftstheoretischen Bücher von Arne Ness, Truth, etc. Oslo 1938 (118 Seiten; ich kriege es eben und werde es für die Z[eitschrift] f[ür] S[ozialforschung] besprechen.) außerdem ein deutsches Buch von 1936[161] und das letzte Heft des American Journal of Sociology (Vol XLIV, No. 6; May 1939), welches einen sehr guten und interessanten Überblick über den gegenwärtigen Stand der amerikanischen Soziologie gibt. Es ist ein Symposium über »The Individual and the Group« und die »Gruppe« hat schon seit Anfang der 20er Jahre den Zentralbegriff der amerikanischen Soziologie gebildet. (Ganz gut zum Durchblättern und teilweisen Lesen ist das ältere Buch von Small über die Origins of Sociology.[162] Aber erst wenn Du Dich aus anderen Gründen diesen Studien zuwenden solltest. Ich erwähne es vielleicht nur, weil ich es zuletzt gelesen habe.)
Ich verstehe nicht recht, was Du mit der Frage meinst, warum ich zu Silone keine Stellung genommen hätte. In meiner review seiner School for Dictators in Living Marxism[163] habe ich doch sowohl theoretisch seine mangelhafte Darstellung der ökonomischen Frage, als auch praktisch seine zweideutige Stellungnahme zum Faschismus herausgehoben. Trotz dieser Mängel finde ich das Buch ausgezeichnet, wenn auch nicht gerade wissenschaftlich wertvoll oder sonst irgendwie »außerordentlich«.
Hanna läßt Dich und Käthe herzlichst grüßen. Dasselbe würden Hedda, Sybille und Barbara tun, wenn sie hier wären und ihre Empfindungen ausdrücken könnten. Auch von mir grüße Käthe herzlich. Wenn sie vor einer Amerikareise Angst hat, so kann ich das nach den Erfahrungen der letzten Jahre wohl verstehen. Aber in Frankreich wird ihres Bleibens doch wohl nicht mehr lange sein, und nach England wird man sie nicht herein-

lassen. Jedenfalls nicht, ehe sie ein Visum nach einem anderen Land hat.

Deine Urteile über das Hilfswerk während und nach dem spanischen Bürgerkrieg sind zwar für mich nicht mehr überraschend, aber doch noch erschütternd durch ihren absoluten Charakter.[164] Deine Meinung über bessere Möglichkeiten der Organisierung des Widerstandes in Spanien, als in Deutschland und Italien, sind interessant genug. Doch glaube ich, daß dies in absehbarer Zeit nur zu einer Wiederholung der Abwürgungstragödie führen würde. Die größte revolutionäre Energie und Tapferkeit, sogar die Vermeidung aller Fehler seitens der spanischen Arbeiter könnte es allein nicht schaffen. Es scheint fast besser, wenn es gar nicht erst dazu käme, ehe nicht die Verhältnisse im europäischen Maßstab sich eingreifend verändert haben.

Die gute Kunde von Langerhans hast Du ja schon vor mir und Herbert gehört. Ich habe inzwischen von Ilse einen Brief mit Auszügen aus seinem letzten Brief und habe auch schon darauf geantwortet. Für ihn habe ich gute Hoffnung, daß das Institut, wenn ich genügend Druck dahinter setze, mit voller Energie für ihn einspringen wird, da er ein ehemaliger Mitarbeiter des Instituts ist und ihn alle dort kennen, die von ihm durchgemachten Leiden ihrem Interessenkreise und Einflußvermögen auch näher liegen. Für Deinen weitaus schwierigeren Fall denke ich von dort zwar auch, wenn noch nötig, einige zusätzliche affidavits zu kriegen; es ist mir aber zweifelhaft, ob sie für eine weitergehende Leistung Tapferkeit und Opferwillen genug aufbringen werden. Versuchen werde ich auf jeden Fall alles ...

Was mich betrifft, so habe ich es ja leider auch in diesem Lande bisher zu nichts gebracht. Diesmal liegt die Schuld viel mehr an meinen Dir bekannten Eigenschaften der Trägheit und Unlust zu realistischem Verhalten, als dies in Deutschland oder der europäischen Emigration der Fall war. An sich könnte ich vielleicht trotz meines hohen Alters noch einen akademischen job kriegen; natürlich sind meine Bücher über Marxismus, mein Ruf bei den deutschen Emigranten und last not least der sehr leistungsfähige Widerstand der C. P. sehr starke handicaps für alles, selbst für Mitarbeit an Zeitschriften, Veröffentlichung von Büchern, bezahlte und unbezahlte Vorträge und Kurse. Z. B. wurde, als ich vor 8 Tagen hier in einem kleinen Industrieorte von 30 000 Einwohnern in einer People's Church (das sind ziemlich religionsfreie proletarische Zirkel, geleitet von den zahlreichen wegen ihrer Überzeugungstreue von ihren privaten Arbeitgeber-Gemeinden entlassenen Pfarrern) einen Vortrag über die Lage in Rußland hielt, dieser Vortrag von der dortigen Gruppe der C P 100 %ig boykottiert.

Mir tut meine Ohnmacht vor allem auch wegen der sonst vielleicht größeren Möglichkeiten günstigerer [?] Hilfestellungen für meine Freunde leid. Ich fürchte, wenn ich in 2 1/2 Jahren Staatsbürger werde, werde ich mit meinen dann 55–56 Jahren zu alt sein, wenn ich nicht vorher etwas geworden bin.
Von Brecht sah ich kürzlich nicht nur einen guten Anfang zu einem Roman über »Die Geschäfte des Herrn Julius Cäsar«, sondern vor allem auch ein ausgezeichnetes neues Drama, völlig fertig, aber noch nicht gedruckt, über *»Das Leben des Galilei«*. Ein wirklich großer Wurf; ein großes Thema und am Schluß eine unnachahmliche Brecht'sche Schärfe der Negation. Obwohl Leute selten ihr Privatleben nach den Grundsätzen ihrer allgemeinen Überzeugungen gestalten, kann ich mir eigentlich nach dieser Darstellung des Galilei nicht denken, daß Brecht weiterhin so linientreu [?] bleiben wird. Ich habe ihm lange nicht, im Grunde seit meiner Ankunft in USA überhaupt nicht, geschrieben, werde es aber jetzt bald tun. Wie ich verschiedentlich hörte, soll er die Absicht haben, hierher zu kommen.
Ich habe meinen Plan, über Revolution und Konterrevolution zu arbeiten,[165] immer noch nicht ganz aufgegeben, obwohl ich mich in der letzten Zeit wieder hauptsächlich mit Methodenfragen der Soziologie und des logischen Kalkül beschäftigt habe. Gerade jetzt bin ich aber wieder kritischer gegenüber dem Kalkül gestimmt, obwohl hierher gehörigen deutschen Emigranten (Carnap, Hempel usw.) die Berührung mit Amerika nicht schlecht bekommen ist; sie sind sehr aufgelockert und alles ist, fast schon zu sehr, in Bewegung geraten. Ich werde vermutlich den nächsten Kongreß im September 39 in Cambridge (das ist dieselbe Stadt wie Boston, nur jenseits des Flusses!) auch besuchen. Ich arbeite gerade an einem Vortrag, den ich morgen abend vor einem kleinen Kreise hiesiger intelligenter graduate students und jüngerer Dozenten halte, über »A materialistic theory of thought«[166]. Ich habe auf diesem Gebiet einiges zugelernt[?] und ich werde vielleicht mein nächstes Buch, sonst aber wenigstens einen längeren Zeitschriftenaufsatz darüber schreiben.
Hier ist Landschaft und Klima unbeschreiblich schön. Ich bin fast beschämt, daß ich es allein so gut habe. Dein alter

K.K.

Grüße Herbert schön, und wenn Du ihr schreibst, auch Ilse und über sie Heinz.

27

an PARTOS

[Seattle,] 26.–29. 7. 1939*

Lieber Paul,

ich nehme mir heute mal die Zeit, um zu sehen, ob ich für
$(\iota x)(\iota y) f(x, y)$
einen Inhalt φ finden kann, der uns wieder berechtigt, ein E! davor zu setzen:

$\vdash : \varphi (\iota x)(\iota y) f(x, y) . \supset . E!(\iota x) \iota y)(f(x, y)$.[167]

(Irrtümer der logistischen Formulierung vorbehalten, aber da KK, PP ohnedies Konstanten sind, wäre sie auch einfacher auszudrücken. Durch die Aussage, daß wir fragen wollen, welchen Inhalt ein existierendes f hat, das f (KK, PP) befriedigt; ja da sogar unsere Beziehung, welchen Inhalt sie immer haben möge, eine Konstante ist, so können wir gleich versuchen, das B in B (KK, PP) zu bestimmen und so weiter).

Ich las mit großer Freude und ebenso großem Interesse Deinen Brief vom 20. Juni und 4. Juli und verstehe gar nicht, warum ich ihn bis heute entweder gar nicht oder, wenn es schon einen Brief Nummer 2 (numeriert oder nicht numeriert) nach dem Brief Nummer 1 vom 12. Juni, aber vor diesem gegeben haben sollte, sicher nur ganz ungenügend beantwortet habe. Allerdings habe ich inzwischen eine 16-tägige Fahrt (einschließlich Hin- und Rückfahrt) nach Berkeley (San Francisco) Cal. gemacht und dort energisch mit Kurt Lewin zusammen gearbeitet, und auch sonst gab es allerhand Tätigkeit, aber das ist nur eine ganz ungenügende Rechtfertigung. Vor allem teile ich Dir mit, daß meine Adresse sich schon wieder geändert hat, wenn Du diesen Brief kriegst. Ich fahre nächste Woche, wahrscheinlich am Montag wieder nach Osten und treffe zum Wochenende (5.–6. August) entweder in New York oder schon in Boston ein. Meine Adresse ist also 337 Charles Street, Boston, Mass.

Da wir gerade bei einem solchen Punkt sind, so teile ich Dir gleich mit, daß ich einem befreundeten Gelehrten, namens Easton Rothwell, dem ich voriges Jahr bei seiner Doktorarbeit über Rosa Luxemburg etwas hilfreich gewesen bin, und der jetzt für kurze Zeit mit seiner Frau nach Europa reist, Deine und Herberts Adresse in London gegeben habe und ihm gera-

* Stenogramm (8 S., pag.: 1–6, 10–11) und Abschrift der S. 3–6 und 10–11 (7 S. Mschr.) im Teilnachlaß Partos, Auszug »Über amerikanische Wissenschaft« (3 S. Mschr.) im Nachlaß Korsch. Die ersten Seiten wurden neu übertragen, die Abschrift am Stenogramm kontrolliert. Der Auszug entspricht offensichtlich den fehlenden S. 7–9 des Stenogramms und wurde an dieser Stelle unverändert eingefügt. Die Datierung des Auszuges (30. 7. 1939) gilt entsprechend nur für die an andere Freunde verschickten Abschriften (vgl. auch Brief 28, S. 232. – Beim Datum, S. 1, der Vermerk: »Brief Nummer 2«.

ten habe, vor allem Dich aufzusuchen. Er ist Historiker, instructor (ungefähr = Privatdozent mit Lehrauftrag) in Stanford University (Cal.); menschlich ein besonders netter Kerl, politisch frei bis revolutionär, sein Studium von Luxemburgs Werken hat schon einen beträchtlichen Einfluß auf ihn ausgeübt. So wird er auch Dir gefallen; allerdings weiß ich gar nicht genau, ob er auch nach London kommt oder bloß nach Frankreich und Holland fahren wird. Er hat nur wenig Zeit und es liegt ihm besonders daran, sich über die vergangene und gegenwärtige Arbeiterbewegung in Europa zu informieren, solange es dazu noch Zeit ist.

Damit komme ich zu einem anderen Punkte. Nach dem, was Du über Deine guten Aussichten, in England über das halbe Jahr hinaus geduldet zu werden, geschrieben hast, werden natürlich alle meine Spekulationen über Notlösungen für Deinen weiteren Verbleib hinfällig. Auch ich würde in einer solchen Lage lieber warten, bis ich definitiv und in jeder Hinsicht vollgültig nach USA emigrieren könnte. Ich hoffe nur, daß Du die Stabilität der dortigen Verhältnisse nicht überschätzt.

Ich glaube nicht, daß man Dich auf dem amerikanischen Konsulat nach amerikanischen Referenzen fragen wird. Wenn es einmal so weit ist, daß man überhaupt konkret nach etwas fragt, wird man gleich nach den affidavits fragen, und ich hoffe dann in der Lage zu sein (in der ich auch heute für Dich schon bin), Dir erstklassige affidavits von amerikanischen Staatsbürgern zu beschaffen. Sollte man Dich aber doch fragen, dann kannst Du vorläufig den Namen von Mrs. Mary Farquharson angeben; sie ist Mitglied des Senats des Staates Washington (nicht zu verwechseln mit Washington DC!), gut bekannt mit Hanna, und auch ich kenne ihren Mann, der hier Universitätsprofessor ist; es sind beide sehr hilfsbereite Leute, die auch politisch keine Vorurteile haben. Wir werden sie außerdem darüber informieren, bzw. formell um die Erlaubnis bitten, daß Ihr Name in Deiner Sache genannt werden kann. Es ist aber kein Zweifel, daß sie damit einverstanden sein wird. Wenn man Dich weiter fragt, worauf Deine Bekanntschaft mit der Dame beruht [?], so mußt Du es so persönlich wie möglich machen; gemeinsame Bekannte, früher in Berlin oder Paris, und Freundschaft mit Deiner Freundin Dr. Hanna Kosterlitz, die schon 1934 nach hierher gekommen sei und eine gute Position als Augenärztin hier habe; schon im nächsten Jahr kann übrigens Hanna selbst ihre citizenship beantragen und wird Anfang 1941 selbst amerikanischer Staatsbürger sein. Ich selbst werde es bekanntlich erst Anfang 1942, aber selbst dieser Termin scheint unter heutigen Verhältnissen nicht ganz bedeutungslos!

Noch eine letzte Sache, betreffend Heinz. Ich finde seine Stim-

mung sehr interessant, nicht unverständlich, stimme aber ganz mit Dir darin überein, daß man [mit] Ilse reden muß, mit allen Mitteln auf ihn einzuwirken, daß er aus D.[168] herausgeht; sie soll ihm das auch von mir bestellen, wenn sie denkt, daß das etwas nützen kann. Im übrigen werde ich ihr vom Osten aus gleich selber schreiben, vielleicht kriege ich inzwischen von Dir oder direkt von ihr noch weitere Nachrichten über die Lage der Dinge. Unter uns gesagt, beschäftigt mich ihre (Ilses) seelische Lage augenblicklich mehr, als seine; es ist schrecklich schade, daß sie aus diesen Zwischenstadien gar nicht herauskommt; jede Lösung ist besser für sie als diese fortwährenden Wartezeiten und Zweifel und Befürchtungen!
Damit gehe ich, es ist inzwischen Donnerstag, der 27. Juli geworden, zu dem sachlichen Teil Deines Briefes über und weiß wieder nicht, wo anfangen. Ich mache also erst ein paar Bemerkungen zu Deinem Brief und berichte dann — in einer getrennten und hoffentlich auch für andere Leute verwertbaren Niederschrift — über meine eigenen Gedanken und Pläne.
Zu Spanien: Ich bin mit allem einverstanden, was Du sagst, obwohl ich es zum Teil für mich allein nicht so bestimmt gedacht haben würde. Die einzige Wendung, mit der ich nicht ganz einverstanden bin, ist Deine Perspektive auf eine Zukunft, in der »der objektive Auflösungsprozeß des Faschismus im europäischen Maßstab beginnen wird«. Eine solche Zukunft sehe ich nicht, weder in der Nähe noch in der Ferne, sondern eine »dritte« Entwicklung. Aber dies alles betrifft vielmehr die allgemeine Lage. »Wenn« die von Dir beschriebene Entwicklung in Europa in absehbarer Zeit stattfinden würde, würden die Folgen in Spanien wohl so sein, wie Du sie voraussiehst.
Ebenso wenig bin ich mit Deinem term »Neue *politische* Ausdrucksform des Kapitalismus« ganz einverstanden. Warum ist sie gerade »politisch«? Mir scheint das »ökonomisch« mehr und mehr die Hauptsache zu werden und jedenfalls alle politischen Ausdrücke zu beherrschen. Die »Entstehung einer bewußten, geformten und revolutionär orientierten Reaktion der Arbeiterklasse« sehe ich auch nicht in meinem Zukunftsbilde (welches natürlich nicht viel fertiger und klarer ist als das Deinige; man hat wohl heute nur die Wahl zwischen klaren aber zweifellos falschen und veralteten Vorstellungen, und einer gewissen Unklarheit über die nächste und zweitnächste Zukunft!). Wir sind schon immer darüber einig, daß wir in der (»abnehmenden«) Reihe Deutschland und Italien usw. Rußland, USA, westeuropäische Demokratien (die beiden letzten würde ich in der umgekehrten Reihenfolge in die »abnehmende« Reihe stellen) mehr als gemeinsam als einen Gegensatz sehen. Etwas schwerer wird die Sache, wenn man

Japan und China mit einordnen will, aber selbst dann bleibt die Grundvoraussetzung für mich bestehen. Ich glaube nun, daß in diesem weltweiten Komplex kein Trend für die von dir beschriebene Arbeiterklassenbewegung zu spüren ist. Die »schematisch, altmaterialistische Vorstellung von dem dauernd erzeugten Druck in einem geschlossenen System« scheint mir *theoretisch* noch immer von höchstem Wert, das Beste im Marxismus; aber »theoretisch« bedeutet hier für mich weiter nichts, als die rein wissenschaftliche Bedeutung des Begriffes von »inneren« Gegensätzen und überhaupt »innerer« Dynamik im Gegensatz zu den rein deskriptiven geographisch-historischen und eigentlich »vorwissenschaftlichen« Erzählungen und Diskussionen der zeitgenössischen Politiker und Schriftsteller im allgemeinen. Aber gerade, weil man auf Grund solcher echter wissenschaftlicher Begriffe, Gesetze und so weiter zuverlässige sogenannte »Voraussagen« machen kann (besser wäre es, nach meiner Meinung, in den Sozialwissenschaften nicht von »Voraussagen« zu sprechen, sondern von etwas, was Praxis einschließt) ist es unsinnig, auf dieser Grundlage (und erst recht: »ohne« auch nur diese Grundlage) über den gesamten Zustand eines umfassenden Systems etwas vorauszusagen. In dieser Hinsicht scheinen mir Materialismus, Positivismus und Pragmatismus, die drei herrschenden »Philosophien« unserer Zeit gleich falsch und veraltet eingestellt zu sein. Von einem Gesamtzustand spricht im Grunde nur der »gesunde Menschenverstand« und der spricht seiner Natur nach in fragmentarischen, widersprechenden und regellos wechselnden Ansätzen und braucht nichts mehr. Selbst wenn die »neue Soziologie« (Prof. Pickup)[168a] ihn von Zeit zu Zeit daran erinnert, daß A gleich A ist, so hat dies den Charakter einer Vergewaltigung, einer autoritären Einschränkung des »natürlichen« Denkens, Lebens und Handelns. Rechts und links, oben und unten, ich und du, jetzt und hier, sind gute Worte, aber aus der Wissenschaft wohl doch auszuklammern.

Damit komme ich zu dem dritten von Dir erörterten Punkt: Ich freute mich sehr, daß Du Arne Ness gleich gelesen hast und was Du über ihn schreibst, scheint mir interessant und zutreffend. Aber Du hast ihn mir ein bißchen zu ernst genommen (ich schreibe bekanntlich immer mit etwas zu viel Ernst über die Sache, die ich gerade zuletzt gelesen oder gedacht habe). Ich glaube auch, daß er in der »Objektivpsychologie« ebenso wenig etwas Neues gesagt hat, wie auf dem allgemeineren wissenschafts-theoretischen Gebiet; auch seine Gewährsmänner Brunswik[169] (ein aus Wien nach Stanford verschlagener Psychologe) usw. haben kaum etwas gesagt, was nicht in der deutschen Psychologie schon seit Jahrzehnten und zum Teil besser erkannt wurde. Dennoch war mir das Buch, ebenso wie Dir, erfrischend und erfreulich zu lesen, und ebenso wirkte der Mann selbst, besonders im Vergleich zu den allzusehr an die philosophia perennis erinnernden (ihren Geist sozusagen auf dem metaphysischen Zeropunkt weitererhaltenden) Logistiker um und einschließlich Carnap. Du tust seiner »Soziologie« noch zuviel Ehre an, wenn Du sie als »schüchtern« und »noch sehr wenig soziologisch« charakterisierst. Sie ist wiederum nur im Gegensatz zu den anderen, bei denen sie nicht einmal als Punkt oder Leerstelle erscheint, wichtig zu nehmen.

Also zusammengefaßt, glaube ich, wir brauchen darüber nicht weiter zu reden, weil wir in unserer Beurteilung seiner positiven und negativen Charaktere vollkommen einverstanden sind. Und das gleiche betrifft Deine im Anschluß an die Charakterisierung von Arne Ness im Brief vom 7. Juli weiter gemachten Bemerkungen über Deine eigene Einstellung. Zum Teil habe ich das gleiche schon oben in meiner Äußerung zu Deinen Ausführungen zum 20. Juni gesagt. Ein Unterschied besteht nur insofern, daß Du positive und evtl. auch kritische Aussagen, die über den Rahmen des gegenwärtigen faschistisch-kapitalistischen Weltzustandes hinausgehen, für heute unpraktisch erklärst, was ein bißchen so klingt, als ob Du sie für »etwas später« als praktisch ansiehst und also von einem Wissenschaftsbegriff ausgehst, der Dich veranlaßt, die gegenwärtige Wissenschaft für unecht und die echte Wissenschaft für eine Sache der Zukunft zu halten.

Ich glaube, ich habe da ein bißchen radikaler mit unserer gemeinsamen Vergangenheit gebrochen. Ich habe weiter oben schon etwas darüber angedeutet und komme wohl nachher oder in späteren Briefen wieder darauf zurück. Ich glaube, daß man Wissenschaft, wenn man nicht mehr als Wissenschaft machen will, immerzu machen kann und niemals als Wissenschaftler mehr als das machen kann. Eine einfache »Positivierung« und »Kalkulisierung« bestimmter Teile der jetzt »positiv« geltenden, aber noch nicht formulierten Systeme von Sätzen scheint mir eine ganz nutzlose Beschäftigung, es sei denn als bloße Vorarbeit für wirkliche Kritik. — Also sozusagen »kopernikanische Tat« immer nur auf verschiedenen Reifestufen; aber diese »Tat« ist gar keine Tat, sondern allenfalls ein Index für geschichtliche Taten.

Ich wollte dies auf der vorigen Seite abschließen, entdecke aber eben noch einen allerletzten Punkt in Deinen »allgemeinen (theoretisch-praktischen) Ausführungen«, der mir zwar nicht viel sagt, aber doch eine Äußerung meinerseits provoziert. »Praktische Probleme der revolutionären Tätigkeit«.

A. Die direkte revolutionäre Aktion im Gegensatz zur faschistischen direkten Aktion kann ich mir z. B. für den Fall eines großen Krieges als ausführbar, und durch mich und Dich mit ausführbar vorstellen. Auch dann würde sie für geraume Zeit hauptsächlich darauf hinauslaufen, bei sich selbst und anderen eine allgemeine relativ unbestimmte Bereitschaftsstellung zu bewahren und in möglichster Nähe zur Praxis zu bringen; auf die »neuen« Ereignisse und Entwicklungen und Konflikte von Fall zu Fall zu reagieren usw.

B. Die heutige faschistische und »demokratische« Gewerkschaftsbewegung? Hier in USA ist das alles noch Vorgeschichte und gewiß die Vorgeschichte zu einer großen und radikalen Geschichte. »Anknüpfungspunkte« vakant. Man kann hier nur Falsches, Unverstandenes und Unverständliches sagen und tun, wenn man sich nicht darauf beschränken will, an der Sisyphusarbeit der Bekämpfung der Vergiftungsarbeit der C.P. einen auch sehr beschränkten Anteil zu haben. Auch hierbei würde man kaum vermeiden können, den Kampf der bürgerlichen Intellektuellen gegen die Arbeiterklasse dabei zu fördern. – Ganz das gleiche gilt für die »Revolutionäre Gewerkschaftsarbeit« direkt. Wollte man entweder die closed shops oder sonstige »faschistische Züge« der amerikanischen Gewerkschaften bekämpfen oder auch nur die grellste Korruption, Scheußlichkeiten der Bürokratie gegen die Arbeiter selbst usw., so würde man unvermeidlich *für* die Bourgeoisie und das Kapital *gegen* die Arbeiterklasse wirken. – Augenblicklich tobt z. B. hier der Scheinkampf um die Deportation von Harry Bridges, worüber du wohl auch in den dortigen Zeitungen genügend findest. Ein Polizeispitzel nach dem anderen tritt auf und sagt aus, daß er eine führende Stellung in der C. P. gehabt hat und also etwas darüber weiß, daß Bridges Parteimitglied war oder ist, und die Partei umstürzlerische Ziele habe. Verschiedene Arbeiterführer (Lund[e]berg und Bridges an erster Stelle) kämpfen um Führerstellungen. Republikaner, »gemäßigte Demokraten«, New Dealers, messen ihre Kräfte in einer Art tug of war. Keiner hat auch nur die Absicht, in irgendeinem Sinne »zu siegen«. Es geht um untergeordnete taktische Ziele. Sogar der in absehbarer Zeit alles zu überschatten im Begriff stehende Kampf um die Präsidentenwahl ist jetzt noch nicht entscheidend. Der realste Kern ist ein für den 1. September in Aussicht stehender großer Streik der longshoremen und der maritime federation (C. I. O. unter Bridges' und damit vorwiegend unter parteikommunistischer Führung).[170] Aber auch anderer (FAL)[171] Arbeitergruppen. Die Unternehmer, die zum Teil die Regierung unter den Druck ihrer eigenen und der vordringlichsten republikanischen Kapitalsinteressen [setzen] versuchen wohl kaum ernstlich, Bridges bis dahin wirklich zu erledigen, aber ihn doch hinreichend zu diskreditieren, um dann nach Ausbruch des Streikes ihn und die Bewegung selbst leichter brechen zu können. Wo soll

da unsereiner »anknüpfen«? – Ich denke, wenn Du hier wärest, würdest Du immerhin »hypothetische« Antworten auf diese rhetorischen Fragen anbieten, und vielleicht würde ich Dir eine Strecke weit folgen.
Aber was der relativ aktivste Mann unserer Richtung, Paul Mattick, in dieser Weise tut, scheint mir zu isoliert, kurzlebig, um mich dafür einzusetzen. So schreibt er jetzt, daß er mit Auerbach, der gerade mit seiner Frau bei ihm in Chicago zu Besuch ist, an einer Broschüre über die gegenwärtigen Vorgänge in der W[ork] P[rogress] A[dministration] arbeite. Aber noch ehe ich diesen Brief kriegte, war die Bewegung in der W. P. A. schon wieder tot.[172] Obwohl jetzt die C. P. (d. h. auf diesem Gebiet ihre Erwerbslosenorganisation, die workers alliance) so wenig tut, daß solche Leute, wie Paul Mattick, Eingriffsmöglichkeiten zu haben scheinen/glauben, ist es doch alles nur eine neue Strophe in dem bekannten langen Liede, nach dem die K. A. P. (um alles links von der K. P. besser unter diesem historischen Namen als unter dem unpassenden von der Partei selbst erfundenen des Trotzkismus zusammenzufassen) immer dann das tun darf und muß, was eigentlich die K. P. zu tun hätte, wenn die Lage völlig aussichtlos ist, und jeder Eingriff zur Enttäuschung und Schädigung der Arbeiter und Diskreditierung der Eingreifer führen kann. Ich glaube, daß man für die letzten 20 Jahre (oder beinahe so lange) die »ungelöste Aufgabe der Revolutionäre« dahin formulieren kann, daß sie einen Weg finden wollten und sollten, auf dem sie mehr, als eine bloße ideale »Ergänzung« der kommun. Partei darstellen konnten. Den einzigen geschichtlich reellen Beitrag dazu haben wohl die spanisch. Anarchisten geleistet, und du weißt am besten, wie kurzlebig und schmerzlich selbst dieser geschichtlich beste Beitrag zur Lösung der allgemeinen Aufgabe ausgefallen ist. So wäre dann, um hier mal gleich energisch weiterzudenken, wohl auch diese Aufgabe falsch gestellt. Die ganze vergangene Arbeiterbewegung in all ihren Formen hat wirklich nur den innerkapitalistischen Fortschritt vorbereitet, der gegenwärtig in gegenrevolutionärer Form durch den »Faschismus« eingeleitet und im Weltmaßstab durch alle kapitalistischen Systeme ausgeführt und gesichert wird. Dein »Zunahme der potentiellen Bedeutung der Arbeiterklasse«; ihre »formelle Organisierung« »in unbekannt breitem Maßstabe« aber kaum »als Klasse« auch nicht einmal mit der Einschränkung: »mit einem falschen Bewußtsein«; und die schon von dir an dieser Stelle mit gutem Grunde in Anführungsstriche gesetzten »anderen ›inneren Widersprüche‹« sind nur Teilbeschreibungen dieses Sachverhaltes. Wäre die Arbeiterbewegung der letzten Epoche stärker revolutionär aktiv gewesen, hätte sie einen größeren direkten Beitrag

zur Herbeiführung des gegenwärtigen Zustandes geleistet oder auch nur einen noch größeren indirekten, provokatorischen, so würde wahrscheinlich ihre »potentielle Bedeutung« und der »breite Maßstab ihrer Organisierung« noch anders und stärker in Erscheinung treten. Tritt er doch in Rußland in typisch anderen Formen auf, als in Westeuropa und Amerika; in Deutschland in typisch anderen Formen als in Italien; und nach Deiner Beschreibung in eigenartigen Formen im kapitalistisch »rückständigen« und darum »weniger gründlich durch die Gegenrevolution kapitalisierbaren« (?) Spanien auf. Ich glaube, eine ganz nützliche Vorarbeit im Sinne Deiner spezielleren Arbeitspläne (»faschistische Ideologie« und »Krieg«) wäre eine sehr klare und empirisch fundierte *unterschiedliche* Darstellung a) der realen Bedeutung der Arbeiterklasse in Wirtschaft u. Gesellschaft b) ihrer ideolog[ischen] (»potentiell« revolutionären, phänomenal gegenrevolutionären) Bedeutung.

Über amerikanische Wissenschaft. (aus einem Brief an P. P. Ende Juli 1939)

Wenn ich jetzt dazu übergehe, etwas von meinen eigenen Ansichten, Gedanken, Arbeitsplänen mitzuteilen, so wird dabei alles etwas subjektiver, augenblicksbedingter und zugespitzter — zu sehr als »Bruch« mit eigenen früheren Einstellungen — herauskommen als es objektiv sein mag. Aber es wäre in der Tat zu schwer, das »Neue« einigermaßen deutlich hervorzuheben, wenn man es nicht zugleich etwas übertreiben dürfte.
Ich fange an mit Amerika.
Das erste ist, daß dieses Amerika wirklich verschieden von Europa ist, sicher von dem »alten« Europa, in dem wir alle gelebt und gearbeitet und unsere Kämpfe geführt haben.
Man kann dieses Amerika zunächst einmal nicht so grundsätzlich »ablehnen« wie viele von uns den ganzen status quo in Europa abgelehnt haben. Man hatte in Europa eine relativ genaue Vorstellung von dem neuen Zustand, der an die Stelle des bisherigen Zustandes von Staat und Gesellschaft gesetzt werden sollte. Man glaubte etwas darüber zu wissen, wie diese Veränderung vor sich gehen würde, und man sah wenigstens einige Punkte, an denen man selbst in diese Entwicklung eingreifen konnte. Man stand in einer Bewegung, die von einer wohlbekannten Vergangenheit über eine bekannte Gegenwart in eine hinreichend bekannte Zukunft hinüberführte. Man hatte eine Theorie, gegenüber der man sich beliebig »kritisch« verhalten konnte, gerade weil man so fest in ihr stand.
Von alle dem ist hier keine Rede. Nicht nur für den ersten Eindruck, sondern erst recht und in immer zunehmenden Maße

nach zwei und einhalb Jahren praktischer und theoretischer Orientierung scheint hier dem Europäer — und genau so, nur ohne das Bewußtsein, daß es anders sein könnte, dem eingeborenen Amerikaner — alles zu groß, zu weit, zu unübersichtlich, zu wenig zusammenhängend, als daß man dazu eine ähnliche Stellung einnehmen könnte. Der einzelne fühlt sich klein, machtlos, unwissend gegenüber der Weite, Mannigfaltigkeit, Wechselhaftigkeit des allgemeinen Daseins und Geschehens. Das Individuum — und die einzelne Gruppe, Richtung, Unternehmung, — findet sich in einem viel weniger bestimmten und differenzierten Raum, in dem es sich bewegen und zurechtfinden muß. Es gibt hier, im europäischen Sinne, weder einen Staat noch eine Geschichte noch eine bestimmte Gliederung der Gesellschaft nach Interessen, Klassen oder geltenden Ideen. »Unbegrenzte Möglichkeiten« umrahmen das zufällig Wirkliche in Vergangenheit, Gegenwart und Zukunft. Eine abstrakte Unendlichkeit und Freiheit besteht für alle und für keinen. Es ist schwer, auch heute noch, die Kategorien der »Pionierzeit« zu vermeiden, wenn man die eigenartige Struktur dieses amerikanischen Raumes beschreiben will. Oder ich möchte sagen, »Urwald« und »Steppe« waren eher bestimmter, für Theorie und Praxis weniger undurchdringlich als das Dickicht der heutigen amerikanischen Staaten und Städte, als diese ganze »botanische« Welt, in der ein Grashalm, eine Blume, ein Baum neben zahlreichen anderen ebensolchen heranwächst, oder als diese statistische Masse von molekularen Welten, in denen allen in unablässiger Koordinierung und Wiederholung eine Anzahl gleicher Elemente in typisch gleichen Formen zum Aufbau und Betrieb typisch gleicher Gebilde aneinander und übereinander geschichtet werden.

Ebenso verschieden wie die allgemeinen Verhältnisse ist von ihrem europäischen Äquivalent auch die amerikanische Wissenschaft. Ich meine nicht die Physik, die wie die Technik kosmopolitisch international ist und in der die Unterschiede hauptsächlich quantitativ sind. Ich meine die ganze Wissenschaft vom »Menschen« oder um es gleich amerikanischer auszudrücken, die Wissenschaft von ›behavior‹ (sociology, psychology, education, marriage, ›economics and business‹, social work, advertising, political science, mental hygiene, public relations, und hundert andere).

Wenn in Europa »positive« und »kritische« Theorie gegeneinander stehen, die eine statisch, die andere dynamisch, die eine mit einer rationalen Technik für die Lösung der laufenden Aufgaben, die andere mit der Enthüllung der Irrationalität dieser Technik für alle wirklichen Probleme, so ist hier in USA dieser Gegensatz ohne jegliche Aktualität. Fortwährende Veränderung der erforschten Tatsachen, Aufschließung neuer Gebiete, Entdeckung neuer Methoden, sofortige Einbeziehung jeder Gegentendenz, Neutralisierung alles Anormalen und Illegalen, Institutionalisierung von Geschäft, Politik, Korruption, Gewalt, Kriminalität — all dies ist hier so sehr selbstverständliche Voraussetzung, daß das Auftreten des Neuen in der Wissenschaft weder Konflikt noch Spannung, sondern nur die tägliche Nachfüllung des Triebstoffes bedeutet — wobei es funktionell nicht viel ausmacht, ob das Neue wirklich neu ist, da in einem unaufhörlichen Übergang von dem jeweils Bekannten zu »etwas Neuem« auch das Uralte und Alltägliche immer wieder als Neues entdeckt wird. Man kann sagen, daß in dieser amerikanischen Wissenschaft die Veränderung ebenso »positiv« ist wie in Europa die Unveränderlichkeit, und daß eben damit das in sich bewegliche Entwicklungsgefälle des bestehenden Betriebes vor jeder radikalen Kritik in einem Maße gesichert ist, wie das in Europa in den letzten Jahrhunderten niemals der Fall war. Es gibt in diesem Ablauf trotz der Wirbel an der Oberfläche keine gefährliche krisenhafte Stauung, keinen Konflikt, der nicht neutralisiert, keine Idee, die nicht alsbald ideologisiert und der herrschenden Ideologie als willkommene Neuerung einverleibt würde. Niemand erwartet, daß der approach von heute zu etwas anderem führen wird als zu einem anderen approach für morgen, und wie sich dem Midas alles in Gold verwandelte, so verwandelt sich hier die unerhörte Neuerung jedes Tages alsbald in selbstverständliches Zubehör der allgemeinen Meinung. Bei alledem verbirgt sich unter dem Schein des Scheines ein wirklicher Fortschritt. Die Entwicklung der Theorie hält Schritt mit der Entwicklung der Gesellschaft. Der wirkliche und scheinbare Fortschritt der Gesellschaft liefert der fortschreitenden Wissenschaft ein unerschöpfliches Material und zugleich ihrem Produkt einen immer aufnahmefähigen Markt. Wo dennoch das Angebot die gegenwärtige Nachfrage übersteigt, hilft (wie auf dem Gebiet der materiellen Produktion zur Zeit der ›prosperity overlasting‹ und in diesem nachgiebigeren Medium vorläufig noch ohne krisenhafte Erschütterung) die Vorausproduktion für den künftigen Konsum. Eine durch das institutionalisierte große Kapital mitinstitutionalisierte Wissenschaft produziert für eine auf dem gleichen Wege hergestellte neue Form der gesellschaftlichen Nachfrage. So reproduziert der Monopolkapitalismus hier in seiner Sündenmaienblüte noch einmal die glückliche Konstellation aus der Frühzeit des Konkurrenzkapitalismus: »Die Wissenschaften blühen, die Künste gedeihen, es ist eine Freude zu leben.«

Seattle, Washington 30. 7. 1939

Karl Korsch

es ist inzwischen der 29. 7. geworden.

Lieber Paul!

Der Brief ist etwas anders weitergegangen, als er gehen sollte, vor dem Gedanken an ein größeres Publikum ist etwas zu viel Lyrik und Gefühl untergelaufen. Ich will Dir darum heute auch nicht mehr alles schreiben, was ich Dir über meine jetzige wissenschaftliche Stellung und ihre Probleme schreiben wollte. Das tue ich das nächste Mal. Ich lege Dir heute nur noch als Beilage den Abstract des 20-Minuten Vortrages bei, den ich für den (nicht anwesenden) Kurt Lewin und mich auf dem Logistiker-Kongreß in Harvard, Anfang September, halten werde.[173] Ich weiß, daß Du mit dem Inhalt nicht besonders einverstanden sein wirst, aber ich konnte nur noch einen bereits von Lewin allein (weil Eile geboten war) verfaßten und bereits zum Abdruck in den preprints, die dem Kongreß vorgelegt werden, abgeschickten Vorentwurf in einem Tag angestrengter Arbeit mit Lewin zusammen soweit umarbeiten, daß ich ihn nun, besonders in Kenntnis der allgemeinen »philosophischen« und wissenschaftlichen Stellung Lewins, einigermaßen vertreten kann. In Wirklichkeit glaube ich nicht an das ganze, von Bridgman[174] aufgebrachte Gerede von sogenannten constructs, denen keine unmittelbare Erfahrung entsprechen soll. Es handelt sich dabei, im allgemeineren Sinne, um weiter nichts als den Unterschied von »vorwissenschaftlicher und wissenschaftlicher Begriffsbildung« (dieser term ist nur darum ebenfalls unsympathisch, weil er von den deutschen Kantianern, Rickert usw. aufgebracht worden ist!) und speziell bei den dynamischen constructs darum, daß diese besondere Gruppe von Begriffen oder terms sich nicht auf sogenannte einzelne Tatsachen (Formen), sondern auf ganze Gruppen und die zwischen ihnen bestehenden dynamischen Gesetze bezieht. Ich würde also inhaltlich in Bezug auf die constructs am liebsten nur das sagen, was in der beiliegenden Abschrift S. 3 unten bis 4 oben steht; und ich würde, wenn Formalisierung versucht würde, daran denken, sie als »unvollständige Zeichen« durch eine Gebrauchsdefinition zu definieren.

Zum zweiten finde ich, daß in diesem Vortrag die andere und (soweit man hier einen Komparativ gebrauchen kann) *wichtigere* Seite der Lewinschen Psychologie, ihr im Sinne der Physik streng experimenteller Charakter nicht genügend zur Geltung kommt. Von III an (S. 2 unten) hätte die Einführung der constructs mit der Darstellung ihrer Bedeutung für die experimentelle Arbeit Hand in Hand gehen müssen. Letztens, aber das betrifft mehr die beiden Lewinschen Bücher als diese kleine Abhandlung, bin ich wenig einverstanden mit der Lewinschen Manier des Gebrauchs mathematischer Formeln (z. B.

Gebrauch von Additions- und Substraktions- und Multiplikations- und Divisionszeichen, absoluter Betragszeichen usw.) innerhalb des Ausdrucks einer sonst unbekannten Funktion, z. B.

$$\mathrm{fl} = \frac{F\,(/t(S')-t(S'')/^{Ti'} - /t(S')-t(S'')/^{Ti''}}{Ti'' - Ti'}$$ statt einfach fl = F /t (S'), t(S''), Ti', Ti''/ in einer gerade jetzt zwischen uns diskutierten Formel über die psychologische »Fluidität« (Fluidität, Rigidität), gemessen an der Geschwindigkeit des Ausgleichs der Spannung zwischen benachbarten Gebieten innerhalb einer Person — ich zweifle nicht daran, daß Du in diesem Punkte, soweit Du ihn aus dieser Andeutung übersehen kannst, mit mir ganz und vielleicht noch mehr als ich selbst einverstanden sein wirst.

Mit allen diesen Einwendungen halte ich aber die Lewinsche Arbeitsweise, nachdem ich ihre experimentelle Grundlage, ihre pädagogische Wirkung auf die Schüler und Mitarbeiter usw. näher studiert habe, für noch besser, als ich es schon früher tat, und trotz vieler unbefriedigender Züge der bisher von den Lewinschülern auf dem wirklich soziologischen Gebiet (nicht bloß sozialpsychologisch!) versuchten Experimente glaube ich, daß man mit analogen Methoden in der Soziologie ausgezeichnet arbeiten können wird, wenn man einmal ernsthaft damit anfängt. (einen ersten Vorbericht über den ersten Teil der erwähnten Experimente findest Du in einem Beitrag des Lewinschülers Lippitt im American Journal of Sociology, XLV, 1. Juli 39, aber laß Dich dadurch nicht allzusehr abschrecken!)

Ich werde vielleicht einen Anfang machen mit einem Buch über social forces and social movements, welches ähnlich wie das von mir erst kürzlich, aber mit großer Begeisterung gelesene Buch von William J. Thomas & F. Znaniecki über The Polish Peasant in Europe and USA, 2nd ed. 1927[175] — in einen sehr abstrakten, methodischen und einen sehr speziellen, fast ideographischen Anwendungsteil zerfallen soll; in dem letzteren würden dann endlich meine Studien über Revolution und Konterrevolution das Licht der Druckerschwärze erblicken. Vor diesem Werke, dessen Beendigung ja geraume Zeit erfordern wird, möchte ich eventuell aus äußeren Gründen noch das sehr fehlende Textbook über social theories schreiben. Damit könnte ich nicht nur sehr gut bekannt und einflußreich werden, sondern vielleicht sogar einen akademischen job kriegen. Die vorhandenen Bücher von Beach, Sorokin, Hankins, Barnes etc. sind außerordentlich ungenügend, selbst vom gewöhnlichen Schulbuchstandpunkt [?] aus betrachtet, und es scheint mir nicht sehr schwer, so etwas zustande zu bringen, wenn man sämtliche vorhandenen Bücher

durchsieht, die eigenen Gedanken und pädagogischen tricks hinzufügt und vielleicht noch einige der besseren Bücher, die nur in verschiedenen europäischen Sprachen vorliegen, mit ausnutzt (welche kommen da am meisten in Frage?). Schade, daß Du nicht da bist, um mitzuhelfen. In den zwei dicken Bänden des Vielschreibers Barnes,[176] der für die früheste Zeit Ibn Chaldun usw., nicht einmal wertlos ist, kommt z. B. Sorel nicht mal als Name vor! Mir wäre eine solche Sache jetzt möglich, da ich endlich anfange, die mir seit mehr als 25 Jahren nicht nur theoretisch, sondern auch durch längeren Aufenthalt in London bekannte englische Sprache mit einiger Leichtigkeit zu handhaben. Die Übersetzung des Buches über Marx hat mir da wichtige Geburtshilfsdienste geleistet, aber von dem durch sie hervorgerufenen guten Effekt selbst noch nicht viel abgekriegt. Meine Sprache ist darin so ängstlich englisch, so daß sie überhaupt nicht mehr englisch, geschweige denn amerikanisch ist! – Andererseits entsteht vielleicht bei den für diesen Zweck unentbehrlichen führenden Verlegern, Mac Graw Hill usw., ein Hindernis aus der Tatsache, daß ich als Marxist bekannt bin und keinen akademischen job habe; aber dieses Hindernis wäre durch gute Empfehlungen vielleicht zu überwinden. – Nun habe ich wirklich bloß von den alleräußerlichsten Dingen geschrieben und will keinen neuen Bogen mehr anfangen, obwohl das Schiff wahrscheinlich erst nächsten Mittwoch abgeht. Aber Du siehst wohl selbst schon, daß ich im Begriff stehe, ein richtiger amerikanischer Soziologe zu werden; eine gewisse verbindende Ambivalenz der Gefühle ist dabei durchaus Privatsache . . .
Lebe wohl, grüße Käthe herzlich, auch von Hanna. Vielleicht höre ich inzwischen schon von Dir, aber jedenfalls bald eine Antwort auf diesen Brief nach Boston. Und grüße vor allem auch Ilse recht herzlich, es war eine schöne Zeit, als wir noch in Paris in ihrer Wohnung die Nächte durcharbeiteten und am Morgen beim Frühstück saßen!

Dein KK.

28

an BRECHT

Seattle, 31. 7. 1939*

Lieber Bert Brecht,
ich schreibe Ihnen wieder schnell und ungenügend, um nur überhaupt zu schreiben. Übermorgen fahre ich zurück nach dem Osten (Adresse wie zuvor: 337 Charles Str. Boston Mass.) und wer weiß wann ich dann dazu komme.

* 4 S. Hschr.

Ich will und muß Ihnen zunächst meine Begeisterung mitteilen über den *Galilei*, den mir Hedda hierher nachschickte, ich habe ihn erst zweimal gelesen und lese ihn noch einmal, ehe ich mehr dazu schreibe. Ich finde ihn stark und gut — vielleicht zu schwer an Gedanken um als »Spiel« auf der sowieso nicht vorhandenen Bühne die von Ihnen sowieso nicht gewünschten Eindrücke, Erlebnisse, Erschütterungen u. Katharsisse zu erregen. Aber, unter uns, trat in der furchtbaren Traurigkeit am Ende doch etwa wie eine »Katharsis« bei mir auf oder ein. Eine so kolossale Figur rein auf dem Geistigen aufgebaut ist eine schöne Leistung des historischen Materialismus ...
Herr Julius Zäsar, den ich von Herbert geschickt kriegte, las u. auftragsgemäß gleich an Eisler weiter dirigierte (als Briefträger diente der mitgenießende Auerbach, der mich gerade in Boston besuchte), hat mir auch viel Freude gemacht und ich warte mit Spannung auf die »Fortsetzung«.
Von mir hätte ich viel zu berichten. Etwas entnehmen Sie 1) aus beiliegendem Stück eines Briefes an Paul Partos,[177] dem glücklich in *letzter* Stunde aus Valencia heimgekehrten letzten Ritter der abgeschlossenen ersten revolutionären Epoche der europäischen Arbeiterbewegung (Adresse jetzt: 75 Heathcroft Hampstead London N. W. II), ich habe dieses Stück gleich im Gedanken an Sie, Kurt Lewin, Hedda, Herbert Levy als Mitleser geschrieben — es ist natürlich nur ein Anfang u. das wichtigste steht erst ganz am Ende als erste Andeutung!
2) beiliegendem Abstract eines paper,[178] das ich für Kurt Lewin und mich gemeinsam auf dem bevorstehenden Kongreß der Logistiker im heimatlichen Cambridge (= Boston; dazwischen nur der River Charles, an dem ich wohne!) halten werde.
Dazu füge ich jetzt nur hinzu, daß ich in der Tat im Begriff bin, mich von *»Marxismus«* auf Soziologie bzw. *»Logic of Social Science«* *um*zuspezialisieren. Zwei geplante Bücher:
I) *Social Forces and Social Movements* soll in einen sehr abstrakten ersten Teil und einen beinahe ideographischen 2. Teil: Anwendung auf Revolution & Gegenrevolution, zerfallen.
Arbeitszeit: circa 2 Jahre (wenigstens!);
II) Social Theories soll ein Textbuch für akademischen Gebrauch sein u. mir evtl. einen job verschaffen
Arbeitszeit: circa 1 Jahr (höchstens!).
Ich höre manchmal Gerüchte, daß Brecht (oder Brechts) bald nach USA immigrieren werden und freue mich schon über den Gedanken! Was ist daran? Wann?? — Ich habe immer an die zunehmend unsichere Lage in Dänemark gedacht, obwohl ich keinen Augenblick konkret an einen nahe bevor-

stehenden Kriegsausbruch in Europa gedacht habe. Aber wir wissen ja wie groß das Geheimnis ist, das den Anfang eines modernen Krieges umgibt. Und es ist doch klar, daß schon einige Tage *vor* der Kriegserklärung (if any) die deutschen Soldaten und Polizisten überall in Dänemark sein und alles Erforderliche tun werden!

Ich würde (wenn nichts mehr) gern mal hören wo Sie (Helli, Steff, Barbara die vielleicht nicht mehr kleine ... ?) jetzt sind und in der näheren Zukunft sein werden??

Hedda ist zur Zeit in einem Quaker-Emigranten-Schulungs-camp unweit New York teils tätig teils zur Erholung. Ende der Woche treffen wir uns in Boston, u. die Ferien dauern noch bis Mitte September. Hedda hat einen schönen Ford, auf dem sie außerordentlich gut fährt. Auch ich bin die letzten Wochen hier in Seattle viel auf Hanna's noch eleganterem und »jüngeren« Chevrolet herumgefahren; u. a. fuhren wir abwechselnd hin und zurück je 1000 Meilen am Pacific entlang nach San Francisco und ich besuchte dort 14 Tage den in Berkeley für den Sommer gastvorlesenden, in USA inzwischen zu großer Berühmtheit aufgestiegenen und auch wirklich sehr tüchtigen und tätigen Kurt Lewin. Mit ihm werde ich auch weiterhin viel zusammenarbeiten, vielleicht als Lewin-Laus den für mich allein aus mancherlei Gründen etwas zu beschwerlichen Aufstieg in die akademischen Gefilde vollziehen.

Nächsten Monat erscheint Sybilles Master-Thesis gedruckt in den von Lewin herausgegebenen Schriften des Meisters und seiner Schüler.[179] Barbara arbeitet über die Ferien wieder teils wacker teils unglücklich als Kellnerin in einem Sommerkurort namens »The Balsams« in den White Mountains in New Hampshire. Vielleicht holen wir sie uns für den Rest der Ferien nach Boston zurück. Sie ist ein sehr erfolgreicher Student der Vor-Medizin.

Mein Buch hatte in England eine Anzahl reviews (eine: von +++ Borkenau, aber nicht übel, lege ich bei!),[180] dagegen erschien hier in USA trotz meiner bescheidenen aber eifrigen persönlichen Bemühungen infolge der sehr zweckmäßigen Gegenaktionen der C. P. nichts, als 3 ultra-linke reviews: 1) von Sidney Hook (im republikanischen New York Herald Tribune) 2) von Paul Mattick (in Living Marxism) 3) von Arthur Rosenberg (im Modernen Quarterly).[181] Das ist nicht viel, — aber Laski, Klaus Mann u. a., die für New Republic usw. reviews schreiben wollten, wurden unter allerhand Ausreden von den Redaktionen daran verhindert. Außerdem hat leider der USA Verlag, der an sich ein guter Verlag ist: Wiley & Sons, an diesem Buch kein Interesse, da er nur einige 100 Exemplare vom Londoner Verleger bezogen hat, er verschickte nur 10 (in Worten: zehn) Rezensionsexemplare für USA! Le-

ben Sie wohl, sonst kommt dieser Brief übermorgen mit der Normandie nicht mehr mit.
Ihr alter u. trotz Gegen-schein treuer

Karl K.

Grüßen Sie alle, alle — außer Helli!, Steff, Barbara besonders auch Karin, Mary und etwaige schachspielende und kannegießernde Sommergäste; auch den Kater Korsch!

Anmerkungen

zu Brief 1

1 Eine ähnliche Erwartung findet sich im Wochenblatt der Independent Labour Party am 16. Februar: ›Workers at Grips with Fascism in Austria France and Spain‹ kommentiert die Wiener Kämpfe zwischen sozialdemokratischem Schutz und Dollfuß-Regime im Kontext des französischen antifaschistischen Generalstreiks vom 12. Februar und der ›vorrevolutionären‹ Krise in Spanien unter dem Untertitel ›Britain's Turn Next?‹. *New Leader* (London), Bd. 25 (New Ser.) Nr. 5 (16. 2. 1934).

2 Bertolt Brecht, *Dreigroschenroman*, Amsterdam 1934; jetzt: *Werkausgabe*, Frankfurt a. M. (Suhrkamp) 1967, Bd. 13.

3 *Karl Marx, Das Kapital. Mit einem Geleitwort von Karl Korsch*, Berlin 1932, S. 27; vgl. *MEW* Bd. 23, S. 326 f, 514, 609 f. Die bibliografischen Angaben zu den im Text erwähnten Schriften von Korsch dienen nur der ersten Orientierung; Genaueres findet sich in M. Buckmiller, *Bibliographie der Schriften Karl Korschs*, in: *Jahrbuch Arbeiterbewegung*, Bd. 1, Über Karl Korsch, Frankfurt/M. 1973, S. 86–102.

4 Herbert Levi, von Beruf Arzt, gehörte Ende der zwanziger, Anfang der dreißiger Jahre zum engeren Kreis der Korschgruppe in Berlin, emigrierte nach London. – Brecht hat das erwähnte Gutachten in das Kapitel ›15 Pfund‹ seines Dreigroschenromans eingearbeitet. Vgl. a.a.O., S. 797–815.

5 Maria Lazar-Strindberg (1895–1948), im dänischen Exil zeitweilig Mitarbeiterin von Brecht, emigrierte später nach Schweden und publizierte dort unter dem Pseudonym Esther Grenen.

6 Bertolt Brecht/Hanns Eisler, *Lieder Gedichte Chöre*, Paris 1934.

zu Brief 2

7 Gemeint ist hier die Beschaffung von Entlastungsmaterial im Prozeß gegen Heinz Langerhans. (S. Michael Buckmiller/Jörg Kammler, *Revolution und Konterrevolution*. Eine Diskussion mit Heinz Langerhans, in: *Jahrbuch Arbeiterbewegung*, Bd. 1, Über Karl Korsch, Frankfurt/M. 1973, S. 267–291.)

8 The Next World Crisis, The Second World War and the World Revolution. In: *Council Correspondence* (Chicago) Nr. 8, (Mai 1935), S. 7–12.

9 K. Korsch, *On the new program of the »American Workers Party«*, in: *International Council Correspondence*, Nr. 4 (Jan. 1935). Korsch kritisiert den Programmentwurf der AWP: hervorgegangen aus einer radikalen Reformtendenz im am. Gewerkschaftsbildungswesen um A. J. Muste; diese trennte sich 1929 organisatorisch als Conference for Progressive Labor Action (CPLA) von der A. F. of L. und politisierte sich in den Krisenjahren zunehmend; Beitritt einer Reihe früherer Kommunisten (z. B. Ludwig Lore) und junger marxistischer Intellektueller (z. B. James Burnham und Sidney Hook); Vorbereitung einer Parteigründung seit Dezember 1933, Programmentwurf mit marxistisch revolutionärem Anspruch 1934. S. auch Note 24.

10 K. Korsch, *Remarks on the Thesis Regarding the next World Crisis, Second World War and the World Revolution*, in: *International Council Correspondence*, Nr. 8 (Mai 1935).

11 K. Korsch, *Marxism as a Religion*, in: *International Council Correspondence*, Nr. 9 (Juni/Juli 1935); dt. Ms. im Nachlaß, die ›Notizen‹ sind dort nicht enthalten; vgl. auch Brief 3, S. 131.

[12] ›Zeitschrift‹, ›ZfS‹ oder ›Z‹: immer die *Zeitschrift für Sozialforschung* (Leipzig, ab 1933 Paris), hg. v. Institut für Sozialforschung Frankfurt (dann New York) 1932–1938; bzw. deren Nachfolger *Studies in Philosophy and Social Science* (New York) 1939–1941.

[13] K. Korsch, *Neuere Marxbiographische Literatur* (unpubl. Ms. 1934; Nachlaß Korsch im IISG).

[14] 1914; deutsch jetzt in: *Werke*, Bd. 21, Berlin (Ost) 1960, S. 34–80.

[15] D. B. Rjazanov, *Marks i Engel's*, Moskau 1923; engl.: *Marx and Engels*, New York 1927; eine deutsche Übersetzung der Vorlesungen an der Sozialistischen Akademie Moskau von 1922 ließ sich nicht nachweisen. Jetzt deutsch: *Marx und Engels nicht nur für Anfänger*. Nachwort von B. Rabehl, Berlin 1973.

[16] Paul Mattick, *The Inevitability of Communism*, A Critique of Sidney Hook's Interpretation of Marx, New York 1935. (Deutsche Fassung in: Paul Mattick, Kritik der Neomarxisten und andere Aufsätze, Frankfurt/M. 1973).

[17] Sidney Hook, *Towards the Understanding of Karl Marx*, New York–London 1933; Max Eastman, *The Last Stand of Dialectic Materialism*, New York 1934.

[18] Felix Weil, Sohn und Erbe eines reichen argentinischen Großgrundbesitzers; studierte bei Robert Wilbrandt in Tübingen Nationalökonomie. Mitbegründer und Financier des Instituts für Sozialforschung in Frankfurt. 1919 Bekanntschaft mit Korsch, in dessen Reihe ›Praktischer Sozialismus‹ als letzter Band (Nr. 7) sein Buch *Sozialisierung*, Berlin 1921 erschien.

[19] K. Korsch, *Why I am Marxist*, in: *Modern Monthly*, Bd. 9, Nr. 2 (April 1935); dt. in: *Sozialistisches Jahrbuch* 2, Berlin 1970; für das Symposium ›Why I am (not) a Marxist‹ in: *Modern Monthly* (New York), Bd. 9, Nr. 2 (April 1935) schrieben negativ Alexander Goldenweiser, George Santayana und H. G. Wells, positiv, außer Korsch, Harald Laski; *Modern Monthly* (1933–1938) und *Modern Quarterly* (1923–1932, 1938–1940) war bis zum Tode des Herausgebers V. F. Calverton 1940 für die 30er Jahre repräsentatives Diskussionsforum der nichtstalinistischen Linken in den USA.

[20] L. Corey, The Decline of American Capitalism, (Rez.) in: *Modern Monthly* (New York), Bd. 8, Nr. 9 (Okt. 1934); Two Steps Forward, Two Steps Backward, in: ebd. Nr. 10 (Dez. 1934); Die Streikwelle, in: *Neue Deutsche Blätter* (Prag), Bd. 2 (1934–35), Nr. 1, S. 35–45 und Nr. 2, S. 87–99.

[21] Max Eastman, *Marx, Lenin and the science of Revolution*, London 1926.

[22] *Class-Struggle*, Official Organ of the Communist League of Struggle, erschien von 1931–1937, Albert Weisbord war editor, Vera Buch (s. u. S. 145 associate editor. Die CLS spaltete sich 1931 von der trotzkistischen Communist League of America ab und brach Ende 1934 wegen des Eintritts der französischen Trotzkisten in die SFIO auch mit Trotzki.

[23] Auerbach, von Beruf Bühnenbildner, Mitglied der KAP, um 1930 im Korschkreis in Berlin, ging später in die USA, arbeitete mit Mattick zusammen (Auskunft von P. Mattick an M. B. Juli 1972). Vgl. auch Briefe 19 und 28 und Anm. 124.

[24] Unmittelbar nach der offiziellen Gründung im Dezember 1934 fusionierte die AWP mit Communist League of America – der trotzkistischen Mehrheitsgruppierung um James Cannon – zur Workers Party (WPUSA), diese zerfiel 1936 durch den Eintritt der Trotzkisten in die Socialist Party.

zu Brief 3

25 Zlatan Dudov, der zusammen mit Brecht 1932 den proletarischen Spielfilm »Kuhle Wampe« produzierte.

26 Vermutlich K. Korsch, *Krise des Marxismus*, in: ders., Die materialistische Geschichtsauffassung und andere Schriften, Hrsg. Erich Gerlach, Frankfurt/M. 1971; im Nachlaß befindet sich kein Ms mit dieser Bezeichnung; von der Zeitschrift *Polemos* (Basel) wurde 1965 zum erstenmal unter diesem Titel ein Ms veröffentlicht. *Polemos* gibt in der editorischen Notiz an, im Besitz eines Ms zu sein, das mit *1931* datiert ist.

27 Vgl. Brief 2 und Note 11.

28 Vgl. Beilage 5 a, unten S. 146.

29 Huey Long, seit 1928 Gouverneur, seit 1932 auch Senator von Louisiana, kombinierte autoritär korrupte Verwaltungspraxis mit antikapitalistischer Demagogie (Share-Our-Wealth Programm), betrieb seit Winter 1934/35 zusammen mit dem katholischen Radioprediger Coughlin eine »Third Party«-Präsidentschaftskandidatur für 1936 und galt vielen bis zu seiner Ermordung im September 1935 als Exponent eines amerikanischen Faschismus.

30 Rolf Katz wurde als führender Korschanhänger im August 1926 aus der KPD ausgeschlossen. Er war dann neben Boris Roniger der engste Mitarbeiter von Korsch in der Zeitschrift *Kommunistische Politik.*

31 Fritz Sternberg, *Der Faschismus an der Macht*, Amsterdam 1935. Sternberg, geb. 1895, marxistischer Wirtschaftstheoretiker, trat 1931 in die neugegründete SAPD (linker Flügel). 1933 Emigration. Starb 1963.

32 Vgl. K. Korsch, *Der geschichtliche Charakter der marxistischen Wissenschaft*, und ders., *Die gesellschaftliche Wirklichkeit des Werts*, in: ders., *Kommentare zur Deutschen Revolution und ihrer Niederlage*, s' Gravenhage 1972.

33 Der ›Social Credit‹-Plan von Clifford H. Douglas erlebte während der Krisenjahre eine gewisse Konjunktur und war eine englische Variante der Gesellschen Freigeldtheorie.

zu Brief 4

34 Vgl. S. Hook, *Pour comprendre Marx*, Paris 1936, S. 9: »L'auteur désire insister sur ce qu'il doit [. . .] à Karl Korsch, dont le Marxisme et la Philosophie confirme son hypothèse de l'axe pratique historique de la pensée de Marx [. . .]«.

35 Vgl. hierzu auch zum Problem der Aufhebung der Philosophie, K. Korsch, *Marxismus und Philosophie*, Frankfurt/M. 1966, S. 136.

36 Curt Geyer, USPD-MdR seit 1919, 1920 für den Anschluß an die Komintern, auf dem Vereinigungsparteitag als Beisitzer in die Zentrale der VKPD gewählt, Parteiausschluß nach der ›Märzaktion‹ 1921 als Sympathisant Paul Levis. Mattick polemisiert gegen seine Schrift: *Der Radikalismus in der deutschen Arbeiterbewegung*, Jena 1923.

37 Vgl. W. I. Lenin *Werke*, Bd. 38, Berlin (Ost) 1970. S. 161 und S. 319.

38 K. Korsch, *Why I am Marxist*, a.a.O.

zu Brief 5

39 Vgl. Brief 2 und Anm. 20.

40 Felix Morrow, The Decline of American Capitalism, by Lewis Corey [. . .] in: *The New International* — A Monthly Organ of Revolutionary Marxism (New York), Bd. 1, Nr. 4 (Nov. 1934), S. 126–127. Nr. 1 (Juli 1934) der Zeitschrift erschien mit dem Leitartikel »For the Forth International« und einem Grußschreiben Trotzkis; seit Januar 1935 zusätzlicher Untertitel: ›Official Theoretical Organ of the Workers Party of the United States‹; eingestellt im Sommer 1936 im Zusammen-

hang mit dem Eintritt der Trotzkisten in die Socialist Party; erschien wieder ab Januar 1938.

41 Fritz Henssler war Mitglied der Korsch-Gruppe in Berlin, gab 1933 den *Proletarier* heraus (nur eine Nummer erschienen), in der Korsch *Über einige grundsätzliche Voraussetzungen für eine materialistische Diskussion der Krisentheorie* veröffentlichte (wieder in: Korsch, Mattick, Pannekoek, *Zusammenbruch des Kapitalismus oder Revolutionäres Subjekt*, Berlin 1973, S. 91–99). Arbeitete kurz in der Räte-Gruppe von Paul Mattick in Chicago mit (Pseudonym: Berger). Heute Professor in New York. Vgl. auch Brief 13 ff.

42 [Paul Mattick], Die Gegensätze zwischen Luxemburg und Lenin, in: *Rätekorrespondenz* (Amsterdam), Nr. 12 (Sept. 1935), S. 1–23. Wieder in: *Partei und Revolution*, Berlin o. J. [1972], S. 125–158.

43 K. Korsch, *Why I am Marxist*, a.a.O.

44 V.B. suchte auf ihrer Europareise im Auftrage der CLS (vgl. Anm. 22) Kontakte mit Linksgruppen (»hunting for left groups like Diogenes with his lantern«); vgl. ihren Bericht ›Prospects for an International Communist Center. Report of European Tour‹, in: *Class-Struggle*, Bd. 5, Nr. 11 (Nov. 1935), S. 13–20.

45 Guy Aldred, englischer Anarchist. Schrieb u. a. die Broschüre: *For Communism*. A Communist Manifesto. Defining the Workers Struggle and the Need of a New Communist International. With a History of the Anti-Parliamentary Movement 1906–1935, Glasgow 1935.

zu Beilage 5 a

46 Diese kleine Studie wurde vermutlich angeregt durch die Diskussionen mit B. Brecht in Dänemark. Der im Brief angekündigte 2. Teil mit dem großen ABER wurde nie geschrieben.

zu Brief 6

47 Anspielung auf die im Zusammenhang mit dem Selbstmord von Mathilde Wurm und Dora Fabian verbreiteten Gerüchte über Korsch in linken Emigranten- und Parteikreisen. Vgl. dazu ausführlich Beilage 7 a, auch Brief 9, Anm. 66.

48 Vgl. Anm. 45.

49 *Vor dem Thermidor. Revolution und Konterrevolution in Sowjetrußland.* Die Plattform der linken Opposition in der bolschewistischen Partei (Sapranow, Smirnow, Oborin, Kalin usw.), Hamburg 1927. Vgl. dazu auch K. Korsch, *Die zweite Partei*, in: *Kommunistische Politik*, 2. Jg., Nr. 19/20, Berlin 1927.

50 der Herausgeber der Zeitschrift *Modern Monthly*, vgl. Anm. 19.

51 Korsch bezieht sich hier auf K. Korsch, *Die materialistische Geschichtsauffassung*, a.a.O.

52 Jerome Rosenthal, What is Dialectical Materialism? Science or Mental Healing? in: *Modern Monthly*, Bd. 9, Nr. 3 (Mai 1935), S. 147–159.

53 Sidney Hook, Philosophical Burlesque: on Some Stalinist Antics in Philosophy, ebd. S. 163–172.

zu Brief 7

54 S. L. Solon, Mitglied der Redaktion des *Modern Monthly*, Herausgeber der Reihe ›Polemic Pamphlets‹, in der u. a. die Broschüren von Eastman *(›Last stand‹)* und Mattick *(›Inevitability‹)* erschienen.

55 Vgl. Brief 8, S. 159.

zu Brief 8

56 Verweise auf die Vorarbeiten zu *Karl Marx* im Nachlaß und entsprechende Passagen in der deutschen Endfassung, K. Korsch, *Karl Marx*,

hrsg. im Auftrag des IISG von G. Langkau, Frankfurt/M. 1967, erfolgen mit dem Vorbehalt, das diese angesichts der eingreifenden Änderungen von Gesamtkonzeption und Einzelformulierung, die Korsch während des Arbeitsprozesses vornahm, das Verhältnis zwischen beiden nur andeuten kann; zu den §§ 8–10 vgl. Brief 10, S. 166 und Anm. 71.

57 Bei den Vorarbeiten unter diesem Titel ein Fragment (1 S. Mschr., s. d.), entspricht am ehesten K. Korsch, *Karl Marx*, a.a.O., S. 153 f.

58 Bei den Vorarbeiten unter diesem Titel ein vielfach bearbeitetes Typoskript (15 S., s. d.); behandelt die Thematik von ebd. S. 167–180 in abweichender Reihenfolge (§§ 9–10–8).

59 In dieser Form nicht erhalten; bei der Korrespondenz mit Brecht ein Typoskript ›die proletarische dialektik‹ (2 S., durchgehend Kleinschreibung, handschriftliche Korrekturen von Korsch, s. d.) in dem der skizzierte Gedankengang anklingt.

60 Vgl. Brief 10, S. 168 und Anm. 76.

61 H. Grossmann, Die gesellschaftlichen Grundlagen der mechanistischen Philosophie und die Manufaktur, in: *Z. f. S.* Bd. 4 (1935), S. 161–231.

zu Brief 9

62 Die ›Britannic‹ verließ am 6. 11. 1935 Southhampton mit Bestimmung New York über Cherbourg. S. auch Anm. 71.

63 Gemeint ist Henryk Grossmann; vgl. aber Brief 16.

64 Edward (Eberhard) Conze, gebürtiger Engländer, lebte vor 1933 in Deutschland, war anscheinend Mitglied der KPD, publizierte im Selbstverlag: E. C., *Der Satz vom Widerspruch.* Zur Theorie des dialektischen Materialismus, Hamburg 1932–33; seit 1933 in England, Mitglied der Labour-Party und tätig im Arbeiterbildungswesen; Gemeinschaftspublikationen mit Ellen Wilkinson. Vgl. Anm. 68.

65 Fenner Brockway war Generalsekretär der englischen Independent Labour Party (ILP).

66 Franz Neumann (1900–1954), vor 1933 Dozent an der Hochschule für Politik in Berlin, hatte sich im Auftrag des Exilvorstandes der SPD um die Klärung der Hintergründe des Selbstmordes von Dora Fabian und Mathilde Wurm bemüht und Korsch dabei verteidigt. Vgl. dazu auch seine Briefe an Paul Hertz vom 9. u. 10. 4. 1935 (Abschriften im Nachlaß Kautsky, D XII 410–534, Beilage) und [Paul Hertz], Frauentragödie, in: *Neuer Vorwärts* (Karlsbad), Nr. 96 (14. 4. 1935).

67 Denis Nowell Pritt, britischer Kronanwalt, leitete den im September 1933 in London tagenden Internationalen Untersuchungsausschuß zur Aufklärung des Reichstagsbrandes.

68 Ellen C. Wilkinson, 1920–1924 Mitglied der britischen kommunistischen Partei, 1926–1931 Labour MP, 1930 Mitglied des Anglo-Russian Parliamentary Committee, seit November 1935 Labour MP für Jarrow; publizierte zusammen mit Edward Conze: *Why War?* [. . .], London o. J. [1934], *Why Fascism?*, London o. J. [1934].

69 William Gillies, langjähriger Sekretär des »International Department« der Labour Party und (seit 1930) deren Vertreter im Bureau der Sozialistischen und Arbeiter-Internationale.

zu Brief 10

70 in der Vorlage: »1889«.

71 Abgedruckt als Anhang III zu K. Korsch, *Karl Marx*, a.a.O., S. 220 bis 222. Die dort S. 220 gegebene Datierung auf Grund eines Lesefehlers während der Editionsarbeiten ist zu korrigieren. Ein Brief K.'s an Partos vom 2. 11. 1935 ist nicht überliefert; K. befand sich zu diesem Zeitpunkt auf dem Wege nach oder bereits in Paris (vgl. S. 163 u. Anm. 62 in diesem Band). Partos erhielt den Text nach dem 7. und

diskutiert ihn am 11. 12. 1935 (vgl. Partos an Korsch 7.–11. 12. 193[5]). Neue Datierung: »Ende November/Anfang Dezember 1935«, entsprechend für Anfang IV ebd. S. 220–225: »nach dem 17. 12. 1935«. – Zu den oben S. 166 erwähnten »ökonomischen §§ 8–10« befinden sich im Nachlaß keine Vorarbeiten, außer den in K. Korsch, *Karl Marx*, a.a.O., (Anhänge II – V) mitgeteilten Varianten des § 10 *(Anm. G. L.)*.

72 Boris Roniger, geb. 1896, seit 1923 in der KPD; gehörte seit 1924 zum linken Flügel. Boris hatte ›Zur Programmfrage‹ geschrieben und den Programmentwurf der KI, verfaßt von Bucharin und Thalheimer, darin scharf kritisiert. Korsch wurde deshalb auf dem V. Weltkongreß angegriffen, weil er diesen Artikel von Boris in der *Internationale* (7. Jg., Heft 10–11, 1924) veröffentlichte. Vgl. dazu *Protokoll Fünfter Kongreß der Kommunistischen Internationale*, Bd. I, o.O. [Hamburg] o.J. [1925], S. 53 f.

73 S. Anm. 30.

74 S. *MEW*, Bd. 23, S. 94.

75 Vgl. *MEW*, Bd. 19, S. 335 ff.

76 Vgl. Anhang VI zu K. Korsch, *Karl Marx*, a.a.O., S. 229–232.

77 Vgl. *MEW*, Bd. 25, S. 838. Marx bezieht sich direkt auf Pecqueur im 1. Band des *Kapitals*, *MEW*, Bd. 23, S. 642.

zu Brief 11

78 Es liegen keine Vorarbeiten vor, die sich diesen Überlegungen und dieser Arbeitsphase zuordnen ließen. Aus den Briefen von Partos wird deutlich, daß K. spätestens im März 1936 zu einer Gliederung in drei ›Kapitel‹ überging, die den ›Teilen‹ der Endfassung entprachen.

79 Karl Marx/Friedrich Engels, *Ausgewählte Briefe*. Hrsg. v. Marx-Engels-Lenin-Institut Moskau unter Red. v. V. Adoratskij, Zürich 1934. Die erwähnten Passagen in der Reihenfolge der Nennung jetzt in *MEW*, Bd. 35: S. 155 f, 160 f, 381 f, 128, 133 f; Bd. 36: S. 251 f, 578 f und spätere Briefe an F. A. Sorge, Fl. Kelley-Wischnewetzky und H. Schlüter in diesem und den folgenden Bänden; Bd. 38: S. 468–470; Bd. 39: S. 149, 150, 430–434 f. Die Übersetzungen der *MEW* von fremdsprachlichen Briefen weichen von denen der *Ausgewählten Briefe* ab.

80 Vgl. K. Korsch, *Karl Marx*, a.a.O., S. 134 ff.

zu Beilage 11 a

81 Charakteristisch für die große Streikbewegung, die dem Wahlsieg der Front Populaire im Mai folgte und unter Vermittlung der neuen Regierung Blum mit dem ›Matignon-Vertrag‹ vom 7. 6. 1936 abgeschlossen wurde, war die massenhafte Anwendung des Kampfmittels Betriebsbesetzung.

82 John L. Lewis (1880–1969), 1935 als Vorsitzender der US-Bergarbeitergewerkschaft Schlüsselfigur bei der Gründung des CIO (vgl. dazu Anm. 111); Robert Dißmann (1878–1926), während des I. Weltkrieges führend bei den Revolutionären Obleuten, war davor und danach als Funktionär des Deutschen Metallarbeiterverbandes exponierter Befürworter der industriegewerkschaftlichen Organisationsform.

zu Brief 12

83 *Living Marxism*, Bd. 4, Nr. 3 (Mai 1938): Roosevelt hatte am 14. 4. 1938 in einer Botschaft an den Kongreß einen Kredit von 1,5 Mrd. $ für das Sozialprogramm der Regierung gefordert; das Progamm wird als Ausdruck eines »trend toward a fascist economy« kommentiert.

84 K. Korsch, *Economics and Politics in Revolutionary Spain*, in: *Living*

Marxism, Bd. 4, Nr. 3 (Mai 1938); dt. in: ders., *Schriften zur Sozialisierung*, Hrsg. Erich Gerlach, Frankfurt/M. 1969.

[85] Eine allgemeine Charakteristik der ›Peoples Churches‹ (auch, z. B. in New York ›Labor Temples‹) gibt Korsch in Brief 26, S. 218.

[86] Am 28. April 1938 proklamierte der Gouverneur von Wisconsin, Philip F. La Follette, der noch 1936 die Roosevelt-Kampagne unterstützt hatte, in auffällig demagogischer Form die ›National Progressives of America‹. Der Versuch, die für den amerikanischen Mittelwesten spezifische ›progressive‹ Farmer-Labour-Kombination aus der New-Deal-Koalition herauszulösen und zur Basis eines »movement that unites America« zu machen, scheiterte.

[87] *Grundprinzipien kommunistischer Produktion und Verteilung*. Kollektivarbeit der Gruppe Internationaler Kommunisten (Holland), Hg. AAUE, Berlin 1930; Neuaufl. Berlin 1970: hrsg. v. Institut für Praxis und Theorie des Rätekommunismus, mit einer Einleitung von Paul Mattick.

[88] Earl Browder, Generalsekretär der Communist Party, USA (1930–1945), Bericht an die 10. National Convention der Partei am 28. 5. 1938 (›The democratic front‹).

[89] Restgruppen der revolutionär-syndikalistischen Kampforganisation International Workers of the World, die den Höhepunkt ihres Einflusses in den USA unmittelbar vor dem 1. Weltkrieg hatte und 1917–1921 von der Regierung systematisch zerschlagen wurde, arbeiteten in den dreißiger Jahren in einigen Industriezentren; diejenige in Seattle hatte eine gewisse Bedeutung.

zu Brief 13

[90] *Collectivisations*. L'Oeuvre constructive de la Révolution Espagnole. Recueil de documents. Avant-propos de A. Souchy. Editions CNT-FAI. 1937. (2. Auflage Toulouse 1965), dt. Berlin 1974, mit einer Einl. v. E. Gerlach

[91] Internationale anarchistische Hilfsorganisation während des Spanischen Bürgerkrieges; (im Ms.: »SAI«!).

[92] Die deutsche Ausgabe erschien mit wechselndem Titel seit Juni 1936 unter dem spanischen Haupttitel: *Boletin de Informacion* – Informes y noticias facilitadas por la Confederación Nacional del Trabajo y la Federación Anarquista Ibérica.

[93] Thomas Mann, *Vom zukünftigen Sieg der Demokratie*, Zürich o. J. [1938] war die »Leicht erweiterte Form eines Vortrags, der während des Frühjahrs 1938 in fünfzehn Städten der Vereinigten Staaten von Amerika gehalten wurde«.

[94] Ramón I. Sender, *The War in Spain*, London 1937 (span.: ›Contraataque‹); der offene Brief von A. G. Gilabert im *boletino* richtete sich gegen die Diffamierung der CNT/FAI–Milizen.

[95] Felix Morrow, *Civil War in Spain*, New York (Pioneer Publ.) 1936; ders. *Revolution and Conterrevolution in Spain*, New York (Pioneer Publ.) 1938.

[96] C. Easton Rothwell, *Rosa Luxemburg and the German social democratic Party* (unpubl. Diss.), Stanford 1938; Korschs Charakteristik von R s. u. S. 220 – Rothwell wurde später (1952–1959) Direktor der Hoover Institution on War, Revolution and Peace.

[97] Rosa Luxemburg, *Die Akkumulation des Kapitals – oder – Was die Epigonen aus der Marxschen Theorie gemacht haben* – eine Antikritik, Leipzig 1921, S. 7–21.

zu Brief 14

[98] Korsch hatte nach ständigen Verzögerungen und ziemlicher Niedergeschlagenheit (»Ich lese wenig, nicht einmal die Zeitung. Wenn plötzlich

ein Krieg ausbräche, würde er mich ebenso wie August 1914 völlig unvorbereitet überraschen. Aber ich glaube, es bricht keiner aus« – Brief an P. Mattick vom 24. 8. 38) endlich die Pannekoek- und Collectivisations Rezensionen fertiggestellt, die er parallel für das Institut für Sozialforschung schrieb. Vgl. K. Korsch, *Lenin's Philosophy*, in: *Living Marxism*, Bd. 4, Nr. 5 (Nov. 1938); dt. in: A. Pannekoek, *Lenin als Philosoph*, Frankfurt/M. 1969; ders., *Collectivisations*, in: *Zeitschrift für Sozialforschung*, Bd. 7, Paris 1938 und ders., *Collectivization in Spain*, in: *Living Marxism*, Bd. 4, Nr. 6 (Apr. 1939); dt. in: ders., *Schriften zur Sozialisierung*, a.a.O.

99 K. Korsch, *Thesen über ›Hegel und die Revolution‹*, in: *Gegner*, 6. Jg., Nr. 3 (5. 2. 1932); wieder in: ders., *Revolutionärer Klassenkampf*, Berlin 1972. Korsch legte großen Wert auf eine Wiederveröffentlichung seiner Hegelthesen. Vgl. S. 190, 200, 207.

zu Brief 15

99a Henk Canne Meijer (1890–1962), Theoretiker und Organisator der aus der niederländischen KAP hervorgegangenen rätekommunistischen Groepen van Internationale Communisten (GIC); vgl. auch K. Korsch, *Zur Neuordnung der deutschen Arbeitsverfassung*, in: *Rätekorrespondenz*, Nr. 6 (Nov. 1934); wieder in: ders., *Politische Texte*, hrsg. u. eingel. v. E. Gerlach u. J. Seifert, Frankfurt/M. 1974, S. 271–297.

100 Henk Sneevliet (1883–1942), brach als Vorsitzender der niederländischen syndikalistischen Gewerkschaft Nationaal Arbeidssecretariaat (NAS) mit Roter Gewerkschaftsinternationale und Komintern; die Gründung einer selbständigen politischen Organisation der holländischen Linksopposition (später: Revolutionair Socialistische Partij) unter seiner Führung befand sich 1928 im Vorbereitungsstadium – Vgl. auch K. Korsch, *De taak van het proletariaat in de huidige periode*, in: *De Arbeid*. Orgaan van het NAS, Bd. 24, Nr. 29 (20. 7. 1929), Amsterdam.

101 J. Harper, General Remarks on the Question of Organisation, in: *Living Marxism*, Bd. 4, Nr. 5 (Nov. 1938), S. 144–153.

102 Korsch hatte sich, aufgrund eines Besuchs von Horkheimer, Arbeitsmöglichkeiten im I. f. S. für sich erhofft. »Ich hatte jetzt hier einige Tage den Besuch von Horkheimer u. Frau, die mit ihrem Oldsmobile im Westen herumfahren. Zum ersten mal (sozusagen als Gastgeber) war ich liebenswürdig u. bin ihm infolgedessen viel näher getreten, entdeckte in der Tat manche mir vorher nicht bekannte gute Eigenschaften an ihm. Solche Gefühle haben gewöhnlich einen Widerhall, und so sah ich ihn sichtlich bemüht, mich in seine Zukunftspläne irgendwie einzubeziehen.« Brief an P. Mattick vom 26. 7. 38. Die hier angedeutete Arbeit über Dialektik wurde erst später geschrieben: M. Horkheimer/T. W. Adorno, *Dialektik der Aufklärung*, Amsterdam 1947 (Neuaufl.: Frankfurt 1969).

103 Die ›New School of Social Research‹ in New York; zu deren Funktion und zu der des Instituts für Sozialforschung in dieser Zeit, zum Gesamtkomplex der deutschen ›akademischen Emigration‹, wie zu fast allen im Brief genannten Personen in diesem Kontext jetzt materialreich: J. Radkau, *Die deutsche Emigration in den USA*, Düsseldorf 1971.

104 Walter Bölke, von Beruf Notenstecher, gehörte einer Rätegruppe in New York an.

105 Seit Bd. 11, Nr. 1 (Herbst 1938) erschien Calvertons Zeitschrift wieder vierteljährlich.

106 Wohl G. T. Garratt, *Mussolini's Roman Empire*, Harmondsworth 1938; vgl. unten S. 214 und die Rez. in: *Living Marxism*, Bd. 4, Nr. 7 (Juni 1939), S. 221–222.

zu Brief 16

107 Oskar Lange (1904–1965), polnischer Nationalökonom; 1938–1945 Prof. in Chicago; 1945–1949 Delegierter Polens bei der UNO; seit 1949 Mitglied des ZK der Polnischen Vereinigten Arbeiterpartei; seit 1956 Prof. in Warschau.

108 ›*Lovestoneytes*‹- eine der KPD(O), mit der sie bis 1938 zusammenarbeitete, analoge amerikanische ›Rechts‹-Opposition um Jay Lovestone, die 1929 ausgeschlossen wurde; hieß nach 1934 Independent Communist Labor League (seit Juli 1938 nur noch ILL); ihre Zeitschrift war *Workers Age*. – Lewis Corey (Louis F. Fraina), wie Lovestone Gründungsmitglied der kommunistischen Partei in den USA, 1921 aus persönlichen Gründen aus der Komintern ausgeschlossen, publizierte 1938 sporadisch in *Workers Age* und war instructor beim Independent Labor Institute der Gruppe.

109 Diese Beiträge lagen nicht vor; vgl. aber James Rorty, *Our Master's Voice – Advertising*, New York o. J. [1934].

110 *MEW*, Bd. 30, S. 342. Marx findet die von Engels in *Die Lage der arbeitenden Klasse in England* (1845) vorausgesagte Entwicklung voll bestätigt und schreibt: »Nur die kleinen deutschen Spießgesellen, die die Weltgeschichte an der Elle und der jedesmal ›interessanten Zeitungsnachricht‹ messen, können sich einbilden, daß in dergleichen großen Entwicklungen 20 Jahre mehr als ein Tag sind, obgleich nachher wieder Tage kommen können, worin sich 20 Jahre zusammenfassen.«

111 B. Stolberg, *The Story of the CIO*, New York 1938; das Committee for Industrial Organization spaltete sich im Herbst 1935 von der nach Berufsgruppen organisierten American Federation of Labor (AFL) ab, betrieb die Organisation ungelernter Arbeiter in den Massenindustrien und organisierte bis Ende der dreißiger Jahre mit großem Erfolg »sit-down-strikes«, wurde jedoch bald in das Lenkungsinstrumentarium der US-Regierung integriert.

zu Brief 18

112 Oskar Lange/Fred Taylor, *On the economic theory of socialism*, Minneapolis 1938; Nachdruck: New York/London 1964.

113 Korsch korrigierte noch am selben Tag auf einer Postkarte an P. Mattick: »der olle Jenenser Professor den die Studenten treffend ›Seine Eminenz der Selbstkocher‹ nannten, weil er sich gegen Marx u. andere eingebildete Gegner immer in solche Hitze redete, hieß nicht Pierson, sondern Pierstorff (dessen Schüler aber war Muhs, der Verf. des lächerlichen ›Anti-Marx‹).«

114 Ludwig Mises, Die Wirtschaftsrechnung im sozialistischen Gemeinwesen, in: *Archiv für Sozialwissenschaft und Sozialpolitik*, Bd. 47 (1920/1921), S. 86–121, Karl Polányi, Sozialistische Rechnungslegung, in: ebd., Bd. 49 (1922), S. 377–420 und Felix Weil, Gildensozialistische Rechnungslegung, in: ebd. Bd. 52 (1924), S. 196–217, bes. S. 205 ff.

115 Enrico Barone (1859–1924), italienischer mathematischer Ökonom, beeinflußt von Walras und Pareto; Lange, a.a.O., S. 59 nennt: »Il ministerio della produzione nello stato collettivista«, *Giornale degli Economisti*, 1908.

116 Philip Wicksteed (1844–1927), englischer Ökonom, subjektiver Werttheoretiker in der Tradition von Jevons; Lange, a.a.O., S. 60 nennt: *The Common Sense of Political Economy*, (2. Aufl.), London 1933 (die erste erschien 1910).

zu Brief 19

117 Leo Trotzki, Die Lehren des Oktober, in: *Um den Oktober*, Hamburg 1925; ders., *Die Russische Revolution von 1905* (2. Aufl.) Berlin 1923.

118 Vgl. K. Korsch, *Karl Marx*, a.a.O., S. 171 und S. 200, Anm. 8.

119 W. I. Lenin, Der ›linke Radikalismus‹, die Kinderkrankheit im Kommunismus, *Werke*, Bd. 31, S. 1–106; vgl. auch K. Korsch, *Karl Marx*, a.a.O., S. 184.

120 Vgl. K. Korsch, *Karl Marx*, a.a.O., S. 82–86.

121 K. Korsch, *Lenin's Philosophy*, a.a.O.; auch in die deutsche Ausgabe (vgl. dort S. 137) wurde der Druckfehler übernommen.

122 Max Black, The Evolution of Positivism, in: *Modern Quarterly* (London), Bd. I, Nr. 1 (Jan. 1938), S. 51–63.

123 K. Korsch, *Marxism and the Present Task of the Proletarian Class Struggle*, in: *Living Marxism*, Bd. 4, Nr. 4 (August 1938), dt. in: ders., *Politische Texte*, a.a.O., S. 316–326.

124 A ›Marxian‹ Approach to the Jewish Question, in: *Living Marxism*, Bd. 4, Nr. 5 (Nov. 1938), S. 153–156; eine Auseinandersetzung mit Ber Borochov, *Nationalism and Class Struggle* . . . Selected Writings, New York 1937; B. (1881–1917) war der Theoretiker der Poale Zion.

125 The world war in the making, ebd. S. 129–138, behandelt das weltpolitische Kräfteverhältnis nach dem ›Münchener Abkommen‹.

126 In bezug auf seine Spanienartikel (K. Korsch, *Collectivisations*, a.a.O.) schrieb Korsch an Mattick bereits am 20. 9. 38 in ähnlicher Richtung: »[. . .] wird dir nicht entgehen, daß ich [. . .] ein wenig gegen deine Bemerkung betr. ›Bürgerkriegsakzente‹ polemisiert habe. Nach meiner Meinung sind, wenn ein Ereignis nach der richtigen Darstellung guter bürgerlicher Historiker *99 % imperialistischer Krieg* und *1 % Klassenkampf* sind, diese 1 % Klassenkampfakzent 100 % wichtig, und die imperial. Akzente *nur* wichtig als besondere Erscheinungsformen des Klassenkampfes! Du wirst mir vielleicht hierin zustimmen aber nicht meinen hier wie sonst *mit zu lesenden* »subjektivistisch-aktivistischen Akzenten!«.«

127 Die nationalistische, in ihren Mitteln staatskapitalistische Politik des mexikanischen Präsidenten Lázaro Cárdenas, der sich zunehmend auf kommunistisch geführte Gewerkschaften stützte, hatte mit der Nationalisierung der Erdölindustrie (vorw. Standard Oil und Royal Dutch/Shell) im März 1938 ihren spektakulären Höhepunkt gefunden, Folge auf diplomatischem und undiplomatischem Niveau war die »Mexican Oil Crisis«.

128 s. Anm. 101.

129 The Workers' Alliance, in: *Living Marxism*, Bd. 4, Nr. 5 (Nov. 1938), S. 156–160; die auf Volksfrontbasis aus sozialdemokratischen und kommunistischen Erwerbslosenorganisationen hervorgegangene W. A. versuchte als pressure-group die Durchführung des staatlichen Arbeitsbeschaffungsprogramms der Workers Progress Administration (WPA) zu beeinflussen und wurde nach M. zunehmend zum Regierungsinstrument (s. auch Brief 27, S. 226 u. Anm. 172).

zu Brief 20

130 Paul Frölich, *Rosa Luxemburg – Gedanke und Tat*, Paris o. J. [1939]; jetzt (3. Aufl.) Frankfurt a. M. 1967. – Die englische Ausgabe (. . ., Her Life and Work) erschien 1940 bei Gollancz, London.

131 Im Parteiverlag VIVA erschienen, hg. von Clara Zetkin und Adolf Warski, 1925 – 1928 die Bände 3, 4 und 6 der *Gesammelten Werke;* »eingeleitet und bearbeitet von Paul Frölich« waren Bd. 3 *(Gegen den Reformismus)*, Berlin 1925 und Bd. 4 *(Gewerkschaftskampf und Massenkampf)*, Berlin 1928.

132 *L'Etincelle* – Lettres Marxistes Bi-Mensuelles, (Paris), Jg. 1 (1938) lag uns nicht vor; die unten (Brief 22, S. 208) erwähnte Artikelserie ›La Contre-Revolution et l'Etat‹ wurde 1939 fortgesetzt, läßt aber keine genauere Charakteristik der Gruppe zu. Der Titel ›L'Etincelle‹ wurde 1942 durch eine illegale trotzkistische, nach 1945 durch verschiedene bordigistische Gruppierungen gebraucht.

133 ›Lenine Philosophe‹ par J. Harper (Rez.), in: *L'Internationale*, Revue Mensuelle de l'Union Communiste (Paris), Jg. 5, Nouv. Ser. Nr. 39 (26. 10. 1938), S. [24]; das Blatt erschien seit 1933, die U. C. war ursprünglich eine Linksabspaltung der französischen Trotzkisten.

134 Morris Ginsberg, Herausgeber der Reihe ›Modern Sociologists‹, in der das Buch erschienen war.

zu Brief 21

135 S. Hook, Reflections on the Russion Revolution, in: *The Southern Review* (Baton Rouge, Louis.), Bd. 4, Nr. 3 (Winter 1938/39), S. 429 bis 462.

136 J. Burnham/M. Shachtman, Intellectuals in retreat, in: *The New International*, Bd. 5, Nr. 1 (Jan. 1939), S. 3–22; *Socialist Appeal*, seit dem Ausschluß der Gruppe aus der Socialist Party 1937 das Wochenblatt der (trotzkistischen) Socialist Workers Party.

137 L. Trotzky, *The revolution betrayed – What is the Soviet Union and where is it going?* New York (Pioneer Publ.) 1937, ders., *Stalinism and Bolshevism – Concerning the historical and theoretical roots of the Fourth International*, New York 1937.
Liston M. Oak, Is Stalinism – Bolshevism?, in: *Modern Monthly*, Bd. 10, Nr. 11 (März 1938). S. 8–10 behandelt den zweiten Titel von T.

138 Am 23. 12. 38 schrieb Korsch an Mattick: »am liebsten wäre ich jetzt auf 1 Monat nach Chicago gekommen u. hätte dort u. a., gestützt auf Carnaps Bibliothek u.s.w., einen Vortrag über Kritik der (bürgerlichen) Logik (und Logistik) ausgearbeitet, den ich dann im Februar im Institut in N.Y., zusammen mit einem Korreferat von Philipp Frank, einem engeren Freunde Carnaps und natürlich Widersacher des Metaphysikers Horkheimer, halten soll. Horkheimer möchte mich natürlich gegen diese Leute (Frank, Neurath usw.) gebrauchen, ich habe aber mehr mit letzteren gemein, als mit den Institutsleuten und ihrer importierten Philosophie (s. Horkheimers Aufsatz in der Zeitschrift VI/1 1937). Andererseits stehe ich als Marxist u. *gesellschaftswissenschaftlicher* Materialist natürlich auch gegen die beste Form des naturwissenschaftlichen Materialismus. Also wie immer eine auch taktisch schwierige Situation.«

139 Johre, J. Harper: Lenin als Philosoph (Rez.), in: *Unser Wort* – Halbmonatszeitung der IKD, Jg. 6, Nr. 6–7 (Mitte Dez. 1938), S. 4–5.

140 Die *Cahiers d'Europe/Europäische Monatshefte* erschienen unter der Redaktion von Arkadij Maslov seit Januar 1939 in Paris; uns lagen Nr. 1 und 2 vor.

zu Brief 22

141 K. Korsch, *State and Counterrevolution*, in: *Modern Quaterly*, Bd. 11, Nr. 2 (Winter 1939), New York, dt. in: ders., *Politische Texte*, a.a.O., S. 327–336.

142 Im *Modern Quarterly* nicht erschienen, im Nachlaß nicht erhalten.

143 Als Rezension nicht festgestellt; vielleicht ein nicht erhaltener Brief.

144 Vgl. K. Korsch, *Ignazio Silone. The School for Dictators*, in: *Living Marxism*, Bd. 4, Nr. 6 (April 1939).

145 Gemeint ist die Artikelserie in *L'Etincelle*, vgl. Anm. 132.

146 Beide Artikel lagen uns nicht vor.

147 Auf welche aus der Unzahl der Publikationen des eigentümlichen Missionars des Sozialismus K. anspielt, konnten wir nicht feststellen; N. (geb. 1883) kommentierte bis 1972 regelmäßig ›World Events‹ in *Monthly Review* (New York).

zu Brief 23

148 Lesung im Ms. eindeutig!

149 (Paris), Bd. 14, Nr. 9 der Zeitschrift des Internationalen Sozialistischen Kampfbundes (ISK) zitiert unter dem Titel ›Schwebende Wirtschaft‹ aus F. Nonnenbruch, *Die dynamische Wirtschaft*, München 1937.

150 Walter Bergh [d. i. Bölke], ›Karl Marx‹ by Karl Korsch (Rez.), in: *Proletarian Outlook* (New York), Bd. 5, Nr. 1 (Jan./Febr. 1939), S. 25 bis 28; *P. O.* war das hektographierte Blatt der New Yorker Rätekommunisten.

151 F. Borkenau, Marx. By Professor Karl Korsch (Rez.), in: *Sociological Review* (London), Bd. 31, Nr. 1 (Jan. 1939), S. 117–119.

zu Brief 24

152 Augustin Souchy (geb. 1892), in den 20er Jahren führender Anarchosyndikalist in Berlin; leitete mit ›Runta‹ (vgl. Anm. 153) während des Spanischen Bürgerkrieges die Abteilung für Auslandspropaganda der CNT/FAI, Paul Partos war dort sein Mitarbeiter; 1942 Emigration aus Frankreich nach Mexiko; lebt heute in München.

153 Martin Gudell (geb. ca. 1902) während des Spanischen Bürgerkrieges in gleicher Funktion wie Souchy; im November 1936 (wegen seiner Russisch-Kenntnisse) einer der drei CNT-Vertreter bei der spanischen All-Parteiendelegation in die UdSSR; sein äußerst kritischer Reisebericht wurde nach dem II. Weltkrieg veröffentlicht: Martin Gudell, *Lo que oi en la* URSS, Mexico, D. F. 1946; lebt heute in Chicago.

154 Vgl. Michael Buckmiller/Jörg Kammler, *Revolution und Konterrevolution.* Eine Diskussion mit Heinz Langerhans, a.a.O.

155 Frau Schuster war die Witwe des Rechtsgelehrten Sir Ernest Schuster, in dessen Chambers Karl Korsch zwischen 1912 und 1914 arbeitete. Sie war Anhängerin der Quäker, in deren internationalen Hilfsorganisationen sie tätig war (Interview von M. B. mit Dr. Hedda Korsch in Fort Lee, USA, am 22. 10. 1971).

zu Brief 25

156 P. Mattick, Groups of Council Communists, in: *The Social Frontier* (New York), Bd. 5, Nr. 4/5 (Mai 1939), S. 248–253.

157 K. Korsch, *The Marxist philosophy and the sciences. By J. B. S. Haldane*, in: *Living Marxism*, Bd. 5, Nr. 1 (Spring 1940).

158 Vgl. Anm. 106.

159 M. Eastman, *The End of Socialism in Russia*, London 1937.

zu Brief 26

160 Der Bericht (8 S. Mschr. u. Kartenskizze im Nachlaß Korsch) behandelt den Zusammenbruch des republikanischen Widerstandes vom 25. 3. 1939 an.

161 A. Ness, *Erkenntnis und wissenschaftliches Verhalten*, Oslo 1936.

162 A. W. Small, *Origins of Sociology*, Chicago 1924.

163 K. Korsch, *Ignazio Silone . . .*, a.a.O., vgl. auch Anm. 168a.

164 Über die Situation der Spanienflüchtlinge hatte P. u. a. geschrieben: »[. . .] die leute in den lagern sind zum langsamen tode verurteilt, und die offiziellen komitees, spanische und international, beschäftigen sich ausschließlich damit, den verbrauch riesiger summen, die sie im namen der hilfe an die spanischen flüchtlinge unrechtmäßig besitzen, mit einer kleinen scheinaktivität zu rechtfertigen; und diese scheinaktivität beschränkt sich sozusagen ausschließlich in der hilfe persönlicher freunde u. ä. [. . .]«; Partos an Korsch, 31. 5. 1939 (Durchschlag im Teilnachl. Partos).

165 Vgl. Korsch, *Plans for Work* (Revolution and Counterrevolution). Unpubl. Ms. 1941, Nachlaß K. Korsch im IISG.

166 Vgl. K. Korsch, *A materialistic theory of thought.* Unpubl. Ms. 1939, Nachlaß K. Korsch im IISG.

zu Brief 27

167 Die mathematischen Formeln, die, nicht ganz konsequent, aber dem Sinn nach korrekt der Symbolsprache Carnaps folgen, bedeuten: (ιx) (ιy) $f(x,y)$ ist zu lesen: »eine Beziehung f zwischen einem einzelnen Individuum x und einem einzelnen Individuum y«. Somit ist die ganze Formel zu lesen: »Wenn die Beziehung f zwischen einem einzelnen Individuum x und einem einzelnen Individuum y die Eigenschaft (oder den Inhalt) φ hat, dann darf man auch behaupten, daß es zwei einzelne Individuen der Art x und y gibt, die in der Beziehung f zueinander stehen.«

168 Muß wohl heißen: »B[elgien]«; Heinz Langerhans war in dieser Zeit in Antwerpen, vgl. Ilse Bloch an Korsch v. 20. 8. 1939.

168a bei Silone, *Die Schule der Diktatoren*, Zürich–New York 1938, »Geheimsekretär« des amerikanischen Diktaturaspiranten Döbbl Juh; »Schöpfer der Neo-Soziologie, jener Soziologie, die alle bisherigen Theorien über den Menschen und die Gesellschaft nicht nur weit hinter sich läßt, sondern zugleich zu einer Synthese vereinigt«. Die »fundamentalen und im übrigen unbestrittenen Grundsätze der Neo-Soziologie«: »der Mensch ist der Mensch und die Gesellschaft ist die Gesellschaft«. A.a.O., S. 7. – In der von Silone drastisch veränderten Version *Die Kunst der Diktatur*, Köln 1965, finden Korschs Anspielungen keine Entsprechung mehr.

169 Egon B. (1903–1955), Psychologe aus der Schule Karl Bühlers. – Vgl. hier E. Brunswik, Psychology as a Science of Objective Relations, in: *Philosophy of Science*, Bd. 4 (1937), S. 227–260.

170 Bei Streiks um den Wiederaufbau der Gewerkschaftsorganisation im Bereich des Seetransports an der Westküste war 1934 unter Führung von Harry Bridges (geb. 1901 in Australien) und Harry Lundeberg (geb. 1901 in Norwegen) die Maritime Federation of the Pacific als Föderation von Berufsgeschwerkschaften zustande gekommen. 1938 schied Lundeberg mit der Sailors Union of the Pacific aus der MFP aus, letztere wurde weiterhin durch die International Longshoremen and Warehousemen's Union dominiert, die sich unter Bridges' Führung der CIO anschloß. (vgl. auch Anm. 111). – Versuche, Bridges als »unerwünschten Ausländer« auszuweisen, wurden seit 1938 vor einem Kongreßausschuß »on Un-American Activities« verhandelt und zogen sich bis Ende der 40er Jahre hin.

171 Muß wohl heißen: »(AFL)«.

172 Streiks gegen die Kürzung der Löhne der beim Arbeitsbeschaffungsprogramm der Regierung WPA Beschäftigten erreichten ihren Höhepunkt im Juli 1939; Matticks Kommentar: Security with 403's – what you ought to know about relief and WPA, in: *Living Marxism*, Bd. 4, Nr. 8 (Sept. 1939), S. 225–233.

173 K. Lewin/K. Korsch, *Mathematical Constructs in Psychology and Sociology*, in: *Journal on Unified Science* (Erkenntnis), Bd. 9, Cambridge Mass. 1939. Vgl. auch die von Korsch abgeänderte Fassung im Nachlaß K. Korschs im IISG.

174 Wahrscheinlich: P. W. Bridgman, *The Intelligent Individual and Society*, New York 1938 oder eine seiner früheren Publikationen.

175 Neudruck: I. Thomas/F. Znaniecki, *The Polish peasant in Europe and America*, 2 Bde. New York 1958.

176 H. E. Barnes/H. Becker, *Social thought from Lore to Science*, Boston etc. 1938.

zu Brief 28

177 S. Brief 27, S. 227–229.
178 K. Lewin/K. Korsch, *Mathematical Constructs . . .*, a.a.O.
179 Wohl: S. K. Escalona, The effect of success and failure upon the level of aspiration and behaviour in manic-depressive psychoses, in *University of Iowa Studies in Child Welfare*, Bd. 16 (1940), S. 199–307.
180 Vgl. Anm. 151.
181 Sidney Hook, Interpretation of Marx, *New York Herald Tribune* vom 26. 2. 1939.
Paul Mattick, Karl Marx. By Karl Korsch, in: *Living Marxism*. Bd. 4, Nr. 6 (April 1939), S. 185–188.
Arthur Rosenberg, Karl Marx. By Karl Korsch, in: *Modern Quarterly*, (New York), Bd. 11, Nr. 2 (Winter 1939), S. 80–82.

III. Bericht

Cajo Brendel

Die ›Gruppe Internationale Kommunisten‹ in Holland
Persönliche Erinnerungen aus den Jahren 1934–1939

Vorbemerkung der Redaktion:
Cajo Brendels Bericht über die GIK (›Groep van Internationale Kommunisten‹ bezieht sich ausdrücklich auf die Periode von 1934 bis 1939; vor 1934 war er noch nicht mit dieser 1927 in Holland gegründeten rätekommunistischen Gruppe in Berührung gekommen. Seit dem Ausbruch des 2. Weltkrieges liefert diese Gruppe keinen neuen theoretischen Beitrag. Ihre Stärke, die Diskussion um Grundfragen der revolutionären Theorie im Zusammenhang mit einer entscheidenden Kritik der traditionellen Arbeiterbewegung, findet sich nur in den Diskussionen der dreißiger Jahre wieder (vgl. Brendels Literaturangaben). Daher die zeitliche Einschränkung, wenngleich die Gruppe auch während der deutschen Besatzung aktiv war.
Von Cajo Brendel (Amersfoort) erschienen auf deutsch: die Einleitung *zu H. Roland-Holst,* Die Revolutionäre Partei, *Berlin 1972, und das Buch* Autonome Klassenkämpfe in England 1945–72, *Berlin 1974. In holländischer Sprache veröffentlichte Brendel, neben mehreren Aufsätzen und Broschüren, eine umfangreiche Biographie Anton Pannekoeks:* Anton Pannekoek, Theoretikus van het Socialisme, *Nijmegen 1970.*

Der witzige holländische Trotzkist *Sneevliet*[1] war es, der die ›Gruppe Internationale Kommunisten‹ Hollands in den dreißiger Jahren einmal mit jener ihn auszeichnenden Prägnanz, als »die Klosterbrüder des Marxismus« bezeichnete. Die Charakteristik war, selbstverständlich, eine Karikatur, aber eine geistreiche, und darum wurde sie gerade im Kreis der Gruppe gebührend geschätzt. Wie jede Karikatur enthielt sie einen gewissen Prozentsatz einer Wahrheit, die für *Sneevliet* poli-

1 *Henk Sneevliet* (1883–1942), Mitglied der holländischen Sozialdemokratie (SDAP) ab 1900; Gewerkschaftsführer und Publizist. Schloß sich 1912 der damaligen weiter links stehenden, 1909 gebildeten SDP an. Beteiligte sich nachher in Indonesien am Antikolonialkampf und war einer der Gründer des Indonesischen Sozialdemokratischen Vereins. Ab 1919 Bolschewist. War unter dem Namen *Maring* als Kominternvertreter in China tätig und war Mitgründer der chinesischen KP. Stand ab 1927 auf seiten der russischen Opposition. Gründete dann in Holland die kleine Revolutionär-Sozialistische Partei, die sich 1935 mit dem schon 1932 aus der SDAP getretenen linken Flügel der Sozialdemokratie vereinte. Hatte etwa 1937 Meinungsverschiedenheiten mit *Trotzki*, der ihn alsdann nicht länger als den offiziellen Vertreter des Trotzkismus in Holland anerkennen wollte. Wurde am 13. April 1942 aufgrund illegaler revolutionär-sozialistischer Tätigkeit von einem Kommando der deutschen Besatzungsmacht erschossen.

tisch unannehmbar, für die Gruppe selbst jedoch historisch unabweisbar war.

Es handelt sich dabei um einen Punkt, an dem es — u. a. — zwischen *Sneevliet* und der GIK eine klare Trennung gab. Er erstrebte als Führer einer parlamentarischen und dazu eng mit einer gewissen Gewerkschaftsbewegung zusammenarbeitenden Partei an erster Stelle eine *politische Wirkung*. Eine sich inmitten der damaligen Arbeiterbewegung ganz anders verhaltende Gruppe, für die es darauf gar nicht ankam, sondern die sich bemühte, aus den Erfahrungen der zurückliegenden Kämpfe und somit aus der aktuellen ökonomischen Entwicklung des Kapitalismus das theoretische Fazit zu ziehen, konnte *Sneevliet* eigentlich nicht placieren. Er konnte das noch um so weniger, als jene theoretische Bilanz eben die politische Tätigkeit als solche, und damit unmittelbar auch die sie voraussetzenden herkömmlichen Organisationsformen, in Frage stellte.

Die Internationalen Kommunisten bildeten nicht nur ohne weiteres eine Gruppe, welche dem Bedürfnis einer theoretischen Analyse der Revolutionsperiode 1917—1923 entgegenkam. Sie waren zugleich mittelbar das Produkt jener Periode. Jeder Versuch à la *Sneevliet*, sie als irgendeinen ›Studienverein‹ hinzustellen oder ihre Entstehung auf Gegensätze innerhalb der Sozialdemokratie vor 1914 zurückzuführen[2], ging an dieser Tatsache, d. h. an dem Zusammenhang ihres Auftretens mit den proletarischen Kämpfen nach dem Ende des 1. Weltkrieges, rücksichtslos vorbei.

In Deutschland, worauf ich mich hier, ohne die russische, die ungarische oder die italienische Erfahrung auch nur im geringsten herabzusetzen, bequemlichkeitshalber beschränken möchte, zeigten sich November 1918 und in den folgenden Jahren bei nicht unbeträchtlichen Teilen der Arbeiterschaft antiparlamentarische und antigewerkschaftliche Tendenzen, zu denen es übrigens schon längst Ansätze gegeben hatte. Die deutschen Arbeiter hatten sich in der Form ihrer Räte neue Werkzeuge geschaffen, mit denen verglichen die traditionellen Organisationen sich auf einmal als unzulänglich, ja sogar als untauglich erwiesen. Auf der organisatorischen Ebene führte das bekanntlich zu der Entstehung der KAPD und der AAU, auf theoretischem Gebiet zu dem erstmalig von *Otto Rühle* erhobenen Satz, »die proletarische Revolution (sei) keine Parteisache«[3].

[2] So z. B. Gottfried Mergner (Hg.), Gruppe Internationale Kommunisten Hollands, Reinbek 1971, S. 8.

[3] Otto Rühle, Die Revolution ist keine Parteisache!, Berlin-Wilmersdorf 1920. Als Artikel unter dem Titel ›Eine neue kommunistische Partei?‹, in: Die Aktion, 17-18/1920. Neuveröffentlichung in: Dokumente der Weltrevolution, Sonderband: Die Linke gegen die Parteiherrschaft, Olten und Breisgau 1970, S. 329 ff.

Jedoch, zu *Rühles* konsequenter historisch-dialektischer Logik stand die Praxis der KAPD (und die ihrer in den Niederlanden gegründeten Schwesterpartei KAPN) noch durchaus im Widerspruch, was dann auch seinen Austritt veranlaßte. So sehr sie sich auch immer wieder anstrengen mochte, ihren von den üblichen Parteien wie SPD, USP, KPD usw. wirklich verschiedenen Charakter in den Vordergrund zu stellen, ihr struktureller Aufbau war trotzdem mit der organisatorischen Tradition der Vergangenheit belastet. Obwohl eine Partei neuen Typus', war sie nichtdestoweniger noch immer eine *Partei*, und das wollte sie auch sein. Das Beispiel ihrer Geschichte belegt eindrucksvoll die Bedeutung von *Rühles* These. Die KAPD wollte die Vergangenheit ausstreichen, ohne daß sie — den reellen Erfordernissen der kommenden Arbeiterrevolution gemäß — grundsätzlich mit ihr gebrochen hatte. Sie kam somit zwischen die Mühlsteine und wurde zermürbt. Bevor sie formell von der Bildfläche verschwand, führte ihr innerer Widerspruch bereits zu ihrem faktischen Untergang.

Die GIK, die auf ihren Trümmern entstand, hatte eine ganz andere Position inne. Weit davon entfernt, daß sie dem theoretischen Studium eine politische Wirkung *opferte* oder seinetwegen darauf *verzichtete*, war es im Gegenteil so, daß sie *grundsätzlich* sich davon enthielt. Indem sie gerade über die KAPD und die KAPN hinausging, faßte sie nicht nur die Befreiung der Arbeiterklasse als das Werk der Arbeiterklasse selbst auf, sondern sie war gleichfalls überzeugt, daß es zu diesem Werk keiner, sei es auch nur rein-propagandistischen *Vorhut* bedürfe, sondern einer neuen, von der herkömmlichen Arbeiterbewegung grundverschiedenen Bewegung *der* Arbeiter, welche die politische Hülle und die traditionellen Formen einer Avantgarde abstreife.

Die GIK konnte weder erneut die Widersprüche der KAP und der AAU reproduzieren, noch sich selbst als die neue Arbeiterbewegung proklamieren, von der sie nur allzu genau wußte, daß sie erst im Laufe langfristiger Kämpfe und der dabei gesammelten Erfahrungen entstehen konnte. Den geistreichen Spott *Sneevliets* nahm sie gelassen hin in der Überzeugung, daß er letzten Endes mit seiner Partei und mit seinen Revolutionsauffassungen auf einem Boden fußte, der mit dem Befreiungskampf der westeuropäischen Arbeiterklasse nichts zu tun hatte.

Im Frühsommer 1934 kam ich mit der G.I.K. zum erstenmal in Berührung. Die 1929 in den USA ausgebrochene Wirtschaftskrise hatte sich über den alten Kontinent ausgedehnt und vertiefte sich noch immer. Vor den Stempellokalen standen die Arbeitslosen Schlange. Ihr Glaube an Kapitalismus und Prosperität schrumpfte im gleichen Verhältnis, wie sich tagaus, tagein ihre Existenzmöglichkeiten verringerten. Zugleich gab ihnen ihre Lage außerhalb des Produktionsprozesses ein niederschmetterndes Gefühl der Machtlosigkeit, das durch die Ereignisse in Mitteleuropa noch verstärkt wurde. Im Februar 1934 hatten *Dollfuß'* Geschütze die österreichische Sozialdemokratie niedergerungen. Genau ein Jahr zuvor war die deutsche ruhmlos untergegangen. *Hitlers* Machtergreifung lag damals schon fast anderthalb Jahre zurück. Jenseits der holländischen Ostgrenze war der Faschismus »wie ein furchtbarer Tank über Schädel und Wirbelsäulen« der Arbeiter hinweggegangen.

Ich kannte die Broschüre *Trotzkis*, worin er die Katastrophe buchstäblich vorausgesagt hatte, gesetzt, die KPD und deren Drahtzieher im Kreml verharrten bei ihrer verhängnisvollen, die Arbeiter zersplitternden Politik.[4] Ich hatte damals – ohne Zweifel verschwommene – trotzkistische Sympathien. In einer öffentlichen Versammlung ließ ich mich mit irgendeinem stalinistischen Bürokraten auf eine Debatte ein. Hinter mir saßen zufällig ein Molkerei- und ein Metallarbeiter, die mich nachher anredeten und die sich zum Rätekommunismus bekannten. Es stellte sich später heraus, daß einer von den beiden Verbindungen hatte zu jener Gruppe, die uns hier beschäftigt.

Den ganzen Sommer und Herbst hindurch fuhr ich fast jeden Abend in seine Wohnung. Die Diskussionen dauerten meistens bis Mitternacht und waren sehr gründlich. Was dabei nicht gesagt wurde, das erarbeitete ich mir zu Hause aus den Schriften der GIK, die mir in die Hand gedrückt wurden. Ich hatte das Gefühl, daß ich aus einem politischen Kinderladen in eine Art Hochschule versetzt worden war.

Die GIK legte überhaupt keinen Wert auf dummes Nachplaudern. Sie förderte das selbständige Denken. Sie verbreitete keine Losungen, sondern Kenntnis der *Marx*schen Gesellschaftslehre. Das geschah keineswegs aus rein wissenschaftlicher Leidenschaft und erst recht nicht von ungefähr. Die Erfahrungen der bolschewistischen Revolution in Rußland zwangen die Gruppe einfach, sich von vorne an mit dem Marxismus zu beschäftigen. Eine derartige Beschäftigung betrachtete sie als eine Frage des Seins oder Nichtseins der Arbeiterbewegung überhaupt.

Schon zehn Jahre früher hatte *Gorter* die russische Revolution als eine bäuerlich-bürgerliche charakterisiert. Die Charakteristik wurde von der GIK fortwährend geprüft und vertieft. Gerade in jener Zeit, als ich die Gruppe kennenlernte, gab sie die ›Thesen über den Bolschewismus‹[5] heraus. Bald folgte eine

[4] L. Trotzki, Soll der Faschismus wirklich siegen? Wie wird der Nationalsozialismus geschlagen?, Berlin-Neukölln 1932, S. 23.

[5] Neuauflage Berlin, o. J.

holländische Übersetzung der früher schon in Deutschland veröffentlichten Schrift ›Grundprinzipien kommunistischer Produktion und Verteilung‹[6], worin abermals die russische Revolution im allgemeinen und dazu die bolschewistische Wirtschaftspolitik insbesondere einer grundlegenden marxistischen Analyse unterzogen wurde.

Abgerundet und abgeschlossen wurde diese theoretische Arbeit sodann mit einer prinzipiellen Darlegung der Differenzen zwischen *Rosa Luxemburg* und *Lenin* und mit *J. Harpers* Arbeit ›Lenin als Philisoph‹[7]. Daß der Verfasser der letzteren kein anderer war als *Anton Pannekoek*, wurde damals schon im Kreis der Gruppe nicht verheimlicht. Daß die ›Thesen‹ – wenn ich mich nicht irre – von *Alexander Schwab* stammten, der Aufsatz über *Lenin* und *Luxemburg* von *Paul Mattick*, erfuhr ich erst viele Jahre später.

Matticks Schrift war nicht nur wichtig, weil sie die gesellschaftlichen Hintergründe der *Lenin*schen Organisationsgrundsätze aufdeckte. Sie befaßte sich auch mit dem fundamentalen Unterschied der proletarischen von der bürgerlichen Revolution. Indem *Mattick* nachwies, daß *Lenin*, der »sich eine proletarische Revolution ohne ein Intellekt-Bewußtsein nicht vorstellen (könne), der die ganze Revolution zu einer Frage des bewußten Eingreifens der ›Wissenden‹ oder der Leninschen ›Berufsrevolutionäre‹ (mache), zum bürgerlichen Revolutionär (herabsinke)«[8], kritisierte er zugleich *Lenins* »Überbetonung des subjektiven, politischen Momentes«, welche für ihn (*Lenin*) »die Organisierung des Sozialismus zum politischen Akt werden (ließe)«.

Der Auffassung von der proletarischen Revolution als einem *politischen Akt* stellte *Mattick* das Verständnis ihres *sozialen* Charakters gegenüber. Im Gegensatz zu *Lenin*, der das politische Bewußtsein – das die Arbeiterklasse außerstande zu entwickeln sei – als die Voraussetzung der rein politischen Umwälzung betrachtet, wies *Mattick* darauf hin, daß gerade die Arbeiterrevolution solch ein von einer politischen Vorhut entwickeltes Bewußtsein nach der Einsicht von *Marx* gar nicht braucht.

So wurden die Avantgardisten jeder politischen Farbe belehrt, daß die proletarische Revolution etwas ganz anderes sei als jene bürgerliche des 19. Jahrhunderts, von der sie noch immer träumten. Die Frage, weshalb die GIK keine politische Arbeit machte und nicht machen wollte, weshalb sie keine ›Vorhut‹ im traditionellen Sinne sein könne, wurde da nochmals in klarer Sprache beantwortet.

[6] Neuauflage Berlin-Wilmersdorf 1970.
[7] Neuauflage Frankfurt 1969.
[8] Paul Mattick, Die Gegensätze zwischen Luxemburg und Lenin, in: Partei und Revolution, Berlin o. J., S. 152/53.

Die theoretische Höhe derartiger Auseinandersetzungen empfand ich damals als charakteristisch für die GIK, die sich damit deutlich von allen Richtungen der traditionellen Arbeiterbewegung unterschied. Sie tat es auch noch in anderer Hinsicht, nämlich durch ihre Krisenauffassung. Auf allen damaligen politischen Versammlungen und in allen linken Wochenzeitungen oder sonstigen Publikationen war die kapitalistische Wirtschaftskrise selbstverständlich ein immer wiederkehrender Gegenstand. Ob es sich nun um Eröterungen von sozialdemokratischer, linkssozialistischer, anarcho-syndikalistischer, trotzkistischer oder stalinistischer Seite handelte, sie wurde fast ohne Ausnahme entweder in irgendeiner Weise im Kielwasser der bürgerlichen Ökonomen als eine Folge von Überproduktion interpretiert oder (mehr oder weniger metaphysisch) für eine Todeskrise des Systems gehalten, freilich nicht ohne daß der Wunsch zum Vater des Gedankens gemacht wurde. Das eine wie das andere führte unmittelbar oder mittelbar zur völligen Mißachtung des proletarischen Klassenkampfs, sei es im reformistischen, sei es im durchaus fatalistischen Sinne.

Die GIK dagegen vertrat Auffassungen, welche die Krise aus den eigentümlichen Tendenzen der kapitalistischen Akkumulation erklärten, eine Erklärung, welche die Gruppe nicht nur der ›Krisentheorie‹ des Reformismus, sondern auch den Illusionen, an welche sich in ihrer damaligen Machtlosigkeit die Massen klammerten, gegenüberstellte. Letzteres war zum Beispiel sehr deutlich der Fall in ihrer Schrift über die ›Bewegungsgesetze des kapitalistischen Wirtschaftslebens‹, worin anhand wirtschaftlichen Tatsachenmaterials auch gegen jene Täuschung, die Krise sei aus Überproduktion entstanden, angekämpft wurde.

Mit alledem will nicht besagt sein, daß die GIK über die Krise eine ganz einheitliche Auffassung gehabt hätte. Ich erinnere mich lebhaft, wie heftig auch innerhalb der Gruppe über Krise und Zusammenbruch diskutiert wurde und wie diese Diskussion in ihren Veröffentlichungen ihren Widerhall fand.[9] Im Mittelpunkt stand dabei das *Grossmann*sche Werk ›Das Akkumulations- und Zusammenbruchsgesetz des kapitalistischen Systems‹[10], das sich anfangs bei der GIK einer großen Autorität erfreute. Als *Pannekoek* das Buch — sowohl schriftlich wie in einem Vortrag — äußerst scharf kritisierte, wurde die Beurteilung differenzierter. Einzelne hielten den Angriff *Pannekoeks* für verfehlt, andere für nur zu berechtigt, wieder andere teilten in vielem seine Ansichten, hielten aber trotzdem

[9] S. Korsch-Mattick-Pannekoek, Zusammenbruchstheorie des Kapitalismus oder Revolutionärer Subjekt, Berlin 1973, S. 20—45 und 47—70.
[10] Erstveröffentlichung 1929; Neuauflage: Frankfurt 1967.

die *Grossmann*schen Darlegungen für »eindrücklich« und blieben dabei, daß ihnen »eine außerordentliche Bedeutung« beikomme. So buchstäblich hat sich einmal mir gegenüber der 1962 gestorbene *Henk Canne Meijer* geäußert, den man mit Recht die Seele der GIK nennen darf.[11]

Nur sehr, sehr wenigen Leuten bin ich in meinem Leben begegnet, die so wie er im Stande waren, die schwierigsten Probleme derart zu erläutern, daß sie wirklich jedem verständlich wurden. Ursprünglich Metallarbeiter, wurde er später Volksschullehrer, zeichnete sich aber auch in der Gruppe durch seine didaktische Begabung aus, von welcher unzählige Genossen Nutzen gezogen haben. Aus seiner Feder stammten u. a. aufschlußreiche Artikel, die auf der Philosophie *Josef Dietzgens* basierten und wesentlich zu einem besseren Verständnis der *Marx*schen *Methode* beitrugen.

Nichts wäre indes unrichtiger, als nun zu folgern, daß die GIK sich nur mit rein theoretischen Untersuchungen beschäftigte. Was die Gruppe sich theoretisch aneignete, wurde täglich praktisch angewandt. Die Tagesereignisse forderten dazu auch ständig heraus. In Frankreich wurde ab 1934 die Volksfrontpolitik erprobt, die 1936 die – sich alsbald arbeiterfeindlich zeigende – Regierung des Reformisten *Léon Blum* ans Ruder zu kommen half. Es waren die Jahre der spanischen Revolution, der Betriebsbesetzungen in Frankreich, Belgien und in den amerikanischen Automobilwerken, der Moskauer Prozesse, der planwirtschaftlichen Versuche *Roosevelts*, der aufflammenden ›wilden‹ Streiks, des zunehmenden Verfalls der herkömmlichen Arbeiterbewegung, der russischen Stachanowbewegung, der internationalen Goldwährungskonferenz, des Rüstungswettlaufs zum 2. Weltkrieg.

Zu all diesen Dingen nahm die GIK eine Stellung ein, dessen Kern immer wieder dieser war, daß die Führerpolitik der parlamentarischen Parteien und Gewerkschaften zu bekämpfen sei und daß zur Verwirklichung einer kommunistischen Gesellschaft ohne Ausbeutung und Lohnarbeit, d. h. einer Assoziation freier und gleicher Produzenten, die Arbeiter Verwaltung und Leitung von Produktion und Distribution selbst in die Hand zu nehmen hätten; daß die Kampflosung weder Volksfrontpolitik noch Planwirtschaft sei, sondern: ›Alle Macht den Arbeiterräten‹. So auch stand es am Kopf ihres Pressedienstes.

Nicht nur in Wohnzimmern saßen wir damals in leidenschaftlichen Diskussionen beisammen. Die ›Brüder‹ begaben sich auch außerhalb dieser ›Klostermauern‹ in öffentliche Versammlungen, vor die Zeitungsgebäude und Stempellokale, wo die

[11] So z. B. das ehemalige GIK-Mitglied dr. Ben Seijes in einem Lebensbericht Canne Meijers. S. Mergner, Internationale Kommunisten, S. 209 ff.

Arbeiter ihren Widerspruch gegen die Gewerkschaftsbürokratie artikulierten oder die Frage diskutierten, ob denn die UdSSR, allen entgegengesetzten Angaben zum Trotz, noch immer ein Arbeiterstaat sei. Da bildete die Erkenntnis, daß der russische Bolschewismus mit dem proletarischen Klassenkampf und mit dem Sozialismus nie etwas zu tun hatte, einen wesentlichen Beitrag zur Aufklärung der Gehirne, die übrigens vor allem darauf gerichtet war, das Selbstdenken und die Selbsttätigkeit zu fördern, wie es von den Parteien und Gewerkschaften systematisch unterlassen wurde. Verschiedene kurzgefaßte Protokolle derartiger Debatten habe ich aufbewahrt. Sie zeigen unzweideutig den prinzipiellen Charakter dieser mündlichen Propaganda.

Pannekoek hatte seine Grossmann-Kritik mit der These beschlossen, daß der Zusammenbruch des Kapitalismus die Selbstbefreiung des Proletariats bedeute, daß die Arbeiter selbst, als Masse, den Kampf zu führen hätten und sich dazu in neuen Kampfformen zurechtfinden müßten. Die Aktionsausschüsse der ›wilden‹ Streiks boten sich der GIK als die wirklichen Ansätze zu solchen neuen Kampf- und Organisationsformen dar. Sie entstanden damals im Laufe fast aller Arbeiterkonflikte und hatten ihre eigene Geschichte. Nur ganz primitiv zuerst, bildeten sie in dem Maße, wie sich die ›wilden‹ Streiks notwendigerweise vermehrten, immer deutlicher auf seiten der Arbeiter das Mittel, mit dessen Hilfe sie sich — so wie sie es wollten, aber von ihren ›Führern‹ vergeblich verlangten — gegen Lohnabbau oder gegen Verschlechterung des Arbeitsklimas wehren konnten. Auch wenn dies öfters ohne Erfolg geschah, so zeigten die Ausschüsse trotzdem in der Praxis Wege zu einer Machtbildung, zu der die Gewerkschaften unfähig waren. Je häufiger sie auftraten, je besser sie sich organisierten, je rücksichtsloser sie vorgingen — bei extremer Gewährleistung einer ›proletarischen Demokratie von unten‹ —, um so mehr drang ihre Wesensgleichheit mit den Räten der Revolutionszeit zum Bewußtsein durch.

Die GIK verfolgte diese Entwicklung mit Aufmerksamkeit, stellte immer wieder deren Bedeutung zur Diskussion und verband dabei aufs engste diese Praxis der Werktätigen mit dem von ihr für unvermeidlich gehaltenen Aufstieg einer kommenden neuen Organisationsform der proletarischen Klasse. Ihr widmete *Henk Canne Meijer* Mitte der dreißiger Jahre seinen Aufsatz ›Das Werden einer neuen Arbeiterbewegung‹[12]. Die Schrift zeichnete sich von vorneherein schon dadurch aus, daß der Verfasser für die Machtlosigkeit der Arbeiterbewegung jener Zeit nicht deren Verwirrung verantwortlich machte, sondern umgekehrt die Verwirrung als die

[12] Neuauflage in: Partei und Revolution, Berlin o. J.

Folge ihrer Machtlosigkeit verstand. Die von ihm entwickelten Hauptlinien, namentlich jene, daß die Arbeiterbewegung der Zukunft sich durch die Selbsttätigkeit aller Angehörigen der proletarischen Klasse von der früheren wesentlich unterscheiden und abheben würde, kehrte in verschiedenen Streikanalysen oder Kommentaren zu den täglichen Kämpfen wieder.

Die Aktivitäten der GIK umfaßten viele Bereiche. Die Gruppe organisierte — hauptsächlich an Sonntagmorgen — Kurse. Sie verbreitete, außer ihrem monatlichen Pressedienst und außer ihren unzähligen Broschüren, an einem Amsterdamer Stempellokal auch wöchentlich eine kleine, äußerst volkstümliche, von Anfang bis Ende in der Sprache der Arbeiter verfaßte Schablonenzeitung: *Proletenstemmen* (›Proletenstimmen‹). Sie erschien über etwa zwei Jahre ununterbrochen in fortwährend steigender Auflage, wurde von einem kleinen Kern hergestellt und erweckte — nicht ohne Grund — die furchtbare Wut der Stalinisten und Reformisten, da sie mit einfacher Logik und mit glänzendem Sarkasmus die verheerenden Folgen und den arbeiterfeindlichen Charakter ihrer Politik ins Licht rückte.

Geschrieben wurde sie hauptsächlich von einem überaus geistreichen und tüchtigen Amsterdamer Genossen, der als geborener Pamphletist mühelos und treffsicher Ausdrücke oder Beispiele zu finden vermochte, die am direktesten überzeugten und im Gedächtnis blieben.

Der Genosse, von dem hier die Rede ist, war damals — fast möchte ich sagen: selbstverständlich — arbeitslos. Er widmete *Proletenstemmen* all seine Kraft und Zeit. Vor demselben Stempellokal, wo am Freitag das Blättchen verteilt wurde, stand er auch einen beträchtlichen Teil der anderen Tage. Er hörte den Diskussionen zu und bekam Informationen aus erster Hand, die sich direkt auf das Leben der Arbeiter bezogen. Er versäumte nicht, sie beim Schreiben dankbar zu benutzen. Nicht zuletzt diesem Umstand verdankte die bescheidene Zeitung eine große Wirkung. Sie trug nicht wenig dazu bei, die Auffassungen der GIK in weiteren Kreisen bekanntzumachen. Meiner Meinung nach trug dazu besonders eine in *Proletenstemmen* veröffentlichte Artikelfolge unter dem Titel ›Die Kampfausschüsse der wilden Streiks‹ bei. Es handelte sich dabei tatsächlich um eine Vermittlung von Erfahrungen in jenem Sinne, wie es der GIK immer vorschwebte.

Die Anstrengungen der Genossen von *Proletenstemmen* waren eigentlich eine, übrigens wohl unbeabsichtigte, Antwort auf eine Frage, die ein paar Jahre früher in der Gruppe erhoben worden war. Im Sommer 1935 nämlich warfen Genossen im Haag, in Leiden und in Groningen ihren Amsterdamer Gesinnungsfreunden vor, sie hätten für das Problem der praktischen Tätigkeit keine genügend passende Lösung. In einer ›Resolution‹ stellten sie fest, die GIK habe bislang nur Informationsarbeit geleistet. Ihre Funktion im Prozeß der revolutionären Entwicklung sei die gewesen, daß sie theoretisch, aus den Erfahrungen der vorangegangenen Revolutionen, die notwendigen Voraussetzungen künftiger Umwälzungen destilliert habe. Solange eine theoretische Neuorientierung noch das Wichtigste war, habe es bei der GIK ein Gleichgewicht gegeben. Der theoretischen Arbeit habe daher die praktische Organisation entsprochen. Aber, so fuhr jene Resolution fort, von der gesellschaftlichen Entwicklung werde jetzt ›die Praxis‹ in den Vordergrund geschoben. Daraus ergebe sich eine Konfliktsituation, denn die Gruppe sei darauf nicht eingestellt. Sie versuche zwar, theoretische Formeln für eine neue Arbeiterbewegung zu entwickeln (gemeint war natürlich die *Canne Meijer*sche Schrift), verstehe aber nicht, daß die Arbeiterklasse ihre Schritte zur Praxis völlig unabhängig von den Studiengruppen machen werde.

Die Verfasser der ›Resolution‹ zogen aus ihren Feststellungen den Schluß, die GIK sei faktisch ›gestorben‹. Das führte dann dazu, daß die Gruppen Den Haag, Leiden[13] und Groningen sich von der Amsterdamer Gruppe lossagten. Sie teilten zwar, schrieben sie, deren theoretische Auffassungen, könnten aber mit deren praktischen Methoden nicht übereinstimmen.

Nennenswerte Konsequenzen hatte das alles kaum. Die persönlichen Beziehungen dürften sich etwas gelockert haben, dennoch wurden sie aufrecht erhalten. Wie zuvor boten die Genossen im Haag und in Leiden die Schriften der Amsterdamer Gruppe feil. Die Amsterdamer haben wohl die Achseln gezuckt und dann mit ihrer Arbeit weitergemacht. Nur ein wenig später gaben sie mit der Herausgabe von *Proletenstemmen* ein Beispiel, das die in der Resolution enthaltene Kritik zunichtemachte. Die Haager Genossen taten das Ihrige es nachzuahmen. Was sie herausbrachten, konnte den Vergleich mit *Proletenstemmen* nicht aushalten. Es fehlten ihnen dazu nicht nur die Kräfte, sondern auch die Fähigkeiten und Kenntnisse.

Damals gehörte ich zu denjenigen, die für die Resolution verantwortlich waren. Nach fast vierzig Jahren lassen sich deren Hintergründe nur schwer ins Gedächtnis zurückrufen. Ich habe eine schattenhafte Vorstellung von persönlichen Gegensätzen, die der GIK natürlich ebensowenig wie anderen Gruppen erspart blieben. Darauf gibt es an einer gewissen Stelle der Resolution ja auch Hinweise.

Wenn ich sie heute durchlese, so mit ziemlich gemischten Gefühlen. Worauf zielten wir eigentlich, als wir die Forderung

[13] Nur ein Genosse aus Leiden stimmte damals gegen die betreffende Resolution.

erhoben, die GIK solle sich der *Praxis* anpassen, welche — wie es von uns gesagt wurde — die Gruppe »lediglich zu formulieren wußte«? Ich befürchte — und dies mit Grund —, es war uns noch ungenügend klar, daß die GIK sich zwar von der *alten* Arbeiterbewegung grundsätzlich unterschied, aber zu gleicher Zeit auf keinen Fall die *neue* Arbeiterbewegung war, noch sein konnte, da deren Entstehung nur als ein langwieriger Prozeß aufgefaßt werden konnte.

Wenn es richtig war, daß die Revolutionserfahrung den Beweis erbracht hatte, die Befreiung der Arbeiterklasse könne nur das Werk der Arbeiterklasse selbst sein, dann sollte das nicht nur so verstanden werden, daß der Sozialismus nicht von einer Partei oder von einer Gewerkschaft herbeigeführt werden konnte, sondern auch so, daß diese Befreiung ebensowenig das Werk der GIK sein konnte. Der Vorwurf einer mangelnden revolutionären Praxis war in diesem Sinn so wenig berechtigt wie jener, daß die Gruppe sich hinter ›Klostermauern‹ zurückziehe. Das tat sie nicht. Sie arbeitete inmitten ihrer damaligen Welt.

Was man ihr vielleicht hätte vorwerfen können: sie hielt die Entwicklung des Selbstbewußtseins der Arbeiter zu sehr für eine Voraussetzung des künftigen Klassenkampfes, statt für eine seiner Begleiterscheinungen. Das aber war eine Erwägung, die seinerzeit kaum in Betracht gezogen wurde, weder außerhalb, noch — soviel mir bekannt — innerhalb der Amsterdamer Gruppe.

Wie dem aber auch gewesen sein dürfte, die GIK hat sich jedenfalls einer ›Praxis‹ enthalten, die darauf hinausgelaufen wäre, daß sie sich Aufgaben gestellt hätte, die von einer Gruppe nicht erfüllt werden können. Und wenn sie so verfahren wäre — ihre theoretische Leistung wäre sofort herabgesunken. Ihre Aktivität nach außen war keineswegs zu gering, wie es bestimmte Kritiker behaupteten. Im Gegenteil! Diese aber hatte mit einem Voluntarismus nichts zu tun. Wenn sie sich tatsächlich innerhalb gewisser Schranken bewegte, so nur deshalb, weil diese Schranken nun einmal zeitbestimmt vorgefunden wurden.

Daran sollte erinnert werden in einer Zeit, in der es derartige Schranken noch immer gibt, viele Gruppen jedoch sich deren weniger bewußt sind, als es die GIK war, und die nach meiner Meinung gerade darin ihre Bedeutung für die Arbeiterbewegung von morgen hat.

Amersfoort, im März 1974

IV. Diskussion

Zwischen Sozialgeschichte und Legitimationswissenschaft

Protokoll einer Tagung über Geschichtschreibung der Arbeiterbewegung in Frankfurt/M (Nordweststadt) am 17. Februar 1974
Veranstaltet von der Jahrbuch-Redaktion

Für die Eröffnung der Diskussion wurden von der Redaktion vier Statements bestellt, von denen drei hier abgedruckt sind.
Da die öffentliche Diskussion mehrere Stunden dauerte, können aus Platzgründen nicht alle Beiträge abgedruckt werden. Wir haben uns jedoch bemüht, die jeweils wichtigsten Passagen auszuwählen (Redaktion: Annette Jost).
Aufgenommen wurden die Statements von
Georges Haupt, Hans-Josef Steinberg *und* Oskar Negt
und Diskussionsbeiträge von
Theo Pinkus, Jürgen Seifert, Hans-Josef Steinberg, Ossip K. Flechtheim, Ursula Schmiederer, Georges Haupt, Edgar Weick, Fritz Lamm, Dick Howard, Gerhard Preyer, Michael Buckmiller *und* Oskar Negt.
Vorangestellt war folgende — zweiteilige — Frage:

I. Die Geschichte der Arbeiterbewegung wurde immer als Geschichte von Ideen und Institutionen dieser Bewegung betrachtet.
Verhindert diese Art der Geschichtsschreibung nicht, daß in praktischer Absicht die historischen Erfahrungen dieser Bewegung der Arbeiterklasse vermittelt werden? Wird diese Art der Geschichtsschreibung nicht zwangsläufig zur »Legitimationswissenschaft« für Parteien und andere Organisationen?
II. Sollte es nicht möglich sein, die geschichtliche Entwicklung von Institutionen, Organisationen und ihren Theorien im Zusammenhang der widersprüchlichen ökonomischen Entwicklung darzustellen und zugleich die Geschichte der Arbeiterklasse in ihrer konkreten soziopolitischen Situation mit den Kämpfen ihres Alltags ins Zentrum zu rücken?

Wäre dies nicht die einzige Möglichkeit, ideologische Manipulationen zu verhindern und der Arbeiterklasse selbst, in emanzipatorischer Absicht, Vergleiche ihrer Alltagserfahrung mit der eigenen Vergangenheit nahezubringen?

Georges Haupt

1

Die Betrachtung der Geschichte der Arbeiterbewegung bleibt bis zum heutigen Tage abhängig von ihren Ursprüngen, von den ideologischen und politischen Funktionen, die ihr zugeordnet wurden, von der Bedeutung, die die Geschichtsschreibung der Arbeiterbewegung in der Entwicklung der Arbeiterbewegung selbst, sowie in ihren inneren Auseinandersetzungen und in der Verwirklichung ihrer Ziele genommen hat. Man muß daher den Nährboden berücksichtigen, auf dem sich die Betrachtung und die historische Forschung entwickelt haben, wenn man die tieferen Ursachen für ihre Beschränkung auf eine Geschichte der Ideen und Institutionen verstehen will. Das Studium der Geschichtsschreibung, die Analyse der bedeutenden und nicht zu überschätzenden Beiträge, wie auch der anfänglichen Begrenzung ihrer Pioniere sind sehr lehrreich. Solche Untersuchungen sind unentbehrlich, wenn man eine der komplexen Dimensionen der Geschichte des Sozialismus verstehen will, nämlich die der andauernden Vorstellungen und der darunter verborgenen Wirklichkeit der Arbeiterbewegungen.

2

Keine historische Bewegung, keine Klasse hängt so fest an der eigenen Geschichte, empfindet so tief das Bedürfnis und den Zwang, Vergangenheit und Gegenwart miteinander zu verknüpfen. Das Interesse für ihre Geschichte beginnt in der Arbeiterbewegung mit ihrer eigenen Geschichte. Die Geschichtsschreibung der Arbeiterbewegung war das Werk ihrer aktiven Teilnehmer, die ihr eine Rolle und Funktion zugeordnet haben, nämlich die der Geschichte als Überlieferung und als Quelle von Legitimation, Rechtfertigung und ideologischer Beweisführung. Die Untersuchungen spiegeln demnach die Schwankungen und den leidenschaftlichen Charakter der Kämpfe wider, die die Wortführer der verschiedenen Strömungen der Arbeiterbewegung untereinander austrugen. Mit den zahlreichen Werken, die der Geschichte der Arbeiterbewegung gewidmet wurden, verfestigt sich das Bild, das die verschiedenen sozialistischen Strömungen und Richtungen von sich selbst gemacht hatten, ein Bild, das im Verlaufe der

Kämpfe der verschiedenen Tendenzen um die Vorherrschaft in der Arbeiterbewegung entstanden ist. Die Geschichte dient zur Legitimation und ersetzt die theoretische Analyse und politische Beweisführung.

3

Zu Ende des 19. Jahrhunderts setzt ein Vorgang ein, der inzwischen eine institutionalisierte Form gefunden hat. Die politischen Organisationen betrachten sich als das Vermächtnis einer Bewegung, deren Bewahrer und ›Erbschaftsvollstrecker‹ sie gleichzeitig sein wollen. Sie bestimmen die Art der Bewahrung, Überlieferung und Auffassung der Geschichte. Dadurch verstärkt sich die Tendenz, Organisation und Bewegung sowie Bewegung und Interesse der Arbeiterklasse gleichzusetzen, was dazu führt, die Geschichte der Arbeiterbewegung auf eine Ideen- und Institutionengeschichte, eine teleologische Zweckgeschichte, eine Legitimationswissenschaft zu beschränken. Mit den großen Spaltungen, die dem Zusammenbruch der II. Internationale folgten, trägt die Geschichte der Arbeiterbewegung das ganze Gewicht der Forderungen der Bewegungen, der Parteien, der Staaten; sie wird eine institutionalisierte Geschichte, ein organisches Element der Polemik, der Propaganda und der ideologischen Erziehung, eine richtunggebende Geschichte, die zur Unterstreichung der von den Propagandaabteilungen ausgearbeiteten Thesen dient.

4

Mit dem Sieg des Stalinismus in den dreißiger Jahren erreicht diese Tendenz ihren Höhepunkt, die Manipulierung wird zum System. Die Geschichte hört auf, kollektive Erinnerung, Quelle des Klassenbewußtseins und Spiegelung der angehäuften Praxis zu sein, sie wird zum Halseisen, das sie erwürgt, zum Instrument der Verdinglichung. Vom tiefen *Marx*schen Vertrauen zur Geschichte, vom Willen der Marxisten, sie bewußt zu erleben, bleibt nur noch ein leeres Gerede, dessen Gültigkeit aller Wahrscheinlichkeit zum Trotz erzwungen wird. Durch ideologischen Terror, durch unerhörte Verfälschungen durch die Knebelung und Verachtung der einfachsten Tatsachen, durch eine erstickende Didaktik hat der Stalinismus somit methodisch die Vergangenheit ausradiert, amputiert, umgeformt, um sie durch die eigenen Bilder und Mythen, die eigene Selbstverherrlichung zu ersetzen.

5

Die revisionistische Geschichtsschreibung bemüht sich ihrerseits, das sozialdemokratische Selbstbild zu verewigen, die Erbschaft für sich zu beanspruchen und sich in die Geistesgeschichte einzugliedern, indem sie sich auf das Studium der Ideen und Ideologie versteift. Sie pflanzt beharrlich die eigenen Mythen und ideologischen Widerspiegelungen der Bewegung fort, deren sich die Geschichte auch bedient, um die weiteren politischen Richtlinien der Sozialdemokratie zu rechtfertigen. Sie wird damit zu einer Variante der bürgerlichen Geschichtsschreibung.

6

Jenseits der Wechselfälle der Geschichtsschreibung der Arbeiterbewegung, die von den großen Etappen in der Entwicklung der Bewegung selbst bestimmt werden, kann man ein beständiges Element feststellen: die organisierte Arbeiterbewegung wird mit einer doppelten Forderung konfrontiert, die eine doppelte Anwendung der eigenen Geschichte verlangt —
a) die Geschichte der Arbeiterbewegung verstanden als Praxis, als Laboratorium für Experimente mit Niederlagen und Erfolgen, als ein theoretisches und strategisches Versuchsfeld, auf dem Genauigkeit und kritische Einsicht verlangt werden, um die historische Wirklichkeit zu bestimmen und dadurch auch ihre verborgenen Triebkräfte freizulegen, um von einem historischen Ereignis aus, das als Erfahrung verstanden wird, neue Wege zu suchen, und
b) die Geschichte als Überlieferung, d. h. als Quelle der Legitimation, der Rechtfertigung oder der ideologischen Beweisführung, ein Mobilisierungs- und Kohäsionsfaktor und daher auch den Forderungen der Tat in einer bestimmten Situation unterworfen.
Die Geschichte als Praxis und die Geschichte als Überlieferung: zwei Vorstellungen, deren spezifische Forderungen sich teils überschneiden, teils einander ergänzen oder auch widersprechen; die Ideen- oder Institutionengeschichte schien sie auf einen gemeinsamen Nenner gebracht zu haben.

7

In Wirklichkeit verschleiert die Geschichte der Arbeiterbewegung, auf eine Ideen- und Institutionengeschichte reduziert, mehr als sie aufdeckt. Letztere verheimlicht nämlich die reale Geschichte und verewigt die Mythen. Dadurch wird das eigentliche Wesen der historischen Bewegung verhüllt: Die Entwicklung und Verschiebung der Klassengegensätze, die sozialen Wandlungen, die sich innerhalb der Arbeiterklasse und -bewegung als Folge der Entwicklung der Produktionsverhältnisse und der Produktivkräfte vollziehen, die Veränderungen, die im sachlichen Prozeß der Auseinandersetzung der sozialen Kräfte eingetreten sind, ihre politischen, ideologischen und sozialen Wirkungen, sowie das Ineinanderströmen der verschiedenen Ebenen des Arbeiterkampfes. Gerade die historische Bewegung erlaubt uns die Art des Eingriffs der Arbeiterparteien in den historischen Prozeß zu verstehen, an dem sie beteiligt sind, der ihnen die Möglichkeit gibt, den Lauf der Bewegung zu beeinflussen, der die Art und die Umstände ihres Eingriffs sowie die Beziehungen zu den sozialen Kräften bestimmt und die Formen festlegt, die ihre Aktion anzunehmen hat.

8

Um die historischen Erfahrungen der Arbeiterbewegung aufzudecken, genügt es nicht, die Zwangsjacke der Schemata zu durchbrechen, in die die traditionelle Geschichte sie einzudämmen und sie zugleich der ideologischen Manipulierung zu unterwerfen versucht, genügt es auch nicht, die eingeprägten Vorurteile und Stereotypen auszulöschen. Die traditionelle Art der Problemstellung muß radikal überwunden werden, damit eine Komplexität zu Tage gebracht wird, die viel tiefer greift, als die der Geschichte der Oberfläche. Dadurch gewinnt die Arbeiterbewegung sowohl in ihrer Entstehungsphase als auch in den folgenden Stufen ihrer Selbstbehauptung, ihres erstaunlichen Anwachsens, ihres inneren Wandels und ihrer jeweiligen Verschiebungen erheblich an Ausmaß und Gewicht, erscheint die angehäufte Erfahrung viel breiter und komplexer, als es ihre institutionelle Darstellung oder ihre ideologische Selbstbestätigung vermuten lassen oder verschleiern.

9

Wie nun die Untersuchungsbereiche über die Arbeiterbewegung erweitern, um zu einer Art Geschichtsschreibung zu gelangen, die nicht verhindert, daß die historischen Erfahrungen dieser Bewegung der Arbeiterklasse in *praktischer* Absicht vermittelt werden?

Damit diese wesentliche Frage beantwortet werden kann, müssen zwei methodologische Voraussetzungen geklärt werden:

1. Warum die Geschichte der Arbeiterbewegung untersuchen? D. h. nicht nur die politische und theoretische Tragweite einer solchen Geschichte erläutern, sondern den eigentlichen Inhalt des Begriffs ›engagierte, parteiliche Geschichtsschreibung‹. Dieser Schritt führt unweigerlich zur zweiten methodologischen Voraussetzung.

2. Die eindimensionale Geschichte aufgeben und die Untersuchungen über die Geschichte der Arbeiterbewegung allgemeinen Strömungen der fortgeschrittenen und fortschrittlichen Geschichtsschreibung anpassen, wobei folgende umfangreiche Werke beispielgebend sein können: *Eric Hobbawm,* The Labouring Man; *E. P. Thompson,* The Making of the English Wor-

king Class; *Roland Trempé,* Les mineurs de Carmaux; *Michèle Perrot,* Les ouvriers en grève. France 1871–1890. Es handelt sich hier um Pionierwerke, die aber gleichzeitig versuchen, die Rückständigkeit einzuholen, die die Geschichte der Arbeiterbewegung im Vergleich zur Sozialgeschichte kennzeichnet.

10

Das Anschwellen der ideologischen Geschichte oder der Kombination der Ereignisse (Parteigeschichte) einzudämmen, aber auch manche Schranken zu brechen, ist nur eine der Voraussetzungen zum Studium der mannigfaltigen Geschichte der wirklichen Arbeiterbewegung. Das Anbahnen einer solchen Geschichtsschreibung setzt eine breite Problemstellung, neue Untersuchungsrichtungen sowie eine genaue Kenntnis der Quellen voraus (wie ich es in ›Programm und Wirklichkeit‹ zu skizzieren versuchte). Eine sicher schwierige Aufgabe nach der Bemerkung von *Michèle Perrot.* Denn die Geschichte ist »ein zerspaltenes und unsicheres Fach, in mehrere Sprachregelungen aufgeteilt, von verschiedenen Methoden angesprochen, von so vielen Fragen gequält und eine Wirklichkeit verfolgend, die sie zugleich bedrängt und flieht«. So ist der Gegensatz zwischen traditioneller Geschichte und Sozialgeschichte keineswegs ein fruchtloser akademischer Streit. Jenseits des historischen Wissens wird das historische Werden der Arbeiterklasse in Frage gestellt. Das Studium einer vielförmigen und dialektischen Wirklichkeit ideologischen Erwägungen oder Routinegründen opfern zu wollen, ist gleichbedeutend mit dem Verzicht auf das Wesentliche in der Geschichte der Arbeiterbewegung: die Kenntnis der schwer errungenen eigenen Erfahrung, zu der sie so nie gelangen wird. Um der Arbeiterklasse die eigene Vergangenheit zurückzugeben, genügt es nicht, ihr Recht auf Geschichte zu fordern: Man muß sich vor allem mit der wirklichen Geschichte ihres Befreiungskampfes befassen, mit ihren Erfahrungen, Errungenschaften und Niederlagen, mit ihrer Entwicklung und ihrem Wandel innerhalb der allgemeinen Gesellschaft. Nur aufgrund dieser Kenntnisse werden die komplexe Entwicklung der Mentalitäten und des Bewußtseins verständlich, wie auch die ideologischen Abbilder und die die Traditionen und die sie verkörpernden Organisationen ernährenden Mythen; nur so erfaßt man auch die verwickelten Beziehungen zwischen Bewegung und Ideologie, zwischen Klasse und Organisation, zwischen historischen Bestrebungen und praktischer Verwirklichung, zwischen den widerspruchsvollen Tendenzen des historischen Werdens und den Schwierigkeiten seiner Verwirklichung.

Hans-Josef Steinberg

Ich habe mir überlegt, daß man die beiden Fragen folgendermaßen beantworten könnte: Frage 1 — natürlich, Frage 2 — selbstverständlich. Und wie das so üblich ist, könnte man dann auch jene Geschichtsschreibung heftig kritisieren, die, gleich welcher ideologischen Provenienz, sich auf Ideen, Dogmen, Institutionen beschränkt. In einem Tagungsbericht steht dann, die Teilnehmer dieser Diskussion forderten einmütig, daß die Arbeiterklasse als der wahre Hauptdarsteller ihrer eigenen Geschichte endlich in den Mittelpunkt der Historiographie der Arbeiterbewegung rückt. Und was geschieht? Es geht weiter um Opportunismus und Zentrismus, um Revisionismus und Austromarxismus, um Neukantianismus und Reformismus, um Agrarfrage und Organisationsfetischismus, um den Verrat am 4. August, um Sozialfaschismustheorie usw. Wenn ich eine gerade von mir erstellte Bibliographie zur Geschichte der deutschen Arbeiterbewegung vor dem 1. Weltkrieg unter dem Aspekt der vorliegenden Fragen durchsehe, so finde ich unter den ca. 2800 Titeln, die dazu seit 1945 erschienen sind, kaum ein Dutzend Arbeiten, die dem entsprechen, was Georges Haupt seit langem in bezug auf die Geschichte der II. Internationale fordert. Es gibt in der Tat nur wenig, was als wesentlicher Beitrag zur Sozialgeschichte — ein übrigens durchaus zu problematisierender Begriff — der deutschen Arbeiterbewegung angesehen werden könnte. Dabei ist das, was die Verfasser der beiden Fragen intendieren, gar nicht so neu, und auch was uns auszugsweise aus der Arbeit des italienischen Historikers *Merli* über den Weg der italienischen Arbeiterklasse zur Bewußtwerdung ihrer eigenen antikapitalistischen Funktion zugeschickt wurde[1], repräsentiert meiner Meinung nach nicht eine neue Art der Geschichtsschreibung. Jedenfalls ist im ›Manifest der Kommunistischen Partei‹ von 1848, und zwar in dem Kapitel ›Bourgeois und Proletarier‹ genau jener Prozeß vorgezeichnet, den offensichtlich *Merli* für Italien und *Thompson* und *Michael Vester* (ich denke hier an die ›Entstehung des Proletariats als Lernprozeß‹) für Großbritannien und der DDR-Historiker *Hartmut Zwahr*, der am Beispiel Leipzigs die Konstituierung des Proletariats als Klasse untersucht hat, beschrieben und analysiert haben. Ich darf in diesem Zusammenhang einmal zitieren, was schon 1903 *Julius Vahlteich*, einer der führenden Köpfe der frühen deutschen Arbeiterbewegung, retrospektiv formuliert hat: »Wie schon gesagt, waren unsere Kenntnisse auf dem Gebiet der Volkswirtschaft ge-

1 Steinberg bezieht sich hier auf Materialien, die zur Vertiefung unserer Fragestellung den Referenten zugeschickt wurden. Da diese Materialien zur hier abgedruckten Diskussion keine weiteren Aspekte im Nachhinein mehr vermitteln, fielen sie auch dem Rotstift zum Opfer. *Die Redaktion.*

ring. Wir wußten nichts vom konstanten und variablen Kapital und waren nicht eingeweiht in die tiefsten Geheimnisse der Kapitalbildung. Aber daß das Kapital und die Kapitalisten unsere Feinde waren, wußten wir ganz genau, und wir wußten auch, daß wir sie nur durch Machtentfaltung, also durch Organisation, überwinden konnten. Wir wußten nichts vom relativen Mehrwert und hundert anderen ökonomischen Kategorien [. . .], aber wir waren ganz sicher in der Überzeugung, daß wir von den Unternehmern betrogen und bestohlen wurden und daß die Gesetze dazu gemacht waren, diese Handlungsweise zu sanktionieren.«[2]

Offenkundig ist es ein Geheimnis, warum die konkreten Erfahrungen, die zu dem hier dargestellten fortgeschrittenen Bewußtseinsstand der Arbeiterklasse geführt haben, bisher nicht zureichend beschrieben und analysiert worden sind, während die marginalsten Vorgänge aus eben dieser Zeit, wenn sie nur ideologie- oder personengeschichtlich ausgewiesen sind, eingehend behandelt wurden.

Im Hinblick auf die beiden hier gestellten Fragen will ich im folgenden versuchen, etwas hinter dieses Geheimnis zu leuchten. Ausgangspunkt ist für mich dabei die unbestreitbare Tatsache, daß – trotz seit langem vorhandener Einsicht in die Notwendigkeit einer Historiographie der Arbeiterbewegung im Sinne der Forderung der zwei Fragen – diese Forderungen bisher kaum Resonanz gefunden haben. Und dazu möchte ich – durchaus provokativ – folgendes sagen:

Die Kritik an der gängigen Geschichtsschreibung der Arbeiterbewegung muß ihrerseits dann kritisiert werden, wenn sie offensichtlich verkennt, daß die Historiographie der Arbeiterbewegung selbst als Teil der Geschichte der Arbeiterbewegung begriffen werden muß. Dies gilt vor allem für die Zeit seit dem Zusammenbruch der II. Internationale und der Spaltung der sozialistischen Arbeiterbewegung. Seitdem ist die Geschichtsschreibung der sozialistischen Arbeiterbewegung ein wesentlicher Bestandteil der ideologischen Auseinandersetzung zwischen den verschiedenen Fraktionen dieser Arbeiterbewegung. Und es kann natürlich niemand so tun, als gäbe es diese jahrzehntelange Debatte nicht und man könnte voluntaristisch völlig neu anfangen. Wer sich mit der Geschichte der Arbeiterbewegung auseinandersetzt, muß auch, statt larmoyanter Klagen über Ideen- und Institutionengeschichte, versuchen, diese Erscheinung materialistisch zu analysieren. Dabei sind auch diese Darstellungen und Analysen natürlich in sehr praktischer Absicht verfaßt worden. So schreibt etwa ein führender DDR-Historiker: »Die DDR ist das gesetzmäßige Er-

2 Die Gründung der deutschen Sozialdemokratie. Eine Festschrift der Leipziger Arbeiter zum 23. Mai 1903, Leipzig (o.J.), S. 20.

gebnis aller Klassenkämpfe, in denen sich Ausgebeutete und Unterdrückte in Deutschland gegen die volksfeindlichen Ausbeuterklassen erhoben, aller mobilisierenden Vorstellungen, die im Zusammenhang mit diesen Klassenkämpfen sich entwickelten [. . .]«[3] Das muß natürlich bewiesen werden, und den Beweis tritt die Geschichtswissenschaft an und zwar anhand der Geschichte der Arbeiterbewegung. Wie das im einzelnen vor sich geht, ist bekannt. Bekannt ist auch, welche Funktion die Geschichte der Arbeiterbewegung im Bereich der Sozialdemokratie hatte und hat. Schlagendstes Beispiel ist die Fülle der Literatur zum hundertsten Jahrestag der Gründung des Allgemeinen Deutschen Arbeitervereins, in der das Godesberger Programm als konsequenter Abschluß einer in ganz bestimmtem Sinne interpretierten Geschichte der deutschen Arbeiterbewegung begriffen wurde, auf die Kurzformel gebracht: von Lassalle bis Godesberg.

Es gibt nun nicht nur Geschichtsschreibung der Arbeiterbewegung als notwendige Widerspiegelung der ideologischen Auseinandersetzung zwischen denen, die sich als legitime Erben dieser Arbeiterbewegung betrachten, sondern auch bürgerliche Historiographie der Arbeiterbewegung. Und fast könnte man meinen, daß aus diesem Lager das Heil komme, und zwar in Gestalt der Sozialgeschichte, die sich anheischig macht, mit Hilfe der Strukturanalyse umfassende Aussagen über die Arbeiterklasse machen zu können. Wie die Ergebnisse solcher Forschungen, die im wesentlichen auf die sogenannten sozialen Unterschichten in der Epoche der Frühindustrialisierung bezogen sind, zu bewerten sind, sei einmal dahingestellt. Unbestritten scheint mir aber zu sein, daß die Strukturanalyse, die auch verstärkt von der marxistisch-leninistischen Geschichtsschreibung gefordert wird, angesichts der sozialistischen Arbeiterbewegung, wie sie uns im letzten Drittel des 19. Jahrhunderts entgegentritt, nur ein, wenn auch wesentliches Element der Analyse sein kann. *Ernst Engelberg* hat in diesem Zusammenhang folgende Forschungsaufgaben formuliert:

»1. Klassen dürfen nicht statisch, sie müssen im Prozeß ihrer Entstehung, ihrer Umschichtung, ihrer inneren Wandlung, ihrer äußeren Kampfstellungen und Verflechtungen, in der Entwicklung ihrer Gegenwarts- und Zukunftsinteressen untersucht werden.

2. Die Erkenntnis der inneren Struktur und Bewegung der Klassen erhöht unser Wissen um die Differenziertheit und die Wandlung des gesellschaftlichen Bewußtseins und der Ideologie.

[3] Vgl. Ernst Diehl, Zu einigen Problemen und Aufgaben der Geschichtswissenschaft der DDR in der gegenwärtigen Etappe, in: *ZfG* XVII, 1969, S. 1398.

3. Hinsichtlich des Industrieproletariats müssen die Fragen beantwortet werden, aus welchen Klassen und Schichten die Proletarier kamen, wie sich die einzelnen Berufsgruppen in den verschiedenen Industriezweigen der sozialen Herkunft nach zusammensetzten, welchen Einfluß die technische Entwicklung auf die Struktur der Arbeiterklasse hatte, hat und haben wird, in welchen Schichten der Arbeiterklasse in bestimmten Entwicklungsphasen das revolutionäre Bewußtsein besonders leicht Zugang fand [. . .]«[4]

Diese Fragestellung macht deutlich, daß im Gegensatz zu den Intentionen von Unterschichtenanalytikern, die deswegen mit Vorliebe den Zeitraum der frühen Industrialisierung untersuchen, weil sie dort nicht, oder erst in nuce, die Theorie der Arbeiterklasse, nämlich den Sozialismus in seinen verschiedenen Ausprägungen vorfinden, die Strukturanalyse mit dazu beitragen kann, daß Funktion und sozialer Inhalt dieser Theorie erst verstanden werden. Da die Geschichtsschreibung bisher im wesentlichen ihre Analyse auf die Ideologie und nicht auf die konkrete Bewegung gestützt hat, wird ihr vorgeworfen, sie sei eine Legitimationswissenschaft dieser oder jener Art. Ich möchte nun behaupten, daß seit dem Beginn der Epoche des Imperialismus notwendigerweise jede Historiographie der Arbeiterbewegung den Charakter einer Legitimationswissenschaft hat.

Ein Beispiel: Eine Analyse der in den beiden Fragen angesprochenen konkreten sozio-politischen Situation der Arbeiterklasse im Wilhelminischen Reich wird gewiß dazu beitragen, daß der Begriff Opportunismus etwas reflektierter als üblich verwandt wird und daß man nicht Menschen im Nachhinein aus einer Position der relativen Sicherheit der Existenz schulmeistert wegen ihrer Anfälligkeit gegenüber den Integrationsstrategien der imperialistischen Bourgeoisie. Aber angesichts der klaren Alternativen – Integration der sozialistischen Arbeiterbewegung in die bürgerlich-kapitalistische Staats- und Gesellschaftsordnung oder revolutionäre Umwälzung dieser Ordnung –, die sich vor allem seit dem Aufkommen des Revisionismus verschärft gestellt haben und sich immer wieder neu stellen, sind es schließlich die heutigen Positionen, die bestimmend sind, und die immer wieder historisch wegen der ideologischen Konkurrenz legitimiert werden müssen. Man darf sich nicht dadurch täuschen lassen, daß sich die Methoden verfeinert haben und die Ansätze sich reflektierter darstellen. Die Zeit der stalinistischen Hagiographie und der sozialdemokratischen Wesen-und-Wirken-, Weg-und-Ziel-, Aufgabe-und-Vermächtnis-Banalitäten ist natürlich vorbei, wie

[4] Ernst Engelberg, Über Gegenstand und Ziel der marxistisch-leninistischen Geschichtswissenschaft, in: *ZfG* XVI, 1968, S. 1132.

auch die Zeit der absoluten Negierung der Arbeiterbewegung durch die etablierte bürgerliche Historiographie. Es geht heute bei gleichen ideologischen Prämissen subtiler zu. In meiner Skepsis bin ich vor kurzem noch bestärkt worden, als ich in einer Rezension einer Arbeit von *Georges Haupt* durch einen marxistisch-leninistischen Historiker las, daß die von *Haupt* und anderen geforderte Sozialgeschichte der sozialistischen Arbeiterbewegung – wobei ich konstatieren kann, daß *Haupts* Begriff der Sozialgeschichte sich von anderen, problematischeren, etwa dem der *Conze*-Schule, unterscheidet – die neueste Waffe der Bourgeoisie im Kampf gegen den Marxismus-Leninismus sei.

Oskar Negt

Ich möchte an der von *Georges Haupt* angesprochenen Frage ansetzen, nämlich an der Problematik, Geschichte als Praxis und als Überlieferung zu begreifen. Was kann das bedeuten? Die Frage müßte eigentlich lauten: In welcher Weise und unter welchen Bedingungen ergibt sich die Notwendigkeit für eine Klasse, ihre eigene Geschichte in neuer Form zu schreiben? Denn wir können ja nicht davon ausgehen, daß es so etwas wie eine sozialistische Objektivität der Geschichtsschreibung mit allgemeinen Regeln gibt, es sei denn, wir teilten die Auffassungen der bürgerlichen Wissenschaft, daß sich Objektivität der Erkenntnis wesentlich durch Methodenobjektivität konstituiert, d. h., daß die Geschliffenheit, Differenziertheit und forschungspragmatische Verwertbarkeit der Methoden die Objektivität der Erkenntnisse sichert.
Was kann Geschichte als Praxis also bedeuten? Wie vermitteln wir Geschichte der Arbeiterbewegung, aber natürlich auch die übrige Geschichte, mit den aktuellen Klassenkämpfen und Aktionsformen der Arbeiterklasse – und für wen vermitteln wir sie? Vielleicht drücke ich mit meiner ersten Antwort eine Selbstverständlichkeit aus; ich sage, daß nur *die* Klassen und Gruppen Geschichte schreiben können, die auch Geschichte haben und Geschichte machen. Die Form, in der sich Geschichte vollzieht, ist dabei nicht genau zu bestimmen. Gleichwohl: auch hinter der Reformulierung des geschichtlichen Interesses steht ein bestimmtes politisches Interesse, das aufgedeckt werden muß. Das wesentliche Problem besteht darin, daß man auf den alten *Lukács*schen Satz zurückkommt: Gegenwart als geschichtliches Problem zu behandeln. Das bedeutet: Geschichte bezeichnet nicht nur eine Vergangenheits-, sondern gleichzeitig immer auch eine Zukunftsform. Geschichte bedeutet somit vor allen Dingen bewußten Eingriff in geschichtliche

Tendenzen, praktisch, politisch, aber auch durch die entsprechende Erforschung dieser Tendenzen, die gegenwärtige Knotenpunkte von Vergangenem und Zukünftigem sind.

Vergegenwärtigung der Geschichte ist eigentlich nur für die sinnvoll, die in dieser Geschichte auch ein Instrument ihrer eigenen Emanzipation sehen; sonst ist historische Bildung tote Anhäufung, häufig Flucht aus der Gegenwart, kompensatorische, individuelle Bildung. Daher sind wir als historische Materialisten gezwungen, die Bedingungen festzustellen, unter denen bestimmte geschichtliche Ereignisse angeeignet werden *müssen,* soll der Emanzipationsprozeß gelingen.

In diesem Zusammenhang möchte ich noch etwas zu der Frage der Objektivität sagen. *Walter Benjamin* hat einmal davon gesprochen, daß die in Aktion befindlichen Klassen geschichtliche Vergangenheit aufsprengen; sie können sich nicht einfach auf das Kontinuum der vergangenen Geschichte einlassen, sondern müssen sie neu schreiben. Sie müssen Quellen und Materialien sammeln, so wie unsere sowjetischen Freunde das ja institutionell und materiell so phantastisch ausgestattet machen, wie das kaum einer kann; aber das reicht nicht aus. Was vielen verdienstvollen Projekten oder der institutionalisierten Geschichtsschreibung (in der Sowjetunion und in anderen Ländern) fehlt, ist die historisch bewußte Selbstreflexion des geschichtlichen Interesses an der Aufarbeitung dieses Erbes, von dem *Engels* spricht. Die Interessen sind häufig so eingebunden in Legitimationszwänge, daß man schon voraussehen kann, was rauskommt.

Diese erstaunliche Geschichtslosigkeit, die viele solcher institutionalisierten Forschungsprojekte prägt, gehört, glaube ich, selber zum Umkreis von Fragestellungen, die das geschichtliche Problem der Gegenwart bestimmen. Das heißt aber vor allem: das Problem geschichtlich handelnder, sich emanzipierender Klassen. *Korsch* hat dieses Problem auf die Formel gebracht: Selbstanwendung des historischen Materialismus auf seine eigene Geschichte. Das bedeutet nicht, in erster Linie festzustellen, was in der Ideengeschichte an materiellem Gehalt gesellschaftlicher Interessen enthalten ist, sondern die Bedingungen der Notwendigkeit der Entstehung dieser Ideen herauszufinden, ihre Formgenese aus der Selbstzerrissenheit der materiellen Verhältnisse zu analysieren. Der historische Materialismus ist wesentlich eine Bestimmung auch der Formen, in denen die Ideen erscheinen, in denen bestimmte Ideen erscheinen *müssen,* sowohl entfremdete Ideen, als auch das richtige Bewußtsein.

Ich meine, daß jede Form der Institutionalisierung der Kritik und der Geschichtsschreibung die Tendenz hat, in einen bürgerlichen Objektivismus zurückzufallen. Demgegenüber stellt sich die Frage: Wie läßt sich Geschichte der Arbeiterbewegung in das Alltagsbewußtsein der Arbeiter und aller Menschen vermitteln, wie ist dasjenige, was ja zunächst als *Resultat* von Entwicklung erscheint, in einen aktuellen Prozeß der eigenen Lebensgeschichte einzubeziehen? Hier scheint mir nun innerhalb der Geschichtsschreibung der Arbeiterbewegung eine zentrale Verdrängung vorzuliegen, die auch die Legitimationsstruktur der proletarischen Geschichtswissenschaft bestimmt, nämlich die Frage der Niederlagen der Arbeiterbewegung, aller jener gesellschaftlichen Zusammenhänge, aus denen die Proletarier lernen können, inwieweit Erfahrungsprozesse innerhalb der Arbeiterbewegung aufbewahrt und weitergetragen werden können, so daß die gleichen Fehler nicht wiederholt werden.

Ein ganz entscheidender Punkt in der sowjetischen Geschichtsschreibung ist, daß alle Initiativen, die von der Partei ausgegangen sind, auch wenn sie katastrophische Folgen hatten, immer wenigstens Teilerfolge enthalten. D. h., es gibt kein wirkliches Eingeständnis und keine wirkliche Erfahrung der Niederlagen. Man vergleiche dazu die Diskussionen um die März- und Oktoberaktionen der KPD. Die Widersprüchlichkeit, die in diese Aktionen eindringt, kann nicht zum Ansatzpunkt von Lernprozessen gemacht werden. Und dieselben Fehler wiederholen sich heute nicht zufällig auf einem ähnlichen Niveau in einzelnen kleinen Gruppen innerhalb der Linken. Diese konstruieren die Geschichte im Grunde bürgerlich, also nicht als Bruchstücke auch der eigenen Emanzipationsgeschichte, sondern im Sinne des Einordnens ihrer eigenen Bewegung in einen Progreß.

Die Fortschrittslogik, die ganz typisch ist auch für die Sozialdemokratie der II. Internationale, enthält selber ein ungeschichtliches Moment. Der Satz eines deutschen Kommunisten: nach Hitler kommen wir, bezeichnet genau diese absurde Logik. Mit ihr verbindet sich eine Überzeugungsüberkapazität, die dazu führt, daß spezifische Widerspruchsmomente nicht erkannt werden; und der Kollege *Steinberg* hat mit Recht gesagt, seit der Spaltung der Arbeiterklasse ist eigentlich die sozialistische Historiographie Legitimationswissenschaft gewesen.

Mir scheint diese Transformation von kritischem Marxismus in Legitimationswissenschaft in der Tat darin zu bestehen, daß die Widersprüchlichkeit der Oktoberrevolution nicht wirklich begriffen und anerkannt wurde, sondern daß sie einfach zur proletarischen Revolution mit allem, was dazu gehörte, deklariert wurde. Dadurch setzt ein gesellschaftlicher Verdrängungsprozeß ein — und zwar schon vor *Stalin*. Es ist ja sehr bemerkenswert, daß die Gruppen, die *Stalin* bekämpften, also *Deborin*, *Bucharin* und andere, im Grunde den Stalinismus genau vorweggenommen haben. Deshalb war es ihm auch so leicht, zwischen den Positionen eine Politik des Zentrums zu formulieren und zu sagen, wir verbinden diese Seiten einfach dialektisch, damit heben wir sowohl die Einseitigkeit des Mechanizismus wie des Idealismus auf.

Wenn wir von Geschichtsschreibung als Praxis sprechen, müssen wir auch von den Bedingungen von Geschichtslosigkeit im Denken der Arbeiter sprechen. Denn es kann nicht darum gehen, von außen geschichtliches Bewußtsein in die Arbeiterklasse hineinzutragen. Ich glaube, das gelingt nie, auch Arbeiterbildung kann das nicht leisten, selbst wenn sie noch so viele geschichtliche Probleme diskutiert. Es geht darum: worin bestehen die Blockaden von geschichtlichem Bewußtsein, die erkannt und überwunden werden müssen, damit so etwas wie ein geschichtliches Gegenwartsbewußtsein der Arbeiter entsteht? Ich will einige Momente aufzählen, die mir wichtig zu sein scheinen.

Zunächst: Im industriellen Produktionsprozeß und in Technologien ist ein ungeschichtliches Element enthalten, das sich auch auf das Arbeiterbewußtsein niederschlägt. Geschichtslosigkeit, Verlust des Bewußtseins der Geschichte ist nicht zurückzuführen auf Verräter, auf Personen, sondern auf Elemente im kapitalistischen Produktionsprozeß – und nicht nur in ihm, würde ich sagen –, Elemente, die geschichtlich gegenläufig sind, die Geschichte dementieren und damit geschichtliches Bewußtsein abbauen. Ich meine, daß gerade technologisches Bewußtsein – und in vielfacher Hinsicht steckt das eben im Bewußtsein der Arbeiter mit drin – immer wieder dazu beiträgt, auch vorhandenes, durch Bildung gewonnenes geschichtliches Bewußtsein zu zerstören.

Der Begriff der ›Industriellen Revolution‹, der von *Engels* in ›Lage der Arbeitenden Klasse in England‹ geprägt und später vom älteren *Toynbee* aufgegriffen und in die bürgerliche Geschichtswissenschaft eingeführt wurde, ist im Grunde schon eine Umkehrung des Begriffs der Revolution, wie er vom revolutionären Bürgertum als gesamtgesellschaftliche Umwälzung verstanden wurde. Industrielle Revolution bedeutet schon eine Entwicklung, die keine qualitative Zeitstruktur mehr hat, die jedenfalls keine Entwicklung hat, die mit dem Begriff der Produktivkräfte gemeint war – also etwas Sprengendes, auch geschichtlich Aufsprengendes. Hier vollzieht sich eine politisch neutralisierende Gegenbewegung, die sich in solcher Begriffsbildung niederschlägt.

Ich habe gestern mit *Georges Haupt* kurz darüber gesprochen, daß mit der Rezeption des ›Anti-Dühring‹ so etwas wie eine marxistische Kadergeschichte innerhalb der Sozialdemokratie beginnt. Allerdings kann man nicht gerade sagen, daß der

Marxismus die Massen ergreift. Trotzdem beginnt mit dem ›Anti-Dühring‹ die wirkliche Theoriegeschichte des Marxismus in der Arbeiterbewegung. Warum? Deswegen, weil im ›Anti-Dühring‹ Naturgeschichte mit drinnen ist und vor allen Dingen das naturwissenschaftliche Bewußtsein sehr stark angesprochen wird. Tatsächlich waren die Bildungsinteressen der Arbeiter – die Arbeiterbildungsvereine zeigen das – stark davon geprägt. Das verstand man unter Bildung. Das verstand man unter sicherer Erkenntnis. Das verstand man unter dem, woran man sich orientieren kann, nämlich an allgemeinen, unumstößlichen Gesetzen. Ich glaube sogar, daß Elemente der Naturdialektik von *Engels* wirklich aus der Projektion kommen. Er wollte zeigen, daß die Dialektik nicht einfach eine Erfindung von Menschen ist, sondern daß sie in den Bewegungsformen der Natur selber begründet ist. Erst da konnte er ja auch sagen: Hört mal zu, die Natur entwickelt sich so und die Geschichte genauso. Nicht zufällig sagt *Engels*: Die Natur ist die Probe auf die Dialektik. Die Überzeugungskraft einer gesellschaftlichen Dialektik ist viel größer, wenn man darauf hinweisen kann, daß sie Ausdrucksformen des objektiven Bewegungszusammenhangs der Natur ist.

Und ein zweites Element des Unhistorischen: *Adorno* hat einmal darauf verwiesen, daß der Warentausch wie mathematische Operationen ungeschichtliche Elemente trägt, ein Gleiches zu Gleichem, Äquivalente werden ausgetauscht. Das Kontingente – Zeit, Gebrauchswert, Geschichtliches überhaupt – fällt als Rest aus den Operationen des Warentausches heraus. Und gerade in einer entfalteten Warengesellschaft, wo alltäglich getauscht wird, bildet sich alltäglich eben jenes verkehrte Bewußtsein, das *Marx* in der Verdinglichungsproblematik aufzeigt. Das, was entstanden ist, geschichtlich entstanden ist, erscheint als Gegebenes, als Resultat, in dem der historische Prozeß verschwunden ist. Nicht im gelungenen Produkt tritt Erinnerung an die Entstehung ein, sondern nur im mißlungenen; eine defekte Gabel erinnert an den Produktionsprozeß, nicht eine, mit der man ungestört essen kann.

Insofern prägt der Satz, den *Marx* auf die bürgerliche Klasse münzt: »So hat es Geschichte gegeben, aber es gibt keine mehr«, in der Tat auch die alltäglichen und veralltäglichsten Formen des Lebenszusammenhangs der Arbeiter.

Diskussion

Theo Pinkus: Mein Beitrag wird vielleicht mehr bibliographischen Charakter haben als geschichtstheoretischen. Ich möchte zuerst an den Thesen von *Haupt* anknüpfen. Die Geschichte der regionalen und lokalen Arbeiterbewegung, die Geschichte, die sich auf Hilfskassenberichte, erste gewerkschaftliche Gemeinschaften, kleine genossenschaftliche Selbsthilfegruppen und auf ihre Vereinsprotokolle stützte, ist auch ein Spiegel des ständigen Bemühens der Unternehmer, den Unkostenfaktor Arbeitskraft niedrig zu halten, den Widerstand zu verhindern und zu brechen. Die Parteilichkeit dieser Berichte sieht man darin, daß sie von ihrem ständigen Bemühen sprechen, den Wert der Ware Arbeitskraft zu erhöhen und die dazu notwendige Organisation zu schützen, zu festigen und auszubauen. Die Untersuchungen zur Geschichte der Arbeiterbewegung sind also nicht nur die eigenen wenigen Berichte und schriftlichen Überlieferungen, die ja vernichtet wurden und nur schwierig wieder aufzufinden sind, oder die unmittelbaren Texte der Unternehmer. In den Protokollen der Unternehmervereinigungen und vor allem in denen der Polizei – die ja eine der wichtigsten, wenn auch fraglichsten Quellen der Geschichtsschreibung sind, da die Polizeiagenten um ihr Brot kämpften und infolgedessen vieles berichteten, was gar nicht passierte – finden sich unerhörte Sachen. Nicht nur auf der Seite der apologetischen Geschichtsschreibung der Parteien gibt es Berichte, die nicht passierten, sondern auch in den Polizeiberichten. Besonders lustig ist es, wenn in den Polizeiberichten die gleichen Dinge stehen, die nicht passierten, wie in den Berichten der Parteigeschichte, die auch nicht passierten, die ihren Niederschlag in den parlamentarischen Protokollen finden. Man muß in der Auswertung aller Quellen davon ausgehen, daß dies eigentlich der Klassenkampf selbst, das Objekt des Geschichtsstudiums der Arbeiterklasse ist. Die Förderung der Zirkel zum Studium der lokalen Arbeiterbewegung und -organisation, in der DDR z. B., bringt Methoden und Anweisungen zutage, die sehr nützlich sind – ich rede nicht von den politischen Gesichtspunkten –, und die auch für die kapitalistischen Länder anzuregen wäre, weil die Geschichtsschreibung damit ein Faktenmaterial bekommt, wie es allem Anschein nach von *Merli* z. T. verwertet wurde und wie es bei uns noch sehr, sehr in den Anfängen steckt.

Erinnerungen sind für die Geschichtsschreibung eine wichtige, wenn auch subjektive Quelle, sie können sich aber gegenseitig korrigieren. In bezug auf die Geschichtsschreibung haben wir heute, besonders in dem sehr breit in den letzten zehn Jahren entwickelten akademischen Bereich auf diesem Gebiet, eine Art phänomenologische Geschichtsschreibung, die eigentlich ein Teil der Sozialgeschichte ist, in der wertvolle Materialien enthalten sind.

Eine weitere Quelle der Geschichtsschreibung sind die materialistischen Elemente in den klassischen und modernen bürgerlichen Geschichtswerken; es entzieht sich ja kaum ein Historiker mehr vollkommen dem historischen Materialismus. Eine rein idealistische Geschichtsschreibung kann heute wahrscheinlich nicht einmal mehr auf einem akademischen Lehrstuhl weiterbestehen. Diese Geschichtsschreibungen können sehr geistreich sein, und in ihnen sind auch eine Unmenge Materialien und Quellen wahrscheinlich verborgen enthalten, denn von irgendetwas leben auch die bürgerlichen Historiker. Dann kommen wir zur marxistisch engagierten Geschichte, die die Klassenkämpfe darstellen soll. Da gibt es nun die Schwierigkeit, zu einem wirklichen Bild der Kämpfe selbst zu kommen, weil sie eben überwuchert sind von anderen Materialien, die subjektiven Charakter haben. Zu diesen gehören ohne Zweifel die Memoiren als Quelle der Geschichtsschreibung. Ihre Fraglichkeit und Subjektivität ist schon in ihrem Vorhaben begründet – sie sind ja meistens eine Rechtfertigung. Dann gibt es noch die Biographien, die aber auch von relativem Wert sind, denn wozu und aus welchen Gründen schreibt der Autor gerade diese Biographie. Das gilt auch für die Entwicklung und die Bereitstellung von Materialien, die für eine Geschichtsapologie natürlich ihre Bedeutung haben.

Negt sprach davon, inwieweit die Geschichtstradition, oder sagen wir das Geschichtsbewußtsein, ins Alltagsbewußtsein der Arbeiter und der Massen überhaupt eindringt. In der Praxis der Arbeiterbewegung gibt es immer diese bekannten Sätze: Wer keine Fehler macht, der macht gar nichts – das ist eine Rechtfertigung der Fehler und ein Abwälzen der Analyse; denn wenn ich sowieso immer Fehler machen muß, brauche ich sie auch nicht so sehr zu untersuchen. Oder dann das zweite: Fehler sind zum Lernen da. Wobei die Lehre aus den Fehlern darin besteht, vielleicht das Richtige als Fehler hinzustellen und dadurch Legitimationen für die neuen Fehler zu finden. Dann, drittens, ein Satz von *Walter Ulbricht*: Im Fortschreiten korrigieren wir die Fehler – aber keine Fehlerdiskussion, keine Analyse der Fehler. Das sind Elemente nicht nur einer stalinistischen Geschichtsschreibung; das findet man auf SPD-Parteitagen genauso. Das könnte von ehemaligen Stalinisten, wie *Wehner*, oder auch von guten Sozialdemokraten, wie *Carlo Schmid*, stammen.

Nun zum Alltagsbewußtsein. Ich glaube, ein wesentliches Problem des Geschichtsbewußtseins ist die Kontinuität. Diese Kontinuität besteht in der Arbeiterbewegung nur sehr bedingt. Sie wird oft auf merkwürdige Weise durchbrochen. Langlebige Führer der Arbeiterklasse wandeln sich, auch Personen kennen Brüche und Wandlungen, die unhistorische Elemente einbringen, wobei ihre Wandlung selbst ein historisches Element ist. Ein weiterer wesentlicher Punkt sind die

Gedenk- und Kampftage, die in der Geschichte der Arbeiterbewegung eine große Rolle spielen. Wer, wie ich z. B., fast jedes Jahr vor jungen Leuten historisch über den 1. Mai redet, der entdeckt, welch ungeheure Möglichkeiten, Geschichtsbewußtsein neu zu gewinnen, beispielsweise durch die Geschichte des 1. Mai geboten werden und welche Bedeutung solche Tage haben.

Ein weiterer Punkt ist die ständige Zerstörung der Arbeiterorganisationen, der Bruch der Kontinuität, die Herstellung von Geschichtslosigkeit. Und zwar durch polizeiliche Aktionen, durch Auflösung, durch Aufgefressenwerden von größeren Organisationen, sogenannte Verschmelzungen, Einheitsparteitage. Aber auch durch das Moment, das *Negt* hervorgehoben hat – durch den ökonomisch-historischen und technologischen Prozeß. Und der erstreckt sich noch weiter, nämlich auf die Zerstörung von Gemeinschaften durch die Industrialisierung und durch den modernen Kapitalismus. Wir sind hier in der Nordweststadt; die einzige geschichtliche Tatsache, die ich davon kenne, ist, daß *Oskar Negt* es hier acht Jahre lang ausgehalten hat – wie, ist mir völlig unklar. Aber, daß in einer solchen Steinwüste kein Geschichtsbewußtsein entsteht und daß jeder einzelne jedes Geschichtsbewußtsein verloren hat, wenn er hierher zieht, das ist klar – die Geschichte ist offensichtlich zu Beton geworden. Diese Zerstörung muß man mit einbeziehen, ebenso wie die historischen Zerstörungen, wie Krieg und Faschismus, die ungeahnte Folgen von Traditionszerstörung hervorgerufen haben.

Jürgen Seifert: *Theo Pinkus* hat eben gezeigt, in welcher Weise die Geschichte der Arbeiterbewegung notwendig zu einer Legitimationswissenschaft wird. Geschichte wird zu einer Waffe einerseits gegen Geschichtslosigkeit, andererseits gegen den politischen Gegner, d. h. hier: gegen den Konkurrenten innerhalb der Arbeiterbewegung. Geschichte *ist* Legitimationswissenschaft – da stimme ich *Steinberg* zu –, solange sie in der gegenwärtigen Weise betrieben wird und solange sie ein Bestandteil der politischen Auseinandersetzung ist. Die Frage lautet für mich nicht, *ob* Geschichte legitimiert, sondern *für was* die Legitimation erfolgt. Die Geschichtsschreibung der Arbeiterbewegung liefert in der Regel Legitimationen für die politische Organisation, für ›die‹ Partei, für ›die‹ Gewerkschaft, die schon durch den bestimmten Artikel in ganz bestimmter Weise hervorgehoben wird. Ein zentraler Bezugspunkt der Geschichtsschreibung der Arbeiterbewegung ist darüber hinaus vielfach der Staat. Darauf hat *Karl Korsch* hingewiesen, wenn er sagt: »Das von dieser politischen Geschichtsschreibung angewandte Schema besteht einfach darin, die Revolution mit dem von ihr an einem bestimmten, von den verschiedenen Fraktionen der bürgerlichen Geschichtsschreibung verschieden angesetzten Punkte der revolutionären Entwicklung erreichten politischen Ergebnis, d. h. mit dem aus ihr hervorgegangenen neuen revolutionären *Staat* schlechthin gleichzusetzen, und von diesem Punkt aus nach vorwärts und rückwärts alle Parteien, Einzelpersonen, Ereignisse, Anschauungen, Entwicklungen und Tendenzen je nachdem, ob sie zur Herbeiführung und Sicherung dieses revolutionären Ergebnisses gerichtet sind oder auf seine Bekämpfung [...]«[5], zu untersuchen.

Es ist ein entscheidender Rückfall, wenn in der Geschichtsschreibung der Arbeiterbewegung das verdinglichte Resultat einer Revolution, ein ›neues‹ Staatswesen, zum zentralen Bezugspunkt wird. Eine solche Geschichtsschreibung muß, solange der Staat und bestimmte Organisationen Bezugspunkt bleiben, selbst dann verzerren, wenn konkrete Klassenkämpfe stärker in den Vordergrund treten. Deshalb bedeutet nicht bereits die Tatsache, daß heute auch im sogenannten Ost-Block in vermehrtem Maße Klassenkämpfe analysiert werden, schon eine neue Form von Geschichtsschreibung. Die von den Referenten geforderte Geschichtsschreibung macht weder den Staat noch die Organisation zum Bezugspunkt, sondern die konkrete Form der Klassenkämpfe. Sie untersucht Lernprozesse und die Konstituierung politischer Kräfte. Auch eine solche Geschichtsschreibung ist eine politische Aussage. Sie fragt nach Ansatzpunkten für die gegenwärtigen Klassenkämpfe. Leider können wir für diese Form der Geschichtsschreibung der Arbeiterbewegung bislang nur auf wenige Beispiele verweisen. Die Arbeiten von *Thompson* und *Vester* wurden bereits genannt. Bei allen Arbeiten kommt jedoch immer die Einbeziehung der soziologischen Faktoren zu kurz. Wie kommuniziert die Arbeiterklasse? Wie organisieren Arbeiter? Wie lenken Organisationen politische Aktionen? Wie verändern sich in solchen Aktionen die ›normalen‹ Verhaltensweisen? Wann werden die sonst im einzelnen vorhandenen Barrieren unwirksam? Welche Faktoren vermögen in solchen Situationen überhaupt zu beeinflussen? Welche Schutzvorkehrungen werden außer acht gelassen, welche werden beachtet? Man könnte auch sagen: Wie wird die Arbeiterklasse zu einer Produktivkraft?

Darüber gibt es kaum Quellen. Flugblätter, die verteilt werden, und Ähnliches sind doch nur ein Faktor, meist sehr verdinglichte Produkte, die oft kaum die zentralen Fragen berüh-

[5] Karl Korsch, Das Problem Staatseinheit–Föderalismus in der französischen Revolution, in: *Grünberg-Archiv*, 15. Jg., 1930, S. 135.

ren. Wie schwierig es ist, Klassenkämpfe in der hier geforderten Weise darzustellen, wissen wir alle. Diese Schwierigkeit wird deutlich, wenn wir beispielsweise die verschiedenen Streikberichte über die spontanen Arbeitsniederlegungen im vergangenen Jahr lesen. Fast alle diese Berichte sind Legitimationen, Legitimation für die jeweilige politische Gruppierung oder Legitimation für den schreibenden Beobachter. Darstellungen, die die hier aufgeworfenen Fragen betreffen, sind selten. Deshalb lautet die zentrale Frage: Wie kommen wir dazu, das, was tatsächlich passiert, das, was die Arbeiterbewegung vorantreibt, in den Griff zu bekommen? Ich bin der Ansicht, daß das die bisherige akademische Geschichtswissenschaft und die bisher in der Arbeiterbewegung weithin betriebene Form der Geschichtsschreibung kaum zu leisten vermag. Das kann, so meine ich, kein einzelner. Das schaffen nur Gruppen, die sich selbst als Teil einer politischen Bewegung verstehen und die, wie ich meine, die bisherigen Formen der Geschichtsschreibung sprengen müssen.

Hans-Josef Steinberg: Ich möchte zu dem, was *Oskar Negt* gesagt hat, Stellung nehmen, und zwar zu einem Punkt, der mir besonders wichtig erscheint und der von mir etwas vernachlässigt worden ist. Es geht um die Frage: Wie ist die Geschichte der Arbeiterbewegung den Arbeitern zu vermitteln? Und damit verbunden ist die Frage: Wie steht es um das geschichtliche Gegenwartsbewußtsein der Arbeiter? Nun ist von *Oskar Negt* die interesssante, natürlich auch anderswo schon geäußerte Theorie aufgestellt worden, daß ganz offensichtlich Elemente im kapitalistischen Produktionsprozeß seien, die Geschichtsbewußtsein abbauen würden. Ich bestreite diese Aussage in ihrer Allgemeinheit und will versuchen, das auch zu begründen.

Ohne Zweifel ist ja bis zur Jahrhundertwende – ich beziehe mich jetzt nur auf den deutschen Bereich – genau das festzustellen, was eben hier problematisiert worden ist, nämlich ein sehr starkes geschichtliches Bewußtsein der Arbeiter, von dem wir uns heute kaum eine rechte Vorstellung machen können. In dieser Zeit ist doch die Aussage von *Johann Jacoby*, später würde einmal die Geschichte des kleinsten Arbeiterbildungsvereins für wichtiger erachtet werden als die Schlacht von Sadowa, tief in die Arbeiterbewegung eingedrungen. Man muß nur einmal in den Blick nehmen, was an populärwissenschaftlichen historischen Publikationen damals von den Arbeitern konsumiert worden ist, während die Nachdrucke der letzten Jahre allenfalls von Studenten gelesen werden. Bemerkenswert ist auch, mit welcher Begeisterung auf allen Ebenen die

Quellen zur eigenen Geschichte gesammelt worden sind. Dadurch, daß unter dem Faschismus und während des 2. Weltkrieges sehr vieles verlorengegangen ist, sind heute Fehleinschätzungen hinsichtlich des Geschichtsbewußtseins der Arbeiterklasse in jener Zeit verbreitet.
Es gibt nun meiner Ansicht nach in der zu konstatierenden Entwicklung des Geschichtsbewußtseins der Arbeiter einen Knick. Und diesen Knick erkenne ich Mitte bis Ende der neunziger Jahre des vorigen Jahrhunderts. Ich behaupte, das hat offensichtlich etwas mit einer neuen Qualität der kapitalistischen Produktionsweise zu tun und damit verbunden mit neuen Strategien gegen die Arbeiterbewegung. In der vorimperialistischen Zeit hat sich ein ausgeprägtes Geschichtsbewußtsein im Bereich der sozialistischen Arbeiterbewegung entwickelt. Das kann man ohne weiteres nachweisen, etwa in den frühen Versuchen, die eigene Geschichte durch stehende Bilder sich zu vergegenwärtigen. Aber zu Beginn des 20. Jahrhunderts stagnierte die Entwicklung des Geschichtsbewußtseins, und das Interesse an der eigenen Geschichte nahm ab, wie sich – bei aller Vorsicht hinsichtlich des Aussagewerts solcher Statistiken – durch Analysen von Ausleihen aus Arbeiterbibliotheken zeigen läßt. Gleichzeitig ließ auch der Optimismus nach, der in der Arbeiterbewegung in so überreichem Maße vorhanden war, jener naive Optimismus, der auf einer kurzfristigen Revolutionsperspektive im Gefolge der verheerenden Auswirkungen der großen Depression beruhte. Und dann zeigte sich – und das ist ja gerade in letzter Zeit in Forschungen zu den Anfängen des Revisionismus dargelegt worden –, daß diese kurzfristige revolutionäre Perspektive unter neuen Bedingungen, nämlich unter den Bedingungen des neuen wirtschaftlichen Aufschwungs, einer nie gekannten Prosperität auf der Basis der Kapitalkonzentration, nicht nur jede reale Basis verloren hatte, sondern daß im Gegenteil die Bourgeoisie mit einer zukunftsträchtigen Gegenutopie in Gestalt des Imperialismus auf den Plan trat und daß damit die ganze Überzeugungsüberkapazität auf seiten der sozialistischen Arbeiterbewegung gewissermaßen ins Leere stieß. Deshalb meine ich, daß man das, was *Oskar Negt* andeutete, doch konkreter fassen müßte. Die Frage nach dem Abbau von Geschichtsbewußtsein im Kapitalismus läßt sich m. E. nur unter Berücksichtigung des konkreten historischen Prozesses angehen.

Einwurf von Oskar Negt:
Ich habe mich auch wesentlich auf einen entfalteten Kapitalismus bezogen. Die Elemente, die *Theo Pinkus* angesprochen hat, haben ja noch so etwas wie eine sichtbare Dynamik, ein

lebensgeschichtliches Erinnerungselement, aber genau das fällt heute weg. Die Transformation von Traditionen in einen erfahrbaren Lebenszusammenhang erfolgt nicht mehr, sondern wird zerstört, zerstückelt. Ich würde das auf eine wesentlich später liegende geschichtliche Periode beziehen und dem für diese Periode völlig zustimmen.

Hans-Josef Steinberg:
Dann wollte ich auch noch ganz kurz zu *Theo Pinkus* etwas sagen, und zwar zu seinen Gedenktagen. Ich halte es für eine sehr problematische Sache, und das möchte ich an dieser Stelle auch sehr scharf kritisieren, daß die Motivation für ganz bestimmte Analysen im Bereich der Historiographie der Arbeiterbewegung darin besteht, daß wieder einmal ein hundertjähriges Jubiläum ansteht. Ich mache eine Wette, daß man aus dem Kalender bestimmte Publikationen vorhersagen kann. Ein Beispiel: Im nächsten Jahr sind 100 Jahre seit dem Gothaer Vereinigungsparteitag vergangen. In der DDR und anderswo wetzen sie schon die Federn, und wir bekommen zum 100. Jahrestag des Gothaer Vereinigungsparteitages, vorsichtig geschätzt, dreißig Arbeiten. Die Motivation dafür besteht nicht im Bedürfnis von Arbeitern, sondern nur darin, daß die Leute meinen, so ein Gedenktag biete sich für Geschichtspropaganda bzw. für die Rechtfertigung der eigenen Existenz als Historiker der Arbeiterbewegung geradezu an. Und das zeigt, wie der m. E. notwendige Legitimationscharakter von Geschichtsschreibung der Arbeiterbewegung verkommen kann.

Ossip K. Flechtheim: Ist es wirklich so, daß die Art der bisherigen Geschichtsschreibung – in deren Sinne ich mich ja auch schuldig gemacht habe – nur Legitimationswissenschaft ist? Ich glaube, man müßte hier doch differenzieren zwischen Arbeiten, die bewußt legitimieren, und Arbeiten, die von bürgerlichen und anderen Historikern stammen, die zunächst einmal einen historischen Sachverhalt im Interesse der Wahrheit oder im Interesse der Arbeiterklasse, oder was es nun sein mag, aufhellen wollen. Das schließt nicht aus, daß jeder Historiker natürlich subjektive Überzeugungen hat, aber ich glaube, daß man hier auch von einem Mindestmaß an Objektivität sprechen kann und daß eine solche Betrachtung, gerade wenn sie bestimmten Parteien und Organisationen gegenüber kritisch ist, nicht einfach total als Legitimationswissenschaft charakterisiert werden kann.
Ich war sehr beeindruckt von dem ja sehr naheliegenden Gedanken, der mir aber in der Form bisher nicht gekommen ist,

daß die große Masse der geschichtlichen Arbeiten sich mit der Geschichte von Organisationen, Institutionen, Parteien, Gewerkschaften, Ideologien und Theorien beschäftigt. Gibt es dafür nicht vielleicht eine sehr einfache Erklärung, daß sich nämlich diejenigen, die solche Geschichten schreiben, für diese Themen interessieren, daß sie meinen, Stellung nehmen zu müssen und sich, mehr oder weniger differenziert, mit dieser oder jener Strömung auseinandersetzen.

Noch eine Bemerkung zu dem, was hier als Optimismus bezeichnet wurde, bzw. in einem weiten Sinne als historischer Determinismus, der eigentlich immer davon ausgeht, daß die Dinge so gegangen sind, wie sie gehen mußten, daß es eigentlich gar keine Wahlmöglichkeiten gab. In den offiziellen Dokumenten der offiziellen kommunistischen Bewegung gibt es einige Äußerungen, daß der Sieg der Arbeiterbewegung, des Kommunismus unvermeidlich, naturnotwendig vorherbestimmt ist, daß er höchstens verzögert werden kann und wird, daß man sich aber dann ja auch leisten kann, Fehler zu machen. Wenn der Sieg sicher ist, dann ist der Fehler gar nicht so schlimm, er wird ja automatisch, naturnotwendig aufgehoben; wir brauchen eben nur etwas länger zu warten. Wenn es demnächst zu einem Faschismus kommt, dann sind wir wieder sicher, daß am Ende dieses Faschismus der Sieg der DKP selbstverständlich ist und daß dann die Sozialdemokratie und alles andere endgültig begraben sein wird. Und wenn nicht das nächste Mal, dann kommt's das dritte Mal; es können gewisse Verzögerungen, die für den einzelnen peinlich sind, eintreten, aber an der großen welthistorischen Bewegung kann sich gar nichts ändern.

Ich glaube, daß für viele von uns Geschichte auch eben die Geschichte der Alternativen, der Chancen, der Möglichkeiten, der Praxis ist. Praxis auch in dem Sinne, daß sie verfehlt werden kann, daß Praxis vorwärts oder rückwärts führen kann, und daß wir in diesem Sinne zwischen Geschichte, Vergangenheit und Zukunft ganz andere, schwierigere, aber wahrscheinlich letzten Endes auch fruchtbarere Verbindungen herstellen können und müssen.

Ursula Schmiederer: Ich möchte an *Theo Pinkus* anknüpfen. Ich will ihm nicht zu nahe treten, aber das ist m. E. eine Art Märchenerzählung über die Arbeiterbewegung. Die hat durchaus ihr Recht, wenn man sie als eine Art Darstellung von Gegenwelt versteht, die in der kapitalistischen, bürgerlichen Gesellschaft sehr notwendig ist, weil sie mindestens nicht zur offiziellen Geschichtsschreibung und zum offiziellen Selbstverständnis gehört. Von daher sollte man sie sicherlich darstellen; andererseits, das wissen wir seit *Negt/Kluge*, ist diese Gegenwelt keine autonome. Dies aber unterstellt *Pinkus*, wenn er die Arbeiterbewegung aus sich selbst heraus bestimmt. Mein Problem ist jetzt, und das geht über *Pinkus* hinaus und an alle Referenten, daß ich nicht recht sehe, was eigentlich mit dem Begriff der Arbeiterbewegung gemeint ist. Mir scheint, daß es in der Diskussion darüber noch durcheinandergeht. Einerseits meint man eine Sozialgeschichte der Arbeiter als Klasse, als einer sozialen, ökonomischen Klasse in ihrer Entstehung, in ihrer Entwicklung, d. h. immer im kapitalistischen Zusammenhang; andererseits, ohne daß man genau sagt, wie und warum man springt, meint man Geschichte der Arbeiterbewegung als die Geschichte der organisierten politischen Arbeiterbewegung. Ich denke, daß es hier leicht zur Identifikation von beiden Punkten kommt, die dann ein ganz gehöriges Maß an Vermischungen mit sich bringt. Da ist der Punkt, den *Oskar Negt* eingebracht hat, ganz zentral, nämlich die Frage nach dem verkehrten Bewußtsein, nach der Mystifikation in der kapitalistischen Gesellschaft.

Anders: Wenn man die Geschichte der Arbeiter, der Bewegung der Arbeiter – also der Klasse ›an sich‹, wenn man so will – und die Geschichte der Arbeiterbewegung als organisierte Arbeiterbewegung, was ja heißt, als Prozeß der Konstituierung von Klassenbewußtsein – also der Klasse ›für sich‹ – verwischt, dann kann man das Problem der Mystifikation, der Verdinglichung nicht mehr einbringen, kann man auch ein aktuelles politisches Interesse an der Geschichte der Arbeiterbewegung nicht mehr wirklich formulieren. Gibt man aber dieses Problem auf, so vergißt man einen absolut zentralen Punkt der *Marx*schen Theorie. Und mir scheint, daß das politische Interesse an der Geschichte der Arbeiterbewegung, nach dem *Oskar Negt* gefragt hat, wenn es auch ein aktuelles Interesse sein soll, eigentlich genau das an der Frage des Aufbrechens solcher Verdinglichungsstrukturen sein müßte.

Und da, scheint mir, liegt gerade in den Analysen zur Geschichte der Arbeiterbewegung die Schwierigkeit, die Analyse des verkehrten Bewußtseins, als eines notwendig verkehrten in der kapitalistischen Gesellschaft, zusammenzubringen mit den Phänomenen der realen Arbeiterbewegung. Verkehrtes Bewußtsein muß ja gerade im organisatorischen politischen Prozeß der Konstituierung der Arbeiterklasse aufgebrochen werden, weil anders die Zusammenschlüsse der Arbeiter diesem verkehrten Bewußtsein, dieser unmittelbaren Realität verhaftet sind. Und offenbar bleiben sehr viele Studien zur Geschichte der Arbeiterbewegung genau darin hängen.

Wesentlich ist, daß das, was als Sozialgeschichte der Arbeiterbewegung gilt, häufig immer noch eine wenn auch in irgendeinem Sinne kritisch-materialistische Aufarbeitung, eine Geschichte davon ist, wie die Arbeiterklasse sich ökonomisch und im Zusammenhang mit der Geschichte des Kapitalismus selber entwickelt hat. Weniger oft wird danach gefragt, wie der Prozeß der Konstituierung von Klassenbewußtsein als eines Durchbrechens der unmittelbaren Realität und damit des verkehrten Bewußtseins zustande kommt. Und hier stellt sich auch die Frage nach der Aufarbeitung von Erfahrung. Es kann sich also nicht nur um eine Art Fortschrittsgeschichte handeln, die dann einfach tradiert wird und von der man annimmt, sie ergäbe unmittelbare Lernprozesse. Dies wird gegenwärtig oft unterstellt, wenn von ›den Arbeitern‹ die Rede ist, und das auch von seiten der Sozialisten. Man glaubt, es ergäbe sich ein Lerneffekt einfach daraus, daß man historisch-chronologisch diese eigene Geschichte der Arbeiter darstellt. Aber hier muß man unbedingt das Problem der Mystifikation anpacken.

Deswegen scheint mir, daß erst einmal geklärt werden muß, ob man unter Arbeiterbewegung die Bewegung der Arbeiter im Sinne von Sozialgeschichte versteht, oder ob man die Bewegung der Klasse als einer sich selbst konstituierenden meint, als ›zu sich‹, also zum politischen Bewußtsein kommende Klasse, die damit die Mystifikationen, die in der kapitalistischen Gesellschaft vorgegeben sind, durchbricht.

Zwischenfrage von J. Seifert: Ist das nur eine Frage des Bewußtseins?

Die Frage nach der Durchbrechung der Mystifikation ist die Frage der Organisierung der Arbeiterklasse. Und die Organisierung der Arbeiterklasse ist nicht die Frage des Bewußtseins, sondern die Frage des Kampfes, ist also ganz klar eine Frage des Verhältnisses der Klasse zu ihrer Organisation. So meine ich natürlich Bewußtsein, ich meine nicht idealistische Kopfaufklärung. Aber das denke ich, ist wohl klar geworden.

Georges Haupt: Als Kernpunkt unserer Diskussion tritt die Frage auf, ob die Forschung über die Geschichte der Arbeiterbewegung als materialistische oder traditionelle, d. h. idealistische Geschichtsschreibung weitergetrieben werden muß. Es gibt eine paradoxe Erscheinung in der Geschichtsschreibung der Arbeiterbewegung: die idealistischen Tendenzen sind heute viel verbreiteter als in der bürgerlichen Geschichtsschreibung. Als Beispiel möchte ich die ›Ecole des Annales‹ in Frankreich nennen, die seit 40 Jahren eine materialistische Geschichtsschreibung liefert, die dem Einfluß der Marxismusrezeption viel mehr schuldet, als das Modewort ›Sozialgeschichte‹ es für Deutschland vermuten läßt. Sozialgeschichte ist keine Geschichte der ›kleinen Leute‹ und des alltäglichen Lebens, keine Mikrogeschichte der Arbeiterschaft, sie ist vielmehr eine Methode, eine Einstellung zur Geschichte, wobei der Akzent auf eine materialistische Geschichtsauffassung gelegt wird. Nicht als eine Legitimationswissenschaft, sondern als Geschichte der Praxis muß die Geschichte der Arbeiterbewegung verstanden werden.

Die Schwierigkeit unserer Diskussion liegt, meines Erachtens, in der Verteilung des Einflusses zwischen Organisation und Ideologie. Wir gehen hier von der Perspektive der deutschen Arbeiterbewegung aus. Die große Kraft und die Tragödie der deutschen Arbeiterbewegung, ich meine ›Tragödie‹ für den Historiker, liegt darin, daß sie eine durch und durch organisierte Bewegung, mit durch und durch theoretischen Interessen war, wobei die Arbeiterschaft verloren gegangen ist. Wir sprechen immer von *Kautsky* und *Bernstein*, aber sehr wenig von der organisierten Arbeiterschaft. In Frankreich war es vielleicht ein Glück für den Historiker und ein Unglück für die Arbeiterbewegung, daß die Organisationen schwach waren. Die Parteien entstanden spät, und die Führer waren im Grunde weder Marxisten noch Theoretiker. So kann sich der Historiker auf das Problem der Entstehung von Klassenbewußtsein oder auf die Geschichte der realen Arbeiterbewegung konzentrieren. Das Problem der Rolle einer materialistischen Geschichtsschreibung ist nicht das der Legitimation oder Nichtlegitimation, sondern liegt darin, ob diese Geschichtsschreibung eine kritische sein kann oder nicht, ob sie der Arbeiterklasse dienen kann oder nicht. Jede Gruppe schreibt ihre Geschichte für sich selbst. Weder die Geschichte, noch die Gruppen haben davon einen Gewinn.

Welches ist der Mechanismus, die Anatomie der Arbeiterbewegung, nicht nur in ihrer Entstehungsperiode — das 19. Jahrhundert hat ja langsam kein Geheimnis mehr —, sondern auch für das 20. Jahrhundert? Die sozialistische Bewegung heute — ich benutze das Wort sozialistische Bewegung im genetischen Sinne, als Sammelbegriff für kommunistische, maoistische und andere Bewegungen — tendiert mehr und mehr zum A-Historizismus, der seinen besten Ausdruck bei *Althusser* und in der bürgerlichen Wissenschaft im Strukturalismus gefunden hat. Die Geschichte wird als belanglos für die Gegenwart betrachtet, weil aus ihr angeblich keine Lehren gezogen werden können, weil sie angeblich mit uns anfängt. Andererseits, die Geschichtsschreibung der Arbeiterbewegung als Legitimationswissenschaft zu kritisieren, hat nur einen Sinn, wenn man neue und andere Dimensionen und Möglichkeiten der Geschichtsschreibung der Arbeiterbewegung und ihrer praktischen Ergebnisse untersucht. Kurzum, es wäre eine kleine Revolution nötig, damit es zu einem Bruch mit der traditionellen Geschichtsschreibung kommen kann.

Den Begriff der Arbeiterbewegung genau zu definieren, ist recht schwer; er ist ein historischer Begriff, der sich in den verschiedenen Phasen und Stadien verändert. Die Kategorie Arbeiterbewegung deckt eine Vielzahl von konkreten Inhalten und Formen. Es ist schade, daß unsere Beiträge Monologe sind; lebhafte Gegensätze und Widersprüche wären interessanter. Aber daß wir uns einig sind, zeigt die Notwendigkeit auf, neue Wege einzuschlagen. Das ist schwer, denn es erfordert sehr viel Leistung, sehr viel Arbeit. Der Stand der Quellen, der geeigneten Quellen, ist dem der Fragestellung untergeordnet. Die Frage muß dann lauten: Hat es einen Sinn, 10 bis 15 Jahre in der Vergangenheit herumzuwühlen, wenn es viel aktuellere und wichtigere Probleme gibt, als eine Monographie zu produzieren?

Edgar Weick: Es ist vorhin Widerspruch erwartet worden, und vielleicht ist, was ich jetzt sage, ein kleiner Widerspruch. Ich fürchte, daß die Historiker, die sich das Geschäft vornehmen, von dem die Rede ist, in gleicher Weise für Archive und Bibliotheken schreiben, wenn es kein aktuelles Interesse an dem gibt, was sie sich vornehmen. D. h., sie müßten den aktuellen politischen Zusammenhang diskutieren, in dem ihre Fragen zu konkreten und aktuellen Fragen geworden sind. Diskutiert werden muß die Frage: Besteht in der gegenwärtigen Arbeiterbewegung ein politisches Interesse an der Auflösung des bisherigen Geschichtsverständnisses, und besteht ein politisches Interesse daran, die Aneignung und die Vermittlung von Geschichte zur politischen Produktivkraft zu machen? Wenn ein solches Interesse nicht vorhanden ist, dann werden die hier vorgetragenen Absichten und die Anstrengungen, die ihr euch vornehmt, vergeblich sein. Dann wird man euch, in 20 bis 30 Jahren oder noch später, ein Denkmal setzen und euch dafür feiern, daß ihr Pioniere in der Entwicklung einer neuen Geschichtswissenschaft gewesen seid. Aber ich glaube, daran kann uns nicht liegen. Geschichtswissenschaft, Geschichtstheorie, die Produktion und die Aneignung von geschichtlichen Erkenntnissen sind nicht voneinander zu trennen. Es müßte daher gefragt werden, an welchem Punkt heute Arbeiter ein historisches Interesse entwickeln.

Ich bemühe mich seit einigen Jahren um die Vermittlung historischer Kenntnisse und kann, mehr rapsodisch als systematisch, sagen, wo solche historischen Interessen bei Arbeitern entstanden sind. Sie sind immer dann entstanden, wenn Arbeitern ihr Arbeitszusammenhang und ihr Lebenszusammenhang zum Problem geworden ist. Solange er ihnen selbst nicht ein Problem ist, solange sie ein größeres Interesse daran haben, die Arbeitsbedingungen und Lebenszusammenhänge zu verteidigen, die sie sich selber auch einmal erkämpft haben, besteht kein historisches Interesse. Es entsteht in dem Augenblick, in dem ein Interesse an Veränderung von Arbeitssituation und von Lebenssituation entsteht.

Ich glaube, daß heute, unter den verschärften Arbeitsbelastungen im Betrieb und unter der Fragwürdigkeit der Lebensverhältnisse, die auch Arbeiter in zunehmendem Maße erfahren, ein Interesse daran entsteht, wie Arbeits- und Lebensbedingungen veränderbar sind. Und in dem Zusammenhang entsteht auch Interesse daran, wie früher einmal Arbeits- und Lebensbedingungen verändert wurden. Für die Arbeiterbildung ist das vor allem dann von Bedeutung, wenn den Kollegen selber deutlich geworden ist, daß es auch kurzfristige Perspektiven der Veränderung gibt. Ich meine damit: kurzfristige Perspektiven der Veränderung der Arbeitssituationen und der Arbeitsbedingungen. Dann diskutieren wir mit ihnen, wie ist eigentlich früher die Arbeitssituation verändert worden, wie sind Tarifverträge erkämpft worden, wie haben Arbeiter ihre Interessen durchgesetzt?

Ich war in den letzten Monaten ein paarmal mit Arbeitern im Historischen Museum in Frankfurt. Einige von euch werden dies Museum sicherlich kennen. Es ist eine Pioniertat, ein solches Museum einzurichten und unter den politischen Auseinandersetzungen, die in Frankfurt im Zusammenhang mit diesem Museum entstanden sind, auch zu verteidigen. Dort gibt es zwei interessante Ausstellungen. Einmal eine Ausstellung über die Rätebewegung in Frankfurt und die Leistungen des Frankfurter Arbeiterrats für die arbeitende Bevölkerung in Frankfurt und eine zweite Ausstellung über den Wohnungsbau in Frankfurt. Mit diesen Arbeitern haben wir diskutiert, was dieses Historische Museum und diese Ausstellung für sie bedeutet. Es war außerordentlich interessant zu beobachten, daß die Arbeiter die Geschichte nicht wie Historiker angeschaut haben, sondern ständig verglichen haben, in welcher Beziehung das dort Ausgestellte zu ihrer eigenen Lebenssituation und ihren eigenen politischen Handlungsmöglichkeiten steht. Dort wird beispielsweise auf Dokumenten gezeigt, wie Arbeiter aus Frankfurter Betrieben in diesen wenigen Monaten der Herrschaft des Frankfurter Arbeiterrats Räte in die Frankfurter Ämter und Behörden geschickt haben und kontrolliert haben, daß die Beamten der Stadt Frankfurt auch tatsächlich die Beschlüsse des Arbeiterrats vollziehen. Und da war zu lesen, daß es Arbeiter aus diesem oder jenem Betrieb waren — die Betriebe existieren noch —, und es entwickelte sich im Gespräch unter den Arbeitern geradezu eine gewaltige Phantasie, was sich in Frankfurt verändern würde, wenn Frankfurter Arbeiter, Betriebsräte oder Vertrauensleute heute in gleicher Weise die Behörden kontrollieren könnten; beispielsweise, ob dann ein Wohnungsbau in Frankfurt möglich wäre, wie er z. Z. betrieben wird. Ob es dann noch möglich wäre, daß die Polizei zu gleichen Aktionen, wie gerade in den letzten Tagen, eingesetzt wird, ob die gleiche Spekulation möglich wäre, wenn Arbeiter mit ihren Interessen Behörden kontrollieren. Ich glaube, das sind so kleine Beispiele, an denen erkennbar ist, wo bei Arbeitern ein historisches Interesse entsteht und wie dann die Aneignung von Geschichte den Charakter einer politischen Produktivkraft bekommen könnte. Wenn Geschichtswissenschaft nicht verknüpft werden kann mit einem solchen Interesse, dann meine ich, produziert ihr für Bibliotheken, dann produziert ihr für Archive, und dann werden eure Bücher, so gescheit sie sind, neben die bisherigen Bücher gestellt.

Fritz Lamm: Ich möchte noch einmal auf eine Frage zurückkommen, die mich beschäftigt, nachdem ich *Negt* und *Pinkus* gehört habe. Ich verstehe eigentlich den Begriff ›unhistorisch‹ nicht. Weder im Zusammenhang mit *Toynbees* oder *Engels'* ›Industrieller Revolution‹, noch im Zusammenhang mit Beton. Unhistorisch heißt doch unter Umständen ein mangelndes Bewußtsein, aber das ist ja auch ein Bewußtsein. Auch ein mangelndes Geschichtsbewußtsein ist, meine ich, ein Geschichtsbewußtsein. Das hat aber gewisse Konsequenzen. Wenn man es nämlich so wie *Oskar Negt* definiert, dann begibt man sich in die Gefahr, das zu tun, was man bei anderen angreift, nämlich, daß sie ihre eigene Geschichte verfälschen, beschönigen und die negativen Seiten womöglich herausnehmen. Daher halte ich diesen Begriff des unhistorischen Geschichtsbewußtseins für genauso gefährlich und fragwürdig, wie die Geschichte mit den Betonklötzen. Inwieweit ergibt sich nicht auch schließlich gegen den Beton — auf längere Sicht gesehen — ein bestimmtes Oppositionsverhalten, das wieder zu neuen geschichtlichen Dingen drängt. In der Ziehharmonika der Geschichte bearbeiten wir natürlich immer nur das, was sich sichtbar zeigt, nicht die Vorbereitungszeiten.

Und nun zur aktuellen Geschichte bei uns. Es wird in der Arbeiterbewegung immer gesagt, daß es heute so schlecht stehe mit dem Bewußtsein der Sozialdemokraten, Gewerkschaften etc., das liege an der langen Zeit des Nazismus, die wir hinter uns haben, in der sehr viel an Tradition verschüttet worden sei. Ich meine, daß das Verschütten woanders liegt. Die ältere Generation vergleicht in dem geschichtlichen Werden gar nicht mehr mit Hitler und dem Krieg, sondern sie vergleicht mit ihrer eigenen Jugend. D. h., sie sagen: damals die Arbeitslosigkeit, diese Not, wir haben keine Stellen finden können. Und wie geht es uns heute? Wir haben doch niemals geglaubt, daß wir eine solche Pension haben werden. Dann kam Hitler, wir mußten unter falschen Fahnen gehen. Wir haben doch nicht geglaubt, daß wir einmal einen solch freien Zustand erleben werden. Was unsere Jugend nicht nachempfinden und verstehen kann, ist, daß diese Generation die heutigen Zustände in der BRD als das Land der Freiheit und des Wohlstandes empfindet. Aber dabei hat sie eigentlich einen großen Teil der gegenwärtigen und auch der zukünftigen unangenehmen Dinge ausgeschaltet. Ich meine, man sollte sich etwas mehr mit diesem Wegwischen beschäftigen. Das Wegwischen aus dem Geschichtsbewußtsein und dabei auch die Legitimation, das geschieht ja auch durch die offiziellen Dinge, die wir vielleicht gar nicht beachten. Es wird Geschichtsbewußtsein verdrängt in einer ganz merkwürdigen Weise und dann noch demagogisch, möchte ich sagen, legitimiert. Ich denke dabei an *Rosa Luxemburg*, die zur Briefmarke wird. Und damit war ein Teil unserer Leute eigentlich ganz zufrieden, bis die Angriffe kamen. Es ist interessant, daß die Partei, oder die Vertreter der Partei, die an der Ermordung *Rosa Luxemburgs* nicht ganz unschuldig war, dieser Briefmarke zwar zugestimmt hat, aber dann legitimiert: sie war ja bloß eine anständige Pazifistin, und . . . , und wir sind ja alle für den Frieden. Hier ist doch wohl ein glänzendes Beispiel, wie man auf einem Umweg Geschichte verfälscht, verdrängt und sich selbst demagogisch aufwertet.

DICK HOWARD: Alle Referenten waren sich darin einig, daß wir die Geschichte sozusagen von unten schreiben müssen, als Praxis, die die Klasse als Subjekt, als bewußte und tätige, schafft. Dem würde ich zustimmen. Dann aber müssen wir mit folgenden Resultaten bzw. Aporien rechnen.
1. *Marx* legte großen Wert auf das Verständnis der *strukturellen* Widersprüche bzw. Gegensätze. Warum tat er das, wenn es die geschichtliche Selbsterziehung und Eigentätigkeit der Klasse ist, die die Revolution und die neuen sozialen Verhältnisse zustande bringen soll? Was bedeuten dann die ökonomischen Analysen des ›Kapitals‹ für die Geschichtsschreibung?
2. Hier stellt sich nochmals die Frage der Basis-Überbau-Analyse. Wird Geschichte als Praxis bestimmt, so braucht man sich um Strukturen nicht zu kümmern. Aber wie hätte *Lenin* z. B. seine Analyse der ›Arbeiteraristokratie‹ durchführen können,

ohne die Praxis durch die Wandlung der Basis zu deuten?
3. *Negt* hat uns darauf aufmerksam gemacht, daß die Geschichte nicht als lineares Kontinuum, als geradliniger Fortschritt gedacht werden kann. Die teleologische Deutung der Geschichte wird letzten Endes zu einer Legitimationswissenschaft; die Revolution — oder gar ihr Ausbleiben — ist dann nicht unsere Schuld, sondern bloße Tatsache! Mit dieser Kritik bin ich einverstanden. Aber wie sollen wir ohne Teleologie das Objekt unserer Untersuchung bestimmen bzw. eingrenzen? Wie sollen wir Urteile fällen? Wie können wir die Verhältnisse *politisch* verstehen?
4. Jeder weiß, daß diese Alternativen in der *Marx*schen Theorie vermittelt sind. Aber, ist *Marx'* Beweis treffend? *Negt* hat den Satz von *Lukács* ›Die Methode ist alles‹ abgelehnt. Er scheint mit *Steinberg* und auch mit *Pinkus* einverstanden zu sein. Wir brauchen, mit *Pinkus'* Worten, eine ›Phänomenologie‹ der Arbeiterbewegung; oder, um mit *Steinberg* zu reden, wir brauchen eine empirisch vollständige Beschreibung nicht nur der Aktivität der Klasse in ihrem Alltag, sondern auch eine Beschreibung von der Lage der Klasse in all ihren Details. Hier sehe ich einen Widerspruch. Einerseits erzeugt sich die Klasse selbst durch ihre Kämpfe und Alltagstätigkeit; andererseits unterstellen die Historiker die Existenz der Klasse stillschweigend von vornherein. Sie beschreiben, analysieren und beurteilen sie und lernen von ihrer Tätigkeit. Mir scheint die Vermittlung zwischen beiden Punkten ganz zu fehlen.
Zusammenfassend möchte ich sagen, daß wir mit diesen vier Aporien abrechnen müssen, wenn *politische* Debatten mehr als Rhetorik oder empirische Vergleiche verschiedener Erfahrungen sein sollen.

Gerhard Preyer: Man kann wohl feststellen, daß die Historiker immer zurückfallen in einen gewissen Historismus, d. h., sie können nicht explizieren, welche sozio-ökonomischen Bedingungen konstitutiv sind für diesen Evolutionsprozeß, den wir Geschichte der Arbeiterbewegung nennen und der ja kein positives Resultat gehabt hat, sondern ihre Zerstörung.
Die *Marx*sche Theorie, wenn man sie kritisch diskutiert, trägt sich ja vor als eine Kritik. Diese Kritik wird argumentationsstrategisch von *Marx* abgesichert durch eine bestimmte Geschichtskonstruktion, die impliziert, daß aus der Immanenz der kapitalistischen Akkumulation die Bewußtwerdung des Proletariats resultiert.
Der Mangel in der Diskussion scheint mir zu sein, daß detailhistorische Analysen gebracht werden, daß es aber nicht gelingt, die Bedingungen der Evolution des Produktionsverhält-

nisses genauer zu diskutieren. In diesem Zusammenhang stellt sich auch das Problem des Verhältnisses der parteilichen Organisation und ihrer Vermittlung. Man kann feststellen, daß sich die Sozialdemokratie positiv an den bürgerlichen Rechtsnormen orientierte, daß sie in gewissem Sinne hinter die *Marx*sche Kritik zurückgefallen ist, weil sie das bürgerliche Normensystem für sich verbindlich machte und von daher nicht in der Lage war, mehr zu fordern, als Lohnerhöhung und besseren Lebensstandard.

Michael Buckmiller: Ich möchte den einen Punkt der Geschichtsschreibung der Arbeiterbewegung als Praxis, als Problem der Gegenwart etwas vertiefen und mit einer Frage verbinden.

Wenn es richtig ist, daß die Gegenwart immer im Sinne der Arbeiterbewegung das Ergebnis der Kette der Niederlagen der Arbeiterbewegung ist, insofern als die Gegenwart immer den Rest des Scheiterns der Arbeiterbewegung darstellt und insofern die Geschichtsschreibung der Arbeiterbewegung nur darin ihren Sinn haben kann, daß sie diese Gegenwart in diesem Geschichtsprozeß selbstverständlich macht als ihre eigene Niederlage, dann könnte sie eventuell für die Praxis weitertreibende Elemente erhalten. Damit stellt sich aber für mich die andere Frage, ob diese Geschichtsschreibung der Arbeiterbewegung ohne geschichtsphilosophische Prämissen tatsächlich sinnvoll gestaltet werden kann, oder ob sie dann jeweils in Historismus absinken muß.

Oskar Negt: Ich will an diesem Punkt gleich anknüpfen. Es wäre in der Tat ein Mißverständnis, materialistische Geschichtsschreibung als die exakte Rekonstruktion von Niederlagen zu begreifen. Erstens kennt die Arbeiterbewegung nicht nur Niederlagen, sondern auch Siege; und zweitens wäre es auch lähmend für die Praxis. Schon die Tatsache, daß es die Arbeiterbewegung gibt, ist unter anderem auch ein Beweis dafür, daß sie nicht nur Niederlagen erlebt hat.

Und weiterhin – ich glaube, daß es für die handelnden Subjekte absolut zerstörend wäre, wenn man ihnen ihre eigene Situation als das Resultat von Niederlagen darstellen wollte. Selbstbewußtsein, das gerade das schwierige Moment ist, das man herstellen muß, also Aktivitäts- und Kampfbereitschaft würden sich dadurch keineswegs entfalten. Es geht vielmehr darum, daß die Apathisierung gerade dadurch erfolgt, daß Siege dargestellt werden und Niederlagen die Folge sind; das führt auf die Dauer erst zur wirklichen Apathisierung.

Je idealistischer die Ansprüche gestellt sind, desto höher ist auch die Frustration nach solchen Kämpfen. Man muß eben die Widersprüchlichkeit der Geschichte der Arbeiterbewegung erkennen. Ich meine, man muß, und das trifft genau das, was *Marx* gesagt hat: im Elend nicht nur die Seite des Elends sehen, sondern auch die darüber hinaustreibenden Kräfte; aber nicht nur die objektiv-ökonomischen Kräfte, sondern auch die Willensbestimmung; das Wollen, und damit ein gewisses Maß an utopischem Bewußtsein der Menschen – Alltagsutopie von einer befreiten Gesellschaft. Denn es ist nicht möglich, diese utopischen Elemente, Gerechtigkeit, menschenwürdiges Leben, Freiheit – das Bürgertum hat im übrigen in diesem Bereich wirklich die prägnantesten Begriffe geschaffen – aus dem revolutionären Handeln der Menschen herauszulösen.
In der Arbeiterbewegung gibt es nur die Solidarität, aber beim Bürgertum gibt es Menschenwürde, Freiheit, Gerechtigkeit, das sind emotional geladene Symbole und Begriffe. Die Arbeiter in ihren Aktionen, in ihrer Lebenssituation orientieren sich an ihrem je spezifischen Begriff von Gerechtigkeit und vor allen Dingen auch von Ungerechtigkeit: die unmittelbare Erfahrung von Unterdrückung, diese utopischen Elemente, die von der materialistischen Analyse bisher nicht aufgearbeitet worden sind, bilden in dieser vom Marxismus abgespaltenen Form den Nährboden für die Formen des Revisionismus, für die Versprechungen *Lassalles*, ebenso wie für die *Proudhons.*
Ich gehe von der These aus, daß jede private Form des Lebens heute eine Ersatzfunktion hat, daß die Privatisierung einen Zwangszusammenhang innerhalb einer vergesellschafteten Gesellschaft darstellt. Und das bedeutet, daß hier, wie in der Beton-Architektur, von der *Fritz Lamm* sprach, oder in der Warenproduktion und in Bürokratien Bedürfnisse unterdrückt werden, die auch ihre explosiven Formen annehmen können. Insoweit meine ich, daß zwar unhistorisches Bewußtsein entsteht, sich aber auf Dauer nicht befestigen läßt, daß diese Verdinglichung in sich eine dynamische Tendenz hat und in bestimmten kollektiven Formen aufgebrochen werden kann und aufgebrochen werden muß.
Ein weiterer Punkt, der auch von *Ursula Schmiederer* angesprochen wurde, ist das Problem einer proletarischen Öffentlichkeit, die immer die Institutionen der Arbeiterbewegung gesprengt hat. Es gibt sogar von *Lenin* u. a. Appelle an die proletarische Öffentlichkeit. Was ist das, die Klasse? Ist das die gesamte Arbeiterschaft, sind das noch die Bauern? Ich weiß es nicht genau. Trotz dieser Unbestimmtheit ist es ein substantieller Begriff der Arbeiterbewegung. Es ist im Grunde das bessere, noch nicht vorhandene Bewußtsein und Verhalten

der Arbeiterklasse, das sich entfaltet auch gegen die Institutionen und gegen die Zentralkomitees.

Diese Einordnung der Institutionen der Arbeiterklasse als Teile eines solchen Öffentlichkeitszusammenhangs, in dem sich der Emanzipationsprozeß abspielt, ist eine Forderung der materialistischen Geschichtsschreibung, weil nur dadurch klar wird, was Klassenbewußtsein ist. Es ist nicht etwas, das sich im Kopf, im bloßen Bewußtsein abspielt. Die Klassiker haben immer gesehen, daß Klassenbewußtsein nicht nur die idealistische Kategorie des Denkens ist, sondern auch Bedürfnisse, Interessen etc. einbegreift, so daß man auch nicht nur durch intellektuelle Analyse vorankommt. Es ist der widersprüchliche Lebenszusammenhang, in dem der einzelne Proletarier steht, in dem sich Klassenhandeln und Klassenbewußtsein konstituiert, sonst durch nichts.

Nun noch zwei Sätze zur Aneignung der Geschichte. Massen eignen sich ihre eigene Geschichte – und das heißt immer auch ihre widersprüchliche Geschichte – und nicht nur ihre Geschichte, sondern die Geschichte der Totalität dieser Gesellschaft an; der Intention nach war das in der chinesischen Kulturrevolution der Fall; diese hat eine ganz andere Bedeutung als der Proletkult etwa in der Sowjetunion. Im Grunde ist der Proletkult schon eine unhistorische Form, eine mit proletarischen Momenten durchzogene Aneignung der bürgerlichen Kultur. Sie wissen, daß innerhalb dieses Proletkults z. B. die Erstürmung des Winterpalais mit 15 000 Leuten am 1. Jahrestag der Oktoberrevolution nachvollzogen wurde, aber nicht spontan, sondern ein großer Teil der Beteiligten ist künstlerisch eingeübt worden, wenigstens die Hauptakteure hat man wochenlang in diese Verhaltensweisen eingeübt. Das ist eigentlich schon eine Verzerrung des Begriffs von proletarischer Geschichte, obwohl Massen daran beteiligt sind und Massen daran teilnehmen. Diese Frage der Aneignung der Geschichte als Massengeschichte setzt immer auch ein Bewußtsein der Kritik der gesamten bürgerlichen Kulturgeschichte voraus; sie kann als solche nicht einfach angeeignet werden.

V. Aufsatz

Mathias Knauer / Frank Wolff

Arbeiter-Volkslieder, Chöre und Kampflieder in der Weimarer Republik

Bei dem starken Interesse, das derzeit innerhalb der Linken den kulturellen Traditionen der Arbeiterbewegung entgegengebracht wird, sind in letzter Zeit durch Zeitschriften und Buchpublikationen vor allem die organisierten Formen der Arbeiterkulturbewegung wieder einem breiteren Studium zugänglich gemacht worden. Weniger günstig ist die Lage freilich auf dem Gebiet der Musik, obwohl vor kurzem gerade die Zeitschrift *Kunst und Gesellschaft* mit ihrem *Hanns-Eisler*-Heft einen ersten Schritt zur Aufarbeitung der Geschichte der Arbeitermusikbewegung unternommen hat.[1] Im Unterschied zur offiziellen Musik von Parteiliederbüchern und den Kompositionen von *Eisler* ist allerdings die Entwicklung der Arbeiter-*Volks*lieder in der BRD noch weitgehend unbekannt. Erst durch die Neuerscheinung einer für den nichtwissenschaftlichen Gebrauch gekürzten Fassung der großen Forschungsarbeit von *Wolfgang Steinitz* (›Deutsche Volkslieder demokratischen Charakters aus sechs Jahrhunderten‹) durch *Hermann Strobach* ist nun auch dieses Gebiet einer breiteren Leserschaft zugänglich gemacht worden.[2]

Die Überlieferung der Arbeitervolkslieder stieß immer schon auf erhebliche Schwierigkeiten. Nicht nur sind Lieder oppositionellen Charakters oder undomestizierten sprachlichen Ausdrucks von den bürgerlichen Volksliedsammlern häufig eliminiert worden; die Sammlung und Pflege der Volkslieder ist im 19. Jahrhundert zudem in der Regel betrieben worden als Teil der nationalen Bewegung mit restaurativem Charakter, und Sammler wie *Jakob Grimm, Ludwig Uhland* oder *Hoffmann von Fallersleben* blieben die Ausnahme.

Polizeiliche Verbote gegen das Singen — und erst recht Drukken — von revolutionären oder oppositionellen Liedern, wie sie noch bis in die Weimarer Republik hinein an der Tagesordnung waren, beeinflußten nicht nur die Selektionsmechanismen bei den Sammlern, sondern führten nicht selten auch dazu, daß ihre Gewährsleute bereits Selbstzensur übten.[3]

Aus ›ästhetischen‹ Gründen sind Arbeiter-Volkslieder noch in

[1] Sozialistische Zeitschrift für Kunst und Gesellschaft, Nr. 20/21.

[2] Wolfgang Steinitz, Deutsche Volkslieder demokratischen Charakters aus sechs Jahrhunderten, gekürzte Ausgabe in einem Band, hg. v. Hermann Strobach, Berlin ²1973; Original-Ausgabe Berlin 1954 und 1962.

[3] Zur Frage der Zensur vgl. Steinitz, a.a.O., bes. S. 20 und 32.

der Weimarer Republik nicht in die sozialistischen Gesangbücher aufgenommen worden, sei es, weil man sie musikalisch zu wenig kunstvoll oder weil man sie zu ›derb‹ fand.[4]
Die einzige Forschungsstätte, wo kontinuierlich Arbeiterlieder erforscht werden, ist das von *Inge Lammel* geleitete Arbeiterlied-Archiv in Ost-Berlin (wie das *Hanns-Eisler*-Archiv in der Sektion Musik der Deutschen Akademie der Künste), auf dessen Archivbestände und Forschungen die wichtigsten Publikationen zum Arbeiterlied zurückgehen.[5]
Im nachfolgenden Beitrag soll versucht werden, an einigen Beispielen die letzte Phase des deutschen Arbeiter-Volkslieds und die wichtigsten Aspekte dieser Form proletarischer Musik umrißhaft darzustellen.

Zur Tradition des Arbeiter-Volkslieds

Die proletarischen Volkslieder der Weimarer Republik gehen auf alte Traditionen zurück, von denen wir zunächst berichten wollen. Schlesien, 1844, Aufstand der Weber: in dieser ersten deutschen Arbeiterrevolte wird ein Lied gesungen, das wir als echtes Arbeiter-Volkslied bezeichnen können, ›Das Blutgericht‹. Die Melodie ist von dem älteren Volkslied ›Es liegt ein Schloß in Österreich‹ übernommen; auch dort meldete sich schon Protest gegen feudale Macht an, deren Glanz in der ersten Strophe aufleuchtet:

Es liegt ein Schloß in Österreich
Das war so schön gebauet
Von Silber und von rotem Gold
Von Edelstein gemauert.

Was den Text des ›Blutgerichts‹ betrifft, verdächtigte der Polizeipräsident von Berlin, *Duncker*, im Juli 1844 den Schriftsteller *Eduard Pelz* als Autor, andere fahndeten nach dem sogenannten ›Trompeter im Grunde‹, einem populären Allerweltskünstler, aber man konnte ihm nichts nachweisen: der

[4] In einem 1925 erschienenen Liederbuch ›Rot Front‹ werden so etwa Arbeiter-Volkslieder in den Anhang verwiesen, weil sie »künstlerisch nicht gerade wertvoll sind, sich aber durch den Mund des revolutionären Proletariats ihr Lebensrecht ertrotzt haben« (!); und ein damaliger Verlagsleiter erinnert sich, »daß es eine Zeitlang gewisse Bedenken gab, einige damals von den Massen gern gesungene Lieder für unsere Liederbücher aufzunehmen, weil die Meinung vertreten wurde, sie hätten nicht jenes künstlerische Niveau, um ihnen durch Aufnahme in unsere Liederbücher weitere Verbreitung zu geben«. – In der in Leipzig erschienenen sozialdemokratischen Zeitschrift *Kulturwille* (1929, S. 54) findet *Fritz Brügel*, die meisten Soldatenlieder, die man in den letzten Jahren des ersten Weltkriegs in der österreichischen Armee gesungen habe, seien »so derb, daß man sie nur schwer wiedergeben kann«.

[5] So etwa die Reihe ›Das Lied – im Kampf geboren‹, 10 Hefte, Leipzig (VEB Friedrich Hofmeister) 1957 ff, hg. von Inge Lammel; von derselben Verfasserin: ›Das Arbeiterlied‹, Frankfurt 1973; die Schallplatten ›100 Jahre Arbeiterlied‹ (Eterna 8 10 015/016), ›Vorwärts und nicht vergessen‹. Tondokumente der Arbeiterbewegung (Eterna 8 10 052) u. a.

Volksdichter blieb unbekannt. Es bildete sich eine Menge Varianten, vor allem traten volkstümliche Ausdrücke auch auf Kosten des Reimes an die Stelle ungebräuchlicher Wörter: Schurken statt Schergen, Tyrannen statt Dämonen usw. Der Text, halb anklagender Bericht der schrecklichen Zustände in der schlesischen Weberindustrie, halb kühne allgemeine Kampfparole des entstehenden modernen Proletariats, paßte sich der Sprache und Vorstellungswelt der arbeitenden Klassen an.

1. DAS BLUTGERICHT

Hier im Ort ist das Gericht
viel schlimmer, als die Femen,
wo man nicht mehr ein Urteil spricht,
das Leben schnell zu nehmen.

Hier wird der Mensch langsam gequält,
hier ist die Folterkammer,
hier werden Seufzer viel gezählt
als Zeugen von dem Jammer.

Die Herren Zwanziger die Henker sind,
die Diener ihre Schergen,
davon ein jeder tapfer schind't,
anstatt was zu verbergen.

Ihr Schurken all, ihr Satansbrut,
ihr höllischen Kujone!
Ihr freßt der Armen Hab und Gut,
und Fluch wird euch zum Lohne!

Ihr seid die Quelle aller Not,
die hier den Armen drücket,
ihr seid's, die ihr das trockne Brot
noch von dem Munde rücket.

Was kümmert's euch, ob arme Leut'
Kartoffeln kauen müssen,
wenn ihr nur könnt zu jeder Zeit
den besten Braten essen?

Kommt nun ein armer Webersmann,
die Arbeit zu besehen,
find't sich der kleinste Fehler dran,
wird's ihm gar schlecht ergehen.

Erhält er dann den kargen Lohn,
wird ihm noch abgezogen,
zeigt ihm die Tür mit Spott und Hohn
kommt ihm noch nachgeflogen.

Hier hilft kein Bitten, hilft kein Flehn,
umsonst sind alle Klagen;
gefällt's euch nicht, so könnt ihr gehn,
am Hungertuche nagen.

Nun denke man sich diese Not
und Elend dieser Armen;
zu Hause keinen Bissen Brot –
ist das nicht zum Erbarmen?

Erbarmen! Ha! Ein schön Gefühl
euch Kannibalen! Fremde!
Ein jeder kennt schon euer Ziel:
Es ist der Armen Haut und Hemde.

Oh! Euer Geld und euer Gut,
das wird dereinst zergehen,
wie Butter an der Sonne Glut –
wie wird's um euch dann stehen?

›Das Blutgericht‹ ist ein Arbeiter-*Volkslied*: was verstehen wir darunter? Ein Lied, das vom Volk *gesungen* wird; eines, das vom Volk *geschaffen* wurde; Volkslied als Gegensatz zum Kunstlied? All dies kann zutreffen, ist aber für die Definition nicht ausreichend. Arbeiterlieder wie die ›Internationale‹, ›Wer schafft das Gold zutage‹, ›Dem Morgenrot entgegen‹ wurden zwar ohne Zweifel von Millionen spontan und ohne Noten gesungen; sie werden immer noch gesungen, und doch sind sie nicht als Volkslieder zu betrachten. Gewiß sind solche hymnenartigen Lieder vom werktätigen Volk getragen worden — aber dennoch wären sie Volkslieder erst, wenn die Massen sie mündlich tradiert und dabei *in einer produktiven Art verändert* hätten.
Die Autorschaft spielt dabei keine Rolle: ob das Lied von einem Kollektiv gestaltet worden, ob der Autor bekannt oder ob er anonym ist, ist nicht entscheidend; so wenig, wie der Nachweis, daß ein Lied während einer gewissen Zeit volksläufig war, dieses schon zu einem Volkslied macht. Denn obwohl es vorkommt, daß etwa Schlager bisweilen vom Proletariat gesungen werden, sind sie deswegen noch keine Volksmusik, solange sie nicht in eine lebendige Tradition eingehen, in der sie von den Sängern entsprechend den jeweils neuen gesellschaftlichen und politischen Situationen umgestaltet werden.
Ein Volkslied entsteht also aus einem Lied beliebiger Herkunft, das vom gesellschaftlichen Kollektiv aufgenommen und dabei im Laufe seiner Entwicklung vom Volk schöpferisch geformt wird.[6] Ein Arbeiter-Volkslied ist demnach ein Lied, das von den proletarischen Massen — und nicht nur von besonders Vorgebildeten — produktiv angeeignet, gesungen und dabei entsprechend den politischen und kulturellen Bedürfnissen der Werktätigen verändert wird. Wesentliches Merkmal ist dabei die mündliche Tradition.

In 75 Jahren mündlicher Überlieferung hat sich das ›Robert-Blum-Lied‹ erhalten. *Erich Ehrhardt*, einer der Arbeiterveteranen, auf die sich *Wolfgang Steinitz* stützen konnte, berichtet aus seiner Familientradition folgendes: »Dieses Lied hat mein Großvater, der Eisendreher Hermann Ehrhardt in Chemnitz, seinem jüngsten Sohn übergeben, meinem Vater, dem Eisendreher Emil Ehrhardt; der hat es wieder mir, seinem jüngsten Sohn, übergeben. Mein Großvater wurde 1834 geboren und hat das Lied nach 1850 in Chemnitz gesungen. Mein Vater starb 1948, Dichter und Komponist sind mir nicht überliefert worden.«[7] Die Melodie folgt hier der in den Arbeiterlieder-

[6] Zum Begriff ›Volkslied‹ vgl. Steinitz, a.a.O., S. 22 f.
[7] Zit. nach Steinitz, a.a.O., S. 259.

büchern 1923 gedruckten Fassung. Es sind allein 21 Melodievarianten bekannt, die alle ähnlich lauten: ein Beweis der langen mündlichen Tradition.

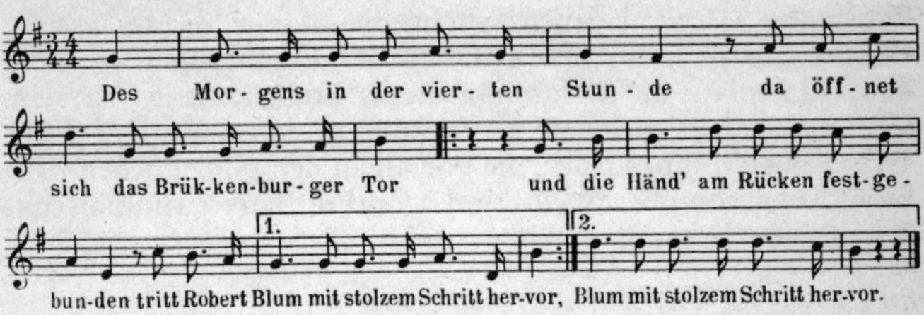

Der Aufgesang mit punktierter Viertel und fanfarenartigen Achteln eröffnet die Ballade im Wortsinn: beim erhebenden Schritt der Sequenz auf die höhere Tonstufe heißt der Text: »Da öffnet sich das Brückenburger Tor« – gemeint ist übrigens die Brigittenau bei Wien, wo *Robert Blum* am 9. November 1848 von Jägern der kaiserlichen Kavallerie ermordet wurde. Das zweite Zeilenpaar wiederholt sich; der Aufschwung ist heroisch oben gehalten, und die Wiederholung geht »mit festem Schritt« (so der Text) auf den Schluß- und Grundton. Diese beiden Wendungen machen das Lied stolz und feierlich. Es übernimmt den moralischen Charakter seines Helden Robert Blum, der vor der Hinrichtung gerufen haben soll: »Ich sterbe für die Freiheit. Möge das Vaterland meiner eingedenk sein.«

1. Des Morgens in der vierten Stunde
Da öffnet sich das Brückenburger Tor
/: Und die Händ' am Rücken festgebunden
Tritt Robert Blum mit stolzem Schritt hervor. :/

2. Ja, Robert Blum, er rasselt mit den Ketten,
Kein deutscher Mann, der ihm zur Seite steht!
Und des Henkers Knecht wohl in der Mitten,
Er lieset ihm sein Todesurteil vor.

3. Er aber sprach: »Ich bin bereit zu sterben!
Geb gern mein Leben für euch alle hin!
Aber eins, aber eins, es liegt mir schwer am Herzen:
Es ist mein vielgeliebtes Weib und Kind!

4. Hier diesen Brief, ihn gebet meinem Freunde!
Hier diesen Ring meinem vielgeliebten Weib!
Aber diese kleine goldne Uhr,
Die gebet Alfred, meinem jüngsten Sohn!«

5. Die erste Kugel traf ihn in die Schläfe,
Die zweite seine Brust mit Ehr und Ruhm,
Und so erschossen sie den treuesten,
Den Freiheitskämpfer Robert Blum.

Der Text ist in mindestens 42 Fassungen dokumentiert, wobei es zwei Hauptströme der Überlieferung gibt und Dutzende von Nebenflüssen, denen nur die sorgfältigste politisch-kulturelle Geographie angemessen wäre. Wie die Forschungen von *Wolfgang Steinitz* belegen, scheint die knappe, dichte Fassung in fünf Strophen mit der anfänglichen Erzählung vom Gang zum Richtplatz die Urfassung dieses Freiheitsliedes zu sein. Übrigens gab es auch eine ganze Reihe anderer, weniger populärer Robert-Blum-Lieder, die vor allem den polizeilichen ›Untersuchungscommissionen‹ und gerichtlichen ›Criminalsenaten‹ bestens bekannt waren.

Geschichtsüberlieferung und oppositionelle Kultur

Daß ein historisches Ereignis derart in verschiedenen Liedern über Jahrzehnte hinweg in allen Gegenden des deutschen Sprachbereichs überliefert wurde, ist erstaunlich. Zu begreifen ist es nur, wenn man sich klarmacht, daß das Singen solcher Volkslieder für die Arbeiter in doppelter Hinsicht große Bedeutung hatte: als von der herrschenden Klasse unterdrückte Geschichtsüberlieferung und als Medium einer oppositionellen Kultur.

Bedenkt man, daß ein Sänger wie *Erich Ehrhart* über ein Repertoire von an die hundert Liedern mit allen Strophen verfügte — eine außerordentliche Gedächtnisleistung —, so vermag man sich erst vorzustellen, welche Funktion dieser Prozeß des mündlichen Tradierens demokratisch-oppositioneller Lieder für die Kultur des Proletariats hatte.

Einerseits bedeutete das Erlernen und Singen der Arbeiter-Volkslieder für die Sänger, sich zugleich mit den geschichtlichen Traditionen auch die Ideen der proletarisch-oppositionellen Bewegung anzueignen. Ist das ›Robert-Blum-Lied‹ zunächst einfach eine balladenhafte Form der Geschichtsschreibung, so ist die Erinnerung an die blutige Unterdrückung der schlesischen Weberaufstände im ›Blutgericht‹ darüber hinaus eine Form von Interpretation politischer Realität — nämlich als Hinweis auf die immer noch aktuelle Bedrohung durch die Klassenjustiz. Wenn immer wieder Namen oder Situationen in Liedern durch solche mit aktueller oder lokaler Bedeutung ersetzt worden sind, so zeigt das, wie die Lieder nicht nur als Bilder aus der Geschichte, sondern immer auch als Hinweis auf jeweils gegenwärtige Verhältnisse verstanden wurden.[8]

Die Arbeiter-Volkslieder werden also nicht nur angeeignet; ihre produktive Veränderung durch die proletarischen Sänger

[8] Siehe etwa die Ersetzung von Namen oder die Varianten beim ›Leuna‹- oder ›Büxensteinlied‹ (s. weiter unten).

ist auch Teilmoment der Formierung einer eigenen, oppositionellen Kultur. Auch wenn die Lieder des Proletariats sich zunächst musikalisch von anderen Volksliedern nicht unterschieden, wurden sie, *weil* sie oppositionell waren, für den Sänger zum Ausdruck seiner sich politisch und kulturell emanzipierenden Klasse – zumal nicht nur das Singen, sondern auch die Verbreitung durch den Druck in vielen Fällen verboten und die Lieder damit in eine Sphäre der Heimlichkeit verwiesen waren.

Beides – Tradition und Formierung oppositioneller Arbeiterkultur im Volkslied – wurde möglich durch eine intensive Beschäftigung mit Liedern, wie sie uns heute im Zeitalter von Taschenbuch und Schallplatte kaum vorstellbar ist. Das Auswendiglernen der oft zahlreichen Strophen ist nur durch Verstehen möglich; das Behalten nur durch immer wiederkehrendes Singen. Dieser Modus der Aneignung führt zur Variantenbildung: Gedächtnislücken rufen nach Ergänzungen, wobei Konjekturen selbstverständlich jeweils nach Maßgabe des für den Sänger politisch aktuell Nachvollziehbaren und außerdem sprachlich Logischen vorgenommen werden. In den meisten Fällen geschieht es zudem unbewußt – ja es ist für die mündliche Tradierungsform charakteristisch, daß der Sänger Text und Musik möglichst unverändert und genau wiedergeben will; er mag zuweilen betonen, nichts verändert oder hinzugefügt zu haben, obwohl Untersuchungen keinen Zweifel daran lassen, daß ständig verändert und ergänzt wird.

Bei den Vergleichen von Varianten erweist sich, daß praxisfremde, geschraubte oder der Sprachsphäre bürgerlicher Kunst entstammende Ausdrücke besonders gern ausgeschieden werden. Wenn beispielsweise im Lied ›Nach Sibirien muß ich jetzt reisen‹ eine Zeile lautet: »Wo kein Funke der Menschheit nur wohnet«, so wird diese reichlich gekünstelte Vorstellung umgesungen etwa zu »Wo der Mensch keine Rettung mehr findet«; aus ›Geschick‹ wird ›geschwind‹; die Zeile »Wo kein Zephyr die Fluren beglückt« wird offenbar von einem Sänger überhaupt nicht verstanden, oder er kann sie sich begreiflicherweise schwer merken, und so singt er sie um zu »Wo kein Schiffer die Fluten durchzieht«.

Dieser Prozeß der Vereinfachung von Liedern in der produktiven Aneignung durch das Kollektiv assimiliert sie den für die jeweilige Subkultur typischen Melodienmodellen, den alltäglichen Vorstellungen und Sprachmustern. Insofern spiegeln die von den Massen umgesungenen Volkslieder jeweils die Ideologie der oppositionellen Bewegung. Wo die Inhalte klassenkämpferisch sind, ist das Singen Bestandteil der Emanzipation.

Das ›Leunalied‹: Chronik proletarischer Niederlagen

Die vorläufige Schlußphase des Arbeiter-Volkslieds ist die Weimarer Republik. Eines der bekanntesten Lieder jener Zeit und das am besten erforschte wurde als ›Leunalied‹ bekannt.

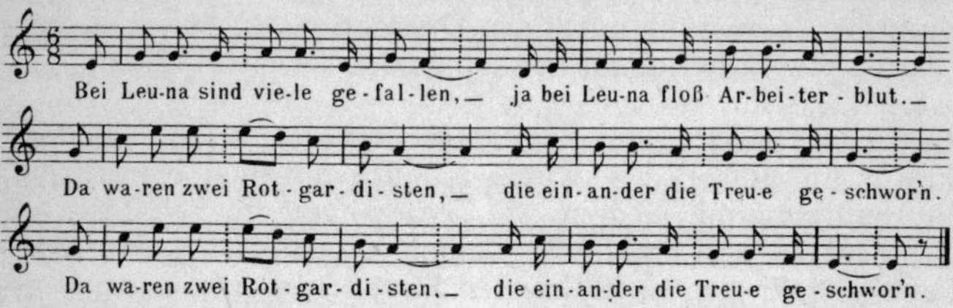

1. In Bosnien sind viele gefallen,
In Bosnien sind viele geblieben.
Da hab'n sich zwei stürmische Feinde
So furchtbar aneinander gerieb'n.

2. Da haben sich zwei Kameraden geschworen,
Daß einer dem andern treu bleibt,
Daß gleich, wenn der eine gefallen,
Er's gleich seinen Eltern schreibt.

3. Da kam eine Kugel geflogen,
Durchbohrte dem einen das Herz,
Das war für den andern ein Kummer
Und für seine Eltern ein Schmerz.

4. Und als die Schlacht war zu Ende
Und alles wieder im Quartier,
Da hat er sich schnell gewendet
Zum Bleistift und zum Papier.

5. Er schrieb nun mit zitternden Händen
Den betroffenen Eltern nach Haus:
»Euern Sohn hat 'ne Kugel getroffen,
Liegt zu Bosnien und steht nicht mehr auf.«

6. Der Mond mit dem blassen Gesichte,
Die Sterne mit funkelndem Schein,
Sie leuchten dem Soldaten in Bosnien,
So mutig – so kämpf ich allein.

1. Bei *Leuna* sind viele gefallen,
Bei Leuna floß Arbeiterblut.
Da haben zwei *Rotgardisten*
Einander die Treue geschworen.

2. Sie schwuren einander die Treue,
Denn sie hatten einander so lieb.
»Sollte einer von uns beiden fallen,
Schreibt der andre der Mutter 'nen Brief.«

3. Da kam eine *feindliche Kugel,*
Die durchbohrte dem einen das Herz.
Für die Eltern, da war es ein Kummer,
Für den Stahlhelm, da war es ein Scherz.

4. Und als nun die Schlacht war zu Ende
Und sie kehrten zurück ins Quartier,
Da hat sich so vieles verändert;
Er nahm einen Bleistift und schrieb auf Papier.

5. Und er schrieb mit zitternden Händen,
Er schrieb es mit tränendem Blick:
»Euer Sohn ist *vom Stahlhelm erschossen,*
Liegt bei *Leuna,* kehrt nimmer zurück.«

6. *O Stahlhelm, dir schwören wir Rache*
Für vergossenes Arbeiterblut.
Es kommen die Zeiten der Rache,
Dann bezahlt ihr's mit eigenem Blut!

Die Melodie stammt von einem sehr bekannten Soldatenlied, das mit der Titelzeile »In Bosnien (Frankreich etc. . . .) sind viele gefallen« allein mehr als 35 deutsche Varianten, darunter fünf melodische zählt, und das seinerseits auf ein früheres Soldatenlied, ›Die Sonne sank im Westen‹, aus dem 19. Jahrhundert zurückgeht.

Ursprünglich hatte das Soldatenlied wie das revolutionäre Volkslied einen 6/8- bzw. 6/4-Takt statt dem 4/4-Marschtakt. Überhaupt trägt es keine betont militaristischen Züge, und es war wahrscheinlich dieser rhythmisch und auch melodisch vage Charakter, der eine Umwandlung des Soldatenliedes in ein politisches Volkslied der Arbeiter begünstigte. Denn es handelt sich um keine Machtdemonstration vor oder in der Schlacht, sondern um die Erinnerung an den Tod eines Freundes. Mit solchen Soldatenerfahrungen kamen die Massen junger Arbeiter 1918 nach Hause, und sie fanden besonders in den Jahren bis 1923 immer wieder ähnliche Situationen in den Klassenkämpfen des eigenen Landes vor, zum Beispiel im Ruhrkampf nach dem gescheiterten Kapp-Putsch vom März 1920. Hier ist vermutlich die erste Neufassung des späteren ›Leunalieds‹ spontan entstanden mit der Titelzeile »In Wesel sind viele gefallen« — nämlich Kampfgenossen der Roten Ruhrarmee, in der katholische, kommunistische und sozialdemokratische Arbeiter sich zusammengeschlossen hatten. Sie bekämpften den Kapp-Putsch und mit ihm dessen Ursache: das Fortbestehen der alten Machtverhältnisse im neuen republikanischen Gewand. Die arbeiterdemokratische Rätebewegung war nach der Novemberrevolution zugunsten der bürgerlich-demokratischen Verfassung niedergeworfen worden, von Sozialisierung war bald nur noch die Rede, und schließlich holte die SPD die Militärs der alten kaiserlichen Armee gegen die aufständischen Arbeiter zu Hilfe. Das waren die Fronten, deren Verlauf das ›Leunalied‹ wie kein anderes ins Gedächtnis der deutschen Arbeiterbewegung jener Jahre eingegraben hat. Schwere und brutale Niederlagen dokumentieren sich hier: Wesel—Remscheid 1920; Halle-Leuna-Eisleben 1921; überall entstanden, zum Teil unabhängig von einander, neue Fassungen des Liedes. Mehr als 50 sind überliefert.

Die Armeemusik hatte vor allem im Weltkrieg die proletarische Musikerfahrung gründlich geprägt. Das Umsingen erfolgte musikalisch wenig bewußt, wenngleich unter anderem auch eine schöne, eigenartige Mollvariante des ›Leunalieds‹ entstand; im allgemeinen aber wurde die Melodie einfach übernommen. Im Text gab es jedoch eine gründliche Umwälzung. Typisch war für die ganze Gruppe der revolutionären Arbeiter-Volkslieder, daß sie zunächst nur einige Ortsnamen und Wörter austauschten, dann aber auch in das Reimschema einbrachen und schließlich ganz neue Strophen setzten. Inhaltlich ist das kein bloßes Austauschen, sondern es werden die Kämpfer und Orte konkret genannt: ›Rotgardisten‹ zum Beispiel, und ›Eisleben‹, statt ›viele‹ und ›Frankreich‹; und die todbringenden Feinde sind Reichswehr, Schupo und Sipo statt der neutral daherfliegenden Kugel. Die dritte Strophe der Soldatenversion verniedlicht die Katastrophe des imperialistischen Weltkrieges zur kameradschaftlichen und familiären Privatsache, während es im Leuna-Lied heißt:

Für die Eltern, da war es ein Kummer,
für den Stahlhelm, da war es ein Scherz.

Mit der letzten Strophe ist das Wesen der Soldatenversion dann von Grund auf verändert (siehe oben Strophe 6).

Das ›Büxensteinlied‹

Ein Soldatenlied des Weltkriegs war auch Vorlage zum ›Büxensteinlied‹, ebenfalls einem der bekanntesten Lieder, in denen die Kämpfe der Arbeiterbewegung in den zwanziger Jahren ihren Niederschlag fanden. Die Vorlage soll, nach dem Bericht eines Zeitgenossen, 1915/16 »rasend verbreitet und allenthalben beliebt« gewesen sein. Aus diesem Soldatenlied wurde vermutlich von einem der revolutionären Kämpfer, die an den Januarkämpfen 1919 in Berlin beteiligt waren, das ›Büxensteinlied‹ abgeleitet – zum Teil, wie man sieht, nur durch Ersetzen einzelner Wörter.

1. Im Januar um Mitternacht
Ein Kommunist stand auf der Wacht.
Er stand mit Stolz, er stand mit Recht,
Stand kämpfend gegen ein Tyranngeschlecht

2. Und donnernd brüllt die Artillerie,
Spartakus hat nur Infanterie.
Granaten schlagen bei uns ein:
Regierungstruppen stürmen Büxenstein.

3. Und mit der Knarre in der Hand
Er hinterm Zeitungsballen stand.
Die Kugeln pfeifen um ihn rum:
Der Kommunist, er kümmert sich nicht drum.

4. O Büxenstein, o Büxenstein.
Spartakus sein heißt Kämpfer sein!
Wir haben gekämpft bei Büxenstein.
Und dafür sperrt man uns im Kerker ein!

1. Argonnerwald, um Mitternacht,
Ein Pionier stand auf der Wacht.
Ein Sternlein hoch am Himmel stand,
Bringt ihm ein Gruß vom fernen Heimatland.

2. Und mit dem Spaten in der Hand
Er vorne in der Sappe stand.
Mit Sehnsucht denkt er an sein Lieb,
Ob er sie wohl noch einmal wiedersieht.

3. Und donnernd dröhnt die Artillerie,
Wir stehen vor der Infanterie.
Granaten schlagen vor uns ein,
Der Franzmann dringt in unsre Stellung ein.

4. Und tobt der Feind auch noch so sehr,
Wir Deutschen fürchten ihn nicht mehr.
Und mag er noch so stark auch sein,
In unsre Stellung kommt er doch nicht rein.

5. Gefangen, ach, in Weh und Schmerz,
Und dennoch hoffet unser Herz!
Spartakus lebt! Spartakus siegt!
Frisch auf zum Kampf, Genoss', verzage nicht!

6. Warum er kämpft, der Kommunist?
Damit ihr's alle, alle wißt.
Er kämpft für Freiheit und für Recht.
Nicht länger sei der Arbeitsmann ein Knecht!

7. Und alle Menschen, arm und reich,
Sie sollen werden alle gleich,
Daß niemand leidet ferner Not.
Und jeder hat genügend täglich Brot.

8. Darum nur kämpft der Kommunist,
Damit ihr's alle, alle wißt!
Er schwur die Treu bis in den Tod
Dem schönen Freiheitsbanner purpurrot.

9. O Spree-Athen, o Spree-Athen,
Viel Blut, viel Blut hast du gesehn!
In deinem Friedrichsfelde ruht
So manches tapfere Spartakusblut.

5. Der Sturm bricht los, die Mine kracht,
Der Pionier nach vorn sich macht.
Bis an den Feind schleicht er sich heran
Und zündet dann die Handgranate an.

6. Die Infantrie steht auf der Wacht,
Bis die Handgranate kracht.
Sie kommt im Sturm bis an den Feind.
Und Hurra nimmt sie seine Stellung ein.

7. Bei diesem Sturm viel Blut verfloß,
Manch junges Leben hat's gekost't.
Wir Deutschen aber halten Stand
Für das geliebte teure Vaterland.

8. Argonnerwald, Argonnerwald,
Ein stiller Friedhof wirst du bald.
In deiner kühlen Erde ruht
So manches tapfere Soldatenblut.

Was war in Berlin geschehen? Die sozialdemokratischen Volksbeauftragten stellten, zusammen mit der alten obersten Heeresleitung, im Winter 1918/19 reaktionäre Truppen auf, um dem bedeutenden Einfluß der KPD/Spartakusbund und der linken USPD auf die Arbeiterschaft entgegenwirken zu können. Die Arbeiter antworteten mit Kampfdemonstrationen und riefen zum Generalstreik auf. In der Nacht des 5. Januar 1919 besetzten bewaffnete Arbeiter im Zeitungsviertel die Gebäude des *Vorwärts* (SPD), der Verlage Ullstein, Mosse, Scherl und Büxenstein. Am 8. Januar begann der konterrevolutionäre Militärangriff, bei dem schwere Waffen eingesetzt wurden – im Lied wird die Bezeichnung ›Artillerie‹ als passend aus der Vorlage übernommen –, während den revolutionären Arbeitern nur Infanteriewaffen zur Verfügung standen.

Wie beim ›Leunalied‹ ist auch hier wieder ein Umdichten vom sentimentalen Soldatenlied zum kämpferischen Arbeiterlied zu beobachten. Die Betonung liegt nicht wie bei ›Argonnerwald‹ auf der Schilderung des Kampfes, Stärkung des militaristischen Selbstbewußtseins, sondern auf den langfristigen Zielen des revolutionären Kampfes:

»Und wofür kämpft der Spartakist?
Damit ihr's alle, alle wißt
Er kämpft für Freiheit und für Recht
Nicht länger sei der Arbeitsmann ein Knecht.«

Auch dieses Lied ist umgesungen worden und in verschiedenen Varianten belegt. Dabei wird mit zunehmender zeitlicher Distanz zum historischen Ereignis ein gewisser Einfluß der Soldatenlied-Vorlage spürbar: hieß es zuerst »und donnernd *brüllt* die Artill'rie«, so später wieder, wie im Argonnerwaldlied, »und donnernd *dröhnt* die Artill'rie« — ein Hinweis darauf, daß den Sängern die Vorlage bekannt und im Gedächtnis war.

Andere Veränderungen wiederum sind damit zu erklären, daß die Sänger mit den genauen Ereignissen von 1919 oder, außerhalb Berlins, mit den Örtlichkeiten nicht vertraut waren. So heißt es in der ältesten Fassung richtig »O Spreeathen . . . in deinem Friedrichs*felde* ruht«. Die Kämpfer von Büxenstein und der am 15. Januar ermordete *Karl Liebknecht* sind nämlich nicht im Berliner Friedrichs*hain* bestattet worden, einer bekannten Traditionsstätte der Berliner Arbeiterschaft, sondern in der damals außerhalb der Stadt gelegenen Gemeinde Friedrichsfelde, da ihre Bestattung innerhalb von Berlin verboten worden war.

Wie groß die Veränderungen sind, die Volkslieder im Laufe der Zeit erfahren können, zeigt eine andere Version, in der das Büxensteinlied 1955 an das Berliner Arbeiterlied-Archiv eingesandt worden ist. Die Strophen sind gegenüber den früheren Fassungen durcheinandergebracht worden, nur noch eine blieb übrig, die über das historische Kampfgeschehen konkret berichtet:

1. Oh Büchsenstein, oh Büchsenstein!
Spartakus sein, heißt Kämpfer sein.
Wir haben gekämpft bei Büchsenstein,
Und darum sperrt man uns ins Zuchthaus ein.

2. Oh Spree-Athen, oh Spree-Athen!
Viel Blut, viel Blut hast du gesehn!
In deiner kühlen Erde ruht
So manches tapfere Spartakusblut.

3. Und donnernd dröhnt die Artillerie,
Spartakus hat nur Infanterie.
Granaten schlagen bei uns ein.
Die Noskehorden stürmen Büchsenstein.

4. Und wofür kämpft ein Kommunist?
Damit ihr's alle, alle wißt:
Er kämpft für Freiheit, Recht und Brot,
Daß keiner leidet weiter bitter Not!

5. Und alle Menschen groß und klein.
Sie sollen alle Brüder sein!
Daß keiner sei des andern Knecht
Und jeder hat für immer gleiches Recht!

Das Lied ist in dieser Variante von der balladenhaften Geschichtsdarstellung in eine verallgemeinerte Form gebracht worden; die Erinnerung an die fernen Kämpfe ist nur noch Anlaß, allgemein die Lage des kämpfenden Proletariats darzustellen.

›Der kleine Trompeter‹

Arbeiterlieder sind selbstverständlich auch in den Arbeiterkapellen gespielt worden, und besonders beliebt waren als Trio von Marschstücken gebrachte bekannte Lieder. Ein Hornspieler aus einer Kapelle des Roten Frontkämpferbundes ist 1925 zur Titelfigur des Lieds ›Der kleine Trompeter‹ geworden. Auf einer Wahlversammlung der KPD zur Reichspräsidentenwahl mit *Ernst Thälmann* schoß die Polizei in die Menge. Der Hornist, der vorher versucht hatte, mit einem Hornsignal Ruhe zu schaffen, wurde mit anderen Genossen tödlich getroffen. Wieder hat ein allerdings wenig bekanntes Soldatenlied desselben Titels für das proletarische Volkslied Pate gestanden. Mit Ausnahme der letzten Strophe und dem Einsatz von ›Rotgardistenblut‹ statt ›Husarenblut‹ ist das Soldatenlied so gut wie unverändert. Die Übernahme der heiter-oberflächlichen Stimmung und mehr noch die verklärenden Klischees des Textes sind der sozialistischen Sache fremd. Anders verhält es sich mit den früheren Liedern, denen gegenüber es inadäquat wäre, ihre militärische Herkunft als solche zu bemäkeln.

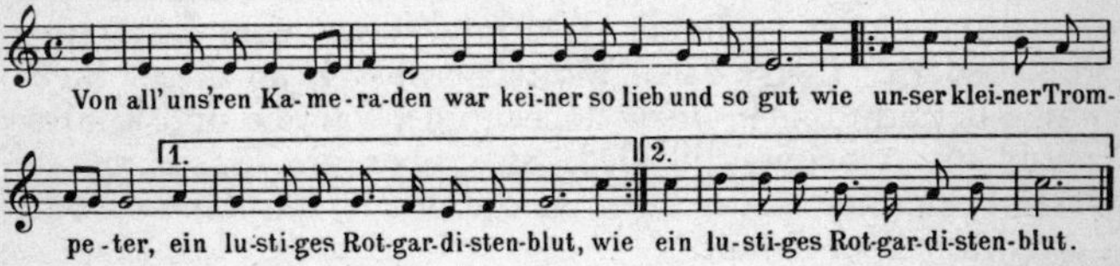

1. Von all' unsren Kameraden
War keiner so lieb und so gut
Als unser kleiner Trompeter,
Ein lustig Rotgardistenblut.

2. Wir saßen so fröhlich beisammen
In einer so stürmischen Nacht,
Mit seinen Heimatliedern
Hat er uns so fröhlich gemacht.

3. Da kam eine feindliche Kugel
Bei ein' so fröhlichem Spiel,
Mit einem seligen Lächeln
Unser kleiner Trompeter, er fiel.

1. Von allen Kameraden
War keiner so frohgemut
Als unser kleiner Trompeter –
Ein jung' Husarenblut.

2. Wenn uns der Mut wollt' sinken
Manchmal in stürmischer Nacht –
Mit trauten Heimatliedern
Hat er uns stark gemacht.

3. Hat oft um unsertwillen
Vergessen die eigene Not –
Ein trutzig Stücklein geblasen,
Umlauert vom frühen Tod.

4. Da nahmen wir Hacke und Spaten
Und gruben ihm ein Grab.
Und die ihn am liebsten hatten,
Die senkten ihn still hinab.

5. Schlaf wohl, du kleiner Trompeter,
Dir waren wir alle so gut,
Schlaf wohl, du kleiner Trompeter,
Du lustig Rotgardistenblut.

6. Da erhoben wir drohend die Fäuste:
Wir sind zur Rache bereit!
Wir werden nicht ruhen, nicht rasten,
Bis die Welt wird von euch befreit!

4. Und als ihn die Kugel getroffen
Mitten beim frohen Lied –
Mit einem seligen Lächeln
Unser kleiner Trompeter schied.

5. So nahmen wir den Spaten
Und gruben ein tiefes Grab,
Und die ihn am liebsten hatten,
Sie senkten ihn still hinab.

6. Von allen Kameraden
War keiner so frohgemut!
Fahr wohl, du kleiner Trompeter –
Fahr wohl, Husarenblut!

In den damaligen parteioffiziellen Liederbüchern fehlt zudem die radikalere letzte Strophe des ›Kleinen Trompeters‹, und es bleiben sentimentale Bilder von ›stürmischer Nacht‹, ›fröhlichem Spiel‹ und ›seligem Lächeln‹ beim Sterben. Dies gesellige Liedchen signalisiert eine politische und kulturelle Schwäche der Arbeiterbewegung und eine gewisse Konsolidierung der herrschenden Klassenverhältnisse um 1925. Bedeutende subversiv-volkstümliche Lieder sind erst wieder ein Jahrzehnt später in den KZ-Lagern entstanden.

Parodie und Kontrafaktur im Arbeiter-Volkslied

Die bisher betrachteten Lieder sind – mit Ausnahme des ›Robert-Blum-Lieds‹ – lauter Kontrafakturen von bekannten Volksliedern.[9] Es ist daher nicht überflüssig, an dieser Stelle einige Betrachtungen einzuschieben über Parodie und Kontrafaktur im Arbeiter-Volkslied: also über die Ersetzung der Texte bekannter Lieder durch solche mit revolutionärem oder oppositionellem Gehalt.

Will man diesem Phänomen der Kontrafakturen näherkommen, so muß zunächst festgehalten werden, daß sie nichts mit jenen zu tun haben, die weltliche Werke bis ins 18. Jahrhundert hinein in geistliche umgewandelt hatten. Ging es dort

[9] Unter *Kontrafaktur* versteht man das Ersetzen des Textes eines Vokalstückes durch einen anderen. Unter *Parodie* versteht man im musikwissenschaftlichen Sinn die Neukomposition einer Musik unter Zugrundelegung einer entlehnten Melodie oder entlehnter Kompositionsteile; so z. B. die Komposition einer Messe auf den *cantus firmus* eines weltlichen Chansons. Die Kontrafazierung eines weltlichen Stücks durch Unterlegen eines christlichen Textes, wie sie jüngst noch von der Heilsarmee praktiziert wurde, hat nichts ›Parodistisches‹ im umgangsprachlichen Sinne, weshalb der Begriff in diesem Zusammenhang zu meiden ist. Für die weiter unten behandelten Kontrafakturen mit Parodiecharakter (wie z. B. das ›Arbeiter-Stille-Nacht‹) ziehen wir die Bezeichnung *›kritische Kontrafakturen‹* vor.

darum, bestimmte musikalische Qualitäten in einen neuen kulturellen Zusammenhang hinüberzuretten oder sich der Volkstümlichkeit bestimmter Melodien oder Stilmittel zur Propagierung von Ideen zu versichern, so sind für die oppositionellen Kontrafakturen zwei andere Typen charakteristisch: im einen Fall wird gleichsam aus Verlegenheit zu bekannten Melodien gegriffen, wobei man die Musik unkritisch übernimmt; im anderen Fall tritt der Text zur musikalischen Ebene und zum Kontext der Liedvorlage in ein kritisches Verhältnis. Betrachten wir das im einzelnen.

Im ersten Fall wurde einfach eine Melodie gebraucht, um einen bestimmten Text singen zu können. In der Arbeiterbewegung, wo musikalische Bildung kaum verbreitet war, wurden neue Texte immer leichter als neue Melodien geschaffen. Voraussetzung für die Verwendung älterer Volksliedmelodien für solche Kontrafakturen war freilich, daß die Vorlagen nicht allzu eindeutig politisch besetzt waren. Lieder dieses Typus sind das ›Leunalied‹, ›das Büxensteinlied‹ und der ›Kleine Trompeter‹, wobei man sogar fragen müßte, ob es sich hier um eigentliche Kontrafakturen handelt oder nicht um eine besonders prononcierte Art der Variantenbildung.

Die zweite Art der Kontrafaktur bei Arbeiter-Volksliedern ist qualitativ verschieden von der bloßen Variierung. Es gibt nämlich eine Art von Kontrafakturen, bei denen der neue Text zum alten Lied in ein kritisches Verhältnis tritt. Beispiele dafür sind Textumdichtungen von Liedern hurrapatriotischen Charakters wie die ›Wacht am Rhein‹: »Es braust ein Ruf wie Donnerhall, wie Schwertgeklirr und Wogenprall ...«, das kurz nach der deutschen Revolution 1918 gesungen wurde mit dem Text:

Es braust ein Ruf wie Donnerhall,
Es sitzt ein Mann im Schweinestall
Der einstmals war von hohem Stand
Und Wilhelm II. sich genannt (...).

Auch das Lied ›Deutschland, Deutschland über alles‹ hörte man zum Schluß des Weltkriegs fast nur noch umtextiert, etwa so:

Deutschland, Deutschland, schwer im Dalles,
Schwer im Dalles in der Welt,
Wenn die Marmelad nit alles
Brüderlich zusammenhält.
Eier, Butter, Wurscht un Schinke
Sin nur für die Reiche da,
Nur mir arme, arme Schlucker
Gucke zu und kreische: hurra!

Aus der österreichischen Armee wird berichtet, daß gegen Ende des Krieges zur Melodie des Radetzkymarsches nurmehr der Text zu hören war:

Kein Brot, kein Mehl, kein Rauchtabak
Stier, stier, stier
O du mein Österreich!

In allen diesen Fällen handelt es sich um Parodien im umgangssprachlichen Sinne, also um ironische Kontrafakturen, die beim Sänger und Hörer die Kenntnis der Vorlage voraussetzen und diese in Frage stellen.

Es wird dabei aber nicht nur dem Protest gegen den Krieg und gegen das von ihm oktroyierte Leiden Ausdruck gegeben; dadurch, daß etwa ein nationalistisch besetztes Lied wie die jetzige Nationalhymne der BRD mit dem harten Boden der Realität konfrontiert wird, diskreditieren vielmehr solche Kontrafakturen auch die herrschende Ideologie, imprägnieren die verhaßte Musik der herrschenden Kultur mit dem zu Recht derben Protest, machen sie für die Zwecke der Herrschaft unschädlich, ja nehmen symbolisch das Kulturgut der Herrschaft in Beschlag.

Es handelt sich also um eine Art säkularisierter Blasphemie an offiziellem Kulturgut. Da diese Art des Kontrastierens sich nicht zu einem selbständigen Lied entwickeln kann, blieben solche Parodien meist ganz kurzlebige Lieder. Aber es zeigt sich hier ein qualitativ neues Wort-Ton-Verhältnis, bei dem die Musik nicht allein mediale Funktion hat. Das vielleicht meistgesungene Lied dieses Typus, das ›Arbeiter-Stille-Nacht‹, stammt aus dem Repertoire der kurz nach dem Fall des Sozialistengesetzes gebildeten ›Gesellschaft Vorwärts‹, wohl der frühesten Agitpropgruppe. Die erste Strophe lautet:

Stille Nacht, traurige Nacht,
ringsumher Lichterpracht!
In der Hütte nur Elend und Not,
kalt und öde, kein Licht und kein Brot
//: schläft die Armut auf Stroh. ://

Der Protest solcher Lieder resultiert nicht allein aus dem Text, sondern bezieht seine Schärfe gerade durch die Zitierung des ideologischen Originals in der Musik.

Im musikalischen Material selbst ist freilich keine schöpferische oder gar politische Weiterentwicklung geschehen. Die Volkslieder hatten mit der hohen bürgerlichen Kunst kaum Berührung, sieht man einmal von einigen tonalen harmonischen und melodischen Grundregeln ab. Das naheliegende Erfordernis der Bekanntheit ließ gar keinen anderen Maßstab zu, zumal es Zufällen überlassen war, ob ein Lied sich verbreitete. Andererseits gibt es nicht bloß naive Schönheiten in Volksliedmelodien, sondern da sind auch verborgene Sprengsätze, deren Kraft erst hohe kompositorische Kunst freisetzen kann.

Zur Arbeitersängerbewegung

Wie sind neben den politischen Volksliedern die proletarische Sängerbewegung und ihre Musik einzuschätzen? Entstanden Mitte des vorigen Jahrhunderts, war diese ein wichtiger Teil der sozialdemokratischen Kulturbewegung; sie konnte sich jedoch von der musikalischen Verflachung und spießbürgerlichen Verkümmerung der vormals freiheitlichen Liedertafeln nicht entschieden lösen. »Der heroische, kämpferische Charakter, den die jungen Musikerorganisationen zur Zeit des Sozialistengesetzes noch hatten, verlor sich immer mehr, und an seiner Stelle entstand ein spießbürgerlich selbstzufriedenes Vereinsleben, eine Musikbewegung, die den zurückgebliebensten, kleinbürgerlichsten Musikstil pflegte, eine behäbige Geselligkeit, die eher apolitisierte und die mit einer entsetzlichen Vereinsmeierei verbunden war.«[10]

Komponisten wie der ehemalige Färber *Gustav Adolf Uthmann* standen in dieser Tradition und schleppten schon abgewirtschaftete bürgerliche Kultur weiter. Sie trugen ihren Teil zur kleinbürgerlichen Geselligkeit bei, deren Folgen in der späteren Spaltung des Deutschen Arbeiter-Sängerbundes Ende der Weimarer Republik und schließlich im Mangel an Widerstandskraft gegen die faschistische Volkskultur manifest wurden.

Die Arbeitersänger bildeten also keine eigene musikalische Kultur aus, jedoch grenzten sie sich durch die politischen Texte der Tendenzlieder gegen die offizielle Kultur und deren tragende Klassen ab. Auch waren Gesangvereine zur Zeit des *Bismarck*schen Sozialistengesetzes geeignete Formen der illegalen politischen Organisation.

Nach der russischen Oktoberrevolution, die auch auf unser bescheidenes Gebiet der Musik Einfluß nahm, brachte der kommunistische Dirigent *Hermann Scherchen* das Lied ›Brüder zur Sonne, zur Freiheit‹ 1918 nach Deutschland und setzte es für vierstimmigen Chor. Hier wirkte sich der alte Geist der Sängerbünde ungut aus, und die Symbole des Textes ›Sonne‹, ›zum Lichte empor‹, ›leuchtet die Zukunft‹ markieren eine stimmungsvolle Verklärung des Freiheitskampfes, die ganz und gar unangebracht ist.

Ein anderes, sehr beliebtes Lied, ›Wann wir schreiten‹ von *Hermann Claudius* (Text) und *Michael Englert* (Musik), enthält wieder das Freiheitssymbol im ›Sonnentag‹. Eigentümlich häufen sich die Naturbilder: Wälder, Birkengrün und Saatengrün, Mutter Erde. Sozialer Fortschritt und Revolution erscheinen als Rückkehr zur verlorenen Natur, die es im Leben des modernen Industrieproletariats nur noch am Sonntag gibt.

[10] Hanns Eisler, Geschichte der deutschen Arbeitermusikbewegung von 1848, in: ders., Musik und Politik, Schriften 1924–1948, Leipzig 1973, S. 215.

Übrigens schlagen Naturmotive wesentlich ungebrochener in den Liedern der jugendbewegten bürgerlichen Wandervögel durch, und sie brechen sich vollends freie Bahn im Naturmythos der Nazilieder.[11]

2. Einer Woche Hammerschlag,
einer Woche Häuserquadern
zittern noch in unsern Adern;
aber keiner wagt zu hadern!
Herrlich lacht der Sonnentag!

3. Birkengrün und Saatengrün:
Wie mit bittender Gebärde
hält die alte Mutter Erde,
daß der Mensch ihr eigen werde,
ihm die vollen Hände hin.

Mit der Entwicklung der Arbeiterbewegung nimmt die Bedeutung der Arbeiter-Volkslieder ab zugunsten von Liedern, in denen sich eine politisch bewußtere Haltung ausdrückt. Der organisierten Form des Kampfes entspricht auch eine organisierte Form der musikalischen Kultur: die Arbeitersängerbewegung. Hatte sie zunächst die Aufgabe, zu den entsprechenden bürgerlichen Vereinen institutionell eine Alternative zu bieten, so rückte in der Weimarer Republik immer mehr das Bedürfnis nach einer kulturellen Differenzierung in den Vordergrund, während andererseits die Masse der sozialdemokratisch eingestellten Chorvereine ihre ehemals kämpferischen Aufgaben vernachlässigte.
Mangels einer eigenen kulturellen Alternative hatten sich die 1907 im Deutschen Arbeiter-Sängerbund (DAS) zusammengeschlossenen Vereine neben den geselligen Funktionen auf die Auswahl von geeigneter Chorliteratur, auf die Kommentierung der Werke und auf die eigens komponierten Tendenzkompositionen konzentriert. Parallel zur Einrichtung von Arbeiter-Sinfoniekonzerten steigt mit Beginn dieses Jahrhunderts immer mehr die Bedeutung von Aufführungen klassi-

[11] Auf der genannten Schallplatte ›Vorwärts und nicht vergessen‹ finden sich für den kritisierten Aspekt typische Interpretationen der Lieder ›Brüder, zur Sonne, zur Freiheit‹ und ›Wann wir schreiten‹.

scher Chorwerke, zu welchem Zweck sich überall kleinere Chöre zu sogenannten Volkschören zusammenschlossen und mit ihren Aufführungen den bürgerlichen Gesangvereinen Konkurrenz zu bieten und den Mitgliedern musikalische Bildung zu vermitteln bestrebt waren. Statt um *Kampf* gegen das Kapital ging es nunmehr um *Erlösung* von schwerem proletarischem Schicksal; ein Kritiker der *Frankfurter Volksstimme* entblödete sich 1929 nicht, eine Aufführung von *Händels* ›Belsazar‹ zu loben als »Befreiung von den Niedrigkeiten des Alltags, Erfüllung mit den höchsten Idealen der Menschheit. Die Kunst wird erobert für die werktätigen Massen, die eine ungerechte Gesellschaftsordnung auch auf dem Gebiet der Kunst in Fesseln schlug.«[12]

Immerhin mehrten sich in den Großstädten nach 1927 die Versuche, neue Kunstmittel zu finden, die zum spezifischen Ausdruck des Kampfs der Arbeiterklasse hätten werden können. Dazu gehören beispielsweise die in Frankfurt von Chorgemeinschaften jeweils zum 1. Mai und anderen Feiertagen aufgeführten szenischen Chorwerke, die wir heute als Multimediaschauen bezeichnen würden. Diese Werke, die von Komponisten wie *Arthur Wolff* oder *Ottmar Gerster* und anderen geschrieben wurden, sind im Unterschied zu *Brechts* und *Eislers* ›Maßnahme‹ wenig erforscht. Sie zeigen, daß auch innerhalb des Deutschen Arbeiter-Sängerbundes nach sozialistischen Ausdrucksformen gesucht wurde. Das szenische Chorwerk ›Wir‹ beispielsweise, das *Gerster* für den 1. Mai 1932 schrieb, verlangt Sprech- und Singchöre, Orchester, Bewegungschor, Film- und Diaprojektionen und eine Raumbühne.[13] Es stand offensichtlich unter dem Einfluß des *Piscator*schen Theaters und der damaligen, von *Brechts* Versuchen ausgelösten Diskussion über das Lehrstück.

Solche einzelnen Anstrengungen innerhalb des DAS dürfen freilich nicht darüber hinwegtäuschen, daß im allgemeinen das Niveau und das politische Bewußtsein der Arbeitersänger hinter dem Stand der organisierten Klassenkämpfe zurückblieben. Die Depolitisierung hatte schon früh zu Auseinandersetzungen im DAS geführt, so etwa 1920, als die DAS-Bundesversammlung dem Gau Nordwest verbieten wollte, in seinen Statuten sich politisch als auf dem Boden des Rätesystems stehend zu definieren – ja sogar eine politische Diskussion darüber sollte verboten sein. Dies führte schon damals zur Bildung eines linken Sozialistischen Arbeiter-Sängerbunds in Bremen.[14]

12 C. Brosswitz, in Frankfurter Volksstimme, 18. 10. 1929, zit. nach Otto Rüb, Die chorischen Organisationen, Diss. Frankfurt 1964.

13 Vgl. dazu Otto Rüb, a.a.O., S. 128 ff.

14 Vgl. dazu etwa: Aufruf an die Arbeiter-Sänger-Deutschlands, in: Rote Fahne (Berlin), 1920, Nr. 181.

Die politisch und künstlerisch bewußten Kräfte begannen sich allmählich zu wehren gegen die »Verseuchung des DAS von kleinbürgerlicher Denkweise und Harmonieduselei«. – »Lange genug hat man Abertausende mit Wertlosem irregeleitet und Hunderttausende durch süßlich verlogenen Kitsch vom Männerchor ferngehalten«, schrieb der Chorkomponist *Erwin Lendvai* 1927, und zumal *Eislers* Auflehnung gegen die im DAS überhandnehmende Liedertafelei wurde zum fruchtbaren Ausgangspunkt für eine neue künstlerische Haltung, die freilich mit den reaktionären Tendenzen im DAS bald in offenen Widerspruch treten mußte. Angesichts der Arbeitslosigkeit, der Faschisierung und des Polizeiterrors dieser Jahre konnte man nicht mit *Uthmann* weiter singen: ›O Freiheitstag, ich warte dein‹; für sangesfreudige Stimmkultur war damals nicht die Zeit. 1931 wurde von den revolutionären Arbeitersängern im DAS die Kampfgemeinschaft der Arbeitersänger (KdA) gegründet, um diesen Tendenzen entgegenzutreten[15].

Zum Kern der KdA zählte *Hanns Eisler*, der seit etwa 1926 als Komponist nach einer Alternative zu den schlechten Tendenzen des DAS gesucht hatte – so besonders auch in seinen Chorkompositionen von op. 9 bis op. 21 – und der im Rahmen der Berliner Marxistischen Arbeiterschule und eines Kreises von Musikern, die sich wie *Karl Rankl*, *Stefan Wolpe* oder *Wladimir Vogel* der Arbeitermusikbewegung zugesellt hatten, sich um die Herausbildung einer revolutionären musikalischen Gegenposition bemühte. Nahezu alle genannten Werke *Eislers* thematisieren politästhetische Fragen, indem sie die musikalischen Ideologeme der Arbeitersängerbewegung und auch der anderen von den Arbeitern rezipierten Musik zur Debatte stellen.

Hanns Eisler setzte sich mit den existierenden kulturellen Strömungen, mit den verzweigten Formen politischen Bewußtseins in der Kultur auseinander, und es ist kein Zufall, daß im Refrain des Chorsatzes ›Auf den Straßen zu singen‹ op. 15 die Kundgebung betont wird: »Diese Welt woll'n wir uns mal von nah beseh'n.«[16] Genau das hat *Eisler* – im Sinne der strengen Beachtung und des bewußten Eingriffs – auch musikalisch versucht.

Eisler hat den Chorsatz ›Auf den Straßen zu singen‹ mit der anfänglichen Vortragsbezeichnung überschrieben: »Beschwingtes Marschtempo (sehr scharf und energisch).« Dennoch hört man sofort, daß *Eisler* die dumpf dahintrottende Dummheit der Marschmusik kräftig durcheinandergeschüttelt

[15] Eine knappe Darstellung der Entwicklung im DAS von seinen Anfängen bis 1933 findet man in: Sozialistische Zeitschrift für Kunst und Gesellschaft (Hanns-Eisler-Heft), Nr. 20/21, S. 29 ff.

[16] Hanns Eisler, Lieder und Kantaten, Bd. V, S. 166 ff. Eine Schallplattenaufnahme der Kantate findet sich auf ›100 Jahre Deutsches Arbeiterlied‹, a.a.O.

hat im Bewußtsein, daß die Revolutionsbewegung und die Demokratie des Proletariats den Formen primitiver Unterordnung feindlich gegenüberstehen – sogar noch im bewaffneten Kampf und dort im handgreiflichen Sinn. Kein vierstimmiger Marschblock also stampft durch die Partitur; es beginnt die Baßhauptstimme vielmehr mit dem Vortrag, während ihr die anderen Stimmen mit weit klingendem Rufen »Weg da!« die Straße sinnbildlich frei machten. Im ersten Teil suchen die Stimmen mit verschiedenen Texten ihren Weg und verlassen auch zuweilen die Bahnen der konventionellen Harmonie. Erst am Schluß dieses Abschnitts sammelt sich die Einheitsfront auf der gemeinsamen Demonstrationsroute, übrigens ohne Selbstgefälligkeit, die von den Schlußsprüngen in Sopran und erstem Baß durchkreuzt wird.
Das Sich-Finden der Chorstimmen in Stellvertretung für die niedergedrückten Klassen prägt auch den ganzen Formverlauf; gleichsam stets nach Diskussion und Überzeugung geht man zur solidarischen Aktion über, und oft entsteht auf der »Straße voll Tränen und Blut« eine starke Solidarität in der Trauer um die Opfer. Das Lied hat sich diesen Gefühlen trotz aller Kampfbereitschaft nicht verschlossen und läßt Raum – auch ›auf der Straße zu singen‹ – für ein kurzes Requiem. Deutlich weicht die anschließende Steigerung von traditionellen bombastischen Chorschlüssen ab, ohne doch auf Kraftausdrücke zu verzichten. Da ist namentlich der plötzliche Rückgang zum Pianissimo, dann zum dreifachen Piano: kein Siegesgebrüll demnach, sondern bewegliche, bewußt eingesetzte Töne beim Verändern der politisch-sozialen Welt wie der herrschenden musikalischen Erfahrung.

In der zweiten Hälfte der zwanziger Jahre war in Deutschland die Epoche der Volkslieder vorüber. Selbstverständlich wurde noch immer gesungen, wie die zahlreichen Einsendungen von Liedern an *Steinitz* nach dem 2. Weltkrieg belegen. Aber es waren objektive Veränderungen eingetreten. Revolutionäre Arbeiterlieder konnten nunmehr in gedruckten Liederbüchern erscheinen, und damit wurde die ehedem mündliche, das Umsingen fördernde Tradition kanalisiert. Daß die Verfolgung der Lieder durch die Justiz zurückging, verweist überdies auf deren verminderte politische Sprengkraft. *Hanns Eisler* hat 1935 in einem Aufsatz darauf hingewiesen: »(Der revolutionäre Arbeitersänger) wird feststellen, daß die echten Volkslieder einer längst vergangenen Arbeits- und Lebensweise entstammen und daß sie in unserer Zeit nicht anders als historisch-kritisch betrachtet werden können. [...] Er wird feststellen, daß das künstliche Nachahmen der Volkslieder reaktionär und für den Arbeiter schädlich ist [...] Das moderne

Industrieproletariat lebt in so komplizierten Lebensverhältnissen, daß die naive Art des Volkslieds nicht mehr ausreicht, sie zu beschreiben. Die eigentümliche Stellung des Industrieproletariats im modernen Leben wird tatsächlich in keinem einzigen Volkslied ausgedrückt. Das Proletariat hat aber für seine Klassenzwecke etwas viel Verwendbareres geschaffen – das Kampflied. Das Kampflied ist das eigentliche Volkslied des Proletariats.«[17]

Eisler stellt dem Volkslied, in dem er die Musikkultur der Bauern, Handwerker und Kleinbürger erkennt, die Forderung gegenüber, daß den aktuellen Formen des Klassenkampfs, der »mit neuen Denk- und Organisationsmethoden geführt« werde, auch ein neuer Musikstil zu entsprechen habe.

Die musikalisch-technischen Probleme, die etwa *Eisler*sche Lieder wegen ihrer fortschrittlichen Musiksprache an die Sänger und auch an die Hörer stellten, setzten zu deren Aneignung einen Lernprozeß voraus. Lernen, Diskussion über Text und Musik auf den Gesangsproben wurden gerade angestrebt: jeder Sänger muß genau wissen, *was* er singt, wenn jene Klarheit, Deutlichkeit und Aggressivität erreicht werden soll, mit der sich eine sozialistische Musik von Kitsch und falschem Volkston unterscheiden muß.

Die Erfahrung der Einheit von politischem und musikalischem Voranschreiten, die Erfahrung der Zweckmäßigkeit gerade avancierter Mittel für die Artikulation der drängenden politischen Probleme ließ dem kämpfenden Proletariat der neue Ton von *Eislers* Musik zum Ausdruck seines eigenen Kampfes werden: nicht mehr der falsche Trost von ›Birkengrün und Saatengrün‹, die Illusion des ›Mit uns zieht die neue Zeit‹, sondern eine klare und fordernde Befragung der Realität. *Brechts* und *Eislers* ›Sonntagslied der freien Jugend‹ demgegenüber, das als ›Solidaritätslied‹ 1932 durch den Film ›Kuhle Wampe‹ berührt wurde, wo viertausend Arbeitersportler, Sänger und die Truppe ›Das Rote Sprachrohr‹ es interpretierten, hat noch heute kaum etwas von seiner Frische verloren. Noch heute erscheint es uns als das Bild des Vorwärts, das der Text fordert. Das musikalische Neue wird hier ästhetisch zum Bild jenes gesellschaftlich Neuen, zu dem es fortzuschreiten gilt. Das Versprechen dieses vom Faschismus erstickten musikalischen Neubeginns ist immer noch uneingelöst. Nicht darf aber das schon ferngerückte Vorbild geschichtlich unvermittelt auf die Gegenwart übertragen werden, sondern es gilt, die Intention der Arbeitermusikbewegung mit Verstand und Phantasie auf die gegenwärtig herrschenden politischen und kulturellen Verhältnisse umzudenken.

[17] Hanns Eisler, Einiges über das Verhalten der Arbeiter-Sänger und Musiker in Deutschland (1935), in ders., Musik und Politik, a.a.O., S. 253 f.

VI. Bibliographien

Theo Pinkus, Iris Maier, Dieter Schulz, Amalie Pinkus

Das ›Archiv für Sozialgeschichte‹

Vorbemerkung

1961 begann die Friedrich-Ebert-Stiftung mit der Herausgabe des Jahrbuches ›Archiv für Sozialgeschichte‹. Die wissenschaftliche Verantwortung übernahm Professor Dr. Georg Eckert, *Institut für Sozialgeschichte, Braunschweig. Der letzte von ihm redigierte Band XIII ist 1973 erschienen. Im selben Jahr starb der um die Geschichte der Arbeiterbewegung und ihre Erforschung verdienstvolle Redaktionsleiter des Archivs.*
Redaktionssekretär der Bände I–IV war Dr. Gerhard Wuthe, *der Bände V–IX* Hans Pelger, *der ab Band X mit Dr.* Kurt Klotzbach *zu der von Professor* Eckert *geleiteten Redaktion gehört. Ihr Sekretär ist ab Band X Dr.* Dieter Dowe.
Die Bände wurden immer umfangreicher: Bd. I ca. 200 Seiten, Bd. XIII 864 Seiten. Band X/1970 enthält ein nach Autoren geordnetes Inhaltsverzeichnis der ersten zehn Bände. Im gleichen Band begannen die seither fortgesetzten Sammelbesprechungen, in denen die Neuerscheinungen zur Geschichte der Arbeiterbewegung und aller mit ihr verwandten Gebiete besprochen werden.
Im folgenden geben wir eine Bibliographie der wichtigsten Beiträge und der Sammelbesprechungen nach Themen. Kommentierte Dokumente sind ebenfalls unter den Sachgebieten aufgeführt.
Das Jahrbuch der Friedrich-Ebert-Stiftung erschien bis Band XI im Verlag für Literatur und Zeitgeschehen. Ab Band XII ist der Verlag Neue Gesellschaft, Bonn-Bad Godesberg, Kölner Straße 149, mit der Herausgabe betraut.

Zeichen:
D = Dokumente (bis Bd. X)
R = Rezensionen (ab Bd. XI)

Anarchismus

Ulrich Linse, Die Transformation der Gesellschaft durch die anarchistische Weltanschauung. Zur Ideologie und Organisation anarchistischer Gruppen in der Weimarer Republik, Bd. XI, S. 289–372.

Bund der Kommunisten und Vorläufer

Georg Eckert, Aus der Korrespondenz des Kommunistenbundes (Fraktion Willich-Schapper), D, Bd. V, S. 273–318.
Jacques Grandjonc, Die Stimme des Volkes 1839 oder Blätter der Zukunft 1846. Zur ›Deutschen Ideologie‹, Bd. IX, S. 499–505.
ders., La Presse de l'Emigration allemande en France (1795–1848) et en Europe (1830–1848), Bd. X, S. 95–152.
ders., Etat sommaire des dépôts d'archives françaises sur le mouvement ouvrier et les émigrés allemands de 1830 à 1851/52, D, Bd. XII, S. 487 bis 532.

Julien Kuypers, Wilhelm Wolff und der Deutsche Arbeiterverein (1847/48) in Brüssel. Ein Fund aus dem belgischen Landesarchiv, D, Bd. III, S. 103 bis 107.
Shlomo Na'aman, Zur Geschichte des Bundes der Kommunisten in Deutschland in der zweiten Phase seines Bestehens, Bd. V, S. 5–82.
Ernst Schraepler, Der Bund der Gerechten. Seine Tätigkeit in London 1840–1847, Bd. II, S. 5–29.
Marc Vuilleumier, Frankreich und die Tätigkeit Weitlings und seiner Schüler in der Schweiz, 1841–1845, Bd. V, S. 247–271.

Dänemark

Gerd Callesen, Sozialdemokratie und nationale Frage in Nordschleswig um die Jahrhundertwende, Bd. IX, S. 267–320.
ders., Zur Geschichte der dänischen Arbeiterbewegung, 15 Titel dänisch, 1 Titel deutsch, 1961–1971, R, Bd. XII, S. 628–648.

Deutsch-russische Beziehungen

Abraham Ascher, Russian Marxism and the German Revolution, 1917 bis 1920, Bde. VI/VII, S. 391–439.
Otto-Ernst Schüddekopf, Karl Radek in Berlin. Ein Kapitel deutsch-russischer Beziehungen im Jahre 1919, Bd. II, S. 87–166.
ders., Deutschland zwischen Ost und West. Karl Moor und die deutsch-russischen Beziehungen in der ersten Hälfte des Jahres 1919, D, Bd. III, S. 223–263.

Deutsche Arbeiterbewegung und Sozialdemokratie

Dieter Dowe, Die erste sozialistische Tageszeitung in Deutschland. Der Weg der ›Trierschen Zeitung‹ vom Liberalismus über den ›wahren Sozialismus‹ zum Anarchismus, 1840–1851, Bd. XII, S. 55–107.
Georg Eckert, Der Rechenschaftsbericht der Sozialdemokratischen Arbeiter-Partei für den Stuttgarter Parteitag Juni 1870, D, Bd. III, S. 497–508.
Karl-Alexander Hellfaier, Die sozialdemokratische Bewegung in Halle/Saale, 1865–1890, Bd. I, S. 69–108.
ders., Probleme und Quellen zur Frühgeschichte der Sozialdemokratie in Westfalen, D, Bd. III, S. 157–221.
Helmut Hirsch, Die Berliner Welcker-Kundgebung. Zur Frühgeschichte der Volksdemonstrationen, Bd. I, S. 27–42.
Kurt Koszyk, Das abenteuerliche Leben des sozialrevolutionären Agitators Carl Minster, 1873–1942, Bd. V, S. 193–225.
Ulrich Linse, Arbeiterschaft und Geburtenentwicklung im Deutschen Kaiserreich von 1871, Bd. XII, S. 205–271.
John A. Maxwell, On English Language Studies of the German Social Democratic Party, 6 Titel, 1964–1968, englisch R, Bd. XII, S. 608–613.
Franz Osterroth, Der Hofgeismarkreis der Jungsozialisten, Bd. IV, S. 525 bis 569.
Hans Pelger, Das Verbot eines rheinisch-westfälischen Arbeitertages zu Duisburg im Januar 1866, D, Bd. IV, S. 617–631.
ders., Zur sozialdemokratischen Bewegung in der Rheinprovinz vor dem Sozialistengesetz, D, Bd. V, S. 377–406.
ders. Zur demokratischen und sozialen Bewegung in Norddeutschland im Anschluß an die Revolution von 1848, Bd. VIII, S. 161–228.
Klaus Saul, Der Staat und die ›Mächte des Umsturzes‹. Ein Beitrag zu

den Methoden antisozialistischer Repression und Agitation vom Scheitern des Sozialistengesetzes bis zur Jahrhundertwende, Bd. XII, S. 293-350.
Otto-Ernst Schüddekopf, Bürgerliche Geschichtsschreibung und materialistische Geschichtsauffassung um 1850. Ein Beitrag zur Entwicklung der Wirtschafts- und Sozialgeschichtsschreibung in Preußen, Bd. I, S. 61–68.
ders., Der Revolution entgegen. Materialien und Dokumente zur Geschichte des linken Flügels der deutschen Sozialdemokratie vor dem Ersten Weltkrieg, D, Bd. IX, S. 451–497.
Studien zur Geschichte der deutschen Arbeiterbewegung, 8 Titel, 1968–1970, R, Bd. XI, S. 531–543.
–, 16 Titel, 1969–1971, R, Bd. XII, S. 649–681.
–, 14 Titel, 1970–1972, R, Bd. XIII, S. 660–699.
Hans-Joachim Torke, Zwischen Staat und Partei. Gustav Noskes Tätigkeit im kaiserlichen Reichstag, Bd. IV, S. 633–659.

Gewerkschaften

Gerhard Beier, Einheitsgewerkschaft. Zur Geschichte eines organisatorischen Prinzips der deutschen Arbeiterbewegung, Bd. XIII, S. 207–247.
Volker Hunecke, Veröffentlichungen zur Chartistenbewegung, 4 Titel, englisch, 1970–1971, R, Bd. XII, S. 614–620.
Nicholas Papayanis, Revolutionary Syndicalism in France, 4 Titel, französisch, 1967–1971, R, Bd. XII, S. 621–627.
Michael Schneider, Neuere Arbeiten zu Problemen gewerkschaftlicher Politik, 6 Titel, 1969–1971, R, Bd. XII, S. 585–597.

Moses Hess

Edmund Silberner, ›Der Kommunistenrabbi‹ und der ›Gesellschaftsspiegel‹, Bd. III, S. 87–102.
ders., Moses Hess als Begründer und Redakteur der Rheinischen Zeitung, Bd. IV, S. 5–44.
ders., Moses Hess und die Internationale Arbeiterassoziation, Bd. V, S. 83–146.
ders., Zur Hess-Bibliographie. Mit zwei bisher unveröffentlichten Manuskripten über Marx, D, Bde. VI/VII, S. 241–314.

Johann Jacoby

Edmund Silberner, Zur Jugendbiographie von Johann Jacoby, Bd. IX, S. 5–112.
ders., Johann Jacoby in der Revolution 1848/49, Bd. X, S. 153–260.

Internationale Arbeiterbewegung

Agnes Blänsdorf, Friedrich Ebert und die Internationale, Bd. IX, S. 321 bis 428.
Georg Eckert, Das ›Deutsche Wochenblatt‹ und die Internationale Arbeiter-Assoziation. Ein früher Abdruck der Inauguraladresse, D, Bd. IV, S. 579–598.
ders., Samuel Spier und die Internationale Arbeiter-Assoziation, D, Bd. IV, S. 599–615.

ders., Zur Geschichte der ›Sektionen‹ Wiesbaden und Mainz der Internationalen Arbeiter-Assoziation, D, Bd. VIII, S. 365–523.
Forschungen zur Geschichte der Internationalen Arbeiterbewegung, 22 Titel, 1965–1970, R, Bd. XI, S. 545–595.
–, 32 Titel, 1969–1972, R, Bd. XII, S. 682–741.
–, 15 Titel, 1969–1973, R, Bd. XIII, S. 700–730.
Erich Gruner, Die Erste Internationale und die Schweiz, Bde. VI/VII, S. 199–239.
Karl-Alexander Hellfaier, Ein Bericht über die sozialistische Bewegung in Frankreich, England und Belgien aus dem Jahre 1884, D, Bd. V, S. 407 bis 432.
Julien Kuypers, Hendrik de Man an Karl Kautsky. Ein unveröffentlichter Brief aus dem Jahre 1917, D, Bd. V, S. 433–441.
Miklós Molnár, Die Londoner Konferenz der Internationale 1871, Bd. IV, S. 283–445.
Roman Rosdolsky, Die serbische Sozialdemokratie und die Stockholmer Konferenz von 1917, Bde. VI/VII, S. 583–597.
Herbert Steiner, Die Internationale Arbeiterassoziation und die österreichische Arbeiterbewegung, D, Bd. IV, S. 447–513.

Jugoslawien

Othmar Nikola Haberl, Die Belgrader ›Beiträge zur Geschichte des Sozialismus‹, Bd. 1–8, Belgrad 1964–1971, R, Bd. XIII, S. 600–610.

Ferdinand Lassalle

Bert Andreas, Zur Agitation und Propaganda des Deutschen Arbeitervereins, 1863/64, D, Bd. III, S. 297–423.
ders., Ein Brief aus den Anfängen der lassalleanischen Agitation in Duisburg-Ruhrort, D, Bd. III, S. 561–562.
Georg Eckert, Die Flugschriften der lassalleanischen Gemeinde in Braunschweig, D, Bd. II, S. 295–358.
ders., Eine Denkschrift der Braunschweiger Lassalleaner zur Reform des Kommunal-Wahlrechts, D, Bd. III, S. 435–463.
Wilhelm Mommsen, ›Bismark und Lassalle‹, Bd. III, S. 81–86.
Shlomo Na'aman, Lassalles Beziehungen zu Bismarck – ihr Sinn und Zweck. Zur Beleuchtung von Gustav Mayers ›Bismarck und Lassalle‹, Bd. II, S. 55–85.
ders., Lassalle – Demokratie und Sozialdemokratie, Bd. III, S. 21–80.
ders., Heine und Lassalle. Ihre Beziehungen im Zeichen der Dämonie des Geldes, Bd. IV, S. 45–85.
Franz Osterroth, Die Lassalleaner von Neumünster, D, Bd. III, S. 425–433.
Carlo Schmid, Ferdinand Lassalle und die Politisierung der deutschen Arbeiterbewegung, Bd. III, S. 5–20.

Literatur

Rolf Busch, Revolutions- und Arbeiterliteratur. 4 Titel, 1970–1971, R, Bd. XII, S. 598–607.
Johannes Klein, Ästhetische und soziologische Literaturbetrachtung, Bd. I, S. 19–25.
ders., Arbeiterdichtung, Bd. III. S. 265–289.

Marx/Engels

Bert Andreas, Brief und Dokumente der Familie Marx aus den Jahren 1862–1873 nebst zwei unbekannten Aufsätzen von Friedrich Engels, D, Bd. II, S. 167–293.
ders., Marx über die SPD, Bismarck und das Sozialistengesetz, D, Bd. V, S. 363–376.
ders., Zu Engels' Bibelkritik, D, Bde. VI/VII, S. 579–581.
ders. / Wolfgang Mönke, Neue Daten zur ›Deutschen Ideologie‹. Mit einem unbekannten Brief von Karl Marx und anderen Dokumenten, Bd. VIII, S. 5–159.
Ludwig Bress, Friedrich Engels und die politische Ökonomie in der Gegenwart, Bd. XIII, S. 289–307.
Klaus Goebel/Helmut Hirsch, Engels-Forschungsmaterialien im Bergischen Land, D, Bd. IX, S. 429–450.
Helmut Hirsch, Karl Marx und die Bittschriften für die Gleichberechtigung der Juden, Bd. VIII, S. 229–245.
Karl Marx und die politische Ökonomie in der Gegenwart (Ludwig Bress), 16 Titel, 1965–1970, R, Bd. XI, S. 503–529.
Paul Mayer, Die Geschichte des sozialdemokratischen Parteiarchivs und das Schicksal des Marx-Engels-Nachlasses, Bde. VI/VII, S. 5–198.
Hans Pelger, Karl Marx und die rheinpreußische Weinkrise. Ein Beitrag zur Lage der Moselwinzer um 1840 und zu Marx' erster Auseinandersetzung mit sozialökonomischen Fragen, mit sechs unbekannten Marx-Artikeln, Bd. XIII, S. 309–373.
Roman Rosdolsky, Friedrich Engels und das Problem der ›geschichtslosen‹ Völker (Die Nationalitätenfrage in der Revolution 1848/49 im Lichte der ›Neuen Rheinischen Zeitung‹), Bd. IV, S. 87–282.
Hartmut Soell, Weltmarkt–Revolution–Staatenwelt. Zum Problem einer Theorie internationaler Beziehungen bei Marx und Engels, Bd. XII, S. 109–184.

Norwegen

Lorenz Einhart, Zur Geschichte der norwegischen Arbeiterbewegung, 15 Titel, norwegisch, 1966–1970, R, Bd. XIII, S. 574–599.

Novemberrevolution und Nachkrieg

George Eliasberg, Der Ruhrkrieg 1920. Zum Problem von Organisation und Spontaneität in einem Massenaufstand und zur Dimension der Weimarer Krise, Bd. X, S. 291–378.
Jens Flemming, Parlamentarische Kontrolle in der Novemberrevolution. Zur Rolle und Politik des Zentralrats zwischen erstem und zweitem Rätekongreß (Dezember 1918 bis April 1919), Bd. XI, S. 69–139.
Horst Lademacher, Revolution, Räte und Außenpolitik, 5 Titel, 1968 bis 1970, R, Bd. XIII, S. 611–621.
Reinhard Lüke, Beiträge zum Kapp-Putsch und Ruhrkampf sowie zum Problem der Wehrverbände, 6 Titel, 1970–1971, R, Bd. XII, S. 545–551.

Österreich

Susanne Miller, Das Ringen um ›die einzige großdeutsche Republik‹. Die Sozialdemokratie in Österreich und im Deutschen Reich zur Anschlußfrage 1918/19, Bd. XI, S. 1–67.
Herbert Steiner, Die Gebrüder Scheu, Bde. VI/VII, S. 441–578.

Politische Ökonomie

Ludwig Bress, ›Politische Ökonomie – Geschichte und Kritik‹. Das Gesicht einer Reihe der Europäischen Verlagsanstalt, 18 Titel, 1965–1972, R, Bd. XIII, S. 511–573.

Sowjetunion

Episoden der Russischen Revolution. Aus den Erinnerungen von Peter Garwy, D, Bd. V, S. 443–451.
Kurt Müller, Die wirtschaftspolitischen Ziele der Sowjetunion, Bd. I, S. 119–175.

Spartakusbund und KPD

Ottokar Luban, Die Auswirkungen der Jenaer Jugendkonferenz 1916 und die Beziehungen der Zentrale der revolutionären Arbeiterjugend zur Führung der Spartakusgruppe, Bd. XI, S. 185–223.
ders., Zwei Schreiben der Spartakuszentrale an Rosa Luxemburg (Juni 1917; 5. November 1918), Bd. XI, S. 225–240.
Helmut Trotnow, Karl Liebknecht und die russische Revolution. Ein unveröffentlichter Diskussionsbeitrag Karl Liebknechts zu Karl Radeks Rede auf dem Gründungsparteitag der KPD 1918/19, D, Bd. XIII, S. 379–398.
Hermann Weber, Zwischen kritischem und bürokratischem Kommunismus. Unbekannte Briefe von Clara Zetkin, Bd. XI, S. 417–448.
ders., Zur Geschichte der kommunistischen Bewegung in Deutschland, 9 Titel, 1970–1971, R, Bd. XII, S. 535–543.
ders., Deutsche Kommunisten. 4 Titel, 1969–1972, R, Bd. XIII, S. 624 bis 627.

SPD nach 1945

Hans Peter Ehni, Sozialistische Neubauforderung und Proklamation des ›Dritten Weges‹. Richtungen sozialdemokratischer Wirtschaftspolitik 1945–1947, Bd. XIII, S. 131–190.
Klaus Günther, Die andere Meinung in der SPD 1949, 1955/56, 1958/61. Ein Beitrag zum Problem innerparteilicher Diskussionsfreiheit, Bd. XIII, S. 23–52.
Kurt Thomas Schmitz, Entwicklungshilfe und Entwicklungspolitik. Überblick über die Vorstellungen und Aktivitäten der SPD in den Jahren 1956–1966, Bd. XIII, S. 191–206.
Arnold Sywottek, Die ›fünfte Zone‹. Zur gesellschafts- und außenpolitischen Orientierung und Funktion sozialdemokratischer Politik in Berlin 1945–1948, Bd. XIII, S. 53–129.

Tschechoslowakei

Jiri Koralka, Tschechische Briefe aus Dresden und Braunschweig 1870/71. Ein Beitrag zur internationalen Rolle der tschechischen Demokratie, Bd. V, S. 319–362.
ders., Erste Sozialisten in Nordböhmen im Verhältnis zur Eisenacher Sozialdemokratie und zur tschechischen Nationalbewegung 1868–1870, Bd. VIII, S. 285–347

Zdenek Solle, Die Sozialdemokratie in der Habsburger Monarchie und die tschechische Frage, Bde. VI/VII, S. 315–390.
ders., Die tschechische Sozialdemokratie zwischen Nationalismus und Internationalismus, Bd. IX, S. 181–266.

Ungarn

Edit Siklós-Vincze, Ungarn in der Kommune von Paris und die Rückwirkung der Pariser Ereignisse auf Ungarn, Bd. XI, S. 449–479.

Widerstand

Beatrix W. Bouvier, Emigration und Widerstand – Formen der Opposition gegen den Nationalsozialismus, 4 Titel, 1970–1971, R, Bd. XII, S. 580 bis 584.
Arnold Sywottek, Bürgerlicher und antifaschistischer Widerstand (1933 bis 1945), 8 Titel, 1969–1970, R, Bd. XII, S. 563–579.

Theo Pinkus, Iris Maier, Dieter Schulz, Amalie Pinkus

Bibliographien zur deutschsprachigen Arbeiterbewegung

Vorbemerkung

Die folgenden Angaben beanspruchen keineswegs irgendwelche Vollständigkeit. Eine wissenschaftliche Bearbeitung der Bibliographie der Bibliographien zur Arbeiterbewegung *muß einem späteren Jahrbuch vorbehalten sein.*
Hier werden bibliographische Hinweise gegeben, die eine erste Orientierung für die Leser dieses Jahrbuches sein können und die zu weiteren bibliographischen Arbeiten anregen, sind doch umfassende wissenschaftliche Bibliographien der Arbeiterbewegung bisher nur zu einigen Autoren und Teilgebieten vorhanden, oder als versteckte Bibliographien in monographischen Arbeiten.
Eine Einführung bietet die auf Referaten an der zweiten Linzer Tagung 1966 beruhende Arbeit von Bert Andreas *und* Georges Haupt, ›Bibliographie der Arbeiterbewegung – heute und morgen‹ *(International Review of Social History, Vol. XII, 1967, Part I – auch als Sonderdruck erschienen).*
In unserer kleinen Auswahl wurden nur Bibliographien berücksichtigt, die Publikationen in deutscher Sprache enthalten. Sie sind hier in einem Kreuzregister nach Stichworten und Namen und nicht nach ihren Herausgebern oder Autoren geordnet.

Allgemeine Bibliographien

Bibliographische Information, BI, Hg. Int. Ass. of Labour History Institutions. Red. Dr. M. Tucek, Schweiz. Sozialarchiv, und Th. Pinkus, Studienbibl. z. Geschichte der Arbeiterbewegung, Zürich. 3–4mal jährlich ca. 600 Titel. Neuerscheinungen, Reprints, ›Raubdrucke‹ und Kleinschriften, die in deutscher, franz., engl., span. und ital. Sprache erschienen sind. Gebiete: Arbeiterbewegung/Marxismus-Sozialismus, Revolution und Befreiungsbewegung, Dritte Welt. (Bis Nr. 12 Europäische Verlagsanstalt, Frankfurt/Limmatverlag, Zürich; ab Nr. 13 Limmatverlag, Zürich.) Einzelne Nummern und die Indexnummer mit 1 000 Stichworten (1969 bis 1972) noch lieferbar. Bis Dez. 1974 18 Nummern erschienen. Zu beziehen durch die Fachbuchhandlungen oder direkt durch den Limmatverlag-Pinkus-Genossenschaft, Postfach, CH-8025 Zürich.
Bibliographie selbständiger und unselbständiger Beiträge zu den Problemkreisen: Produktionsprozeß – Arbeitsprozeß – Arbeiterklasse / Sozialpsychologie des Kapitalismus / Materialistische Gesellschaftstheorie und Kritik bürgerlicher Sozialwissenschaften / Sozialisation – Erziehung – Pädagogik / Grundlegende Elemente der Kapitalismuskritik / Imperialismus – Unterentwicklung – Befreiung / Theorie, Praxis und Geschichte von Klassenkämpfen und sozialistischer Revolution. Ausgewählt nach den Erfordernissen und revolutionärer Theorie und Praxis bis einschließlich 1973. Redaktion: H. M. Hutter, A. Rühle. – Bei Redaktionsschluß des Jahrbuchs liegen vor: *Produktionsprozeß – Arbeitsprozeß – Arbeiterklasse* 127 S.; *Sozialpsychologie des Kapitalismus*, jeweils mit Einleitung, Stichwort- und Autorenregister, Verlag Basis-Sozialwissenschaftliche Fachbuchhandlung GmbH, München 1974.

Ernst Drahn, Bibliographie des wissenschaftlichen Sozialismus 1914–1922. Russ. Volkskommissariat f. Bildungswesen, mit Einleitung ›Zur Bücherkunde des deutschen Sozialismus‹, Berlin 1923, VIII/159 S.
Werner Hofmann, Ideengeschichte der sozialen Bewegung des 19. und 20. Jahrhunderts. Anhang: 13 Seiten Literaturhinweise. De Gruyter, Berlin 1970, Sammlung Göschen.
Götz von Olenhusen/Christa Gnirss. Theorie und Klassenkampf. Bibliographie der Raubdrucke. Die Bibliographie zitiert auch die neuen Vorworte und gibt genaue Beschreibungen der Ausgaben. Die Druckvorlagen werden ebenfalls bibliographisch nachgewiesen. Pullach b. München 1973. Einleitende Abhandlung S. 34. Bibliographie und Autorenregister S. 475.
Max Schwarz, Seit 1881. Bibliographie des Verlages J. H. W. Dietz Nachf. GmbH, Bonn 1973, 178 S.
Josef Stammhammer, Bibliographie des Socialismus und Communismus. Gustav Fischer, Jena 1893. (Georges Haupt bezeichnet den ›Stammhammer‹ als das »klassische Werk« zu Beginn der bibliographischen Unternehmungen zur Geschichte der Arbeiterbewegung.) 3 Bde. mit Sachregister: S. IV/303, S. IV/403, S. 473, Neudruck Zeller, Aalen 1964.

Anarchismus

Hans-Manfred Bock, Bibliographischer Versuch zur Geschichte des Anarchismus und Anarcho-Syndikalismus in Deutschland, in: Jahrbuch Arbeiterbewegung, Bd. 1, hg. von Claudio Pozzoli, Frankfurt 1973, S. 295 bis 334.
Max Nettlau, Bibliographie de l'anarchie. Préface d'Elisée Reclus, Paris 1897, S. 264.

Deutsche Arbeiterbewegung

Biographisches Lexikon der deutschen Arbeiterbewegung. Das Lexikon ist der vierte (unnumerierte) Band der Geschichte der deutschen Arbeiterbewegung, Chronik, und enthält 353 Biographien verstorbener führender Vertreter der deutschen Arbeiterbewegung von den Anfängen bis zur Gegenwart. Zu jeder Biographie sind bibliographische Hinweise hinzugefügt. Mit den angegebenen historischen Daten wird auf die in der Chronik erwähnten Fakten Bezug genommen. Dietz Verlag, Berlin 1970, S. 528.
Enzo Collotti, Die Kommunistische Partei Deutschlands 1918–1933. Bibliographie aus den Quellen der KPD. Mailand 1961, S. 217.
Edouard Dolléans/Michel Crozier, Mouvement ouvrier et socialiste. (Chronologie et bibliographie). Angleterre, France, Allemagne, Etats-Unis 1750–1918. Les Editions ouvrières, Paris 1950, S. 204.
Ernst Schraepler, August Bebel-Bibliographie. Düsseldorf 1962, S. 169.
Eckhard Tramsen, Bibliographie zur geschichtlichen Entwicklung der Arbeiterjugendbewegung bis 1945, insbes. in Deutschland (mit Angaben der Standorte). Roter Stern-Verlag, Frankfurt/M 1973, S. 141.
Kurt Klotzbach, Bibliographie zur Geschichte der deutschen Arbeiterbewegung 1914–1945. Mit einer forschungsgeschichtlichen Einleitung (Beiheft 2 des ›Archiv für Sozialgeschichte‹), 2000 Titel, Verlag Neue Gesellschaft, Bonn-Bad Godesberg 1974, ca. 200 S.

Gewerkschaften

Freier Deutscher Gewerkschaftsbund, Bestandeskatalog der Zentralbibliothek der Gewerkschaften. Protokolle und Berichte bis 1945. 2 Bde., Berlin o.J., S. 280 u. 154.

–, Zeitungen und Zeitschriften der Zentralbibliothek der Gewerkschaften. Ein systematisch gegliederter Bestandeskatalog der bis 1945 erschienenen periodischen Literatur. Berlin 1960, S. 86.
Johannes Sassenbach, Verzeichnis der in deutscher Sprache vorhandenen Gewerkschaftsliteratur. Generalkommission der deutschen Gewerkschaften. 2 Hefte, Berlin 1910 und 1912, S. 32 und X/37.

Moses Hess

Edmond Silberner, The works of M. H. An inventory of his signed an anonymous publications, manuscripts and correspondence. Ed. Brill, Leiden 1958, S. XVII/125.

Internationale

La Première Internationale, Périodiques 1864–77. Imprimés 1864–1876. Répertoire international des sources pour l'étude des mouvements sociaux aux XIXe et XXe siècles. Vols. I–III. Colin, Paris 1958/1961/1963. Vol. I, 1864–77, Périodiques, S. 85. Vol. II, 1864–76, Imprimés, S. 88. Vol. III, 1864–76, Imprimés, S. 224.
Georges Haupt, La Deuxième Internationale 1889–1914. Etude critique des sources. Essai bibliographique. Matériaux pour l'histoire du socialisme international. 2e série, Essais Bibliographiques, I. Mouton, Paris 1964, S. 393.
Enrica Collotti-Pischel/Chiara Robertazzi, L'Internationale Communiste et les problèmes coloniaux 1919–1935. 3 691 Titel und Verweise. Mouton, Paris 1968, S. 584.
G. Procacci, L'Internazionale Comunista dal I°–VII° Congresso 1919–35, in Annali, Mailand, Jg. I, S. 283–350.
W. S. Sowrakowski, The Communist International and its Frontorganisations. A research guide and checklist of holdings in American and European Libraries. Hoover, Stanford 1965, S. 493.
Veröffentlichungen der Kommunistischen Internationale bis 1921, S. 44 (Anhang zu Almanach der K. I. 1921 S. XI–231). 1920–1922, S. 192. Verlag der KI, Carl Hoym Nachf., Hamburg 1921 und 1923.

Karl Kautsky

Werner Blumenberg, Karl Kautskys literarisches Werk. Eine bibliographische Übersicht. Mouton, 's-Gravenhage 1960, S. 158.

Lenin

Lenins Werk in deutscher Sprache. Bibliographie. Dietz Verlag, Berlin 1967, S. 877.

Rosa Luxemburg

Jadwiga Kaczanowska/Feliska Tycha, Bibliografia Pierwodrukow Rozy Luksemburg. = Z Pola Walki, 1962, Nr. 3, Warszawa 1962, S. 65.

Marx/Engels

Die Erstdrucke der Werke von Marx und Engels. Bibliographie der Einzelausgaben. 22 Faksimiles. Marx-Engels-Lenin-Stalin Institut beim ZK der SED. Dietz Verlag, Berlin 1955, S. 62.
Marx/Engels-Verzeichnis. Werke, Schriften, Artikel. Dietz Verlag, Berlin 1966, S. 358.
Maximilien Rubel, Bibliographie des œuvres de Karl Marx, avec en appendice un répertoire des œuvres de Friedrich Engels. Rivière, Paris 1956 und 1960, S. 272 und 74.

Marxismus

Marxistisch-leninistischen Philosophie, Aktuelle Probleme der ... in der UdSSR – PHid-Informationen, Monatsübersicht, hg. Zentralstelle für die philosophische Information und Dokumentation im Inst. f. Gesellschaftswissenschaften beim ZK der SED. Begann als Schnellinformation (1963/64) und wird seit 1965 fortgesetzt. Umfaßt 8 Abteilungen und wertet ca. 10 bis 15 sowjetische Zeitschriften aus.
Marxistische Zeitschriftenliteratur zur internationalen Arbeiterbewegung. Bibliographie. Von Juli-Dez. 1950 bis Ende 1959 in Heften. Ab 1962 2mal jährlich in: Beiträge zur Geschichte der deutschen Arbeiterbewegung. Hg. Institut Marxismus-Leninismus beim ZK der SED, Berlin.

Österreich

Bibliographie zur Geschichte der Österreichischen Arbeiterbewegung 1867–1945 in drei Bänden (abgeschlossen im August 1961). Zusammengestellt von Herbert Steiner. Vorwort v. Prof. F. Klenner. Jeder Band enthält eine Zeittafel. Im Bd. I ist sie Stammbaum bezeichnet und gibt alle Gründungsdaten der einzelnen später zu Verbänden zusammengeschlossenen Fachvereine. Verlag des Österreichischen Gewerkschaftsbundes, Wien 1962. Bd. I, 1867–1918, S. 316; Bd. II, 1918–1934, S. 279; Bd. III, 1934–1945, S. 170.
Hans Schroth, Karl Renner. Eine Bibliographie. Unter Mitarbeit von E. Spielmann, G. Silvestri und E. K. Herlitzka. Eingeleitet von Karl R. Stadler. Europa Verlag, Wien 1971, S. 152.
ders., Max Adler. Eine Bibliographie. Unter Mitarbeit von H. Exenberger. Eingeleitet von H. Firnberg. Europa Verlag, Wien 1973, S. 72.

Pariser Kommune

Guiseppe Del Bo, La Comune di Parigi. Inventar der Kommune, Sammlung des Feltrinelli Instituts, Mailand 1957.
Jacques Rougerie/Georges Haupt, Bibliographie de la Commune de 1871. Arbeiten von 1940–1961, 500 Titel, in: Mouvement Social, Paris 1961 und 1962, No. 37, S. 70–92; No. 38, S. 51–85.

Presse

Alfred Eberlein, Die Presse der Arbeiterklasse und der sozialen Bewegung. Von den dreißiger Jahren des 19. Jahrhunderts bis zum Jahre 1967. Die umfassende Bibliographie gibt auch alle Standorte an. 5 Bde. Akademie-Verlag/Auvermann, Berlin und Frankfurt, Bde. 1–4, S. 2122; Bd. 5, S. 336.

Kurt Koszyk, Die Presse der deutschen Sozialdemokratie. Verlag f. Literatur und Zeitgeschehen. Hannover 1966, S. IX/4045.

Sowjetunion

Klaus Mehnert, Die Sowjetunion 1917—32. Systematische mit Kommentaren versehene Bibliographie der in deutscher Sprache außerhalb der SU erschienenen Bücher und Aufsätze. Ost-Europa Verlag, Berlin 1933, S. 186 (Reprint Burt Franklin, New York 1973).
Bibliographie der Sozialforschung in der Sowjetunion 1960—1970. Zusammengestellt von Sergej Woronitzin. Bibliographie von 700 Büchern und Aufsätzen in russischer und ukrainischer Sprache. Verlag Dokumentation, München 1973, S. 215.

Sozialismus — Kommunismus

Bert Andréas, Le Manifeste Communiste de Marx et Engels. Histoire et Bibliographie 1848—1918. Mit synchronopt. Faltblatt und geographischem Index über die Verbreitung des Kommunistischen Manifests sowie der Wiedergabe der Originalausgabe. Feltrinelli, Milano 1963, S. 430 und 23.
Geschichte des Sozialismus in Erst- und Originalausgaben. Katalog der Ausstellung 1926, Kammer für Arbeiter und Angestellte, Wien. Neudruck mit Einleitung von Gottfried Hatzl und Namensregister. 570 Titel, Limmat Verlag, Zürich 1964, S. 80.

Leo Trotzki

Louis Sinclair, Leon Trotsky, A Bibliography. Bibliographie der Zeitschriftenbeiträge, Bücher und Broschüren in allen Sprachen bis 1971, wird fortgesetzt. Vor allem werden die Materialien des Harvard Archivs ausgewertet, aber auch die Bestände der europäischen Bibliotheken. Hoover Inst. Press, Stanford 1972, S. 1089.

Widerstand

Heinz Gittig, Bibliographie zur Geschichte des antifaschistischen Widerstandes. Deutsche Staatsbibliothek, Berlin 1959, S. XVII/276.
ders., Illegale antifaschistische Tarnschriften 1933—1945. Bisher einzige Bibliographie der (vorwiegend von der KPD) publizierten Tarnschriften mit einer Abhandlung: Aufgaben, Herstellung und Verbreitung antifaschistischer Tarnschriften, Quellen und Literaturhinweis sowie einem geographischen Register (S. 80). Verzeichnis mit Standortverzeichnis (S. 137/585 Nummern). Röderberg Verlag, Frankfurt 1971, 8 Tafeln, S. 262.

VII. Rezensionen

Übersicht

Karl-Ernst Moring, Die Sozialdemokratische Partei in Bremen 1890–1914. Reformismus und Radikalismus in der Sozialdemokratischen Partei Bremens (Schriftenreihe des Forschungsinstituts der Friedrich-Ebert-Stiftung), Verlag für Literatur und Zeitgeschehen, Hannover 1968, 224 S., DM 24,80.

Für jeden Historiker der deutschen Arbeiterbewegung – und nicht nur der deutschen – sollte der kleine Schlüssel im Bremer Stadtwappen eine symbolische Deutung haben. Bilden doch die politischen, wirtschaftlichen und theoretischen Kämpfe, die sich im knappen Vierteljahrhundert zwischen 1890 und 1914 oder, wenn man eine andere Zeittafel bevorzugt, im ersten Viertel des 20. Jahrhunderts in dieser Stadt ereigneten, den großen Schlüssel zu ihrem tieferen Verständnis.

Wir schreiben absichtlich: der deutschen Arbeiterbewegung; nicht bloß der deutschen Sozialdemokratie, die zu der Zeit, als die Ereignisse, auf die wir hinzielen, sich abspielten, noch ungespalten war. Gerade was damals in Bremen vor sich ging, kann als eines der ersten Anzeichen dafür betrachtet werden, daß die klassische Sozialdemokratie und die Arbeiterbewegung keineswegs als identisch zu betrachten sind. Der rein äußerliche Schein einer solchen Identität konnte sich die ganze zweite Hälfte des 19. Jahrhunderts mühelos aufrechterhalten. Aber gerade im genannten Zeitabschnitt, und insbesondere nachdem in den Jahren 1901 bis 1905 die moderne Werftanlage der AG ›Weser‹, die modernen Anlagen der Öl- und Weizenmühlen, die Norddeutsche Maschinen- und Armaturenfabrik (Atlas-Werke) und die Norddeutsche Automobil und Motoren AG, etwas später auch die Norddeutsche Waggonfabrik, die Norddeutsche Hütte und die Raffinerie am Bremer Hafen entstanden waren, drangen hier in dieser herkömmlichen Kaufmanns- und Handwerkerstadt, die sich alsdann rasch in einen Standort moderner Schwerindustrie verwandelte, vom praktischen Verhalten ihrer inzwischen vervierfachten Arbeiterschaft her die Zweifel über die Berechtigung jener Gleichsetzung ins Bewußtsein ihrer Führer.

Die Werftarbeiterstreiks der Jahre 1905, 1910 und 1913 bildeten gewissermaßen eine Zäsur. Nicht zuletzt dem ersten zufolge fand ausgerechnet in Bremen jene Schrift, in der *Rosa Luxemburg* aus den Erfahrungen der russischen Revolution 1905 schlußfolgerte, daß »der Massenstreik die Bewegungsweise der proletarischen Masse, die Erscheinungsform des proletarischen Kampfes in der Revolution (sei)«[1], größere Beachtung und dazu besseres Verständnis als sonstwo. Wenn es schon richtig sein dürfte, was Paul Frölich 1927 behauptete, nämlich daß es »selbst die Linke in der Partei nicht (wagte), die letzten Konsequenzen aus den russischen Erfahrungen zu ziehen«[2], so trifft das dennoch für die Bremer Linke am wenigsten zu. Hat zwar auch sie die *letzten* Konsequenzen nicht sofort gezogen, so zog sie und dazu *für jene Zeit* bereits ziemlich weitgehende. Daraufhin beschleunigten die Streiks von 1910 und 1913 einen Denkprozeß, der schon in Gang gesetzt worden war. Er führte zu einer grundverschiedenen Einschätzung tagespolitischer Fragen, zur abweichenden Beurteilung des Imperialismus und der wilhelminischen Rüstungspolitik, zur Ablehnung des Parlamentarismus, zu einer fundamentalkritischen Einstellung zur Gewerkschaftsbewegung und zu einer Hervorhebung der Massenaktionen und deren Wichtigkeit. Infolge ihrer Kämpfe waren die Werftarbeiter Bremens in einen starken Gegensatz zur Gewerkschaftsbürokratie geraten. Was, jedoch noch ganz unbestimmt, am geistigen Horizont auftauchte, war die Perspektive, daß anstatt der traditionellen Arbeiterbewegung dereinst die weit über jene herausgehende Bewegung *der* Arbeiter treten könne.

1 Rosa Luxemburg, Massenstreik, Partei und Gewerkschaften, in: Gesammelte Werke, Berlin 1972, Bd. 2, S. 125.

2 Paul Frölich, Einführung zum IV. Bande der Erstauflage der Gesammelten Werke Rosa Luxemburgs, Berlin 1928, dort S. 69. Die Einführung Frölichs wurde 1972 als photomechanischer Nachdruck neuveröffentlicht im Kollektiv Verlag, Berlin, unter dem Titel ›Rolle der Gewerkschaften im Befreiungskampf des Proletariats‹.

Die Perspektive wurde weder von allen, die damals der Bremer Linken zugehörten, weiterentwickelt, noch, wenn es geschah, in gleicher Weise. Von jener Strömung aus lassen sich verschiedene Fäden spinnen. Die einen führen – über *Karl Radek* und *Wilhelm Pieck* (und auch über *August Thalheimer*[3]) – regelrecht zum Spartakusbund und zur späteren KPD. Andere dagegen entweder – über den früh gestorbenen *Johann Knief*[4] – zu der bis in die Gegenwart hinein noch immer tätigen Gruppe ›Arbeiterpolitik‹ oder – über *Anton Pannekoek* – bis zur KAPD und weiter zum Rätekommunismus.

Obendrein haben in jüngster Vergangenheit die Septemberstreiks von 1969 die Gegensätze zwischen Gewerkschaftsmitgliedern und Führung, wie sie u. a. 1971 auf dem Wiesbadener Gewerkschaftstag der IG Metall sichtbar wurden, sowie jene Streikwelle von unten, die 1973 über die Bundesrepublik hinwegging, klar gezeigt, daß die Problematik, die vor mehr als 60 Jahren in Bremen und nachher im Laufe der deutschen Revolution 1918 auf der Tagesordnung stand, heute noch immer höchst aktuell ist. Darin liegt auch die Erklärung, weshalb die Geschichte der Bremer Arbeiterbewegung in den letzten Jahren wiederholt die Aufmerksamkeit auf sich lenkte oder das Objekt historisch-wissenschaftlicher Forschung wurde.[5]

Die Tatsache ist sehr erfreulich. So wie zum Beispiel das Agrarprogramm der *Tiberius* und *Gajus Sempronius Grachus*, indem es die damaligen Produktionsverhältnisse und Klasseninteressen erhellt, um etwa ein Jahrhundert v. Chr. die Geheimnisse der römischen Geschichte offenbart, so deckt die verhältnismäßig kurze Blütezeit des Bremer Radikalismus die Geheimnisse der modernen Arbeiterbewegung, ihre Niederlagen und ihre Fortschritte auf. Bremen bildet gleichsam das Fenster, durch das man in ihre Küche schaut.

Von den verschiedenen Publikationen zu unserem Thema gehört die Arbeit von *Karl-Ernst Moring* zu den informationsreichsten. Beginnend mit der Periode unmittelbar nach der Aufhebung des Sozialistengesetzes schildert der Verfasser anhand eifrig gesammelter, sorgfältig zitierter, vielfach schwer zugänglicher Quellen den Lauf der Ereignisse, den Gegenstand der Diskussionen, die Wirkung der Beteiligten.

Der aktuellen wie der prinzipiellen Bedeutung seiner Darlegungen ist sich *Moring* dabei durchaus bewußt gewesen. Er läßt von vorneherein keine Zweifel darüber, daß seine Geschichte der Sozialdemokratischen Partei in Bremen wesentlich »als Beitrag zur Geschichte der deutschen Sozialdemokratie gedacht« sei (Vorwort). Und er betont dies noch einmal mit der Bemerkung, daß »wirtschaftlicher Aufschwung, Industrialisierung und Bevölkerungsbewegung in der Hansestadt die soziale Frage, d. h. die Frage der Integration der Arbeiterschaft in die bestehende Gesellschaftsordnung schufen« (S. 12).

Womit man es hier übrigens gleich am Anfang seines Buches zu tun hat, ist nichts weniger als sein Glaubensbekenntnis. Was in der bürgerlichen Literatur üblicherweise und mit einem verschwommenen Ausdruck als die ›soziale Frage‹ angedeutet wird, das ist für *Moring nicht* der innere Widerspruch einer auf Klassengegensätzen basierenden Gesellschaft, sondern: die *Integration.* Er meint damit die Integration *der Arbeiterschaft,* die sich ohne Aufhebung dieser Klassengegensätze, d. h. ohne Aufhebung

[3] *Thalheimer* wurde Anfang 1912, seiner radikalen Auffassungen wegen, als Redakteur der damaligen sozialdemokratischen *Freien Volkszeitung* in Göppingen entlassen. Er unterhielt zu den Bremern, namentlich zu *Radek*, enge Beziehungen.

[4] Der Lehrer *Johann Knief* (1880–1919) gehörte zu den hervorragendsten Vertretern der Bremer Linken.

[5] Von jenen Studien, die sich mit unserem Gegenstand beschäftigen, seien hier nur zwei erwähnt: Die Bremer Linksradikalen. Aus der Geschichte der Bremer Arbeiterbewegung bis 1919, Hg. Gruppe Arbeiterpolitik, Bremen 1969, 32 S.; Otto-Ernst Schüddekopf, Der Revolution entgegen: Materialien und Dokumente zur Geschichte des linken Flügels der deutschen Sozialdemokratie vor dem Ersten Weltkrieg, in: Archiv für Sozialgeschichte, Bd. IX, S. 451 (vgl. oben die Bibliographie von *Theo Pinkus* in diesem Band, Teil VI).

der Lohnarbeit und der damit verknüpften Mehrwertproduktion, überhaupt nicht integrieren läßt. Er spricht *nicht* von der tatsächlichen Integration jener Partei, welche diese Klasse zu führen oder zu vertreten beansprucht. Als Sozialdemokrat setzt er – wie es *Lenin* auch gemacht hat – die Partei einfach der Klasse gleich, ohne sich über die Berechtigung einer solchen Gleichsetzung – weil er sie als normal betrachtet – auch nur den Kopf zu zerbrechen.

Daß die Geschichte der Bremer Arbeiterklasse – 1891 Streik der Buchdrucker, 1896 Streik der Hafenarbeiter, 1897 Streik der Schuhmachergesellen und der Arbeiter der Jutespinnerei, 1899 Streik der Tonnen- und Straßenreinigungsarbeiter, 1900 Streik der Bauarbeiter und der Arbeiter des Gaswerks, 1901 Streik der Schneider und Maler, 1903 Streik der Klempnergesellen, der Schuhmachergehilfen, der Vulkan-Arbeiter und der Arbeiter der Rickmers Reismühle, 1904 Aussperrung der Zimmerer, Maurer und Bauarbeiter, 1905 Streik der Werftarbeiter der AG ›Weser‹ usw. usw. – den Beweis liefert, daß ihre eigentümliche Position als »Klasse« der bürgerlichen Gesellschaft, welche keine Klasse der bürgerlichen Gesellschaft ist«[6], sie immer wieder zum Kampf zwingt, davon findet man bei *Moring* kaum ein Wort. Die Behauptung, die Geschichte der sozialdemokratischen *Partei* bilde seinen eigentlichen Gegenstand, wäre dafür in unseren Augen keine Entschuldigung. Was wir an seiner Arbeit gerade tadeln möchten, ist diese wirklich absolute Trennung der Parteigeschichte von den sozialen Kämpfen.

Von den Bremer Bürgerschaftswahlen, von den Auseinandersetzungen um die Bürgerzeitung, von Wechseln des Personenbestands in der Führung und von theoretischen Diskussionen und Meinungsverschiedenheiten ist in *Morings* Buch sehr ausführlich die Rede. Vom Kampf der Arbeiterklasse indes nicht. Daß es so etwas gegeben hat, läßt sich aus den Zitaten gewisser Angehöriger der Linken nur indirekt vermuten. Demzufolge wird der Zusammenhang der theoretischen Positionen mit diesem Kampf nicht sichtbar gemacht. Und so ist die *Moring*sche Arbeit eine Ideengeschichte, in welcher – ganz logisch – das Schwergewicht auf die zufällig beteiligten Personen fällt. Daß der Verfasser dort, wo er die Massenstreikfrage behandelt – im Rahmen eines Abschnitts über wichtige Differenzen im linksradikalen Lager 1912 bis 1914 (S. 172/173) –, beiläufig den wilden Streik der Werftarbeiter erwähnt, ist nur eine solche Ausnahme, ohne die es keine Regel gibt.

Nach *Morings* Ansicht ist das, was sich in Bremen ereignet hat, auf das Wirken solcher Persönlichkeiten wie *Diederich, Schulz, Henke, Knief, Lensch, Ebert* oder *Pannekoek* und noch vieler anderer zurückzuführen. Von *Pannekoek* namentlich heißt es bei ihm, er »(habe) durch seine Kontakte zur Mitgliedschaft und Funktionärsgruppe einen kaum zu unterschätzenden Einfluß auf die Bremische Partei aus(geübt)« (S. 115). Er, Pannekoek, hätte »in Bremen durch seine Tätigkeit den ohnehin schon starken Einfluß des Radikalismus« verstärkt (S. 117). Daß die Auffassungen – nicht nur der Linken natürlich, sondern gleichwohl jene des reformistischen Flügels – von der Praxis des Klassenkampfes, von gesellschaftlichen Vorgängen bestimmt wurden, das hat sich *Morings* Blick offenbar entzogen.

Moring nennt die Ansichten der Radikalen gelegentlich »phraseologischen Revolutionarismus« (S. 112) oder »radikale Phraseologie« (S. 152) und charakterisiert ihr Auftreten als eine »Verteidigung der reinen Lehre« (S. 104). Daß gerade jene Linke der Auffassung war, es gäbe überhaupt keine ›reine Lehre‹, weil jede Theorie kausal mit gesellschaftlichen Entwicklungen zusammenhänge und, möchte sie auf den Namen Theorie wirklich Anspruch erheben, sich diesen Entwicklungen fortwährend anzupassen habe, davon hat er wohl nichts bemerkt.

Das Verständnis für (dialektisch) gesellschaftliche Kausalzusammenhänge

[6] Karl Marx, Zur Kritik der Hegelschen Rechtsphilosophie. Einleitung, MEW 1, S. 390.

fehlt dem Verfasser unserer Bremer Parteigeschichte sowieso. Er bemerkt zum Beispiel: »Im ganzen gesehen erreichte die Sozialdemokratie nicht ihr Ziel, in die eigentlichen Landgebiete (Bremens) vorzudringen. Die Bremer SPD lernte die Grenzen ihres Einflusses kennen. Die Agitation unter der Agrarbevölkerung formte die reformistische Einstellung der Bremer SPD (zu Anfang der beschriebenen Periode!) entscheidend mit, da die Propaganda auf dem Lande nicht von den Revolutionshoffnungen, sondern von den Hinweisen auf praktische Erfolge und positive Mitarbeit (mit der herrschenden Schicht) getragen war [. . .]« (S. 23). Die Schlußfolgerung, der Reformismus sei also das Produkt der Klassenverhältnisse im *jungen*, noch emporsteigenden kapitalistischen Deutschland gewesen, den der Radikalismus eben infolge weiterer Industrialisierung abgelöst habe, sie gibt es bei Moring nicht.
Er glaubt, in Bremen aufgrund wachsender Erfolge bei den Bürgerschaftswahlen die Wirksamkeit der reformistischen Politik zu beobachten. In seiner Schlußbetrachtung spricht er davon, daß für jede der drei in Bremen existierende Richtungen in der Partei – Reformismus, Linke und extreme Linke – im August 1914 und danach »die Probe gemacht wurde« (S. 208). Jedoch: über den Juli 1914 geht sein Buch nicht hinaus. Daß der Ausbruch des 1. Weltkriegs für die reformistische SPD ihren ersten vollständigen Zusammenbruch bedeutete, daß nach dem Kriege die formal-demokratische Republik *Eberts* und *Noskes* Zeitfreiwillige jeden revolutionären Kampf der Arbeiter niedermetzelten, das hat *Moring* in seine Darlegungen nicht mehr einbezogen.
Zusammenfassend können wir uns auf die Feststellung beschränken, daß die wirkliche Geschichte der Bremer Arbeiterbewegung und der Bremer Sozialdemokratie noch geschrieben werden muß. Aber trotzdem: wenn je einer sich daran machen würde, so wird ihm die *Moring*sche Arbeit wegen des darin angehäuften Materials als Quelle unschätzbare Dienste leisten. Sie hat eine Lücke ausgefüllt in dem Sinne, daß sie das zerstreute Tatsachenmaterial übersichtlich gegliedert und der Vergessenheit entrückt hat. Aus diesem Grunde, aber nur aus diesem, können wir Morings Werk mit lebhafter Zustimmung begrüßen.

Cajo Brendel (Amersfoort)

Hans-Josef Steinberg, Sozialismus und deutsche Sozialdemokratie. Zur Ideologie der Partei vor dem I. Weltkrieg (Schriftenreihe des Forschungsinstituts der Friedrich-Ebert-Stiftung, Bd. 50), Verlag Neue Gesellschaft GmbH, Bonn-Bad Godesberg, 3. verbess. Aufl. 1972, 174 S., DM 19,80.

Mit seiner dogmen- und geistesgeschichtlichen Arbeit versucht der Autor diejenigen Komponenten zu beleuchten, die bestimmend waren für die Herausbildung der Parteiideologie der deutschen Sozialdemokratie, der es letztendlich nur dürftig gelang, die Diskrepanz zwischen Verbalradikalismus und sozialreformerischer Praxis zu verdecken. So zeigt er, daß bis zum Sozialistengesetz die deutsche Arbeiterbewegung genausowenig marxistisch gewesen ist, wie es ihre Führer und Theoretiker waren, und daß von einer Marxismus-Rezeption in der Vorkriegs-Sozialdemokratie nur begrenzt die Rede sein könne, sondern statt dessen elektizistisch verschiedene vorherrschende Geistesströmungen aufgenommen wurden.
Als entscheidend für die »ihrem Wesen nach fatalistische Parteiideologie« (S. 150), erkennt *Steinberg* den großen Einfluß des Darwinismus und des naturwissenschaftlichen Materialismus auf die Vorstellungswelt der Sozialdemokratie. Ihm wurde weitgehend Vorschub geleistet durch Engels' ›Anti-Dühring‹, die Popularisierung des *Marx*schen Werkes durch *Kautsky* sowie durch die auf seiten der Parteiführung immer wieder durchscheinende Auffassung von der Revolution als Naturereignis.

Nach einer Analyse der verschiedenen Entwicklungsstadien *Kautskys* weist der Verfasser die hauptsächlich von *Erich Matthias* vertretene These zurück, der sogenannte ›Kautskyanismus‹ sei für die Partei von Anfang an Integrationsideologie gewesen; davon könne man vielmehr erst seit der Propagierung des Zentrismus durch *Karl Kautsky* (also um 1910) sprechen.
Es war aber nicht nur die offizielle Ideologie der Sozialdemokratie, der die politische Ohnmacht der Partei verschuldet war; sie ist gleichermaßen in der inneren Struktur des Wilhelminischen Reiches zu suchen, dessen verfassungsmäßige Ordnung, nach *Steinberg*, zum Beharren auf der scheinradikalen Ideologie beitrug, da einer bewußten und aktiven Machtentfaltung der Partei gemäß ihrer Zielsetzung eben durch die Verfassung Schranken gesetzt waren.
Vor allem durch die teilweise erstmalige Auswertung von Archivmaterialien, Nachlässen und Briefen fördert diese Arbeit neue Aspekte zutage, die bisher von der Historiographie weitgehend vernachlässigt wurden.

Annette Jost (Frankfurt a. M.)

Harvey Mitchell/Peter N. Stearns, Workers & Protest. The European Labor Movement, the Working Classes and the Origins of Social Democracy 1890–1914, Peacock Publishers, Itasca/Ill. 1971, 250 S.

Zwei amerikanische Historiker legen hier den Versuch vor, komparativ die Herausbildung der modernen Arbeiterbewegung in England, Frankreich und Deutschland zu analysieren. Ziel ist dabei freilich weniger die Aufbereitung neuen Materials; die Autoren beabsichtigen vielmehr die Überführung ›gültiger‹ Forschungsergebnisse in kohärente Interpretationen in bezug auf eine kontinentale Typologie des ›Arbeiterprotests‹ der Jahre 1890 bis 1914. *Mitchells* Thesen (S. 12–116) fallen eher traditionell aus: die Geschichte der Arbeiterbewegung sei grundsätzlich nur national zu verstehen, weil sie den unterschiedlichen Industrialisierungsschüben und der spezifischen sozio-politischen Umwelt und geistigen Tradition jeweils entspricht. *Stearns* dagegen (S. 118–221) will mit der leidigen Praxis der Ideen- und Institutionengeschichte brechen und verspricht einen innovativen, primär auf die ›Basis‹ des Geschehens gerichteten Ansatz (S. 121). Statt der mystifizierenden Propagandaschriften einzelner ›Führer‹ sowie der üblichen Kongreßprotokolle sollen endlich die Lebensbedingungen der Arbeiter selbst ins Zentrum der Analyse gerückt werden. Ein solcher historisch-soziologischer Versuch verdient zweifellos besonderes Interesse.
Ohne sich ernsthaft mit dem marxistischen Klassenbegriff auseinanderzusetzen, geht *Stearns* von einer weitgehenden strukturellen Identität der Lage der Arbeiter in den betreffenden westeuropäischen Ländern aus. International gesehen hält er sogar die Ausgangslage der Arbeiterbewegung für wesentlich homogener, als ihre jeweilige ideologische und organisatorische Struktur glauben macht. Dabei erscheint ihm die sozialpolitische *Mäßigung* als ihr wichtigster gemeinsamer Nenner. Hinweise auf den Verlauf der damaligen Streiks, welche ihm aufgrund ihres scheinbar ideologiefreien und spontanen Charakters als wichtigstes Stimmungsbarometer gelten (S. 164), sowie auf die Diskrepanz zwischen jeweiliger Gesamtzahl der Arbeiterschaft, Streikbeteiligung und Mitgliederzahl der Arbeiterorganisationen sollen diese Grundthese belegen. Demzufolge war der reformistische ›breakdown‹ von 1914 keineswegs dem ›Verrat‹ von Führern geschuldet; er war vielmehr Ausdruck der Tatsache, daß diese endlich die immer schon ›pragmatische‹ Haltung der Arbeitermassen zur Kenntnis genommen hatten (S. 133). Von dieser proletarischen Zahmheit abweichende, *gewaltsame* Streikverläufe erklärt *Stearns* denn auch mal als Wutausbrüche lumpenproletarischer Elemente (S. 142), mal als Folge krimineller Einmischungen ›von außen‹ (S. 177). Auch die zunehmende par-

teisozialistische Erfassung der Arbeiterklasse folgt solcher ›Dialektik‹ der Integration: von Mittelklassen-Intellektuellen in die Arbeiterschaft importiert, sei mit sozialdemokratischen Ideologemen nur scheinbar eine Radikalisierung verbunden. Statt – wie marxistisch behauptet wird – eigentlicher Austragungsort sozialer Antagonismen zu sein, stellt die politische Arena ›Staat‹ nach *Stearns* stets den Beginn sozialstaatlicher Integration und Adaptation des Protests dar; ebenso wie jede Organisierung quasi automatisch zu Bürokratisierung und ›Entideologisierung‹ führen muß. Denn eine wirklich revolutionäre *Massen*organisation scheint undenkbar: um ihren Mitgliederstamm zu konservieren und auszubauen, werden Gewerkschaften wie Parteien stets zu ideologischen Abstrichen sowie letztendlich zur generellen Konfliktvermeidung gezwungen (S. 188). Notfalls eben, wie *Stearns* lapidar anmerkt, durch »Disziplinierung der am stärksten ideologisch beeinflußten Mitglieder« (S. 190).

Diese ›Basis‹-Analyse leidet an zwei entscheidenden Mängeln: weder hat *Stearns* das nötige Material aufgewiesen, noch das nötige begriffliche Instrumentarium, um das Proletariat als prinzipiell ›träge Masse‹ definieren zu können. Willkürlich ausgewählte ›Augenzeugenberichte‹ (S. 209 ff) über die Arbeitermentalität der Zeit vermögen nicht zu überzeugen. *Stearns'* ›spontaneistische‹ Interpretation etwa der französischen Streikwellen (S. 164 ff) sowie der Rolle des Revolutionären Syndikalismus (S. 192 ff) wird durch zahlreiche Forschungsarbeiten widerlegt.[1] Ohne die untersuchten Ebenen (soziale Lage, Erwartungshorizont, Streik- und Wahlverhalten, Organisiertheit usw.) durch eine gesamtgesellschaftliche Analyse und durch einen Begriff der *Gesellschaftsformation* miteinander vermitteln zu können, muß er zu jener gängigen Psychologisierung des Protests Zuflucht nehmen, die dem sozialhistorischen Anspruch der Analyse diametral widerspricht. Vor Idealismus kann er sich auch dadurch nicht retten, daß er sämtliche Sozialtheorien als aufgesetzte Utopien bzw. Ideologien aus dem historischen Wirkungszusammenhang ausklammert: das »Leben« der Massen selbst führe zum Abbau »radikaler« (also »ideologischer«) Forderungen, und der »gesunde Menschenverstand« der (schweigenden) Basis führe – trotz zeitweiliger »Entfremdung« von der Gesellschaft (S. 206 ff) – immer wieder zum Kompromiß zurück. *Stearns* vermag also ebensowenig wie *Mitchell* das Feld idealistischer *Erklärungen* zu verlassen, auch wenn er scheinbar den sozio-ökonomischen Faktoren mehr Gewicht gibt. Soziales Bewußtsein oder auch das Verhindern solchen Bewußtseins wird jedenfalls nie als Produkt *materieller* Strukturen begriffen, so daß die Verklammerung von ökonomischen, politischen und ideologischen Verhältnissen ausbleibt.

Das Bekenntnis zur vergleichenden Geschichte der Arbeiterbewegung nutzt wenig, wenn *Stearns* sein *politisches* Vorurteil, diese sei als Naturgeschichte der Klassen*versöhnung* anzusehen, den Blick auf die realen Widersprüche innerhalb und auch zwischen verschiedenen ›nationalen‹ Gesellschaften versperrt. Insofern bleibt hier *Sozial*-Geschichte – ob komparativ wie bei *Stearns*, oder national angelegt wie bei *Mitchell* – immer noch positivistisch begrenzte *Bürger*-Geschichte.

Peter Schöttler (Bochum)

[1] *Stearns* stützt sich hier auf seine Arbeit ›Revolutionary Syndicalism and French Labour: A Cause without Rebels‹, New Brunswick 1971. Vgl. dagegen neuerdings die Analysen von *Edward Shorter* und *Charles Tilly*, die den engen Zusammenhang zwischen der zunehmenden klassenmäßigen Politisierung und Organisierung einerseits und einer sprunghaft ansteigenden Streikentwicklung andererseits für Frankreich überzeugend nachweisen: The Shape of Strikes in France, 1830–1960, in: Comparative Studies in Society and History, Vol. 13, 1971, S. 60–86; Le déclin de la grève violente en France de 1890 à 1935, in: Le Mouvement Social, Nr. 76, 1971, S. 95–118.

Austromarxismus. Texte zu ›Ideologie und Klassenkampf‹ von Otto Bauer, Max Adler, Karl Renner, Sigmund Kunfi, Béla Fogarasi und Julius Lengyel, hg. u. eingel. v. Hans-Jörg Sandkühler und Rafael de la Vega, Europäische Verlagsanstalt/Europa Verlag, Frankfurt – Wien 1970, 410 S., DM 23,–. (A)

Marxismus und Ethik. Texte zum neukantianischen Sozialismus, Einleitung von Hans-Jörg Sandkühler, hg. von Rafael de la Vega und Hans-Jörg Sandkühler, Suhrkamp Verlag, Frankfurt 1970, 374 S., DM 10,–. (B)

Die beiden vorliegenden Anthologien sind Musterbeispiele für eine ›verpaßte Gelegenheit‹. Verpaßt nicht wegen unzulänglicher Sachkenntnisse auf seiten der Herausgeber, sondern wegen ihrer außerordentlichen politischen Kurzsichtigkeit, die sie daran hinderte, eine *spezifische* und erschöpfende Analyse eines besonders schwierigen Gebiets der europäischen Arbeiterbewegung zu liefern.
Es liegt in der Intention der Herausgeber, mit diesen beiden Sammlungen einen Beitrag zu leisten zu einer Kritik der Theorie und der Praxis des Austromarxismus »in marxistisch-leninistischer Perspektive« (A, S. 45). Aber gerade wegen der Inanspruchnahme eines solch dogmatischen und metahistorischen Kriteriums gelingt es ihnen, die schwierige Aufgabe einer kritischen und materialistischen Analyse des Austromarxismus und des Neukantianismus zu lösen, durch eine abstrakte definitorische Gegenüberstellung von willkürlich herauskristallisierten Positionen. Daraus folgt, daß die Gegenüberstellung von Marxismus und Revisionismus, die eingebracht wurde, um die Vorstellungen *Otto Bauers* und *Max Adlers* als ›idealistisch‹ zu entlarven, nicht nur nichts über die *reale Geschichte* aussagt, von der die austromarxistischen und neukantianischen Auffassungen auf der *realen Ebene* von Klassenkämpfen ausgingen – deren Ausdruck sie, wenn auch in widersprüchlicher Weise, waren –, sondern daß dadurch auch noch die theoretische und praktische Bedeutung der ›Rückkehr zu Kant‹ innerhalb der europäischen Arbeiterbewegung verdunkelt wird.
Nur eine abstrakt philosophische und politisch dogmatische (um nicht zu sagen vulgärmarxistische) Einstellung kann das Wiederanknüpfen am Kantianismus als *Versuch des Anknüpfens an der Dimension der Subjektivität* eine »bürgerliche Konversion des Sozialismus« (B, S. 32) nennen. Und wenn außerdem behauptet wird, daß der Austromarxismus mit der ›Rückkehr zu Kant‹ »den Boden der materialistischen Dialektik« (A, S. 11) verließe, so muß man sich fragen, was jene ›materialistische Dialektik‹ in Europa in dem Zeitraum zwischen den beiden Weltkriegen bedeutete, der es gelang, eine echte revolutionäre Praxis zu begründen.
In Wirklichkeit sind die Herausgeber der beiden Anthologien nicht in der Lage, den inneren Zusammenhang zu sehen zwischen der Krise des reformistischen Determinismus der II. Internationale *(Kautsky)*, der – durch die Rückkehr zu *Kant* – aufkommenden Thematik der Subjektivität und des Entstehens des sogenannten ›kritischen Marxismus‹ (d. h. die *Lukács*- und *Korsch*-Schriften zu Anfang der zwanziger Jahre). Wie sonst aber kann man die Einbeziehung der ›ethischen‹ Dimension der Subjektivität durch *Lukács* und *Korsch* (die im übrigen schon teilweise in den Schriften *Max Adlers* vorweggenommen wurde) verstehen, wenn der Weltkrieg, die Krise der II. Internationale und vor allem die Oktoberrevolution nicht berücksichtigt werden? Nur über eine politische Analyse der komplexen Erscheinung des Austromarxismus hätten die Herausgeber nicht nur den ›materiellen Hintergrund‹ begreifen können, der die Grundlage der theoretischen Problematik der europäischen Arbeiterbewegung zwischen den beiden Weltkriegen bildet, sondern sie hätten auch gesehen, daß die Analysen von *Bauer* und *Adler* einerseits und von (dem jungen) *Lukács*, *Korsch* und *Pannekoek* auf der anderen Seite, weit davon ent-

fernt eine idealistisch-bürgerliche »Verunreinigung« des »Marxismus« (welches?) zu sein, noch heute zum großen Teil nicht gelöste Probleme der Strategie und Taktik der Revolution im Westen definieren.

Giacomo Marramao (Frankfurt a. M.)

Peter Nettl, Rosa Luxemburg, Kiepenheuer & Witsch, Köln/Berlin 1969, gekürzte Ausgabe, 576 S., DM 29,–.

Paul Frölich, Rosa Luxemburg. Gedanke und Tat, Europäische Verlagsanstalt, 4. Auflage Frankfurt 1973, 376 S., DM 12,–.

Mit der *Luxemburg*-Biographie von *Peter Nettl* liegt die wohl materialreichste und ausführlichste Arbeit über diese Persönlichkeit der II. Internationale vor, die auf lange Sicht nicht nur eine weitere Biographie als überflüssig erscheinen läßt, sondern darüber hinaus auch eine solide Grundlage für weitergehende Forschungen abgeben kann. Als besonders nützlich dafür erweisen sich die umfassenden Quellenangaben, die umfangreiche Bibliographie und das breit angelegte Register. Entscheidend für die Arbeit ist auch, daß der Autor sich nicht auf Sekundärliteratur stützt, sondern fast ausschließlich Primärquellen heranzieht und ziemlich alle zugänglichen Materialien in aller Welt ausgewertet hat. Dadurch wurde es ihm möglich, bisher unbekannte Informationen zu liefern und nur wenig bekannte Fakten und Daten zu erhellen (so hat er beispielsweise als erster das Geburtsdatum *Rosa Luxemburgs* geklärt). Noch bedeutsamer aber ist, daß er die politische Tätigkeit *Rosa Luxemburgs* auf internationaler Ebene darstellt und sich nicht – wie bisher üblich – auf ihr Wirken in der deutschen Sozialdemokratie beschränkt. Er zeigt, daß *Rosa Luxemburg* zumindest gleichrangig auch in der polnischen und in der russischen Arbeiterbewegung involviert war.
Positiv an *Nettls* Arbeit ist ebenfalls, daß er es vermeidet, moralische Wertungen einfließen zu lassen, und *Rosa Luxemburg* nicht – wie so oft geschehen – als ›Frau‹ darstellt, vielmehr das Gewicht auf ihre politische Tätigkeit legt. Dadurch, daß die Arbeit nicht nur auf die Gestalt *Rosa Luxemburgs* fixiert ist und auch den Hintergrund, auf dem sie agierte, beleuchtet, liefert *Nettl* gleichzeitig einen gewissen Beitrag zur Geschichte der Arbeiterbewegung, wenn auch seine Kenntnisse der Geschichte des 19. Jahrhunderts, des Wilhelminischen Reiches und der Sozialdemokratie selbst als nicht ausreichend bezeichnet werden müssen.
Durch die Auswertung der Arbeiten, Artikel und Briefe *Rosa Luxemburgs* ist *Nettl* in der Lage, zu relativieren und ihre Schriften und Aussagen sowohl in den theoretischen als auch in den aktuellen Kontext zu stellen. So gelingt es ihm beispielsweise nachzuweisen, daß *Rosa Luxemburg* die ihr angedichtete sogenannte ›Spontaneitätstheorie‹ selbst niemals in dieser Ausschließlichkeit vertreten hat, ebenso wie er den ›Luxemburgismus‹ als Konstruktion ihrer Kritiker und Gegner hinstellen kann.
Den Haupttenor der Arbeit bildet aber eine Darstellung von *Luxemburg* als Einzelperson, die mehr aus kulturellen als aus politischen Motiven gegen den ›Mief‹ in der Sozialdemokratie rebelliert. Daß ihr dies von *Nettl* mit sichtlicher Sympathie unterstellt wird, ist möglicherweise aus seiner eigenen Biographie als der eines großbürgerlichen Intellektuellen zu erklären.
Frölich, der bis zu seinem Ausschluß aus der KPD im Jahre 1928 die Herausgabe und Redaktion der ›Gesammelten Werke Rosa Luxemburgs‹ besorgte, lieferte nicht nur als erster eine ausführliche Biographie der Person *Rosa Luxemburg*, er unternahm auch den Versuch einer auf dem po-

litisch-aktuellen Hintergrund fußenden Darstellung ihrer Theorien. Als durchgängig in seiner Arbeit zeigt sich dabei sein Bemühen, die Auffassungen *Lenins* und *Luxemburgs* nicht als widersprüchlich hinzustellen, vielmehr konstruiert er eine Synthese zwischen beiden.
Die Bedeutung von *Frölichs* Monographie liegt vor allem darin, daß ein Aktivist, der einige Zeit mit *Rosa Luxemburg* zusammenarbeitete, eine politische Biographie geschrieben hat, wohingegen die ausführlichere Arbeit von *Nettl* reine bürgerliche Geschichtsschreibung bleibt. Als ›Klassiker‹ ist *Frölichs* Buch für die *Luxemburg*-Forschung weiterhin unentbehrlich und hat auch bis heute in vieler Hinsicht kaum an Aktualität verloren. Dabei darf allerdings nicht vergessen werden, daß er sein Werk, das erstmals 1939 in Paris erschien, in der Emigration verfaßte, wo weder die bibliothekarischen Bedingungen günstig waren, noch ihm seine eigenen Materialsammlungen zur Verfügung standen.

Annette Jost (Frankfurt a.M.)

Volkhard Brandes, Die Krise des Imperialismus, S. Fischer Verlag, Frankfurt 1973, 106 S., DM 6,–.

Brandes versucht in seiner kurzen Schrift, einige Krisensymptome in der Entwicklung des kapitalistischen Weltsystems (beschleunigte Inflation, Zerfall des Währungssystems von Bretton Woods, Verschärfung der Lohnauseinandersetzungen in den kapitalistischen Metropolen) innerhalb eines konsistenten theoretischen Rahmens zu interpretieren. Dabei setzt er sich mit solchen marxistischen Ansätzen auseinander, die eine relative Stabilität des gegenwärtigen Kapitalismus behaupten. So ist für die Theorie des ›Super-Imperialismus‹ die unangefochtene Hegemonialstellung des amerikanischen Kapitalismus die Ursache dafür, daß die aus der imperialistischen Konkurrenz resultierenden Gefährdungen der Reproduktion des kapitalistischen Weltsystems beseitigt sind. Für die Theoretiker des Rüstungskapitalismus erklärt die Etablierung eines vom Staat finanzierten Sektors der Rüstungsproduktion in wichtigen kapitalistischen Ländern die vorübergehende Stabilität und Prosperität des Kapitalismus. Schließlich behaupten die verschiedenen Ansätze der Theorie des Neo-Kapitalismus und die neueren Versionen der Imperialismustheorie, daß durch Staatsinterventionen und imperialistische Ausbeutung eine Verstetigung des Akkumulationsprozesses in den Metropolen gelungen sei, daß eine Bedrohung des kapitalistischen Systems allein von den sozialen und politischen Befreiungsbewegungen in den unterentwickelten Ländern ausgehen kann, die sich als Reaktion auf die imperialistische Ausbeutung organisiert haben.
Demgegenüber versucht *Brandes* nachzuweisen, daß sich die relative Stabilität des Kapitalismus während der letzten zwanzig Jahre ohne die genannten Revisionen der *Marx*schen Krisentheorie erklären läßt. Als wichtigste Faktoren nennt er die Tatsache, daß es aufgrund der Zerschlagung der Organisationen der Arbeiterklasse während des Krieges in wichtigen Kapitalismen (BRD, Italien, Japan) gelang, hohe Steigerungsraten des relativen Mehrwerts durchzusetzen; des weiteren gelang es im Gegensatz zur Zwischenkriegszeit, nach Kriegsende einen funktionsfähigen Weltmarkt wiederherzustellen, wodurch eine lang anhaltende Phase der kapitalistischen Expansion ermöglicht wurde. Die Existenz von Rüstungssektoren in Ländern wie den USA und Großbritannien mußte sich in dem Moment destabilisierend auswirken, wo sich aufgrund des Wiedererstarkens des westeuropäischen, insbesondere des westdeutschen, und des japanischen Kapitalismus die internationale Konkurrenz verschärfte. *Brandes* vermutet, daß die Verschärfung der internationalen Konkurrenz die Ka-

pitalisten in den Metropolen zu einem Angriff auf den Lebensstandard der Arbeiterklasse zwingen wird. Damit sind dann die objektiven Bedingungen für die Wiederherausbildung ökonomischen und politischen Klassenbewußtseins gegeben.

Brandes' Interpretationen stellen eine interessante Alternative zu anderen marxistischen Theorieansätzen dar. Es wäre zu wünschen, daß er sie in einer umfangreicheren Arbeit besser belegt und absichert, als es in dem vorliegenden kleinen Buch möglich war.

Ulrich Rödel (Starnberg)

Ernst Piehl, Multinationale Konzerne und internationale Gewerkschaftsbewegung, Europäische Verlagsanstalt, Frankfurt 1974 (Schriftenreihe der Otto Brenner Stiftung 2), 843 S., DM 12,–.

Piehl versteht seine umfangreiche Arbeit als Beitrag zur Analyse und zur Strategie der Arbeiterbewegung im international organisierten Kapitalismus insbesondere in Westeuropa. Dieser Zielsetzung folgend, untersucht er zunächst die Struktur der multinationalen Konzerne (MNK), den Prozeß ihrer Herausbildung und die ökonomischen und gesellschaftspolitischen Zusammenhänge, in denen sie existieren, die sie aber auch wesentlich mitbeeinflussen. *Piehl* zeigt, daß die internationale Konzentration sich auf die industriellen Wachstumsbranchen zuspitzt und daß das Hauptinstrument der MNK gegenüber Staat und Arbeiterklasse die Möglichkeit ist, Produktion zu verlagern oder damit zu drohen. Dazu kommen die Möglichkeiten, die Preise innerhalb des Konzernbereichs willkürlich festzusetzen, Gewinne in Steueroasen anfallen zu lassen, eigene Währungsstrategien zu betreiben und demokratische Regierungen – wie in Chile – zu unterminieren. Die wichtigsten Strategiefelder der Unternehmenspolitik – Investitionsplanung, Forschung und Entwicklung – sind strikt zentralisiert und entziehen so die Konzernpolitik nahezu jeder nationalen Kontrolle. Der immense Informationsvorsprung der Konzernzentralen, der sich nicht zuletzt in der angeblichen Ölkrise deutlich gezeigt hat, verstärkt diese Tendenzen noch. *Piehl* geht es nun darum, aufzuweisen, wie die in sich zersplitterte internationale Gewerkschaftsbewegung durch die Herausforderung der MNK mehr und mehr dazu kommt, eine gemeinsame Strategie zu entwickeln, die den MNK eine wirksame gewerkschaftliche Gegenmacht entgegensetzt und welche Schwierigkeiten in diesem Prozeß überwunden werden müssen. Der Ansatzpunkt für eine solche Strategie liegt offensichtlich nicht bei den Spitzengremien der verschiedenen (kommunistischen, sozialistisch-sozialdemokratischen oder christlichen) Zentralverbände auf der internationalen Ebene, die durch mannigfache Abgrenzungs- und Kompetenzprobleme voneinander geschieden sind, sondern bei den Aktionen, die von gewerkschaftlichen Delegierten auf der Betriebsebene in verschiedenen MNK inzwischen initiiert und durchgeführt worden sind. *Piehl* belegt das anhand von Fallstudien der Firmen Ford, Philipps, Dunlop-Pirelli, Akzo-Enka-Glanzstoff und Nestle.

Aus einer anschließenden systematischen Analyse der Problembereiche in der internationalen Gewerkschaftsbewegung, die die nationalstaatlichen Bedingungen der Gewerkschaftspolitik, die ideologisch-politische Zersplitterung und die strategischen Divergenzen der einzelnen nationalen Gewerkschaften im internationalen Rahmen behandelt, entwickelt der Verfasser Elemente einer internationalen Strategie der Gewerkschaften gegenüber den MNK. ›Kapitalnah‹ agierende MNK-Komitees, die sich aus betrieblichen Gewerkschaftsdelegierten und Sekretären der verschiedenen internationalen Gewerkschaftssekretariate zusammensetzen, sollen in Zusammenarbeit mit den internationalen Gewerkschaftsbünden und den internationalen Branchensekretariaten die Gegenmacht organisieren. Das Ziel muß eine solche geschlossene internationale Organisation auf flexibler Grundlage dieser ›drei Säulen‹ sein, die mit Informationen, Dokumentationen und Analysen beginnend im gegebenen Fall zu direkten Aktionen in den Konzernbetrieben fortschreiten kann, den Druck solcher Aktionen in die Öffentlichkeit trägt, um von daher schließlich auch Druck auf staatliche Institutionen ausüben zu können.

Piehls Arbeit hat ihren großen Wert, vor allem auch für die Gewerkschaftspraktiker in den Betrieben und in den Apparaten, durch die Fülle des verarbeiteten Materials, die klare Gliederung und die zwingenden Folgerungen für eine international orientierte Gewerkschaftsstrategie, die er aus seinem Material ableiten kann. Ergänzt wird seine Arbeit durch das eben auf deutsch erschienene Buch des Generalsekretärs der Internationale der Chemiearbeiter, *Charles Levinson*, der weniger systematisch, aber aus reichen Erfahrungen das Problem ›Gewerkschaften, Monopole, Konzerne‹ (Köln o. J. = 1974) behandelt und zu sehr ähnlichen Schlußfolgerungen kommt. *Levinson* bezieht darüber hinaus noch die Problematik des Ost-West-Handels und die Verlagerung von Produktion in die sozialistischen Länder in seine Überlegungen ein.

Eberhard Schmidt (Oldenburg)

Peter Hennicke (Hg.), Probleme des Sozialismus und der Übergangsgesellschaften, edition suhrkamp 640, Frankfurt 1973, 435 S., DM 11,–.

Jahrelang gab es keine auf ein breiteres Interesse stoßende Kritik von links an jenen Staaten, die sich selbst als sozialistisch bezeichnen. Noch heute pflegen DKP wie auch die verschiedenen maoistischen und orthodox-stalinistischen Parteien jede von links kommende Kritik an dem von ihnen unterstützten System mit Antikommunismus gleichzusetzen, um damit einer rationalen Diskussion auszuweichen.

Das Entstehen einer von beiden Strömungen unabhängigen Linken wie auch die wachsenden Gegensätze innerhalb des ›sozialistischen Weltsystems‹ und die immer offener zutage tretende Kompromißbereitschaft dieser Staaten gegenüber dem Imperialismus haben neue Ansatzpunkte der Kritik eröffnet. Am verbreitetsten dürfte gegenwärtig der Begriff der ›Übergangsgesellschaft‹ zur Beschreibung dieser Staaten sein. Er wird auch im Titel der von *P. Hennicke* herausgegebenen Sammlung verwendet. Zu den Autoren zählen *Ernest Mandel, Walter Lindner, Renate Damus, Richard Lorenz* und *Maurice Dobb*. Die meisten Beiträge sind methodischen und theoretischen Problemen gewidmet, der Rest einer Gegenüberstellung der unterschiedlichen Entwicklungsbedingungen der Sowjetunion und der VR China. Sieht man von einigen Ausnahmen ab, so stellen diese Beiträge, auf die hier im einzelnen nicht eingegangen werden kann, einen repräsentativen Querschnitt durch die gegenwärtig innerhalb der weder auf das russische noch auf das chinesische ›Modell‹ verpflichteten Linken geführten Diskussion dar.

Unter Übergangsgesellschaft wird nicht nur vom Herausgeber, sondern auch von den meisten Autoren des Bandes jenes soziale System verstanden, das nicht mehr Kapitalismus, aber auch noch nicht Sozialismus oder Kommunismus ist, dessen Entwicklung jedoch trotz aller Widersprüche und Widerstände zum Sozialismus drängt. Ob allerdings die mit diesem Begriff verbundene Vorstellung, die in diesen Ländern heute dominierenden bürokratischen Herrschaftsstrukturen *evolutionär* überwinden zu können, eine reale Grundlage hat, sei hier nur als Frage aufgeworfen. Nachdenklich stimmt jedenfalls, daß die überwiegende Zahl der Autoren diese repressiven Herrschaftsmechanismen einem grundsätzlich fortschrittlich einzuschätzenden ökonomischen Entwicklungsprozeß unterordnet. Sollten nicht u. a. die in diesen Ländern trotz aller zentralisierten Unterdrückungsmechanismen immer wieder aufbrechenden Klassenkämpfe zum Anlaß genommen werden, um die ökonomischen und sozialen Strukturen dieser Staaten einer noch tiefergehenden Kritik zu unterziehen? Diese Frage zieht sich zwar durch diesen interessanten Sammelband, findet jedoch im allgemeinen eine negative Antwort.

Volkhard Brandes (Köln)

Karl Marx/Friedrich Engels, Staatstheorie. Materialien zur Rekonstruktion der marxistischen Staatstheorie, hg. u. eingel. von Eike Hennig, Joachim Hirsch, Helmut Reichelt und Gert Schäfer, Ullstein Verlag, Frankfurt—Berlin—Wien 1974, CLIII und 685 S., DM 9,80.

Zu den umstrittensten Gebieten der *Marx*schen Theorie gehört zweifelsohne seine Staatstheorie. Bestehen selbst in Bereichen, in denen umfangreiche Äußerungen von *Marx* vorliegen, große Unklarheiten, so tritt für die *Marx*sche Staatstheorie noch erschwerend hinzu, daß in seinem Spätwerk sich darüber nur noch sporadische Hinweise finden lassen. So im ›Kapital‹, in den politischen Schriften, in Zeitungsaufsätzen und in seinem Briefwechsel. Um so begrüßenswerter ist es deshalb, daß die Herausgeber dies zum Anlaß genommen haben, die verstreuten Materialien zwar nicht vollständig aber relativ umfassend zusammenzustellen.
Da *Marx* sich nur in seinem Frühwerk mit staatstheoretischen Problemen systematisch auseinandergesetzt hat, konnte das Material nur in bezug auf seine Frühschriften unter einheitlichen Gesichtspunkten angeordnet werden. Diese Entscheidung wird auch damit begründet, daß gerade die Frühschriften bis hin zur ›Deutschen Ideologie‹ eine Argumentationsstruktur aufweisen, die es nicht erlaubt, sie unmittelbar im Zusammenhang mit dem Spätwerk zu diskutieren. Dieser Teil umfaßt im wesentlichen die Arbeiten, die in den vierziger Jahren von *Marx* und *Engels* geschrieben wurden. Da für die Arbeiten ab 1850 eine einheitliche Anordnung unter dem Gesichtspunkt der Staatstheorie nicht sinnvoll erschien, würde eine Aufteilung vorgenommen in Texte, die das Verhältnis Staat und Ökonomie behandeln, sowie in Texte, die unter dem Titel ›Politische Schriften‹ zusammengefaßt wurden. Dabei ergab sich auch die gesonderte Anordnung der ›Politischen Schriften‹ aus methodischen Problemen, auf die *E. Hennig* in seinem Einleitungsbeitrag hinweist. Sie bestehen in der Frage, inwieweit *Marx* und *Engels* in der Lage waren, tagespolitische Ereignisse mit Strukturkategorien der Politischen Ökonomie zu vermitteln. Zusammen mit dem Stichwortverzeichnis, das neben den Texten der vorliegenden Ausgabe auch die MEW miteinbezieht, stellt dieser Band einen guten Ausgangspunkt für die Beschäftigung mit der Marxschen Staatstheorie dar. Ein Mangel ist allerdings, daß eine Bibliographie fehlt; zu wünschen wäre, daß bei einer zweiten Auflage dies in Form einer kommentierten Literaturauswahl nachgeholt wird.
Die Zusammenstellung von Texten zur *Marx*schen Staatstheorie legt die Vorgehensweise nahe, diese allein aus deren Referierung zu konstruieren. Das war das bisher übliche Verfahren wie es z. B. in Arbeiten von *H. Cunow, K. Kautsky, M. Adler,* aber auch bei *Lenin* praktiziert wird. Das entscheidende Manko dieser Versuche liegt in ihrer Unfähigkeit, die Formproblematik des bürgerlichen Staats adäquat zu thematisieren. Der Terminus ›Klassenstaat‹ wird in dieser Tradition einflußtheoretisch gefaßt, d. h. der Staat als Klassenstaat entsteht allein dadurch, daß kapitalistische Interessen sich des Staatsapparates bedienen. Die Frage, inwieweit »der politische Staat in der Form der Abgehobenheit von der bürgerlichen

Gesellschaft nicht nur auf die bestimmte Struktur dieser Gesellschaft selbst zurückzuführen ist, sondern gerade in dieser spezifischen Form Klassenstaat ist« (S. XXII), liegt nicht im Bereich dieser Ansätze. Gerade diese Fragestellung dient dagegen als Leitfaden der Herausgeber in ihren Einleitungen zu den jeweiligen Textabschnitten.

Das Problem der Ableitung des bürgerlichen Staates wird im vorliegenden Band zwar auf der adäquaten Ebene formuliert, die Ansätze zur Lösung bleiben jedoch hinter dem Anspruch zurück. In seinem Beitrag ›Zur Staatstheorie im Frühwerk von Marx und Engels‹ weist *Reichelt* nach, daß eine Anknüpfung an den frühen *Marx* nicht möglich ist, da dieser noch von idealistischen Prämissen ausgeht. *Reichelt* sieht vielmehr den möglichen Ausgangspunkt in dem Hinweis, den *Marx* in den Grundrissen mit der Parallele der Ableitung des Geldes mit der des Staates formuliert. Diesem Hinweis aus den ›Grundrissen‹ versucht *J. Hirsch* systematisch nachzugehen. Dabei wird deutlich, daß der Bereich der Analogie nicht verlassen wird. Statt die Vorgehensweise, die *Marx* bei der Ableitung der Geldform entwickelt, für die Staatstheorie fruchtbar zu machen, wird die Ableitung der Geldform mit der des Staates gleichgesetzt (S. CXLI).

Ein anderes zentrales Problem der Einleitung liegt in dem nicht ganz geklärten Verhältnis von Ökonomie und Politik. Eine strukturelle Verknüpfung beider Bereiche gelingt, was das staatliche Handeln anbelangt, nur ansatzweise. *Hirsch* geht sogar so weit, von einer »Kontingenz des Politischen« (S. CXLVII) zu sprechen, während *Gert Schäfer* von der Notwendigkeit der »Vermittlung« spricht (S. CXII). Näheres darüber erfährt man aber nicht. Möglicherweise hat dies auch seine Ursachen in dem von den Autoren gewählten Ansatz. Es könnte sein, daß der marxistische Strukturalismus es erlauben würde, das Verhältnis von Ökonomie und Politik mit einem höheren Grad an Präzisierung zu klären.

Es ist aber wohl zu einfach, die kritisierten Punkte allein den Autoren anzulasten. Ihre Einleitung spiegelt vielmehr die bessere Variante des allgemeinen Standes der Diskussion in der BRD wider.

Friedrich Eberle (Frankfurt a. M.)

Claudia von Braunmühl, Klaus Funken, Mario Cogoy, Joachim Hirsch, Probleme einer materialistischen Staatstheorie, edition suhrkamp 617, Frankfurt 1973, 266 S., DM 8,–.

Im Zentrum der ökonomischen Diskussion der letzten Jahrzehnte stand die Frage nach den Chancen und Grenzen staatlicher Beeinflußbarkeit des Akkumulationsprozesses und den sich daraus ergebenden politischen Konsequenzen. Ansatzpunkt der hier vorliegenden Analysen von Mitgliedern einer Arbeitsgruppe an der Frankfurter Universität ist die seit 1929 »unbestreitbar angewachsene Intervention des Staates in die Ökonomie und die damit verbundenen Veränderungen des Verlaufs der Kapitalakkumulation«, insbesondere die »partielle Aufhebung von Marktmechanismen [. . .] durch staatliche Regelung der Märkte und staatliche Käufe« (S. 8). Im Gegensatz zu vielen zeitgenössischen Kapitalismuskritikern betonen die Verfasser, daß diese Modifikationen nur auf der Grundlage des Wertgesetzes, nicht aber als vom Verwertungsprozeß abgelöste Prozesse zu bestimmen sind (S. 9). Sie beschränken sich jedoch auf die Entwicklung des kategorialen Ansatzes, ohne das Problem der Vermittlung theoretischer Abstraktion und empirischer Erscheinungen lösen zu können.

Cogoys Aufsatz, auf den hier kurz eingegangen werden soll, versucht insbesondere die Wirkungen der staatlichen Konsumtion auf die Akkumulation zu klären. Die Expansion der Produktion für staatlichen Konsum bezeichnet er als das Geheimnis der Stabilität des Kapitalismus in der

Nachkriegszeit. Mit anderen Worten: Die Stabilisierung des Kapitalismus war nur durch seine Negation – die Ersetzung der Akkumulation durch Produktion für unreproduktiven Konsum – möglich (S. 160 f). Die Aufrechterhaltung dieses Sektors erfordert einen entsprechenden Abzug von Mehrwert aus dem produktiven Sektor, woraus sich laut *Cogoy* »ein allgemeiner Fall der Netto-Profitrate und, was noch wichtiger ist, eine verlangsamte Akkumulationsrate« (S. 164) ergibt.

Allerdings zieht *Cogoy* aus dieser Erkenntnis einen widersprüchlichen Schluß. Statt durchgängig anzuerkennen, daß ein den Fall der Netto-Profitrate beschleunigender unreproduktiver Sektor wesentlich zur *In*stabilität des Nachkriegskapitalismus beitragen mußte, sieht er in ihm letztlich jenen Faktor, der dem Kapitalismus neue Stabilität durch Absorption überakkumulierten Kapitals gab. Damit nähert er sich der Unterkonsumtionstheorie, die er zuvor bei *Baran* und *Sweezy* zu Recht angegriffen hatte. Richtiger wäre es gewesen, wenn er aus dem beschleunigten Fall der Netto-Profitrate als Folge der Expansion des unreproduktiven Staatssektors eindeutig die Konsequenz gezogen hätte, daß dieser Sektor krisenverschärfend statt krisenverhindernd wirkt. An einigen Stellen macht er sogar in diese Richtung zielende Beobachtungen: »Die Kapitalbildungsrate kann natürlich nur dann anwachsen, wenn die allgemeinen Rentabilitätsbedingungen, d. h. die Produktion von Mehrwert, voll wiederhergestellt sind, sicherlich nicht mit Hilfe der Expansion staatlicher Nachfrage« (S. 166). Zu diesen Rentabilitätsbedingungen, die in Wirklichkeit die Basis des Nachkriegsaufschwungs bildeten, zählt er: Steigerung der Arbeitsproduktivität, Intensivierung der Arbeit, Rationalisierung, Konzentration (S. 167). Leider verfolgt *Cogoy* jenen Ansatz nicht konsequent weiter.

Volkhard Brandes (Köln)

Federico Hermanin, Michael Lauer, Axel Schürmann, Drei Beiträge zur Methode und Krisentheorie bei Marx, Gießen 1973 (Reihe ›edition 2000‹), 111 S.

Die ›edition 2000‹, in der die drei Beiträge zur Methode und Krisentheorie bei *Marx* erschienen, bietet sich, wie sie betont, »als Plattform denjenigen an, die politischer Bevormundung gleich welcher Seite auch im Verlagswesen widerstehen wollen«. Die in diesem Band gesammelten Aufsätze gehen – wenn auch von unterschiedlichen Ansatzpunkten – davon aus, daß die Schwierigkeiten der Analyse der Krisengesetzlichkeit des heutigen Kapitalismus nicht zuletzt *Resultat veränderter struktureller Bedingungen der kapitalistischen Produktionsweise sind.*

Hier sei nur auf *Hermanins* Kritik an *Grossmann* eingegangen, in dem er im wesentlichen einen orthodoxen Anhänger des von *Marx* formulierten Gesetzes vom tendenziellen Fall der Profitrate sieht. Damit aber – so *Hermanin* – löst *Grossmann* »nicht die neuen Probleme, die der marxistischen Theorie durch die im Innern des kapitalistischen Systems nach der großen Krise von 1929 aufgetretenen strukturellen Innovationen erwachsen sind« (S. 106). *Hermanin* bezieht sich dabei »vor allem auf die organische und direkte Intervention des Staates in den ökonomischen Prozeß« (S. 106). *Grossmanns* Schüler *Paul Mattick* hat zwar nach *Hermanin* dessen Bestimmung der kapitalistischen Krise aus dem Akkumulationsprozeß übernommen, doch dahingehend weiterentwickelt, daß durch den Aufbau eines nicht-akkumulierenden, nicht-profitablen und nicht-kapitalistischen Staatssektors die Voraussetzungen zur Wiederaufnahme des Produktions-, nicht aber des Akkumulationsprozesses in der Krise der dreißiger Jahre geschaffen wurden. Das Wachsen des Staatssektors aber, das begann, weil die private Kapitalakkumulation sich verringerte, führt jedoch nach *Mattick* zu weiterer Einschränkung der Akkumulation und bedroht damit das gesamte privatwirtschaftliche System. So treibt die ungehinderte Akkumulation das kapitalistische System ebenso der Selbstzerstörung entgegen wie die Schaffung eines nicht-akkumulationsfähigen, unprofitablen Staatssektors. Mit dieser knappen, aber präzisen Darstellung der *Mattick*schen Kapitalismustheorie endet *Hermanins* Analyse. Der Hinweis auf »genügend Punkte, die (in *Matticks* Modell) dunkel bleiben« (S. 110), überläßt den Leser bedauerlicherweise sich selbst, wo dieser klärende Antworten erwartet.

Volkhard Brandes (Köln)

Rudi Schmiede, Grundprobleme der Marxschen Akkumulations- und Krisentheorie, Frankfurt 1973 (Athenäum Sozialwissenschaftliche Paperbacks), 216 S., DM 22,–.

Wie stark *Paul Mattick* jüngere marxistische Ökonomen beeinflußt, beweist einmal mehr diese Arbeit. In bewußter Abgrenzung gegenüber Unterkonsumtions- und Disproportionalitätstheorien und unter ausdrücklicher Berufung auf *Matticks* Kapitalismuskritik (S. 5) versucht *Schmiede*, mit Hilfe einer Rekonstruktion der *Marx*schen Akkumulations- und Krisentheorie nachzuweisen, daß die Ursache der Krise weiterhin im *Fall der Profitrate* zu suchen ist. Hier liegt der Schwerpunkt seiner Arbeit.

Schmiedes Kritik an den Unterkonsumtionstheorien führt zu der Feststellung, daß derartige Theorien »die Grundlage für politische Konzeptionen (bilden), die den Kapitalismus durch groß angelegte Umverteilungspläne transzendieren zu können glauben«, wie man sie besonders ausgeprägt in den Gewerkschaften antreffen kann, die »die abflauende Konjunktur durch höhere Löhne, die ja zusätzliche Nachfrage schaffen sollen, zu stützen (versuchen)« (S. 203). *Schmiede* bleibt jedoch in seiner Analyse, die als Krisenursache den tendenziellen Fall der Profitrate nennt, nicht konsequent. Die keynesianische Lösung der Nachfrageexpansion durch den Staat vermag seiner Ansicht nach die Zusammenbruchstendenz des Kapitalismus relativ lange und erfolgreich abzustoppen. Damit gerät er (wie auch *Mattick*) in die Nähe der von ihm heftig angegriffenen Unterkonsumtionstheoretiker – nur daß in seiner Analyse der Staat und nicht die Arbeiterklasse als Konsument auftritt. Mit dem Gedanken, daß das disproportionale Wachstum des unproduktiven Staatssektors die Expansion des reproduktionsfähigen Privatsektors zunehmend gefährdet, nähert sich *Schmiede* dagegen teilweise jener Disproportionalitätstheorie, an der er zu Recht kritisiert, sie führe zu der Schlußfolgerung, »daß Krisen nur aus falschen Proportionalitätsverhältnissen zwischen den Sektoren der Wirtschaft stammen könnten und daher durch rationale Planung behebbar seien« (S. 205). Auch in *Schmiedes* theoretischer Beweisführung müßte der Staat in der Lage sein, durch geschickte Planung die Proportionalität zwischen dem produktiven und unproduktiven Sektor so zu steuern, daß eine schwere Krise oder der Zusammenbruch des Kapitalismus vermeidbar wird. Ein Ausweg würde sich *Schmiede* bieten, wenn er nachwiese, daß die Tendenz zum Fall der Profitrate durch einen wachsenden unproduktiven staatlichen Konsum nicht abgeschwächt, sondern *verschärft* wird und daß dieser Prozeß nicht beliebig steuerbar ist, sondern den Gesetzmäßigkeiten des Akkumulationsprozesses unterliegt.

Unterkonsumtions- wie Disproportionalitätstheorien führen nach *Schmiede* zum Reformismus (S. 207). Da aber *Schmiede* selbst beiden Theorien in einigen Fragen nahesteht, ihre politischen Konsequenzen jedoch ablehnt, greift er zu einem revolutionären Voluntarismus als politischem Ausweg. Er leitet die Möglichkeit der Revolution nicht mehr aus den objektiven Gesetzmäßigkeiten der Akkumulation ab, sondern bestimmt sie als primär politisch-subjektive, von der ökonomischen Entwicklung weitgehend unabhängige Aufgabe der revolutionären Avantgarde (S. 210).

Trotz aller notwendigen Kritik an Schmiedes theoretischem Ansatz ist diese Studie ein wichtiger, leider nur allzu wenig beachteter Beitrag zur gegenwärtigen Kapitalismusdiskussion.

Volkhard Brandes (Köln)

Bertram Schefold, Wert und Preis in der marxistischen und neokeynesianischen Akkumulationstheorie, in: mehrwert. beiträge zur kritik der politischen ökonomie, Nr. 2, Westberlin und Bremen 1973, S. 125—175.

Zunächst eine kurze Erklärung des theoretischen Hintergrundes, auf dem sich *Schefold* bewegt. Als hervorragender Mathematiker und Ökonom (es sei hier auf seine ›Theorie der Kuppelproduktion‹, Basel 1971, verwiesen), der u. a. für eine Weile in Cambridge, England, tätig gewesen ist, scheint er eine Verbindung der marxistischen mit der neokeynesianischen Akkumulationstheorie und gleichzeitig eine »Integration der Marxschen Werttheorie mit der modernen Theorie der Produktionspreise« (u. a. Piero Sraffa, Production of Commodities by Means of Commodities, Cambridge 1960) ansatzweise zu versuchen. Diese Fragen hatten schon den Inhalt zweier Vorträge gebildet, die er am 17. Dezember 1971 an der Freien Universität Berlin und am 21. November 1972 an der Universität Frankfurt hielt. *Schefold,* der den provisorischen Charakter seiner Überlegungen in Richtung einer ›Synthese‹ hervorhebt, scheint sich der sehr problematischen Implikationen eines zu schnellen Integrationsversuchs bewußt zu sein. Das geht vor allem das sogenannte ›Transformationsproblem‹ an: es wird einerseits »das große Verdienst« *Sraffas* betont, das Preissystem »sorgfältig analysiert zu haben«, andererseits kommt der Mangel an einer ausreichenden Vermittlung zwischen *Marx*schem Ansatz und *Sraffas* Modell der Preisbestimmung zum Ausdruck. *Schefold* expliziert zwar keine Kritik am »Unvermittelten des Sprungs«, »mit dem Sraffa sein Preissystem einführt«, aber eine problematisierende Behandlung der sogenannten ›Lösungen‹ des Transformationsproblems scheint uns, wenn auch nur unter den Zeilen, vorhanden zu sein. Leider sind manche interessante Andeutungen auf den unausreichenden Charakter der neoricardianischen Kritik an der Neoklassik in winzigen Anmerkungen versteckt, (z. B. Anm. 4), so daß sie im Rahmen der — zumindest auf den ersten Blick — durchaus positiven Einstellung zu einer Integration der Cambridger mit den *Marx*schen Thesen praktisch verschwinden. Andere Anmerkungen (u. a. Anm. 75, 76 und 77) über die Rolle des Geldes bei *Marx* im Gegensatz zu den Neoklassikern und den Neokeynesianern und über die Unzulänglichkeit des bürgerlichen Kapitalbegriffs verweisen mehr oder weniger explizit auf die Notwendigkeit einer präziseren Erläuterung der hier knapp angesprochenen Thesen. *Schefolds* Aufsatz erscheint uns besonders für deutsche Leserkreise relevant und interessant, in denen nämlich Probleme der *Marx*schen *ökonomischen* Theorie von den ›Philosophen‹ zu oft vernachlässigt werden. Dafür wollen wir *Schefolds* Erwähnung der Notwendigkeit eines Studiums der *Marx*schen Wertformanalyse von seiten der ›Ökonomen‹ als vielversprechend verstehen.

Cristina Pennavaja (Frankfurt a. M.)

Christoph Deutschmann, Der linke Keynesianismus, Frankfurt 1973 (Athenäum Sozialwissenschaftliche Paperbacks), 222 S., DM 22,—.

Staatliche Wirtschaftseingriffe spielen heute in allen kapitalistischen Industriestaaten eine bedeutende Rolle. Zugrunde liegt dem Staatsinterventionismus die Überzeugung, daß es insbesondere mit fiskal- oder kreditpolitischen Maßnahmen möglich ist, Krisenerscheinungen, wie sie in der Weltwirtschaftskrise der dreißiger Jahre in aller Schärfe auftraten, zu verhindern. *Deutschmanns* Arbeit setzt sich mit den wichtigsten Theoretikern des Staatsinterventionismus wie *Keynes, Hansen, Robinson* und *Strachey,* die auch auf die sozialdemokratischen Parteien und Gewerkschaften einen starken Einfluß ausübten, kritisch auseinander.

Nach *Deutschmann* hat der Staatsinterventionismus lediglich die *Form* der Krise verändert. Zur Begründung greift er ausdrücklich auf *Mattick* zurück (S. 15, 208). Hauptursache der Nachkriegsprosperität ist laut *Deutschmann* die staatlich induzierte Rüstungsproduktion. Er charakterisiert den gegenwärtigen Kapitalismus sogar als »permanente Rüstungswirtschaft« (S. 137–145). Wie die Rüstung zum ›Retter‹ des Kapitalismus werden kann, ist jedoch weder theoretisch noch empirisch überzeugend nachgewiesen. Daß die Produktion für unproduktiven Konsum (z. B. Rüstung) eine stagnierende Akkumulation anregt statt zusätzlich zu belasten, ist nach *Deutschmann* durch eine besondere Finanzierungsweise – staatliche Kreditfinanzierung – zu erklären. Folgt man *Deutschmanns* (allerdings wenig klarer) Argumentation, so ist es mit Hilfe dieser Finanzierungsweise sogar möglich, den gesellschaftlichen Gesamtprofit, wenn auch um den Preis einer säkularen Inflation, zu vergrößern (S. 207).

Gegen die These der profitsteigernden Funktion der Defizitfinanzierung ist einzuwenden, daß diese Finanzierungsform nur einen Vorgriff auf zukünftige Profite darstellt und damit das Problem einer zu niedrigen Profitrate, die zum Rückgang der Akkumulation führte, bald zusätzlich verschärfen muß. Eine Steigerung der Profitrate ist nicht über die Schaffung eines ›nachfrageintensiven‹ unproduktiven Sektors möglich, sondern nur durch die Intensivierung der Arbeit, Lohnsenkungen, Entwertung und Vernichtung des überakkumulierten Kapitals, Verbilligung der Elemente des konstanten Kapitals, Einführung verbesserter Produktionsmethoden usw. Nicht die Realisations-, sondern die Produktionsbedingungen entscheiden über die Höhe der Profitrate.

Diese Tatsache läßt sich für die Nachkriegszeit auch empirisch belegen. Dazu einige Hinweise. Nicht zufällig war in den Ländern mit besonders hohen Rüstungsausgaben wie den USA und Großbritannien die Akkumulationsrate relativ niedrig, während Staaten mit einem kleineren unproduktiven Staatssektor wie Japan und die BRD die höchsten Akkumulationsraten hatten. Der Anteil der Rüstungsausgaben wurde in den USA und Großbritannien mit wachsenden wirtschaftlichen Schwierigkeiten nicht größer, sondern mußte zur *Milderung* der Krisentendenzen *gesenkt* werden. Die hohen Akkumulationsraten in Japan und der BRD wurden durch intensivere Ausbeutungsmethoden, niedrigere Löhne, Einführung modernster Produktionsverfahren, einen schnelleren Umschlagszyklus des fixen Kapitals und die *geringeren Belastungen durch einen unproduktiven Staatssektor* erzielt. Auf diese Fragen geht *Deutschmann* jedoch nicht ein.

Dennoch ist *Deutschmanns* Arbeit insgesamt ein interessanter Beitrag zur Diskussion der Nachkriegsprosperität. Es gelingt ihm weniger in der ökonomischen als in der politischen Beweisführung, die Illusionen des Linkskeynesianismus aufzudecken und die Fragwürdigkeit der Theorie einer planmäßig-demokratischen Reformierbarkeit des Kapitalismus aufzuzeigen und damit auf die »Chancen für eine Wiederbelebung des revolutionären Marxismus innerhalb der Arbeiterbewegung« (S. 210) hinzuweisen.

Volkhard Brandes (Köln)

Bob Rowthorn, Die neoklassische Volkswirtschaftslehre und ihre Kritiker – eine marxistische Beurteilung, in: Seminar: Politische Ökonomie, hg. von Winfried Vogt, suhrkamp taschenbuch wissenschaft 22, Frankfurt/M. 1973, S. 236–276, DM 9,–.

»Dieser Artikel behandelt das gedankliche Gebäude, das als die Neoklassik bezeichnet wird, die Kritik, die an diesem System von seiten der Neoricardianischen Schule vorgebracht wird, und schließlich das Verhältnis von Neoricardismus zum Marxismus.« So der Autor gleich am Anfang, zu einer Vorwegnahme des ganzen Gehalts seines Aufsatzes. Es soll hier versucht werden, das Interessante an diesem Beitrag aus England zusammen mit einem Aspekt, der u. E. seine einzige Grenze bildet, hervorzuheben.

Nach einer Besprechung der Hauptzüge der Neoklassik als ›Vülgärökonomie‹ – Individualismus, Subjektivismus, Naturalismus, Ideologische Rechtfertigung der bestehenden Klasseninteressen durch einen gewaltigen mathematischen Apparat, der in der Tat einem gesellschaftlichen Verhältnis nicht gerecht zu werden vermag – wird auf eine Diskussion der analytischen Schwächen dieser Theorie eingegangen. Die harmonistische Vision einer überall gerechten Entgeltung für geleistete produktive Beiträge zum Produktionsprozeß, d. h. für sogenannte Produktionsfaktoren, sollte in der Grenzproduktivitätstheorie dadurch ermöglicht werden, daß Gleichungen zwischen den ›subjektiven‹ Substitutionsraten verschiedener Güter und den technischen, d. h. den ›objektiven‹ Substitutionsraten bestehen. Durch eine angebliche Beweisführung der Gleichung zwischen Grenzprodukten, Zinssätzen und subjektiven Zeitpräferenzen sollte nachgewiesen werden, daß die kapitalistische Produktionsweise die beste aller möglichen ist. In der Tat ist eine solche analytisch-formelle Konstruktion unhaltbar, wie die Neoricardianer nachgewiesen haben. Ihre Kritik an der Neoklassik sei eine *immanente*, deshalb besonders wichtig: sie zeigen, daß es nicht unbedingt eine ›monotone‹ Beziehung zwischen Kapitalintensität und Profitrate geben muß (siehe das ›Reswitching‹-Phänomen). M. a. W.: es ist sinnlos, von einer ›Kapitalquantität‹ unabhängig von Profitrate und Preisen zu sprechen. Das sei ein großes Verdienst der anglo-italienischen Cambridger Schule (vgl. u. a. Piero Sraffa, Production of Commodities by Means of Commodities, Cambridge 1960).

Von *Rowthorn* wird aber der neoricardianischen Theorie eine größere Wichtigkeit abgesprochen, genauer gesagt: er wendet sich gegen die *Dobb*sche These, nach der *Sraffas* Preisbestimmung eine Ergänzung bzw. eine Berichtigung der *Marx*schen analytischen Mängel darstellt. *Sraffas* ›Einleitung zu einer Kritik der ökonomischen Theorie‹ vermag keine ›Kritik der politischen Ökonomie‹ zu leisten. Nämlich: statt der üblichen Gegenüberstellung zwischen Neoricardismus (*Sraffa*) und neoklassischer Theorie als einem einheitlichen Gebäude unterscheidet *Rowthorn* innerhalb der neoklassischen Theorie eine nutzentheoretische Richtung, die tatsächlich von *Sraffa* wegen ihrer ›Vulgarität‹ kritisiert wurde, und einer Theorie des allgemeinen ökonomischen Gleichgewichts, die dagegen von der Kritik auf der logischen Ebene, die sich gegen die vulgären Ökonomen richtete, unberührt bleibt. Dadurch wird *Sraffas* Beitrag zu einer vernichtenden Kritik an der neoklassischen Theorie zum Teil beeinträchtigt. Genauer gesagt: *Sraffas* Modell der Preisbestimmung kann »formal mit der allgemeinen Gleichgewichtstheorie übereinstimmen«. Damit wird vom Autor die wesentliche Frage nach dem Sinn, der wissenschaftlichen Haltbarkeit einer ökonomischen Theorie gestellt: wie sollen soziale Relevanz und formale Korrektheit zusammen einhergehen?

Das große Verdienst des Aufsatzes besteht außerdem in einer aufmerksamen Erläuterung der *politischen Implikationen* der jeweiligen diskutierten Thesen. Deshalb erscheinen uns seine Überlegungen im Rahmen einer Problematisierung des Beitrags *Sraffas* zum Marxismus sehr relevant. Was aber im Aufsatz eigentlich fehlt, ist zumindest die Erwähnung, daß es bei *Marx* ein formal offengebliebenes Transformationsvorgehen gibt. Über die ungelösten Probleme des 9. Kapitels des 3. Bandes des ›Kapital‹ verliert der Autor kein Wort. Nachdem er anhand von *Marx*schen Zitaten den methodologischen Unterschied zwischen *Ricardo* und *Marx* erläutert hat, bleibt nur noch der Hinweis auf eine angebliche ›Klarheit‹ und ›Einfachheit‹ der *Marx*schen Definitionen bezüglich der Priorität ›qualitativer‹ Fragen (Ursprung des Mehrwerts, Rolle der Arbeitskraft u. a.). So wesentlich diese Fragen auch sind, erscheint uns eine solche Einschränkung doch als eine zu billige Immunisierung gegenüber jedem ›empiristischen‹ Ansatz. Wenn man sich aber überlegt, daß es sich um einen Beitrag aus Cambridge handelt, so gewinnt *Bob Rowthorns* Kritik der *Dobb*schen verkürzten *Marx*-Rezeption ihre völlige Berechtigung und damit eine noch größere Relevanz.

Cristina Pennavaja (Frankfurt a. M.)

Aspekte der Marxschen Theorie 1. Zur methodischen Bedeutung des 3. Bandes des ›Kapital‹, hg. von Friedrich Eberle, edition suhrkamp 632, Frankfurt 1973, 391 S., DM 10,–.

Der Inhalt dieses Sammelbandes ist in drei Teile unterteilt, je nach dem Schwerpunkt des ökonomiekritischen Interesses an einer Lektüre des *Marx*schen ›Kapital‹. In der Tat liegt aber keine strenge methodologische Trennung vor.

Der erste Teil präsentiert als Beispiel der ›klassischen‹ Kontroverse die Kritik *Böhm-Bawerks* am ›unüberwindbaren Widerspruch‹ der *Marxsch*en Theorie (Zum Abschluß des Marxschen Systems, 1896) und die Antwort *Hilferdings* (Böhm-Bawerks Marx-Kritik, 1904). Der zweite Teil – Untertitel: Zur Struktur des Marxschen Systems – liefert Beiträge von *Henryk Grossmann* (Die Wert-Preis-Transformation bei Marx und das Krisenproblem, 1932), *Peter Dobias* (Zur Struktur des Marxschen Systems, 1970), *Ronald L. Meek* (Einige Bemerkungen zum Transformationsproblem, 1967). Im dritten Teil – Zum Erklärungsanspruch der Marxschen Theorie - sind folgende Aufsätze enthalten: *Alfredo Medio*, Profit und Mehrwert; Schein und Wirklichkeit in der kapitalistischen Produktion, 1972; *Geoffrey Pilling*, Das Wertgesetz bei Ricardo und Marx, 1972; *Paul Mattick*, Die Marxsche Arbeitswerttheorie und das Wert-Preis-Problem, 1969; *Friedrich Eberle*, Bemerkungen zum Erklärungsanspruch der Marxschen Theorie, 1973.

Eberles kurze Einleitung wirft die entscheidenden Fragen auf: Wie ist das Verhältnis von Forschungsprozeß und Darstellungsweise bei der ›richtigen‹ Methode der politischen Ökonomie zu verstehen? Welchen Abstraktionsgrad besitzt eigentlich die *Marx*sche Theorie? Wie kann behauptet werden, *Marx* habe sich bewußt nicht mit der Sphäre der Konkurrenz beschäftigen wollen, ohne Gefahr zu laufen, bei einer Kritik an empiristischen *Marx*-Rezeptionen auch die fruchtbaren Aspekte der *Marx*schen Theorie als »positive Wissenschaft« (Brief von *Marx* an *Engels*, 10. 10. 1868) unter den Tisch fallen zu lassen? *Eberle* präzisiert diese Fragestellungen in seinem Beitrag in einer Kritik an *Matticks* und *Pillings* Positionen bezüglich des ›Transformationsproblems‹: beide hätten wie durch eine »dezidierte Ablehnung« zusammen mit den empiristischen Thesen von *Maurice H. Dobb*, *J. M. Gillman* und *Ronald L. Meek* auch »die positiven und entwicklungsfähigen Momente der kritisierten Position ausgeblendet«.

Mit anderen Worten: jede Kritik an ökonomischen Modellen, die die *offengebliebene* Frage nach dem Realitätsgehalt der *Marx*schen Theorie nicht problematisiert, erweist sich als überschießend aber vor allem steril zum Zwecke einer Weiterentwicklung des *Marx*schen Ansatzes. *Marx* konstruierte nämlich ein System von Kategorien, deren ideologiekritischer Aspekt eng mit einer Überprüfung in der ökonomischen Realität einhergehen muß; wenn die sogenannte ›qualitative‹ Seite der Arbeitswerttheorie überbetont wird, so wird gerade in die Positionen der reinen Theorie zurückgefallen, die von *Marx* selbst kritisiert und überwunden wurden. Auf diese Weise beraubt man sich der fruchtbaren Elemente des kategorialen Apparates, den *Marx* gegen die bürgerliche politische Ökonomie wandte.

Unseres Erachtens sind *Eberles* Thesen völlig berechtigt und deshalb einer weiteren Vertiefung wert. Die acht übrigen Aufsätze sind hochinteressant, obwohl die Auswahl manchmal etwas zufällig, d. h. unhomogen erscheint. *Matticks* Beitrag bilden in der Tat das 3. und 4. Kapitel seines Werkes ›Marx und Keynes‹; durch die Abtrennung vom Gesamtzusammenhang – einer Kritik am ›gemischten Wirtschaftssystem‹ – können wesentliche Elemente seiner Einstellung zum Transformationsproblem unter den Tisch fallen. Bedauerlich ist aber vielmehr die Tatsache, daß *Alfredo Medios* englischer Originaltext um den 2. Teil gekürzt ist, so daß dem Leser die Elemente für eine Kritik am formalen Modell der Transformation *(Seton, Morishima, Sraffa)* fehlen. Auf diese Weise kann nicht mehr verstanden werden, daß der sogenannte neoricardianische Ansatz (Piero Sraffa, Production of Commodities by Means of Commodities, Cambridge 1960) von *Medio* problematisiert wird. Trotzdem stellt dieser Sammelband ein sehr wichtiges theoretisches Instrument zu einer Problematisierung des Verhältnisses zwischen 1. und 3. Band des ›Kapital‹ dar.

Cristina Pennavaja (Frankfurt a. M.)

Dietrich Steinbach, Die historisch-kritische Sozialtheorie der Literatur, Musterschmidt Verlag, Stuttgart 1973, 96 S., DM 5,50.

Gerald Stieg/Bernd Witte, Abriß einer Geschichte der deutschen Arbeiterliteratur, Musterschmidt Verlag, Stuttgart 1973, 200 S., DM 8,30.

Beide Bände erschienen in der von *Theo Buck* und *Dietrich Steinbach* herausgegebenen Reihe ›Literaturwissenschaft – Gesellschaftswissenschaft. Materialien und Untersuchungen zur Literatursoziologie.

Steinbach unternimmt den Versuch, eine historisch-kritische Literaturtheorie und -methode zunächst zu entwerfen und dann an einer Modellanalyse von *Schillers* ›Räubern‹ praktisch zu überprüfen. Ihm ist zuzustimmen, wenn er sowohl gegenüber positivistischen Methodologien wie gegenüber derer »Korrelat«, einer »begriffslosen Einfühlungsästhetik«, daran festhält, daß der literarische Text adäquat nur als »Vermittlungsmoment der Totalität, der gesamtgesellschaftlichen Entwicklung« (S. 6) zu begreifen ist. Eine ernstzunehmende literaturanalytische Methode hat deshalb die im Text scheinbar stillgelegte Wirklichkeit in den ästhetischen wie sozialen Geschichtsprozeß zurückzuversetzen und dann nach ihrer prozeßhaft-veränderbaren Seite zu befragen. Im einzelnen schlägt *Steinbach* folgenden idealtypisch gemeinten methodischen Dreischritt vor: 1. Empirische Text-Feststellung: »Erfassen des Textes in seiner (scheinbaren) Phänomenalität ersten Grades« (S. 35). 2. Historisch-kritische Textanalyse: »Erfassen des Textes in seiner (realen) Phänomenalität zweiten Grades« (S. 35); im einzelnen: (a) Vermittlung des Textes mit dem ästhetischen Geschichtsprozeß, d. h. – im Anschluß an *Walter Benjamin* – »Bestimmung der literarischen Technik in Beziehung auf ihre Stellung in den künstlerischen Produktionsverhältnissen« (S. 37), (b) Vermittlung des Textes mit dem sozialen Geschichtsprozeß, und zwar unter den leitenden Kriterien seines utopisch-kritischen oder ideologisch-apologetischen Gehalts, (c) Vermittlung des Textes mit dem Geschichtsprozeß seiner Überlieferung. 3. Text-Destruktion: Eingreifen in den Text vom Standpunkt der Gegenwart aus, d. h. Erfassen des Textes in seiner »objektiven Antizipation und Konkordanz mit dem Bewußtsein der Gegenwart« (S. 39). Der Rekurs *Steinbachs* auf die Ästhetik der Kritischen Theorie *Adorno/Horkheimers* wird allerdings dann bedenklich, wenn von der Produktivität bzw. Rezeptionsfähigkeit der

Massen die Rede ist. Auch *Steinbach* hält sich hier an eine sogenannte authentische Kunst, die – von bestimmten Avantgarden abgesehen – einen Adressaten nicht haben kann. Hier hätte es – wie an anderen Stellen des Buches ausführlich geschehen – eines Hinweises auf weiterführende Theoreme *Walter Benjamins* bedurft, der die Kunst gerade von den Erfahrungen der Massen kontrolliert sehen wollte. Die einschlägige vorzügliche Untersuchung *Helmuth Lethens* hat *Steinbach* offenbar übersehen (H. Lethen, Neue Sachlichkeit 1924–1932, Stuttgart 1970).

Das Buch von *Stieg* und *Witte*, hervorgegangen aus einem Seminar am Institut d'Allemand der Université III in Paris, bringt zum erstenmal eine sorgfältig belegte Gesamtübersicht über die Entwicklung der Arbeiterliteratur seit den Anfängen der Arbeiterbewegung in Deutschland. Theorie und Organisation der Arbeiterliteratur in ihren jeweiligen Phasen werden dargestellt, exemplarische Texte der verschiedenen Gattungen analysiert. Besonders nützlich: Kapitel 2 über die Entwicklung bis zum 1. Weltkrieg und Kapitel 6 zum Bitterfelder Weg in der DDR, über die bisher nur wenig Verläßliches vorliegt. Der Grundthese *Stiegs* und *Wittes*, die zugleich das Dilemma einer westdeutschen Arbeiterliteratur anzeigt, daß eine operative Literatur ihrem Anspruch nur gerecht werden kann, wenn sie in einem Zusammenhang mit der kämpfenden Arbeiterbewegung steht und ihr zugleich eine streng definierte Rolle in deren Organisation zugewiesen wird, ist zuzustimmen. Am Beispiel der Arbeiterkorrespondentenbewegung der KPD können *Stieg* und *Witte* dies besonders einleuchtend belegen. Dem spezifischen Ansatz einer Tatsachenliteratur in der Bundesrepublik, wie er von *Wallraff* entwickelt und punktuell realisiert wurde und wie er vom Werkkreis praktiziert werden *könnte*, werden *Stieg* und *Witte* dennoch nicht ganz gerecht. Auf der Grundlage der organisatorischen *Hilfskonstruktion* des Werkkreises wäre es immerhin möglich, die vielerorts in Bewegung geratene Basis in Betrieben und Wohnvierteln publizistisch zu unterstützen, also jenen Prozeß kollektiver ›Selbstverständigung‹ *(Brecht)* voranzutreiben, der langfristig auch zu neuen übergreifenden proletarischen Organisationsstrukturen führen würde. Hier wäre der Werkkreis – wie *Wallraff* es bereits mehrfach getan hat – noch immer beim Wort zu nehmen. Der resignative Verweis auf eine von vornherein ›realistischere‹ Position der Dortmunder Gruppe 61 (S. 142) hilft nicht weiter.

Peter Kühne (Dortmund)

VIII. Hinweise

Dieser Teil wurde von Theo Pinkus (Studienbibliothek zur Geschichte der Arbeiterbewegung, Zürich), Iris Maier, Dieter Schulz und Amalie Pinkus zusammengestellt. Die einzelnen Abschnitte sind von dieser Gruppe verfaßt, soweit sie nicht anders gezeichnet sind.

Übersicht

1. Die 9. Linzer Internationale Tagung der Historiker der Arbeiterbewegung, ITH

In Jahrbuch 1 haben wir eine Übersicht über die ersten acht Tagungen der Historiker der Arbeiterbewegung gegeben. Die 9. Tagung fand vom 11. bis 15. September 1973 statt. Es nahmen 115 Fachhistoriker, Assistenten, Studenten und Funktionäre der Arbeiterbewegung aus 23 Ländern teil; darunter nicht nur europäische, sondern Teilnehmer aus Kanada, den USA, Japan und Israel.

Erstes (Haupt-)Thema: ›Die Ausbreitung des Marxismus um die Jahrhundertwende‹ (1890–1905); zweites Thema: ›Die Möglichkeiten der EDV für die Erforschung der Geschichte der Arbeiterbewegung‹.

Wir müssen uns hier auf Hinweise über die vorgelegten Materialien und die Diskussionen beschränken. Da die Protokolle von allen Linzer Tagungen veröffentlicht werden, stehen in absehbarer Zeit die für die Forschung zur Geschichte der Arbeiterbewegung wichtigen Hauptreferate und fruchtbaren Diskussionen zur Verfügung.

Prof. Dr. *E. J. Hobsbawm* (Birkbeck College, London) benutzte in seinem Referat den Begriff Marxismus im weitesten Sinn und schloß nur die ausgesprochenen Gegner des Sozialismus und offenen Antimarxisten innerhalb der sozialistischen Arbeiterbewegung, wie z. B. die britischen Fabier und die Anarchisten, von seiner Untersuchung über die Ausbreitung des Marxismus aus. *Hobsbawm* befaßte sich vor allem mit dem Einfluß der sich von *Marx* und *Engels* abgeleiteten Ideen innerhalb der sozialdemokratischen Bewegung. In dieser Zeit vollzog sich auch die Trennung zwischen Anarchisten und Sozialisten. Dagegen war der *Bernstein*sche Revisionismus noch nominell marxistisch, während die englischen Fabier mit ähnlichen Gedanken ihre Verbindung mit dem Marxismus abgebrochen hatten.

So unzuverlässig die damaligen Parteistatistiken waren, so kann doch mit ihrer Hilfe (Mitgliedszahlen, Auflagezahlen der Zeitungen, Wahlergebnisse) vieles über die Ausbreitung des Marxismus festgestellt werden. In dieser Epoche ist der Marxismus zu einem allgemeinen Begriff geworden, seine Verbreitung hing von der Anziehungskraft der sozialistischen Bewegung auf die Arbeiterschaft einerseits und auf die Intellektuellen andererseits ab. Die letzteren waren in der deutschen Sozialdemokratie noch verhältnismäßig wenige, da sogar die Reichstagsfraktion der SPD zu zwei Dritteln aus Arbeitern bestand. In Frankreich erschienen zwischen 1889 und 1909 31 Dissertationen über Sozialismus und *Marx*, in Deutschland waren es in der gleichen Zeit nur 11. In beiden Ländern neigten die sozialistischen Intellektuellen zum Revisionismus. In den rückständigen und revolutionären Ländern boten Kapitalismus und liberale Bourgeoisie den Intellektuellen viel weniger Chancen, deswegen sympathisierten sie viel mehr mit der Revolution und blieben Revolutionäre. Das Wachstum der sozialistischen Bewegung hing von der weltweiten Entwicklung des Kapitalismus in dieser Zeit ab. *Hobsbawm* gab eine geographische und chronologische Entwicklung des Marxismus in jener Zeit und stellte drei Zentren fest: Mittel- und Westeuropa, Rußland und die USA. Aus der Bibliographie des Kommunistischen Manifestes von *Bert Andreas* ist die Verbreitung des Marxismus abzulesen. *Hobsbawms* Angaben über die Verbreitung des Sozialismus und Marxismus in den übrigen europäischen Ländern wurden durch weitere Beiträge und Diskussionsreden der Historiker aus diesen Ländern vertieft und ergänzt. Sie bestätigten alle die Schlußfolgerungen *Hobsbawms*, daß sozialistische Massenparteien der Arbeiterklasse hauptsächlich in Mittel-, Nord- und Westeuropa bestanden, wobei der Marxismus-Inhalt ihres Sozialismus diskutabel ist. In Mittel- und Südeuropa und auch in Osteuropa drang der Marxismus in der sozialistischen und Arbeiterbewegung durch, ohne solche Massenbewegungen aufzuweisen. In Industriestaaten war die Basis der sozialistischen Bewegungen proletarisch, wobei Intellektuelle unverhältnismäßig stark in der Führung vertreten waren; in den vorwiegend agrarischen Ländern stützte sich die sozialistische Organisation ursprünglich eher auf die Intellektuellen als auf die Arbeiter. Die Auflagen der marxistisch gerichteten sozialistischen Literatur zeigten aber ein noch geringes theoretisches Interesse in der Arbeiterklasse. Eine Mischung von wissenschaftlichem und evolutionärem Marxismus mit antireligiösem Freidenkertum von Geschichte und Utopie fand das größte Interesse. So war *Corvins* ›Pfaffenspiegel‹ das weitaus am meisten verbreitete Leihbuch in den Arbeiterbibliotheken und übertraf sogar *Bebels* ›Die Frau und der Sozialismus‹, das das einzige sozialdemokratische Buch mit wirklicher Massenverbreitung war. *Hobsbawm* zog auch das Jahresverzeichnis der deutschen Hochschulschriften heran, um am Wachstum der Zahl der Dissertationen über Arbeiter und sozialistische Themen den Einfluß des Marxismus unter den Intellektuellen festzustellen. Um die Frage zu beantworten, wieso die sozialdemokratische Bewegung der II. Internationale in diesem Ausmaß unter marxistische Hegemonie kam, genügt es nicht, dies durch das Prestige der deutschen Partei zu erklären. Man muß annehmen, daß es die Überlegenheit der marxistischen Analyse der Ausbeutung und vor allem des Klassenkampfs gegenüber jeder anderen ideologischen Konkurrenz war, die dem Marxismus jene ungewöhnliche Triebkraft gab.

Ernst Wangermann (Universität Leeds) ergänzte durch sein Referat über die Auseinandersetzungen über das Verhältnis von Reform und Revolution in der deutschen und österreichischen Sozialdemokratie. *Tibor Erényi* und *Janos Jemnitz* brachten Hinweise aus Ungarn zur Bestätigung der *Hobsbawm*schen Untersuchungen. *Dieter Fricke* (Friedrich-Schiller-Universität Jena) stellte die Ausbreitung des Marxismus eng mit der Organisationsfrage in Verbindung, wobei die Verbreitung der Theorie und die Bildung fester Organisationen bis zur *Lenin*schen Partei in dieser Zeit des Übergangs zur Epoche des Imperialismus ein einheitlicher Prozeß ist. In diesem Prozeß entwickelte sich nach *Fricke* die Partei als höchste Form der Klassenorganisation des Proletariats, auf der Grundlage des demokratischen Zentralismus, mit einer klaren marxistischen Theorie und Praxis.

Prof. Dr. *Robert Wheeler* (University of Southern California, Los Angeles) umriß in seinem Referat Möglichkeit und Grenzen der quantitativen Methoden bei der Erforschung der Arbeiterbewegung. So sehr die Statistik immer herangezogen wurde, um theoretische Schlußfolgerungen anhand der Fakten auf ihre Richtigkeit hin zu überprüfen, so ist doch, wie *Wheeler* feststellte, die Arbeiterbewegung meistens von der Spitze her untersucht worden. Persönlichkeiten, Programme und Theorien wurden so in gewissem Sinn überbewertet.

Quantitative Untersuchungen sind unerläßlich, und heute müssen auch die Historiker der Arbeiterbewegung die Elektronische Datenverarbeitung (EDV) anwenden, die in den letzten Jahren in der gesamten Geschichtswissenschaft an Bedeutung zugenommen hat. Der Computer, der nicht denken kann, zwingt den Forscher, seine eigenen Gedanken zu präzisieren. Nach Mikrofilm und Fotokopie ist der Computer jetzt das potentiell wichtigste Hilfsmittel für den Historiker, auch wenn seine Grenzen anerkannt werden müssen. Wahlanalysen, Analysen von Massenaktionen wie Streikbewegungen sind quantifizierbare Quellen. Die Akten von 26 881 Menschen, die während des Aufstandes von 1851 festgenommen wurden, konnten mit Hilfe eines Computers schon ausgewertet werden. Es gibt eine Meinungsforschung der Vergangenheit, bei der EDV angewendet wird. Für die Organisationsanalysen sind selbstverständlich die quantitativen Methoden und auch EDV anwendbar.

Im Rechenzentrum der Universität Linz konnte, gründlich erläutert durch ein Referat von Dr. *Friedrich H. Lang*, Wien, die praktische Anwendung von EDV beobachtet werden. Es bestände z. B. die Möglichkeit, die bibliographische Forschung und Auswertung der Bibliographien mit EDV wesentlich zu erleichtern. So wurde probeweise eine Titelaufnahme der ›Bibliographischen Information‹ über Lochkarte und Speicher direkt in Klarschrift sichtbar gemacht. Die Maschine wäre imstande, diese Klarschrift auf eine Offsetplatte zu projizieren, die sofort verkleinert in der Druckerei in die BI aufgenommen werden könnte. In jedem Heft wäre durch die Speicherung auch ein Sachregister und in entsprechend gewählten Abständen Gesamtregister mühelos herstellbar. Vielleicht regt dieser Bericht akademische Forschungszentren, die sich mit der Arbeiterbewegung beschäftigen, an, in ihrem Universitätsbereich die Möglichkeit der Benutzung der EDV-Anlagen zu schaffen. Kommerziell bzw. gewinnbringend allerdings ist diese ›Computerzeit‹ nicht, wenn sie auch für eine rasche und gutauswertbare Bibliographie, die für jeden Forscher ein wichtiges Instrumentarium ist, möglich macht. Dieser Versuch wird als Forschungsaufgabe von der Universität Bremen, die an der Redaktion mitwirken wird, 1975 unternommen.

Während dieser Arbeitswoche fand auch die Generalversammlung der Vereinigung ITH (Internationale Tagung der Historiker der Arbeiterbewegung) statt. Es wurde beschlossen, die nächste Tagung in Linz vom 10. – 14. September 1974 durchzuführen. Hauptthema: ›Faschismus und Arbeiterbewegung‹; zweites Thema: ›Der Februar 1934 in Österreich‹.

2. Die Tagungsberichte der ITH (Internationale Tagung der Historiker der Arbeiterbewegung)

Bis jetzt sind zwei Bände mit ITH-Tagungsberichten herausgegeben worden. *Band 1*, 1972 erschienen, enthält Berichte, Referate und Diskussionsbeiträge des Internationalen Symposions Österreich/Ungarn und der ersten beiden Tagungen. Das Symposion fand in Wien vom 7. bis 9. September 1964 statt. In dieser Zeit waren auch in anderen Ländern Bemühungen im Gange, zu einer regelmäßigen wissenschaftlichen Zusammenarbeit der Historiker der Arbeiterbewegung zu kommen. Vor dem großen Historiker-Kongreß in Wien 1965 fand dann in Linz vom 25. bis 28. August die erste ›Linzer Tagung‹ statt. Ihr folgte vom 8. bis 10. September 1966 die 2. Tagung.

Auf dem Symposion sprachen *Hans Mommsen* über Arbeiterbewegung und bürgerlichen Liberalismus, *Jiři Kořalka* über die deutsche Sozialdemokratie und Österreich bis 1874, *Herbert Steiner* über die Beziehungen der österreichischen Arbeiterfunktionäre zur I. Internationale. Ungarn, Jugoslawen und Polen referierten über ihre Länder zum Thema. *Zdenek Solle* behandelte die Internationale, die österreichische Sozialdemokratie und das Nationalitätenproblem.

Das Protokoll der zweiten Tagung bringt die Ausführungen über die historische Rolle der Stadt Linz für Demokratie und Arbeiterbewegung in Österreich sowie über Rudolf Neck und Max Adler als Gesellschaftsdenker von *Norbert Leser*. Das Konferenzprotokoll enthält auch umfangreiche Informationen über die damals im Bau befindliche neue Hochschule für Sozial- und Wirtschaftswissenschaften in Linz (die in den späteren Konferenzen wesentlichen Anteil an den Tagungen hatte), über den Verein für Geschichte der Arbeiterbewegung in Österreich und die Arbeitsgemeinschaft für Geschichte der Arbeiterbewegung in Österreich sowie über die Bibliotheken und Archive des österreichischen und deutschen Gewerkschaftsbundes und über das Internationale Institut für Sozialgeschichte in Amsterdam. Immer waren es die verantwortlichen Leiter dieser Institute, die diese Auskünfte gaben. Das dritte im Band 1 enthaltene Protokoll gibt das auch als Sonderdruck der Amsterdamer Zeitschrift ›International Review of Social Science‹ erschienene Referat von *Bert Andréas* und *Georges Haupt*, ›Bibliographie der Arbeiterbewegung heute und morgen‹, wieder. Schließlich folgt eine Bibliographie der Arbeiterbewegung Rumäniens und der Tschechoslowakei nach Angaben von *Nicolae Goldberger* und *Milos Mestanek*.

Band 3 enthält die Berichte der 5. Linzer Tagung. Sie fand vom 16. bis 20. September 1969 statt und befaßte sich mit der Haltung der Arbeiterschaft zu Beginn des 1. Weltkrieges. Die Referate, Korreferate und Diskussionsreden von *Georges Haupt, Janos Jemnitz, Rudolf Neck* und anderer geben eine umfassende Übersicht. Auch Referat und Diskussion zum zweiten Thema der Tagung (›Die Bedeutung der Memoirenliteratur für die Geschichte der Arbeiterbewegung‹), vorgelegt vom Int. Inst. f. Sozialgeschichte, Amsterdam, sind enthalten.

In beiden Bänden werden auch die Listen der Teilnehmer veröffentlicht.

Die weiteren Tagungsberichte der bisher 9 Linzer Konferenzen werden hoffentlich recht bald ebenfalls gedruckt vorliegen. Sie enthalten für die Forschung wichtige Anregungen und Materialien, die weit über den Kreis der Teilnehmer hinaus zur Kenntnis genommen werden sollten.

Die Tagungsberichte sind im Europa-Verlag, Wien, erschienen.

3. Erste Internationale Woche Marxistischer Studien: ›Rosa Luxemburgs Beitrag zur Entwicklung des Marxistischen Denkens‹, Reggio Emilia, 18.—22. September 1973

Die erste internationale Tagung über *Rosa Luxemburg*, die im September 1973 in Reggio Emilia stattfand, wurde von dem römischen ›Istituto per lo studio della societá contemporanea‹ (ISSOCO) veranstaltet, dessen Gründer und Leiter *Lelio Basso* zu den profiliertesten und besten Kennern der Gestalt *Rosa Luxemburg* zählt. Es ist mit sein Verdienst, daß Schriften und Wirken *Rosa Luxemburgs* wieder in die Diskussion Eingang gefunden haben. Die Tagung bildete den Auftakt zu einer sich jährlich wiederholenden ›Internationalen Woche Marxistischer Studien‹, die im September 1974 ›Die Rolle des Staates im Kapitalismus‹ zum Thema haben wird. Das erklärte Ziel dieser Tagungen ist nach den Intentionen des Instituts, die marxistische Diskussion wieder auf internationaler Ebene zu führen.

Bei der Wahl des Themas der ersten Tagung gingen die Veranstalter davon aus, daß *Rosa Luxemburg* zu denjenigen gehört, die das Erbe von *Karl Marx* am konsequentesten aufgenommen und weiterentwickelt haben. Mit der Themenstellung ›Der Beitrag Rosa Luxemburgs zur Entwicklung des Marxschen Denkens‹ sollte vermieden werden, Tätigkeit und Theorien *Rosa Luxemburgs* isoliert zu betrachten; vielmehr sollten sie einerseits im Hinblick auf die *Marx*sche Lehre und zum anderen auf ihre aktuelle Bedeutung reflektiert werden. *Basso* sieht im revolutionären Denken *Rosa Luxemburgs* genügend Stoff und Anstoß zu weitergehenden Studien, vor allem aber Ausgangspunkte und Orientierungsmöglichkeiten innerhalb der westlichen Arbeiterbewegung für eine Umwandlung der Gesellschaft. Schon seit langem vertritt er die Ansicht, daß die italienische und überhaupt die europäische Arbeiterbewegung erneuerungsbedürftig sei. In seinem Einleitungsreferat verwies *Basso* auf die tiefe Zersplitterung der Arbeiterbewegung in den entwickelten kapitalistischen Ländern. Diese gehe nicht mehr auf eine willkürlich gewordene Trennung zwischen ›Opportunisten‹ und ›Revolutionären‹ zurück, vielmehr begünstige sie die Herausbildung von Grüppchen und Sekten, von denen jede mit einem ›unfehlbaren Rezept‹ für die sozialistische Revolution eintrete. Da die Arbeiterbewegung keine konkrete Strategie für die Machtergreifung und die Umwandlung der Gesellschaft zu besitzen scheint, empfiehlt *Basso* eine neue, aktuelle Rezeption der Schriften *Rosa Luxemburgs* unter dem Gesichtspunkt der praktischen Anwendbarkeit.

Diese Empfehlungen fanden in den Referaten und in der Diskussion, zu der namhafte Kenner *Rosa Luxemburgs*, aber auch Historiker, Theoretiker der Arbeiterbewegung und Politiker aus Japan, den USA, Lateinamerika, der Sowjetunion, Polen, der DDR und der BRD und aus anderen westeuropäischen Ländern geladen waren, allerdings kaum Niederschlag. Zwei Grundpositionen standen sich auf der Tagung gegenüber, die sich an so zentralen Aussagen *Rosa Luxemburgs*, wie der des Verhältnisses zwischen Organisation und Massen, der Rolle der Öffentlichkeit und der Kritik der *Lenin*schen Parteikonzeption verdeutlichten. Die eine war eine historisierende philologische Richtung, die *Rosa Luxemburg* nur ›wissenschaftlich‹ behandelt sehen wollte, wohingegen die Vertreter der zweiten Position von der Aktualität der Theorien *Rosa Luxemburgs* und ihrer Aussagekraft und Praktikabilität für die heutige Situation ausgingen. Während sich die letztere unmittelbar als politisch zu verstehen gab, bemühten sich die Repräsentanten der ersten Position, ihre eindeutig politische Grundeinstellung zu verdecken. Ihren extremsten Ausdruck fand diese Richtung, die bemüht war, brisante Aussagen *Rosa Luxemburgs* in die Vergänglichkeit ihres historischen Kontextes zu verbannen, in der Äußerung des Vertreters des

Moskauer Instituts für Marxismus-Leninismus, *Sobolev*, daß die fundamentale Bedeutung in *Rosa Luxemburgs* Denken in ihrer immer größeren Annäherung an den Leninismus und in der Aufnahme der bolschewistischen Erfahrungen gelegen habe. Dieser Prozeß sei nur durch ihren tragischen Tod unterbrochen worden.

Doch gab es auch Parteikommunisten, die es nicht nur darauf anlegten, *Rosa Luxemburg* zu kanonisieren und ›unschädlich‹ zu machen, wie den Franzosen *Gilbert Badia*, der von Deformationen des bürokratischen Sozialismus sprach, die von *Rosa Luxemburg* prophetisch vorausgesagt wurden, oder den italienischen Philosophen *Giuseppe Bedeschi*, der von ihr die Vorstellung einer nicht-bürokratischen Parteiorganisation übernimmt, »die schon in ihrem inneren Aufbau die Selbsttätigkeit der Massen durch eine breite Autonomie erlaubt«. Auch die Einstellung der westdeutschen Kommunisten gegenüber *Rosa Luxemburg* ist differenzierter geworden, wie sich im Referat von *Josef Schleifstein* zeigte, in dem er den Versuch einer Einvernahme *Rosa Luxemburgs* unternahm und sie gleichzeitig von den Fehlern reinigte, die ihr vom Stalinismus angedichtet worden seien.

Obwohl eine Fülle von materialreichen Beiträgen als Forschungsergebnisse und Darstellungen, die interessante Hypothesen und Interpretationsansätze enthielten, wie beispielsweise diejenigen von *Georges Haupt* und *Iring Fetscher*, vorgelegt und vorgetragen wurden, kam eine richtige Diskussion bedauerlicherweise nicht zustande. (Eine Auswahl der Referate dieser Tagung erschien im Suhrkamp Verlag: ›Rosa Luxemburg. Die Bestimmung des Sozialismus‹. Mit Beiträgen von Badia, Basso, Córdova, Haupt, Howard, Negt, Seifert u. a., es 710, Frankfurt 1974).

Mit den Beiträgen von *Oskar Negt, Jürgen Seifert* und *Johannes Agnoli* wurde der bisher auf akademischer Ebene verbliebenen Diskussion ein Ende gesetzt und eine unmittelbar politische Dimension in die Debatte eingebracht. Die drei Redner erhoben starke Einwände dagegen, daß *Rosa Luxemburg* fast ausschließlich mit anderen Theorien verglichen wurde, als habe sie keinen eigenen Beitrag zur Theorie und Praxis der Arbeiterbewegung geliefert. Wenn man heute über *Rosa Luxemburg* diskutiere, dann müsse das vor dem aktuellen Hintergrund der qualitativ anderen Klassenauseinandersetzungen geschehen. Unter diesem Gesichtspunkt müssen ihre Kernaussagen über das Verhältnis Bewußtsein und Spontaneität interpretiert werden und eine neue Bewertung erfahren.

Trotz des ambivalenten Charakters der Tagung, der sich in den halb akademisch, halb politisch vorgetragenen Beiträgen und dem Fehlen einer echten Diskussion manifestierte, schlug der Versuch einer Heiligsprechung *Rosa Luxemburgs*, was für ihre Theorie ein Begräbnis erster Klasse bedeutet hätte, doch fehl. Dies nicht nur, weil im Denken *Rosa Luxemburgs* auch für heute noch viel zu viel Brisanz enthalten ist, die sich nicht einfach neutralisieren läßt, sondern auch, weil sich Gegenkräfte freisetzten, die dies zu verhindern wußten.

Die erste Tagung, die sich mit dem Denken und dem Werk *Rosa Luxemburgs* beschäftigte, hat gezeigt, daß es nicht so leicht gelingen wird, die Sprengkraft, die ein Teil von *Rosa Luxemburgs* Aussagen für die heutige Arbeiterbewegung noch darstellen könnte, zu entschärfen.

Annette Jost

4. Das Institut der Giangiacomo-Feltrinelli-Stiftung *(Selbstdarstellung)*

Die Bibliothek Giangiacomo Feltrinelli wurde im Jahre 1949 in Mailand als Dokumentationszentrum der italienischen Wirtschafts-, Sozial- und politischen Geschichte sowie der italienischen und europäischen Arbeiterbewegung gegründet. Sie setzte sich die Förderung der Kenntnisse und der wissenschaftlichen Forschung auf diesem Gebiet zum Ziel.

Das Institut Giangiacomo Feltrinelli wurde im Jahre 1960 ins Leben gerufen. Es ist in verschiedene Studienabteilungen zur Erforschung der Geschichte der sozialen Bewegung Italiens, der Wirtschaftsgeschichte, der sozialen Ideen und des internationalen Sozialismus, des Antifaschismus und der Widerstandsbewegung untergliedert. Die Bedeutung der zum Teil einmaligen Sammlungen der Bibliothek und der Feltrinelli-Archive wurde 1964 vom Kultusministerium anerkannt. Mit der Gründung der ›Stiftung Giangiacomo Feltrinelli‹ im Jahre 1973 wurden Bibliothek und Archive dieser Stiftung angeschlossen.

Die in viele Abteilungen untergliederte Bibliothek verfügt u. a. über folgende Sammlungen:

- eine der bedeutendsten italienischen Zeitschriftensammlungen von 1800 bis 1870 (die Zeitungen Mazzinis und seiner Anhänger liegen vollständig vor);
- Europas vollständigste Sammlung von Veröffentlichungen zur Geschichte der italienischen und internationalen Arbeiterbewegung und des Sozialismus;
- Veröffentlichungen über die italienische Wirtschaftsgeschichte, darunter die umfassendste Dokumentation über die faschistische Wirtschaftspolitik, sowie einmalige Sammlungen der französischen Enzyklopädisten und Ökonomen des 18. Jahrhunderts (Physiokraten);
- Werke der klassischen Nationalökonomie, mit allen Erst- und nachfolgenden Ausgaben der englischen Nationalökonomen;
- Veröffentlichungen über Linkshegelianer und Marxismus; Zeitschriften- und Textsammlungen in allen Sprachen, die zu den vollständigsten Europas gehören;
- die vollständigste Sammlung Italiens von Veröffentlichungen über radikale, katholische, republikanische und sozialdemokratische Bewegungen und Parteien im Europa des 19. Jahrhunderts.

Der Gesamtbestand der Bibliothek beläuft sich auf 280 000 Bücher und Broschüren sowie 11 000 Periodika. Jährlich werden die Lesesäle der Bibliothek von ca. 7–8000 Studenten und Wissenschaftlern benutzt.

In mehreren Privatarchiven findet sich viel unveröffentlichtes Material, insbesondere über die Geschichte der sozialistischen und kommunistischen Partei Italiens.

Unter den zahlreichen internationalen Archivbeständen befindet sich auch der Nachlaß von *Camille Huysmans*, des Sekretärs des Internationalen Sozialistischen Bureaus.

Die Bibliothek der Feltrinelli-Stiftung, zu der alle freien Zutritt haben, wird, nach 25 Jahren im Dienste der Wissenschaft, von Wissenschaftlern und Studenten der ganzen Welt besucht und geschätzt.

Außerdem hat das Institut eine intensive verlegerische Tätigkeit entwikkelt. Erinnert sei an die, zwischen 1952 und 1956 veröffentlichte Zeitschrift ›Movimento Operaio‹, die wichtigste Zeitschrift Italiens der Nachkriegszeit über Geschichte und Probleme der Arbeiterbewegung. Seit 1958 erscheinen regelmäßig jedes Jahr die ›Annali‹, in die die Ergebnisse von Kollektivforschungen und einzelne Abhandlungen in mehreren Sprachen

aufgenommen werden. Ferner seien die ›Bibliographien‹ erwähnt, in denen Auskunft gegeben wird über Periodika der sozialistischen und der Arbeiterbewegung Italiens, den Faschismus, den Utopischen Sozialismus, die Pariser Kommune und die italienische Widerstandsbewegung.
Vom Feltrinelli-Institut werden des weiteren ›Reprints‹ zur politischen Bewegung und Parteigeschichte Italiens von 1900 bis zum Sturz des Faschismus und, auch in deutscher Sprache, alle wichtigen Zeitschriften, Protokolle und Broschüren der Kommunistischen Internationale 1910–1939 herausgegeben. Außerdem besorgt das Institut die Herausgabe des Gesamtwerkes von *Antonio Labriola.* In nächster Zeit wird die Stiftung eine Anzahl von Stipendien vergeben, um jungen italienischen Wissenschaftlern den Besuch der Bibliothek für ihre Untersuchungen zu ermöglichen.
Die Stiftung ist bemüht, den Bestand der Bibliothek in allen Abteilungen auf dem laufenden zu halten, zu erweitern und die Periodika aller Länder zu sammeln. Sie gehört zu einer der umfassendsten und bezieht ständig mehr als 1000 Tages-, Wochen- und Monatszeitungen in allen Sprachen. Diese Ausweitungen und die laufende Vervollständigung der Sammlungen ist eines der Charakteristika des Feltrinelli-Instituts.
Alle diese Aktivitäten wurden bis zum Jahre 1972 durch den persönlichen und ständigen Einsatz des verstorbenen Giangiacomo Feltrinelli ermöglicht. Nach der Umwandlung zur Stiftung wird das Institut von öffentlicher und privater Seite, von der Stadt Mailand und der Lombardei finanziell unterstützt.

Adresse:
FONDAZIONE GIANGIACOMO FELTRINELLI
Via Romagnosi 3 – Mailand
Tel.: 87 41 75
Direktor: Prof. Dr. G. Del Bo

5. Die aktuelle Vergangenheit. Das Beispiel der Ausstellung ›Geschichte der Schweizerischen Arbeiterbewegung‹

Angeregt durch die Beherbergung der Tagung der Internationalen Vereinigung der Bibliotheken und Institute zur Geschichte der Arbeiterbewegung (Sitz London) in Zürich bereiteten das Schweizerische Sozialarchiv und die Zentralbibliothek in Zürich gemeinsam mit Funktionären der Arbeiterbewegung und Geschichtsstudenten eine Ausstellung aus den Bibliotheksschätzen vor. Sie wurde bei Beginn der Tagung am 8. September 1972 in Zürich im Stadthaus eröffnet. Die drei einen Innenhof umschließenden Stockwerke der städtischen Behörden boten die Möglichkeit, das Ausstellungsgut lebendig, kurzweilig und doch wissenschaftlich einwandfrei dem Publikum, das aus amtlichen oder beruflichen Gründen das Stadthaus besuchen mußte und vor allem den fast 20 000 Besuchern der Ausstellung selbst, zu zeigen. Die Ausstellung dauerte in Zürich bis zum 14. Oktober 1972. Den Besuchern wurde ein Heft von 32 Seiten mit einer Chronik ab 1801 und einer Bibliographie zur Verfügung gestellt. Der Erfolg der Ausstellung war überraschend. Er bewirkte, daß dieselbe Ausstellung vom 13. Januar bis 12. Februar 1973 in Basel, 29. April bis 27. Mai in Winterthur, vom 5. Juni bis 29. Juni in Luzern und zuletzt vom 7. bis 23. Januar 1974 in St. Gallen gezeigt wurde. Insgesamt konnten in diesen fünf Städten an die 30 000 Besucher gezählt werden. Tausende wurden von Geschichtsstudenten, Assistenten und Arbeiterfunktionären durch die Ausstellung geführt. In Zürich, Winterthur und an anderen Orten fanden Vorträge und Kurse zur Geschichte der Schweizerischen Arbeiterbewegung statt, an denen die Mitarbeiter der Ausstellung vor allem die Zürcher Geschichtsstudenten als Referenten wirkten.

Das Ausstellungsmaterial bestand aus Dokumenten, wie Protokollen, Flugblättern, Vereinsmaterialien, Fotographien, Plakaten und Fahnen, und vor allem natürlich aus Büchern. Zum erstenmal wurde systematisch der 150 Jahre währende unbewußt und bewußt geführte Klassenkampf anschaulich und unwiderlegbar gezeigt. Die Veteranen der Arbeiterbewegung fanden in der Ausstellung ihre eigene Geschichte, die Jugend, die in der Nachkriegskonjunktur groß geworden ist, die Erklärung für vieles, was geworden oder heute noch zu fordern ist. Vom Zürcher Maschinensturm, dem ›Brand von Uster‹, über die großen Streiks anfangs des Jahrhunderts bis zum Generalstreik 1918, dem größten Klassenkampfereignis der Schweizer Geschichte, bis zur Neuen Linken von heute war alles in seiner Kontinuität und seinen vielseitigen Beziehungen zur wirtschaftlichen und politischen Entwicklung dargestellt. Vom Wirken *Weitlings*, der in Zürich verhaftet und ins Bezirksgefängnis gesteckt wurde, *Willi Münzenbergs* unter der Jugend, *Lenins* und der anderen russischen Emigranten im 1. Weltkrieg bis zu den Antifaschisten, den großen Solidaritätsaktionen für die spanische Republik in den dreißiger Jahren wurde in dieser Ausstellung alles gegenwärtig. Die unheimliche Aktualität der Vergangenheit ist den Besuchern zum Bewußtsein gekommen.

Lokale, regionale und nationale Ausstellungen zur Geschichte der Arbeiterbewegung bieten, wie die Schweizer Erfahrungen zeigen, nicht nur einen bisher unbekannten und unterschlagenen wesentlichen Teil der eigenen Geschichte, sondern auch Anregung zur Geschichtsforschung und zur Hilfe an die Geschichtsforscher. An der Ausstellung fanden die Besucher Dokumente, die sie vielleicht, von den Eltern übernommen, achtlos fortgeworfen hatten. Hier wurde einem breiten Publikum die Bedeutung von Archivalien, die als solche gar nicht erkannt werden, aufgezeigt. Darüber hinaus aber sind solche Ausstellungen das beste Lehrmittel, die wirkungsvolle

Darstellung der Praxis der Arbeiterbewegung, für alle diejenigen, die in ihrer Teilnahme an der sozialen Befreiungsbewegung selbst bereit sind, die Geschichte der Arbeiterbewegung und des Sozialismus bis zur Erreichung ihrer Ziele fortzuführen.

Theo Pinkus

Bibliographie:
Katalog der Ausstellung Geschichte der Schweizerischen Arbeiterbewegung in Dokumenten der zürcherischen Bibliotheken. Vorwort, Chronik 1801–1971, 16 S., Literaturnachweis, 6 S., Zürich 1971.
Berichte über die Ausstellung in der schweizerischen Tagespresse, ausführliche Darstellung der Luzerner Arbeiterbewegung 1897–1918 in sechs Fortsetzungen in den ›Luzerner Neuesten Nachrichten‹, Juni 1973, in der ›Internationalen Wissenschaftlichen Korrespondenz‹, Berlin, Nr. 17/Dez. 1972 und in der Zeitschrift ›Ästhetik und Kommunikation‹, Reinbek, Nr. 10/Jan. 1973.
Zur Geschichte der Schweizerischen Arbeiterbewegung erschien ein Sonderheft der ›Cahiers Wilfredo Pareto, Revue Européenne des Sciences Sociales‹ (Bd. 11, 1973, Nr. 29), Librairie Droz, Genf. In diesem 222 Seiten starken Heft gibt *Marc Vuilleumier* eine Übersicht über die Historiographie der Schweizerischen Arbeiterbewegung und eine Darstellung über *Weitling* und die deutschen Kommunisten in der Schweiz. Weitere Beiträge befassen sich mit den Kommuneflüchtlingen in Genf, den Erinnerungen eines Uhrmacherarbeiters aus dem Jura und anderen Dokumenten aus der Schweizer Arbeiterbewegung, darunter auch unbekannte kleine Briefe *Lenins.*

6. Ergänzungen zum ›Verzeichnis der Institute und Bibliotheken zur Geschichte der Arbeiterbewegung‹ in Jahrbuch 1 (Teil VII, 2, S. 394 ff)

BELGIEN

Bruxelles
Institut Emile Vandervelde
Boulevard de l'imperieur 13
Bruxelles 1

BUNDESREPUBLIK DEUTSCHLAND

Frankfurt/M.
Industriegewerkschaft Metall
— Bibliothek —
6 Frankfurt/M.
Wilhelm-Leuschner-Straße 79
Archiv und Bibliothek. Gegründet 1949. 40 000 Bücher, 800 Zeitschriften. Die Bibliothek enthält Werke in deutscher, englischer, französischer und spanischer Sprache.
Gebiete: Zeitgeschichte, Arbeiterbewegung, Arbeitsgesetzgebung, Sozialwissenschaften, Wirtschaft, Erziehung.

Historische Kommission zu Berlin (vgl. Jahrbuch 1, S. 395)
Die neuen Angaben über die *Internationale wissenschaftliche Korrespondenz zur Geschichte der deutschen Arbeiterbewegung — IWK* (vgl. Selbstdarstellung Jahrbuch 1, S. 404): Redaktion Rita Klunkert, Gunter Krüschet, Peter Lösche, Walter Momper.
Die *IWK* erscheint viermal jährlich (März, Juni, Sept., Dez.). Preis des Einzelheftes: DM 7,— (Studenten: DM 5,—), Jahresabonnement: DM 28,— (Studenten: DM 20,—) zuzüglich Porto und Verpackung. Die *IWK* ist nicht Gegenstand des Buchhandels. Anschrift von Redaktion und Vertrieb:
Historische Kommission zu Berlin
1 Berlin 45, Tietzenweg 79, Tel.: 030/8 33 30 61

ENGLAND

Oxford
Nuffield College
Oxford OX1 INF
Bibliothek und Privatarchive prominenter Labour-Politiker. Ca. 40 000 Bücher, 19 000 Broschüren und 1226 Zeitschriften.

FRANKREICH

Nanterre
Centre universitaire
2, rue de Rouen
92001 Nanterre
Gegründet 1914. Ca. 1 Million Bücher und Broschüren, 20 000 Zeitschriften (darunter 3500 laufende). Spezialsammlungen: Geschichte des Nationalsozialismus, Pazifismus und Sozialismus. Dokumentation über die Russische Revolution, die Sowjetunion und die Volksdemokratien.

NIEDERLANDE — FRANKREICH

Rotterdam — Paris
Co-Op Nederland
siehe Jahrbuch 1, S. 399

Alle Anfragen und Mitteilungen sind
zu richten an:
International Working Party of Co-Operative
Librarians F. N. C. C.
89, rue la Boétie
75008 Paris

Schweiz

Centre International de Recherches sur l'Anarchisme CIRA (vgl. Jahrbuch 1, S. 400 und 403).
Ab 15. Januar 1975 lautet die neue Adresse:
CH-1201 Genf,
15, rue Necker

Vereinigte Staaten von Amerika

Michigan
School of Labour and
Industrial Relations Library
Michigan State University
Ann Arbor
Michigan 48104

Michigan State University
East Lansing
Michigan 48824

Gegründet 1956. Bibliothek mit 60 000 Büchern und 150 Zeitschriften. Spezialgebiet: Alle Aspekte der Beziehungen Arbeit und Industrie.

Das Dr. Karl Renner-Institut in Wien (vgl. Jahrbuch 1, S. 399) und das ISSOCO in Rom (vgl. Jahrbuch 1, S. 398) sind ebenfalls Mitglieder der International Association of Labour History Institutions (IALHI).
Dasselbe gilt für die hier nachgetragenen Bibliotheken und Institute.

Engagement. Spannung. im Fischer Format

Gerhard Zwerenz
Der Widerspruch
Ein autobiographischer Bericht.
Mit zahlreichen Abbildungen und Dokumenten.
320 Seiten, broschiert

Karl-Heinz Jakobs
Die Interviewer
Betriebsroman
280 Seiten, broschiert

August Kühn
Eis am Stecken
Betriebsroman
240 Seiten, broschiert

S.FISCHER